Die Tariffähigkeit der Gewerkschaft

Schriften zum Arbeitsrecht und Wirtschaftsrecht

Herausgegeben von Abbo Junker

Band 24

PETER LANG
Frankfurt am Main · Berlin · Bern · Bruxelles · New York · Oxford · Wien

Kristin Doerlich

Die Tariffähigkeit der Gewerkschaft

Eine Analyse der *Mächtigkeitsrechtsprechung* des Bundesarbeitsgerichts im Lichte neuerer Erfahrungen

PETER LANG
Europäischer Verlag der Wissenschaften

Die Deutsche Bibliothek - CIP-Einheitsaufnahme

Doerlich, Kristin :

Die Tariffähigkeit der Gewerkschaft : eine Analyse der Mächtigkeitsrechtsprechung des Bundesarbeitsgerichts im Lichte neuerer Erfahrungen / Kristin Doerlich. - Frankfurt am Main ; Berlin ; Bern ; Bruxelles ; New York ; Oxford ; Wien : Lang, 2002
(Schriften zum Arbeitsrecht und Wirtschaftsrecht ; Bd. 24)
Zugl.: Göttingen, Univ., Diss., 2001
ISBN 3-631-38616-8

D 7
ISSN 1433-4666
ISBN 3-631-38616-8

www.peterlang.de

Meinen Eltern

Vorwort

Die vorliegende Dissertation hat der Juristischen Fakultät der Georg-August-Universität zu Göttingen im Wintersemester 2000/ 2001 vorgelegen. Rechtsprechung, Literatur und Gesetzgebung sind bis Februar 2001 berücksichtigt.

Meinem Doktorvater, Herrn Professor Dr. Abbo Junker, danke ich für die stets interessierte und engagierte Betreuung der Arbeit und die fortwährende Bereitschaft zur intensiven fachlichen Diskussion.

Mein Dank gilt auch Frau Professorin Dr. Barbara Veit für die zügige Erstellung des Zweitgutachtens.

Göttingen, im Juli 2001

Kristin Doerlich

Inhaltsverzeichnis

Abkürzungsverzeichnis

a. A.	anderer Ansicht
a. F.	alte Fassung
Abs.	Absatz
AcP	Archiv für die civilistische Praxis
ADAV	Allgemeiner Deutscher Arbeiterverband
ADGB	Allgemeiner Deutscher Gewerkschaftsbund
ADM	Arbeitnehmerverband Deutscher Milchkontroll- und Tierzuchtbediensteten
AEMR	Allgemeine Europäische Menschenrechtskonvention
AG	Arbeitsgericht
AktG	Aktiengesetz vom 06.09. 1965
ALEB	Arbeitnehmerverband land- und ernährungswirtschaftlicher Berufe
Alt.	Alternative
Anh.	Anhang
Anm.	Anmerkung
AOG	Gesetz zur Ordnung der nationalen Arbeit vom 02.01. 1934
AöR	Archiv des öffentlichen Rechts
AP	Arbeitsrechtliche Praxis
ArbGG	Arbeitsgerichtsgesetz in der Fassung vom 02.07. 1979
AR-Blattei	Arbeitsrecht-Blattei
ArbRdG	Arbeitsrecht der Gegenwart
ArbRPrax	Arbeitsrechtliche Praxis
Art.	Artikel
AT	Allgemeiner Teil
AuA	Arbeit und Arbeitsrecht
Aufl.	Auflage
AuR	Arbeit und Recht
BABl.	Bundesarbeitsblatt
BAG	Bundesarbeitsgericht
BAGE	Entscheidungen des Bundesarbeitsgerichts
BB	Betriebsberater
Bd.	Band
BDSG	Bundesdatenschutzgesetz
Beil.	Beilage
BetrVG	Betriebsverfassungsgesetz in der Fassung vom 23.12. 1988
BGB	Bürgerliches Gesetzbuch vom 18.18. 1896
BGBl.	Bundesgesetzblatt
BGH	Bundesgerichtshof

BGHZ	Entscheidungen des Bundesgerichtshofs in Zivilsachen
BPersVG	Bundespersonalvertretungsgesetz
Brem.GBl.	Gesetzblatt Bremen
BRG	Betriebsrätegesetz
BT-Drucks.	Bundestagsdrucksache
BTÜ	Bedienstete der Technischen Überwachung
BVerfG	Bundesverfassungsgericht
BVerfGE	Entscheidungen des Bundesverfassungsgerichts
BVerwG	Bundesverwaltungsgericht
BVerwGE	Entscheidungen des Bundesverwaltungsgerichts
CCVD	Christlicher Chemiearbeiterverband
CG Medien	Christliche Gewerkschaft Medien
CGB	Christlicher Gewerkschaftsbund
CGBCE	Christliche Gewerkschaft Bergbau, Chemie, Energie
CGBE	Christliche Gewerkschaft Bergbau und Energie
CGCK	Christliche Gewerkschaft Papier, Chemie, Keramik, Glas
CGD	Christliche Gewerkschaften Deutschland
CGDE	Christliche Gewerkschaft deutscher Eisenbahner
CGHB	Christliche Gewerkschaft Holz und Bau
CGM	Christliche Gewerkschaft Metall
CGPT	Christliche Gewerkschaft Postservice und Telekommunikation
CMV	Christlicher Metallarbeiterverband Deutschlands
CTBLV	Christlicher Textil-, Bekleidungs- und Lederarbeiter - Verband Deutschlands
d.	der, die
DAF	Deutsche Arbeitsfront
DAG	Deutsche Angestelltengewerkschaft
DB	Der Betrieb
DBB	Deutscher Beamtenbund
DDR	Deutsche Demokratische Republik
ders.	derselbe
DGB	Deutscher Gewerkschaftsbund
DHV	Deutscher Handels- und Industrieangestellten-Verband
dies.	dieselbe, dieselben
Diss.	Dissertation
DJT	Deutscher Juristentag
DLFB	Deutscher Land- und Forstwirtschaftlicher Angestellten-Bund
DPG	Deutsche Postgewerkschaft
DRZ	Deutsche Rechtszeitschrift
DTZ	Deutsch-deutsche Rechtszeitschrift
DVBl.	Deutsches Verwaltungsblatt

DZV	Deutscher Zahntechniker-Verband
e. V.	eingetragener Verein
EDV	elektronische Datenverarbeitung
EGMR	Europäischer Gerichtshof für Menschenrechte
Einl.	Einleitung
EMRK	Europäische Menschenrechtskonvention
Entsch.	Entscheidung
ER	Europarat
ESC	Europäische Sozialcharta
EuGRZ	Europäische Grundrechte-Zeitschrift
EwiR	Entscheidungen zum Wirtschaftsrecht
EzA	Entscheidungen zum Arbeitsrecht
f., ff.	folgende
FAZ	Frankfurter Allgemeine Zeitung
FDGB	Freier Deutscher Gewerkschaftsbund
Fn.	Fußnote
FS	Festschrift
GBl.	Gesetzblatt
GdED	Gewerkschaft der Eisenbahner Deutschlands
GdP	Gewerkschaft der Polizei
GEW	Gewerkschaft Erziehung und Wissenschaft
GewO	Gewerbeordnung
GG	Grundgesetz vom 23.05. 1949
GGLF	Gewerkschaft Gartenbau, Land- und Forstwirtschaft
GHK	Gewerkschaft Holz und Kunststoff
GL	Gewerkschaft Leder
GMH	Gewerkschaftliche Monatshefte
GÖD	Gewerkschaft Öffentlicher Dienst und Dienstleistungen
Grundl.	Grundlagen
GTB	Gewerkschaft Textil-Bekleidung
h. M.	herrschende Meinung
HB	Halbband
HBV	Gewerkschaft Handel, Banken und Versicherungen
Hrsg.	Herausgeber
HS	Halbsatz
i. V. m.	in Verbindung mit
IAB	Institut für Arbeitsmarkt- und Berufsforschung
IAO	Internationale Arbeitsorganisation
IG	Industriegewerkschaft

IG Bau	Industriegewerkschaft Bauen-Agrar-Umwelt
IG BCE	Industriegewerkschaft Bergbau, Chemie, Energie
IG BE	Industriegewerkschaft Bergbau und Energie
IG BSE	Industriegewerkschaft Bau-Steine-Erden
IG CPK	Industriegewerkschaft Chemie, Papier, Keramik
IG Medien	Industriegewerkschaft Medien
IG Metall	Industriegewerkschaft Metall
IntASO	Internationale Arbeits- und Sozialordnung
IpbpR	Internationaler Pakt über bürgerliche und politische Rechte
IpwskR	Internationaler Pakte über wirtschaftliche, soziale und kulturelle Rechte
iwd	Informationsdienst des Instituts der deutschen Wirtschaft
JöR	Jahrbuch des öffentlichen Rechts
JurA	Juristische Analysen
JuS	Juristische Schulung
JW	Juristische Wochenschrift
JZ	Juristenzeitung
KFG	Kraftfahrergewerkschaft
KOMBA	Gewerkschaft für den Kommunal- und Landesdienst
LAG	Landesarbeitsgericht
LAGE	Entscheidungen der Landesarbeitsgerichte
LM	Lindenmaier/Möhring (Hrsg.), Nachschlagewerk des Bundesgerichtshofs in Zivilsachen
m. w. N.	mit weiteren Nachweisen
MDR	Monatsschrift für Deutsches Recht
MitbestG	Mitbestimmungsgesetz vom 04.05. 1976
MünchArbR.	Münchener Handbuch zum Arbeitsrecht
MünchKomm.	Münchener Kommentar
n. F.	neue Fassung
NGG	Gewerkschaft Nahrung-Genuss-Gaststätten
NJW	Neue Juristische Wochenschrift
NJW-RR	Neue Juristische Wochenschrift – Rechtsprechungsreport
Nr.	Nummer
NZA	Neue Zeitschrift für Arbeitsrecht
NzfA	Neue Zeitschrift für Arbeitsrecht
ÖTV	Gewerkschaft Öffentliche Dienste, Transport und Verkehr

ParteiG	Parteiengesetz in der Fassung vom 31.01. 1994
RABl.	Reichsarbeitsblatt
RAG	Reichsarbeitsgericht
RAGE	Entscheidungen des Reichsarbeitsgericht
RAM	Reichsarbeitsministerium
RdA	Recht der Arbeit
RG	Reichtsgericht
RGBl.	Reichsgerichtsblatt
RGZ	Entscheidungen des Reichsgerichts in Zivilsachen
RKnG	Reichsknappschaftsgesetz
Rn.	Randnummer
Rspr.	Rechtsprechung
S.	Seite
Saarl.ABl.	Arbeitsblatt Saarland
SAE	Sammlung arbeitsrechtlicher Entscheidungen
SED	Sozialistische Einheitspartei Deutschlands
SGB III	Sozialgesetzbuch III vom 24.03. 1997
SGG	Sozialgerichtsgesetz in der Fassung vom 23.09. 1975
SMAD	Sowjetischen Militäradministration
sog.	sogenannt
Soz.Prax	Soziale Praxis
Sp.	Spalte
SPD	Sozialdemokratische Partei Deutschlands
SprAuG	Sprecherausschußgesetz vom 20.12. 1988
std.	ständige
TVG	Tarifvertragsgesetz in der Fassung vom 25.08. 1969
TVVO	Verordnung über Tarifverträge, Arbeiter- und Angestelltenausschüsse und Schlichtung von Arbeitsstreitigkeiten vom 23.12. 1918
u. a.	unter anderem und andere
Überbl.	Überblick
Union Canymed	Bund der Hotel-, Restaurant- und Cafeangestellten
UNO	United Nation Organisation
UNYB	Yearbook of the United Nations
v.	von, vom
VDT	Verband Deutscher Techniker
Ver.di	Vereinigte Dienstleistungsgewerkschaft
VerwArch	Verwaltungsarchiv

vgl.	vergleiche
VkdL	Verband katholischer deutscher Lehrerinnen
VN	Vereinte Nationen
Vorbem	Vorbemerkung
VWA	Verband der weiblichen Angestellten
WRV	Weimarer Reichsverfassung vom 11.08. 1919
WSI	Wirtschafts- und Sozialwissenschaftliches Institut
WuW	Wirtschaft und Wettbewerb
z. B.	zum Beispiel
ZAS	Zeitschrift für Arbeitsrecht und Sozialrecht
ZfA	Zeitschrift für Arbeitsrecht
ZfSH/SGB	Zeitschrift für Sozialhilfe und Sozialgesetzbuch
ZIAS	Zeitschrift für ausländisches und internationales Arbeits- und Sozialrecht
Ziff.	Ziffer
zit.	zitiert
ZPO	Zivilprozeßordnung in der Fassung vom 12.09. 1950
ZTR	Zeitschrift für Tarif-, Arbeits- und Sozialrecht des öffentlichen Dienstes
zugl.	zugleich

§ 1 Einleitung

I. Problemaufriß

Eine Vielzahl von bedeutenden Zusammenschlüssen der Gewerkschaften verändert gegenwärtig die Strukturen der Gewerkschaftslandschaft in Deutschland[1]. Besonders deutlich zeigt sich der Wandel innerhalb der Organisation des Deutschen Gewerkschaftsbundes (*DGB*). Existierten bis vor kurzer Zeit von den anfangs sechzehn Einzelgewerkschaften noch mehr als elf, so werden es - aller Voraussicht nach - ab dem Frühjahr 2001 nicht mehr als acht Verbände sein[2]. Ähnliche Neuordnungen finden sich auch in den Gewerkschaftsbünden außerhalb des *DGB*. Die veränderten wirtschaftlichen Verhältnisse zwingen vor allem kleinere, regional oder fachspezifisch ausgerichtete Verbände dazu, den Zusammenschluß mit den branchenübergreifend angelegten Großgewerkschaften des *DGB* zu suchen[3]. Die derzeitigen Konzentrationstendenzen sind daher der Kritik ausgesetzt: Sie kommen einer Gewerkschaftspolitik gleich, die sich gegen ein pluralistisch angelegtes Koalitionssystem wendet[4]. Dokumentiert wird die Entwicklungstendenz an der Tatsache, daß nach wie vor große, mächtige Gewerkschaften mit Blick auf die „Mächtigkeitsrechtsprechung" des Bundesarbeitsgerichts die Tariffähigkeit kleiner schwacher - zumeist in „Konkurrenz zum *DGB*" stehender - Gewerkschaften in Zweifel ziehen. Die gegen kleinere Gewerkschaften gerichteten Anträge auf gerichtliche Aberkennung der Tariffähigkeit werden auch heute noch überwiegend von den großen, mächtigen Gewerkschaften[5] gestellt[6].

---

1 *Schaub*, NZA 2000, 15 (17); vgl. ferner dazu *Stelling*, NZA 1998, 920.

2 Eingehend dazu *Koopmann*, Gewerkschaftsfusion, S. 36 - 47; ferner *Rieble*, Arbeitsmarkt, Rn. 1843.

3 *Koopmann*, Gewerkschaftsfusion, S. 47 – 50. Ausführlich dazu siehe Teil 1 unter § 2. III. 2.

4 Vgl. *Stelling*, NZA 1998, 920 unter Bezugnahme auf *Fuchs*, in: Benda/Maihofer/Vogel, Verfassungsrecht, 1. Aufl., S. 763; abweichend dagegen *Bruhn*, Tariffähigkeit, S. 180 f. Fn. 280.

5 Siehe etwa IG *Bau-Steine-Erden* gegen die Christliche Gewerkschaft Holz und Bau (*CGHB*), vgl. BAG v. 16.01. 1990 - 1 ABR 93/88, AP Nr. 38 zu § 2 TVG; in jüngerer Zeit die Auseinandersetzung zwischen der Gewerkschaft Öffentliche Dienste, Transport und Verkehr (*ÖTV*) und dem Interessenverband „Bedienstete der Technischen Überwachung" (*BTÜ*), vgl. BAG v. 06.06. 2000 – 1 ABR 10/99, AP Nr. 55 zu § 2 TVG; jüngst erneut die *IG Metall* gegen die Christliche Gewerkschaft Metall (*CGM*), BAG v. 06.06. 2000 - 1 ABR 25/96, AP Nr. 9 zu § 97 ArbGG 1979. Umfassend zu den Auseinandersetzungen der IG *Metall* gegen die christlichen Gewerkschaften Teil 1 dieser Arbeit unter § 2 III. 2. b. aa.

6 *Der Spiegel* v. 25.05. 1998; vgl. auch *Die Welt* v. 26.05. 1998.

Die erwähnten Veränderungen blieben dem Anschein nach nicht ohne Einfluß auf das Tarifvertragswesen[7]. Eine schwindende Bedeutung des Flächentarifvertrages ist zu beobachten[8]; vielerorts wird bereits von einer „Krise des Flächentarifvertrages“ gesprochen[9].

Meist mittelständische Unternehmen wandten und wenden sich auch heute noch von dem tariflichen Regelungsinstitut Flächentarifvertrag ab, wobei diese tarifpolitische Entwicklung vorwiegend in Ostdeutschland zu beobachten ist[10]. Das Verhalten vieler Unternehmer läßt sich nicht selten auf die wachsende Anzahl der Arbeitgeber zurückführen, die der Auffassung sind, Flächentarifverträge seien wegen ihrer starren Form den Herausforderungen des globalen Marktes nicht mehr gewachsen. Während zunächst einige Unternehmen eine Umstrukturierung[11] oder Verlagerung der Produktionsstätten ins Ausland[12] einem Flächentarifvertrag den Vorzug gaben, sehen neuerdings - wie die Beispiele *IBM*, *VW* oder *Jenoptik* zeigen - auch viele größere Unternehmen in dem Abschluß von Haustarifverträgen die grundsätzliche Alternative zum branchenbezogenen Flächentarifvertrag[13]. Mit dem Ziel letztendlich wettbewerbsfähiger sein zu können, vereinbaren die einzelnen Arbeitgeber die Haustarifverträge entweder selbst und unmittelbar[14], oder sie lassen den jeweiligen Arbeitgeberverband für sich einen

---

7 Vgl. auch *Schaub*, NZA 2000, 15 (17).

8 *Stelling*, NZA 1998, 920; *Bispinck*, WSI-Mitteilungen 1997, 551 (552); vgl. auch die Folge im *Handelsblatt* v. 10./11. 1997. Zu den aktuellen Problemen der Flächentarifverträge vgl. *Schroeder*, GMH 2000, 352 (359 ff.); *Stadler*, ArbRdG Bd. 33 (1996), 47 (55 f.).

9 *Heinze*, in: FS Kraft, S. 205 ff.; *ders.*, DB 1996, 729 (733), der zwar allgemeiner von einer Krise des Tarifvertrages spricht, sich in seinen Ausführungen aber auf den Flächentarifvertrag bezieht; vgl. dazu auch *Junker*, ZfA 1996, 383 (416); *ders.*, NZA 1997, 1305 (1318); ferner *Stadler*, ArbRdG Bd. 33 (1996), 47 (58).

10 *Clasen*, BABl. 2000, Nr. 4, 11; vgl. auch *Die Welt* v. 11.03. 1999; *Deutsche Tagespost* v. 07.04. 1999; *Wirtschaftswoche* v. 24.09. 1998; auch *Klönne*, WSI-Mitteilungen 1993, 488 (489); ferner *Schaub*, BB 1995, 2003 (2006) m. w. N.

11 Ein Fallbeispiel bietet das Computer- und Elektrounternehmen *IBM*, das 1992 seinen gesamten Software-Bereich in ein eigenständiges Unternehmen (*IBM Informationssysteme-GmbH*) ausgegliedert hat, mit der Folge, daß die Mitarbeiter aus dem bisherigen Tarifvertrag mit der IG *Metall* herausfielen, vgl. *Henssler*, ZfA 1994, 487 (508 f.); siehe auch *Loritz*, in: Zöllner/Loritz, Arbeitsrecht, S. 368; ferner *Möschel*, WuW 1995, 704 (705).

12 Vgl. *Wieland*, Firmentarifverträge, Vorwort, S. VI.

13 Eingehend *Farthmann/Coen*, in: Benda/Meierhofer/Vogel, Verfassungsrecht, 2. Aufl., § 19 Rn. 105.

14 Zum Beispiel *IBM* oder *Jenoptik*.

Haustarifvertrag in Form eines firmenbezogenen Verbandstarifvertrages[15] aushandeln[16].

Die Eigenart dieser tarifpolitischen Entwicklung besteht darin, daß die Arbeitgeber vermehrt versuchen, die Haustarifverträge mit „schwachen" Gewerkschaften abzuschließen. In den letzten Jahren finden sich daher immer mehr Tarifabschlüsse von kleineren - meist christlichen - Gewerkschaften, die sich in Konkurrenz zu den großen etablierten *DGB*-Gewerkschaften durchsetzen konnten[17]. Die tarifabschließenden Gewerkschaften sind allerdings oftmals nur mit einer sehr geringen Mitgliederzahl in dem dem Tarifvertragswerk unterliegenden Unternehmen vertreten. Aus diesem Grund mehren sich in jüngster Zeit in der Literatur die Stimmen, die die Tariffähigkeit dieser Gewerkschaften infolge niedriger Mitgliederzahlen und damit wegen ihrer geringen Repräsentanz innerhalb des Unternehmens in Frage stellen wollen.

Die Anforderungen an die Tariffähigkeit einer Gewerkschaft sind aber bis heute nicht endgültig geklärt. Da der Gesetzgeber es unterlassen hat, die inhaltlichen Voraussetzungen der Tariffähigkeit in § 2 Abs. 1 TVG abschließend zu regeln, mußte sich die höchstrichterliche Rechtsprechung mit der Aufgabe befassen, geeignete Kriterien für den Begriff der Tariffähigkeit aufzustellen. Es gelang der Rechtsprechung des Bundesarbeitsgerichts in Übereinstimmung mit der Rechtsprechung des Bundesverfassungsgerichts, in zahlreichen Rechtsstreitigkeiten verschiedene Anforderungen an die Tariffähigkeit auf Arbeitnehmerseite zu entwickeln. Die Bemühungen führten dabei allmählich zu einer Verschärfung der Voraussetzungen, die - vorerst - mit der Einführung des Merkmals „soziale Mächtigkeit"[18] des Arbeitnehmerverbandes endete[19]. Auf Arbeitnehmerseite entstanden damit zwei Typen von Vereinigungen: auf der einen Seite die sozial mächtigen Organisationen, die tariffähig sind; auf der anderen Seite die Zusammenschlüsse, denen aufgrund der mangelnden Mächtigkeit die Tariffähigkeit

15 So etwa *VW*.

16 Vgl. *Becker*, AuA 2000, 18; *Veit*, Zuständigkeit, S. 3; *Wieland*, Firmentarifverträge, Vorwort, S. V; kritisch dazu *Heinze*, DB 1996, 729 (725).

17 Vgl. IGM-Direkt 1999, Heft 9, S. 3. So hat sich zum Beispiel *IBM* für einen Haustarifvertrag mit der Deutschen Angestellten Gewerkschaft (*DAG*) entschieden und auch *Jenoptik* zunächst nur für die *CGM*; zur Auswahl stand in beiden Fällen auch die *IG Metall*. Hierzu und mit weiteren Beispielen *Veit*, Zuständigkeit, S. 8 f. Siehe ausführlich zum Konkurrenzverhältnis der Gewerkschaften Teil 1 unter § 2.

18 Dieser maßgeblich von *Dütz*, AuR 1976, 65 ff. geprägte Ausdruck soll der vorliegenden Arbeit als begriffliche Vorlage dienen.

19 Dazu Teil 1 dieser Arbeit.

fehlt. In der Literatur stößt die „Mächtigkeitsrechtsprechung" des Bundesarbeitsgerichts (sog. Mächtigkeitstheorie) trotz ihrer Kontinuität und der weitgehenden Billigung durch das Bundesverfassungsgericht auch heute noch auf heftige und zahlreiche Kritik[20].

In neuerer Zeit lieferte die Rechtsprechung des Bundesarbeitsgerichts[21] Anhaltspunkte, die den Schluß zulassen, die Tariffähigkeit einer Arbeitnehmervereinigung müsse getrennt beurteilt werden, und zwar: einerseits in Bezug auf den gesamten tariflichen Zuständigkeitsbereich der Arbeitnehmervereinigung; andererseits in Bezug auf den jeweiligen Geltungsbereich des einzelnen Tarifvertrages. Die vorliegende Arbeit soll sich daher und angesichts der zunehmenden tarifvertragsrechtlichen Bedeutung der Haustarifverträge mit folgenden Kernfragen auseinandersetzen[22]:

- Muß eine Gewerkschaft, um Haustarifverträge abschließen zu können, nur allgemein als Organisation den Anforderungen an die Tariffähigkeit entsprechen oder in Bezug auf jedes konkrete Unternehmen, mit dem sie einen Tarifvertrag abschließt?
- Ist somit zwischen der allgemeinen und der konkreten, tarifvertragsbezogenen Tariffähigkeit zu unterscheiden?

Die sich auf den Abschluß von Haustarifverträgen beziehende Tariffähigkeit bezeichnet der 1. Senat des Bundesarbeitsgerichts als „relative Tariffähigkeit". Dieser Begriff soll der vorliegenden Arbeit als terminologische Vorlage dienen. Relativität setzt nach allgemeinem Verständnis eine Bezugsgröße voraus, die den Inhalt des Vergleiches festlegt. Wenn im folgenden über eine „relative Tariffähigkeit" referiert werden soll, so muß als Antonym die allgemeine Tariffähigkeit herangezogen werden.

Betont sei ferner: Die Tariffähigkeit ist nicht allein für die Gewerkschaften von besonderem Interesse, sondern auch Wirksamkeitsvoraussetzung für den Tarif-

---

20 Siehe dazu die monographischen Abhandlungen: *Hemmen*, Durchsetzungsfähigkeit (1988); ferner die ältere Zusammenschau von *Reiß*, Bedeutung (1968). Zur sozialen Mächtigkeit auf Arbeitgeberseite siehe *Schrader*, Durchsetzungsfähigkeit (1993). Eine rechtsvergleichende Untersuchung mit Österreich und Großbritannien bei: *Suckow*, Gewerkschaftliche Mächtigkeit (2000).

21 BAG v. 25.09. 1996 - 1 ABR 25/96, AP Nr. 4 zu § 97 ArbGG 1979 (unter B. III. 1. b. der Gründe).

22 Dazu Teil 3 dieser Arbeit.

vertrag und die sich daraus ergebenden individualrechtlichen Ansprüche[23]. Mit dem speziellen Verfahren nach § 97 V ArbGG hat der Gesetzgeber dokumentiert, daß zwingend Rechtssicherheit herrschen muß[24]. Da die Bedeutung von Haustarifverträgen ansteigend verläuft, erschließt sich die Notwendigkeit dieser Untersuchung auch aus folgendem Blickwinkel: Solange die Rechtsprechung des Bundesarbeitsgerichts zur Tarifeinheit im Betrieb fortbesteht, ist jeder Haustarifvertrag, der von einer Gewerkschaft abgeschlossen wird, die nur mit einer sehr geringen Mitgliederzahl in dem Unternehmen vertreten ist, als der einschlägige, weil speziellere Tarifvertrag anzusehen[25]. Zwar könnte sich in der Tarifpraxis mit der inzwischen eingeleiteten Vereinigung („Fusion") kleinerer Einzelgewerkschaften zu einer mächtigen Dienstleistungsgewerkschaft namens „*Ver.di*" langfristig gesehen eine Trendwende einstellen. Spannend bleibt, ob die angestrebten Umstrukturierungen die oben skizzierten Probleme lösen können.

II. Methode der Arbeit

Angesichts der aktuellen Diskussionen um die strukturellen Veränderungen des Tarifwesens ist zunächst die Konzentrationsentwicklung innerhalb der Gewerkschaftslandschaft unter Berücksichtigung der „Mächtigkeitsrechtsprechung" nachzuzeichnen. Im Anschluß daran steht die Mächtigkeitstheorie des Bundesarbeitsgerichts im Mittelpunkt der weiteren Auseinandersetzung. Denn die Frage nach einer „relativen Tariffähigkeit" läßt sich auf die Frage nach einer unternehmensbezogenen Mächtigkeit fokussieren. Wenn in der vorliegenden Arbeit der Frage nach einer „relativen" - im Sinne einer unternehmensbezogenen - Mächtigkeit nachgegangen werden soll, so empfiehlt es sich, von einer allgemeinen sozialen Mächtigkeit als potentiellem Korrelat zu sprechen. Um das herauszuarbeitende Ergebnis auf eine möglichst breite Argumentationsgrundlage stellen zu können, soll daher mit Hilfe einer Analyse der Bezugsgröße „allgemeine soziale Mächtigkeit" im Vorfeld versucht werden, wichtige Hinweise pro und contra „relative Tariffähigkeit" zusammenzutragen; angesichts der beachtlichen Bandbreite möglicher Einwände gegen die sog. Mächtigkeitstheorie ist eine erneute Darstellung angezeigt.

---

23 *Löwisch*, in: Löwisch/Rieble, TVG-Komm., § 2 Rn. 103; *Oetker*, in: Wiedemann, TVG-Komm., § 2 Rn. 15. Ob dem abgeschlossenen „Tarifvertrag" bei Fehlen der Tariffähigkeit keine rechtliche Anerkennung zuteil kommt, oder ob er zumindest nach dem Bürgerlichen Recht als privatrechtlicher Schuldvertrag rechtswirksam ist, ist ebenso fraglich, soll aber nicht Gegenstand dieser Untersuchung sein.

24 Vgl. *Grunsky*, ArbGG-Komm., 7. Aufl., § 97 Rn. 1; ferner BAG v. 25.09. 1996 - 1 ABR 25/96, AP Nr. 4 zu § 97 ArbGG 1979 (unter B. III. 1. b. der Gründe).

25 *Wendeling-Schröder*, RdA 1999, 138 (146).

Nach der Bestimmung der einzelnen Mächtigkeitskriterien und der entgegenstehenden Kritik soll die normative Grundlage geklärt werden, die durch den Vertrag über die Schaffung einer Währungs-, Wirtschafts- und Sozialunion zwischen der Bundesrepublik Deutschland und der ehemaligen Deutschen Demokratischen Republik am 18.05. 1990 in Frage gestellt ist. Sodann folgt eine grundlegende Neubeurteilung des Merkmals aus verfassungsrechtlichen und einfachgesetzlichen Blickwinkeln.

Mit Hilfe der gefundenen Erkenntnisse soll schließlich mit Blick auf die tarifvertragsrechtliche Relevanz einer „relativen Tariffähigkeit" versucht werden, die tatsächlichen Anforderungen aufzuzeigen, um sodann der tarifrechtlichen Anerkennung ein besonderes Augenmerk zu widmen.

III. Begriffliches

Zum besseren Verständnis der „Mächtigkeitsrechtsprechung" des Bundesarbeitsgerichts und der Auswirkungen dieser Judikatur auf die Tariffähigkeit der Arbeitnehmervereinigungen empfiehlt sich vorab eine kurze Klärung der Frage, was unter dem Begriff „Tariffähigkeit" zu verstehen ist.

Tariffähigkeit ist das Fähigkeit, Partei eines Tarifvertrages zu sein[26]. Das heißt: Wer tariffähig ist, kann durch Vereinbarung mit dem sozialen Gegenspieler insbesondere die Arbeitsbedingungen des Einzelarbeitsvertrages mit einer für die tarifgebundenen Personen unmittelbaren und unabdingbaren Wirkung regeln (vgl. § 4 Abs. 1 Satz 1 TVG)[27]. Die Anforderungen, die an eine arbeitsrechtliche Koalition auf Arbeitnehmerseite zu stellen sind, wenn diese Vereinigung die Fähigkeit besitzen soll, Tarifverträge abzuschließen, sind jedoch umstritten. Denn der Gesetzgeber hat den Begriff der Tariffähigkeit weder in § 2 Abs. 1 TVG noch in Art. 9 Abs. 3 GG gesetzlich näher definiert. Er hat in § 2 Abs. 1 TVG nur festgelegt, wer das in Art. 9 Abs. 3 Satz 1 GG garantierte Recht, Tarifverträge abzuschließen, innehat und damit Partei eines Tarifvertrages sein kann. Als Tarifvertragsparteien sind in § 2 Abs. 1 TVG der einzelne Arbeitgeber, die Vereinigung von Arbeitgebern und die Gewerkschaften genannt. Die höchstrichterliche Rechtsprechung und ein Großteil der Literatur schlußfolgerten aus dieser Regelung, daß auf Arbeitnehmerseite ausschließlich Gewerkschaften zum Abschluß von Tarifverträgen berechtigt sind. Für die Beantwortung der Frage,

26 BAG v. 27.11. 1964 - 1 ABR 13/63, AP Nr. 1 zu § 2 TVG Tarifzuständigkeit (unter I. der Gründe) = BAGE 16, 329 (332); vgl. auch *Oetker*, in: Wiedemann, TVG-Komm., § 2 Rn. 9.

27 BVerfG v. 19.10. 1966 - BvL 24/65, AP Nr. 24 zu § 2 TVG (unter A. I. der Gründe) = BVerfGE 20, 312 (313).

setzungen eine arbeitsrechtliche Koalition auf Arbeitnehmerseite erfüllen muß, um tariffähig zu sein, gingen sie deshalb von einer Identität der Merkmale des arbeitsrechtlichen Gewerkschaftsbegriffs im Sinne des § 2 Abs. 1 TVG und der Tariffähigkeit einer Arbeitnehmervereinigung aus[28]. Der Gewerkschaftsbegriff des § 2 Abs. 1 TVG ist danach Ausgangspunkt der Frage nach der Tariffähigkeit einer Arbeitnehmervereinigung.

Ergänzend sei zu bemerken: Der Begriff „Gewerkschaft" wird in § 2 Abs. 1 TVG ebenfalls nicht erläutert. Er ist zwar auch in anderen arbeitsrechtlichen Vorschriften aufgeführt, allerdings ohne Definition oder nähere Umschreibung[29]. Die Merkmale des Gewerkschaftsbegriffs sind vielmehr anstelle des Gesetzgebers durch Rechtsprechung und Literatur festgelegt worden[30]. Über den Großteil der Merkmale des Gewerkschaftsbegriffs besteht heute weitestgehend Einigkeit. Sie spielen für die vorliegende Arbeit keine weitere Rolle; auf eine ausführliche Darstellung kann daher verzichtet werden.

---

28 Vgl. etwa BAG v. 14.03. 1978 - 1 ABR 2/76, AP Nr. 30 zu § 2 TVG (unter II. 2. der Gründe). Zum genauen Verhältnis der Begriffe „Tariffähigkeit" und „Gewerkschaft" vgl. Teil 2/2. Abschnitt unter § 7 II. 1. dieser Arbeit.

29 Vgl. z. B. §§ 2 Abs. 1, 23 Abs. 1 und Abs. 3 BetrVG 1972; § 11 Abs. 1 ArbGG.

30 BAG v. 19.01. 1962 - 1 ABR 14/60, AP Nr. 13 zu § 2 TVG (unter II. 1 der Gründe) = BAGE 12, 184 (189).

Teil 1: Deutsche Gewerkschaften und Mächtigkeitsjudikatur

Die Thematik der sog. Mächtigkeitstheorie des Bundesarbeitsgerichts hat tarifpolitische Brisanz[31]. Ausgehend von der einleitend erwähnten These, die momentane und künftige Konzentrationsentwicklung der deutschen Gewerkschaften wende sich, insbesondere durch die Mächtigkeitsjudikatur gelenkt, gegen ein pluralistisch angelegtes Koalitionssystem, muß es Aufgabe der vorliegenden Untersuchung sein, die dieser Ansicht zugrundeliegenden Wertungen zu erhellen, bevor der Mächtigkeitsgedanke im Zentrum der weiteren Betrachtung stehen soll.

§ 2 Konzentrationsentwicklung der deutschen Gewerkschaften

In der Bundesrepublik Deutschland gibt es heute noch vier anerkannte gewerkschaftliche Spitzenorganisationen[32]. Neben dem *DGB*, existieren die Deutsche Angestelltengewerkschaft (*DAG*), der Deutsche Beamtenbund (*DBB*) und der Christliche Gewerkschaftsbund Deutschlands (*CGB*). Folge dieses pluralistisch angelegten Koalitionssystems ist ein bestehender Wettbewerb zwischen zahlreichen organisatorisch korrespondierenden Gewerkschaften. Die Arbeitgeberseite hat daher unter Umständen die Möglichkeit, zwischen verschiedenen Gewerkschaften zu wählen. Der Entscheidung, welche tarifzuständige[33] Gewerkschaft Partei des angestrebten Tarifvertrages werden soll, kommt somit eine elementare Bedeutung zu[34]. Die Struktur der deutschen Gewerkschaftslandschaft erfährt derzeit starke Veränderungen, die - von der Idee nach starken Einheitsgewerkschaften getragen - auf zahlreiche bedeutende Zusammenschlüsse zum Teil traditioneller Gewerkschaften zurückzuführen sind. Das scheinbare Streben nach einer „Kräftebündelung" der heutigen Gewerkschaften ist wesentlich durch die geschichtliche Entwicklung der Arbeitnehmervereinigungen geprägt[35]. Ohne dabei die Komplexität dieser Thematik zu verkennen und trotz der Gefahr einer rückblickenden Betrachtung, fließend ineinander übergehende geschichtliche Ereignisse zu zerreißen, soll versucht werden, die gewerkschaftlichen Konzentrationsphasen in drei Schritten nachzuzeichnen. Auf eine vollständige Darstellung

---

31 Vgl. *Gamillscheg*, Kollekt.ArbR, Bd. II., Nr. 260 d.

32 Neben den vier Spitzenorganisationen bestehen eine Vielzahl kleiner Zusammenschlüsse. Ausführlich hierzu *Eitel*, Ungleichbehandlung, S. 33; *Schaub*, Arbeitsrechtshandbuch, § 189 Rn. 38 - 41.

33 Eingehend zur Tarifzuständigkeit einer Gewerkschaft als Wirksamkeitsvoraussetzung eines Tarifvertrages *Schaub*, Arbeitsrechtshandbuch, § 199 Rn. 15.

34 *Becker*, AuA 2000, 18.

35 Eingehend dazu *Löwisch*, Arbeitsrecht, Rn. 170 - 175.

aller in diesem Zusammenhang erfolgten Zusammenschlüsse muß verzichtet werden; sie würde den Rahmen dieser Arbeit übersteigen. Nach einem kurzen Überblick der wichtigsten historischen Entwicklungsphasen der Konzentrationsbewegung soll insbesondere auf die in jüngster Zeit zu beobachtenden Veränderungsprozesse eingegangen und abschließend ein Ausblick auf künftige Strukturen der deutschen Gewerkschaftslandschaft gegeben werden.

I. Konzentrationsverlauf bis zum Zweiten Weltkrieg

Die Geschichte der Gewerkschaften läßt sich als eine „einzige Konzentrationsbewegung" begreifen, die insbesondere in den Organisationskatalogen der *DGB*-Gewerkschaften noch teilweise erkennbar ist[36]. Im folgenden werden deshalb die wichtigsten Entwicklungslinien der gewerkschaftlichen Organisationsgeschichte bis zum Zweiten Weltkrieg nachgezeichnet.

1. Territoriale und berufliche Zentralisation

Zum besseren Verständnis der territorialen und beruflichen Konzentrationsentwicklung der Verbände muß einleitend auf die damalige besondere politische Situation in Deutschland eingegangen werden:

Deutschland trat nicht wie andere Industriestaaten als eine einheitliche Nation auf, sondern war bis zur Gründung des Wilhelminischen Reiches 1871 in Kleinst-, Klein- und Mittelstaaten zersplittert. Insbesondere existierte eine Gesetzgebung des Deutschen Bundes und seiner Staaten, die durch Verbote der politischen Vereinsbildung und der Koalitionen jeden kontinuierlich organisierten Zusammenschluß hemmte. Speziell für die Gewerkschaftsbewegung führten die starke Zersplitterung und die uneinheitlichen sowie komplizierten rechtlichen Schranken zu sehr unterschiedlichen Voraussetzungen für eine gewerkschaftliche Organisation der Arbeiter. So wechselte nicht selten auch das Erscheinungsbild der sich damals als „Gewerkschaften" bezeichneten Arbeitnehmerorganisationen[37]. Aufgrund der diskontinuierlichen Entwicklung der Gewerkschaftsbewegung erscheint im folgenden eine chronologische Abhandlung erforderlich. Als Ausgangsfrage ist daher zu überlegen, ab welchem Zeitpunkt überhaupt von ersten gewerkschaftlichen Zusammenschlüssen gesprochen werden kann.

---

36 *Rieble*, Arbeitsmarkt, Rn. 1843. Eingehend dazu auch *Koopmann*, Gewerkschaftsfusion, S. 26 - 31.

37 Vgl. dazu *Conze*, in: FS Rothfels, S. 328; *Fülberth*, Entwicklung, S. 22; *Limmer*, Gewerkschaftsbewegung, S. 17 f.; vgl. ferner *Gamillscheg*, Kollekt.ArbR., Bd. II, S. 79 - 126.

a) Anfangsphase

Wer auf das Kriterium der „organisierten Einheit" der Arbeiter abzielt, kann den Beginn der deutschen Gewerkschaftsbewegung bis ins Mittelalter (16. Jahrhundert) zurück datieren, da in dieser Zeit erste gewerkschaftsähnliche Zusammenschlüsse in Form von *Gesellenbruderschaften* hervortraten. Es gab bereits Ansätze kollektivrechtlicher Regelungen[38]. Der Einfluß der Gesellenbruderschaften auf die Gestaltung der Arbeitsverhältnisse war besonders von ihrer Bedeutung und Macht abhängig[39]. Wer dagegen die aktive „Streiktätigkeit" als Bereitschaft der abhängig Beschäftigten zur Wahrung und Förderung der Arbeitsbedingungen als maßgebliches Merkmal gewerkschaftlicher Bestrebungen ansieht, der wird den Beginn erst auf drei Jahrhunderte später zum einen bei den von Fall zu Fall gebildeten örtlichen Streikkoalitionen in der ersten Hälfte des 19. Jahrhunderts[40] und zum anderen bei den hohen Streikfrequenzen der 80er Jahre des 19. Jahrhunderts[41] festlegen müssen. Wer die bloße „Fähigkeit zum Streik" als Kriterium wählt, der muß nun wiederum im Mittelalter bei den Gesellenbruderschaften den Beginn der deutschen Gewerkschaftsbewegung ansetzen, denn gerade die Kampffähigkeit zeichnete die damaligen Gesellenverbindungen aus[42]. Die Frage nach dem Beginn der deutschen Gewerkschaftsbewegung stößt somit auf folgende Schwierigkeit: Einerseits sind alle Deutungen des Ursprungs zu unbestimmt, da für eine präzise Benennung zuvor geklärt werden müßte, was unter einer Gewerkschaft zu verstehen ist. Andererseits lassen sich geschichtliche Ereignisse nur selten auf einen genauen Zeitpunkt festlegen, da sie zumeist fließend ineinander übergehen[43].

Als „Vorformen" der heutigen Gewerkschaften müssen - abgesehen von den Gesellenbruderschaften des Mittelalters[44] - die mit dem Eintritt der industriellen Revolution in den deutschen Partikularstaaten in der ersten Hälfte des

---

38 *Grebing*, Arbeiterbewegung, S. 39; *Stein*, Tarifvertragsrecht, Rn. 11; vgl. auch *Hueck/Nipperdey*, Arbeitsrecht, 7. Aufl., Bd. II/1, S. 213 (Fn. 1) m. w. N.

39 *Dütz*, AuR 1976, 65 (69).

40 Vgl. *Abendroth*, Gewerkschaften, S. 6; *Schneider*, Geschichte, S. 23.

41 Vgl. die Beispiele bei *Schneider*, Geschichte, S. 49 f.; siehe auch *Tenfelde*, Arbeitskämpfe, S. 25.

42 *Hueck/Nipperdey*, Arbeitsrecht, 6. Aufl., Bd. II, S. 82; vgl. ferner *Tenfelde*, Arbeitskämpfe, S. 25.

43 *Tenfelde*, in: Borsdorf, Geschichte, S. 17. Ausführlich zur Anfangszeit deutscher Gewerkschaften auch *Engelhardt*, Anfänge, S. 9 - 23.

44 Die Bestrebungen der ersten Arbeiterkoalitionen im Mittelalter waren vorwiegend religiöser, caritativer und geselliger Art, die nur gelegentlich auf Arbeitsbedingungen einzuwirken versuchten, vgl. dazu *Limmer*, Gewerkschaftsbewegung, S. 17 f.

19. Jahrhunderts entstandenen Zusammenschlüsse der Arbeiter bezeichnet werden[45]. Nicht primär von den eigentlich betroffenen Arbeitnehmern, sondern vielfach von den Liberalen aus dem Bürgertum vorangetrieben, bildeten sich schon zu Beginn der Industrialisierungsphase *Unterstützungskassen* und *-vereine* sowie *Handwerker-*, *Bildungs-* und *Geselligkeitsvereine*, die ihre vorrangige Aufgabe in der Vermittlung einer elementaren wie fachlichen Bildung sahen, um den individuellen sozialen Aufstieg zu ermöglichen[46]. Wenngleich den Vereinen noch der Charakter von gewerkschaftlichen Organisationen fehlte, so waren sie doch bemüht, auch Fragen zu lösen, die das Arbeitsverhältnis berührten[47]. Kaum traten jedoch die ersten gewerkschaftlichen Bestrebungen erkennbar nach außen, ließen staatliche Maßnahmen jedes gemeinschaftliche Wirken restlos unterdrücken[48].

Eine entscheidende Rolle in der Gewerkschaftsentwicklung nahm das Revolutionsjahr 1848 ein. Zu den fundamentalen Neuerungen zählte die - erstmalige - Anerkennung der Vereinigungsfreiheit als Grundrecht. Diese Errungenschaft brachte die erste bedeutende politische Arbeiterorganisation, die *Arbeiterverbrüderung Stephan Borns*, hervor; unter dem Einfluß *Kolpings* bildeten sich ferner die ersten katholischen Gesellenvereine[49] sowie die ersten Berufsvereine, die - wenn auch zahlreich vorhanden - zumeist nur örtlich begrenzt tätig waren[50]. Die gewerkschaftlichen Aktivitäten gelangten in dieser Zeit aber nicht über einen unerheblichen Umfang hinaus. Gleichwohl war die Reaktionsphase nach 1849 bereits durch den Ansatz eines fließenden Übergangs von lokal begrenzter und meist anlaßgebundener Interessenvertretung zu vergleichsweise kontinuierlichen Organisationsformen, also zu einer *planmäßigen Gewerkschaftsbewegung*, gekennzeichnet[51].

Das Scheitern der bürgerlich-demokratischen Revolution von 1848/49 verhinderte alle weiteren Versuche der Arbeiterschaft, sich in Vereinen zu organisieren[52]. Der

---

45 Zum gewerkschaftlichen Organisationsverhalten in der ersten Industrialisierungsphase siehe *Engelhardt*, Organisationsverhalten, S. 374 m. w. N.

46 *Fleck*, Sozialliberalismus, S. 43.

47 *Czieslik*, in: IHG, Bd. 1, S. 336.

48 *Limmer*, Gewerkschaftsbewegung, S. 18.

49 *Koch*, Monopol, S. 206 f.

50 Zur gleichen Zeit lassen sich erste nationale Zentralverbände bei den Buchdruckern und den Tabakarbeitern finden, vgl. *Limmer*, Gewerkschaftsbewegung, S. 18.

51 *Engelhardt*, Organisationsverhalten, S. 378.

52 *Umbreit*, Gewerkschaftsbewegung, S. 1.

Wirkungsbereich der Arbeitervereine wurde immer weiter beschränkt, bis schließlich im Jahre 1854 ein für alle deutschen Staaten verbindlicher Bundestagsbeschluß die Auflösung aller Arbeitervereine erreichte, die „politische, sozialistische oder kommunistische Zwecke verfolgten"; nur unpolitische und konfessionelle Hilfs- und Bildungsvereine sowie einzelne gewerkschaftliche Kassen auf betrieblicher oder örtlicher Ebene konnten weiterbestehen[53].

b) Phase des Aufbaus

Während die Anfangsphase der sozialgeschichtlichen Entwicklung der Verbände mit der gesetzlichen Zerschlagung und dem Verbot kollektivrechtlicher Betätigungen abschloß, konnten die Arbeitnehmer in der nächsten Phase der Entwicklung diese Schranken überwinden und sich kollektiv zusammenschließen[54]. So vollzog sich trotz der rechtlichen Behinderungen in den Anfangsjahren der Gewerkschaftsbewegung in den 60er Jahren des 19. Jahrhunderts mit der partiellen Gewährung des Koalitionsrechts - die Koalitionsverbote wurden 1861 in Sachsen, 1867 in Preußen und 1869 schließlich im ganzen Norddeutschen Bund aufgehoben[55] - teils aus dem gemeinsamen Erlebnis des Streiks, teils in Anlehnung an Kassen und andere Arbeitervereine eine „Gründungswelle" von Gewerkschaften[56]. Nicht zuletzt waren für das Aufleben der frühen deutschen Gewerkschaftsbewegung auch der endgültige Durchbruch der Industriellen Revolution und der damit einhergehende konjunkturelle Aufschwung ausschlaggebend, da er mit der Zunahme von Lohnforderungen die Organisationsbereitschaft der Arbeiter unterstützte[57].

Gleichwohl erfolgte die Gründung der „Gewerkschaften"[58] zunächst weiterhin gesetzeswidrig. Die Reichsgewerbeordnung vom 29.05. 1869 brachte zwar eine

---

53 *Grebing*, Geschichte, S. 45.

54 Vgl. *Hueck/Nipperdey*, Arbeitsrecht, 7. Aufl., Bd. II/1, S. 116 f.

55 Ausgenommen waren die Landarbeiter und das Gesinde, vgl. *Limmer*, Gewerkschaftsbewegung, S. 19. Die Koalitionsfreiheit wurde in der Gewerbeordnung des Jahres 1869 festgelegt, in der es in § 152 heißt: „Alle Verbote und Strafbestimmungen gegen Gewerbetreibende, gewerbliche Gehilfen oder Fabrikarbeiter wegen Verabredung und Vereinigung zum Berufe der Erlangung günstiger Lohn- und Arbeitsbedingungen, insbesondere mittels Einstellung der Arbeit oder Entlassung der Arbeiter, werden aufgehoben."

56 Vgl. dazu *Umbreit*, Gewerkschaftsbewegung, S. 2.

57 *Hardtwig*, in: FS Ritter, S. 9 (10).

58 Der Name „Gewerkschaft" setzte sich in Deutschland erst Ende des 19. Jahrhunderts durch. Zu Beginn der Gewerkschaftsbewegung waren Bezeichnungen üblich wie zum Beispiel: *Verein*, *Organisation*, *Assoziation* oder *Gewerkverein*; ausführlich dazu *Hardtwig*, in: FS Ritter, S. 9 - 24.

erhebliche Lockerung der Koalitionsverbote, da § 152 Abs. 1 GewO die Verbote und Strafbestimmungen gegen Vereinigungen und Verabredungen der gewerblichen Arbeiter zur Förderung der Lohn- und Arbeitsbedingungen aufhob. Jedoch erreichte diese gesetzliche Regelung noch keine volle rechtliche Gewährleistung der Koalitionsfreiheit, denn § 152 Abs. 2 GewO versagte den Koalitionen den Rechtsschutz. Jede Ausübung von Druck auf Beitrittsunwillige hatte strafrechtliche Konsequenzen, und vor allem war die Koalitionsfreiheit lediglich auf einen bestimmten Personenkreis begrenzt[59].

Der Gründungsprozeß der ersten Gewerkschaften verlief sehr unterschiedlich: Neben örtlichen und überregionalen Organisationen entstanden überwiegend nach Beruf und Geschlecht getrennte Vereinigungen. Bis auf wenige Ausnahmen[60] waren diese Zusammenschlüsse meist auf kurze Zeit angelegt[61]. An- und ungelernten Arbeitern sowie Arbeiterinnen war der Eintritt in die Berufsverbände aber zunächst verwehrt, bis sich gegen Ende des 19. Jahrhunderts die ersten Industrieverbände durchsetzten konnten, die auch die Arbeiterinnen und die Hilfsarbeiter aufnahmen[62].

Trotz der neugewonnenen Freiheiten - wie der Koalitionsfreiheit - entwickelte der Staat immer neue Mittel und Wege, die gewerkschaftlichen Betätigungen zu behindern und zu unterdrücken. Die Koalitionsfreiheit der Gewerkschaftsbewegung fand daher am deutlichsten ihre Grenzen in den alten vereinsrechtlichen Regelungen der Länder des Deutschen Kaiserreichs sowie in dem Erlaß des Sozialistengesetzes (1878 - 1890)[63]. Um diesen gesetzlichen Grenzen ausweichen zu können, mußten die Arbeiter neue Organisationsformen entwickeln. Politisch aktiven Vereinen war es nach den meisten Vereinsgesetzen bis zum 01.01. 1900 verboten, mit Vereinen gleicher Art zusammenzuarbeiten. Ein gemeinsames Wirken mit anderen Verbänden zur Durchsetzung wichtiger Interessen war für die Gewerkschaften aber oftmals unentbehrlich. Mit Hilfe der Vereinsgesetze versuchten die staatlichen Behörden, die gewerkschaftlichen Aktivitäten zumindest zu behindern, indem sie den Begriff der politischen Betätigung auf fast alle gewerkschaftlichen Handlungen ausdehnten und den

59 Von der Koalitionsfreiheit umfaßt waren nur die Gewerbetreibenden, die gewerblichen Gehilfen, Gesellen oder Fabrikarbeiter und die Bergarbeiter, vgl. §§ 152, 154 a GewO. Vgl. dazu *Hueck-Nipperdey*, Grundriß, S. 180.

60 Auf Dauer angelegt waren bereits die Organisationen der Buchdrucker und Zigarrenarbeiter.

61 *Schneider*, Geschichte, S. 41; vgl. auch *Nikisch*, Arbeitsrecht, Bd. I, § 11 I 3.

62 Vgl. *Schuster*, Gewerkschaftsbund, S. 11; *Zwing*, Geschichte, S. 73.

63 Gesetz gegen die gemeingefährlichen Bestrebungen der Sozialdemokratie.

Gewerkschaften damit das Recht auf Zentralisation absprachen. Um nicht unter das Vereinsgesetz zu fallen und das Verbot umgehen zu können, entwickelte *Keßler* eine neue gewerkschaftliche Organisationsform: *Lokalorganisationen*, die aufgrund eines Vertrauensmännersystems an Stelle der festen gewerkschaftlichen Vereinsbildung eine lose Verbindung hatten[64].

Mit dem Erlaß des Sozialistengesetzes im Jahre 1878, das die Sozialdemokratie unter Ausnahmerecht stellte, erreichte die staatliche Unterdrückung ihren Höhepunkt[65]. Zahlreiche der Sozialistischen Arbeiterpartei nahestehende Gewerkschaften, wie vor allem die Gewerkschaften *Lassalleanischer* und *Eisenacher Herkunft*, lösten sich zum Teil selbst auf oder wurden gezwungen sich aufzulösen[66]. Im Gegensatz dazu blieben die liberalen Hirsch-Duncker'schen Gewerkvereine, die schon 1876 ihre Ideologie mit der Sozialdemokratie für unvereinbar erklärt hatten, unangetastet[67]. Um sich besser gegen Verbotsmaßnahmen abschirmen zu können, versuchten die Arbeitnehmer, zentrale Verbände zu vermeiden. Lediglich in Form von *Unterstützungskassen*, die vor allem als Auffangorganisationen für die verbotenen sozialdemokratischen Gewerkschaften dienten, konnten sie zentrale Strukturen bewahren[68]. So waren in dieser Zeit selbständige, also streng von der Partei getrennte, *lokale Fachvereine* vorherrschend[69], zumal für die Unterstützungsvereine die Gefahr bestand, als Versicherungsanstalten angesehen und damit unter staatliche Aufsicht gestellt zu werden[70]; dennoch gab es in dieser Zeit erstmals *Ansätze zur berufsübergreifenden Organisation*[71].

---

64 Weiterführend *Umbreit*, Gewerkschaftsbewegung, S. 4; *Zwing*, Geschichte, S. 60 u. 64.

65 Laut § 1 des Sozialistengesetzes waren verboten: „Vereine, welche durch sozialdemokratische, sozialistische oder kommunistische Bestrebungen den Umsturz der bestehenden Staats- und Gesellschaftsordnung bezwecken". Ausführlich dazu vgl. *Albrecht*, Fachverein, S. 281 - 306 m. w. N.

66 Obwohl die formelle Koalitionsfreiheit des § 152 Abs. 1 GewO unangetastet blieb und die Gewerkschaften formal nicht verboten wurden, vgl. *Beier*, Kontinuität, S. 76 (83 ff.). Siehe dazu auch *Limmer*, Gewerkschaftsbewegung, S. 28; *Umbreit*, Gewerkschaftsbewegung, S. 3 f.

67 *Tenfelde*, in: Borsdorf, Geschichte, S. 148; *Beier*, Kontinuität, S. 76 (83 ff.).

68 *Beier*, Kontinuität, S. 76 (83 ff.); vgl. auch *Schneider*, Geschichte, S. 59; *Umbreit*, Gewerkschaftsbewegung, S. 3 f.

69 *Umbreit*, Gewerkschaftsbewegung, S. 4; *Zwing*, Geschichte, S. 59; *Wachenheim*, Arbeiterbewegung, S. 273. Zum Begriff „Fachverein" siehe ausführlich *Albrecht*, Fachverein, S. 22.

70 *Umbreit*, Gewerkschaftsbewegung, S. 4; *Zwing*, Geschichte, S. 63.

71 Vorbild waren die Metall- und Holzarbeiterorganisationen, vgl. *Schneider*, Geschichte, S. 60 u. 76.

c) Phase der Festigung und des Ausbaus

Das Jahr 1890 bildete in der sozialgeschichtlichen Entwicklung der Verbände eine wichtige Zäsur[72]. Mit dem Ablauf des Sozialistengesetzes im Jahre 1890, dem Ende der Ära Bismarck und der großen Streikbewegung der Jahre 1889/90 begann für die Gewerkschaften die Phase des Ausbaus und der Festigung. Die Phase war gekennzeichnet durch die unbeschränkte Anerkennung der Koalitionen als Interessenvertretung der Arbeitnehmer und ihrem besonderen verfassungsrechtlichen Schutz durch Art. 159 WRV[73]. Es fielen die grundlegenden Entscheidungen über ihre zukünftige programmatische Orientierung und organisatorische Struktur[74]. Von wesentlicher Bedeutung war auch der Beginn - heute noch bestimmender - *zentralistischer* und damit *mächtiger Organisationsstrukturen* der Gewerkschaften. Der überwiegende Teil der Arbeiterschaft hatte sich nach dem Fall des Sozialistengesetzes für einen zentralistischen[75] Aufbau der Gewerkschaften entschieden, obwohl sich die während des Sozialistengesetzes gewählten lokalen Organisationsformen durchaus bewährt hatten[76]. Die selbständigen lokalen Berufsverbände schlossen sich daraufhin den großen Zentralverbänden an, und die „sozialistischen" Zentralverbände wiederum waren in einem gemeinsamen Organ, in der Generalkommission (ab 1919 in dem *ADGB*[77]), vertreten[78]. Nachdem die Hirsch-Duncker'schen-Gewerkvereine den Verband der deutschen Gewerkvereine und die christlichen Gewerkschaften 1899 den Gesamtverband der christlichen Gewerkschaften Deutschlands[79] gegründet hatten, existierten in Deutschland drei Zentralverbände[80].

Neben der territorialen Zentralisation zeigten die deutschen Gewerkschaften außerdem Ansätze zur *beruflichen Zentralisation*: zum berufsübergreifenden

---

72 *Ritter*, Arbeiterbewegung, S. 12.

73 *Hueck/Nipperdey*, Arbeitsrecht, 1. und 2. Aufl., Bd. II, S. 425. Zu Art. 159 WRV siehe unten Teil 2/2. Abschnitt unter § 8 I. 2. b.

74 *Tenfelde*, in: FS G. Ritter, S. 3.

75 Der unterlegene Teil der Arbeiterschaft, die Anhänger der lokalen Organisationen (sog. Lokalisten), bildeten die syndikalistische Gewerkschaftsrichtung. Ausführlich zum Syndikalismus *Kurth*, Geschichte, S. 58 und 66 ff.

76 *Limmer*, Gewerkschaftsbewegung, S. 29; *Schönhoven*, in: Borsdorf, Geschichte, S. 182 m. w. N.

77 Allgemeiner Deutscher Gewerkschaftsbund.

78 *Abendroth*, Gewerkschaften, S. 12 f.; *Limmer*, Gewerkschaftsbewegung, S. 29 f. Nach dem Zusammenschluß der sozialistischen Zentralverbände in der *Generalkommission* entstand der Name *„Freie"* Gewerkschaften, vgl. *Schuster*, Gewerkschaftsbund, S. 13 f.

79 *Koch*, Monopol, S. 209.

80 *Kurth*, Geschichte, S. 64; *Schuster*, Gewerkschaftsbund, S. 14.

Industrieverband. Doch waren es letztendlich die Berufsorganisationen, die noch bis in die Weimarer Zeit vorherrschend blieben, obwohl eine zunehmende Tendenz zum Industrieverband erkennbar war[81].

2. Richtungsgewerkschaften

In den deutschen Staaten existierten seit Beginn der Organisationsprozesse verschiedene politische Strömungen, die der deutschen Gewerkschaftsbewegung ein ganz eigenes Bild verliehen: So standen die Gewerkschaftsgründungen unter maßgeblichem Einfluß liberalistischer, sozialistischer und christlicher Ideen. Die großen bedeutenden Gewerkschaften entwickelten sich daher als *Richtungsgewerkschaften*[82]. Die starke Bindung an die Parteien spiegelte sich oftmals in der doppelten Mitgliedschaft in Partei und Gewerkschaft wieder[83]. Parteipolitisch ungebundene, nur an den Belangen ihres Berufes orientierte Berufsverbände waren der deutschen Gewerkschaftsbewegung weitestgehend fremd[84]. Die verschiedenen ideologischen Ausrichtungen fanden gezwungenermaßen auch ihren Ausdruck in der *Zersplitterung* der Gewerkschaftsbewegung und behinderten damit zusätzlich den organisatorischen Konzentrationsprozeß.

Ursache der politischen Verbundenheit der Gewerkschaften war die Einführung des allgemeinen Wahlrechts für den Norddeutschen Bund, das die großen Parteien veranlaßte, selbst die Bildung von gewerkschaftlichen Zusammenschlüssen voranzutreiben[85]. Die unter der Führung von *Bebel* und *Liebknecht* stehende *Eisenacher*-SPD beschloß im Herbst 1868[86] die Gründung von Internationalen Gewerksgenossenschaften. In rascher Folge entstanden die eng mit dem lassalleanischen Allgemeinen Deutschen Arbeiterverein (*ADAV*) verbundenen Arbeiterschaften *Schweitzers*[87] und die sich an der liberalen Preußischen Fort-

---

[81] Vgl. *Löwisch*, Arbeitsrecht, Rn. 171; ferner *Schönhoven*, Expansion, S. 306 ff.; *Zwing*, Geschichte, S. 70.

[82] Vgl. *Löwisch*, Arbeitsrecht, Rn. 170; *Sohn*, Berufsverband, S. 9 und 17; ferner *Söllner*, Grundriß, S. 72.

[83] Eingehend zu den Wurzeln der engen Verbindungen *Tenfelde*, in: Borsdorf, Geschichte, S. 55.

[84] *Sohn*, Berufsverband, S. 9.

[85] *Otto*, Konzeptionen, S. 39; *ders.*, Gewerkschaftsbewegung, S. 51; *Umbreit*, Gewerkschaftsbewegung, S. 2.

[86] Von *Tenfelde*, in: Borsdorf, Geschichte, S. 114 auch als das „Gewerkschaftsgründungsjahr“ bezeichnet.

[87] Die lassalleanischen Gewerkschaften sollten als Zentralverbände gegründet werden und sich zum „Allgemeinen Deutschen Arbeiterschaftsverband“ vereinigen, vgl. *Limmer*, Gewerkschaftsbewegung, S. 26.

schrittspartei orientierenden Hirsch-Duncker'schen Gewerkvereine[88]. Bereits ein Jahr später wurde auf Initiative von Bischof *Ketteler* eine christliche Gewerkschaftsrichtung ins Leben gerufen[89], die allerdings erst Mitte der 90er Jahre nennenswerte Bedeutung erlangte[90].

Ende der 60er Jahre des 19. Jahrhunderts teilte sich die deutsche Gewerkschaftslandschaft im wesentlichen in folgende drei Strömungen auf[91]: in die Gewerkschaften „sozialistischer" Prägung, in die Hirsch-Duncker'schen Gewerkvereine mit „liberaler" Grundhaltung sowie in die Gewerkschaften mit christlicher Anbindung[92]. Durch die verschiedenen politischen Richtungen der Gewerkschaften gab es innerhalb eines Berufszweiges oftmals mehr als eine Gewerkschaft, die dann miteinander konkurrierten; insbesondere führte die Vielfalt der Gewerkschaften zu Überschneidungen im Hinblick auf den Geltungsbereich der Tarifverträge[93]. Tarifverträge konnten entstehen, da die zunehmende Organisation der Arbeitnehmer in „Gewerkschaften" die Arbeitgeber dazu veranlaßt hatte, sich ebenfalls zusammenzuschließen[94]. Die Partner für den Abschluß kollektiver Verträge zur Regelung der Arbeitsbedingungen der Arbeitnehmer waren damit vorhanden[95]. Die Tarifverträge bestanden zwar nur für kurze Dauer, oftmals ohne Einhaltung einer Friedenspflicht am Ende von Streiks und vielfach auch nur mit einer ad hoc gebildeten Streikleitung. Dennoch entwickelten sie sich bald zum Mittel von dauerhaften Regelungen[96]; wenngleich es zunächst an entsprechenden Rechtsgrundlagen[97] fehlte[98].

---

88 *Kurth*, Geschichte, S. 59 f.; *Limmer*, Gewerkschaftsbewegung, S. 27 f.

89 *Umbreit*, Gewerkschaftsbewegung, S. 2.

90 Siehe dazu unten Teil 2/2. Abschnitt unter § 8 I. 2. d. cc.

91 Daneben existierten noch eine Reihe kleinerer Verbände, die aber nicht näher dargestellt werden sollen.

92 Ausführlich zu den drei Gewerkschaftsrichtungen siehe unten Teil 2/2. Abschnitt unter § 8 I. 2. d.

93 *Söllner*, Grundriß, S. 72.

94 *Däubler/Hege*, Koalitionsfreiheit, S. 22 Rn. 33.

95 Vgl. *Ramm*, RdA 1968, 412 (413).

96 Erste reichsweite Tarifverträge waren u. a.: der Buchdruckertarifvertrag 1873 und der Bauarbeitertarifvertrag 1899.

97 Als Rechtsgrundlage für Tarifverträge stand bis 1918 nur das allgemeine Zivilrecht zur Verfügung; vgl. hierzu *Hueck/Nipperdey/Stahlhacke*, TVG-Komm., 4. Aufl., Einl. S. 9 f.

98 *Gamillscheg*, Kollekt.ArbR., Bd. I, S. 102 f. m. w. N.

Nach und nach begannen aber die Gewerkschaften, sich von den großen politischen Parteien zu distanzieren. Sie wollten hinsichtlich ihrer Organisation und ihrer Programme selbständig und damit unabhängig werden. Vor allem die „freien“ (sozialistischen) Gewerkschaften erreichten nach zahlreichen Bemühungen im Jahre 1906 ihr Ziel, sich formell - durch einen Beschluß auf dem Mannheimer Parteitag - aus den allzu engen Bindungen an die Sozialdemokratische Partei zu lösen[99]. Steigende Mitgliederzahlen und das anwachsende Vermögen hatten die Position der Gewerkschaften gegenüber der Partei bis zu diesem Zeitpunkt soweit gestärkt, daß es ihnen möglich war, politisch selbständig zu werden. Ihre primäre Aufgabe sollte nach Auffassung der Gewerkschaften sodann in der unmittelbaren Vertretung der Interessen ihrer Mitglieder in beruflichen und tariflichen Angelegenheiten und nicht mehr in der Verfolgung der politischen und revolutionären Ziele der Arbeiterpartei liegen. Ein Jahr später folgten die Hirsch-Duncker'schen Gewerkvereine mit ihrer Proklamation sowohl zur religiösen als auch zur parteipolitischen Neutralität; nachdem sie bereits im Jahre 1901 die Unvereinbarkeit mit der SPD-Mitgliedschaft bekräftigt hatten[100].

Die drei großen Gewerkschaftsrichtungen - die sozialistische[101], die christliche und die liberale - bestanden nebeneinander bis zu ihrer gewaltsamen Auflösung durch die Nationalsozialisten am 02.05. 1933[102]. Zu dieser Zeit wiesen die gewerkschaftlichen Spitzenorganisationen, die sich aus Arbeiter-, Angestellten- und Beamtenverbänden zusammensetzten und bereits einen Organisationsgrad von 40 Prozent erreichten, folgende Mitgliederzahlen aus: der Allgemeine Freie Deutsche Gewerkschaftsbund (sozialistisch) rund 4.700.000, der Deutsche Gewerkschaftsbund (christlich) rund 1.300.000 und die Hirsch-Duncker'schen Gewerkvereine (liberal) rund 500.000 Mitglieder[103]. Die Nationalsozialisten überführten die Mitglieder der Spitzenorganisationen in die neu gegründete „Deutsche Arbeitsfront“ (*DAF*)[104].

---

99 Weiterführend *Limmer*, Gewerkschaftsbewegung, S. 34 ff; *Otto*, Konzeption, S. 41.

100 *Schneider*, Geschichte, S. 81.

101 Die sozialistische Gewerkschaftsrichtung war aufgeteilt in: die sozialdemokratisch ausgerichteten Freien Gewerkschaften (*ADGB* und *AfA-Bund*) und die kommunistischen Gewerkschaften (*RGO*), vgl. *Grill*, FDGB, S. 24.

102 Ausführlich dazu vgl. etwa *Gellings*, Geschichte, S. 34 ff.; *Hueck/Nipperdey*, Arbeitsrecht, Bd. II/1, 7. Aufl., S. 119 f.

103 Zahlen nach: *Löwisch*, Arbeitsrecht, Rn. 172; *Löwisch/Rieble*, in: MünchArbR, Bd. 3, § 248 Rn. 5.

104 Vgl. *Söllner*, Grundriß, S. 30.

II. Konzentrationsschritte nach dem Zweiten Weltkrieg

Die Gewerkschaften konnten nach dem Zusammenbruch des Nationalsozialismus im Jahre 1945 nur zögerlich wiederaufgebaut werden. Sie mußten verschiedene Mittel und Wege einschlagen, damit sie die Erscheinungsform erreichen konnten, die sie heute auszeichnet.

1. Mittel und Wege bis zu zonalen Zusammenschlüssen

Der Wiederaufbau der Gewerkschaften mußte dem sog. *Drei-Phasen-Schema* folgen. Denn die Besatzungsmächte wollten sich aufgrund ihres weit verbreiteten Mißtrauens gegenüber gewerkschaftlichen, insbesondere kommunistischen Kräften, weitgehende Eingriffsmöglichkeiten sichern[105]. Phase 1 des Drei-Phasen-Schemas sah die Gründung der Gewerkschaften zunächst nur auf betrieblicher Ebene vor. Phase 2 umfaßte die formellen Angelegenheiten - wie zum Beispiel das Kassieren von Mitgliedsbeiträgen - und schließlich Phase 3 die Genehmigung durch die alliierten Militärbehörden sowie den Zusammenschluß auf Bezirks-, Landes- oder Zonenebene[106]. Ende des Jahres 1945 gab es daher bereits eine Vielzahl örtlicher Gewerkschaften, allein in Westfalen ca. 367[107]. Aber erst zwei Jahre später, also im Jahre 1947, war mit Erreichen der dritten Phase der Weg frei zu *zonalen Zusammenschlüssen*, und der *DGB* konnte sich vorerst in der britischen Zone mit ca. 2.000.000 Mitgliedern konstituieren[108]; weitere Zusammenschlüsse von Gewerkschaften, insbesondere zu bi- und trizonalen Organisationen, folgten[109].

Zwei Ziele wollten die Alliierten mit diesem Stufenmodell erreichen: Erstens sollte der kommunistische Einfluß, der dem Anschein nach noch in den Betrieben vorhanden war, auf die neuen Gewerkschaften unterbunden[110] und zweitens eine Organisationsstruktur geschaffen werden, die sowohl eine starke Stellung der Zentrale abwendet, als auch den gesammelten Erfahrungen der Arbeiterbewegung Rechnung trägt[111]. Die Erfahrungen der Arbeiterbewegung hatten zu der einhelligen Überzeugung geführt, die tiefe ideologische Spaltung und die große

---

105 Vgl. *Däubler/Hege*, Koalitionsfreiheit, S. 32 Rn. 51; *Gamillscheg*, Kollekt.ArbR., Bd. I, S. 125; *Schmidt*, Neuordnung, S. 32 ff. m. w. N. und S. 37.

106 *Däubler/Hege*, Koalitionsfreiheit, S. 32 Rn. 51, *Hartfiel*, Angestellte, S. 171 (Fn. 13); *Schmidt*, Neuordnung, S. 37; vgl. ferner *Schneider*, Geschichte, S. 238 f.

107 Zahlen nach: *Schmidt*, Neuordnung, S. 42.

108 *Schmidt*, Neuordnung, S. 42.

109 *Mielke*, in: Hemmer/Schmitz, Geschichte, S. 21, 46 - 56.

110 Ausführlich *Däubler/Hege*, Koalitionsfreiheit, S. 32 f. Rn. 52.

111 *Däubler/Hege*, Koalitionsfreiheit, S. 33 Rn. 53.

Zersplitterung der Gewerkschaften überwinden zu müssen. Die Arbeiter und Angestellten sollten deshalb einheitlich organisiert werden und die Gewerkschaften nach dem Prinzip der Einheitsgewerkschaft aufgebaut werden[112]. Im Gegensatz zu den früheren Richtungsgewerkschaften, die nebeneinander in einem Betrieb vertreten waren, sollte ab diesem Zeitpunkt jeweils nur noch eine Gewerkschaft vorzufinden sein.

2. Gedanke von den Richtungsgewerkschaften zur Einheitsgewerkschaft

Die Militärbefehlshaber und der Alliierte Kontrollrat beeinflußten mit ihren Direktiven den Gründungsprozeß der Gewerkschaften maßgeblich[113]. Sie förderten insbesondere die längst von den früheren Gewerkschaftsströmungen[114] angestrebte Bildung von sog. *Einheitsgewerkschaften* mit einem gemeinsamen Dachverband; Einheitsgewerkschaften werden nach dem Industrieverbandsprinzip („Ein Betrieb - eine Gewerkschaft") und nicht nach dem traditionellen deutschen Berufsgewerkschaftsprinzip (Arbeiter - Angestellte - Beamte) organisiert und streben zudem parteipolitische und konfessionelle Neutralität sowie weltanschauliche Toleranz an[115]. In den einzelnen Besatzungszonen verlief die Entwicklung allerdings unterschiedlich[116].

a) Zonale Entwicklungsunterschiede

Im sowjetisch besetzten Teil Deutschlands war der Weg zur Neugründung von Gewerkschaften durch den Befehl Nr. 2 vom 10. Juni 1945[117] der Sowjetischen Militäradministration (*SMAD*) wieder freigegeben[118]. Aufgrund dieses Befehls bildete sich schon 1946 eine umfassende Einheitsgewerkschaft: der Freie Deutsche Gewerkschaftsbund (*FDGB*) als Dachverband von 18 Einzelgewerk-

---

112 *Däubler/Hege*, Koalitionsfreiheit, S. 33 Rn. 53; vgl. auch *Scharrer*, GMH 1992, 123 (124); *Schmidt*, Neuordnung, S. 37.

113 *Hartfiel*, Angestellte, S. 169; *Schmidt*, Neuordnung, S. 30.

114 Der *ADGB* hatte sich bereits im Juli 1920 mit der Schaffung von Industrieverbänden befaßt. Weiterführend dazu *Kurth*, Geschichte, S. 90.

115 Vgl. *Abendroth*, GMH 1974, S. 205 (212); *Gellings*, Geschichte, S. 59; *Hartfiel*, Angestellte, S. 171; *Söllner*, Grundriß, S. 72; *Koch*, Monopol, S. 213. Siehe auch *CGB*, Geschichte, abgedruckt unter: http://www.dhv-cgb.de/cgb/gesch.htm.

116 *Gamillscheg*, Kollekt.ArbR., Bd. I, S. 125; vgl. auch die Übersicht von *Hartfiel*, Angestellte, S. 172.

117 Quelle: Tägliche Rundschau, Nr. 24 v. 11. Juni 1945 S. 1, abgedruckt bei: *Grill*, FDGB, S. 88.

118 *Hartfiel*, Angestellte, S. 169; vgl. dazu auch *W. Müller*, Entwicklung des FDGB, S. 325; *Scharrer*, GMH, 1992, 123 (124); *Schneider*, Geschichte, S. 240.

schaften[119]. Zunächst war noch *ein gemeinsamer Weg für ganz Deutschland* beabsichtigt[120]. Ein Beschluß einer Interzonentagung im Oktober 1947 sah die Einberufung eines allgemeinen deutschen Gewerkschaftskongresses zum Frühjahr 1948 vor[121]. Doch machte die Unterwerfung des *FDGB* unter die Staatspartei Sozialistische Einheitspartei Deutschlands (*SED*) und letztendlich die Errichtung der Deutschen Demokratischen Republik (DDR) am 07.10. 1949 alle Pläne von einer gesamtdeutschen Einheitsgewerkschaft zunichte[122].

In den anderen drei Besatzungszonen erging die erste Direktive der Militärregierung über die Gründung von Gewerkschaften im August 1945; sie gab den Genehmigungszwang für jede Neugründung einer Gewerkschaft durch die Militärbehörde bekannt. Die Industrial Relations Directive Nr. 16 vom 12. April 1946 faßte die einzelnen Bedingungen für die Zulassung und den Aufbau der Gewerkschaften zusammen[123]. Die Arbeiter und Angestellten erhielten theoretisch das Recht, die Form von Gewerkschaften zu wählen, die sie anstreben[124]. Praktisch allerdings bekamen nur *einheitsgewerkschaftliche Zusammenschlüsse* eine Genehmigung zur Gründung[125]. Nachdem eine gesamtdeutsche Gewerkschaftseinheit aufgrund des engen Verhältnisses von *FDGB* und *SED* immer unwahrscheinlicher geworden war, vereinigten sich die genehmigten Einheitsgewerkschaften am 13. Oktober 1949, nach der Gründung der Bundesrepublik Deutschland, zum *DGB*. Der *DGB* umfaßte bei der Gründung 16 Industriegewerkschaften und zählte etwa 4.955.200 Mitglieder[126]. Das Industrieverbandsprinzip konnte sich damit durchsetzen[127]. Die im *DGB* zusammengeschlossenen Gewerkschaften legten ausdrücklich in ihren

---

119 *Kurth*, Geschichte, S. 89; vgl. ferner *W. Müller*, Entwicklung des FDGB, S. 325 (337).

120 *Gamillscheg*, Kollekt.ArbR., Bd. I, S. 125.

121 *Kurth*, Geschichte, S. 90.

122 *Gamillscheg*, Kollekt.ArbR., Bd. I, S. 125; *Kurth*, Geschichte, S. 90; vgl. dazu auch *W. Müller*, Entwicklung des FDGB, S. 325 (338).

123 *Hartfiel*, Angestellte, S. 170.

124 *Hartfiel*, Angestellte, S. 170; *Schmidt*, Neuordnung, S. 36 m. w. N.

125 Nur im Saarland - ein bis 1955 unter französischer Verwaltung stehendes autonomes staatliches Gebilde zwischen Frankreich und Deutschland - ließen die französischen Militärbehörden von Anfang an die Gründung konkurrierender Gewerkschaften (z. B. christliche Gewerkschaften) zu. Siehe dazu *Koch*, Monopol, S. 213.

126 *Gellings*, Geschichte, S. 48 f.; *Kurth*, Geschichte, S. 90 u. 95.

127 *Schön*, Arbeitskampfbereitschaft, S. 48.

Satzungen[128] fest, parteipolitische und ideologische Gesichtspunkte außer acht zu lassen[129].

b) Gescheiterte Einheitsgewerkschaft DGB

Das Ziel einer einheitlichen Gewerkschaftsbewegung auf der Basis von Industrieverbänden konnte bei der Wiedergründung der Gewerkschaften nach 1945 nicht vollständig verwirklicht werden[130]. Die Bedeutung der parteipolitischen und ideologischen Einflüsse, die zur Bildung der damaligen Richtungsgewerkschaften geführt hatten, vor Augen legte zwar die Mehrheit der Gewerkschaften in ihren Satzungen die parteipolitische Neutralität fest[131]. Für das Scheitern der *Einheitsgewerkschaft DGB* waren aber im wesentlichen die Trennung von der *DAG* und dem *DBB* sowie weltanschauliche und parteipolitische Gründe ursächlich.

aa) Trennung von DAG und DBB

Neben den Industriegewerkschaften entwickelten sich ab dem Jahre 1945 eigenständige Berufsverbände, wie zum Beispiel die Verbände der Angestellten und der Beamten. Durch die Trennung der Angestellten und Beamten von den Industriegewerkschaften des *DGB* konnte das angestrebte Ziel - Angestellte, Arbeiter und Beamte zusammen in einheitlichen Gewerkschaften zu organisieren - nicht vollständig verwirklicht werden[132]. Ein kurzer Rückblick auf historische Fakten soll die heftigen Auseinandersetzungen aufzeigen, die sich um die Frage drehten, ob Angestellte nach dem Industrieverband oder nach dem Berufsverband für Angestellte organisiert sein sollen:

Einen maßgeblichen Einfluß auf die weitere Entwicklung der Gewerkschaften hatten die Vertreter der Gewerkschaftsbewegung in der britischen Besatzungszone[133]. In Hamburg entstand im Juli 1945 als Nachfolgeorganisation der früheren

---

128 Vgl. z. B. die Teilübersicht bei *Hueck/Nipperdey*, Arbeitsrecht, Bd. II/1, 7. Aufl., S. 175 (Fn. 3).

129 *Gellings*, Geschichte, S. 49; *Rüthers*, ZfA 1982, 237 (241); *Schön*, Arbeitskampfbereitschaft, S. 98.

130 *Löwisch/Rieble*, in: MünchArbR, Bd. 3, § 248 Rn. 15; *Schön*, Arbeitskampfbereitschaft, S. 49.

131 Vgl. *Hueck/Nipperdey*, Arbeitsrecht, Bd. II/1, 7. Aufl., S. 175 mit Fn. 3; *Schön*, Arbeitskampfbereitschaft, S. 49.

132 *Schön*, Arbeitskampfbereitschaft, S. 49 f.

133 *Hartfiel*, Angestellte, S. 180.

Angestelltenverbände[134] die *DAG-Hamburg*, die sich im Jahre 1949 mit den Angestelltenverbänden der amerikanischen und der französischen Besatzungszone zusammenschloß[135]. Die *DAG-Hamburg* war als dreizehnter Verband dem *DGB-Hamburg* angeschlossen, der sich aus zwölf Industrieverbänden zusammensetzte[136] und sich im April 1947 zum *DGB* in der britischen Besatzungszone erweiterte[137]. Als sich in den anderen Westbesatzungszonen ebenfalls Angestelltengewerkschaften konstituierten, setzte eine Diskussion ein über die grundsätzliche Eingliederung und Erfassung der Angestellten innerhalb des *DGB* (*britische Zone*): Auf der einen Seite bestand die Forderung nach einer Organisation der Angestellten in Industrieverbänden und auf der anderen Seite der Wunsch nach eigenständigen Angestelltengewerkschaften. Denn bei den Angestellten kamen vereinzelt Zweifel auf, ob ihre angestelltenspezifischen Aufgaben auch erschöpfend in Industrieverbänden wahrgenommen werden können[138]. Die vierte Interzonenkonferenz der deutschen Gewerkschaften vom 06. bis 08.05. 1947 stimmte dem sog. Frankfurter Abkommen[139] zu, das die Schaffung von Angestelltengewerkschaften im Rahmen der Gewerkschaftsbünde vorsah[140]. In den sich anschließenden Auseinandersetzungen mit den Industriegewerkschaften über die Abgrenzung des Organisations- und Werbebereichs der Angestellten konnte jedoch keine Einigung erzielt werden[141]. Die *DAG* gab schließlich ihre Zugehörigkeit zum Bund in der britischen Zone auf[142].

Eine weitere Phase der Auseinandersetzungen zwischen Industrie- und Angestelltengewerkschaften setzte ab den Verhandlungen über die Gründung eines

---

134 Daneben entstanden als Angestelltenverbände auch der Deutsche Handlungsgehilfen-Verband (*DHV*) und der Verband weiblicher Büroangestellter.

135 *Gellings*, Geschichte, S. 52; *Kurth*, Geschichte, S. 100; *Löwisch/Rieble*, in: MünchArbR, Bd. 3, § 248 Rn. 16.

136 *Eitel*, Ungleichbehandlung, S. 26; *Koch*, Monopol, S. 25.

137 *Hartfiel*, Angestellte, S. 175; *Koch*, Monopol, S. 25.

138 Vgl. Erklärung der *DAG* zum Aufbau einer Angestelltengewerkschaft v. 29.04. 1946, abgedruckt in: Quellen zur Geschichte der deutschen Gewerkschaftsbewegung im 20. Jahrhundert, Bd. 8, Dokument 12, S. 94. Siehe auch *Gellings*, Geschichte, S. 51; *Hartfiel*, Angestellte, S. 177; *Kocka*, Die Angestellten, S. 210 f.; *Löwisch/Rieble*, in: MünchArbR, Bd. 3, § 248 Rn. 16.

139 Das Ergebnis der dritten Interzonenkonferenz, an der Vertreter aller Angestelltengewerkschaften vom 10. - 12.03. 1947 in Frankfurt teilnahmen, wird als Frankfurter Abkommen bezeichnet, vgl. *Koch*, Monopol, S. 27.

140 *Eitel*, Ungleichbehandlung, S. 26; *Hartfiel*, Angestellte, S. 182; *Koch*, Monopol, S. 28.

141 *Eitel*, Ungleichbehandlung, S. 27; *Hartfiel*, Angestellte, S. 183; *Koch*, Monopol, S. 29.

142 *Hartfiel*, Angestellte, S. 186.

Gewerkschaftsbundes für das Gebiet der Bundesrepublik Deutschland ein. Nachdem die Industriegewerkschaften auf der am 29. und 30.03. 1949 in Münster am Stein geführten Konferenz eine eigenständige Angestelltengewerkschaft innerhalb des *DGB* endgültig abgelehnt hatten, begannen die Angestelltengewerkschaften der britischen und amerikanischen Zone sich zu verschmelzen. Damit entstand eine überzonale Gewerkschaftsorganisation der Angestellten[143]. Als der *DGB* mit § 3 Satz 2 a seiner Satzung vom 13.10. 1949 festlegte, dem *DGB* sollen *keine zwei um die gleichen Arbeitnehmergruppen konkurrierenden Gewerkschaften angehören*, war der *DAG* ein Beitritt zum *DGB* unmöglich geworden[144]. Die *DAG* blieb daher auf dem Gründungskongreß des *DGB* im Jahre 1949 außerhalb dieses Bundes[145]. *DAG* und *DGB* waren somit in der Organisation der Angestellten endgültig zu *konkurrierenden Gewerkschaften* geworden[146], eine Situation, die zwar bis heute noch unverändert geblieben ist, sich aber in Zukunft durch die geplante Vereinigung („Fusion") der *DAG* mit einigen *DGB*-Industriegewerkschaften im Frühjahr 2001 ändern soll[147] (dazu III.).

Auch die Beamten teilten die Befürchtungen der Angestellten, ihre Interessen als Minderheit[148] können nicht ausreichend innerhalb des *DGB* wahrgenommen werden[149]. Trotz zahlreicher Versuche seit dem Jahre 1946, den *DBB* als gewerkschaftlichen Berufsverband wieder zu gründen - die allesamt am Einspruch der Besatzungsmächte scheiterten[150] - konstituierte sich am 22.03. 1950 endgültig der *DBB*[151].

bb) Weltanschauliche und parteipolitische Gründe

Während die Abgrenzung von *DAG* und *DBB* im wesentlichen von organisatorischen und berufspolitischen Motiven geleitet war, scheiterte die Gewerkschaftseinheit in Deutschland auch an weltanschaulichen und parteipolitischen Gründen. Die maßgeblichen Impulse sollen im folgenden kurz dargestellt werden.

---

143 *Hartfiel*, Angestellte, S. 186 f.

144 *Falkenberg*, AR-Blattei, (D) Berufsverbände II A (unter I.); *Gellings*, Geschichte, S. 52; *Hartfiel*, Angestellte, S. 188; *Löwisch*, in: MünchArbR, Bd. 3, § 248 Rn. 16.

145 *Hartfiel*, Angestellte, S. 188; *Kurth*, Geschichte, S. 100.

146 Vgl. *Kocka*, Die Angestellten, S. 210 f. und Tabelle 2, S. 213.

147 Siehe dazu unten Teil 1 unter § 2 III. 2. a. dd.

148 Im *DGB* waren z. B. im Jahre 1950 6,4 Prozent Beamte organisiert, vgl. *Gellings*, Geschichte, S. 43.

149 *Eitel*, Ungleichbehandlung, S. 26; *Gellings*, Geschichte, S. 56.

150 Vgl. *Gellings*, Geschichte, S. 55.

151 *Gellings*, Geschichte, S. 56; *Schön*, Arbeitskampfbereitschaft, S. 49 f.

Eine Teilung der Einheitsgewerkschaft fand erst nach der Bildung der Bundesrepublik Deutschland im Jahre 1949 statt, da das Grundgesetz von 1949 die Koalitions- und Vereinigungsfreiheit wieder als Grundrecht garantierte. Mit der erlangten staatlichen Souveränität existierte *kein Genehmigungszwang* mehr für Gewerkschaftsgründungen. Die Arbeitnehmer waren frei, über ihren gewerkschaftlichen Zusammenschluß zu entscheiden[152].

Besonders die Angestellten, die dem vor 1933 existierenden Christlichen Deutschen Gewerkschaftsbund angehörten, entschieden sich für eigene gewerkschaftliche Zusammenschlüsse. Im Jahre 1955 konstituierte sich dann die Christliche Gewerkschaftsbewegung, die sich einige Zeit später (1959) in den Christlichen Gewerkschaftsbund (*CGB*) umbenannte. Der *CGB* folgte aber nicht dem Industrieverbandsprinzip, sondern vielmehr dem *Berufsverbandsprinzip* mit eigenen Verbänden der Arbeiter, der Angestellten und der Beamten[153]. Die Diskussionen um Verstöße des *DGB* gegen *weltanschauliche*[154] Grundsätze waren der Auslöser zur Gründung einer eigenständigen christlichen Organisation[155]. Die christliche Seite bemängelte aber nicht nur die weltanschauliche Toleranz, sondern auch den *Bruch parteipolitischer Neutralität*, weil sich der *DGB* in seiner Haltung stark an der Sozialdemokratischen Partei Deutschlands (*SPD*) ausrichtete[156]. Eine Verstärkung der Spannungen trat insbesondere ein, als im Jahre 1953 der *DGB* anläßlich der Wahl zum 2. Deutschen Bundestag mit der Wahlparole „Wählt einen besseren Bundestag!" auftrat[157].

III. Aktueller Konzentrationsprozeß

Bereits in den 80er Jahren setzte eine verstärkte Reformdebatte innerhalb der deutschen Gewerkschaftslandschaft ein. Die Bewältigung der deutschen Einheit ließ die Umgestaltungsvorschläge nur kurzzeitig in den Hintergrund treten. In den kommenden Jahren entbrannte die heftige Diskussion erneut; zahlreiche Umstrukturierungen der Gewerkschaftslandschaft folgten. Während sich die

---

152 Vgl. *CGB*, Geschichte, abgedruckt unter: http://www.dhv-cgb.de/cgb/gesch.htm.

153 *Löwisch/Rieble*, MünchArbR, Bd. 3, § 248 Rn. 17.

154 Weltanschauliche Gründe führten auch am 01.10. 1950 zur (Wieder-) Gründung des Deutschen Handels- und Industrieangestellten-Verbandes (*DHV*) und zur Gründung des Verbandes der weiblichen Angestellten (*VWA*), vgl. *Nikisch*, Arbeitsrecht, Bd. I, § 11 II 3.

155 *Gellings*, Geschichte, S. 59; *Löwisch/Rieble*, MünchArbR, Bd. 3, § 248 Rn. 17; *Nikisch*, Arbeitsrecht, Bd. I, § 11 II 2.

156 *CGB*, Geschichte, abgedruckt unter: www.ddhv-cgb.de/cgb/start.htm.

157 Zu der Frage, ob der *DGB* und seine Einzelgewerkschaften den Neutralitätsgedanken ernst genug genommen haben, siehe *Eitel*, Ungleichbehandlung, S. 29 ff.; vgl. ferner *Wilke*, Einheitsgewerkschaft, passim.

Veränderungen in erster Linie unter dem Dach des *DGB* abspielten, scheint die Fusionsidee inzwischen auch die bisher in Konkurrenz zum *DGB* stehende *DAG* mitgerissen zu haben[158]. Andere außerhalb des *DGB* stehende Zusammenschlüsse sind mit Blick auf die Mächtigkeitsjudikatur ebenfalls von diesen Gedanken ergriffen. Nach einer Skizze der Konzentrationsbewegung im Rahmen der deutschen Einheit soll deshalb ein Überblick der aktuellen Veränderungsprozesse, insbesondere der Konzentrationsentwicklung vor dem Hintergrund der - an anderer Stelle noch darzulegenden - „Mächtigkeitsrechtsprechung", gegeben werden.

1. Konzentrationsbewegung im Rahmen der deutschen Einheit

Da sich der *FDGB* unter zentralistischer Leitung aus Einzelgewerkschaften zusammensetzte, die lediglich als Fachabteilungen ohne Souveränität fungierten[159], kam es nach dem politischen Umbruch im Herbst 1989 zunächst zu einem *Umstrukturierungsprozeß*[160]. Selbständige Einzelgewerkschaften mit Finanz- und Tarifhoheit entstanden. Damit waren zugleich die Grundvoraussetzungen für eine Gewerkschaftseinheit mittels einer Zusammenführung auf der Ebene der Einzelgewerkschaften geschaffen. Nachdem sich allerdings herausstellte, eine Fusion des *FDGB* mit dem *DGB* könne nicht in Frage kommen, beschloß der *FDGB* seine Auflösung zum 30.09. 1990[161].

Während sich die Herstellung der erstrebten Gewerkschaftseinheit bei Vorliegen von organisatorisch korrespondierenden Ost- und Westgewerkschaften überwiegend durch eine Auflösung der Ostverbände unter gleichzeitiger Ausdehnung der bundesdeutschen Gewerkschaften auf das Gebiet der DDR gestaltete, gab es aber auch Ausnahmeerscheinungen - wie die *DGB*-Gewerkschaft IG Chemie, Papier, Keramik (*IG CPK*), die sich für eine Fusion mit der ehemaligen *FDGB*-Gewerkschaft Chemie-Glas-Keramik entschied[162]. Fehlten die entsprechenden Ostverbände, so kam es zunächst zu Neugründungen auf dem Gebiet der DDR; spätere Zusammenschlüsse mit Westgewerkschaften folgten[163].

---

158 *Lang/Schaaf*, GMH 1997, 305 (306). Siehe auch die Diskussion der Gewerkschaftssekretäre *Bösche/Kirchgäßner/Trautwein/Rose/Schmidt*, GMH 1996, S. 17 - 24.

159 Der *FDGB* hatte eine zentralistische Finanzverfassung; die einzelnen Verbände bekamen ihre Mittel von der *FDGB*-Finanzverfassung zugewiesen.

160 *Wilke/Müller*, Solidarität, S. 43 f.

161 Eingehend dazu *Koopmann*, Gewerkschaftsfusion, S. 31 f.; vgl. ferner *Rieble*, AuR 1990, 365.

162 Vgl. *Rieble*, AuR 1990, 365 (366); ferner *Wilke/Müller*, Solidarität, S. 128 - 145.

163 Zu den einzelnen Neugründungen siehe den Überblick bei *Koopmann*, Gewerkschaftsfusion, S. 31 f.; ferner *Wilke/Müller*, Solidarität, S. 145 ff., 245 ff.

2. Veränderungsprozesse seit der deutschen Einheit

Im folgenden werden die seit der deutschen Einheit zu beobachtenden einzelnen Veränderungsprozesse der Gewerkschaftslandschaft näher beleuchtet werden.

a) Reformdebatten im DGB

Während die Zahl der Mitgliedsgewerkschaften von anfangs 16 seit der Gründung des *DGB* weitestgehend konstant blieb - zwischenzeitlich erfolgte nur die Aufnahme der Gewerkschaft der Polizei (*GdP*) im Jahre 1978 -, setzte im Zuge der deutschen Einheit und in der Mitte der 90er Jahre eine verstärkte Konzentrationsbewegung ein; weitere Zusammenschlüsse stehen unmittelbar bevor. Eine Beschreibung der wichtigsten gewerkschaftlichen Konzentrationsmodelle und ein Überblick der aktuellen Konzentrationsdichte ist daher angezeigt[164].

aa) Vorbemerkung

Vor dem Hintergrund anhaltender nur durch die deutsche Einheit vorübergehend unterbrochener Mitgliederverluste und entsprechender Sparprogramme sahen sich die *DGB*-Gewerkschaften in den letzten Jahren gezwungen, neben inhaltlichen auch *strukturelle Reformvorschläge* zu unterbreiten. Weitere wichtige Gründe für die Veränderungsdiskussionen lagen in dem gesellschaftlichen und sozialen Umbruch der vergangenen Jahre. Daneben darf der Wandel von Industrie- und Wirtschaftsstrukturen nicht unerwähnt bleiben. Die maßgeblichen Tendenzen lassen sich in folgenden Punkten zusammenfassen: Ausweitung des Angestellten- und Dienstleistungssektors, Verschiebung von Branchengrenzen und dem Wegfall der Grenzen zwischen öffentlichen und privaten Dienstleistungen[165].

bb) Kooperationsmodelle

Neben Überlegungen, die gewerkschaftliche Neuordnung nach *sachlichen Kriterien* zu gestalten[166], gab es einen weiteren Ansatz, durch gewerkschaftliche *Kooperationen* die Kosten zu mindern und zugleich die Präsenz in der Fläche zu wahren sowie die Effektivität zu steigern. Diese Möglichkeit ergriffen die fünf kleinen Gewerkschaften für Holz und Kunststoff (*GHK*), Textil und Bekleidung (*GTB*), Handel, Banken und Versicherungen (*HBV*), Nahrungs-Genuß-Gaststätten (*NGG*) sowie Medien - und sind damit gestrandet. Ein ebenfalls fehlgeschlagener Versuch findet sich bei der im Jahre 1991 eingeleiteten Kooperation zwischen der

---

164 Umfassend dazu *Koopmann*, Gewerkschaftsfusion, S. 36 – 50.

165 Eingehend dazu *Koopmann*, Gewerkschaftsfusion, S. 36 f.; *Lang/Schaaf*, GMH 1997, 305 f.

166 Umfassend dazu *Lang/Schaaf*, GMH 1997, 305 (308 f.).

IG Metall und der Deutschen Postgewerkschaft (*DPG*). Die offene Zielbestimmung und die nicht weiterreichenden Perspektiven in Richtung räumlicher Zentrierung - zumindest einzelner Organisationsbereiche - der Verwaltung sollten der Grund des Scheiterns der einzelnen Kooperationen sein[167].

Einen weiteren gewerkschaftlichen Verbund gingen 1996 die *HBV*, *DPG* und *IG Medien* ein. Mit der Zielsetzung einen einheitlichen Standort der Hauptverwaltungen und gemeinsame Geschäftsstellen für alle Mitglieder zu schaffen, konnte den Bedenken gegenüber dem anfänglichen Kooperationsmodell entgegengetreten werden. Angesichts der sich abzeichnenden Fusionen im Dienstleistungssektor[168] bleibt die Zukunft dieses Kooperationsmodells aber fraglich[169].

cc) Fusionswelle

Bereits im Jahre 1989 fusionierten die IG Druck und Papier und die Gewerkschaft Kunst zur *IG Medien*[170]. Weitere kleinere Zusammenschlüsse folgten: im Jahr 1996 zwischen der IG Bau, Steine, Erden (*IG BSE*) und der Gewerkschaft Gartenbau, Land- und Forstwirtschaft (*GGLF*) zur IG Bauen-Agrar-Umwelt (*IG Bau*) und zum 01.01. 2000 zwischen der Gewerkschaft Holz und Kunststoff (*GHK*) und der *IG Metall*[171]; am 10.09. 1996 hatte die *IG Metall* bereits einen Integrationsvertrag mit der Gewerkschaft Textil-Bekleidung (*GTB*) abgeschlossen[172]. Handelte es sich bei diesen aufgezeigten Fusionen noch um lediglich kleinere Kräftebündelungen, so erreichte der Konzentrationsprozeß mit dem Kooperationsbündnis von IG Chemie, Papier, Keramik (*IG CPK*) und IG Bergbau und Energie (*IG BE*) vom 02.05. 1992 und dem Anschluß der Gewerkschaft Leder (*GL*) am 01.06. 1993 ein erheblich größeres Ausmaß. Am 01.01. 1994 gründeten sie die erst als Kartellgewerkschaft bestehende und später (1997) in eine Industriegewerkschaft umgewandelte IG Bergbau, Chemie, Energie (*IG BCE*)[173].

---

167 *Koopmann*, Gewerkschaftsfusion, S. 37; *Lang/Schaaf*, GMH 1997, 305 (309).

168 Siehe dazu unten Teil 1 unter § 2 III. 2. a. dd.

169 *Koopmann*, Gewerkschaftsfusion, S. 37 f.

170 Zu den einzelnen Fusionsschritten und Mitgliederverbänden umfassend *Koopmann*, Gewerkschaftsfusion, S. 40 f.

171 Zur Vorgeschichte der Fusion siehe *Koopmann*, Gewerkschaftsfusion, S. 43 – 45.

172 Die Auflösung der *GTB* erfolgte am 30.06. 1998.

173 Umfassend zu den Beweggründen, den einzelnen Fusionsschritten und den Mitgliederstrukturen *Koopmann*, Gewerkschaftsfusion, S. 42 – 43.

Von den zwischenzeitlich 17 *DGB*-Gewerkschaften[174] bestehen derzeit nur noch 11 Einzelgewerkschaften[175].

dd) Geplante Fusion von DGB-Gewerkschaften und DAG

Für das Frühjahr 2001 ist eine weitere Fusion geplant, die sich allerdings in einem anderen Größenverhältnis abspielen wird. Angesichts der zunehmenden gesamtwirtschaftlichen Bedeutung des Dienstleistungssektors wollen sich vier *DGB*-Gewerkschaften - *HBV*, *ÖTV*, *DPG* und *IG Medien* - mit der *DAG*, die nun erstmalig wieder unter dem Dachverband des *DGB* organisiert sein wird, zu einer „Vereinten Dienstleistungsgewerkschaft" (sog. *Ver.di*) zusammenschließen[176]. Ein Beschluß vom 31.10. 2000 über die „Grundsätze der Organisationsbeziehungen und -kooperation der *DGB*-Gewerkschaften [über die] Integration der *DAG* in den *DGB*" existiert bereits[177]. Zählte bis heute die *IG Metall* mit mehr als 2.700.000 Mitgliedern als die größte freie Einzelgewerkschaft der Welt, so wird sich das ab dem Gründungszeitpunkt von *Ver.di* mit einer zu erwartenden Mitgliederzahl von weit mehr als 3.000.000 ändern[178]. Lassen noch zu lösende Gestaltungsfragen - wie Aufbau des Beratungsnetzes und Ansprechpartner - eine Mitgliedschaft beispielsweise der *ÖTV* nicht unmittelbar zu, so soll das vorrangige Ziel, *Ver.di* mit fünf Gewerkschaften zu bilden, weiter verfolgt werden. Für diese Situation existiert ein Auffangkonzept „Vier-plus-eins", das bestimmt: Die Gewerkschaft, die die notwendige Mehrheit nicht erreicht, soll mit *Ver.di* eine neue *Ver.di*-Gründungsorganisation bilden[179]. Die Mitgliederzahl der *DGB*-Gewerkschaften von derweil 11 wird voraussichtlich auf eine Anzahl von 8 schwinden; die Ausgangszahl hätte sich damit halbiert[180].

b) Konzentrationstendenzen und „Mächtigkeitsrechtsprechung"

Mit der Umsetzung der Fusionspläne von *Ver.di* wird der Kreis der potentiellen Tarifpartner weiter abnehmen. Außerhalb des *DGB* lassen sich - abgesehen von

174 Siehe dazu Anhang, Abbildung 1.

175 Siehe dazu Anhang, Abbildung 2.

176 Seit 1994 gibt es bereits ein Kooperationsabkommen zwischen der *ÖTV* und der *DAG*. Siehe dazu das Gespräch zwischen dem *ÖTV*-Vorsitzenden *Herbert Mai* und der *FAZ* v. 30.08. 2000 unter dem Titel: „Verdi wird auf jeden Fall im März 2001 gegründet".

177 *FAZ* v. 02.11. 2000, S. 19, Titel: „*DGB* und *DAG* legen Kompetenzstreit bei".

178 Ausführlich zur Vorgeschichte der geplanten Fusion *Koopmann*, Gewerkschaftsfusion, S. 47 – 50.

179 Siehe dazu das Gespräch zwischen dem *ÖTV*-Vorsitzenden *Herbert Mai* und der *FAZ* v. 30.08. 2000 unter dem Titel: „Verdi wird auf jeden Fall im März 2001 gegründet".

180 Siehe dazu Anhang, Abbildung 3.

den Gewerkschaften des *DBB*[181] - dann theoretisch nur noch die christlichen Arbeitnehmerverbände als „etablierte Gewerkschaften" heranziehen.

Die Praxis lehrt jedoch gegenteilige Tendenzen: Erst erschwert die Rechtsprechung des Bundesarbeitsgerichts mit seinem Prinzip der Tarifeinheit[182], daß Tarifabschlüsse kleiner Vereinigungen überhaupt neben Tarifverträgen großer Konkurrenzgewerkschaften Bestand haben können. Weichen diese Verbände - wie die Vergangenheit zeigt - dann auf den allein denkbaren Weg des Anschlußtarifvertrages aus, um einen Tarifschutz ihrer Mitglieder zu erreichen, so geraten sie unter dem Vorwurf der Schwäche ins Kreuzfeuer der Kritik großer Konkurrenten und werden schließlich mit einer Ablehnung ihrer Tariffähigkeit durch die arbeitsrechtlichen Gerichte gestoppt[183]. Ohne Aussicht auf ein Ende dieser Konflikte sind diese Verbände auch heute noch vereinzelt Zielscheibe dieser Vorwürfe[184].

Häufig von solchen Anfechtungen angetrieben, setzten auch innerhalb der christlichen Verbandsstrukturen Konzentrationsprozesse ein. Wie noch gezeigt werden soll, versuchten einige dieser in Frage gestellten Gewerkschaften durch Fusionen den Mächtigkeitsvorstellungen der Judikative zu entsprechen. Zum besseren

---

181 Der *DBB* ist die Spitzenorganisation der Gewerkschaften des öffentlichen Dienstes und des privaten Dienstleistungssektors mit einer Gesamtmitgliederzahl von über 1.200.000 Mitgliedern. Dem *DBB* gehören Landesbünde in allen 16 Bundesländern an, daneben Gewerkschaften der im Bundesdienst oder im privaten Dienstleistungssektor Beschäftigten sowie Bundesfachgewerkschaften, in denen Beamte, Arbeiter und Angestellte im öffentlichen Dienst und auf kommunaler und Länderebene in Bundesorganisationen organisiert sind. Insgesamt befinden sich 37 Fachgewerkschaften unter dem Dachverband, Zahlen nach: http://dbb.de/mitglieder/funktional.html.

Die Beamtengewerkschaften nehmen aber eine Sonderrolle ein. Sie sind bereits aus rechtlichen Gründen *nicht tariffähig*. Wenn im folgenden von Gewerkschaften gesprochen wird, so sind damit ausschließlich Gewerkschaften gemeint, die zumindest überwiegend privatrechtliche Arbeitnehmer als Mitglieder haben. Siehe hierzu *Reuß*, RdA 1972, 4 (5).

182 Ausführlich dazu siehe unten Teil 3 unter § 12 I. 3. b. bb. (2).

183 Vgl. z. B. die Kritik der *HBV* gegenüber des Arbeitnehmerverbandes land- und ernährungswirtschaftlicher Berufe (*ALEB*), Sachverhalt zu BAG 10.09. 1985 – 1 ABR 32/83, AP Nr. 34 zu § 2 TVG = BAGE 49, 322 ff.; ferner die Einwände der *IG-Bau* gegen die Christliche Gewerkschaft Holz und Bau Deutschlands (*CGHB*), Sachverhalt zu BAG v. 16.01. 1990 - 1 ABR 93/88, AP Nr. 38 zu § 2 TVG. Kritisch dazu *Rieble*, Arbeitsmarkt, Rn. 1869.

184 Jüngstes Beispiel ist die *CGM*; die Arbeitsgerichte mußten sich schon zuvor mehrfach aufgrund von Klagen seitens der *IG Metall* mit der Tariffähigkeit oder Gewerkschaftseigenschaft der *CGM* beschäftigen; siehe ausführlich zu die einzelnen Unternehmungen unten Teil 1 unter § 2 III. 2. b. aa.

Verständnis dieses Strebens nach Stärke empfiehlt es sich, zuvor eine kurze Übersicht der arbeitsgerichtlichen Auseinandersetzungen zu geben.

aa) Umstrittene Tariffähigkeit christlicher Gewerkschaften

Im folgenden werden in der gebotenen Kürze mit wenigen Strichen insbesondere die Streitigkeiten um die Gewerkschaftseigenschaft und Tariffähigkeit christlicher „Gewerkschaften" nachgezeichnet, die in den letzten Jahren Gegenstand höchstrichterlicher Entscheidungen waren:

(1) So verneinte das Bundesarbeitsgericht zum Beispiel mit Urteil vom 16.01. 1990 die Tariffähigkeit der Christlichen Gewerkschaft Holz und Bau (*CGHB*)[185]. Die gegen diese Entscheidung von Seiten der *CGHB* eingelegte Verfassungsbeschwerde nahm das Bundesverfassungsgericht durch Beschluß vom 16.09. 1991 nicht zur Entscheidung an[186].

(2) Vergleichbar ist auch die gerichtliche Auseinandersetzung um die Tariffähigkeit der Christlichen Gewerkschaft Bergbau, Chemie, Energie (*CGBCE*). Das Bundesarbeitsgericht hatte der *CGBCE* mit Beschluß vom 14.03. 1978 die Tariffähigkeit abgesprochen[187]. Die gegen diese Entscheidung eingelegte Verfassungsbeschwerde nahm das Bundesverfassungsgericht mit Beschluß vom 07.11. 1978 nicht an[188]. Das von der *CGBCE* im Jahre 1982 eingeleitete Beschlußverfahren blieb schließlich erfolglos. Obwohl das Bundesarbeitsgericht zunächst den Beschluß der Vorinstanz aufhob[189], bestätigte es jedoch in dem das Verfahren abschließenden Beschluß vom 16.01. 1990 die Entscheidung der Vorinstanz (LAG *Düsseldorf*), daß der *CGBCE* die notwendige Durchsetzungskraft fehle und sie damit nicht tariffähig sei[190].

(3) Im Hinblick auf die Tariffähigkeit des Arbeitnehmerverbandes land- und ernährungswirtschaftlicher Berufe (*ALEB*) liegt zwar ebenfalls ein Beschluß des Bundesarbeitsgerichts vor. Allerdings hat der 1. Senat nur die Entscheidung der Vorinstanz, die die Tariffähigkeit des *ALEB* abgelehnt hatte, aufgehoben, ohne

---

185 BAG v. 16.01. 1990 - 1 ABR 93/88, AP Nr. 38 zu § 2 TVG.

186 BVerfG v. 16.09. 1991 - 1 BvR 453/90, EzA § 2 TVG Nr. 19 a.

187 BAG v. 14.03. 1978 - 1 ABR 2/75, AP Nr. 3 zu § 97 ArbGG 1953.

188 BVerfG v. 07.11. 1978 - 1 BvR 411/78 (zit. bei: *Oetker*, Rechtsgutachten, S. 11).

189 BAG v. 25.11. 1986 - 1 ABR 22/85, AP Nr. 36 zu § 2 TVG = BAGE 53, 347 ff.

190 BAG v. 16.01. 1990 - 1 ABR 10/89, AP Nr. 39 zu § 2 TVG = BAGE 64, 16 ff.

eine abschließende Entscheidung herbeizuführen[191]. Über den weiteren Fortgang der gerichtlichen Auseinandersetzung liegen keine Erkenntnisse vor[192].

(4) Die Tariffähigkeit der Christlichen Gewerkschaft Metall (*CGM*)[193] ist bis heute Nährboden zahlreicher gerichtlicher Auseinandersetzungen[194] geblieben, die in ihrer Abfolge einer Berg- und Talfahrt gleichen und daher Anreiz zu einer eingehenderen Betrachtung bieten. Von besonderer Bedeutung ist dabei die „Ausgangsentscheidung" des AG *Stuttgart*[195]. Das AG *Stuttgart* hatte sich bereits im Jahre 1972 mit der Frage nach der Gewerkschaftseigenschaft der *CGM* zu befassen. Es entschied, daß die *CGM* eine „Gewerkschaft im arbeitsrechtlichen Sinne" sei[196]. Auf Antrag der *IG Metall* hin[197] hat das LAG *Baden-Württemberg*

---

191 BAG v. 10.09. 1985 - 1 ABR 32/83, AP Nr. 34 zu § 2 TVG = BAGE 49, 322 ff.

192 Vgl. *Oetker*, Rechtsgutachten, S. 11.

193 Vormals Christlicher Metallarbeiterverband Deutschlands (*CMV*).

194 Siehe AG *Stuttgart* v. 04.02. 1972 - AZ 6 BV 3/71, EzA Art. 9 GG Nr. 9 (unter III. 4. der Gründe) = vollständig abgedruckt unter: http://www.cgm.de/public/dokus/klage71.htm; AG *Hamburg* v. 07.10. 1991 - 21 BV 9/91 (zit. bei: *Oetker*, Rechtsgutachten, S. 12); AG *Reutlingen* v. 03.09. 1990 - 3 BV 5/90 (zit. bei: *Oetker*, Rechtsgutachten, S. 12); die gegen die Entscheidung des AG *Reutlingen* eingelegte Beschwerde hat das LAG *Stuttgart* zurückgewiesen, vgl. LAG *Stuttgart* v. 24.04. 1991 - 2 TaBV 9/90 (zit. bei: *Oetker*, Rechtsgutachten, S. 13); vgl. nunmehr AG *Stuttgart* v. 19.02. 1998 - 15 BV 250/96; LAG *Baden-Württemberg* v. 10.12. 1998 - 4 TaBV 3/98 (zit. bei: *Oetker*, Rechtsgutachten, S. 13).

195 Beschluß v. 04.02. 1972 - AZ 6 BV 3/71, EzA Art. 9 GG Nr. 9 (unter III. 4. der Gründe) = vollständig abgedruckt unter http://www.cgm.de/public/dokus/klage71.htm.

Später folgt eine Klage der *IG Metall* vor dem AG *Hamburg* (unter Az: 21 Ca 416/89), das durch Beschluß vom 07.10. 1991 (unter Az: 21 BV 9/91) den Antrag zurückweist. Siehe auch die Klage vor dem AG *Reutlingen* v. 03.09. 1990 (unter Az: 3 BV 5/90).

196 Zuvor - im Jahre 1969 - hatte der *CMV* einen Antrag auf Unterlassung der parteipolitischen Betätigung gegen den der *IG Metall* angehörenden Betriebsratsvorsitzenden bei der Volkswagen AG in Hannover gestellt. Am 01.06. 1970 gab das AG *Hannover* diesem Antrag auf Unterlassung statt. Im anschließenden Rechtsbeschwerdeverfahren bestritt die *IG Metall* die Antragsberechtigung des *CMV* (später *CGM*). Im Anschluß daran setzte das Bundesarbeitsgericht am 23.04. 1971 das Verfahren bis zur Beschlußfassung darüber aus, ob der *CMV* eine Gewerkschaft im arbeitsrechtlichen Sinne sei.

Die Mitgliederzahl der *CGM* in Höhe von 24.000 und Tarifabschlüsse in einem ca. sechsjährigen Zeitraum von über 200 wertete das AG *Stuttgart* dabei als nicht unbedeutende Umstände. Eine Orientierungshilfe für die Frage nach der „sozialpolitischen Bedeutung" der *CGM* konnte insbesondere die Anzahl der bundesweit von ihren Mitgliedern erreichten Betriebsratssitze geben. Vgl. AG *Stuttgart* v. 04.02. 1972 - AZ 6 BV 3/71, EzA Art. 9 GG Nr. 9 (unter III. 4. der Gründe).

Die Summe lag während der Betriebsratswahlen im Jahre 1968 bei 541 Betriebsratssitzen. Die Konzentration der *CGM* auf bestimmte Teilbereiche des Bundesgebietes stand der

im Dezember 1998 angesichts der dargelegten Zahlen festgestellt, daß hinsichtlich der Kriterien, die eine Gewerkschaft ausmachen und die das AG *Stuttgart* 1972 als erfüllt angesehen hat, keine wesentlichen nachteiligen Veränderungen stattgefunden haben[198]. Damit hat es den Antrag der *IG Metall* abgelehnt. Am 06.06. 2000 befand nun wiederum der 1. Senat des Bundesarbeitsgerichts, daß sich die für die Feststellung der Gewerkschaftseigenschaft maßgeblichen tatsächlichen und rechtlichen Verhältnisse in Hinblick auf die Bedeutung der *CGM* seither doch wesentlich geändert haben. Die Gewerkschaftseigenschaft soll deshalb erneut gerichtlich überprüft werden. Begründet hat der 1. Senat seine Rechtsprechung damit, daß das Tätigwerden des Gesetzgebers bei der Schaffung einer Währungs-, Wirtschafts- und Sozialunion zwischen der Bundesrepublik Deutschland und der Deutschen Demokratischen Republik (DDR) zu einer wesentlichen Änderung der Rechtslage geführt habe[199]. Eine abschließende höchstrichterliche Entscheidung bleibt abzuwarten.

bb) Konzentrationsschritte als Reaktion

Schon in den 70er Jahren setzte sich die Fusionsidee bei den christlichen Gewerkschaften durch, und zwar als die Tariffähigkeit der Christlichen Gewerkschaft Bergbau und Energie (*CGBE*) in einem Beschlußverfahren vor dem AG *Aachen* in Frage stand[200]. Es folgte ein Zusammenschluß mit der Christlichen Gewerkschaft Papier, Chemie, Keramik, Glas (*CG CK*) zur Christlichen Gewerkschaft Bergbau, Chemie und Energie (*CGBCE*)[201]. Nach der Ablehnung der Tarif-

---

Bejahung einer allgemeinen sozialen Mächtigkeit auch nicht entgegen. Vgl. AG *Stuttgart* v. 04.02. 1972 - AZ 6 BV 3/71, EzA Art. 9 GG Nr. 9 (unter V. der Gründe); Schwerpunktgebiete der *CGM* waren Baden Württemberg, Saarland, Nordrhein-Westfalen und Bayern.

197 Das AG *Stuttgart* hatte sich zuvor anläßlich eines vor dem AG *Chemnitz* anhängigen Rechtsstreits über § 97 Abs. 5 ArbGG erneut mit der Tariffähigkeit der sich inzwischen in die *CGM* umgenannten *CMV* befaßt und festgestellt, daß der Antrag der *IG Metall* zulässig sei, da sich die tatsächlichen Verhältnisse aufgrund der Wiedervereinigung verändert haben könnten. Infolge der veränderten Sachlage könnte daher die Rechtskraft der Entscheidung des AG *Stuttgart* aus dem Jahre 1972 einer erneuten Sachentscheidung nicht mehr entgegenstehen.

198 LAG *Baden-Württemberg* v. 10.12. 1998 - 4 TaBV 3/98, NZA-RR 1999, 206 ff. = vollständig veröffentlicht unter: http://www.cgm.de/public/dokus/beschluss-10-12-inhalt.htm.

199 BAG v. 06.06. 2000 - 1 ABR 21/99, AP Nr. 9 zu § 97 ArbGG 1979; vgl. dazu auch *FAZ* v. 07.06. 2000. Ausführlich zu den rechtlichen Auswirkungen des 1. Staatsvertrages über die „Schaffung einer Währungs-, Wirtschafts- und Sozialunion" vom 18.05. 1990 siehe unten Teil 2/2. Abschnitt unter § 6.

200 AG *Aachen* v. 02.08. 1972 - 3 BV 24/72.

201 Sachverhalt BAG v. 14.03. 1978 - 1 ABR 2/75, AP Nr. 3 zu § 97 ArbGG 1953.

fähigkeit der *CGHB*[202] im Jahre 1990 fand zwischenzeitlich auch eine Aufnahme der *CGHB* in die Christlichen Gewerkschaften Deutschlands (*CGD*) statt[203].

Neben den Fusionen bestehen außerdem Kooperationsmodelle, wie die zum Beispiel seit 1995 zwischen der *CGM* und der Christlichen Gewerkschaft deutscher Eisenbahner (*CGDE*) bestehende Kooperation, die auf eine Zusammenarbeit bei der Mitgliederverwaltung- und betreuung gerichtet ist[204].

IV. Ausblick

Bewegten sich die einleitenden Bündnisse noch in einem relativ kleinen Rahmen, so entwickelte sich allmählich eine Konzentrationsbewegung mit einer Sogwirkung, die zunehmend mehr Gewerkschaften mit sich riß und der sich heute kaum noch ein Verband verschließen kann. Trotz der mittlerweile einflußreichen Stellung der *DGB*-Gewerkschaften ist das Tarifsystem noch immer maßgeblich von einem polypolistischen Koalitionssystem geprägt. Allerdings haben die Gewerkschaften mit „*Ver.di*" selbst neue Impulse gesetzt, sich schrittweise einer oligopolistischen Gewerkschaftslandschaft mit einer kartellähnlichen Wirkung des *DGB* anzunähern und dem pluralistisch angelegten Koalitionssystem damit eine gedämpfte Absage erteilt. Vor dem Hintergrund dieser Entwicklung ist absehbar, daß die Tarifpolitik von Arbeitnehmerseite her in Deutschland künftig von einigen wenigen Großgewerkschaften gelenkt werden wird.

---

202 BAG v. 16.01. 1990 – 1 ABR 93/88, AP Nr. 38 zu § 2 TVG.

203 Siehe dazu Anhang, Abbildung 4.

204 Vgl. *CGM*, unter: www.cgm.de/cgde.

§ 3 Restriktion der Tariffähigkeit durch die Mächtigkeitstheorie

Wie einleitend erwähnt, hat das Bundesarbeitsgericht im Laufe der Zeit bestimmte Voraussetzungen für die Anerkennung einer Arbeitnehmervereinigung als Gewerkschaft im Sinne des § 2 Abs. 1 TVG und damit für die Tariffähigkeit aufgestellt. Insbesondere die sog. Mächtigkeitstheorie ist dabei auf heftige, heute noch anhaltende Kritik in der Literatur gestoßen[205]. Anknüpfungspunkt dieser Rechtsprechung ist der Gewerkschaftsbegriff, der dem Tarifrecht der Weimarer Zeit zugrunde lag. Die Anforderungen an diesen Gewerkschaftsbegriff änderte das Bundesarbeitsgericht allmählich ab. Die Modifikation führte zu einer Beschränkung der Tariffähigkeit auf sozial mächtige Arbeitnehmervereinigungen und damit zu einer Spaltung in tariffähige und nicht-tariffähige Gewerkschaften[206]. Aber nicht nur der Ausschluß sozial schwacher Gewerkschaften von der Tariffähigkeit prägte das Gewerkschaftsbild in Deutschland nachhaltig, sondern auch die nach wie vor umstrittene Judikatur des Bundesarbeitsgerichts, die von einem einheitlichen Gewerkschaftsbegriff im Arbeitsrecht ausgeht. Nach dieser Lehre ist die Tariffähigkeit Wesensmerkmal des einheitlichen Gewerkschaftsbegriffs in der arbeitsrechtlichen Gesetzgebung. Der Ausgangspunkt dieser These bedarf daher im folgenden einer kurzen Erläuterung. Anschließend soll die Entwicklung der Mächtigkeitslehre umrissen werden.

I. Lehre vom einheitlichen arbeitsrechtlichen Gewerkschaftsbegriff

Seit seiner Entscheidung vom 06.07. 1956 geht das Bundesarbeitsgericht[207] in ständiger Rechtsprechung von einem einheitlichen Gewerkschaftsbegriff im Arbeitsrecht aus.

1. Tariffähigkeit als Wesensmerkmal

Für die Forderung der Tariffähigkeit als Wesensmerkmal des Gewerkschaftsbegriffs stützt sich das Bundesarbeitsgericht auf die historische und sozialwissenschaftliche Entwicklung der Verbände und gelangt zu folgender Erkenntnis: Die Entstehungsgeschichte der damaligen bedeutenden Koalitionen hat gezeigt, was

---

205 Siehe ausführlich dazu Teil 2/1. Abschnitt unter § 5.

206 Vgl. BVerfG v. 18.11. 1954 - 1 BvR 629/52, AP Nr. 1 zu Art. 9 GG (unter C. 2. b. bb. der Gründe) = BAGE 4, 96 (106).

207 Std. Rspr. seit BAG v. 06.07. 1956 - 1 AZR 18/55, AP Nr. 11 zu § 11 ArbGG 1953 (LS und passim unter den Gründen) = BAGE 4, 351 (352 f.). Zustimmend auch *F/K/H/E*, BetrVG-Komm., § 2 Rn. 16; *Hagemeier*, DB 1984, 718 (721); *Herschel*, AuR 1976, 225 (233/234); vgl. ferner *Rüthers*, ZfA 1982, 237 (246/247); *Söllner*, AuR 1976, 321; a. A. *Grunsky*, Anm. zu BAG v. 15.03. 1977 - 1 ABR 16/75, JZ 1977, 473 (474); siehe zu weiteren Nachweisen unten Teil 2/2. Abschnitt unter § 7 II 1. b. dieser Arbeit.

für eine entscheidende Rolle die Gewerkschaften bei der Einrichtung und Entstehung von Tarifverträgen eingenommen haben. Denn sie waren es letztendlich, die sich die Regelung und Förderung der Arbeitsbedingungen zu ihrer ureigensten Aufgabe gemacht haben. Diese Bestimmung gab den Gewerkschaften im Ergebnis ihr „besonderes Gepräge“[208].

2. Notwendigkeit der einheitlichen Betrachtung des Gewerkschaftsbegriffs

Den Ausgangspunkt für die Anerkennung eines einheitlichen arbeitsrechtlichen Gewerkschaftsbegriffs sieht das Bundesarbeitsgericht in § 2 Abs. 1 TVG. Die Bejahung der Gewerkschaftseigenschaft im Sinne des § 2 Abs. 1 TVG sei Voraussetzung für alle weiteren Rechte und Funktionen, die eine Gewerkschaft im Arbeitsrecht (vgl. BetrVG, ArbGG) ausüben kann, da die besonderen Regelungen im Betriebsverfassungs- und Arbeitsgerichtsgesetz ihren gesetzgeberischen Grund in der sich aus dem Tarifvertragsgesetz ergebenden Rechtsfähigkeit der Gewerkschaften auf dem Gebiete des kollektiven Arbeitsrechts hätten[209]. Das heißt: Eine Gewerkschaft ist zum Beispiel nur dann berechtigt, ihre Beteiligungsrechte in der Betriebsverfassung (vgl. §§ 16 II, 23) und in der Unternehmensmitbestimmung (vgl. §§ 16 II, 23 Abs. 1 Nr. 4 MitbestimmungsG) wahrzunehmen oder ihre Mitglieder nach § 11 Abs. 2 ArbGG vor dem Landesarbeitsgericht zu vertreten, wenn sie eine Gewerkschaft im Sinne des § 2 Abs. 1 TVG darstellt. In neueren Entscheidungen betont das Bundesarbeitsgericht zwar nicht mehr ausdrücklich den einheitlichen arbeitsrechtlichen Gewerkschaftsbegriff. Eine Änderung in seiner Rechtsauffassung wird allerdings nicht deutlich.

Der einheitliche arbeitsrechtliche Gewerkschaftsbegriff ist in der Literatur von Anfang an auf heftige Kritik gestoßen; auch heute noch ist das Erfordernis einer einheitlichen Betrachtungsweise umstritten und daher klärungsbedürftig[210].

II. Steigerung der Voraussetzungen für die Tariffähigkeit

Inhaltlich gehen die Voraussetzungen des Gewerkschaftsbegriffs, die das Bundesarbeitsgericht inzwischen fordert, über die anfängliche höchstrichterliche Rechtsprechung hinaus[211]. Die anfängliche höchstrichterliche Rechtsprechung verlangte anknüpfend an die Zeit der Weimarer Republik für die Anerkennung einer Arbeitnehmervereinigung als Gewerkschaft die Voraussetzungen, die heute an eine „Koalition im Sinne des Art. 9 Abs. 3 GG“ gestellt werden. Das Bundesarbeits-

---

208 BAG v. 06.07. 1956 - 1 AZR 18/55, AP Nr. 11 zu § 11 ArbGG 1953 = BAGE 4, 351 (352).

209 BAG v. 06.07. 1956 - 1 AZR 18/55, AP Nr. 11 zu § 11 ArbGG 1953 = BAGE 4, 351 (353).

210 Siehe dazu Teil 2/2. Abschnitt unter § 7 II 1. b. dieser Arbeit.

211 *Dütz*, DB 1996, 2385 (2387).

gericht folgte dieser Rechtsprechung zunächst, sah aber die Merkmale dieses Koalitionsbegriffs ab dem Jahre 1962[212] nur noch als sog. „Mindestanforderungen“[213] der Gewerkschaftseigenschaft an und steigerte die Anforderungen nach und nach[214].

1. Koalitionseigenschaft als Grundvoraussetzung

Die Anforderungen an den Begriff der „Koalition im Sinne von Art. 9 Abs. 3 GG“, der von Vereinigungen „zur Förderung der Arbeits- und Wirtschaftsbedingungen“ spricht, haben Rechtsprechung und Rechtslehre gemeinsam im Rahmen des Koalitionsrechts entwickelt[215]. Der Koalitionsbegriff sei von folgenden Kriterien abhängig[216]: Es muß sich um einen personenrechtlichen Zusammenschluß handeln, der als satzungsmäßige Aufgabe die Wahrnehmung der Mitgliederinteressen gerade in seiner Eigenschaft als Arbeitgeber oder Arbeitnehmer übernimmt. Die Vereinigung muß dem Privatrecht angehören und sich als Verein organisiert haben. Ferner muß sie frei gebildet und demokratisch organisiert sein. Sie muß weiterhin vollkommene Unabhängigkeit bewahren. Das heißt: Sie muß gegnerfrei und unabhängig von der Gegenseite sowie von Kirche, Partei und Staat sein[217]. Außerdem muß sich die Vereinigung auf überbetrieblicher

---

212 Vgl. BAG v. 19.01. 1962 - 1 ABR 14/60, AP Nr. 13 zu § 2 TVG (unter II. 2. der Gründe) = BAGE 12, 184 (190).

213 In diesem Sinne BVerfG v. 06.05. 1964 - 1 BvR 79/62, AP Nr. 15 zu § 2 TVG (unter II. 1. der Gründe) = BVerfGE 18, 18 (28). Später ausdrücklich auch BAG v. 09.07. 1968 - 1 ABR 2/67, AP Nr. 25 zu § 2 TVG (unter 2. der Gründe) = BAGE 21, 98 (101).

214 Vgl. zunächst BAG v. 15.11. 1963 - 1 ABR 5/63, AP Nr. 14 zu § 2 TVG (unter 5. der Gründe); ferner BAG v. 09.07. 1968 - 1 ABR 2/67, AP Nr. 25 zu § 2 TVG (unter 2. der Gründe) = BAGE 21, 98 (101 ff.); BAG v. 21.11. 1975 -1 ABR 12/75, AP Nr. 6 zu § 118 BetrVG 1972 (unter II. 1. a. der Gründe); BAG v. 15.03. 1977 - 1 ABR 16/75, AP Nr. 24 zu Art. 9 GG (unter III. der Gründe) = BAGE 29, 72 (78 ff.); BAG v. 16.11. 1982 - 1 ABR 22/78, AP Nr. 32 zu § 2 TVG (unter B. II. der Gründe); in jüngerer Zeit BAG v. 06.06. 2000 – 1 ABR 10/99, AP Nr. 55 zu § 2 TVG (unter B. II. 1. der Gründe).

215 BAG v. 19.01. 1962 - 1 ABR 14/60, AP Nr. 13 zu § 2 TVG (unter II. 1. der Gründe) = BAGE 12, 184 (189).

216 Hierzu *Gamillscheg*, Kollekt.ArbR., Bd. I, S. 394 ff.; *Hueck/Nipperdey*, Arbeitsrecht, Bd. II, 1. und 2. Aufl., S. 137 ff.; *Bruhn*, Tariffähigkeit, S. 162 - 183; BAG v. 15.11. 1963 - 1 ABR 5/63, AP Nr. 14 zu § 2 TVG (unter 5. der Gründe); BVerfG v. 18.11. 1954 - 1 BvR 629/52, AP Nr. 1 zu Art. 9 GG (unter C. 2. b. der Gründe) = BVerfGE 4, 96 (106 f.); BVerfG v. 06.05. 1964 - 1 BvR 79/62, AP Nr. 15 zu § 2 TVG (unter II. 1. der Gründe) = BVerfGE 18, 18 (28).

217 Allerdings könne die Koalition ihr Programm freiwillig nach weltanschaulichen und politischen Grundgedanken ausrichten, vgl. *Söllner*, Grundriß, S. 63.

Grundlage organisieren[218] und schließlich auch das geltende Tarifrecht als für sich verbindlich anerkennen[219].

Der 1. Senat des Bundesarbeitsgerichts fügte im Jahre 1963 die Tarifwilligkeit der Vereinigung den Koalitionsvoraussetzungen hinzu. Dem Bundesarbeitsgericht zufolge muß der Abschluß von Tarifverträgen ebenfalls zu den satzungsgemäßen Aufgaben einer Koalition gehören[220]. Dieser Rechtsauffassung hat sich das Bundesverfassungsgericht nicht angeschlossen, da die Tarifwilligkeit kein besonderes Merkmal der Tariffähigkeit sei. Die Tarifwilligkeit bestehe vielmehr begriffsnotwendig als Voraussetzung der Tarifautonomie[221].

2. Entwicklung des Kriteriums der sozialen Mächtigkeit

Die Voraussetzungen für die Tariffähigkeit verschärfte das Bundesarbeitsgericht anfangs durch die Forderung nach einer Arbeitskampfbereitschaft, später durch das Erfordernis einer allgemeinen sozialen Mächtigkeit. Ob an diese Entwicklung eine „unternehmensbezogene Mächtigkeit“ der Arbeitnehmervereinigung anknüpft, ist fragwürdig. Um die Bedeutung und Tragweite der „Mächtigkeitsrechtsprechung“ erschließen zu können, werden im folgenden die einzelnen Entwicklungsstufen beschritten.

a) Ausgangslage

Der Gedanke, den Kreis der tariffähigen Arbeitnehmervereinigungen weiter einzuschränken, war der Rechtsprechung zum Tarifvertragsrecht nicht neu. Die Frage nach dem Erfordernis einer gewissen Verbandsmächtigkeit der Gewerkschaften stellte sich in der Instanzgerichtsbarkeit bereits kurze Zeit nach Inkrafttreten des neuen[222] Tarifrechts[223]. Den Stein ins Rollen brachte schließlich das AG *Stade* im

---

218 A. A. z. B. *Löwisch*, in: Löwisch/Rieble, TVG-Komm., § 2 Rn. 38; *Säcker*, BB 1971, 962 (964).

219 Kritisch hierzu *Hagemeier*, in: Hagemeier/Kempen/Zachert/Zilius, TVG-Komm., 2. Aufl., § 2 Rn. 47 ff.; *Kempen*, in: Kempen/Zachert, TVG-Komm., § 2 Rn. 51.

220 Vgl. BAG v. 15.11. 1963 - 1 ABR 5/63, AP Nr. 14 zu § 2 TVG (unter 5. der Gründe).

221 BVerfG v. 06.05. 1964 - 1 BvR 79/62, AP Nr. 15 zu § 2 TVG (unter II. 1. der Gründe) = BVerfGE 18, 18 (28); vgl. auch BVerfG v. 01.03. 1979 - 1 BvR 532, 533/77, 419/78 und 1 BvL 21/78, AP Nr. 1 zu § 1 MitbestG (unter C. VI. 1. der Gründe) = BVerfGE 50, 290 (368).

222 TVG vom 09.04. 1949 (WiGBl. 1949, S. 55) in der Fassung des Bundesgesetzes vom 11. Januar 1952 (BGBl. 1952 I, S. 19).

223 *Dütz*, AuR 1976, 65 (72).

Jahre 1952[224], indem es für die Vertretung der Arbeitnehmerinteressen eine „wesentliche Bedeutung“ der Arbeitnehmervereinigung forderte. Ein Jahr später griff das LAG *München*[225] diesen Gedanken auf und verlangte für die Handlungsfähigkeit die Feststellung einer „wesentlichen Bedeutung“ für die Vertretung der Arbeitnehmerinteressen. Anfang der 60er Jahre formulierte das LAG *Berlin*[226] etwas vorsichtiger „es sei überhaupt eine Frage der Stärke und Machtposition, ob echte Tarifverhandlungen dem Vertragsabschluß vorausgehen“[227], während das LAG *Frankfurt*[228] ausdrücklich entschied: „Tariffähig sind nur Gewerkschaften, die eine solche Anzahl von Mitgliedern haben, daß dem Verband auch eine *sozialpolitische Bedeutung*[229] zukommt“.

Unter Bezugnahme auf die Rechtsprechung des Bundesverfassungsgerichts[230] begann das Bundesarbeitsgericht zunächst sehr zurückhaltend, zwischen reinen „Koalitionen im Sinne des Art. 9 Abs. 3 GG“ und „Gewerkschaften“ und damit zwischen der bloßen Koalitionseigenschaft und der Zuerkennung der Gewerkschaftseigenschaft zu trennen. In der Begründung zu dieser Entscheidung hob das Bundesarbeitsgericht hervor, daß der Schutz der Koalitionsfreiheit im Rahmen des Art. 9 Abs. 3 GG weiter reiche und damit auch nicht-tariffähige Arbeitnehmervereinigungen umfasse[231].

---

224 AG *Stade* v. 24.10. 1952 - Ca 335/52, BB 1953, 235. Eine ausführliche Besprechung dazu siehe bei: *Reichel*, RdA 1960, 81, (86).

225 LAG *München* v. 24.06 1953 - 60/52 I (LS 1), Leitsätze abgedruckt in: AP 1953 Nr. 272; erwähnt bei: *Hueck/Nipperdey/Stahlhacke*, TVG-Komm., 4. Aufl., § 2 Anm. 42; ausführlich zitiert bei: *Reiß*, Bedeutung, S. 23.

226 LAG *Berlin* v. 20.11. 1962 - 5 Sa 76/62, zit. bei: *Reiß*, Bedeutung, S. 35.

227 An diese Entscheidung knüpfte das LAG *Berlin* einige Jahre später an, ohne allerdings die Entscheidung zu erwähnen, und versagte einer Organisation die Tariffähigkeit wegen einer zu geringen Mitgliederzahl, vgl. Beschluß v. 07.03. 1967 - 5 Ta BV 1/66; auszugsweise abgedruckt in: BB 1968, 167 ff.; zit. bei: *Reiß*, Bedeutung, S. 36.

228 LAG *Frankfurt* v. 19.10. 1962 - Ta BV 2/62, AuR 1963, 379 f. = DB 1964, 702; a. A. LAG *Düsseldorf* v. 04.12. 1958 - Ta BV 2/57, zit. bei: *Reichel*, RdA 1960, 81 (86); zuvor nicht eindeutig LAG *Düsseldorf* v. 14.12. 1957 - 1 BvTa, AP Nr. 2 zu Art. 9 GG; später auch ablehnend LAG *Frankfurt* v. 13.12. 1967 - 1 Ta BV 3/67, AP Nr. 26 zu § 2 TVG (unter f. der Gründe).

229 Hervorhebung durch die Verfasserin.

230 BVerfG v. 18.11. 1954 - 1 BvR 629/52, AP Nr. 1 zu Art. 9 GG (unter C. II. b. bb. der Gründe) = BVerfGE 4, 96 (107 ff.); bestätigt in BVerfG v. 06.05. 1964 - 1 BvR 79/62, AP Nr. 15 zu § 2 TVG (unter I. 2. der Gründe) = BVerfGE 18, 18 (26 f.).

231 BAG v. 15.11. 1963 - 1 ABR 5/63, AP Nr. 14 zu § 2 TVG (unter 3. a. der Gründe); bekräftigt in BAG v. 15.03. 1977 - 1 ABR 16/75, AP Nr. 24 zu Art. 9 GG (unter III. 2. der Gründe) = BAGE 29, 72 (81).

b) Mächtigkeitstheorie des Bundesarbeitsgerichts

Angeregt von den neuen rechtswissenschaftlichen Diskussionsansätzen vollzog sich die Forderung nach einer allgemeinen sozialen Mächtigkeit als normative Voraussetzung für die Anerkennung einer Arbeitnehmervereinigung als Gewerkschaft (sog. Mächtigkeitstheorie) in der höchstrichterlichen Rechtsprechung in zwei Entwicklungsetappen[232].

aa) Arbeitskampfbereitschaft

Erstmals erörterte die höchstrichterliche Rechtsprechung die Zentralfrage der allgemeinen sozialen Mächtigkeit einer Arbeitnehmerkoalition in Verbindung mit ihrer Bereitschaft zum Arbeitskampf, und zwar in der Entscheidung über den Verband katholischer Hausgehilfinnen im Jahre 1962. Das Bundesarbeitsgericht hatte die Tariffähigkeit dieses Verbandes verneint, weil er in seiner Satzung den Arbeitskampf ablehnte, die Arbeitskampfbereitschaft aber nach Auffassung des 1. Senats zu den notwendigen Voraussetzungen der Gewerkschaftseigenschaft und damit zur Tariffähigkeit gehöre[233]. Diese Rechtsauffassung hatte der 1. Senat bereits zuvor - seit seiner Entscheidung vom 06.07. 1956[234] - vertreten und sich damit von der entgegengesetzten Auffassung des Reichsarbeitsgerichts[235] distanziert.

Die Forderung nach einer Arbeitskampfbereitschaft begründete der 1. Senat unter anderem mit der sozialgeschichtlichen Entwicklung der Verbände, weil die Bereitschaft zum Arbeitskampf stets zu den satzungsgemäßen Aufgaben der Gewerkschaften gehörte und auch heute noch gehöre - von besonders gelagerten Fällen allerdings abgesehen[236]. Ferner sei der Arbeitskampf angesichts der

---

[232] *Wiedemann*, Gemeinsame Anm. zu BAG v. 15.03. 1977 - 1 ABR 16/75, AP Nr. 24 zu Art. 9 GG und zu BAG v. 14.03. 1978 - 1 ABR 2/76, AP Nr. 30 zu § 2 TVG (unter I. 2.).

[233] BAG v. 19.01. 1962 - 1 ABR 14/60, AP Nr. 13 zu § 2 TVG = BAGE 12, 184 (194).

[234] BAG v. 06.07. 1956 - 1 AZB 18/55, AP Nr. 11 zu § 11 ArbGG 1953 = BAGE 4, 351; vgl. auch LAG *Düsseldorf* v. 14.12. 1957 - 1 Bv Ta 1/57, AP Nr. 2 zu Art. 9 GG (unter III. 1. der Gründe).

[235] Daß die Bereitschaft zum Arbeitskampf zu den Erfordernissen des Gewerkschaftsbegriffs gehört, bestritt das RAG, vgl. z.B. RAG v. 10.10. 1928 - RAG 144/28, ARS 4, 239 (LS 4 und 243); bekräftigend RAG v. 21.05. 1930 - RAG 52/30, ARS 9, 487 (491).

[236] Nach Auffassung des Bundesarbeitsgerichts setzt der Gewerkschaftsbegriff die Arbeitskampfbereitschaft dann nicht voraus, „wenn das Fehlen der Kampfbereitschaft nicht auf dem Willensentschluß des Verbandes, sondern auf gesetzlicher Vorschrift oder auf dem Wesen des betroffenen Berufes beruht" - wie zum Beispiel bei Beamten- oder Ärzteverbänden, vgl. BAG v. 19.01. 1962 - 1 ABR 14/60, AP Nr. 13 zu § 2 TVG (unter II. 3. der Gründe) = BAGE 12, 184 (194); so auch bereits BAG v. 06.07. 1956 - 1 AZB 18/55, AP Nr. 11 zu § 11 ArbGG 1953 = BAGE 4, 351.

fehlenden staatlichen Zwangsschlichtung unter Umständen das letzte Mittel für das Funktionieren der Tarifautonomie. Es bestehe daher ein notwendiger Zusammenhang zwischen dem Koalitionszweck, der Ablehnung der Zwangsschlichtung und dem Bekenntnis zum Arbeitskampf als ultima ratio. Entscheidende Bedeutung maß der 1. Senat auch dem veränderten Wortlaut der neueren arbeitsrechtlichen Gesetze zu, die im Gegensatz zu den älteren Gesetzen nicht von dem Begriff der „wirtschaftlichen Vereinigung von Arbeitnehmern" ausgehen, sondern den Begriff „Gewerkschaft" verwenden. Nach seiner Auffassung zeige zudem § 11 ArbGG ganz deutlich den Unterschied zwischen Gewerkschaften und selbständigen Vereinigungen mit sozial- oder berufspolitischer Zielsetzung auf. Aus dieser getroffenen Unterscheidung sei deshalb zu schließen, daß der Gesetzgeber von einem „festen, historisch überkommenen Gewerkschaftsbegriff" ausgehe, zu dessen Charakteristika die Arbeitskampfbereitschaft gehöre[237].

Entgegen der Ansicht des Bundesarbeitsgerichts lehnte das Bundesverfassungsgericht in der sog. *Hausgehilfinnen*-Entscheidung[238] die Arbeitskampfbereitschaft als notwendiges Erfordernis der Gewerkschaftseigenschaft entschieden ab, weil die Kampffähigkeit nicht für das sinnvolle Funktionieren der Tarifautonomie erforderlich sei. Auch die von kampfunwilligen Koalitionen abgeschlossenen Tarifverträge seien in der Lage, die im öffentlichen Interesse liegende Aufgabe, das Arbeitsleben sinnvoll zu ordnen, zu erfüllen. Das Bundesverfassungsgericht betonte ausdrücklich: Die Koalitionsfreiheit umfaßt neben der Bildung auch die Betätigung und Entwicklung der Koalition in ihrer Mannigfaltigkeit und überläßt ihnen grundsätzlich auch die Wahl ihrer Mittel. Allerdings muß es dem freien Spiel der Kräfte zugeordnet werden, ob sie den erstrebten Erfolg mit den gewählten Mitteln erreichen. Das Aufzwingen des Koalitionsmittels des Streiks bedeutet eine unverhältnismäßige Einengung der von sich aus kampfunwilligen Koalition in der Wahl ihrer Mittel, um Druck auf den sozialen Gegenspieler ausüben zu können. Die Bedingung der Fähigkeit und Bereitschaft zum Arbeitskampf verstößt daher gegen die in Art. 9 Abs. 3 GG geschützte Freiheit der Koalitionsbetätigung. Der 1. Senat hat jedoch ausdrücklich dahingestellt sein

---

237 BAG v. 19.01. 1962 - 1 ABR 14/60, AP Nr. 13 zu § 2 TVG (unter II. 2. der Gründe) = BAGE 12, 184 (194). Die Rechtsprechung des Bundesarbeitsgerichts fand auch in der Literatur Zustimmung, vgl. hierzu *Nipperdey/Tophoven*, in: Hueck/Nipperdey/Tophoven, TVG-Komm., 3. Aufl., § 2 Rn. 38.

238 BVerfG v. 06.05. 1964 - 1 BvR 79/62, AP Nr. 15 zu § 2 TVG (unter II. 3. und III. der Gründe) = BVerfGE 18, 18 (29 - 33).

lassen, ob die Kampfunwilligkeit auch für die Berufe der gewerblichen Wirtschaft Rechtsfolgen hat[239].

bb) Von der Arbeitskampfbereitschaft zur allgemeinen sozialen Mächtigkeit

Zwar hatte der 1. Senat des Bundesarbeitsgerichts bereits in seiner Entscheidung vom 15.11. 1963[240] ausdrücklich offengelassen, ob an der Arbeitskampfbereitschaft als Erfordernis der Gewerkschaftsqualität festzuhalten ist[241]. Zu einer expliziten Änderung der Rechtsprechung des 1. Senats zur Frage nach der Bedeutung der Verbandsstärke für die Tariffähigkeit führte aber letztendlich die Entscheidung des Bundesverfassungsgerichts vom 06.05. 1964[242], die den Beschluß des 1. Senats vom 19.01. 1962[243] wegen Verletzung des Art. 9 Abs. 3 GG aufhob. Anknüpfend auch an die Entscheidung des Bundesverfassungsgerichts vom 18.05. 1954[244] mußte sich das Bundesarbeitsgericht daher zum zweiten Mal mit der Zentralfrage der allgemeinen sozialen Mächtigkeit als Korrektiv des tariffähigen Kreises auf Arbeitnehmerseite befassen. Im Ergebnis stellte der 1. Senat nicht mehr auf das Erfordernis einer Bereitschaft zum Arbeitskampf ab, sondern rückte seit seinem Beschluß vom 09.07. 1968 einen anderen Gesichtspunkt - den der Verbandsmächtigkeit - in den Mittelpunkt seiner Überlegungen[245]. Nach seiner Meinung sollten nur noch die Arbeitnehmervereinigungen[246] tariffähig sein, die

---

239 Ein Teil der Literatur bejaht die Anwendbarkeit der vom Bundesverfassungsgericht aufgestellten Grundsätze für Vereinigungen von Arbeitnehmern, die im Haushalt beschäftigt sind, auch für die Koalitionen der gewerblichen Wirtschaft, vgl. z. B. *Kunze*, BB 1964, 1311 (1314) m. w. N.; *Nikisch*, Anm. zu BVerfG v. 06.05. 1964 - 1 BvR 79/62, SAE 1964, 141 (143 f.); *Reichel*, RdA 1965, 9 (13). Siehe auch *Buchner*, in: FS 25 Jahre BAG, S. 55 (67), der ausdrücklich betont, daß keinesfalls im Wege des Umkehrschlusses angenommen werden kann, das Bundesverfassungsgericht würde für den gewerblichen Bereich nicht an seinen in AP Nr. 15 zu § 2 TVG entwickelten Grundsätzen festhalten; ablehnend auch *Fuchs*, in: Benda/Maihofer/Vogel, Verfassungsrecht, 1. Aufl., S. 754.

240 BAG v. 15.11. 1963 - 1 ABR 5/63, AP Nr. 14 zu § 2 TVG (unter 5. der Gründe).

241 *Mayer-Maly*, Anm. zu BAG v. 15.11. 1963 - 1 ABR 5/63, SAE 1964, 197 (198), versteht diese Aussage des BAG sogar als einen möglichen Verzicht auf das Merkmal der Arbeitskampfbereitschaft.

242 BVerfG v. 06.05. 1964 - 1 BvR 79/62, AP Nr. 15 zu § 2 TVG = SAE 1964, 137 ff. (mit zustimmender Anm. *Nikisch*).

243 BAG v. 19.01. 1962 - 1 ABR 14/60, AP Nr. 13 zu § 2 TVG = SAE 1962, 57 ff. (mit ablehnender Anm. *Nikisch*).

244 BVerfG v. 18.11. 1954 - 1 BvR 629/52, AP Nr. 1 zu Art. 9 GG = BVerfGE 4, 96 (107).

245 *Wiedemann*, Gemeinsame Anm. zu BAG v. 15.03. 1977 - 1 ABR 16/75, AP Nr. 24 zu Art. 9 GG und zu BAG v. 14.03. 1978 - 1 ABR 2/76, AP Nr. 30 zu § 2 TVG (unter I. 2. b.).

246 Während das BAG bei der Arbeitskampfbereitschaft Ausnahmen machte, sind nun alle Arbeitnehmervereinigungen gemeint.

zur Erfüllung der ihr gestellten tariflichen Aufgaben in der Lage sind, einen im Rahmen der Rechtsordnung sich haltenden wirkungsvollen Druck und Gegendruck auszuüben, um damit die Gegenseite zur Aufnahme von Tarifverhandlungen und zum Abschluß von Tarifverträgen veranlassen zu können[247].

Der Arbeitskampfbereitschaft maß das Bundesarbeitsgericht in seinen folgenden Beschlüssen nur noch Bedeutung in bestimmten Fällen bei, und zwar wenn die Arbeitnehmervereinigung ausdrücklich zum Arbeitskampf bereit und fähig ist. Die Betonung liegt aber in einer bloßen Indizwirkung für eine ausreichende Durchsetzungsfähigkeit. Im umgekehrten Falle, also bei Fehlen dieser Eigenschaft, ließ es einen Umkehrschluß nicht zu, das bedeutet: keine automatische Ablehnung der Gewerkschaftsqualität bei einer Arbeitnehmervereinigung ohne Arbeitskampfbereitschaft[248]. Wenn der 1. Senat des Bundesarbeitsgerichts allein auf die Fähigkeit zu Druck und Gegendruck abstellte, verzichtete er damit, die Bereitschaft zum Arbeitskampf zu den konstitutiven Voraussetzungen der Gewerkschaftseigenschaft zu zählen[249]. An die Stelle des Merkmals Arbeitskampfbereitschaft setzte das Bundesarbeitsgericht somit die allgemeine soziale Mächtigkeit und nahm auf diese Weise seine gesteigerten Anforderungen an die Gewerkschaftsqualität wieder leicht zurück[250].

Wie sich Druck und Gegendruck bei einer Arbeitnehmervereinigung manifestieren müssen, wird vom Bundesarbeitsgericht in seinem Beschluß vom 09.07. 1968 nicht im einzelnen bestimmt, sondern lediglich wie folgt umschrieben: Eine nach ihrer Stellung im Arbeitsleben unbedeutende Gruppe von Arbeitnehmern ist grundsätzlich nicht in der Lage, wirksam Druck auszuüben und Widerstand einem Gegendruck entgegenzusetzen, um den sozialen Gegenspieler zu Tarifverhandlungen zu veranlassen[251]. Gruppierungen von Arbeitnehmern mit nur geringen Mitgliederzahlen sind deshalb in der Regel nicht tariffähig. Entscheidend ist dabei nicht die zu erwartende, sondern allein die gegenwärtige

247 BAG v. 09.07. 1968 - 1 ABR 2/67, AP Nr. 25 zu § 2 TVG (unter 2. der Gründe) = BAGE 21, 98 (101 ff.); bestätigt in BAG v. 15.03. 1977 - 1 ABR 16/75, AP Nr. 24 zu Art. 9 GG (unter III. 4. der Gründe) = BAGE 29, 72 (83).

248 Vgl. z. B. BAG v. 16.11. 1982 - 1 ABR 22/78, AP Nr. 32 zu § 2 TVG (unter III. 2. b. der Gründe).

249 So auch *Brox*, Anm. zu BAG v. 10.09. 1985 - 1 ABR 32/83, SAE 1986, 232 (233); *Kempen*, in: Kempen/Zachert, TVG-Komm., § 2 Rn. 35 f; *Walloth*, ArbRdG Bd. 11 (1973), 73 (84); kritisch dazu aber *Wank*, Übungen, S. 167.

250 Vgl. auch *Hagemeier*, DB 1984, 718 (719).

251 BAG v. 09.07. 1968 - 1 ABR 2/67, AP Nr. 25 zu § 2 TVG (unter 2. der Gründe) = BAGE 21, 98 (102).

Anzahl der Mitglieder. Im Ausnahmefall soll einer Vereinigung mit verhältnismäßig geringer Mitgliederzahl aber die Tariffähigkeit zuerkannt werden, wenn sie nach Lage der Dinge fähig ist, Druck auszuüben und Widerstand einem Gegendruck entgegenzusetzen[252]. Etwas unklar wirkt dabei die Formulierung „nach Lage der Dinge". Denn der 1. Senat schränkt diesen Ausnahmefall in seinen Entscheidungsgründen entgegengesetzt ein, wenn er unterstreicht: Für die Feststellung, ob eine Vereinigung zur Druckausübung tauglich ist, kommt es nicht auf die Anhängerschaft durch Nicht-Mitglieder an. Maßgeblich ist allein, ob die Vereinigung selbst und ihre Mitglieder in der Lage sind, einen entsprechenden Druck auf die Gegenseite auszuüben[253].

Nach diesen Beschreibungsversuchen des 1. Senats konnten keine genauen Aussagen getroffen werden, wann eine Arbeitnehmervereinigung zu Druck und Gegendruck fähig ist und damit die Gewerkschaftseigenschaft besitzen soll. Die höchstrichterliche Rechtsprechung sowohl des Bundesarbeitsgerichts als auch des Bundesverfassungsgerichts hat deshalb in einer Fülle von - im weiteren noch darzustellenden[254] - Entscheidungen versucht, den Begriff „Fähigkeit zu Druck und Gegendruck" zu konkretisieren[255].

cc) Von der allgemeinen zur „unternehmensbezogenen Mächtigkeit"

In jüngster Zeit ist eine Diskussion entbrannt, ob das Bundesarbeitsgericht im Rahmen der Tariffähigkeit und damit als Voraussetzung der Gewerkschaftseigenschaft auch/ oder anstelle der allgemeinen sozialen Mächtigkeit eine unternehmensbezogene oder tarifvertragsbezogene Mächtigkeit der tarifvertragsabschließenden Gewerkschaft fordert[256]. Das Bundesarbeitsgericht könnte damit die Anforderungen an die Tariffähigkeit weiter verschärft haben.

(1) Hintergrund

Den Ansatz zu den aufgeworfenen Fragen lieferten in erster Linie zwei Fälle aus der Tarifpraxis. Mit wenigen Linien soll im folgenden versucht werden, die maßgeblichen Eckpunkte der Sachverhalte nachzuzeichnen:

---

252 BAG v. 09.07. 1968 - 1 ABR 2/67, AP Nr. 25 zu § 2 TVG (LS 2) = BAGE 21, 98.

253 BAG v. 09.07. 1968 - 1 ABR 2/67, AP Nr. 25 zu § 2 TVG (unter 2. der Gründe) = BAGE 21, 98 (105).

254 Siehe unten Teil 2/1. Abschnitt unter § 4 I. 1.

255 Siehe ausführlich dazu Teil 2/1. Abschnitt unter § 4 I. 2.

256 Vgl. z. B. *Benecke*, Anm. zu BAG v. 25.09. 1996 - 1 ABR 25/96, SAE 1998, 60 (61); *Oetker*, Anm. zu BAG v. 25.09. 1996 - 1 ABR 25/96, AP Nr. 4 zu § 97 ArbGG 1979 (unter III.).

> *Fall 1:* Der 1. Senat des Bundesarbeitsgerichts stellte in seiner Entscheidung vom 25.09. 1996 nicht die soziale Mächtigkeit der *DAG* als solche in Frage. Vielmehr sprach er in dem Beschluß vom 25.09. 1996 davon, daß er das Verfahren gemäß § 97 Abs. 5 ArbGG aussetzen will, um festzustellen, ob die *DAG* auch für den Abschluß der Haustarifverträge tariffähig war. Das Bundesarbeitsgericht bezeichnete diese auf Haustarifverträge[257] sich beziehende Tariffähigkeit als sog. „relative Tariffähigkeit“[258]. Es hat damit erstmals die Frage nach der Existenz einer „relativen Tariffähigkeit“ aufgeworfen, ohne allerdings näher auf diese Thematik einzugehen.

Die Besonderheit dieses aufgezeigten Falles zeigt sich darin, daß die DAG einen Haustarifvertrag abgeschlossen hat, in dem tarifvertragsbezogenen Unternehmen aber nur mit einer sehr geringen Mitgliederzahl vertreten war.

> *Fall 2:* Ähnlich gelagert ist auch der sog. *Jenoptik-Haustarifvertrags*-Fall, in dem die *CGM* am 10. März 1999 einen Haustarifvertrag mit der *Jenoptik AG, Jenoptik Automatisierungstechnik GmbH, Jenoptik Laser, Optik, Systeme GmbH* und *Jenoptik Infab GmbH* abgeschlossen hatte[259]. Der neue, ab dem 01. März 1999 gültige Haustarifvertrag sollte mit einer festgelegten Laufzeit von zwei Jahren den früheren, mit der IG Metall vereinbarten Haustarifvertrag ablösen. Das laufende Tarifwerk ist in der Praxis, insbesondere durch die *IG Metall*, in verschiedener Hinsicht scharf kritisiert worden. Zum einen sei der Tarifvertrag aus Sicht der *IG Metall* deutlich unter den von der *IG Metall* gestellten Forderungen an einen Tarifabschluß geblieben[260]. Zum anderen habe die *CGM* im Geltungsbereich des Haustarifvertrages bei Jenoptik nach eigenen Angaben nur etwa „10 bis 15“ Mitglieder und zähle daher nicht zu den „von der Belegschaft legitimierten Gewerkschaften“[261]. Die *CGM* sei wegen ihrer geringen Repräsentanz in dem Unternehmen *Jenoptik* nicht tariffähig[262].

---

257 Synonym wird auch der Begriff Firmentarifvertrag verwendet, vgl. *Brox/Rüthers*, Arbeitsrecht, Rn. 283.

258 Vgl. BAG v. 25.09. 1996 - 1 ABR 25/96, AP Nr. 4 zu § 97 ArbGG 1979 (unter B. III. der Gründe).

259 Der Haustarifvertrag, den die *CGM* abgeschlossen hat, sollte nach eigenen Angaben zunächst nur für den Jenaer Standort Gültigkeit besitzen. Der Jenaer Standort umfaßt die *Jenoptik AG* (Holdingverwaltung, 100 Beschäftigte), die *Jenoptik Laser, Optik, Systeme GmbH* (350 Beschäftigte), die *Jenoptik Automatisierungstechnik GmbH* (350 Beschäftigte) und die *Jenoptik INFAB GmbH* (350 Beschäftigte).

260 Quelle: http://www.igmetall.de/aktuell/betriebe/jenoptik/jenoptik.html.

261 Quelle: http://www.cgm.de/public/aktuelles/jenoptik-igm-inhalt.htm; v. 08.04. 1999, vgl. http://www.BerlinOnline.de/archiv/...1=jenoptik&TEXT2=cgm. Von den 800 Beschäftigten im Konzern, für die der alte Tarif galt, seien 500 Mitglieder der *IG Metall*, vgl. IGM-Direkt 1999, Heft 9, S. 3; http://www.igmetall.de/aktuell/betriebe/jenoptik/jenoptik.html.

262 So die *IG Metall*, die ferner kritisiert, der *Jenoptik*-Haustarifvertrag sei ein reiner „Gefälligkeitstarifvertrag“, vgl. *Die Welt* v. 11.03. 1999.

Die Eigenart dieses Falles besteht darin, daß die Beantwortung der Frage nach der Wirksamkeit des Jenoptik-Haustarifvertrages bereits davon abhängig ist, ob die *CGM* allgemein tariffähig ist. Denn im Gegensatz zu der *DAG* ist schon die Gewerkschaftseigenschaft der *CGM* als solche nach wie vor in der Rechtsprechung der Arbeitsgerichte umstritten[263]. Festzustellen ist deshalb, ob sich die ausreichende allgemeine soziale Mächtigkeit der CGM seit der Entscheidung des AG *Stuttgart* vom 04.02. 1972[264], insbesondere durch den Beitritt der „neuen" Bundesländer im Jahre 1990, geändert hat. Dieser Entwicklung soll im folgenden in der gebotenen Kürze nachgegangen werden:

Im Jahre 1998 betrug die Zahl der Mitglieder über 100.000[265]. Die *CGM* habe nach eigenen Angaben[266] seit dem Jahre 1987 weit über 350 Tarifverträge abgeschlossen, darunter im Jahre 1998 den Flächentarifvertrag „Phönix" mit dem Arbeitgeberverband Ostmetall für die Tarifgebiete Sachsen, Sachsen-Anhalt und Thüringen. Sie war zur gleichen Zeit (1998) unter anderem bei der *Ruhrgas AG*, bei *SAP*, bei *Hewlett Packard* und *Vaillant* im Aufsichtsrat vertreten[267]. Bundesweit stellt sie mittlerweile über 1500 Betriebsräte[268]. Angesichts dieser Zahlen hat das LAG *Stuttgart* im Dezember 1998 festgestellt, daß hinsichtlich der Kriterien, die eine Gewerkschaft ausmachen und die das AG *Stuttgart* 1972 als erfüllt angesehen hat, keine wesentlichen Veränderungen stattgefunden haben[269].

Wenn das LAG *Stuttgart* zu Recht davon ausgeht, angesichts der keineswegs geringfügigen Mitgliederzahl, der Bedeutung der bisherigen Tarifabschlüsse, der Anzahl der Betriebsräte und der von der *CGM* ausgehenden Durchsetzungsstärke besitze die *CGM* auch heute noch eine ausreichende allgemeine soziale Mächtigkeit, so bleibt aber dennoch folgende Frage zu klären: Erwächst aus der festgestellten Befähigung zum Abschluß von Verbandstarifverträgen zugleich die Befugnis zum Abschluß von Haustarifverträgen?

---

263 Zur Vorgeschichte dieses Anlaßfalls siehe ausführlich Teil 1 unter § 2 III. 2. b. aa.

264 AG *Stuttgart* v. 04.02. 1972 - AZ 6 BV 3/71, EzA Art. 9 GG Nr. 9 (unter III. 4. der Gründe) = vollständig abgedruckt unter: http://www.cgm.de/public/dokus/klage71.htm.

265 Vgl. *Schwäbische Zeitung* v. 14.02. 1998. Die *FAZ* v. 02.11. 2000 meldet 102.308 Mitglieder, Titel: „Unser Tarifvertrag hält jedem Vergleich mit der IG Metall stand".

266 Vgl. *Schwäbische Zeitung* v. 29.05. 1998.

267 Vgl. *Die Welt* v. 26.05. 1998.

268 *CGM*-Mitglieder sind selbst in „IG-Metall-Hochburgen" wie *Bosch*, *Audi* und *Daimler Benz* im Betriebsrat vertreten, vgl. *Die Welt* v. 26.05. 1998.

269 LAG *Stuttgart* v. 10.12. 1998 - 4 TaBV 3/98 = vollständig veröffentlicht unter: http://www.cgm.de/public/dokus/beschluss-10-12-inhalt.htm; bejahend auch *Oetker*, Rechtsgutachten, S. 27.

(2) Folgerungen

Mit Blick auf die angeführten Fallkonstellationen, die beide in dem Punkt übereinstimmen, daß eine Gewerkschaft einen Haustarifvertrag abgeschlossen hat, während sie in dem tarifvertragsbezogenen Unternehmen nur mit einer sehr geringen Mitgliederzahl vertreten ist, läßt sich folgende Annahme formulieren: Die Tariffähigkeit einer haustarifvertragsabschließenden Gewerkschaft könnte infolge niedriger Mitgliederzahlen und einer damit verbundenen schwachen Repräsentanz innerhalb des Unternehmens fraglich sein, wenn die Tariffähigkeit in Beziehung zum jeweiligen tariflichen Geltungsbereich gesetzt betrachtet werden müßte[270].

Von besonderem Gewicht für die weitere Untersuchung dieser aufgeworfenen Frage ist der Umstand, daß sich die Bedenken gegen die Tariffähigkeit der erwähnten Gewerkschaften vorwiegend auf die zu geringe Mitgliederanzahl der Organisation konzentrieren. Wie noch zu zeigen sein wird[271], sei die Mitgliederanzahl einer Arbeitnehmervereinigung nach Auffassung des Bundesarbeitsgerichts[272] ein Kriterium, das in der Lage ist, einen Anhaltspunkt für eine hinreichende allgemeine soziale Mächtigkeit der Vereinigung zu liefern. Die Mächtigkeit ist folglich ein Merkmal, das sich auf der Unternehmensebene im Verhältnis zum gesamten Tarifzuständigkeitsgebiet anders darstellen kann, so daß folgerichtig zwischen einer „Verbandsmacht" und einer „Hausmacht" zu unterscheiden wäre. Die restlichen Merkmale der Tariffähigkeit - privatrechtlicher Zusammenschluß, Wahrnehmung der Interessen ihrer Mitglieder in ihrer Eigenschaft als Arbeitnehmer, vereinsrechtliche Struktur, freie Bildung, demokratische Organisation, überbetriebliche Organisation, Anerkennung des geltenden Tarifrechts, Tarifwilligkeit sowie Unabhängigkeit von Partei, Staat, Kirche und Arbeitgeberseite - sind Merkmale, die unabhängig davon, ob eine Gewerkschaft einen Haustarifvertrag oder einen Verbandstarifvertrag schließt, vorliegen oder nicht[273]. Besonders deutlich zeigt sich anhand des Merkmals Organisation auf überbetrieblicher Ebene, daß bei Fehlen der überbetrieblichen Organisation bereits „per definitionem" keine Gewerkschaft gegeben ist[274]. Die weiteren Voraussetzungen für die Tariffähigkeit sind demzufolge nicht von Bedeutung für die Bestimmung der unternehmensbezogenen Mächtigkeit; auf eine eingehende Untersuchung kann daher verzichtet werden.

---

270 Umfassend hierzu Teil 3 dieser Arbeit.

271 Siehe ausführlich dazu § 4 unter I. 2.

272 Vgl. z. B. BAG v. 09.07. 1968 - 1 ABR 2/67, AP Nr. 25 zu § 2 TVG = BAGE 21, 98.

273 So zutreffend *Benecke*, Anm. zu BAG v. 25.09. 1996 - 1 ABR 25/96, SAE 1998, 60 (61).

274 *Benecke*, Anm. zu BAG v. 25.09. 1996 - 1 ABR 25/96, SAE 1998, 60 (61).

Da bis heute noch nicht abschließend geklärt ist, ob überhaupt und wenn ja, mit welchem Inhalt die allgemeine soziale Mächtigkeit Voraussetzung für die Tariffähigkeit einer Arbeitnehmervereinigung und damit für die Gewerkschaftseigenschaft ist, muß zunächst auf den Streit um das Erfordernis einer Verbandsmächtigkeit eingegangen werden. Denn im Falle der Notwendigkeit eines Korrektivs in Form einer „unternehmensbezogenen Mächtigkeit" drängt sich die Frage auf, ob die allgemeine soziale Mächtigkeit und die „unternehmensbezogene Mächtigkeit" kumulativ oder lediglich alternativ für die Bejahung der Tariffähigkeit vorliegen müssen. Insofern ist dann auch zu überlegen, ob und inwieweit sich einzelne Merkmale der allgemeinen sozialen Mächtigkeit für die Begriffsbestimmung der „unternehmensbezogenen Mächtigkeit" übertragen lassen. Eine Analyse der Argumente pro und contra Mächtigkeit könnte überdies für den Spezialfall der „Hausmacht" hilfreich sein (dazu Teil 2).

III. Zusammenfassung

Das Bundesarbeitsgericht hat die Anforderungen für die Zuerkennung der Gewerkschaftseigenschaft und damit für die Tariffähigkeit einer Arbeitnehmervereinigung nach und nach angehoben. Dabei führte nicht nur die Lehre vom einheitlichen Gewerkschaftsbegriff in der arbeitsrechtlichen Praxis zu einer Einschränkung der gewerkschaftlichen Betätigungsrechte, sondern vor allem die „Mächtigkeitsrechtsprechung" des Bundesarbeitsgerichts prägte die Gewerkschaftslandschaft in Deutschland nachhaltig. Während zunächst die Arbeitskampfbereitschaft als Voraussetzung für die Zuerkennung der Gewerkschaftseigenschaft und damit für die Tariffähigkeit gefordert war, ersetzte später das Merkmal der allgemeinen sozialen Mächtigkeit diese Anforderung. Das Bundesarbeitsgericht nahm auf diese Weise die Voraussetzungen wieder leicht zurück. Ob es nunmehr eine unternehmensbezogene soziale Mächtigkeit im Geltungsbereich des jeweiligen Tarifvertrages fordert, wird im folgenden noch untersucht. Bisher kam allein den sozial mächtigen Arbeitnehmervereinigungen die Gewerkschaftseigenschaft und damit die Tariffähigkeit zu; sozial schwächeren Organisationen war die Fähigkeit, Tarifverträge abzuschließen, hingegen versagt. Im Ergebnis erreichte die Mächtigkeitstheorie eine Teilung der Arbeitnehmervereinigungen in tariffähige und in nicht-tariffähige Organisationen.

Teil 2: Streitpunkt „allgemeine soziale Mächtigkeit“

Wie die gewonnenen Erkenntnisse zeigen[275], führt die Frage nach der „relativen Tariffähigkeit“ auf die Frage nach einer unternehmensbezogenen, also „relativen Mächtigkeit“ zurück. Denn es ist davon auszugehen, daß sich die restlichen Merkmale auf der Unternehmensebene nicht anders darstellen. Nach allgemeinem Verständnis bestimmt die ausgewählte Bezugsgröße der Relativität den Inhalt des Vergleiches. Das Mächtigkeitskriterium ist aber - wie bereits bemerkt - in Rechtsprechung und Literatur heute noch umstritten, insbesondere weil die Kennzeichen des Merkmals nicht abschließend geklärt sind. Die Thematik der „relativen Mächtigkeit“ erfordert daher eine vorherige eingehende Untersuchung der allgemeinen sozialen Mächtigkeit.

1. Abschnitt: Problemdarstellung und Meinungsstand

Das Bundesarbeitsgericht hat das Merkmal der allgemeinen sozialen Mächtigkeit in zahlreichen Entscheidungen ausgestaltet. Den weiteren Ausführungen zur Entwicklung dieses Kriteriums muß allerdings folgende Erläuterung vorweggenommen werden: Die Rechtsprechung sowohl des Bundesarbeitsgerichts als auch des Bundesverfassungsgerichts verwendet in ihren Entscheidungen eine Vielzahl von Begriffen, die zu leichter Verwirrung führen können. So gebrauchen die obersten Gerichte Worte wie „Durchsetzungsfähigkeit“[276], „Verbandsmacht“[277], „Tauglichkeit“[278], „Gewichtigkeit“[279], „Stärke“[280], „Gewicht“[281] sowie

---

275 Siehe ausführlich dazu oben Teil 1 unter § 3 II. 2. b. cc.

276 Vgl. z. B. BAG v. 16.11. 1982 - 1 ABR 22/78, AP Nr. 32 zu § 2 TVG (unter B. II. der Gründe); BAG v. 10.09. 1985 - 1 ABR 32/83, AP Nr. 34 zu § 2 TVG (passim unter den Gründen) = BAGE 49, 322 (326 ff.). Der Begriff „Durchsetzungsfähigkeit“ ist die deutsche Fassung des Begriffs der „Repräsentativität“, der besonders in Frankreich Schwerpunkt vieler Diskussionen ist, vgl. *Gamillscheg*, Kollekt.ArbR., Bd. I, S. 425. Aber auch Vertreter der deutschen Literatur sprechen von repräsentativen Gewerkschaften, so z. B. *Eitel*, Ungleichbehandlung, passim und m. w. N. S. 24 (Fn. 7).

277 Vgl. etwa BAG v. 14.03. 1978 - 1 ABR 2/76, AP Nr. 30 zu § 2 TVG (unter III. 1. der Gründe); BAG v. 21.05. 1981 - 2 AZR 1117/78, AP Nr. 15 zu § 611 BGB Bühnenengagementsvertrag (unter II. 3. d. der Gründe) = BAGE 35, 309 (323); BAG v. 25.11. 1986 - 1 ABR 22/85, AP Nr. 36 zu § 2 TVG (unter II. 3. c. der Gründe) = BAGE 53, 347 (357); BAG v. 16.01.1990 - 1 ABR 10/89, AP Nr. 39 zu § 2 TVG (unter IV. 3. der Gründe) = BAGE 64, 16 (24); siehe auch LAG *Hamm* v. 16.10. 1975 - 1 Ta BV 5/75, LAGE § 2 TVG Nr. 3 = EzA § 2 TVG Nr. 10; LAG *Köln* v. 10.10. 1988 - 2 TaBV 27/88, LAGE § 2 Nr. 4.

278 Vgl. z. B. BAG v. 15.03. 1977 - 1 ABR 16/75, AP Nr. 24 zu Art. 9 GG (unter III. 5. der Gründe) = BAGE 29, 72 (83); BAG v. 14.03. 1978 - 1 ABR 2/76, AP Nr. 30 zu § 2 TVG (unter III. 3. der Gründe).

„Verhandlungskraft[282] und -macht“[283], währenddessen von dem Begriff „soziale Mächtigkeit“[284] nur selten die Rede ist[285].

Durch die Verwendung der unterschiedlichen Begriffe zur Beschreibung der „Fähigkeit von Druck und Gegendruck“[286] wird deutlich, daß es dem Bundesarbeitsgericht nicht auf einen feststehenden Begriff oder Wert ankommt, sondern allein um eine funktionsbezogene Beschreibung unter dem Blickwinkel, ob die Arbeitnehmervereinigung fähig ist, die ihr mit der Tarifautonomie übertragenen Aufgaben zu erfüllen[287]. Deshalb scheint es sich bei dieser verwirrenden Ausdrucksvielfalt lediglich um eine Art Begriffsspielerei zu handeln, aus der zu schließen ist, daß alle Begriffe denselben Inhalt haben. Festzuhalten ist daher: Wenn von „Durchsetzungsfähigkeit“, „Verbandsmacht“, „Tauglichkeit“, „Gewichtigkeit“, „Stärke“, „Gewicht“ sowie „Verhandlungskraft und -macht“

---

279 Vgl. BAG v. 15.03. 1977 - 1 ABR 16/75, AP Nr. 24 zu Art. 9 GG (unter V. b. der Gründe) = BAGE 29, 72 (89).

280 Vgl. z. B. BAG v. 25.11. 1986 - 1 ABR 22/85, AP Nr. 36 zu § 2 TVG (unter II. 3. a. der Gründe) = BAGE 53, 347 (356); BAG v. 01.02. 1983 - 1 ABR 33/78, AP Nr. 14 zu § 322 ZPO (unter II. 3. c. der Gründe) = BAGE 41, 316 (327); BAG v. 10.09. 1985 - 1 ABR 32/83, AP Nr. 34 zu § 2 TVG (unter B. IV. 1. der Gründe) = BAGE 49, 322 (331).

281 BAG v. 14.03. 1978 - 1 ABR 2/76, AP Nr. 30 zu § 2 TVG (unter III. 1. der Gründe).

282 So etwa BAG v. 14.03. 1978 - 1 ABR 2/76, AP Nr. 30 zu § 2 TVG (unter IV. 5. der Gründe).

283 Vgl. z. B. BAG v. 14.03. 1978 - 1 ABR 2/76, AP Nr. 30 zu § 2 TVG (unter VI. 5. der Gründe).

284 So BAG v. 16.01. 1990 - 1 ABR 93/88, AP Nr. 38 zu § 2 TVG (unter A. II. 4. der Gründe); ähnlich bereits BAG v. 16.11. 1982 - 1 ABR 22/78, AP Nr. 32 zu § 2 TVG (unter B. III. [passim] der Gründe); BAG v. 01.02. 1983 - 1 ABR 33/78, AP Nr. 14 zu § 322 ZPO (unter II. 3. c. der Gründe) = BAGE 41, 316 (326).

285 In der Instanzgerichtsbarkeit lassen sich auch Begriffe finden, wie „soziale Gewichtigkeit“, vgl. LAG *Düsseldorf* v. 06.11. 1974 - 12 Ta BV 62/74, LAGE AP Nr. 1 zu Art. 9 (LS 2) = EzA § 2 TVG Nr. 8 (LS 2 und passim unter den Gründen) oder „sozialpolitische Bedeutung“, vgl. LAG *Frankfurt* v. 19.10. 1962, AuR 1963, 379 f. = DB 1964, 702.

286 So lautete anfänglich die Intention des 1. Senats. Vgl. BAG v. 15.03. 1977 - 1 ABR 16/75, AP Nr. 24 zu Art. 9 GG (unter III. 4. der Gründe) = BAGE 29, 72 (83).

287 Ähnlich auch *Kempen*, in: Kempen/Zachert, TVG-Komm., § 2 Rn. 20.

gesprochen wird, so handelt es sich um ein Synonym für den Begriff der allgemeinen sozialen Mächtigkeit[288].

[288] So im Ergebnis auch *Schrader*, Durchsetzungsfähigkeit, S. 60 (Fn. 338); partiell auch *Suckow*, Gewerkschaftliche Mächtigkeit, S. 27. Siehe ferner *Kempen*, in: Kempen/Zachert, TVG-Komm., § 2 Rn. 19, der den Oberbegriff „Gegenmächtigkeit" verwendet und ihn mit dem vom Bundesarbeitsgericht verwendeten Oberbegriff „Tauglichkeit" vergleicht, wobei allerdings nach seiner Ansicht der Begriff Tauglichkeit folgende Kriterien umfasse: die „Fähigkeit zur Ausübung von Druck und Gegendruck", die „Mächtigkeit" und die „Leistungsfähigkeit" einer Koalition.

§ 4 Mächtigkeitstheorie des Bundesarbeitsgerichts

Das Bundesarbeitsgericht hat bislang in einer Vielzahl von Entscheidungen zu der Frage nach dem Erfordernis einer allgemeinen sozialen Mächtigkeit für die Tariffähigkeit einer Arbeitnehmervereinigung Stellung genommen[289]. Dabei ging es zum Teil nicht um die Frage nach der Tariffähigkeit der Arbeitnehmervereinigung als solche, sondern um die Bestimmung der Gewerkschaftseigenschaft im Hinblick auf die Geltendmachung verschiedener gewerkschaftlicher Rechte[290]. Da das Bundesarbeitsgericht, insbesondere seit seiner Entscheidung vom 06.07. 1956[291], von einem einheitlichen arbeitsrechtlichen Gewerkschaftsbegriff ausgeht, zu dessen Wesensmerkmalen die Tariffähigkeit zählt, müssen im folgenden die für die vorliegende Arbeit beachtlichen Entscheidungen berücksichtigt werden.

I. Inhalt

Bei der Entwicklung des Merkmals der Durchsetzungsfähigkeit bemerkte das Bundesarbeitsgericht selbst die erheblichen Schwierigkeiten, auf die der Versuch einer Begriffsbestimmung unter Zuhilfenahme der anfänglich entwickelten Hilfskriterien stieß. Die weitere höchstrichterliche Rechtsprechung des Bundesarbeitsgerichts und des Bundesverfassungsgerichts sollte daher zu einer Konkretisierung der Anforderungen führen, die eine Arbeitnehmerkoalition für die Zuerkennung der Gewerkschaftseigenschaft unter dem Gesichtspunkt der Verbandsmächtigkeit vorweisen muß[292]. Trotz der zahlreichen Bemühungen des 1. Senats, birgt dieses Merkmal der allgemeinen sozialen Mächtigkeit noch heute gewisse Unklarheiten. Deshalb werden im folgenden die entscheidungsrelevanten Aussagen des Bundesarbeitsgerichts zunächst dargestellt und anschließend genauer analysiert.

---

289 Vgl. z. B. BAG v. 23.04. 1971 - 1 ABR 26/70, AP Nr. 2 zu § 97 ArbGG 1953 = BAGE 23, 320 ff.; BAG v. 15.03. 1977 - 1 ABR 16/75, AP Nr. 24 zu Art. 9 GG = BAGE 29, 72 ff.; BAG v. 14.03. 1978 - 1 ABR 2/76, AP Nr. 30 zu § 2 TVG; BAG v. 16.11. 1982 - 1 ABR 22/78, AP Nr. 32 zu § 2 TVG; BAG v. 10.09. 1985 - 1 ABR 32/83, AP Nr. 34 zu § 2 TVG = BAGE 49, 322 ff.; siehe zuletzt BAG v. 06.06. 2000 - 1 ABR 10/99, AP Nr. 55 zu § 2 TVG.

290 Siehe z. B. BAG v. 15.03. 1977 - 1 ABR 16/75, AP Nr. 24 zu Art. 9 GG = BAGE 29, 72 ff.; rechtlicher Ausgangspunkt dieser Entscheidung ist § 11 Abs. 2 Satz 2 ArbGG.

291 BAG v. 06.07. 1956 - 1 AZR 18/55, AP Nr. 11 zu § 11 ArbGG 1953 = BAGE 4, 351 ff.

292 Vgl. *Dütz*, DB 1996, 2385 (2386).

1. Rechtsprechung des Bundesarbeitsgerichts

a) In seiner Entscheidung vom 23.04. 1971[293] führt das Bundesarbeitsgericht mit seiner im Beschluß vom 19.01. 1962[294] eingeleiteten und nach einer Klarstellung des Bundesverfassungsgerichts[295] seit 1968 unter veränderten Anforderungen weiterverfolgten Rechtsprechung[296] fort. Der 1. Senat bestätigt ausdrücklich: Die Gewerkschaftseigenschaft eines Arbeitnehmerverbandes erfordert, daß er entweder durch die Anzahl seiner Mitglieder oder kraft deren Stellung im Arbeitsleben gegenüber der Arbeitgeberseite einen Druck[297] ausüben könne. Erweiternd fügt er hinzu, die Fähigkeit zu Druck und Gegendruck bedeute aber nicht, in der Lage zu sein, einen konkreten Streik im gegebenen Falle mit Erfolg durchführen zu können. Der Verband müsse lediglich so stark sein, um einen Konflikt mit der Arbeitgeberseite aufnehmen zu können[298].

b) In seinem Beschluß vom 15.03. 1977[299] setzt sich das Bundesarbeitsgericht erstmalig ausführlich mit der vergangenen Rechtsauffassung zur allgemeinen sozialen Mächtigkeit eines Arbeitnehmerverbandes auseinander. Der 1. Senat bestätigt die bisherige Rechtsprechung und präzisiert zugleich die Anforderungen an die Verbandsmächtigkeit. Nach dem Bundesarbeitsgericht müsse eine Koalition um wirkungsvollen Druck und Gegendruck aufbringen zu können „tauglich" sein, die ihr als Tarifpartner gestellten Aufgaben zu erfüllen. Zu der Frage, wann eine Koalition tauglich für diese tariflichen Aufgaben ist, führt der Senat folgende neue Aspekte hinzu[300]: Eine Koalition ist für die ihr gestellten Aufgaben tauglich, wenn sie so „mächtig" und „leistungsfähig" ist, daß sich der soziale Gegenspieler zumindest auf Tarifverhandlungen einläßt. Mächtigkeit und Leistungsfähigkeit sind nur gegeben, wenn eine Koalition Autorität sowohl nach außen als auch nach innen besitzt, das heißt: gegenüber dem sozialen Gegenspieler und gegenüber ihren Mitgliedern; außerdem muß die Koalition von ihrem organisatorischen Aufbau her in der Lage sein, ihre Aufgaben zu erfüllen[301]. Hinzugefügt hat das

---

293 BAG v. 23.04. 1971 - 1 ABR 26/70, AP Nr. 2 zu § 97 ArbGG 1953 = BAGE 23, 320 ff.

294 BAG v. 19.01. 1962 - 1 ABR 14/60, AP Nr. 13 zu § 2 TVG = BAGE 12, 184 (194).

295 BVerfG v. 06.05. 1964 - 1 BvR 79/62, AP Nr. 15 zu § 2 TVG = BVerfGE 18, 18 ff.

296 BAG v. 09.07. 1968 - 1 ABR 2/67, AP Nr. 25 zu § 2 TVG = BAGE 21, 98 ff.

297 In seinem dritten Leitsatz spricht das BAG etwas vorsichtiger von einem „besonderen Einfluß im Sinne eines Druckes".

298 BAG v. 23.04. 1971 - 1 ABR 26/70, AP Nr. 2 zu § 97 ArbGG 1953 (unter 1. der Gründe) = BAGE 23, 320 (232 f.).

299 BAG v. 15.03. 1977 - 1 ABR 16/75, AP Nr. 24 zu Art. 9 GG = BAGE 29, 72 ff.

300 BAG v. 15.03. 1977 - 1 ABR 16/75, AP Nr. 24 zu Art. 9 GG (unter III. 5. der Gründe) = BAGE 29, 72 (83).

301 Vgl. dazu auch LAG *Berlin* v. 21.06. 1996 - 6 TaBV 2/96, AP Nr. 48 zu § 2 TVG.

Bundesarbeitsgericht, daß das Druckelement auch eine bestimmte finanzielle Grundlage erfordere[302].

c) Die Entscheidung des Bundesarbeitsgerichts vom 14.03. 1978[303] bestätigt die bisherige Rechtsauffassung. Ergänzend führt der 1. Senat aus: Die Selbsteinschätzung des Verbandes zur Verbandsmächtigkeit spielt keine Rolle, weil die Mächtigkeit allein nach objektiven Merkmalen bestimmt wird[304]. Das Bundesarbeitsgericht betont zudem, die Verteilung der Mitglieder in verschiedenen territorialen Bereichen und Branchen bei einer Koalition mit einer verhältnismäßig geringen Mitgliederzahl stehe einer Durchsetzungskraft gegenüber der Arbeitgeberseite entgegen. Unbedeutend für die Verbandsmächtigkeit sei indes die Bereitschaft zum Arbeitskampf, da die Fähigkeit zu Druck und Gegendruck nicht unbedingt mit dem Kampfwillen gleichzusetzen sei[305]. Ferner hebt das Bundesarbeitsgericht hervor: Der Abschluß von Anschluß- oder Gefälligkeitstarifverträgen kann nicht als ausreichend für eine Verbandsmacht im Sinne einer Durchsetzungsfähigkeit gesehen werden. Denn diese Tarifverträge werden in der Regel nicht gemeinsam ausgehandelt, sondern entspringen dem Verhandlungsübergewicht der Gegenseite, die ihren Gegner überhaupt nicht als sozialen Gegenspieler ernst nimmt[306]. Außerdem können Betriebsratsmandate keine Aussage über die Gewerkschaftseigenschaft treffen, da auch andere Zusammenschlüsse für Betriebsratsmandate auftreten können[307].

d) Die gegen die Entscheidung des Bundesarbeitsgerichts vom 14.03. 1978[308] eingelegte Verfassungsbeschwerde des *DAV* weist das Bundesverfassungsgericht in seinem Beschluß vom 20.10. 1981[309] zurück. Es sei mit dem Verfassungsrecht zu vereinen, die Tariffähigkeit einer Koalition von der Verbandsmächtigkeit abhängig zu machen. Ein angestrebter Interessenausgleich durch Tarifvertrag könne nur zustande kommen, wenn die Arbeitnehmervereinigung so leistungsfähig sei, daß sich der soziale Gegenspieler veranlaßt sehe, auf Tarifverhandlungen einzugehen und zum Abschluß eines Tarifvertrages zu kommen. Eine

302 BAG v. 15.03. 1977 - 1 ABR 16/75, AP Nr. 24 zu Art. 9 GG (unter III. 1. der Gründe) = BAGE 29, 72 (80).

303 BAG v. 14.03. 1978 - 1 ABR 2/76, AP Nr. 30 zu § 2 TVG.

304 BAG v. 14.03. 1978 - 1 ABR 2/76, AP Nr. 30 zu § 2 TVG (unter III. 3. der Gründe).

305 BAG v. 14.03. 1978 - 1 ABR 2/76, AP Nr. 30 zu § 2 TVG (unter IV. 4. der Gründe).

306 BAG v. 14.03. 1978 - 1 ABR 2/76, AP Nr. 30 zu § 2 TVG (unter IV. 5. der Gründe).

307 BAG v. 14.03. 1978 - 1 ABR 2/76, AP Nr. 30 zu § 2 TVG (unter IV. 6. der Gründe).

308 BAG v. 14.03. 1978 - 1 ABR 2/76, AP Nr. 30 zu § 2 TVG.

309 BVerfG v. 20.10. 1981 - 1 BvR 404/78, AP Nr. 31 zu § 2 TVG = BVerfGE 58, 233 ff.

Koalition sei zu Recht nur leistungsfähig, wenn sie Autorität nach außen gegenüber ihrem Gegenspieler und nach innen gegenüber ihren Mitgliedern besitze. Außerdem müsse sie von ihrem organisatorischen Aufbau her in der Lage sein, die Aufgaben als Tarifvertragspartei zu erfüllen. Jedoch dürfe die Tariffähigkeit nicht von Anforderungen abhängig gemacht werden, die die Bildung und Betätigung einer Koalition unverhältnismäßig einschränken und so die durch Art. 9 Abs. 3 GG verfassungsrechtlich geschützte Koalitionsbildung und -betätigung aushöhlen würden. Die Verbandsmächtigkeit einer Arbeitnehmervereinigung sei eine Voraussetzung, von der die Tariffähigkeit der Arbeitnehmerkoalition abhängig gemacht werden könne. Ergänzend führt das Bundesverfassungsgericht aus: Die Frage der Durchsetzungsfähigkeit ist bei jeder Koalition im Einzelfall zu würdigen[310]. Ferner steht der Umstand, daß der Tarifabschluß nur ein verschleiertes Diktat der Arbeitgeberseite ist oder einen bloßen Gefälligkeitsvertrag darstellt, einer Durchsetzungsfähigkeit des Verbandes entgegen[311].

e) Nachdem die Verbandsmacht als Voraussetzung für die Tariffähigkeit einer Arbeitnehmerkoalition der verfassungsrechtlichen Überprüfung standgehalten hat, knüpft der 1. Senat in seinem Beschluß vom 16.11. 1982[312] an die vergangene Rechtsprechung zur allgemeinen sozialen Mächtigkeit an. Konstatiert hat das Bundesarbeitsgericht aber einen neuen Beurteilungsmaßstab. Es anerkennt nunmehr eine Prognose über die Fähigkeit zur Druckerzeugung als ausreichend für den Nachweis der Verbandsmacht. Mit dem Hinweis auf die Rechtsprechung des Bundesverfassungsgerichts betont der 1. Senat zudem: Die Bejahung der allgemeinen sozialen Mächtigkeit eines Verbandes steht nicht unter der Prämisse, daß die Arbeitnehmervereinigung die Chance eines vollständigen Sieges besitzen muß[313]. Denn die durch Art. 9 GG gesicherte Freiheit zur Koalitionsbildung und -betätigung wird durch das Erfordernis einer Chance zum vollständigen Sieg unverhältnismäßig eingeschränkt und ausgehöhlt.

f) Der 1. Senat greift in seinem Beschluß vom 10.09. 1985[314] die frühere Rechtsprechung zur sozialen Mächtigkeit auf[315] und akzentuiert: Ob die Arbeitnehmer-

310 BVerfG v. 20.10. 1981 - 1 BvR 404/78, AP Nr. 31 zu § 2 TVG (unter B. I. 2. der Gründe) = BVerfGE 58, 233 (249).

311 BVerfG v. 20.10. 1981 - 1 BvR 404/78, AP Nr. 31 zu § 2 TVG (unter B. I. 3. a. der Gründe) = BVerfGE 58, 233 (251).

312 BAG v. 16.11. 1982 - 1 ABR 22/78, AP Nr. 32 zu § 2 TVG (unter B. II. der Gründe).

313 BAG v. 16.11. 1982 - 1 ABR 22/78, AP Nr. 32 zu § 2 TVG (unter B. III. 2. b. der Gründe).

314 BAG v. 10.09. 1985 - 1 ABR 32/83, AP Nr. 34 zu § 2 TVG = BAGE 49, 322 ff.

315 Vgl. BAG v. 10.09. 1985 - 1 ABR 32/83, AP Nr. 34 zu § 2 TVG (unter B. IV. 1. der Gründe) = BAGE 49, 322 (330).

vereinigung die erforderliche Durchsetzungsfähigkeit besitzt, sei bei jeder Koalition im Einzelfall zu würdigen. Hervorgehoben hat der Senat außerdem: Allein wegen einer geringen finanziellen und personellen Ausstattung kann die Tariffähigkeit einer Arbeitnehmervereinigung dann nicht verneint werden, wenn der Verband schon seit längerer Zeit Tarifverträge abgeschlossen habe. Anhand der Tarifabschlüsse zeige eine Arbeitnehmervereinigung, sie sei so leistungsfähig, daß sich die Arbeitgeberseite veranlaßt gesehen hat, Tarifverhandlungen aufzunehmen und Tarifverträge abzuschließen[316]. Der Abschluß von Anschlußtarifverträgen soll nach dem Bundesarbeitsgericht nicht ohne weiteres auf Gefälligkeitstarifverträge hinweisen[317].

g) In seiner Entscheidung vom 25.11. 1986[318] schließt sich der 1. Senat der bisherigen Rechtsauffassung an und fordert: Um einen angemessenen, sozial befriedigenden Interessenausgleich zu erreichen, muß die Arbeitnehmervereinigung soviel Druck ausüben können, daß sich die Arbeitgeberseite veranlaßt sieht, sich auf Tarifverhandlungen einzulassen. Allerdings verlangt das Bundesarbeitsgericht nunmehr: Damit die Regelung der Arbeitsbedingungen nicht von der Arbeitgeberseite aufdiktiert, sondern die einzelnen Forderungen auch tatsächlich gemeinsam ausgehandelt werden, muß der Verband überdies von seinem sozialen Gegenspieler ernst genommen werden. Ferner weist der 1. Senat daraufhin: Die Arbeitnehmervereinigung muß auch von ihrem organisatorischen Aufbau her in der Lage sein, ihren Aufgaben als Tarifvertragspartei nachzukommen[319]. Herausgestellt hat der Senat im Anschluß an die Entscheidung des Bundesverfassungsgerichts vom 20.10. 1981[320] zudem, daß der Abschluß von Anschlußtarifverträgen ein Indiz für Durchsetzungskraft sein könne[321]. Allerdings sei im Einzelfall zu überprüfen, ob die Arbeitnehmervereinigung von ihrem sozialen Gegenspieler ernst genommen wurde und die Arbeitsbedingungen nicht von der Arbeitgeberseite bestimmt worden sind[322].

---

316 BAG v. 10.09. 1985 - 1 ABR 32/83, AP Nr. 34 zu § 2 TVG (unter B. IV. 2. b. der Gründe) = BAGE 49, 322 (331).

317 BAG v. 10.09. 1985 - 1 ABR 32/83, AP Nr. 34 zu § 2 TVG (unter B. IV. 3. der Gründe) = BAGE 49, 322 (333).

318 BAG v. 25.11. 1986 - 1 ABR 22/85, AP Nr. 36 zu § 2 TVG = BAGE 53, 347 ff.

319 BAG v. 25.11. 1986 - 1 ABR 22/85, AP Nr. 36 zu § 2 TVG (unter II. 3. der Gründe) = BAGE 53, 347 (356 f.).

320 BVerfG v. 20.10. 1981 - 1 BvR 404/78, AP Nr. 31 zu § 2 TVG (unter B. I. 3. a. der Gründe) = BVerfGE 58, 233 (251).

321 BAG v. 25.11. 1986 - 1 ABR 22/85, AP Nr. 36 zu § 2 TVG (unter II. 4. der Gründe) = BAGE 53, 347 (357).

322 BAG v. 25.11. 1986 - 1 ABR 22/85, AP Nr. 36 zu § 2 TVG (LS 2. b. und unter 4. der Gründe).

h) Der 1. Senat hält in seinem Beschluß vom 16.01. 1990[323] an der vorausgegangenen Rechtsprechung fest. Insbesondere bestätigt er unter wörtlicher Wiedergabe seiner früheren Rechtsauffassung[324]: Von Anschlußtarifverträgen kann eine Indizwirkung für die erforderliche Durchsetzungskraft der Arbeitnehmervereinigung gegenüber der Arbeitgeberseite ausgehen, wenn die Arbeitnehmerkoalition von der Gegenseite ernst genommen wurde und sie ihre eigenen Forderungen vorbringen konnte.

i) In der zweiten Entscheidung vom 16.01. 1990[325] zur Tariffähigkeit einer Arbeitnehmervereinigung - als zweite Rechtsbeschwerdeentscheidung in dieser Sache - stützt sich das Bundesarbeitsgericht auf seine Aussagen zur allgemeinen sozialen Mächtigkeit, die es in seinem früheren Beschluß vom 25.11. 1986 getroffen hat. Der Senat führt seine damalig vertretene Rechtsauffassung fort.

j) Der Beschluß des 1. Senats vom 20.11. 1990[326] bekräftigt die bisherige Rechtsansicht zur Verbandsmächtigkeit als ständige Rechtsprechung des Bundesarbeitsgerichts.

k) Ohne sich unmittelbar mit den Anforderungen an die Tariffähigkeit einer Arbeitnehmervereinigung auseinanderzusetzen, erwähnt das Bundesarbeitsgericht in seiner Entscheidung vom 25.09. 1996[327] erstmals die Möglichkeit der Existenz einer „relativen Tariffähigkeit“[328].

l) In seiner - vorerst letzten - Entscheidung vom 06.06. 2000[329] greift das Bundesarbeitsgericht seine ständige Rechtsprechung - wonach es für die Tariffähigkeit und damit für die Gewerkschaftseigenschaft einer entsprechenden Durchsetzungskraft und einer ausreichenden Leistungsfähigkeit der Organisation

---

323 BAG v. 16.01. 1990 - 1 ABR 93/88, AP Nr. 38 zu § 2 TVG.

324 Vgl. BAG v. 25.11. 1986 - 1 ABR 22/85, AP Nr. 36 zu § 2 TVG (unter II. 4. der Gründe) = BAGE 53, 347 (357).

325 BAG v. 16.01. 1990 - 1 ABR 10/89, AP Nr. 39 zu § 2 TVG = BAGE 64, 16 ff.

326 BAG v. 20.11. 1990 - 1 ABR 62/89, AP Nr. 40 zu § 2 TVG = BAGE 66, 258 ff.

327 BAG v. 25.09. 1996 - 1 ABR 25/96, AP Nr. 4 zu § 97 ArbGG 1979.

328 Wobei das Bundesarbeitsgericht die Existenz einer „relativen Tariffähigkeit“ als rechtliche Vorfrage in einem Verfahren nach § 2 a I Nr. 4 ArbGG klären lassen will.

329 BAG v. 06.06. 2000 – 1 ABR 10/99, AP Nr. 55 zu § 2 TVG. Siehe auch die am selben Tag anläßlich einer Rechtsbeschwerde ergangene Entscheidung des BAG v. 06.06. 2000 - 1 ABR 21/99, AP Nr. 9 zu § 97 ArbGG 1979 (unter B. II. 4. c. der Gründe), die die „Mächtigkeitsrechtsprechung“ bestätigt.

bedarf - erneut auf und setzt sie fort[330]. Ohne die Mitgliederzahl zu vernachlässigen, stützt sich der 1. Senat auf die aktive Teilnahme am Prozeß der tariflichen Regelung. Den Akzent legt er erneut auf die Einzelfallwertung; unter Umständen soll daher auch eine Prognose über ernsthaft zu erwartende Tarifverhandlungen ausschlaggebend für eine hinreichende Durchsetzungskraft sein.

2. Analyse

Festzuhalten ist zunächst: Grundsätzliche Bedeutung für die Entwicklung der Anforderungen an die allgemeine soziale Mächtigkeit erlangte der Beschluß des Bundesarbeitsgerichts vom 15.03. 1977[331]. Nach dieser Leitentscheidung muß die Arbeitnehmervereinigung in der Lage sein, einen so fühlbaren Druck und Gegendruck auszuüben, daß der soziale Gegenspieler Verhandlungsangebote nicht übersieht. An dieser Rechtsauffassung hat das Bundesarbeitsgericht mit leichten Modifizierungen in ständiger Rechtsprechung festgehalten[332]. Diese Rechtsprechung des 1. Senats ist vom Bundesverfassungsgericht gebilligt worden[333]. Gegenüber der früheren Rechtsauffassung des Bundesarbeitsgerichts[334] existieren nunmehr greifbare Spezifizierungen des Merkmals der allgemeinen sozialen Mächtigkeit, die einerseits eine qualitative wie auch eine quantitative Verschärfung der Ausgangsvoraussetzungen erkennen lassen[335] und andererseits auch auf eine qualitative Reduzierung der Anforderungen hindeuten. Vor dem Hintergrund der veränderten Bedeutung der einzelnen Kriterien wird im folgenden untersucht, inwiefern sich die vom Bundesarbeitsgericht hervorgehobenen Indizien - wie Mitgliederzahl - Organisationsgrad und -struktur - Finanzkraft - Prognoseentscheidung - einem bestimmten Kriterienraster zuordnen lassen.

a) Qualitative Verschärfung der Anforderungen

Nach der anfänglichen Rechtsprechung zur allgemeinen sozialen Mächtigkeit war für das Bundesarbeitsgericht in erster Linie die *Mitgliederzahl* der Arbeitnehmer-

---

330 BAG v. 06.06. 2000 – 1 ABR 10/99, AP Nr. 55 zu § 2 TVG (unter B. II. der Gründe).

331 BAG v. 15.03. 1977 - 1 ABR 16/75, AP Nr. 24 zu Art. 9 GG = BAGE 29, 72 ff.

332 Zuletzt - soweit ersichtlich - BAG v. 06.06. 2000 - 1 ABR 21/99, AP Nr. 9 zu § 97 ArbGG 1979 (unter B. II. 4. c. der Gründe).

333 BVerfG v. 20.10. 1981 - 1 BvR 404/78, AP Nr. 31 zu § 2 TVG = BVerfGE 58, 233 ff.

334 BAG v. 09.07. 1968 - 1 ABR 2/67, AP Nr. 25 zu § 2 TVG (LS 2) = BAGE 21, 98 ff.; vgl. ferner BAG v. 23.04. 1971 - 1 ABR 26/70, AP Nr. 2 zu § 97 ArbGG 1953 = BAGE 23, 320 ff.

335 So *Dütz*, DB 1996, 2385 (2387). Siehe eingehend dazu auch *Suckow*, Gewerkschaftliche Mächtigkeit, S. 57 - 116.

vereinigung für die Bestimmung der Verbandsmacht ausschlaggebend[336]. Das Bundesarbeitsgericht betonte ausdrücklich: Eine im Arbeitsleben unbedeutende Gruppe von Arbeitnehmern ist nicht in der Lage, wirksam Druck und Gegendruck auszuüben, um den sozialen Gegenspieler zu Tarifverhandlungen zu veranlassen[337]. Nach Auffassung des 1. Senats sei zur Bestimmung der ausreichenden Mitgliederzahl nur auf die gegenwärtige und nicht auf die zu erwartende Anzahl der Mitglieder abzustellen[338]. Das Bundesarbeitsgericht gab allerdings keine konkrete Zahl der Mitglieder vor. Anstatt die erforderliche Mitgliederzahl positiv durch eine Mindestanzahl zu benennen, schloß es im Einzelfall nur die für eine Verbandsmacht nicht genügende Mitgliederzahl aus.

> *Fallbeispiele*: Der mit rund 22.000 Mitgliedern zählenden *CGBCE* verwehrte das Bundesarbeitsgericht später die Tariffähigkeit[339], obwohl es in einer früheren Entscheidung[340] erwog, dem *ALEB* mit einer Mitgliederzahl von rund 1.800 die Tariffähigkeit zuzuerkennen.

Allerdings führt das Bundesarbeitsgericht auch aus: Eine geringe Mitgliederzahl ist dann kein Indiz für eine nicht hinreichend wirkungskräftige Vereinigung, wenn die Mitglieder im Arbeitsleben eine *besondere Stellung* einnehmen und kraft der Stellung und ihrer Ausbildung ein Einfluß auf die Arbeitnehmerseite möglich sei[341].

Die Bedeutung der Mitgliederzahl einer Vereinigung für das Erfordernis der allgemeinen sozialen Mächtigkeit hat das Bundesarbeitsgericht in den darauf-

---

336 BAG v. 09.07. 1968 - 1 ABR 2/67, AP Nr. 25 zu § 2 TVG (LS 2) = BAGE 21, 98; BAG v. 23.04. 1971 - 1 ABR 26/70, AP Nr. 2 zu § 97 ArbGG 1953 = BAGE 23, 320 ff.

337 BAG v. 09.07. 1968 - 1 ABR 2/67, AP Nr. 25 zu § 2 TVG (unter 2. der Gründe) = BAGE 21, 98 (102).

338 BAG v. 09.07. 1968 - 1 ABR 2/67, AP Nr. 25 zu § 2 TVG (LS 2) = BAGE 21, 98.

339 BAG v. 16.01. 1990 - 1 ABR 10/89, AP Nr. 39 zu § 2 TVG (unter IV. 1. der Gründe) = BAGE 64, 16 (22).

340 BAG v. 10.09. 1985 - 1 ABR 32/83, AP Nr. 34 zu § 2 TVG (unter B. IV. 2. a. der Gründe) = BAGE 49, 322 (331). Zuvor hatte das Bundesarbeitsgericht aber der *DAV* die Gewerkschaftseigenschaft mit einer Mitgliederzahl von 14.302 abgesprochen, vgl. BAG v. 14.03. 1978 - 1 ABR 2/76, AP Nr. 30 zu § 2 TVG. Später verneinte der 1. Senat die Gewerkschaftseigenschaft der *CGHB* mit einer Mitgliederzahl von 2.948, vgl. BAG v. 16.01. 1990 - 1 ABR 93/88, AP Nr. 38 zu § 2 TVG. In jüngerer Zeit lehnte das BAG v. 06.06. 2000 - 1 ABR 10/99, AP Nr. 55 zu § 2 TVG die Gewerkschaftseigenschaft des *BTÜ* mit einer Mitgliederzahl von 1.600 ab.

341 BAG v. 09.07. 1968 - 1 ABR 2/67, AP Nr. 25 zu § 2 TVG (unter 2. der Gründe) = BAGE 21, 98 (103); bestätigt in BAG v. 23.04. 1971 - 1 ABR 26/70, AP Nr. 2 zu § 97 ArbGG 1953 (LS 2) = BAGE 23, 320.

folgenden Entscheidungen - wie folgt - präzisiert und zugleich verschärft[342]: Die Zahl der Mitglieder ist nur noch unerheblich, wenn ihre Mitglieder *„Schlüsselstellung[en] im Arbeits- und Wirtschaftsleben“*[343] einnehmen. Denn Vereinigungen mit Mitgliedern in Schlüsselpositionen sind in der Lage, einen „fühlbaren Druck“ auf die Arbeitgeberseite auszuüben[344]. Bei der Definition einer solchen Schlüsselposition übt sich das Bundesarbeitsgericht jedoch in Zurückhaltung. Vage Erklärungsansätze finden sich, wenn der 1. Senat eine Schlüsselstellung verneint, weil die Arbeitnehmer jederzeit durch andere Arbeitnehmer ersetzt werden können[345] oder „oberen Angestellten der Eisen- und Stahlindustrie“ eine „führende Stellung“ zuerkennt[346] oder neuerdings von Piloten als „Spezialisten in Schlüsselstellungen“ spricht[347]; zur näheren Begriffsinterpretation einer sog. Schlüsselposition hüllt sich das Bundesarbeitsgericht aber in Schweigen.

Anstelle der bloßen Mitgliederzahl hält das Bundesarbeitsgericht für die Feststellung einer ausreichenden Verbandsmacht auch die *Organisationsstärke im Verhältnis zu dem räumlichen und fachlichen Organisationsbereich* der Arbeitnehmervereinigung für relevant.

> *Beispielsfall*: In der Entscheidung vom 14.03. 1978[348] hatte der 1. Senat dem *DAV* die erforderliche Durchsetzungskraft abgesprochen, weil er eine *begrenzte* und *regional verteilte Mitgliederzahl und -struktur* aufwies und zudem seine *Tarifzuständigkeit auf die verschiedensten Wirtschaftssektoren erstreckt* hatte.

---

342 Vgl. auch *Dütz*, DB 1996, 2385 (2387).

343 Hervorhebung durch die Verfasserin.

344 BAG v. 15.03. 1977 - 1 ABR 16/75, AP Nr. 24 zu Art. 9 GG (unter III. 1. der Gründe) = BAGE 29, 72 (80); BAG v. 14.03. 1978 - 1 ABR 2/76, AP Nr. 30 zu § 2 TVG (unter IV. 2. der Gründe). Das LAG *Köln* hielt die rund 1.800 Mitglieder des *ALEB* nicht für ausreichend, einen wirkungsvollen Druck ausüben zu können, wenn sie nicht in „Schlüsselstellungen“ beschäftigt seien, zit. bei: BAG v. 10.09. 1985 - 1 ABR 32/83, AP Nr. 34 zu § 2 TVG = BAGE 49, 322 ff.

345 BAG v. 14.03. 1978 - 1 ABR 2/76, AP Nr. 30 zu § 2 TVG (unter IV. 2 der Gründe).

346 BAG v. 16.11. 1982 - 1 ABR 22/78, AP Nr. 32 zu § 2 TVG (unter III. 2. c. der Gründe).

347 BAG v. 06.06. 2000 - 1 ABR 10/99, AP Nr. 55 zu § 2 TVG (unter B. II. 2. b. aa. (1) der Gründe).

348 BAG v. 14.03. 1978 - 1 ABR 2/76, AP Nr. 30 zu § 2 TVG; vgl. auch den Beschluß des BAG v. 01.02. 1983 - 1 ABR 33/78, AP Nr. 14 zu § 322 ZPO (unter II. 3. c. der Gründe) = BAGE 41, 316 (327), in dem der 1. Senat ausdrücklich auf den Organisationsgrad des Deutschen Zahntechniker-Verbandes (*DZV*) abstellt.

Der 1. Senat war der Meinung, um von einer Verbandsmacht ausgehen zu können, dürfen sich Organisationsstruktur und Organisationsbereich des Verbandes nicht in einem krassen Mißverhältnis bewegen. Ein krasses Mißverhältnis zwischen Organisationsstruktur und Organisationsbereich bestehe aber, wenn sich die Verteilung der Mitglieder auf verschiedene Gebiete und Branchen erstreckt und sich gleichzeitig die Mitgliederzahl des Verbandes ohnehin in sehr engen Grenzen bewegt. Für die Bejahung der allgemeinen sozialen Mächtigkeit, müsse die Mitgliederzahl und -struktur deshalb für alle Regionen und Branchen so ausgeprägt sein, daß ein Druck auf den sozialen Gegenspieler ausgeübt werden könne, um die Arbeitgeberseite zur Aufnahme von Tarifverhandlungen zu veranlassen[349]. Daraus folgt: Je ausgedehnter der fachliche Tarifzuständigkeitsbereich einer Arbeitnehmervereinigung ist, desto strengere Anforderungen sind an die zahlenmäßige Größe der Mitglieder zu stellen[350]. Allerdings hält das Bundesarbeitsgericht den Organisationsgrad dann wiederum für unerheblich, wenn die Vereinigung mittels Schlüsselpositionen ihrer Mitglieder einen besonderen Einfluß auf den Gegenspieler ausüben kann[351].

b) Quantitative Verschärfung der Anforderungen

Gegenüber den Anforderungen der anfänglichen Rechtsprechung zur Verbandsmacht reichen die heutigen Voraussetzungen des Bundesarbeitsgerichts inhaltlich auch weiter[352]. Nach ständiger Rechtsprechung verlangt der 1. Senat des Bundesarbeitsgerichts als Voraussetzung für die Tariffähigkeit: Die Arbeitnehmerkoalition muß ihre Aufgabe als Tarifpartner sinnvoll erfüllen können. Um die ihr gestellten Aufgaben sinnvoll erfüllen zu können, muß sie eine gewisse Durchsetzungskraft besitzen, die sicherstellt, daß die Arbeitgeberseite zumindest keine Verhandlungsangebote übersehen kann. Denn ein angemessener, sozial befriedigender Interessenausgleich kann nur zustande kommen, wenn der Arbeitnehmerverband so leistungsfähig ist, daß sich die Gegenseite veranlaßt sieht, sich

349 BAG v. 14.03. 1978 - 1 ABR 2/76, AP Nr. 30 zu § 2 TVG (unter IV. 2. der Gründe); bestätigt in BVerfG v. 20.10. 1981 - 1 BvR 404/78, AP Nr. 31 zu § 2 TVG (unter B. I. 3. a. der Gründe) = BVerfGE 58, 233 (251) - danach sei die Vereinigung nicht in der Lage, einen Tarifvertrag abzuschließen, der nicht das Ergebnis eines Gefälligkeitstarifvertrages sei. So auch das LAG *Köln*, zit. bei: BAG v. 10.09. 1985 - 1 ABR 32/83, AP Nr. 34 zu § 2 TVG (unter B. IV. der Gründe) = BAGE 49, 322 (329) - im Ergebnis vom BAG bestätigt.

350 Vgl. auch *Suckow*, Gewerkschaftliche Mächtigkeit, S. 64.

351 BAG v. 14.03. 1978 - 1 ABR 2/76, AP Nr. 30 zu § 2 TVG (unter IV. 2. der Gründe); vgl. auch BAG v. 10.09. 1985 - 1 ABR 32/83, AP Nr. 34 zu § 2 TVG (unter B. IV. 2. a. der Gründe) = BAGE 49, 322 (331).

352 Vgl. auch *Dütz*, DB 1996, 2385 (2387).

auf Tarifverhandlungen einzulassen und zum Abschluß eines Tarifvertrages zu kommen[353].

Neben der Mitgliederzahl, der Schlüsselstellung bestimmter Arbeitnehmergruppen und dem Organisationsgrad hat das Bundesarbeitsgericht auch andere Kriterien anerkannt, die fähig sind, Auskunft über die Mächtigkeit der Arbeitnehmerorganisation zu geben, und zwar: *die personelle und sachliche Ausstattung der Vereinigung*. Wie sich diese Kennzeichen im einzelnen manifestieren müssen, wird vom Bundesarbeitsgericht nicht klar umrissen, sondern vielmehr anhand von weiteren Hinweisen festgestellt. Alle Hauptkriterien lassen sich insbesondere nach den neueren Entscheidungen des Bundesarbeitsgerichts[354] zu drei Leitmerkmalen zusammenfassen, wobei sich allerdings keine einheitliche Gewichtung dieser Merkmale zueinander abzeichnet. Das Bundesarbeitsgericht betont lediglich in ständiger Rechtsprechung die Einzelwertung[355]. Die Kriterien sind also in ihrem Stellenwert zueinander variabel[356].

aa) Außenautorität

Erstes Hauptmerkmal der allgemeinen sozialen Mächtigkeit ist: Der Arbeitnehmerverband muß Autorität nach außen gegenüber dem sozialen Gegenspieler besitzen[357]. Ob eine Vereinigung Außenautorität besitzt, entzieht sich einer pauschalen Beurteilung und ist nur einer Wertung des Einzelfalls zugänglich. Das Bundesarbeitsgericht hat einzelne Mächtigkeitsindikatoren entwickelt[358].

---

353 Vgl. etwa BAG v. 15.03. 1977 - 1 ABR 16/75, AP Nr. 24 zu Art. 9 GG (unter III. 3. der Gründe) = BAGE 29, 72 (82); BAG v. 16.01. 1990 - 1 ABR 10/89, AP Nr. 39 zu § 2 TVG (unter II. 2. der Gründe) = BAGE 64, 16 (20); BAG v. 20.11. 1990 - 1 ABR 62/89, AP Nr. 40 zu § 2 TVG (unter B. II. 2. a. der Gründe) = BAGE 66, 258 (261).

354 Vgl. z. B. BAG v. 16.11. 1982 - 1 ABR 22/78, AP Nr. 32 zu § 2 TVG (unter B. II. der Gründe); BAG v. 25.11. 1986 - 1 ABR 22/85, AP Nr. 36 zu § 2 TVG (unter II. 3. der Gründe) = BAGE 53, 347 (356); jüngst auch BAG v. 06.06. 2000 - 1 ABR 10/99, AP Nr. 55 zu § 2 TVG (unter B. II. 1. der Gründe).

355 BAG v. 25.11. 1986 - 1 ABR 22/85, AP Nr. 36 zu § 2 TVG (unter 3. a. der Gründe) = BAGE 53, 374 (356).

356 So auch *Suckow*, Gewerkschaftliche Mächtigkeit, S. 116.

357 Vgl. z. B. BAG v. 15.03. 1977 - 1 ABR 16/75, AP Nr. 24 zu Art. 9 GG (unter III. 5. der Gründe) = BAGE 29, 72 (83); BAG v. 16.11. 1982 - 1 ABR 22/78, AP Nr. 32 zu § 2 TVG (unter B. II. der Gründe).

358 Vgl. auch *Wank*, Übungen, S. 174.

(1) Mitgliederstruktur

Wie bereits festgestellt[359], hielt das Bundesarbeitsgericht anfänglich die Mitgliederzahl für ausschlaggebend. In späteren Beschlüssen hat es allerdings die Bedeutung der Mitgliederzahl relativiert, indem es auf die Art der Mitglieder abstellte. Dabei war zunächst ganz allgemein die Stellung der Mitglieder im Arbeitsleben maßgeblich[360], in neueren Entscheidungen dagegen - wie der 1. Senat ausdrücklich betont - die „Schlüsselstellung im Arbeits- und Wirtschaftsleben“[361]. Entscheidende Bedeutung kommt des weiteren dem Organisationsgrad im Verhältnis zu dem räumlichen und fachlichen Organisationsbereich der Arbeitnehmervereinigung zu[362].

Beispielsfall: Der Organisationsgrad in der Land- und Forstwirtschaft in Niedersachsen von etwa 18 Prozent und in der Milchwirtschaft mit etwa 27 Prozent bewog das Bundesarbeitsgericht, die Tariffähigkeit des *ALEB* anzuerkennen[363].

(2) Arbeitskampfbereitschaft und Tarifpraxis

Die Arbeitskampfbereitschaft gehörte zwar nicht zu den konstitutiven Voraussetzungen für die Tariffähigkeit; dennoch soll auch sie eine Indizwirkung für eine Verbandsmacht besitzen können[364]. Autorität nach außen gegenüber dem sozialen Gegenspieler soll nach Auffassung des Bundesarbeitsgerichts schließlich auch

---

359 Siehe oben Teil 2/1. Abschnitt unter § 4 I. 2. a.

360 Vgl. BAG v. 09.07. 1968 - 1 ABR 2/67, AP Nr. 25 zu § 2 TVG (unter 2. der Gründe) = BAGE 21, 98 (103); bestätigt in BAG v. 23.04. 1971 - 1 ABR 26/70, AP Nr. 2 zu § 2 ArbGG 1953 (LS 2) = BAGE 23, 320.

361 Vgl. BAG v. 15.03. 1977 - 1 ABR 16/75, AP Nr. 24 zu Art. 9 GG (unter IV. 1. der Gründe) = BAGE 29, 72 (86); BAG v. 14.03. 1978 - 1 ABR 2/76, AP Nr. 30 zu § 2 TVG (unter IV. 2. der Gründe).

362 Vgl. BAG v. 14.03. 1978 - 1 ABR 2/76, AP Nr. 30 zu § 2 TVG (unter VI. 2. der Gründe); siehe ferner BAG v. 01.02. 1983 - 1 ABR 33/78, AP Nr. 14 zu § 322 ZPO (unter II. 3. c. der Gründe) = BAGE 41, 316 (327).

363 BAG v. 10.09. 1985 - 1 ABR 32/83, AP Nr. 34 zu § 2 TVG (unter B. IV. vor 1. der Gründe) = BAGE 49, 322 (329). Einen hohen Organisationsgrad von 80 bis 90 Prozent sah das BAG v. 21.05. 1981 - 2 AZR 1117/78, AP Nr. 15 zu § 611 BGB Bühnenengagementsvertrag (unter II. 3. d. der Gründe) = BAGE 35, 309 (323) als ausreichend an. Vgl. auch BAG v. 16.11. 1982 - 1 ABR 22/78, AP Nr. 32 zu § 2 TVG (unter B. III. 2. a. der Gründe), das 50 Prozent als einen hohen und damit hinreichenden Organisationsgrad bewertet hatte.

364 Vgl. z. B. BAG v. 16.11. 1982 - 1 ABR 22/78, AP Nr. 32 zu § 2 TVG (unter III. 2. b. der Gründe).

vorliegen, wenn es der Arbeitnehmervereinigung gelungen ist, Tarifverträge abzuschließen[365].

bb) Innenautorität

Zweites Hauptmerkmal der allgemeinen sozialen Mächtigkeit ist die Autorität der Arbeitnehmervereinigung nach innen, das heißt: Die Organisation muß Autorität gegenüber ihren Mitgliedern besitzen. Das Bundesarbeitsgericht[366] fordert Zusammenhalt der Mitglieder und Bereitschaft, gemeinsam für ihre tariflichen Forderungen gegenüber dem sozialen Gegenspieler aufzutreten.

> *Fallbeispiel:* Das Bundesarbeitsgericht bejahte eine geschlossene Bereitschaft eines Zusammenschlusses sog. außertariflicher Angestellter bei einem Einsatzwillen von 78,5 Prozent der Mitglieder, sich an Aktionen des Verbandes selbst aktiv zu beteiligen; der 1. Senats stellte heraus, obere Angestellte seien auch aufgrund ihrer Ausbildung und Stellung in der Lage, ihre Ansichten und Forderungen zu artikulieren, diese mit Sachverstand zu begründen und mit Nachdruck zu vertreten[367].

Wann eine Arbeitnehmervereinigung eine ausreichende Innenautorität aufweist, ist aber stets eine Frage des Einzelfalls[368].

cc) Organisatorischer Aufbau

Der Organisatorische Aufbau eines Verbandes ist das dritte entscheidende Hauptmerkmal der allgemeinen sozialen Mächtigkeit. Die Arbeitnehmervereinigung müsse kraft der eigenen Organisationsstrukturen auch in der Lage sein, die ihr gestellten Aufgaben wirkungsvoll zu erfüllen[369]. Nach Auffassung des 1. Senats verlangen Tarifabschlüsse im Vorfeld und in der tatsächlichen Durch-

---

365 Vgl. BAG v. 10.09. 1985 - 1 ABR 32/83, AP Nr. 34 zu § 2 TVG (unter B. IV. 2. b. der Gründe) = BAGE 49, 322 (331). Zu den einzelnen Anforderungen an die Tarifpraxis siehe Teil 2/1. Abschnitt unter § 4 I. 2. c. aa.

366 Vgl. BAG v. 16.11. 1982 - 1 ABR 22/78, AP Nr. 32 zu § 2 TVG (unter B. III. 2. c. der Gründe).

367 Es handelte sich hierbei um einen Zusammenschluß sog. außertariflicher Angestellter, vgl. BAG v. 16.11. 1982 - 1 ABR 22/78, AP Nr. 32 zu § 2 TVG (unter B. III. 2. a. der Gründe).

368 Vgl. auch *Suckow*, Gewerkschaftliche Mächtigkeit, S. 87.

369 Vgl. etwa BAG v. 15.03. 1977 - 1 ABR 16/75, AP Nr. 24 zu Art. 9 GG (LS 5) = BAGE 29, 72; BAG v. 14.03. 1978 - 1 ABR 2/76, AP Nr. 30 zu § 2 TVG (unter IV. 4. der Gründe); BAG v. 10.09. 1985 - 1 ABR 32/83, AP Nr. 34 zu § 2 TVG (unter B. IV. 1. der Gründe) = BAGE 49, 322 (330).

führung notwendige Vorkehrungen und Vorbereitungen. Die Erfüllung dieser Aufgaben müsse die Vereinigung gewährleisten können[370].

(1) Personelle und sachliche Organisationsstruktur

Aufschluß über einen hinreichenden organisatorischen Aufbau soll die personelle und sachliche Organisationsstruktur geben können. Wie sich die personelle und sachliche Ausstattung im einzelnen zeigen müssen, wird vom Bundesarbeitsgericht aber nicht näher beschrieben, sondern vielmehr nur einzelfallbezogen geklärt:

> *Fallbeispiel:* Der 1. Senat[371] verneinte die Gewerkschaftseigenschaft einer Arbeitnehmervereinigung, die drei hauptamtliche Gewerkschaftssekretäre, verschiedene Bürokräfte sowie zahlreiche ehrenamtliche Mitarbeiter beschäftigt; nach seiner Auffassung sei der Verband mit einer solchen Organisationsstruktur nicht in der Lage, „eindrucksvoll“ Tarifverhandlungen zu führen - ungeachtet der fachlichen Qualifikation der Angestellten; denn es fehle die Vorstellung, wie eine Vereinigung mit einer derartig schwachen personellen Ausstattung in der Lage sein soll, ihre Standpunkte in möglichen Tarifverhandlungen aufzuzeigen.

Der 1. Senat[372] fordert aber ausdrücklich: Die konkreten Vorstellungen der Vereinigung sollten, insbesondere durch eine „Beobachtung und Prognostizierung der Konjunktur“ weitestgehend gesichert sein und inhaltlich der Realität entsprechen. Vom BAG bleibt allerdings die Tatsache unberücksichtigt, daß entscheidende Berichte und Prognosen ohne weiteres den Berichten der Wirtschaftsinstitute oder der Tagespresse entnommen werden können und damit auch für personell schwach ausgestattete Organisationen zugänglich sind[373].

An dem oben beschriebenen Standpunkt hielt das Bundesarbeitsgericht auch in der Entscheidung vom 10.09. 1985 fest, sah allerdings die damals getroffenen Aussagen nur noch als bedingt an[374]: So sprach es dem *ALEB*, der auch mit nur

---

370 Vgl. z. B. BAG v. 25.11. 1986 - 1 ABR 22/85, AP Nr. 36 zu § 2 TVG (unter II. 3. b. der Gründe) = BAGE 53, 347 (356); BAG v. 16.01. 1990 - 1 ABR 10/89, AP Nr. 39 zu § 2 TVG (unter II. 2. der Gründe) = BAGE 64, 16 (20).

371 So im Beschluß des BAG v. 14.03. 1978 - 1 ABR 2/76, AP Nr. 30 zu § 2 TVG (unter IV. 4. der Gründe) gegenüber dem *DAV*.

372 BAG v. 14.03. 1978 - 1 ABR 2/76, AP Nr. 30 zu § 2 TVG (unter IV. 4. der Gründe).

373 Vgl. dazu *Hemmen*, Durchsetzungsfähigkeit, S. 7; so auch *Bruhn*, Tariffähigkeit, S. 190 (Fn. 334).

374 BAG v. 10.09. 1985 - 1 ABR 32/83, AP Nr. 34 zu § 2 TVG (unter IV. 2. b. der Gründe) = BAGE 49, 322 (331 f.).

drei hauptamtlichen Mitarbeitern ausgestattet war, eine ausreichende personelle Ausstattung ab, stellte aber zugleich fest, daß diese geringe Ausstattung der Gewerkschaftseigenschaft dann nicht zuwiderlaufe, wenn die Vereinigung bereits Tarifverträge abgeschlossen habe. In seiner Entscheidung vom 16.01.1990 erachtete der Senat die *CGBCE* selbst mit 19 hauptamtlichen Gewerkschaftssekretären und einer Vielzahl ehrenamtlicher Mitglieder sowie zahlreicher Verwaltungsstellen im Bundesgebiet für nicht fähig, die Aufgaben einer Gewerkschaft sinnvoll zu erfüllen[375].

(2) Finanzkraft

Nach Auffassung des Bundesarbeitsgerichts erfordere eine hinlängliche sachliche Ausstattung ferner eine gewisse Finanzkraft des Verbandes[376]. Denn nur eine finanzielle Leistungsfähigkeit gewährleiste auch eine sachgerechte Aufgabenerfüllung. Der Finanzkraft kommt in der Rechtsprechung des Bundesarbeitsgerichts insbesondere dann eine indizielle Wirkung einer hinreichenden Durchsetzungsfähigkeit zu, wenn die Arbeitnehmerkoalition eine geringe Mitgliederzahl hat[377]. In diesem Fall sei unerheblich, ob die Vereinigung auch einen Streik tatsächlich finanziell durchführen könne[378]. Die fehlende Möglichkeit, Mitgliedern mangels Vermögensmasse, die üblichen Streikunterstützungen zahlen zu können, soll einer finanziellen Leistungsfähigkeit nach der Vorstellung des 1. Senats ebensowenig entgegenstehen, wie der Umstand, daß eine Arbeitnehmervereinigung die Gewährung von Streikunterstützung in ihrer Satzung nicht vorgesehen hat[379]. Die Aussicht, kurzzeitige[380] Arbeitskämpfe durchführen zu können, vermag nach Ansicht des 1. Senats auf Arbeitgeberseite ebenso einen wirkungsvollen Druck auszuüben[381].

---

375 BAG v. 16.01.1990 - 1 ABR 10/89, AP Nr. 39 zu § 2 TVG = BAGE 64, 16 ff.

376 Vgl. etwa BAG v. 14.03.1978 - 1 ABR 2/76, AP Nr. 30 zu § 2 TVG (unter IV. 2. der Gründe); vgl. auch BAG v. 10.09.1985 - 1 ABR 32/83, AP Nr. 34 zu § 2 TVG (unter B. IV. 1 der Gründe) = BAGE 49, 322 (330).

377 Vgl. BAG v. 14.03.1978 - 1 ABR 2/76, AP Nr. 30 zu § 2 TVG (unter IV. 2. der Gründe).

378 BAG v. 14.03.1978 - 1 ABR 2/76, AP Nr. 30 zu § 2 TVG (unter IV. 3. der Gründe).

379 Vgl. etwa BAG v. 16.11.1982 - 1 ABR 22/78, AP Nr. 32 zu § 2 TVG (unter B. III. 2. a. der Gründe).

380 Zum Beispiel Wellenstreiks oder Schwerpunktstreiks.

381 Vgl. etwa BAG v. 16.11.1982 - 1 ABR 22/78, AP Nr. 32 zu § 2 TVG (unter B. III. 2. a. der Gründe).

c) Reduzierung der Anforderungen

Während das Bundesarbeitsgericht zunächst die Anforderungen an die Verbandsmächtigkeit erheblich verschärfte, hat es die Voraussetzungen zeitweise auch, insbesondere im Hinblick auf die Tarifpraxis, vermindert[382].

aa) Tarifpraxis

Das Bundesarbeitsgericht[383] verneinte anfänglich ausdrücklich eine Indizwirkung für eine ausreichende Durchsetzungs- und Leistungsfähigkeit, wenn die Arbeitnehmervereinigung bereits in den Prozeß der tariflichen Regelungen durch den Abschluß von Tarifverträgen eingegriffen hat.

> *Beispielsfall:* In der Entscheidung des Bundesarbeitsgerichts vom 14.03. 1978[384] hatte der *DAV* einen selbständigen Firmentarifvertrag abgeschlossen und stand noch mit der Arbeitgeberseite in Verhandlungen über den Abschluß eines Anschlußtarifvertrages[385]; der 1. Senat hielt diese Vereinbarungen nicht für ernsthafte Tarifverhandlungen und lehnte daher eine Verhandlungsmacht im Sinne einer Durchsetzungskraft ab.

Einem einmaligen selbständigen Abschluß eines Firmentarifvertrages läßt sich nach Auffassung des 1. Senats noch kein Anhaltspunkt für eine hinreichende Durchsetzungsfähigkeit der Arbeitnehmerkoalition entnehmen[386]. Ohne zwischen dem Abschluß von Anschluß- und Gefälligkeitstarifverträgen zu trennen, verneinte das Bundesarbeitsgericht auch diesen beiden Tarifvertragsformen eine indizielle Wirkung für die Fähigkeit zu Druck und Gegendruck. Denn in der Regel werden solche Tarifabschlüsse nicht von den Tarifpartnern gemeinsam ausgehandelt; vielmehr würden sie aus dem Verhandlungsübergewicht der Gegenseite hervorgehen, die ihren Gegenspieler überhaupt nicht ernst nimmt und es somit an einer Autorität nach außen fehle[387].

In den 80er Jahren des 20. Jahrhunderts änderte das Bundesarbeitsgericht seine Rechtsauffassung. Der 1. Senat eröffnete nunmehr eine neue Beurteilungsskala:

---

382 Vgl. auch *Brox*, Anm. zu BAG v. 10.09. 1985 - 1 ABR 32/83, SAE 1986, 232 (233).

383 BAG v. 14.03. 1978 - 1 ABR 2/76, AP Nr. 30 zu § 2 TVG (unter IV. 5. der Gründe).

384 BAG v. 14.03. 1978 - 1 ABR 2/76, AP Nr. 30 zu § 2 TVG.

385 Anschlußtarifverträge liegen vor, wenn ein Tarifvertrag übernommen wird, den andere Tarifvertragsparteien ausgehandelt haben, vgl. *Gamillscheg*, Kollekt.ArbR., Bd. I, S. 505.

386 BAG v. 14.03. 1978 - 1 ABR 2/76, AP Nr. 30 zu § 2 TVG (unter IV. 5. der Gründe); bekräftigend BAG v. 06.06. 2000 – 1 ABR 10/99, AP Nr. 55 zu § 2 TVG (unter B. II. 2. b. aa. (1) der Gründe).

387 BAG v. 14.03. 1978 - 1 ABR 2/76, AP Nr. 30 zu § 2 TVG (unter IV. 5. der Gründe).

Eine geringe finanzielle und personelle Ausstattung führe im Einzelfall nicht mehr automatisch zur Verneinung der Tariffähigkeit. Für die Bejahung der ausreichenden Durchsetzungs- und Leistungsfähigkeit kann anstelle der finanziellen und personellen Leistungsfähigkeit auch die *Bewährung in der tariflichen Praxis* als Indiz herangezogen werden. Entscheidend ist allein, daß die Arbeitnehmervereinigung seit längerer Zeit Tarifverträge abgeschlossen hat[388]. Der 1. Senat trennte dabei deutlich zwischen Anschlußtarifverträgen[389] und reinen Gefälligkeitstarifverträgen[390], wenn es ausdrücklich betonte: Von reinen Gefälligkeitstarifverträgen einer Arbeitnehmervereinigung kann nicht ohne weiteres auf ihre fehlende Verbandsmacht geschlossen werden. Weder der Inhalt der Tarifverträge noch die Umstände, die zu dem einzelnen Abschluß geführt haben, sind maßgeblich. Ob die Vereinigung ihre Ziele dabei bestmöglich verwirklichen konnte, spielt gleichermaßen keine Rolle. Von Bedeutung ist allein das Gewicht der Vereinigung und nicht die Frage, ob die ausgehandelten Tarifverträge den Vergleich mit Tarifverträgen anderer Gewerkschaften standhalten können[391]. All diese Gegebenheiten - wie Art, Dauer und Härte der Tarifverhandlungen - beruhen auf Zufällen und müssen deshalb dem „freien Spiel der Kräfte“ vorbehalten sein. Für die Frage, ob eine Arbeitnehmervereinigung fähig ist, die Arbeits- und Wirtschaftsbedingungen ihrer Mitglieder zu regeln und damit die Aufgaben einer Gewerkschaft ordnungsgemäß zu erfüllen, ist allein entscheidend, daß die Arbeitnehmervereinigung „in den Prozeß der tariflichen Regelung der Arbeitsbedingungen aktiv eingreift“ und mit ihr Arbeits- und Wirtschaftsbedingungen in Tarifverträgen vereinbart werden sollen[392].

---

388 BAG v. 10.09. 1985 - 1 ABR 32/83, AP Nr. 34 zu § 2 TVG (unter B. IV. 2. b. der Gründe) = BAGE 49, 322 (331); ebenso BAG v. 25.11. 1986 - 1 ABR 22/85, AP Nr. 36 zu § 2 TVG (LS 2a) = BAGE 53, 347.

389 Nach Auffassung des 1. Senats handelt es sich um Anschlußtarifverträge, wenn der Inhalt zuvor von einer großen Gewerkschaft abgeschlossen worden ist und nun Gegenstand des Tarifvertrages werden soll, den eine kleinere Gewerkschaft abschließen will, vgl. BAG v. 10.09. 1985 - 1 ABR 32/83, AP Nr. 34 zu § 2 TVG (unter B. IV. 3. der Gründe) = BAGE 49, 322 (332).

390 Reine Gefälligkeitstarifverträge sind nach Auffassung des 1. Senats dagegen solche Tarifverträge, die nicht die Regelung von Arbeitsbedingungen anstreben, sondern aus anderen Gründen vereinbart werden, zum Beispiel um äußerlich den Anschein einer „Gewerkschaft“ zu erwecken, vgl. BAG v. 10.09. 1985 - 1 ABR 32/83, AP Nr. 34 zu § 2 TVG (unter B. IV. 3. der Gründe) = BAGE 49, 322 (333).

391 BAG v. 10.09. 1985 - 1 ABR 32/83, AP Nr. 34 zu § 2 TVG (unter B. IV. 2. b. der Gründe) = BAGE 49, 322 (332).

392 BAG v. 10.09. 1985 - 1 ABR 32/83, AP Nr. 34 zu § 2 TVG (LS 1 und unter B. IV. 2. b. der Gründe) = BAGE 49, 322 (331 f.). Das BAG änderte damit seinen noch in dem Beschluß v. 14.03. 1978 - 1 ABR 2/76, AP Nr. 30 zu § 2 TVG vertretenen Standpunkt, daß eine Vereinigung mit einer schwachen organisatorischen Ausstattung nicht in der Lage sei, Tarifverträge abzuschließen und sie damit nicht ausreichend mächtig sei.

Tarifabschlüsse seien nach Auffassung des 1. Senats ein Beleg dafür, die Vereinigung werde von der Gegenseite ernst genommen und besitze damit Autorität nach außen. Im Hinblick auf die notwendige Autorität der Organisation gegenüber ihren Mitgliedern fordert das Bundesarbeitsgericht: Es darf sich nicht nur um gelegentliche Tarifabschlüsse handeln, sondern um fortwährende tarifliche Regelungen der Arbeits- und Wirtschaftsbedingungen für einen ganzen - eventuell auch nur regional beschränkten - Wirtschaftszweig. Ferner müssen diese Tarifverträge in der Praxis an Bedeutung erlangen und außerdem das Arbeitsverhältnis tatsächlich beeinflußt haben[393]. Für den Abschluß von Anschlußtarifverträgen gelte dabei nichts anderes[394].

Mit dem Hinweis auf die notwendige Einzelfallbetrachtung sah das Bundesarbeitsgericht in einer späteren Entscheidung vom 25.11. 1986[395] die Indizkraft der Tarifabschlüsse allerdings nur noch als bedingt an. Das Gericht stellte klar, daß Anschlußtarifverträge eine Indizwirkung für eine gewisse Durchsetzungskraft der Arbeitnehmervereinigung nur unter folgenden zwei Voraussetzungen besitzen können: Erstens muß die Arbeitnehmervereinigung von der Gegenseite „ernst genommen" worden sein. Zweitens müssen die Arbeits- und Wirtschaftsbedingungen auch tatsächlich ausgehandelt worden sein; der Anschlußtarifvertrag darf daher keinen bloßen Schein- oder Gefälligkeitstarifvertrag darstellen, und ferner dürfen die tariflichen Regelungen der Arbeitnehmerseite nicht von der Gegenseite vorgegeben worden sein[396]. Entscheidend sei dabei, wie es zum Abschluß des Anschlußtarifvertrages gekommen ist. Auf folgende Kriterien will das Bundesarbeitsgericht[397] abstellen: erstens, ob die Arbeitnehmervereinigung über die Verhandlungen zum Haupttarifvertrag unterrichtet gewesen ist; zweitens, ob sie in diese Verhandlungen auch ihre Vorstellungen einbringen konnte;

---

393 BAG v. 10.09. 1985 - 1 ABR 32/83, AP Nr. 34 zu § 2 TVG (unter B. IV. 2. b. der Gründe) = BAGE 49, 322 (332).

394 BAG v. 10.09. 1985 - 1 ABR 32/83, AP Nr. 34 zu § 2 TVG (unter B. IV. 3. der Gründe) = BAGE 49, 322 (333).

395 BAG v. 25.11. 1986 - 1 ABR 22/85, AP Nr. 36 zu § 2 TVG (LS 2 a) = BAGE 53, 347; so zuvor BVerfG v. 20.10. 1981 - 1 BvR 404/78, AP Nr. 31 zu § 2 TVG (unter B. I. 3. a. der Gründe) = BAGE 58, 233 (249).

396 BAG v. 15.10. 1986 - 1 AZR 289/85, AP Nr. 36 zu § 2 TVG (LS 2 b) = BAGE 53, 347; so zuvor BVerfG v. 20.10. 1981 - 1 BvR 404/78, AP Nr. 31 zu § 2 TVG (unter B. I. 3. a. der Gründe) = BAGE 58, 233 (249); ähnlich wohl auch in dem Fall eines Haustarifvertrages des Interessenverbandes „Bedienstete der Technischen Überwachung" (*BTÜ*) vgl. BAG v. 06.06. 2000 - 1 ABR 10/99, AP Nr. 55 zu § 2 TVG.

397 BAG v. 16.01. 1990 – 1 ABR 93/88, AP Nr. 38 zu § 2 TVG (unter II. 1. der Gründe) unter Berufung auf BAG v. 25.11. 1986 – 1 ABR 22/85, AP Nr. 36 zu § 2 TVG = BAGE 53, 347 ff.

drittens, ob sie eigene Vorstellungen zum Inhalt des Anschlußtarifvertrages gehabt und eigene Forderungen vorgebracht habe.

bb) Selbsteinschätzung des Verbandes

Ob eine Koalition für die ihr gestellten Aufgaben tauglich ist, also so mächtig und leistungsfähig ist, daß der Gegenspieler Verhandlungsangebote nicht übersehen kann, hat das Bundesarbeitsgericht ursprünglich allein nach objektiven Kriterien beurteilt. Für ausschlaggebend hielt der 1. Senat nur das Gesamtgefüge des Verbandes und nicht die Selbsteinschätzung der Vereinigung, ob sie sich in der Lage fühlt, ernstzunehmenden Druck auszuüben und Widerstand einem Gegendruck entgegenzusetzen[398].

In seiner Entscheidung vom 16.11. 1982 änderte der Senat allerdings seinen Standpunkt. Mangels objektiver Kriterien, insbesondere weil es zu keinen ernsthaften Verhandlungen der Koalition[399] über einen Tarifvertrag gekommen war, hatte sich der 1. Senat für die Bejahung der Verbandsmächtigkeit im wesentlichen auf das Ergebnis einer bei den Mitgliedern durchgeführten Umfrage gestützt, nach der 78,5 Prozent der Mitglieder des Verbandes bereit waren, sich an Aktionen des Verbandes selbst aktiv zu beteiligen. Es bewertete damit die *kundgetane Selbsteinschätzung* oder *Prognose des Verbandes*, sich als so mächtig zu erweisen, daß die Arbeitgeberseite Verhandlungsangebote nicht übersehen kann, als ausreichend für die Zuerkennung einer allgemeinen sozialen Mächtigkeit[400]. Der 1. Senat reduzierte damit die Anforderungen an die Darlegungs- und Beweislast[401]. Begründet hat er seine Auffassung folgendermaßen: Die Aussicht des Arbeitnehmerverbandes auf einen vollständigen Sieg ist gerade nicht zwingend[402].

Seinen neuen Standpunkt über die Anforderungen an die Darlegungs- und Beweislast gab der 1. Senat aber bereits in den beiden folgenden Beschlüssen aus dem Jahre 1990 wieder auf[403]. In den Entscheidungen hatte er zwei christlichen

---

398 Vgl. BAG v. 14.03. 1978 - 1 ABR 2/76, AP Nr. 30 zu § 2 TVG (unter III. 3. der Gründe).

399 Es handelte sich hierbei um einen Zusammenschluß sog. außertariflicher Angestellter, vornehmlich der oberen Angestellten der Eisen- und Stahlindustrie (e.V.).

400 BAG v. 16.11. 1982 - 1 ABR 22/78, AP Nr. 32 zu § 2 TVG (unter B III. 2. c. der Gründe).

401 Vgl. *Konzen*, Anm. zu BAG v. 16.11. 1982 - 1 ABR 22/78, SAE 1984, 136 (138).

402 BAG v. 16.11. 1982 - 1 ABR 22/78, AP Nr. 32 zu § 2 TVG (unter B. III. 2. c. der Gründe).

403 BAG v. 16.01. 1990 - 1 ABR 93/88, AP Nr. 38 zu § 2 TVG; BAG v. 16.01. 1990 - 1 ABR 10/89, AP Nr. 39 zu § 2 TVG = BAGE 64, 16.

Arbeitnehmervereinigungen[404] die Gewerkschaftsqualität trotz einer eigenen Prognose für eine ausreichende Verbandsmacht abgesprochen. Die Prognose eines Verbandes über ihre Fähigkeit zur Druckausübung sieht das Bundesarbeitsgericht allerdings nunmehr wieder als ein ausschlaggebendes Entscheidungskriterium für die Bejahung der allgemeinen sozialen Mächtigkeit an[405].

d) Bedeutungslose Umstände

Betriebsratsmandate treffen nach Auffassung des Bundesarbeitsgerichts keine Aussage darüber, ob diejenige Gruppierung, die die Wahllisten getragen hat, eine Gewerkschaft ist. Denn auch andere Zusammenschlüsse können für Betriebsratsmandate auftreten[406]. Ebenso unerheblich für die Feststellung der Verbandsmächtigkeit ist der Einfluß von außen, also ob eine Vereinigung zum Beispiel auf die Unterstützung durch Nicht-Mitglieder oder potentielle Mitglieder vertrauen kann[407]. Nicht entscheidend ist des weiteren der Inhalt der Tarifverträge, da er letztendlich allein das Ergebnis der unterschiedlichen Stärke beider Tarifvertragsparteien sei - von Scheintarifverträgen allerdings abgesehen[408]. Außerdem hebe die Herausgabe einer Zeitschrift das Erscheinungsbild eines Verbandes nach außen ebensowenig an wie die Gewährleistung eines ausreichenden Rechtsschutzes[409].

3. Zusammenfassung

Zusammengefaßt läßt sich sagen: Das Bundesarbeitsgericht hat die Voraussetzungen für die allgemeine soziale Mächtigkeit durch die Forderung nach einer Autorität nach außen gegenüber der Arbeitgeberseite, einer Autorität nach innen gegenüber ihren Mitgliedern und nach einem zur Aufgabenerfüllung ausreichenden organisatorischen Aufbau erweitert. Die Zahl der Mitglieder liefert damit nicht mehr zwangsläufig den ausschlaggebenden Anhaltspunkt einer Verbandsmacht. Verschärft hat der 1. Senat die Anforderungen im Hinblick auf

---

404 Es ging um die beiden christlichen Gewerkschaften: Christliche Gewerkschaft Holz und Bau (*CGHB*) und Christliche Gewerkschaft Bergbau-Chemie-Energie (*CGBCE*).

405 BAG v. 06.06. 2000 – 1 ABR 10/99, AP Nr. 55 zu § 2 TVG (unter B. II. 2. b. aa. vor (1) der Gründe).

406 Vgl. BAG v. 14.03. 1978 - 1 ABR 2/76, AP Nr. 30 zu § 2 TVG (unter IV. 6. der Gründe).

407 Vgl. BAG v. 09.07. 1968 - 1 ABR 2/67, AP Nr. 25 zu § 2 TVG (unter 2. der Gründe) = BAGE 21, 98 (105).

408 Vgl. z. B. BAG v. 25.11. 1986 - 1 ABR 22/85, AP Nr. 36 zu § 2 TVG (unter II. 3. a. und 4. der Gründe) = BAGE 53, 347 (356 u. 358).

409 BAG v. 01.02. 1983 - 1 ABR 33/78, AP Nr. 14 zu § 322 ZPO (unter II. 3. c. der Gründe) = BAGE 41, 316 (327).

die Bedeutung der Mitgliederzahl. Zwar hatte er auch anfangs festgestellt, die Art der Mitgliederstellung könne eine geringe Mitgliederzahl kompensieren. Allerdings hält er nunmehr nur noch die Ausübung einer Tätigkeit der Mitglieder in sog. Schlüsselstellungen im Arbeits- und Wirtschaftsleben oder einen hohen Organisationsgrad im Verhältnis zum räumlichen und fachlichen Organisationsbereich für ausreichende Kompensationsfaktoren. Indem das Bundesarbeitsgericht die Anforderungen im Hinblick auf die Bewährung in der tariflichen Praxis reduziert hat, hat es zugleich der Tarifpraxis eine Indizwirkung zuerkannt.

Die verschiedenen Kriterien lassen sich systematisch in folgende drei Hauptmerkmale einteilen: in die Außen- und Innenautorität sowie in den organisatorischen Aufbau. Wie sich die einzelnen Mächtigkeitselemente manifestieren müssen, wird vom Bundesarbeitsgericht nicht ausdrücklich festgelegt, sondern lediglich anhand von verschiedenen Hilfskriterien umschrieben: So ist die Tarifpraxis zwar ein Beleg für eine bestehende Außenautorität. Damit aber auch die erforderliche Innenautorität gewahrt bleibt, muß es sich insofern um fortgesetzte Tarifabschlüsse handeln, die in der Praxis auch Bedeutung erlangt und außerdem das einzelne Arbeitsverhältnis beeinflußt haben. Für den organisatorischen Aufbau ist die personelle und sachliche Ausstattung maßgeblich. Als Indizien kommen dafür insbesondere die Anzahl der hauptamtlichen Gewerkschaftssekretäre, die verschiedenen Bürokräfte und die Finanzkraft der Vereinigung in Betracht. Eine geringe organisatorische Ausstattung kann durch eine hinreichende Tarifpraxis ausgeglichen werden. Die Mitgliederzahl muß dagegen als ein Anhaltspunkt für die Außenautorität gesehen werden, wobei sie auch durch andere Faktoren kompensiert werden kann. Offengelassen hat der 1. Senat die Gewichtung der einzelnen Hauptkriterien. Das Bundesarbeitsgericht betont in ständiger Rechtsprechung lediglich die Beurteilung im Einzelfall.

Während das Bundesarbeitsgericht die Wertung des Einzelfalls ausdrücklich in den Vordergrund stellte und dabei die Anforderungen zunächst vor allem inhaltlich erheblich erweiterte und verschärfte, war in den 80er Jahren des 20. Jahrhunderts dagegen kurzzeitig eine leichte Absenkung der Kriterien erkennbar. Neben objektiven Merkmalen war auch das subjektive Merkmal der Selbsteinschätzung des Verbandes als ein ausreichendes Kriterium für die Beurteilung der erforderlichen Verbandsmacht anerkannt. In den 90er Jahren nahm der 1. Senat die Reduzierung der Anforderungen an den Beurteilungsmaßstab allerdings teilweise wieder zurück. Er bewertete die allgemeine soziale Mächtigkeit ausschließlich nach objektiven Kriterien. Im Jahre 2000 kehrte er zu seiner Rechtsprechung der 80er Jahre zurück und setzte die Anforderungen erneut herab. Dem Grundgedanken der Mächtigkeitstheorie hat das Bundesarbeitsgericht somit bis heute die Treue gehalten.

Nachdem die ursprüngliche Rechtsprechung des Bundesarbeitsgerichts, die die Arbeitskampfbereitschaft als notwendiges Merkmal der Gewerkschaftseigenschaft und der Tariffähigkeit betrachtete, vom Bundesverfassungsgericht kritisiert worden war, ist die Forderung des Bundesarbeitsgerichts nach einer allgemeinen sozialen Mächtigkeit anstelle der Arbeitskampfbereitschaft vom Bundesverfassungsgericht gebilligt worden[410].

Auf die Frage, ob das Bundesarbeitsgericht das Mächtigkeitserfordernis in der Bundesrepublik innerhalb eines Bundeslandes, eines Tarifbezirkes, eines Unternehmens oder lediglich eines Betriebes erfüllt wissen will, soll erst an späterer Stelle zurückzukommen sein[411]. Ohne das Ergebnis der sich unten anschließenden Erörterung hinsichtlich der Existenz einer „relativen Tariffähigkeit" vorwegnehmen zu wollen, ist bereits festzuhalten: Das Bundesarbeitsgericht äußert sich nicht klar dazu, in welchem räumlichen Geltungsbereich die soziale Mächtigkeit vorliegen muß. Es ist lediglich der Ansicht: Eine Stärke, die sich auf einen begrenzten Bereich bezieht, ist nicht ausreichend für die Zuerkennung einer Mächtigkeit[412].

II. Begründung der sozialen Mächtigkeit als Voraussetzung

Das Bundesarbeitsgericht hat zwar im Laufe der Zeit seine Anforderungen an die Verbandsmächtigkeit in zahlreichen Entscheidungen konkretisiert, auf seine ursprüngliche Argumentation bezieht es sich aber heute noch: So begründet der 1. Senat das Mächtigkeitserfordernis stets mit dem Ordnungszweck des Tarifvertragssystems[413]. Die aus der Koalitionsfreiheit resultierende Tarifautonomie

---

410 Vgl. z. B. BVerfGE v. 20.10. 1981 - 1 BvR 404/78, AP Nr. 31 zu § 2 TVG = BAGE 58, 233 ff. Daneben haben sich auch zahlreiche Instanzgerichte der Arbeitsgerichtsbarkeit der Mächtigkeitstheorie angeschlossen, vgl. z. B. LAG *Düsseldorf* v. 06.11. 1974 - 12 Ta BV 62/74, EzA § 2 TVG Nr. 8 und v. 08.11. 1974 - 4 TaBV 65/74, EzA § 2 TVG Nr. 9 (LS 4); LAG *Hamm* v. 16.10. 1975 - I Ta BV 5/75, EzA § 2 TVG Nr. 10 (LS); in neuerer Zeit auch LAG *Berlin* v. 21.06. 1996 - 6 TaBV 2/96, AP Nr. 48 zu § 2 TVG (LS); a. A. dagegen AG *Stuttgart* v. 04.02. 1972 - 6 BV 3/71, EzA Art. 9 GG Nr. 9 (LS 3).

411 Ausführlich dazu siehe unten Teil 3 unter § 12 III. 1. b.

412 Vgl. dazu auch *Bruhn*, Tariffähigkeit, S. 195 (Fn. 364); *Gamillscheg*, Kollekt.ArbR., Bd. II, Nr. 260 d.; *Hemmen*, Durchsetzungsfähigkeit, S. 75.

413 Vgl. in letzter Zeit BAG v. 20.11. 1990 - 1 ABR 62/89, AP Nr. 40 zu § 2 TVG (unter B. II. 2. a. der Gründe) = BAGE 66, 258 (261) unter Berufung auf die frühere Rechtsprechung; vgl. dazu z. B. BAG v. 15.03. 1977 - 1 ABR 16/75, AP Nr. 24 zu Art. 9 GG (unter III. 1. der Gründe) = BAGE 29, 72 (80). Bekräftigend auch BVerfGE v.

verfolge den im öffentlichen Interesse liegenden Zweck, den von der staatlichen Rechtssetzung freigelassenen Raum des Arbeitslebens sinnvoll auszufüllen. Die Regelung von Arbeits- und Wirtschaftsbedingungen beruhe auf einem System freier Vereinbarungen. Eine sinnvolle Ordnung des Arbeits- und Wirtschaftslebens durch Tarifverträge könne jedoch nur gesichert werden, wenn nicht ein Tarifvertragspartner dem anderen Tarifvertragspartner seinen Willen aufdiktieren kann. Denn die Tarifautonomie entspringe der zwischen Gewerkschaften und Arbeitgeberverbänden bestehenden „Gegengewichtigkeit der Interessen“, die durch tarifliche Vereinbarungen möglichst ausgeglichen werden sollen[414]. Tarifverträgen soll eine Richtigkeitsgewähr immanent sein, da die Vermutung bestehe, daß sie zwischen gleichstehenden Parteien im einzelnen ausgehandelt werden. Um ein Gleichgewicht zwischen den Tarifvertragsparteien zu erreichen, müssen die Koalitionen in der Lage sein, einen fühlbaren Druck und Gegendruck auf die Gegenseite auszuüben. Auf eine andere Art und Weise könne die Tarifautonomie unter Ausschluß der staatlichen Zwangsschlichtung nicht funktionieren, da ein Anspruch auf Abschluß eines Tarifvertrages und bereits auf das Einlassen in Tarifvertragsverhandlungen nicht bestehe[415].

20.10. 1981 - 1 BvR 404/78, AP Nr. 31 zu § 2 TVG (unter B. I. 2. der Gründe) = BVerfGE 58, 233 (250).

414 Vgl. z. B. BAG v. 15.03. 1977 - 1 ABR 16/75, AP Nr. 24 zu Art. 9 GG (unter III. 3. der Gründe) = BAGE 29, 72 (82); siehe dazu auch BVerfG v. 06.05. 1964 - 1 BvR 79/62, AP Nr. 15 zu § 2 TVG (unter B. II. 1. der Gründe) = BVerfGE 18, 18 (28).

415 Vgl. insofern nur BAG v. 15.03. 1977, 1 ABR 16/75, AP Nr. 24 zu Art. 9 GG (unter III. 3. der Gründe) = BAGE 29, 72 (82); ferner BAG v. 21.04. 1971 - GS 1/68, AP Nr. 43 zu Art. 9 GG Arbeitskampf (unter Teil III. B. 1. der Gründe) = BAGE 23, 292 (308); a. A. z. B. *Kempen*, in Kempen/Zachert, TVG-Komm., § 2 Rn. 23 mit Hinweis auf Grundl. Rn. 76 ff., der zwar dem Mächtigkeitserfordernis zustimmt, aber darauf verweist, daß sich die gewünschte Gleichgewichtslage nicht damit erzielen lassen werde und zudem auch nicht feststellbar wäre, in welchem Umfang sie tatsächlich besteht.

§ 5 Mächtigkeitsgedanke in der Literatur

In der Literatur ist die sog. Mächtigkeitstheorie des Bundesarbeitsgerichts von Anfang an kontrovers diskutiert worden. Neben vielfacher Anerkennung hat sie auch aus verschiedenen Gründen wiederholt heftige Kritik erfahren, die bis heute noch nicht verstummt ist[416] und angesichts der Fülle und Vielfalt der Stellungnahmen - im weiteren noch - eingehend dargelegt werden soll.

I. Resonanz in der Literatur

Bei einem nicht geringen Teil der Literatur ist die höchstrichterliche Rechtsprechung auf Zustimmung gestoßen. Unter den Befürwortern der Mächtigkeitslehre muß aber unterschieden werden zwischen Vertretern, die der Rechtsprechung uneingeschränkt folgen[417] und Vertretern, die zwar der Grundidee, der

---

416 Siehe z. B. *Bruhn*, Tariffähigkeit, S. 207 f.; *Buchner*, in: FS 25 Jahre BAG, S. 55 (59 f., 66 f.); *Eitel*, Ungleichbehandlung, S. 72 ff.; *Löwisch*, in: Galperin/Löwisch, BetrVG-Komm., 6. Aufl., Bd. 1, § 2 Rn. 35; *Gamillscheg*, Kollekt.ArbR., Bd. II, Nr. 260 d.; *ders.*, in: FS Herschel (1982), S. 99 (114); *ders.*, Kollekt.ArbR., Bd. I, S. 434; *Grillberger*, ZAS 1984, 92 (97 ff.); *Grunsky*, Anm. zu BAG v. 15.03. 1977 - 1 ABR 16/75, JZ 1977, 473 f.; kritisch auch *Hanau/Adomeit*, Arbeitsrecht, S. 59; vgl. ferner *Hemmen*, Durchsetzungsfähigkeit, S. 27 ff.; *Hess*, in: Hess/Schlochauer/Glaubitz, BetrVG-Komm., § 2 Rn. 73; *Kraft*, in: GK-BetrVG, Bd. 1, § 2 Rn. 34; *ders.*, Anm. zu BAG v. 15.03. 1977 - 1 ABR 16/75, SAE 1978, 43 (44); *Loritz*, in: Zöllner/Loritz, Arbeitsrecht, S. 380; *Mayer-Maly*, RdA 1979, 356 (357 f.); *Oetker*, in: Wiedemann, TVG- Komm., § 2 Rn. 321; *Reichel*, RdA 1972, 143 (148 ff.); *Reiß*, Bedeutung, S. 35 ff.; *Reuter*, in: MünchKomm., BGB, Vor § 21 Rn. 90; *Schulin*, Anm. zu BAG v. 25.11. 1986 - 1 ABR 22/85, EzA § 2 Nr. 17; *Stahlhacke*, ArbRdG Bd. 11 (1974), 21 (31 f.); *ders.*, DB 1964, 697 f.; *Wahl*, Relativität, passim; *Wiedemann*, Gemeinsame Anm. zu BAG v. 15.03. 1977 - 1 ABR 16/75, AP Nr. 24 zu Art. 9 GG und v. 14.03. 1978 - 1 ABR 2/76, AP Nr. 30 zu § 2 TVG; *Wolf*, ZfA 1971, 151 (175); *Zeuner*, in: 25 Jahre BAG, S. 727 (728 ff); *Zöllner*, Anm. zu BAG v. 09.07. 1968 - 1 ABR 2/67, SAE 1969, 140 (140 f.); *ders.*, Arbeitsrecht, 3. Aufl., S. 306. Vgl. aus dem älteren Schrifttum: *Hueck/Nipperdey/Stahlhacke*, TVG-Komm., 4. Aufl., § 2 Anm. 42.

417 Vgl. z. B. *Badura*, Anm. zu AG *Stuttgart* v. 04.02. 1972 - 6 BV 3/71, EzA Art. 9 GG Nr. 9; *ders.*, RdA 1974, 129 (136); *Dütz*, Arbeitsrecht, Rn. 513; *ders.*, DB 1996, 2385 (2385); *ders.*, AuR 1976, 65 (78 ff.); *ders.*, Anm. zu LAG *Hamm* v. 16.10. 1975 - 1 Ta BV 5/75, EzA § 2 TVG Nr. 10; *ders.*, Anm. zu BAG v. 15.03. 1977 - 1 ABR 16/75, EzA § 2 TVG Nr. 12; zustimmend auch *Fuchs*, in: Benda/Maihofer/Vogel, Verfassungsrecht, 1. Aufl., S. 755; ferner *Lieb*, Arbeitsrecht, Rn. 558, da er das Mächtigkeitserfordernis ausdrücklich „auch" auf die Arbeitgeberkoalitionen erstrecken will; siehe zudem *Löwisch*, ZfA 1970, 295 (309); *ders.*, Arbeitsrecht, Rn. 239; *Löwisch/Friedrich*, Anm. zu BAG v. 23.04. 1971 - 1 ABR 26/70, SAE 1972, 231 (231); *G. Müller*, Arbeitskampf, S. 152 ff.; *Rüthers/Roth*, Anm. zu BAG v. 16.11. 1982 - 1 ABR 22/78, AP Nr. 32 zu § 2 TVG (unter 5.); *Schaub*, Arbeitsrechtshandbuch, § 187 Rn. 7; *ders.*, ErfKomm., § 2 TVG Rn. 10; *Scholz*, Koalitionsfreiheit, S. 261 (Rn. 23); *Söllner*, Grundriß, S. 132; *ders.*, AuR 1976, 321 (322); *Stein*, Tarifvertragsrecht, Rn. 45; *Zachert*, Wirkung, S. 26.

Forderung nach einer sozialen Mächtigkeit, zustimmen, aber für die inhaltliche Ausgestaltung dieses Merkmals andere Kriterien verlangen[418].

1. Unbeschränkte Zustimmung

Wie auch das Bundesarbeitsgericht[419] sehen die Vertreter[420], die der sog. Mächtigkeitstheorie uneingeschränkt folgen, die allgemeine soziale Mächtigkeit als Erfordernis für die Funktionsfähigkeit des tarifvertraglichen Regelungssystems an. Denn ein sachgerechter Tarifabschluß sei nach dieser Auffassung nur durch eine durchsetzungsfähige Arbeitnehmerkoalition zu erreichen. Die Forderung nach einer Verbandsmacht sei umsomehr begründet, da kein Anspruch auf den Abschluß eines Tarifvertrages und insbesondere kein Anspruch auf den Abschluß von Tarifvertragsverhandlungen gegenüber der Arbeitgeberseite bestehe.

2. Modifizierte Betrachtungsweisen

Der Grundidee des Bundesarbeitsgerichts zwar zustimmend, weichen einige Vertreter der Literatur in den Feinheiten der inhaltlichen Ausgestaltung des Mächtigkeitsmerkmals ab. Während auf der einen Seite einige Autoren die Anforderungen an die allgemeine soziale Mächtigkeit zurücknehmen wollen, spricht sich ein anderer Teil der Literatur dafür aus, die Kriterien für das Vorliegen der Verbandsmächtigkeit zu erweitern[421]. Daneben finden sich auch

---

418 Vgl. etwa *Herschel*, Anm. zu BAG v. 16.11. 1982 - 1 ABR 22/78, AuR 1983, 351 (352); *ders.*, AuR 1978, 321; *ders.*, JuS 1978, 524; *ders.*, AuR 1976, 225 (227 ff.); *ders.*, Anm. zu BAG v. 09.07. 1968 - 1 ABR 2/67, AR-Blattei D, Tarifvertrag II, II Abschluß, Entsch. 7; *Kempen*, in: Kempen/Zachert, TVG-Komm., § 2 Rn. 19 ff.; ähnlich auch *Neuhaus*, Sozialer Fortschritt 1976, 246 (246 f.); *Reuß*, RdA 1972, S. 4 (6 ff.); *Rieble*, in: Löwisch/Rieble, TVG-Komm., § 2 Rn. 26 ff.; *ders.*, Arbeitsmarkt, Rn. 1867; *ders.*, Anm. zu BAG v. 20.11. 1990 - 1 ABR 62/89, SAE 1991, 316 (317); *Schrader*, Durchsetzungsfähigkeit, S. 86 f.; vgl. aus der älteren Literatur *Kaskel/Dersch*, Arbeitsrecht, 5. Aufl., S. 52, der zwar eine „Mindestzahl von Mitgliedern" für an sich „nicht nötig" hält, allerdings aus faktischen Gründen fordert, daß „die Zahl der Tarifunterworfenen groß genug ist".

419 Ausführlich dazu oben Teil 2/1. Abschnitt unter § 4 II.

420 Vgl. insofern nur *Dütz*, AuR 1976, 65 (80); *ders.*, DB 1996, 2385 (2385); *Herschel*, AuR 1976, 225 (238); *Kempen*, in: Kempen/Zachert, TVG-Komm., § 2 Rn. 19 ff.; *Löwisch*, ZfA 1970, 295 (301); *Rieble*, in: Löwisch/Rieble, TVG-Komm., § 2 Rn. 19 ff.; *Schaub*, Arbeitsrechtshandbuch, § 187 Rn. 7; *Söllner*, AuR 1976, 321 (322). Zustimmend, aber mit einigen Einschränkungen *Echterhölter*, BB 1969, 237; *Reuß*, RdA 1972, S. 4 (6 ff.). Kritisch insoweit *Kempen*, in: Kempen/Zachert, TVG-Komm., § 2 Rn. 23, als das das Ziel, die Herstellung einer Gleichgewichtslage zwischen Gewerkschaften und Arbeitgbern und Arbeitgeberverbänden tatsächlich erreicht werden kann; denn nach seiner Auffassung sei es schwer möglich, festzustellen, in welchem Umfang die Gleichgewichtslage realitär besteht.

421 *Richardi*, BetrVG-Komm., § 2 Rn. 55. Eingehend auch *Hemmen*, Durchsetzungsfähigkeit, S. 11 ff.

abweichende Begründungsansätze. Die Darstellung sämtlicher von den Vertretern der Literatur gesetzten Nuancen würde an dieser Stelle den Rahmen der Arbeit übersteigen. Anhand ausgewählter Beispiele sollen vielmehr im folgenden nur einige Differenzierungen aufgezeigt werden.

a) Sozialrechtliche Erwägungen

Ein Teil der Literatur[422] schlägt vor, die Grundgedanken, die sich im sozialrechtlichen Bereich, wie etwa bei der Beteiligung an der Kandidatenaufstellung für die Wahl der Betriebsräte oder auf dem Gebiet der Sozialversicherung, finden, heranzuziehen. Allen alternativen Abgrenzungskriterien voranstellen will diese Auffassung aber die Erwägungen, die der Gesetzgeber und das Bundesverfassungsgericht hinsichtlich der Anforderungen für die Anerkennung politischer Parteien angestellt haben. Denn das Bundesverfassungsgericht billige auch den neuen und kleinen Parteien gleiche Chancen zu. Eine Ungleichbehandlung der Parteien rechtfertige nur ein besonderer Grund. Nach dem Bundeswahlgesetz sei es deshalb auch kleineren und neuen Parteien möglich, sich in der Öffentlichkeit vor Wählern zu präsentieren und erst dadurch zu zeigen, ob sie in der Lage sind, ein nicht unerhebliches Gewicht im politischen Geschehen zu erreichen. § 2 ParteiG verlange für die Anerkennung einer Partei keinen bestimmten Umfang der Organisation und auch keine festgelegte Mitgliederzahl. Auch sei die Anerkennung nicht von den bereits erzielten Erfolgen abhängig. Maßgebliche Bedeutung habe allein der Wille der Partei, an parteispezifischen Aufgaben mitzuwirken. Wenn auch naturgemäß das Gesamtbild der Verhältnisse bei den Koalitionen etwas anders ausfällt, so müssen dennoch die nicht wenigen Gemeinsamkeiten beachtet werden.

b) Druckabwehr statt Druckausübung

Auf einen anderen Begriffsansatz verweisen einige Stimmen in der Literatur[423], wenn sie anstelle der von dem Bundesarbeitsgericht herausgestellten Druckausübung allein auf die Fähigkeit zur Druckabwehr abstellen wollen. Nach dieser Auffassung können auch Koalitionen, die nicht in der Lage sind, Druck auszuüben, durch den Abschluß von Tarifverträgen einen Beitrag zur sinnvollen Ordnung des Arbeitslebens leisten. Es komme deshalb nicht auf die Fähigkeit zu Druck und Gegendruck, sondern allein darauf an, ob die Koalition in der Lage ist,

---

422 Vgl. z.B. *Reichel*, RdA 1972, 143 (149). Auch *Galperin* schlägt in seiner Empfehlung für ein Koalitionsgesetz vor, das Parteiengesetz als Vorlage heranzuziehen, vgl. *Galperin*, DB 1970, 346 (351). Vgl. auch BVerfG v. 20.10. 1981 - 1 BvR 404/78, AP Nr. 31 zu § 2 TVG (unter B. I. 2. der Gründe), das eine Parallele zum Parteienrecht zieht.

423 *Wolf*, ZfA 1971, 151 (175); vgl. ferner *Zöllner*, Anm. zu BAG v. 09.07. 1968 - 1 ABR 2/67, SAE 1969, 140.

Widerstand einem fremden Druck entgegenzusetzen. Eine bestimmte Mitgliederzahl oder ein gewisser Organisationsgrad seien dafür unerheblich. Denn erforderlich ist nur ein Schutz vor ungerechter Tarifgestaltung.

Diese Auffassung ist aber folgendem Vorwurf ausgesetzt: Ein Verband, der lediglich Druck auszuhalten imstande ist und damit lediglich eine Abwehrhaltung einnehmen kann, ist nicht in der Lage, aktiv eigene Vorstellungen durchzusetzen. Eine solche Verhaltensweise gehört schließlich zu der erfahrungsgemäßen Angreiferrolle einer Arbeitnehmervereinigung[424].

c) Rechtliche statt tatsächliche Verbandsmacht

Anstelle sich tatsächlicher Bezugsgrößen für die Feststellung der Verbandsmacht bedienen zu wollen, fordert ein Teil der arbeitsrechtlichen Wissenschaft[425] eine lediglich rechtliche Ermittlung und liefert damit einen neuen Ansatzpunkt zum von dem Bundesarbeitsgericht entwickelten Begriffsinhalt. Diese Auffassung verlangt in erster Linie für die Satzung einer Arbeitnehmervereinigung eine Struktur, die sie in die Lage versetzt, die Mitgliederinteressen auf dem Gebiet des Arbeits- und Sozialrechts nachhaltig zu vertreten. Erst auf den zweiten Blick müsse der Verband auch in faktischer Hinsicht eine ausreichende Mächtigkeit erkennen lassen; allerdings bedarf es nach diesen Erwägungen nur dann einer faktischen Betrachtung, wenn ein unbedeutender Arbeitnehmerverband die Aufgaben einer Gewerkschaft erkennbar nicht erfüllen könne.

Zwar pflichten andere Autoren[426] der getroffenen Unterscheidung in rechtliche und faktische Elemente bei. Eine rein formalrechtliche Sichtweise der Verbandsmächtigkeit halten sie aber - zu Recht - für ausgeschlossen. Denn nur die Arbeitnehmervereinigung sei koalitionsmächtig, die sowohl in rechtlicher als auch in tatsächlicher Hinsicht ein ausreichendes Machtpotential aufweisen könne, um Druck- und Gegendruck auszuüben.

---

424 *Dütz*, AuR 1976, 65 (74); kritisch auch *Scholz*, in: M/D/H, GG-Komm., Art. 9 Rn. 218, „[D]enn eine Koalition muß nicht nur in defensiver, sondern auch in offensiver Beziehung funktionsfähig (koalitionsmächtig) sein.“

425 *Richardi*, in: Dietz/Richardi, BetrVG-Komm., § 2 Rn. 48; zuletzt *ders.*, BetrVG-Komm., § 2 Rn. 56, der nunmehr nicht nur der Satzung, sondern auch der Organisationsstruktur der Vereinigung eine maßgebliche Rolle zuteil kommen läßt; vgl. auch *ders.*, in: Staudinger, BGB-Komm., Vorbem. zu § 611 ff Rn. 585.

426 *Dütz*, AuR 1976, 65 (74); *Scholz*, in: M/D/H, GG-Komm., Art. 9 GG Rn. 218.

d) Autorität gegenüber der Öffentlichkeit

Während das Bundesarbeitsgericht die Verbandmächtigkeit auf die drei Grundpfeiler - Autorität nach innen und außen und organisatorischer Aufbau - stützt, führt die Literatur[427] einen weiteren Träger an. Denn nach ihrer Auffassung sei die Autorität ein sehr vielgestaltiger Begriff. Autorität müsse deshalb auch als qualifizierter Einfluß, als ein Hinüberfließen der Persönlichkeitswirkung in einem positiven Sinne zu einem anderen Menschen betrachtet werden, die so gesehen im Rahmen der Bestimmung der Verbandsmacht nicht nur in zweifacher, sondern vielmehr in dreifacher Richtung ausströmen muß. Neben die beiden vom Bundesarbeitsgericht geforderten Stoßrichtungen der Autorität soll daher eine gegenüber der Öffentlichkeit und dem Staat ausstrahlende Autorität treten. Indikator hierfür seien zum Beispiel eine sachgerechte Öffentlichkeitsarbeit oder auch die aktive Teilnahme am geistigen und kulturellen Leben, worunter grundsätzlich auch das „Innehaben eigener Medien oder der Einfluß auf fremde Massenmedien“ fiele[428].

e) Alternative Indizien

Andere Autoren wollen zusätzliche Indizien zur Bestimmung der Außenautorität heranziehen. So will ein Teil der Literatur im Gegensatz zum Bundesarbeitsgericht auch Betriebsratsmandaten eine indizielle Wirkung beimessen, wenn der Verband mehrere Mandate nach den Betriebsratswahlen erhalten hat[429] oder andere außerhalb der Mitgliederzahl liegende Faktoren - wie zum Beispiel die „psychologische Druckwirkung der öffentlichen Meinung“ - berücksichtigen[430]. Die Bereitschaft zum Arbeitskampf soll zudem nicht nur Indikator für eine ausreichende nach außen gerichtete Autorität sein[431], sondern überdies nach einer Auffassung in der Literatur[432] zu den konstitutiven Merkmalen der sozialen Mächtigkeit zählen. Außerdem spricht sich *Brisch*[433] gegen eine relative Handhabung der Mitgliederzahlen aus, wenn er – allerdings ohne nähere

---

427 *Herschel*, AuR 1976, 225 (235 f.); vgl. auch *ders.*, JuS 1978, 524 (527).

428 Auf den Medieneinfluß ebenso abstellend: *Dütz*, Anm. zu LAG v. 16.10. 1975 - I Ta BV 5/75, EzA § 2 TVG Nr. 10; *Jülicher*, ZfA 1980, S. 121 (128); *Konzen*, ZfA 1978, 451 (458).

429 *Richardi*, BetrVG-Komm., § 2 Rn. 56.

430 *Reuß*, RdA 1972, S. 6 f. An anderer Stelle will *Reuß* den Koalitionen die Tariffähigkeit versagen, von deren Mitgliedern wegen der geringen Anzahl keine Möglichkeit zur Druckausübung erwartet werden kann, vgl. *Reuß*, in: FS Otto Kunze, S. 287.

431 *Kempen*, in: Kempen/Zachert, TVG-Komm., § 2 Rn. 21.

432 *Rieble*, in: Löwisch/Rieble, TVG-Komm., § 2 Rn. 27, der ausdrücklich die Fähigkeit und Bereitschaft zum Arbeitskampf für die Bejahung der Mächtigkeit voraussetzt. Hierzu auch *Scholz*, in: M/D/H, GG-Komm., Art. 9 Rn. 217.

433 *Brisch*, Rechtsstellung, S. 74 f.

Begründung - eine Mindestgrenze von 100 Mitgliedern empfiehlt, um Klein- und Kleinstverbände von der Tarifautonomie auszuschließen.

II. Kritik der Literatur

Ein erheblicher - inzwischen wohl der überwiegende - Teil der arbeitsrechtlichen Wissenschaft übt heute noch aus verschiedenen, unterschiedlich gewichteten Gründen Kritik an dem Mächtigkeitserfordernis des Bundesarbeitsgerichts[434]. Dabei richten sich die Vorbehalte einiger Vertreter der Literatur nicht nur gegen das Merkmal der allgemeinen sozialen Mächtigkeit als solches. Die Kritik setzt auch an der „Mächtigkeitsrechtsprechung“ in Verbindung mit der These eines einheitlichen Gewerkschaftsbegriffs im Arbeitsrecht an. Da das Bundesarbeitsgericht die sog. Mächtigkeitstheorie in einer Vielzahl von Entscheidungen entwickelt hat, die sich entweder mit der Tariffähigkeit oder mit der Gewerkschaftseigenschaft im Sinne des Tarifvertrags-, Betriebsverfassungs- oder Arbeitsgerichtsgesetzes beschäftigt haben, sollen sowohl die Einwände gegen das Mächtigkeitskriterium als solches als auch die Bedenken gegen die Mächtigkeitslehre im Zusammenhang mit der These des einheitlichen arbeitsrechtlichen Gewerkschaftsbegriffs dargestellt werden.

1. Einwände gegen das Mächtigkeitskriterium als solches

Die gegen das Merkmal der allgemeinen sozialen Mächtigkeit als solches vorgebrachten Einwände lassen sich zusammenfassen in vor allem verfassungsrechtliche, völkerrechtliche und verschiedenartige einfachrechtliche Gründe; daneben bestehen auch Bedenken gegen allgemeine Rechtsgrundsätze[435].

---

434 Vgl. insoweit nur: *Bruhn*, Tariffähigkeit, S. 207 f.; *Buchner*, in: 25 Jahre BAG, S. 55 (59 f., 66 f.); *Eitel*, Ungleichbehandlung, S. 93 ff.; *Grunsky*, Anm. zu BAG v. 15.03. 1977 - 1 ABR 16/75, JZ 1977, 473 f.; *Reichel*, RdA 1972, 143 (148 ff.); *Stahlhacke*, ArbRdG Bd. 11 (1974), 21 (31 f.); *Wiedemann*, Gemeinsame Anm. zu BAG v. 15.03. 1977 - 1 ABR 16/75, AP Nr. 24 zu Art. 9 GG und zu BAG v. 14.03. 1978 - 1 ABR 2/76, AP Nr. 30 zu § 2 TVG (unter II. 3.); *Zeuner*, in: FS 25 Jahre BAG, S. 727 (728); *Zöllner*, Anm. zu BAG v. 09.07. 1968 - 1 ABR 2/67, SAE 1969, 140 (140 f.). Nicht eindeutig sind die Aussagen von *Nipperdey* und *Säcker*: Beide verlangen, eine Vereinigung müsse grundsätzlich die Möglichkeit besitzen, ihre Forderung gegenüber der Arbeitgeberseite so weit wie möglich durchzusetzen. Dazu müsse sie bereit sein, Druck und Gegendruck anzuwenden. Allerdings sehen beide die Druck- und Gegendruckbereitschaft als erfüllt an, wenn die Vereinigung als ultima ratio zum Arbeitskampf bereit sei, vgl. *Hueck/Nipperdey*, Arbeitsrecht, Bd. II/1, 7. Aufl., S. 108 f.; *Nipperdey/Säcker*, AR-Blattei, Berufsverbände I, C I 2 a, C III. 2.

435 Vgl. dazu auch *Bruhn*, Tariffähigkeit, S. 38 ff.; *Eitel*, Ungleichbehandlung, S. 49 ff.; *Hemmen*, Durchsetzungsfähigkeit, S. 11 ff.; *Schrader*, Durchsetzungsfähigkeit, S. 73 ff.; *Wahl*, Relativität, S. 25 ff.

a) Verfassungsrechtliche Einwände

Auf der Ebene des Verfassungsrechts werden in erster Linie Verstöße gegen die Grundrechte in Art. 9 Abs. 3 GG und Art. 3 Abs. 1 GG gerügt.

aa) Art. 9 Abs. 3 Satz 1 GG

Der verfassungsrechtliche Haupteinwand der Literatur gegen das Erfordernis einer allgemeinen sozialen Mächtigkeit als zusätzliche Voraussetzung für die Tariffähigkeit stützt sich auf die in Art. 9 Abs. 3 GG verankerte Koalitionsbetätigungsfreiheit. Danach schränke das Mächtigkeitserfordernis die Koalitionsbetätigungsfreiheit von kleinen und neugegründeten Gewerkschaften unverhältnismäßig ein, denn den sozial schwachen Koalitionen werde ihr elementares Recht, Tarifverträge abzuschließen, verwehrt[436]. Außerdem sei eine Druckausübung auch bei geringen Mitgliederzahlen zu erwarten, insbesondere wenn die Aussicht auf Unterstützung des Verbandes durch Außenseiter bestehe[437].

Ferner weisen einige Autoren[438] auf die Gefahr einer unzulässigen Beschneidung der Koalitionsfreiheit hin. Die Rechtsprechung des Bundesarbeitsgerichts führe zu einer erschwerten Werbung neuer Mitglieder und schade daher eher einer sinnvollen Ordnung des Arbeitslebens, anstatt sie zu fördern. Auch wenn die Mächtigkeitstheorie der Bildung der Koalitionen rechtlich nicht entgegenstehe, so unterbinde die Rechtsprechung des Bundesarbeitsgerichts doch faktisch die Gründung neuer Koalitionen oder behindere sie zumindest in unzumutbarer Art und Weise. Die erschwerten Bedingungen für kleine Koalitionen führen zu einem Schutz der bereits etablierten Gewerkschaften vor unwillkommener Konkurrenz und damit zu einer Monopolstellung, obwohl diese Gewerkschaften einer so weitreichenden Hilfestellung aufgrund ihrer Stärke und Machtposition nicht einmal bedürfen. Gleichzeitig verhindere das Mächtigkeitserfordernis einen

---

436 Vgl. z. B. *Gamillscheg*, in: FS Herschel (1982), S.99 (102); *ders.*, Kollekt.ArbR., Bd. I, S. 433; *Hess*, in: Hess/Schlochauer/Glaubitz, BetrVG-Komm., § 2 Rn. 73; *Kraft*, in: GK-BetrVG, Bd. 1, § 2 Rn. 34; *ders*, Anm. zu BAG v. 15.03. 1977 - 1 ABR 16/75, SAE 1978, 43 (44); *Loritz*, in: Zöllner/Loritz, Arbeitsrecht, S. 380; *Trieschmann*, BABl. 1956, 452 (459); *Zöllner*, Anm. zu BAG v. 09.07. 1968 - 1 ABR 2/67, SAE 1969, 140 (141).

437 *Loritz*, in: Zöllner/Loritz, Arbeitsrecht, S. 380.

438 *Grunsky*, Anm. zu BAG v. 15.03. 1977 - 1 ABR 16/75, JZ 1977, 473 (474); vgl. auch *Kraft*, Anm. zu BAG v. 15.03. 1977 - 1 ABR 16/75, SAE 1978, 43 (44); *Loritz*, in: Zöllner/Loritz, Arbeitsrecht, S. 380; ferner *Mayer-Maly*, RdA 1979, 356 (358); *Zöllner*, Anm. zu BAG v. 09.07. 1968 - 1 ABR 2/67, SAE 1969, 140.

zumindest potentiellen, im Sinne des Bundesarbeitsgerichts wiederholt betonten Koalitionspluralismus[439].

bb) Art. 3 Abs. 1 GG

Als weiterer wichtiger Kritikpunkt wird in der Literatur aufgeführt, daß die Forderung nach einer sozialen Mächtigkeit gegen den allgemeinen Gleichheitsgrundsatz aus Art. 3 Abs. 1 GG verstoße. Denn die Tariffähigkeit der Vereinigungen auf Arbeitnehmerseite werde von Voraussetzungen abhängig gemacht, die auf Arbeitgeberseite nicht verlangt werden. Nach § 2 Abs. 1 TVG sei schon der einzelne Arbeitgeber tariffähig, obwohl er regelmäßig keine soziale Mächtigkeit nachweisen könne. Außerdem verzichte das Bundesarbeitsgericht mittlerweile auf das Erfordernis einer sozialen Mächtigkeit bei Vereinigungen von Arbeitgebern. Bei Tarifabschlüssen zwischen Arbeitgeberverbänden und Gewerkschaften bestehe daher die Möglichkeit, daß im umgekehrten Falle ein Arbeitgeber auf eine starke Gewerkschaft treffen kann. Ein interessengerechter Tarifvertrag wäre dann zu bezweifeln[440].

b) Völkerrechtliche Einwände

Vereinzelt werden in der Literatur auch Bedenken im Hinblick auf völkerrechtliche Regelungen geäußert, insbesondere in Bezug auf die Vorschriften der Europäischen Menschenrechtskonvention zum Schutze der Menschenrechte vom 04.11.1950 (EMRK)[441] und der Europäischen Sozialcharta vom 18.10.1961 (ESC)[442].

aa) Art. 11 EMRK

Im Gegensatz zum Bundesverfassungsgericht, das in seiner Entscheidung vom 20.10.1981 eine Verletzung des Art. 11 Abs. 1 EMRK verneinte, sehen einige Autoren in dem Mächtigkeitspostulat eine unzulässige Einschränkung der Koalitionsfreiheit, die sich nicht mit Art. 11 EMRK vereinbaren läßt. Denn nach ihrer Auffassung könne diese Vorschrift auf die maßgebliche Frage, wann eine Vereinigung eine Gewerkschaft sei, eine Antwort geben; die Vorschrift des Art. 11 Abs. 1 EMRK erfasse ausdrücklich die Gewerkschaftsfreiheit. Die Bil-

---

439 Vgl. z.B. *Buchner*, in: FS 25 Jahre BAG, S. 55 (63 - 66); *Gamillscheg*, in: FS Herschel, S. 99 (102); *ders.*, Kollekt.ArbR., Bd. I, S. 433 f.; vgl. ferner *Koopmann*, Gewerkschaftsfusion, S. 215 f.; *Loritz*, in: Zöllner/Loritz, Arbeitsrecht, S. 380; *Reichel*, RdA 1972, 143 (149).

440 *Oetker*, in: Wiedemann, TVG-Komm., § 2 Rn. 322.

441 Siehe ausführlich dazu unten Teil 2/3. Abschnitt unter § 9 I. 1. 3. a.

442 Siehe ausführlich dazu unten Teil 2/3. Abschnitt unter § 9 I. 1. 3. b.

dung von Gewerkschaften dürfe aber nicht durch eine Erweiterung der Voraussetzungen für die Tariffähigkeit in Form einer allgemeinen sozialen Mächtigkeit erschwert werden, da sie sich nicht unter den fünf zulässigen Einschränkungsmöglichkeiten der Gewerkschaftsfreiheit befinde, die Art. 11 Abs. 2 EMRK ausdrücklich zuläßt. Das Gebot der vertragsfreundlichen Auslegung erfordere, die Europäische Menschenrechtskonvention insbesondere bei der Interpretation von Art. 9 Abs. 3 GG und von § 2 Abs.1 TVG zu berücksichtigen. Zu beachten sei insbesondere, daß die von der Rechtsprechung des Bundesarbeitsgerichts angenommene Freiheit unterhalb der Verfassung, wonach die Judikative mangels gesetzlicher Bestimmung des Gewerkschaftsbegriffs die Anforderungen an den Gewerkschaftsbegriff festlegen dürfe, nicht bestehe. Die Grenzen im Rahmen der Auslegung seien vielmehr weiträumiger abzustecken[443].

bb) Art. 5 ESC

Für einen Teil der Literatur steht die sog. Mächtigkeitstheorie des Bundesarbeitsgerichts auch in einem evidenten Widerspruch zu Art. 5 ESC. Mit der Ratifizierung und der Anerkennung des Art. 5 ESC habe sich die Bundesrepublik Deutschland verpflichtet, die Freiheit der Arbeitnehmer, örtliche, nationale oder internationale Organisationen zum Schutz ihrer wirtschaftlichen und sozialen Interessen zu bilden, weder durch das bundesdeutsche Recht noch durch dessen Anwendung zu beeinträchtigen. Wie die Vorschriften der Europäischen Menschenrechtskonvention zum Schutze der Menschenrechte müssen auch die Bestimmungen der Europäischen Sozialcharta insbesondere bei der Auslegung von Art. 9 Abs. 3 GG und § 2 Abs. 1 TVG berücksichtigt werden[444].

c) Einwände auf einfachgesetzlicher Ebene

Im Rahmen der Kritik gegen die sog. Mächtigkeitstheorie werden verschiedene Bedenken auf einfachgesetzlicher Ebene innerhalb der Literatur laut. So kenne der Gesetzgeber selbst nicht das Erfordernis der Verbandsmächtigkeit in § 2 Abs. 1 TVG, denn die Vorschrift spricht lediglich von Gewerkschaften als

---

443 *Mayer-Maly*, RdA 1979, 356 (358); *Wiedemann*, Gemeinsame Anm. zu BAG v. 15.03. 1977 - 1 ABR 16/75, AP Nr. 24 zu Art. 9 GG und zu BAG v. 14.03. 1978 - 1 ABR 2/76, AP Nr. 30 zu § 2 TVG (unter II. 3.). Zur Vereinbarkeit der Mächtigkeitstheorie des Bundesarbeitsgerichts mit der Europäischen Menschenrechtskonvention siehe unten Teil 2/3. Abschnitt unter § 9 I. 1. 3. a.

444 *Mayer-Maly*, RdA 1979, 356 (358); *Wiedemann*, Gemeinsame Anm. zu BAG v. 15.03. 1977 - 1 ABR 16/75, AP Nr. 24 zu Art. 9 GG und zu BAG v. 14.03. 1978 - 1 ABR 2/76, AP Nr. 30 zu § 2 TVG (unter II. 3.). Zur Vereinbarkeit der Mächtigkeitstheorie des Bundesarbeitsgerichts mit der Europäischen Sozialcharta siehe unten Teil 2/3. Abschnitt unter § 9 I. 1. 3 b.

Tarifvertragspartei, ohne den Begriff weiter zu erläutern[445]. Das heute rechtsgültige Tarifvertragsrecht knüpfe vielmehr an den historisch gewachsenen Gewerkschaftsbegriff an, der aber nicht von einer sozialen Mächtigkeit als konstitutives Merkmal der Gewerkschaftseigenschaft ausging[446]. Ferner stehe auch die Konzeption des § 2 Abs. 1 TVG dem Erfordernis einer Verbandsstärke entgegen, da neben den Gewerkschaften und Vereinigungen von Arbeitgebern auch der einzelne Arbeitgeber tariffähig sein soll, wobei das Gesetz nicht danach unterscheidet, ob der Arbeitgeber im Sinne des Gegengewichtsprinzips stark genug ist, um seine Interessen gegenüber einer Gewerkschaft durchsetzen zu können[447].

Den weiteren Ausführungen muß folgende Bemerkung vorausgehen: Das Bundesverfassungsgericht hat in seiner Entscheidung vom 06.05. 1964[448] das Erfordernis einer Arbeitskampfbereitschaft zwar ausdrücklich verneint, aber nur für den Kreis der im Bereich des Haushalts tätigen Arbeitnehmer; die Rechtsprechung des Bundesarbeitsgerichts ist zwischenzeitlich auch durch das Bundesverfassungsgericht gebilligt worden[449]. Trotzdem will die Literatur[450] einen Wertungswiderspruch sehen, wenn sich das Bundesarbeitsgericht in seiner „Mächtigkeitsrechtsprechung“ einerseits auf die Entscheidung des Bundesverfassungsgerichts vom 06.05. 1964[451] stützt und andererseits fordert, daß eine Arbeitnehmervereinigung für die Zuerkennung der Gewerkschaftseigenschaft so druckfähig sein muß, um einen Arbeitskampf führen zu können. Zumal das

445 Vgl. *Wiedemann*, Gemeinsame Anm. zu BAG v. 15.03. 1977 - 1 ABR 16/75, AP Nr. 24 zu Art. 9 GG und zu BAG v. 14.03. 1978 - 1 ABR 2/76, AP Nr. 30 zu § 2 TVG (unter II. 1. a.).

446 *Gamillscheg*, Kollekt.ArbR., Bd. I, S. 434; *Wiedemann*, Gemeinsame Anm. zu BAG v. 15.03. 1977 - 1 ABR 16/75, AP Nr. 24 zu Art. 9 GG und zu BAG v. 14.03. 1978 - 1 ABR 2/76, AP Nr. 30 zu § 2 TVG (unter II. 1. a.). Zur näheren Bestimmung des historisch gewachsenen Gewerkschaftsbegriffs siehe unten Teil 2/3. Abschnitt unter § 8.

447 *Rüthers/Roth*, Anm. zu BAG v. 16.11. 1982 - 1 ABR 22/78, AP Nr. 32 zu § 2 TVG (unter 5. c.); vgl. auch *Wiedemann*, Gemeinsame Anm. zu BAG v. 15.03. 1977 - 1 ABR 16/75, AP Nr. 24 zu Art. 9 GG und zu BAG v. 14.03. 1978 - 1 ABR 2/76, AP Nr. 30 zu § 2 TVG (unter II. 2. a. (2)); ferner *Zeuner*, in: FS 25 Jahre BAG, S. 727 (730).

448 BVerfG v. 06.05. 1964 - 1 BvR 79/62, AP Nr. 15 zu § 2 TVG (unter B. III. 2. der Gründe).

449 BVerfG v. 20.10. 1981 - 1 BvR 404/78, AP Nr. 31 zu § 2 TVG (unter B. I. der Gründe) = BVerfGE 58, 233 (246 ff.).

450 *Hueck/Nipperdey*, Arbeitsrecht, 7. Aufl., Bd. II/2, S. 1658 (Rn. 436); *Mayer-Maly*, Anm. zu BAG v. 09.07. 1968 - 1 ABR 2/67, AP Nr. 25 zu § 2 TVG; kritisch auch *Reuß*, RdA 1972, 4 (6).

451 BVerfG v. 06.05. 1964 - 1 BvR 79/62, AP Nr. 15 zu § 2 TVG (unter B. III. 2. der Gründe).

Bundesverfassungsgericht die Frage offenläßt, ob für die Tariffähigkeit zusätzliche Voraussetzungen gefordert werden können[452].

Andere Stimmen der Literatur stützen ihre Kritik auf einen Vergleich von § 2 TVG mit § 12 TVG (§ 10 TVG a. F.), der zeige, daß es auf eine „wesentliche Bedeutung der Arbeitnehmer- oder Arbeitgeberinteressen im Arbeitsleben des Bundesgebiets" expressis verbis nur für die Anerkennung als Spitzenorganisation im Rahmen des § 12 TVG ankomme. Ein Teil der Literatur schlußfolgert daher im Wege des argumentum e contrario, daß eine allgemeine Bedeutung der Verbandsstärke im Tarifrecht abzulehnen sei. Das von der Rechtsprechung postulierte Kriterium der Verbandsstärke könne folglich nicht auf den allgemeinen Gewerkschaftsbegriff übertragen werden[453].

d) Einwände hinsichtlich allgemeiner Rechtsgrundsätze

Es bestehen auch deshalb zahlreiche sachliche Einwendungen gegen das Mächtigkeitskriterium, weil das Bundesarbeitsgericht das Mächtigkeitserfordernis in erster Linie aus dem sog. „Gegengewichtsprinzip" ableitet. Denn das Gegengewichtsprinzip besagt, daß zwischen beiden Tarifvertragsparteien grundsätzlich gegengewichtige Interessen bestehen, die erst durch tarifliche Vereinbarungen zu einem echten Ausgleich gebracht werden können, die wiederum eine Gleichgewichtigkeit beider Seiten voraussetzen[454].

aa) Justitiabilität

Obwohl das Bundesarbeitsgericht seit seiner grundlegenden Entscheidung vom 15.03. 1977[455] wiederholt versucht hat, klarzustellen, was unter der Fähigkeit zu Druck und Gegendruck zu verstehen ist, weist die Literatur auch heute noch verstärkt darauf hin, die von der Rechtsprechung verwendeten Mächtigkeits-

---

452 *Kraft*, Anm. zu BAG v. 15.03. 1977 - 1 ABR 16/75, SAE 1978, 43 (44).

453 *Mayer-Maly*, Anm. zu BAG v. 09.07. 1968 - 1 ABR 2/67, AP Nr. 25 zu § 2 TVG; *ders.*, RdA 1966, 201 (204); *Nipperdey/Tophoven*, in: Hueck/Nipperdey/Tophoven, TVG-Komm., 3. Aufl., § 2 Rn. 39; *Hueck/Nipperdey/Stahlhacke*, TVG-Komm., 4. Aufl., § 2 Rn. 42; *Reiß*, Bedeutung, S. 56. Zur systematischen Einordnung von den §§ 2 und 12 TVG siehe unten Teil 2/3. Abschnitt unter § 9. II. 1.

454 *Wiedemann*, Gemeinsame Anm. zu BAG v. 15.03. 1977 - 1 ABR 16/75, AP Nr. 24 zu Art. 9 GG und zu BAG v. 14.03. 1978 - 1 ABR 2/76, AP Nr. 30 zu § 2 TVG (unter II. 2.).

455 BAG v. 15.03. 1977 - 1 ABR 16/75, AP Nr. 24 zu Art. 9 GG = BAGE 29, 72 ff.; in neuerer Zeit vgl. BAG v. 16.01. 1990 - 1 ABR 10/89, AP Nr. 39 zu § 2 TVG = BAGE 64, 16 ff.; BAG v. 20.11. 1990 - 1 ABR 62/89, AP Nr. 40 zu § 2 TVG = BAGE 66, 258 ff.

kriterien seien im Ergebnis zu unscharf. Sie würden sich der richterlichen Nachprüfbarkeit entziehen und damit zu möglicher Rechtsunsicherheit führen[456].

Auch der Verweis des Bundesverfassungsgerichts[457] auf die „konkrete Situation im Einzelfall“, übernommen durch das Bundesarbeitsgericht[458], bringe nach Auffassung der Literatur keine Klarheit[459].

Einige Autoren[460] halten der Mächtigkeitslehre den Fall vor Augen, daß einer bestehenden Gewerkschaft unter Umständen die Tariffähigkeit abgelehnt werden müßte, weil sich die wirtschaftlichen und arbeitsmarktpolitischen Gegebenheiten zwischenzeitlich unerwartet verändert haben. Die oftmals bestehenden Schwankungen der Verbandsstärke einer Vereinigung könnten somit abwechselnd zur Bejahung und Verneinung der Tariffähigkeit führen. Ob eine Koalition in der Lage sei, einen wirksamen Druck auszuüben, dürfe nach ihrer Ansicht weder von der absoluten Mitgliederzahl noch von ihrem Organisationsgrad innerhalb der Branche abhängig sein. Unter Verweis auf die Untauglichkeit einer richterlichen Prognose verwerfen einige Stimmen[461] auch das favorisierte Ersatzkriterium, erfolgreich eine ausreichende Anhängerschaft im Arbeitskampf zu finden. Die Entwicklung, ob es einer Koalition gelingt, die Interessen ihrer Mitglieder

---

456 Vgl. etwa *Buchner*, in: FS 25 Jahre BAG, S. 55 (66 f.); *Eitel*, Ungleichbehandlung, S. 57; *Gamillscheg*, Kollekt.ArbR., Bd. II, Nr. 260 d.; *ders.*, in: FS Herschel, (1982), S. 99 (114); *ders.*, Kollekt.ArbR. Bd. I, S. 434; *Kraft*, Anm. zu BAG v. 15.03. 1977 - 1 ABR 16/75, SAE 1978, 43 (44); *Loritz*, in: Zöllner/Loritz, Arbeitsrecht, S. 380; *Mayer-Maly*, RdA 1979, 356 (358); *Oetker*, in: Wiedemann, TVG-Komm., § 2 Rn. 321; *Reuter*, in: MünchKomm., BGB, Vor § 21 Rn. 90; *Schulin*, Anm. zu BAG v. 25.11 1986 - 1 ABR 22/85, EzA § 2 Nr. 17 (unter II); *Wiedemann*, Gemeinsame Anm. zu BAG v. 15.03. 1977 - 1 ABR 16/75, AP Nr. 24 zu Art. 9 GG und v. 14.03. 1978 - 1 ABR 2/76, AP Nr. 30 zu § 2 TVG (unter II. 2. a. (1)); *Wolf*, ZfA 1971, 151 (175); *Zöllner*, Anm. zu BAG v. 09.07. 1968 - 1 ABR 2/67, SAE 1969, 140; zustimmend wohl auch *Stahlhacke*, ArbRdG Bd. 11 (1974), 21 (32). Vgl. hinsichtlich der Gefährdung der Rechtssicherheit auch *Hemmen*, Durchsetzungsfähigkeit, S. 127 f.

457 BVerfG v. 20.10. 1981 - 1 BvR 404/78, AP Nr. 31 zu § 2 TVG (unter B. I. 2. der Gründe) = BVerfGE 58, 233 (249).

458 BAG v. 16.11. 1982 - 1 ABR 22/78, AP Nr. 32 zu § 2 TVG (unter B. II. der Gründe).

459 So ausdrücklich *Gamillscheg*, Kollekt.ArbR., Bd. II, Nr. 260 d.

460 *Eitel*, Ungleichbehandlung, S. 57; *Zöllner*, Anm. zu BAG v. 09.07. 1968 - 1 ABR 2/67, SAE 1969, 140.

461 *Hueck/Nipperdey*, Arbeitsrecht, 7. Aufl., Bd. II/2, S. 1658 (Rn. 436); *Kraft*, Anm. zu BAG v. 15.03. 1977 - 1 ABR 16/75, SAE 1978, 43 (44); vgl. ferner *Zöllner*, Anm. zu BAG v. 09.07. 1968 - 1 ABR 2/67, SAE 1969, 140; *ders.*, Tarifvertragliche Differenzierungsklauseln, S. 19. A. A. BAG v. 09.07. 1968 - 1 ABR 2/67, AP Nr. 25 zu § 2 TVG (unter 2. der Gründe), das die Gefolgschaft durch Mitglieder nicht berücksichtigt wissen will.

ausreichend zu vertreten, müsse mangels Justitiabilität dem freien Spiel der Kräfte überlassen bleiben.

bb) Fehlende demokratische Legitimation

Schließlich sei nach Auffassung einiger Vertreter der Literatur eine richterliche Festsetzung über die Koalitionseigenschaft des Art. 9 Abs. 3 GG hinausgehender Merkmale schon mangels demokratischer Legitimation unzulässig[462]. Denn der dem Gesetzgeber offengelassene Spielraum zur normativen Abgrenzung zwischen tariffähigen Gewerkschaften und nicht tariffähigen Koalitionen stehe nicht der Rechtsprechung zu. Zwar zähle das Tarifvertragsgesetz nicht jede Voraussetzung für die Tariffähigkeit auf, sondern umschreibe sie mit einem unbestimmten Rechtsbegriff. Dennoch handele es sich um eine gesetzliche Abgrenzung der Anforderungen an die Tariffähigkeit, die eine richterliche Abgrenzung nicht zulasse.

Die Literatur[463] ist sich allerdings schon in der Frage uneinig, ob die Tariffähigkeit bereits von Verfassungs wegen jeder Koalition gewährleistet wird, oder ob es dem Gesetzgeber nach Art. 9 Abs. 3 GG freisteht, noch weitere, in Art. 9 Abs. 3 GG nicht enthaltene Voraussetzungen, für die Zuerkennung der Tariffähigkeit aufzustellen.

cc) Wertungswidersprüche zu anderen Rechtsgedanken

In dem Mächtigkeitserfordernis erblickt ein Teil der Literatur außerdem einen „handfesten Wertungswiderspruch" gegenüber anderen arbeitsrechtlichen Bereichen, in denen das Bundesarbeitsgericht die Ausübung von Druck rechtlich bemängelt. Als Beispiel wird der Bereich der Druckkündigung[464] angeführt. Denn nach Auffassung der arbeitsgerichtlichen Rechtsprechung[465] billige die Druckkündigung den Druck nicht, sondern strebe einen Interessenausgleich der Parteien an. Zwar wird der Wertungswiderspruch mit den verschiedenen Regelungsbe-

---

462 *Mayer-Maly*, Anm. zu BAG v. 09.07. 1968 - 1 ABR 2/67, AP Nr. 25 zu § 2TVG, zweifelnd auch *Zeuner*, in: FS 25 Jahre BAG, S. 727 (729 f.).

463 *Gamillscheg*, Koalitionsfreiheit, S. 41; vgl. auch *Hueck/Nipperdey*, Arbeitsrecht, 7. Aufl., Bd. II/2, S. 1658 (Rn. 436).

464 Unter der Druckkündigung ist eine Kündigung zu verstehen, die vom Arbeitgeber nicht aus eigenem Antrieb, sondern unter dem Druck Dritter - insbesondere anderer Arbeitnehmer - ausgesprochen wird. Hierzu *Herschel*, in: FS Lehmann, S. 662 - 669; *Mayer-Maly*, RdA 1979, 356 (356); *Rahmstorf*, Druckkündigung, S. 1 ff.

465 So LAG *Frankfurt a. M.* v. 12.10. 1965 - 3/5 S 1/65, AP Nr. 9 zu § 626 BGB Druckkündigung (unter III. 2. der Gründe).

reichen - die Druckkündigung aus dem Bereich des Individualarbeitsrechts und die Durchsetzungsfähigkeit als Voraussetzung der Tariffähigkeit aus dem kollektiven Arbeitsrecht - gerechtfertigt. Die Bedenken lassen sich nach Meinung der Literatur[466] anhand dieses Arguments aber nicht gänzlich ausräumen, da kollektive Gesichtspunkte auch im Bereich der Druckkündigung eine Rolle spielen. Auch stehe das Ziel der Druckausübung, die Aufnahme von Verhandlungen, in einem Zwiespalt zu der Verneinung eines Verhandlungsanspruchs tariffähiger Verbände des Bundesarbeitsgerichts.

Ein Teil der Literatur weist ferner darauf hin, daß die Wirtschaftsordnung und damit die Regelung der Arbeits- und Wirtschaftsbedingungen nicht ausschließlich von der Tarifautonomie geprägt werde, sondern auch von der allgemeinen Vertragsfreiheit. So sei es widersprüchlich, wenn einerseits die Tarifabschlüsse eine Mächtigkeit des Kollektivpartners voraussetzen und andererseits die allgemeine Vertragsfreiheit kein Gewicht der Vertragsparteien kenne[467].

Schließlich kritisiert ein Teil der Literatur, daß die Rechtsprechung des Bundesarbeitsgerichts statt zu der angestrebten Verteilung und Neutralisierung wirtschaftlicher Macht zu einer Machtkonzentration führe[468].

2. Kritik an der Verbandsmacht als Merkmal des einheitlichen Gewerkschaftsbegriffs

Die Beschränkung des tariffähigen Kreises auf Arbeitnehmerseite hat auch in einem anderen Zusammenhang erheblichen Widerspruch erfahren. Da das Bundesarbeitsgericht seit 1956 in ständiger Rechtsprechung von einem einheitlichen Gewerkschaftsbegriff in der arbeitsrechtlichen Gesetzgebung ausgeht, zu dessen konstitutiven Merkmalen die Tariffähigkeit gehören soll, erreichen die Vertreter der Mächtigkeitslehre nicht nur Einwände gegen das Mächtigkeitserfordernis als solches, sondern auch gegen die soziale Mächtigkeit als Voraussetzung eines einheitlichen arbeitsrechtlichen Gewerkschaftsbegriffs[469]. Einige Stimmen in der Literatur raten deshalb dazu, entweder den einheitlichen Gewerkschaftsbegriff aufzugeben, oder aber Abstand von dem Merkmal der

466 *Mayer-Maly*, RdA 1979, 356 (356 f.).

467 *Grunsky*, Anm. zu BAG v. 15.03. 1977 - 1 ABR 16/75, JZ 1977, 473.

468 *Grunsky*, Anm. zu BAG v. 15.03. 1977 - 1 ABR 16/75, JZ 1977, 473.

469 Siehe dazu auch *Eitel*, Ungleichbehandlung, S. 52 ff.; vgl. ferner *Koopmann*, Gewerkschaftsfusion, S. 215 f.

sozialen Mächtigkeit zu nehmen, wobei dann von einem einheitlichen arbeitsrechtlichen Gewerkschaftsbegriff ausgegangen werden könnte[470].

a) Verletzung des Übermaßverbots

Das ungeschriebene Tatbestandsmerkmal der Verbandsmächtigkeit als Voraussetzung eines einheitlichen arbeitsrechtlichen Gewerkschaftsbegriffs stößt in der Literatur auf Bedenken hinsichtlich des verfassungsrechtlichen Übermaßverbots[471]. Konsequenz der Rechtsauffassung des Bundesarbeitsgerichts von einem einheitlichen arbeitsrechtlichen Gewerkschaftsbegriff sei, daß einer Arbeitnehmervereinigung bei Fehlen einer entsprechenden Verbandsmacht nicht nur der Abschluß von Tarifverträgen, sondern auch alle weiteren - „sekundären" - Gewerkschaftsrechte vom Arbeitsgerichtsgesetz über das Betriebsverfassungsgesetz bis hin zum Aktiengesetz vorenthalten werden[472]. Der zusätzliche Ausschluß von der Wahrnehmung „sekundärer" Gewerkschaftsrechte stelle daher einen unzulässigen Verstoß gegen das Übermaßverbot dar[473].

b) Verstoß gegen Art. 9 Abs. 3 GG

Einige Autoren wenden gegen die Mächtigkeitstheorie des Bundesarbeitsgerichts ein, daß sie in Verbindung mit der These eines einheitlichen Gewerkschaftsbegriffs außerdem die in Art. 9 Abs. 3 GG garantierte Koalitionsbetätigungsfreiheit unverhältnismäßig einschränke, solange den Neugründungen der Gewerkschaften unter Hinweis auf das Mächtigkeitserfordernis nicht nur im tarifvertraglichen Sektor, sondern auch im Betriebsverfassungsrecht jede gewerkschaftliche Befugnis versagt werde[474].

---

470 *Brox*, Anm. zu BAG v. 10.09. 1985 - 1 ABR 32/83, SAE 1986, 232 (235); vgl. auch *Wiedemann*, Gemeinsame Anm. zu BAG v. 15.03. 1977 - 1 ABR 16/75, AP Nr. 24 zu Art. 9 GG und zu BAG v. 14.03. 1978 - 1 ABR 2/76, AP Nr. 30 zu § 2 TVG (unter II. 3. a.), der im Falle einer Ablehnung des einheitlichen Gewerkschaftsbegriffs keinen Verstoß gegen das verfassungsrechtliche Übermaßverbot mehr erblicken will.

471 Das Übermaßverbot leitet die höchstricherliche Rechtsprechung und viele Vertreter der Literatur aus dem - besonders - in Art. 20 Abs. 3 GG festgelegten Rechtsstaatsprinzip ab; ein anderer Teil der Literatur entnimmt das Übermaßverbot dagegen den Grundrechten, insbesondere den Art. 1 und 19 Abs. 2 GG, vgl. ausführlich *Stern*, Staatsrecht, Bd. 1, § 20 IV 7 a m. w. N.

472 *Rüthers/Roth*, Anm. zu BAG v. 16.11. 1982 - 1 ABR 22/78, AP Nr. 32 zu § 2 TVG (unter 5. b.).

473 *Konzen*, Anm. zu BAG v. 16.11. 1986 - 1 ABR 22/78, SAE 1984, 136 (137); *Wiedemann*, Gemeinsame Anm. zu BAG v. 15.03. 1977 - 1 ABR 16/75, AP Nr. 24 zu Art. 9 GG und zu BAG v. 14.03. 1978 - 1 ABR 2/76, AP Nr. 30 zu § 2 TVG (unter II. 3. a.).

474 *Konzen*, Anm. zu BAG v. 16.11. 1986 - 1 ABR 22/78, SAE 1984, 136 (137); vgl. auch *Kraft*, Anm. zu BAG v. 15.03. 1977 - 1 ABR 16/75, SAE 1978, 43 (44); *Wiedemann*,

3. Auswirkungen auf die „Mächtigkeitsrechtsprechung"

Die Kritik der Literatur ist mittlerweile in der Judikatur des Bundesarbeitsgerichts ersichtlich auf Resonanz gestoßen. Der 1. Senat erkennt heute Kriterien als Indikatoren für eine ausreichende Verbandsmächtigkeit an, die er in früheren Entscheidungen unberücksichtigt gelassen hat. Zu nennen sind: die indizielle Wirkung von Anschlußtarifverträgen[475], obwohl die Senatsrechtsprechung vom 14.03. 1978[476] noch ausdrücklich die Fähigkeit zum Aushandeln von Tarifverträgen verlangt hatte. Seine Anforderungen an die Zuerkennung einer sozialen Mächtigkeit hat das Bundesarbeitsgericht - wenngleich es an einem ausdrücklichen Hinweis des Gerichts dafür fehlt[477] - damit herabgesetzt. Aber auch die nunmehr geforderte aktive Beteiligung an den Hauptverhandlungen für Anschlußtarifverträge der Arbeitnehmervereinigungen läßt sich letztendlich auf den anfänglichen Einwand zurückführen, daß es die Arbeitgeberverbände in der Hand hätten, die Tarifautonomie durch den Abschluß von Gefälligkeitsverträgen nachteilig zu verändern[478]. Wenn sich das Bundesarbeitsgericht derzeit erneut für die indizielle Wirkung einer Prognoseentscheidung eines Verbandes ausgesprochen hat[479], so bestärkt diese Haltung eine - wenn auch nur zaghafte - Annäherung an die Ansichten der Literatur in Richtung einer Koalitionsvielfalt[480].

Gemeinsame Anm. zu BAG v. 15.03. 1977 - 1 ABR 16/75, AP Nr. 24 zu Art. 9 GG und zu BAG v. 14.03. 1978 - 1 ABR 2/76, AP Nr. 30 zu § 2 TVG (unter II. 3. b.).

475 Siehe ausführlich dazu oben Teil 2/1. Abschnitt unter § 4 I. 2. b. aa.

476 BAG v. 14.03. 1978 - 1 ABR 2/76, AP Nr. 30 zu § 2 TVG (unter IV. 4. der Gründe).

477 Nach Auffassung von *Kissel*, - ehemaliger - Präsident des Bundesarbeitsgerichts, sei aber eine gewisse Zurückhaltung bei der Anwendung einer sozialen Mächtigkeit gerade im Interesse der allgemeinen Koalitionsfreiheit geboten, vgl. *Kissel*, ZfA 1985, 39 (48).

478 Vgl. BAG v. 10.09. 1985 - 1 ABR 32/83, AP Nr. 34 zu § 2 TVG (unter B. IV. 3. der Gründe).

479 Vgl. zuletzt BAG v. 06.06. 2000 - 1 ABR 10/99, AP Nr. 55 zu § 2 TVG (unter B. II. 2. b. aa. vor (1) der Gründe).

480 Im Ergebnis auch *Eitel*, Ungleichbehandlung, S. 48 f.

2. Abschnitt: Mächtigkeitskriterium und juristische Methodenlehre

Die zuvor aufgeworfenen Überlegungen führen zu der Erkenntnis, daß es für den spezielleren Fall der „unternehmensbezogenen Mächtigkeit" hilfreich ist, die Argumente pro und contra allgemeine soziale Mächtigkeit auf ihre Tragfähigkeit hin zu ergründen[481]. Das durch die arbeitsrechtlichen Gerichte eingeführte Mächtigkeitskriterium darf als solches - wie noch zu zeigen sein wird[482] - nicht gegen verfassungsrechtliche Grundsätze verstoßen. Ohne an dieser Stelle näher auf die Grundsatzdiskussion über die Bedeutung der Methodenlehre für die Grenzen richterlicher Rechtsbildung eingehen zu wollen[483], soll aber im folgenden[484] der Frage nachgegangen werden, ob das Merkmal der allgemeinen sozialen Mächtigkeit auch vor dem Hintergrund der allgemeinen[485] Regeln der juristischen Methodenlehre legitimiert ist[486].

Richterliche Rechtsbildung setzt nach allgemeiner Ansicht eine fehlende gesetzliche Regelung voraus[487]. Wenn der Richter im Wege der Auslegung des § 2 Abs. 1 GG das Mächtigkeitserfordernis zu den konstitutiven Merkmalen des Gewerkschaftsbegriffs und der Tariffähigkeit zählen will, muß es also an einer Legaldefinition der Begriffe „Gewerkschaft" und „Tariffähigkeit" fehlen. Wie bereits einleitend erwähnt, hat der Gesetzgeber den Begriff „Tariffähigkeit" in § 2 Abs. 1 TVG nicht näher definiert, sondern vielmehr nur die Gewerkschaften auf Arbeitnehmerseite als Tarifvertragspartei aufgezählt. Eine Auslegung des Gewerkschaftsbegriffs in § 2 Abs. 1 TVG hinsichtlich einer allgemeinen sozialen Mächtigkeit liegt somit nahe. In der Literatur wird jedoch darauf verwiesen, die

---

481 Siehe oben Teil 1 unter § 3 II. 2. cc. (2).

482 Siehe unten Teil 2/3. Abschnitt unter § 11.

483 Vgl. ausführlich dazu *Wank*, Rechtsfortbildung, S. 78 ff.

484 Siehe dazu unten Teil 2/2. Abschnitt unter § 7.

485 Vgl. auch *Wank*, Rechtsfortbildung, S. 17, der als Kontrollmittel des Richterrechts nicht die Regeln einzelner Methodenlehrer, sondern ausdrücklich nur die auf einem allgemeinen Konsens beruhenden Prinzipien heranziehen will.

486 Für diese Fragestellung reicht die Feststellung aus, daß die Judikative aufgrund ihrer Kompetenzen ihre eigenen Entscheidungsgrundlagen bilden kann und damit die aktuelle Rechtslage bestimmt. Ob die richterliche Rechtsbildung letztendlich neben der faktischen Wirksamkeit normative Verbindlichkeit besitzt, und damit „echte Rechtsquellenqualität" hat, erscheint daneben als nachgeordnetes Problem, das sich nur stellt, wenn die Verbindlichkeit postuliert wird. Vgl. hierzu *Ipsen*, Richterrecht, S. 60 f. m.w.N.; *ders.*, DVBl. 1984, 1102 (1103 Fn. 16).

487 Vgl. insoweit nur *Dütz*, AuR 1976, 65 (78); *Herschel*, AuR 1976, 225 (231).

einzelnen Anforderungen an die Tariffähigkeit einer Arbeitnehmervereinigung seien normativ im Staatsvertrag über die „Schaffung einer Währungs-, Wirtschafts- und Sozialunion“ vom 18.05. 1990 festgelegt[488]. Es stellt sich daher die Frage, ob der Gesetzgeber anhand der Zustimmungsgesetze eine verbindliche Definition der Tariffähigkeit auf Arbeitnehmerseite geschaffen hat; insofern bliebe dann kein Raum dafür, die Tariffähigkeit richterrechtlich an das besondere Mächtigkeitserfordernis zu knüpfen; auf eine weitere Auslegung des Gewerkschaftsbegriffs in § 2 Abs. 1 TVG könnte verzichtet werden[489].

---

488 Vgl. z. B. *Oetker*, Rechtsgutachten, S. 7; kritisch dazu *Suckow*, Gewerkschaftliche Mächtigkeit, S. 39. Siehe auch jüngst BAG v. 06.06. 2000 - 1 ABR 21/99, AP Nr. 9 zu § 97 ArbGG 1979 (unter B. II. 4. c. der Gründe).

489 *Zeuner*, in: FS 25 Jahre BAG, S. 727 (730 f.). So ausdrücklich *Mayer-Maly*, Anm. zu BAG v. 09.07. 1968 - 1 ABR 2/67, AP Nr. 25 zu § 2 TVG.

§ 6 Ziffer A III 2 des Staatsvertrages vom 18.05. 1990 als Legaldefinition

In dem Vertrag über die „Schaffung einer Währungs-, Wirtschafts- und Sozialunion“ vom 18.05. 1990[490] - im folgenden 1. Staatsvertrag (StV) genannt - haben die beiden Vertragsparteien, die Bundesrepublik Deutschland und die ehemalige Deutsche Demokratische Republik, arbeitsrechtliche Grundsätze, die in der Bundesrepublik Deutschland durch die Rechtsprechung entstanden waren, zum Teil als geltendes Recht für die DDR normiert (vgl. Art. 17 StV[491]). Dabei legten die Vertragsparteien in dem „Gemeinsamen Protokoll über die Leitsätze“ des 1. Staatsvertrages unter Ziffer A III 2 zur Sozialunion[492] die Anforderungen an die Tariffähigkeit fest. Das „Gemeinsame Protokoll über Leitsätze“ des 1. Staatsvertrages bestimmt unter Ziffer A III 2:

> „Tariffähige Gewerkschaften und Arbeitgeberverbände müssen frei gebildet, gegnerfrei, auf überbetrieblicher Grundlage organisiert und unabhängig sein sowie das geltende Tarifrecht als für sich verbindlich anerkennen; ferner müssen sie *in der Lage sein, durch Ausüben von Druck auf den Tarifpartner zu einem Abschluß zu kommen.*“[493]

Der 1. Staatsvertrag mit seinem 2. Leitsatz der Generellen Leitsätze zur Sozialunion[494] enthält somit eine Konkretisierung der in dieser Untersuchung maßgeblichen Tariffähigkeit auf Arbeitnehmerseite. Expressis verbis weist der 2. Leitsatz darauf hin, daß insbesondere zu den Voraussetzungen einer tariffähigen Gewerkschaft die Fähigkeit zu Druck und Gegendruck, also die soziale Mächtigkeit, gehört. Es ist daher zu überlegen, ob die in dem 2. Leitsatz der Generellen Leitsätze zur Sozialunion enthaltenen Konkretisierungen der Tariffähigkeit für das Tarifrecht der Bundesrepublik verbindliche Wirkungen entfalten. Dann müßte die Erläuterung des Begriffs Tariffähigkeit eine Legaldefinition verkörpern. Eine Legaldefinition liegt in diesem Fall jedoch nur vor, wenn der 1. Staatsvertrag eine gesetzliche Regelung darstellt, die auch heute noch verbindliche Geltung erlangt.

---

490 BGBl. II, S. 537 ff. = GBl. DDR I Nr. 34, S. 332 ff.; vgl. ausführlich dazu z. B. *Scholz*, BB 1990, Beil. Nr. 23, S. 1 ff.; *Schmidt-Bleibtreu*, DtZ 1990, 138 ff.

491 Siehe dazu unter II. 2. b. aa. (4).

492 Im folgenden auch als 2. Leitsatz der Generellen Leitsätze zur Sozialunion abgekürzt.

493 Hervorhebungen durch die Verfasserin.

494 Im folgenden auch als Leitsätze bezeichnet.

I. Rechtliche Bedeutung des 1. Staatsvertrages

Obwohl das Wiedervereinigungsgebot des Art. 23 GG a. F. verhinderte, die DDR im Verhältnis zur Bundesrepublik als auswärtigen Staat zu behandeln, hatte der Staatsvertrag über die Schaffung einer Währungs-, Wirtschafts- und Sozialunion zwischen der Bundesrepublik Deutschland und der ehemaligen DDR ursprünglich[495] sowohl die Rechtsform eines staatsrechtlichen als auch die eines völkerrechtlichen Vertrages (i. S. v. Art. 59 GG)[496]. Der 1. Staatsvertrag könnte daher als einfach-gesetzliche Regelung fortwirken.

Durch die entsprechenden Zustimmungsgesetze des Deutschen Bundestages und der Volkskammer der ehemaligen DDR[497] waren die innerstaatlichen Voraussetzungen für sein Inkrafttreten erfüllt[498]. Der 1. Staatsvertrag erlangte damit den Rechtscharakter eines einfachen Bundesgesetzes[499]. Als Bundesgesetz ist der 1. Staatsvertrag für das Tarifvertragsrecht als verbindlich anzusehen[500].

Bedeutung für das Tarifvertragsrecht erzielen aber nicht nur die Bestimmungen des Vertrages selbst, sondern auch die in dem Gemeinsamen Protokoll enthaltenen Leitsätze; sie sind Teil des Vertrages und besitzen damit „dieselbe völkerrechtliche Verbindlichkeit wie die Haupturkunde“[501]. Entscheidend für den rechtlichen Stellenwert der Leitsätze des Gemeinsamen Protokolls ist Art. 4 Abs. 1 Satz 1 StV. Er lautet wie folgt:

---

495 Mit dem Untergang der DDR als Völkerrechtsobjekt - Ursache war die Wiedervereinigung am 03. Oktober 1990 - ist die Wirksamkeit der völkerrechtlichen Vertragsbeziehung erloschen, vgl. *Badura*, Staatsrecht, S. 52 (Rn. 44).

496 BVerfG v. 31.07. 1973 - 2 BvF 2/73, BVerfGE 36, 1 (2) (LS 6); vertiefend *Schmidt-Bleibtreu*, DtZ 1990, 138 f.

497 Der 1. Staatsvertrag wurde am 21.06. vom Bundestag und am 22.06. vom Bundesrat gebilligt und am 25.06. 1990 verkündet (BGBl. 1990 II, 518 ff.). Die Volkskammer hat den Vertrag am 21.06. 1990 angenommen (GBl. DDR I Nr. 34 S. 331). Die Umsetzung erfolgte in der DDR durch das Verfassungsänderungsgesetz vom 17. Juni 1990 (GBl. DDR I, S. 299 ff.). Der Vertragstext ist abgedruckt in: *Stern/Schmidt-Bleibtreu*, Staatsvertrag zur Währungs-, Wirtschafts- und Sozialunion, Bd. 1, S. 79 ff.

498 Zur Transformation völkerrechtlicher Verträge in innerstaatliches Recht vergleiche *Badura*, Staatsrecht, S. 335 (Rn. 128).

499 Vgl. *Brockmeyer*, in: Schmidt-Bleibtreu/Klein, GG-Komm., Art. 59 Rn. 13.

500 Ausführlich dazu *Gitter*, in: FS Kissel, S. 265 (269); *Schrader*, Durchsetzungsfähigkeit, S. 137 f.

501 So die Einl. des Gemeinsamen Protokolls über die Leitsätze, abgedruckt bei: *Stern/Schmidt-Bleibtreu*, Staatsvertrag zur Währungs-, Wirtschafts- und Sozialunion, Bd. 1, S. 144.

> „Für die mit der Errichtung der Währungs-, Wirtschafts- und Sozialunion erforderliche Rechtsanpassung in der Deutschen Demokratischen Republik gelten die in Art. 2 Absatz 1 niedergelegten Grundsätze *und* die im *Gemeinsamen Protokoll vereinbarten Leitsätze*; fortbestehendes Recht ist gemäß diesen Grund- und Leitsätzen auszulegen *und anzuwenden.*" [502]

Aus der Regelung des Art. 4 Abs. 1 Satz 1 StV ergibt sich somit als Konsequenz, daß auch der 2. Leitsatz der Generellen Leitsätze zur Sozialunion für das Tarifrecht als unmittelbar geltender Rechtssatz Bindungswirkung entfaltet.

II. Geltungsbereich

Der Geltungsbereich des 2. Leitsatzes der Generellen Leitsätze zur Sozialunion könnte fraglich sein.

1. Geltung für die ehemalige Deutsche Demokratische Republik

Nach dem Wortlaut des Art. 4 Abs. 1 Satz 1 StV soll sich der Geltungsbereich der Leitsätze wegen der erforderlichen Rechtsanpassung auf das Gebiet der Deutschen Demokratischen Republik erstrecken, das heißt: Die in dem Gemeinsamen Protokoll enthaltenen Konkretisierungen müssen bei der Bestimmung der Tariffähigkeit im Rahmen des Tarifvertragsrechts der ehemaligen DDR berücksichtigt werden.

2. Geltung für die Bundesrepublik Deutschland

Zu überlegen ist aber, ob der 2. Leitsatz der Generellen Leitsätze zur Sozialunion entgegen dem Wortlaut des Art. 4 Abs. 1 Satz 1 StV nicht auf das Gebiet der ehemaligen DDR beschränkt ist, sondern das gesamte deutsche Rechtsgebiet wirksam umfaßt. Auf den ersten Blick spricht Beachtliches für eine Geltung der Leitsätze im gesamten deutschen Rechtsgebiet: Beide Völkerrechtsobjekte, die Bundesrepublik und die ehemalige DDR, haben gemeinsam eine Definition zur Tariffähigkeit von Arbeitnehmer- und Arbeitgeberorganisationen in dem 1. Staatsvertrag vorgenommen[503] und diesen Vertrag auch ratifiziert. Durch eine Ratifikation erlangt der Vertragsinhalt in den Staatsgebieten der Vertragsparteien grundsätzlich verbindliche Geltung[504], das bedeutet für den 1. Staatsvertrag: Die Grund- und Leitsätze entfalten verbindliche Wirkung in den Rechtsgebieten der ehemaligen DDR und der Bundesrepublik Deutschland. Die Grundsätze des Art. 2 Abs. 1 StV lauten wie folgt:

---

502 Hervorhebungen durch die Verfasserin.

503 So auch *G. Müller*, DB 1992, 269 (273, Fn. 43).

504 *Badura*, Staatsrecht, S. 334 Rn. 127.

> „Die Vertragsparteien bekennen sich zur freiheitlichen, demokratischen, föderativen, rechtsstaatlichen und sozialen Grundordnung. Zur Gewährleistung der in diesem Vertrag oder in Ausführung dieses Vertrages begründeten Rechte garantieren sie insbesondere die Vertragsfreiheit, Gewerbe-, Niederlassungs- und Berufsfreiheit, die Freizügigkeit von Deutschen in dem gesamten Währungsgebiet, die Freiheit, zur Wahrung und Förderung der Arbeits- und Wirtschaftsbedingungen Vereinigungen zu bilden, sowie nach Maßgabe der Anlage IX das Eigentum privater Investoren an Grund und Boden sowie an Produktionsmitteln.“

Ferner ist unter Berücksichtigung der Grundaussage des Art. 1 StV[505] - der Schaffung einer Währungs-, Wirtschafts- und Sozialunion - ein Bemühen des 1. Staatsvertrages um eine effektive Einheit nicht nur auf diesen Gebieten, sondern auch auf dem Gebiet der Rechtsordnung deutlich erkennbar[506]. Der Präambel[507] des 1. Staatsvertrages zufolge soll „die Schaffung einer Währungs-, Wirtschafts- und Sozialunion einen ersten bedeutsamen Schritt in Richtung auf die *Herstellung der staatlichen Einheit*[508] nach Art. 23 des Grundgesetzes“ a. F. sein[509]. Die Vertragsparteien bekennen sich außerdem gemäß Art. 2 Abs. 1 StV „zur freiheitlichen, demokratischen, föderativen, rechtsstaatlichen und sozialen Grundordnung“[510]. Aus der Einleitung des „Gemeinsamen Protokolls über Leitsätze“ in Verbindung mit Art. 4 StV[511] geht ferner hervor, daß die Leitsätze „- zusammen mit den in Art. 4 StV niedergelegten Grundsätzen - die Grundlage für die mit der Errichtung der Währungs-, Wirtschafts- und Sozialunion *erforderliche Rechtsanpassung*[512]“ darstellen[513]. Um eine einheitliche Rechtsordnung zu erreichen, ist eine einheitliche Anwendung und Auslegung des Rechts in beiden Staatsgebieten untrennbare Voraussetzung[514].

---

505 Abgedruckt bei: *Stern/Schmidt-Bleibtreu*, Staatsvertrag zur Währungs-, Wirtschafts- und Sozialunion, Bd. 1, S. 80 f.

506 Vgl. auch *Scholz*, BB 1990, Beil. Nr. 23, S. 1 (2).

507 Vollständig abgedruckt bei: *Stern/Schmidt-Bleibtreu*, Staatsvertrag zur Währungs-, Wirtschafts- und Sozialunion, Bd. 1, S. 79.

508 Hervorhebung durch die Verfasserin.

509 Zutreffend *Stern*, in: Stern/Schmidt-Bleibtreu, Staatsvertrag zur Währungs-, Wirtschafts- und Sozialunion, Bd. 1, S. 3. Siehe auch *Schmidt-Bleibtreu*, in: Stern/Schmidt-Bleibtreu , Staatsvertrag zur Währungs-, Wirtschafts- und Sozialunion, Bd. 1, Einl. S. 47.

510 Vgl. auch *Kissel*, NZA 1990, 545 (549).

511 Vollständig abgedruckt bei: *Stern/Schmidt-Bleibtreu*, Staatsvertrag zur Währungs-, Wirtschafts- und Sozialunion, Bd. 1, S. 80 f.

512 Hervorhebung durch die Verfasserin.

513 Abgedruckt bei: *Stern/Schmidt-Bleibtreu*, Staatsvertrag zur Währungs-, Wirtschafts- und Sozialunion, Bd. 1, S. 144.

514 *Steinmeyer/Jürging*, NZA 1992, 777 (778).

In der Literatur lösten die Konkretisierungen der Tariffähigkeit in dem 1. Staatsvertrag hinsichtlich ihres Geltungsbereichs eine Vielzahl kontroverser Diskussionen aus, die bis heute ihre Aktualität nicht verloren haben. Die Darstellungen des Schrifttums werden an dieser Stelle in einem Überblick kurz skizziert und im Anschluß daran die einzelnen Ansatzpunkte analysiert.

a) Überblick zum Diskussionsstand

Nach dem Inkrafttreten des 1. Staatsvertrages sahen weite Teile der Literatur in dem 1. Staatsvertrag und insbesondere in den Leitsätzen Regelungen, die sich nicht nur auf das Rechtsgebiet der ehemaligen DDR auswirken, sondern zugleich auch das Arbeitsrecht der Bundesrepublik Deutschland beeinflussen. So spricht sich vor allem *Kissel*[515] dafür aus, die Grundsätze, die in Art. 2 StV festgelegt sind, sowie die Konkretisierungen in den Leitsätzen „jedenfalls" als „bindende Auslegungsregel" anzusehen. *Gaul*[516] erblickt speziell in dem arbeitsrechtlichen Leitsatz über die Qualifikationsmerkmale der Tariffähigkeit eine „normative" Vorgabe, während *G. Müller*[517] im allgemeinen der Einstufung der Grundsätze des Staatsvertrages als eine verbindliche Auslegungsregel zustimmt, allerdings die Leitsätze mit leichter Abstufung als eine „zu beachtende Interpretationshilfe" einordnet. In diese Richtung weisen auch die Ausführungen von *Richardi*, der den 1. Staatsvertrag als ein für die Interpretation des geltenden Arbeitsrechts „grundlegendes Rechtsdokument" bewertet[518], an anderer Stelle seiner Diskussionsbeiträge die Leitsätze zur Sozialunion überdies als einen „Bestandteil der gesamtdeutschen Einheit" einordnet[519].

Einen Schritt weiter geht *Horn*[520], indem er den 1. Staatsvertrag für „eine mit der Autorität einer verfassungsändernden Mehrheit ausgestattete Auslegung des Grundgesetzes" hält. Die Erhebung des 1. Staatsvertrages in eine authentische

---

515 *Kissel*, NZA 1990, 545 (549 f.). Zustimmend auch *Farthmann/Coen*, in: Benda/Meierhofer/Vogel, Verfassungsrecht, 2. Aufl., § 19 Rn. 16; ähnlich auch *Hanau/Adomeit*, Arbeitsrecht, S. 57; vgl. ferner *Hanau*, EWiR 1991, § 2 TVG 1/91, 917 (918), der die Auffassung vertritt, es handele sich bei den tarifrechtlichen Leitsätzen gar nicht um ein normales Gesetz, sondern eher um eine Bekundung der Rechtsauffassung des Gesetzgebers, die in der DDR beachtet werden soll; allerdings gedacht als Wiedergabe einer in der Bundesrepublik Deutschland bereits bestehenden Rechtslage.

516 *Gaul*, ZTR 1991, 443 (446).

517 *G. Müller*, DB 1992, 269 (273 Fn. 43). Ebenso *Gitter*, in: FS Kissel, S. 265 (273); *Schrader*, Durchsetzungsfähigkeit, S. 141.

518 *Richardi*, DB 1990, 1613 (1615).

519 *Richardi*, BetrVG-Komm., § 2 Rn. 39.

520 *Horn*, Zivil- und Wirtschaftsrecht, S. 35 Rn. 38.

Interpretation des bestehenden Verfassungsrechts stößt jedoch sowohl bei *Säcker/Oetker* als auch bei *Schmidt-Preuss* auf erhebliche Bedenken. Nach ihrer Auffassung habe der 1. Staatsvertrag als völkerrechtlicher Vertrag durch die Transformation in innerstaatliches Recht den Charakter eines einfachen Bundesgesetzes und besitze daher keine Verfassungsqualität, obwohl ihn die zuständigen parlamentarischen Organe mit einer verfassungsändernden Mehrheit angenommen haben[521]. *Säcker/Oetker*[522] sprechen aber den Leitsätzen die Kraft zu, als Auslegungsmaxime das einfache Gesetzesrecht zu beeinflussen, obwohl sich die Leitsätze nur auf Art. 4 Abs. 1 Satz 1 StV beziehen und deshalb nur für die erforderliche Rechtsanpassung in der ehem. DDR als unmittelbar geltende Rechtssätze eine Bindungswirkung entfalten sollten.

Anders fällt die Stellungnahme von *Rieble*[523] aus, der dem 1. Staatsvertrag sowie den Leitsätzen jede verbindliche Wirkung aberkennt und daher insbesondere in den Leitsätzen nur eine unverbindliche Rechtsauffassung der Vertragsparteien sieht. Ferner sei nach seiner Auffassung die Regelung mit dem wirksamen Beitritt der DDR zum Rechtsgebiet der Bundesrepublik am 03.10. 1990 gegenstandslos und daher für die Auslegung der Tariffähigkeit im Rahmen des § 2 Abs. 1 TVG heute bedeutungslos geworden; diese Ansicht teilte ursprünglich auch *Löwisch*[524], der aber mittlerweile die Aussagen des 1. Staatsvertrages als „unverbindliche Auslegungshilfe“ anerkennt[525]. Zu dem Ergebnis, daß die Leitsätze keine neue verbindliche Auslegungsregel darstellen, gelangen auch *Kempen*[526], *Oetker*[527] sowie *Zachert*[528].

Von den zuletzt aufgeführten Stellungnahmen weichen in jüngerer Zeit vor allem *Gitter*[529] und *Schrader*[530] ab. Einerseits befürworten sie, die konkretisierenden

---

521 *Säcker/Oetker*, Tarifautonomie, S. 2 ff. (Fn. 2) und 7 (Fn. 2); *Schmidt-Preuss*, DVBl. 1993, 236 (238); ebenso *Tettinger*, BB 1992, 2 (3); in diesem Sinne wohl auch *Stober*, Wirtschaftsverwaltungsrecht, S. 55.

522 *Säcker/Oetker*, Tarifautonomie, S. 2 ff. (Fn. 2) und 7 (Fn. 2). Ebenso *Tettinger*, BB 1992, 2 (3). Dahingehend wohl auch *Stober*, Wirtschaftsverwaltungsrecht, S. 55.

523 *Rieble*, Anm. zu BAG v. 20.11. 1990 - 1 ABR 62/89, SAE 1991, 316 (317).

524 *Löwisch*, in: Löwisch/Rieble, TVG-Komm., § 2 Rn. 2. In jüngerer Zeit auch *Suckow*, Gewerkschaftliche Mächtigkeit, S. 122.

525 *Löwisch*, in: MünchArbR, Bd. 3, § 235 Rn. 18 f. Ebenso in neuerer Zeit *Jung*, Unabhängigkeit, S. 214.

526 *Kempen*, in: Kempen/Zachert, TVG-Komm., Grundl. Rn. 48, § 2 Rn. 55 u. 88.

527 *Oetker*, in: FS Stahlhacke, S. 363 (394); *ders.*, in: Wiedemann, TVG-Komm., § 2 Rn. 307.

528 *Zachert*, in: FS Kehrmann, S. 335 (338).

529 *Gitter*, in: FS Kissel, S. 265 (273).

Bestimmungen der Tariffähigkeit „wenigstens" als eine „zu beachtende Interpretationshilfe" auch für das Gebiet der Bundesrepublik einzuordnen[531]. Andererseits gehen sie noch einen Schritt weiter, indem sie diese Aussage nicht nur auf den Zeitraum bis zur deutsch-deutschen Wiedervereinigung am 03.10. 1990 begrenzen, sondern der Regelung eine Bindungswirkung auch nach Inkrafttreten des Einigungsvertrages zusprechen wollen, so daß nach ihrer Ansicht heute die Konkretisierungen der Tariffähigkeit im Rahmen der Auslegung des § 2 Abs. 1 TVG zu beachten seien[532].

b) Analyse

Der dargestellte Diskussionsstand zeigt, daß die Frage nach der rechtlichen Bedeutung des 1. Staatsvertrages und insbesondere seiner Leitsätze aus dem Gemeinsamen Protokoll zur Sozialunion für die Bundesrepublik Deutschland drei Kernfragen aufwirft. Erstens: Entfalteten der 1. Staatsvertrag und vor allem seine Leitsätze überhaupt jemals Wirkung für die bundesdeutsche Arbeitsrechtsordnung? Zweitens: In welcher Form erlangten sie in der Bundesrepublik Geltung? Drittens: Hat sich an dieser Geltung etwas durch den Einigungsvertrag verändert?

Der Aspekt der Rechtseinheit und insbesondere auch das Gebot der Rechtssicherheit begründen eine Geltung des 1. Staatsvertrages und seiner Leitsätze auch in der Bundesrepublik Deutschland[533]. Eine andere Annahme würde dem Gedanken der einheitlichen Rechtsordnung zuwiderlaufen. Relevant ist deshalb im folgenden ausschließlich die Frage nach dem „wie", das heißt inwieweit eine Bindungswirkung der Grund- und Leitsätze des 1. Staatsvertrages für die bundesdeutsche Arbeitsrechtsordnung besteht.

Die Literatur verwendet unterschiedliche Begrifflichkeiten für den rechtlichen Stellenwert der Grund- und Leitsätze des 1. Staatsvertrages. Wie die aufgeführte Stellungnahme von *Richardi*[534] beispielhaft zeigt - er bezeichnet den 1. Staats-

---

530 *Schrader*, Durchsetzungsfähigkeit, S. 141.

531 In diese Richtung auch *Konzen*, ZfA 1991, 379 (392 mit Fn. 103).

532 *Gitter*, in: FS Kissel, S. 265 (270 f.); *Schrader*, Durchsetzungsfähigkeit, S. 139 f.

533 In jüngerer Zeit auch BAG v. 06.06. 2000 – 1 ABR 10/99, AP Nr. 55 zu § 2 TVG (unter B. II. 1. der Gründe), wenn es an seiner Rechtsprechung „erst recht angesichts der Bestätigung des Erfordernisses im Staatsvertrag zwischen der Bundesrepublik Deutschland und der DDR vom 18. Mai 1990 über die Währungs-, Wirtschafts- und Sozialunion" festhalten will.

534 *Richardi*, DB 1990, 1613 (1615).

vertrag als ein „grundlegendes Rechtsdokument“ - sind die gebrauchten Begriffe zum Teil sehr vage formuliert. Die bestehenden terminologischen Unklarheiten wirken sich erschwerend für die Beantwortung der Frage nach dem „wie“ der bundesdeutschen Geltung aus. Die Gesamtbetrachtung der verwendeten Termini in der Literatur wirft daher folgende Einzelfragen auf[535]: Entfalten die Leitsätze eine unmittelbare Bindungswirkung für das gesamtdeutsche Rechtsgebiet[536]? Können in dem Fall - wenn die unmittelbare Rechtswirkung verneint werden muß - die Leitsätze als verbindliche Auslegungsmaxime für das Verfassungsrecht[537] oder für das einfache Gesetzesrecht der Bundesrepublik berücksichtigt werden[538]? Bei einer Ablehnung der Leitsätze als verbindliche Auslegungsmaxime stellt sich dann die Frage, ob zumindest eine Ausstrahlungswirkung besteht, so daß die Leitsätze bei der Auslegung des § 2 Abs. 1 TVG als Interpretations- oder Auslegungshilfe mit einfließen können, oder ob es sich letztendlich bei der Definition der Tariffähigkeit nur um eine unverbindliche Rechtsauffassung der Vertragsparteien handelt[539]. Da das „Gemeinsame Protokoll über die Leitsätze“ Teil des 1. Staatsvertrages ist (vgl. Art. 4 StV), kann die Wirkung der Leitsätze nicht losgelöst von der Wirksamkeit der Grundsätze betrachtet werden.

aa) Grund- und Leitsätze als verbindliche Regelungen

Angesichts der divergierenden Ansichten in der Literatur ist die Bedeutsamkeit der Grund- und Leitsätze im folgenden zum Teil getrennt zu würdigen.

(1) Unmittelbare Bindungswirkung der Grundsätze

Verbindliche und normative Wirkung könnten die Grundsätze in Art. 2 StV für die Arbeitsrechtsordnung der Bundesrepublik entfalten, da nach dem Wortlaut des Art. 2 StV - „sie“ - beide Vertragsparteien, also auch die Bundesrepublik, eine gemeinsame Garantieerklärung abgeben. Die Grundsätze besitzen daher eine über Art. 4 StV, das heißt eine über die Rechtsanpassung in der ehemaligen DDR hinausgehende Bedeutung[540].

Die Vertragsparteien garantieren die dort abschließend aufgeführten Freiheitsrechte, wie zum Beispiel die Freiheit, Vereinigungen zur Wahrung und Förderung

535 Vgl. auch *Oetker*, in: FS Stahlhacke, S. 363 (382).

536 Siehe ausführlich dazu im folgenden aa. unter (1) und (2). Zur verbindlichen Wirkung des 2. Leitsatzes für § 2 Abs. 1 TVG (DDR) vgl. *Oetker*, in: FS Stahlhacke, S. 363 (376 ff.).

537 Siehe dazu im folgenden aa. unter (3).

538 Siehe dazu im folgenden aa. unter (4).

539 Siehe dazu im folgenden unter bb.

540 In diesem Sinne auch *Oetker*, in: FS Stahlhacke, S. 363 (383).

der Arbeits- und Wirtschaftsbedingungen zu bilden (sog. individuelle Koalitionsfreiheit). In Verbindung mit dem bundesdeutschen Zustimmungsgesetz sind die Grundsätze Bestandteil des einfachen Gesetzesrechts. Jedoch wird zum einen durch die Erklärung in Art. 2 Abs. 1 StV nur die in Art. 9 Abs. 3 Satz 1 GG verfassungsrechtlich verankerte Garantie auf einfachgesetzlicher Ebene wiederholt. Inhaltlich besitzt die gemeinsame Erklärung daher nur die Qualität eines Bekenntnisses zu den festgelegten Grundsätzen. Zum anderen soll die Garantieerklärung auch nur die „Gewährleistung der in diesem Vertrag oder in Ausführung dieses Vertrags begründeten Rechte" umfassen (vgl. Art. 2 Abs. 1 Satz 2 StV). Eine Aussage zur unmittelbaren Anwendung oder Auslegung für die bundesdeutsche Arbeitsrechtsordnung trifft die gemeinsame Erklärung dagegen nicht. Für die Grundsätze in Art. 2 StV ist daher eine über das bloße Bekenntnis zu den Grundsätzen im Rahmen des 1. Staatsvertrages hinausgehende verbindliche Wirkung für das Rechtsgebiet der Bundesrepublik Deutschland abzulehnen[541].

(2) Unmittelbare Bindungswirkung der Leitsätze

Vor allem *Kissel*[542] befürwortet die rechtliche Einordnung dahingehend, daß neben den Grundsätzen des Art. 2 Abs. 1 StV auch den Leitsätzen des 1. Staatsvertrages eine unmittelbare Bindungswirkung für die Arbeitsrechtsordnung der Bundesrepublik zukommen muß. Dagegen wird von *Löwisch*[543] und *Rieble*[544] der Art. 4 StV als Einwand gebracht. Laut Eingangsformulierung des Gemeinsamen Protokolls „werden die in Art. 4 des Vertrages niedergelegten Grundsätze näher spezifiziert"[545]. Die Leitsätze sollen sich somit nur auf Art. 4 StV beziehen. Art. 4 StV nennt als Adressaten für die erforderliche Rechtsanpassung ausschließlich die ehemalige DDR. Besonders der Wortlaut und die

---

541 So auch *Oetker*, in: FS Stahlhacke, S. 363 (383 f.); a. A. z. B. *Gitter*, in: FS Kissel, S. 265 (273); ebenso *Kissel*, NZA 1990, 545 (549 f.); vgl. auch *G. Müller*, DB 1992, 269 (273 Fn. 43); ferner *Schrader*, Durchsetzungsfähigkeit, S. 141.

542 *Kissel*, NZA 1990, 545 (549 f.), der eine verbindliche Wirkung nur als „Minimum" bezeichnet. Ebenso *Gaul*, ZTR 1991, 443 (446); ähnlich auch *Gitter*, in: FS Kissel, S. 265 (271 f.), da er eine Einstufung der Leitsätze als „zu beachtende Interpretationhilfe" nur als Minimum befürwortet; in diese Richtung ferner *Hanau/Adomeit*, Arbeitsrecht, S. 57; *Konzen*, ZfA 1991, 379 (392 mit Fn. 103); ähnlich auch *Richardi*, BetrVG-Komm., § 2 Rn. 39; *Schrader*, Durchsetzungsfähigkeit, S. 137 f.

543 *Löwisch* in: Löwisch/Rieble, TVG-Komm., § 2 Rn. 2; *Löwisch/Rieble*, in: MünchArb, Bd. 3, § 242 Rn. 19.

544 *Rieble*, Anm. zu BAG v. 20.11. 1990 - 1 ABR 62/89, SAE 1990, 316 (317). Ebenso *Oetker*, in: FS Stahlhacke, S. 363 (394).

545 Vollständig abgedruckt bei: *Stern/Schmidt-Bleibtreu*, Staatsvertrag zur Währungs-, Wirtschafts- und Sozialunion, Band 1, S. 144.

Zielsetzung von Art. 4 StV stehen einer normativen Wirkung der Leitsätze für die bundesdeutsche Arbeitsrechtsordnung entgegen. *Löwisch*[546] und *Rieble*[547] haben daher zu Recht Art. 4 Abs. 1 Satz 1 StV gegen eine unmittelbare Bindungswirkung der Leitsätze angeführt.

Ferner ist den letztgenannten Autoren darin zuzustimmen, daß es verfehlt wäre, den Vertragsparteien zu unterstellen, sie wollten die Voraussetzungen der Tariffähigkeit mittels des 1. Staatsvertrages gesetzlich kodifizieren[548]. Wenn die beiden Vertragsparteien für die Bundesrepublik Deutschland eine verbindliche Festlegung der Tariffähigkeit gewollt hätten, dann hätten sie Art. 4 Abs. 2 Satz 1 StV zufolge die Möglichkeit gehabt, diese Festlegung der Anlage V des 1. Staatsvertrages hinzuzufügen. Der Gebrauch dieser Möglichkeit war zwar nach Art. 4 Abs. 2 Satz 1 StV für „beabsichtigte Änderungen von Rechtsvorschriften“ vorgesehen. Für Regelungen des Arbeitsrechts - wie der Tariffähigkeit -, wenngleich sie auch überwiegend von der Rechtsprechung getroffen werden, kann jedoch nichts anderes gelten als für Rechtsvorschriften.

(3) Leitsätze als authentische Verfassungsrechtsinterpretation

Nach *Horn* stellt der 1. Staatsvertrag und damit wohl auch das „Gemeinsame Protokoll über die Leitsätze“ eine „mit der Autorität einer verfassungsändernden Mehrheit ausgestattete Auslegung des Grundgesetzes“ dar[549]. Den sowohl von *Säcker/Oetker* als auch von *Schmidt-Preuss* gegen diese Einordnung geäußerten Einwänden ist darin beizupflichten, daß der 1. Staatsvertrag in Verbindung mit dem Zustimmungsgesetz nur den Charakter einfachen Gesetzesrechts erlangt hat und nicht die Qualität von Verfassungsrecht[550]. Auch wenn die zuständigen parlamentarischen Organe den 1. Staatsvertrag mit einer verfassungsändernden Mehrheit (vgl. Art. 79 Abs. 2 GG) angenommen haben, führt dieser Umstand nicht zu einer anderen Bewertung.

---

546 *Löwisch* in: Löwisch/Rieble, TVG-Komm., § 2 Rn. 2.

547 *Rieble*, Anm. zu BAG v. 20.11. 1990 - 1 ABR 62/89, SAE 1990, 316 (317).

548 *Löwisch* in: Löwisch/Rieble, TVG-Komm., § 2 Rn. 2; *Rieble*, Anm. zu BAG v. 20.11. 1990 - 1 ABR 62/89, SAE 1990, 316 (317). In diesem Sinne auch *Suckow*, Gewerkschaftliche Mächtigkeit, S. 121. Die verbindliche Wirkung eines materiellen Gesetzes nunmehr ausdrücklich ablehnend BAG v. 06. 06. 2000 - 1 ABR 21/99, AP Nr. 9 zu § 97 ArbGG 1979 (unter B. II. 4. c. der Gründe).

549 *Horn*, Zivil- und Wirtschaftsrecht, S. 35 Rn. 38.

550 *Säcker/Oetker*, Tarifautonomie, S. 2 f. (Fn. 2), 7 (Fn. 2) und 55; *Schmidt-Preuss*, DVBl. 1993, 236 (238).

In der Methodenlehre ist die „authentische Interpretation“ nicht als wissenschaftliche Auslegung, sondern als ein Akt der Rechtssetzung anerkannt[551]. Sie wird daher als Legalinterpretation („Auslegung durch einen Rechtssatz“) bezeichnet. In der Normenhierarchie muß die verbindliche Interpretation stets denselben Rang wie die zu interpretierende Vorschrift einnehmen[552]. Eine „authentische Interpretation“ der Verfassung aus dem einfachen Gesetz ist aus dogmatischen Gründen - wie von *Leisner*[553] zutreffend als unzulässige Auslegung des Grundgesetzes „von unten nach oben“ bezeichnet - daher nicht möglich. Der tarifrechtliche Leitsatz stellt somit keine verbindliche „authentische Interpretation“ des Verfassungsrechts der Bundesrepublik Deutschland dar[554].

(4) Leitsätze als Auslegungsmaxime einfachen Gesetzesrechts

Die Wirkung einer verbindlichen Auslegungsmaxime des einfachen Gesetzesrechts - hier ausschließlich im Rahmen von § 2 Abs. 1 TVG - könnte der tarifrechtliche Leitsatz - verbunden mit dem Zustimmungsgesetz - aus dogmatischen Gesichtspunkten grundsätzlich besitzen, da der 1. Staatsvertrag mit seinen Leitsätzen im Hinblick auf die Normenhierarchie auf der Ebene des einfachen Gesetzesrechts anzusiedeln ist[555]. Selbst die verbindliche Interpretation auf einfachgesetzlicher Ebene erfordert aber stets die Vereinbarkeit mit dem höherrangigen Verfassungsrecht[556]. Die Interpretation von § 2 Abs. 1 TVG müßte daher ihrerseits mit Art. 9 Abs. 3 GG harmonieren. Unabhängig davon, ob § 2 Abs. 1 TVG mit Art. 9 Abs. 3 GG in Einklang steht, ist aber bereits zweifelhaft, ob die Vertragsparteien neben der unmittelbaren Bindungswirkung

551 *Bydlinski*, Methodenlehre, S. 433 f.; *Engisch*, Juristisches Denken, S. 94; *Enneccerus/Nipperdey*, AT des Bürgerlichen Rechts, HB. 1, S. 323.

552 *Säcker/Oetker*, Tarifautonomie, S. 2 f. (Fn. 2); *Schmidt-Preuss*, DVBl. 1993, 236 (238).

553 Vgl. *Leisner*, Verfassungsmäßigkeit der Gesetze, S. 39.

554 So auch *Jung*, Unabhängigkeit, S. 74 f. und 212; vgl. ferner *Kempen*, in: Kempen/Zachert, TVG-Komm., Grundl. Rn. 48, § 2 Rn. 55 u. 88, der zusätzlich einen Verstoß gegen das Zitierverbot des Art. 19 Abs. 2 GG und ferner einen Verstoß gegen die Schutzfunktion des Art. 18 GG erblickt; siehe zudem *Oetker*, in: FS Stahlhacke, S. 363 (386, Fn. 109, S. 391); *Säcker/Oetker*, Tarifautonomie, S. 2 f. (Fn. 2) und 55; *Schmidt-Preuss*, DVBl. 1993, 236 (238); *Zachert*, in: FS Kehrmann, S. 335 (338); a. A. aber *Kissel*, NZA 1990, 545 (549 f.), der die Leitsätze als verbindliche gesetzliche Auslegungsregeln für Art. 9 Abs. 3 GG einordnet.

555 So z. B. auch *Gaul*, ZTR 1991, 443 (446), wenn er von einer „normativen“ Vorgabe spricht; vgl. ferner *Jung*, Unabhängigkeit, S. 212; *Kissel*, NZA 1990, 545 (549), da er sich für eine Berücksichtigung der Leitsätze als verbindliche Auslegungsmaxime als „Minimum“ ausspricht; in diese Richtung wohl auch *Richardi*, DB 1990, 1613 (1615); *ders.*, BetrVG-Komm., § 2 Rn. 39.

556 *Bydlinski*, Methodenlehre, S. 455; *Larenz*, Methodenlehre, S. 339.

für die Rechtsanpassung in der ehemaligen DDR zugleich eine für die bundesdeutsche Arbeitsrechtsordnung verbindliche Auslegungsregel schaffen wollten.

Kissel hat hervorgehoben, daß das erklärte Ziel des 1. Staatsvertrages vor allem darin lag, eine Rechtseinheit in der Bundesrepublik und der ehemaligen DDR herzustellen[557]. Allein der Aspekt der innerdeutschen Rechtseinheit überzeugt aber noch nicht, eine verbindliche Auslegungsmaxime des einfachen Gesetzesrechts für die Arbeitsrechtsordnung der Bundesrepublik anzunehmen. Vielmehr muß an dieser Stelle auf die besondere verfassungsrechtliche Situation in der ehemaligen DDR eingegangen werden: In der DDR entsprach die Verfassung nach dem revolutionären Umbruch nicht mehr den veränderten politischen, ökonomischen, kulturellen und sozialen Anforderungen. Die Summe der Veränderungen stufte die Verfassung somit als „obsolet“ ein[558]. Die vorrangige Aufgabe des 1. Staatsvertrages bestand folglich darin, mit seinen Grund- und Leitsätzen diesen veralteten Rechtszustand zu revidieren und damit die Grundlagen einer gemeinsamen Rechtsordnung zu schaffen[559]. Der 1. Staatsvertrag war somit in erster Linie ein Verfassungsvertrag für die ehemalige DDR[560]. Deshalb sollte nach dem Willen der Vertragsparteien das in der Bundesrepublik geltende Arbeitsrecht in seinen Grundstrukturen unmittelbar in der ehemaligen DDR gelten und zwar unverändert in der jeweiligen Fassung und unter Aufhebung entgegenstehenden Rechts (vgl. Art. 17 und 2 Abs. 2 sowie Art. 3 StV). Dabei umfaßte der Begriff „Recht“ nicht nur das Gesetzesrecht, wie in Anlage II unter I Nr. 2 Abs. 1 des Staatsvertrages ausdrücklich gesagt, sondern alles, was als Recht in der Gesamtschau der Rechtsordnung angesehen wird, somit auch das für das Arbeitsrecht bedeutsame Richterrecht[561]. Der 1. Staatsvertrag hatte daher vor allem einen überleitenden Charakter.

Konstruktiv für die rechtliche Einordnung der Leitsätze ist auch Art. 17 StV, der folgenden Inhalt hat:

> „In der Deutschen Demokratischen Republik gelten Koalitionsfreiheit, Tarifautonomie, Arbeitskampfrecht, Betriebsverfassung, Unternehmensmitbestimmung und Kündigungsschutz entsprechend dem Recht der Bundes-

---

557 *Kissel*, NZA 1990, 545 (549).

558 *Scholz*, BB 1990, Beil. Nr. 23, S. 1 (2 f.).

559 So auch *Scholz*, BB 1990, Beil. Nr. 23, S. 1 (2 f.).

560 Vgl. *Stern/Schmidt-Bleibtreu*, Staatsvertrag zur Währungs-, Wirtschafts- und Sozialunion, Bd. 1, S. 43; *Stern*, DtZ 1990, 289. Ausführlich dazu auch *Schlabrendorff/Michaelis de Vasconcellos*, DtZ 1990, 142.

561 Vertiefend *Kissel*, NZA 1990, 545 (548 f.); *ders.*, DtZ 1990, 155 (157).

republik Deutschland; *näheres* ergibt sich aus dem *Gemeinsamen Protokoll über die Leitsätze* und den Anlagen II und III.“ [562]

Die in Art. 17 StV genannten arbeitsrechtlichen Institute bedurften noch der Konkretisierung[563]. Neben ihrer Funktion der Rechtsanpassung sollten die Leitsätze daher zumindest bezogen auf Art. 17 StV auch die Aufgabe einer Inhaltsbestimmung der aufgeführten Begrifflichkeiten übernehmen[564]. Deshalb ist der Auffassung von *Oetker*[565] darin zuzustimmen, daß dem 1. Staatsvertrag für die Arbeitsrechtsordnung in der Bundesrepublik Deutschland eher eine deskriptive Bedeutung zukam[566]. Obwohl die Vertragsparteien anders als für das Arbeitskampfrecht Leitsätze nur für die Tariffähigkeit aufgestellt haben (vgl. die Leitsätze des Gemeinsamen Protokolls), führt diese Besonderheit zu keiner anderen Schlußfolgerung[567]. Die Leitsätze stellten somit eine Abbild des damaligen gegenwärtigen Zustandes der bundesdeutschen Arbeitsrechtsordnung dar, schrieben diesen Zustand aber wegen ihrer ausschließlich inhaltlichen Ausrichtung auf das Rechtsgebiet der ehemaligen DDR (vgl. Art. 4 StV) nicht verbindlich für die Bundesrepublik fest. Der tarifrechtliche Leitsatz entfaltet folglich keine Wirkung als verbindliche Auslegungsmaxime im Rahmen des § 2 Abs. 1 TVG der Bundesrepublik[568].

(5) Zwischenergebnis

Die Grundsätze in Art. 2 Abs. 1 Satz 2 StV waren zwar rechtlich in der Lage, eine verbindliche Wirkung für die bundesdeutsche Arbeitsrechtsordnung zu entfalten, da sie von beiden Vertragsparteien ausdrücklich garantiert wurden und mit Hilfe des bundesdeutschen Zustimmungsgesetzes den Rechtsstatus eines einfachen Gesetzes erlangten. Inhaltlich reichte diese Erklärung allerdings nicht über die Qualität eines Bekenntnisses zu diesen Grundsätzen hinaus.

Für die Leitsätze des Gemeinsamen Protokolls scheidet wegen ihrer inhaltlichen Verknüpfung mit Art. 4 des 1. Staatsvertrages eine unmittelbare Bindungswirkung

562 Hervorhebungen durch die Verfasserin.

563 *Kissel*, DtZ 1990, 155 (156).

564 Vgl. Denkschrift der Bundesregierung, BT Drucks. 11/7350, S. 114.

565 *Oetker*, in: FS Stahlhacke, S. 363 (385 f.).

566 Vgl. auch *Hanau*, EWiR 1991, 917 (§ 2 TVG 1/91); *Rieble*, Arbeitsmarkt, S. 55 Rn. 176; *Scholz*, BB 1990, Beil. Nr. 23, S. 1 (4); ähnlich *Stober*, Wirtschaftsverwaltungsrecht, S. 55, der den 1. Staatsvertrag als „Ausdruck der gegenwärtig praktizierten Wirtschaftsordnung“ bewertet.

567 Zutreffend *Rieble*, Anm. zu BAG v. 20.11. 1990 - 1 ABR 62/89, SAE 1991, 316 (317).

568 So auch *Jung*, Unabhängigkeit, S. 213 f.

für die Arbeitsrechtsordnung der Bundesrepublik Deutschland aus. Die Leitsätze sollten ausschließlich für das Rechtsgebiet der ehemaligen DDR normative Kraft entfalten. Die Stellung des 1. Staatsvertrages als völkerrechtlicher Vertrag und damit die Rechtsform eines einfachen Gesetzes unterbindet die Wirkung der Leitsätze als „authentische Interpretation“ des Verfassungsrechts der Bundesrepublik. Der Annahme einer verbindlichen Auslegungsmaxime des einfachen Gesetzesrechts steht die eher deskriptive Bedeutung des 1. Staatsvertrages entgegen. Die Leitsätze stellten daher nur ein Abbild der bundesdeutschen Arbeitsrechtsordnung dar, die die Bundesrepublik Deutschland und die ehemalige DDR zum Zeitpunkt der Vertragsverhandlungen vorfanden - ohne diesen vorgefundenen Rechtszustand für die bundesdeutsche Rechtsordnung verbindlich festzuschreiben.

bb) Grund- und Leitsätze als unverbindliche Regelungen

Aus dem Wortlaut des § 2 Abs. 1 TVG ergeben sich keine konkreten Angaben zur Tariffähigkeit. Dagegen läßt der tarifrechtliche Leitsatz des 1. Staatsvertrages die Begriffsmerkmale der Tariffähigkeit deutlich erkennen. Der Staatsvertrag, der zwar in erster Linie einen Verfassungsvertrag für die ehemalige DDR darstellt, besitzt für die Bundesrepublik Deutschland die Qualität einfachen Gesetzesrechts. Da das Tarifrecht in der ehemaligen DDR mit dem Tarifrecht der Bundesrepublik Deutschland identisch sein sollte, betrifft der Wortlaut des 1. Staatsvertrages auch das Tarifrecht der Bundesrepublik Deutschland[569]. Besonders aus der Präambel des Staatsvertrages geht das Bestreben der Vertragsparteien nach staatlicher sowie rechtlicher Einheit hervor. Die Ablehnung der verbindlichen Wirkung der Grund- und Leitsätze zwingt - wie von *Oetker*[570] zu Recht herausgestellt - auch nicht notwendig zu der Annahme, daß diese Grund- und Leitsätze überhaupt keine Relevanz für die Bundesrepublik Deutschland haben. Die Aussagen des tarifrechtlichen Leitsatzes könnten daher zwar nicht als verbindliches, aber zumindest als unverbindliches Hilfsmittel zur Begriffsbestimmung der Tariffähigkeit im Rahmen des § 2 Abs. 1 TVG herangezogen werden[571]. Allerdings bestehen

---

569 Neuerdings auch BAG v. 06.06.2000 - 1 ABR 21/99, AP Nr. 9 zu § 97 ArbGG 1979 (unter B. II. 4. c. der Gründe).

570 *Oetker*, in: FS Stahlhacke, S. 363 (389).

571 So nunmehr auch *Löwisch*, in: MünchArbR, Bd. 3, § 242 Rn. 20; siehe auch *G. Müller*, DB 1992, 269 (273 Fn. 43), der ausdrücklich die Leitsätze als eine „zu beachtende Interpretationshilfe“ einordnet; vgl. ferner *Oetker*, in: FS Stahlhacke, S. 363 (394); *ders.*, in: Wiedemann, TVG-Komm., § 2 Rn. 307; siehe auch BAG v. 06.06.2000 - 1 ABR 21/99, AP Nr. 9 zu § 97 ArbGG 1979 (unter B. II. 4. c. der Gründe), das nunmehr die „Durchsetzungsfähigkeit“ als vom Willen des Gesetzgebers umfaßt ansieht; a. A. z. B. *Rieble*, Anm. zu BAG v. 20.11. 1990 - 1 ABR 62/89, SAE 1990, 316 (317), der nur eine unverbindliche Rechtsauffassung befürwortet; in diese Richtung auch *Zachert*, in: FS Kehrmann, S. 335 (337 f.).

Zweifel, ob die Bedeutung der Grund- und Leitsätze für die Bundesrepublik mit dem Wirksamwerden der deutschen Einheit am 03.10. 1990 durch den Einigungsvertrag bereits erloschen ist[572].

(1) Auswirkungen des Einigungsvertrages vom 31.08. 1990

Der Vertrag zwischen der Bundesrepublik Deutschland und der Deutschen Demokratischen Republik über die Herstellung der Einheit Deutschlands (sog. Einigungsvertrag)[573] wurde am 31.08. 1990 geschlossen[574]. Für die Untersuchung, ob die in dem 1. Staatsvertrag enthaltenen Grund- und Leitsätze seit dem Einigungsvertrag an Bedeutsamkeit verloren haben, sind die Art. 8 und 40 Abs. 1 des Einigungsvertrages maßgeblich. Die Art. 8 und 40 Abs. 1 des Einigungsvertrages lauten:

> Art. 8: „Mit dem Wirksamwerden des Beitritts tritt in dem in Art. 3 genannten Gebiet Bundesrecht in Kraft, soweit es nicht in seinem Geltungsbereich auf bestimmte Länder oder Landesteile beschränkt ist und soweit durch diesen Vertrag, insbesondere durch dessen Anlage I, nichts anderes bestimmt ist."
>
> Art. 40 I: „Die Verpflichtungen aus dem Vertrag vom 18. Mai 1990 über die Schaffung einer Währungs-, Wirtschafts- und Sozialunion zwischen der Bundesrepublik Deutschland und der Deutschen Demokratischen Republik *gelten fort*, *soweit nicht* in diesem Vertrag *Abweichendes bestimmt* wird oder die Vereinbarungen im Zuge der Herstellung der Einheit Deutschlands *gegenstandslos* werden." [575]

Zu überlegen ist, ob sich aus den Regelungen der Art. 8 und 40 Abs. 1 entnehmen läßt, daß den Bestimmungen des 1. Staatsvertrages eine zeitliche Beschränkung bis zum Beitritt der ehemaligen DDR zum Bundesgebiet am 03.10. 1990 zukommen sollte[576]. Gegen eine zeitliche Begrenzung spricht Art. 40 Abs. 1 des Einigungsvertrages. Expressis verbis soll der 1. Staatsvertrag als Rechtsquelle

---

572 So *Kempen*, in: Kempen/Zachert, TVG-Komm., Grundl. Rn. 48, § 2 Rn. 55 u. 88; *Rieble*, Anm. zu BAG v. 20.11. 1990 - 1 ABR 62/89, SAE 1991, 316 (317); *Zachert*, in: FS Kehrmann, S. 335 (337 f.).

573 Vertiefend zum Einigungsvertrag siehe *Stern*, DtZ 1990, 289 ff.; ferner *Wasmuth*, DtZ 1990, 294 ff.

574 BGBl. II, S. 889 ff.

575 Hervorhebungen durch die Verfasserin.

576 So *Rieble*, Anm. zu BAG v. 20.11. 1990 - 1 ABR 62/89, SAE 1991, 316 (317); *Zachert*, in: FS Kehrmann, S. 335 (337 f.); *Kempen*, in: Kempen/Zachert, TVG-Komm., Grundl. Rn. 48, § 2 Rn. 55 u. 88.

auch nach der Wiedervereinigung am 03.10. 1990 Bestand haben[577]. Ferner trifft der Einigungsvertrag auch keine anderweitige Regelung für die Geltung der arbeitsrechtlichen Bestimmungen des 1. Staatsvertrages. Die in dem 1. Staatsvertrag enthaltenen Grund- und Leitsätze könnten aber gegenstandslos geworden sein, da ausweislich der Präambel des 1. Staatsvertrages nur die Schaffung von Übergangsrecht bis zur Vollendung der deutschen Einheit vorgesehen war.

Der Wille zur Schaffung von Übergangsrecht kam in Art. 4 Abs. 1 StV zum Ausdruck. Der 1. Staatsvertrag besaß deshalb nur einen überleitenden Charakter. Er legte die Rechtsgrundlagen fest, die bis zum Beitritt der ehemaligen DDR nach Art. 23 GG a. F. für die Vorbereitung der Rechtseinheit notwendig waren. Mit der Herstellung der staatlichen und rechtlichen Einheit am 03.10. 1990 trat auf dem Gebiet der ehemaligen DDR Bundesrecht in Kraft (vgl. Art. 8 und 3 des Einigungsvertrages). Die in Art. 2 Abs. 1 Satz 2 StV enthaltenen Garantieerklärungen des Grundgesetzes konnten nunmehr seit dem 03.10. 1990 durch die in Kraft getretene Grundrechtsordnung gewährleistet werden. Damit entfiel das Erfordernis der Rechtsgrundlagen des 1. Staatsvertrages. Die Grund- und Leitsätze des 1. Staatsvertrages sind daher mit dem Inkrafttreten des Einigungsvertrages gegenstandslos (vgl. Art. 40 Abs. 1 Einigungsvertrag) geworden. Der 1. Staatsvertrag besitzt folglich hinsichtlich dieser Regelungen keine Fortgeltung mehr[578].

Festzuhalten ist an dieser Stelle auch, daß selbst im Falle einer unterstellten Verbindlichkeit der arbeitsrechtlichen Bestimmungen für das Rechtsgebiet der Bundesrepublik Deutschland die Regelungen des 1. Staatsvertrages jedenfalls mit der Herstellung der deutschen Einheit am 03.10. 1990 gegenstandslos geworden wären. Auch der Einigungsvertrag ist somit Ursache dafür, daß der tarifrechtliche Leitsatz heute für die gesamtdeutsche Arbeitsrechtsordnung keine verbindliche Wirkung entfaltet.

Zu bezweifeln ist aber, daß die arbeitsrechtlichen Grund- und Leitsätze des 1. Staatsvertrages ihre Bedeutung durch den Einigungsvertrag vollständig verloren haben. In dem 1. Staatsvertrag haben die parlamentarischen Gesetzgebungsorgane der Bundesrepublik Deutschland mittels des Zustimmungsgesetzes erstmals ihre Auffassung zu den Anforderungen an die Tariffähigkeit nach außen

---

577 So die Denkschrift der Bundesregierung, die der Vorschrift einen klarstellenden Charakter zuweist, vgl. BT Drucks. 11/7703, S. 76.

578 So z. B. auch *Löwisch*, in: MünchArbR, Bd. 3, § 242 Rn. 19; *Oetker*, in: FS Stahlhacke, S. 363 (388).

erkennbar festgeschrieben[579]. Es wäre zwar verfehlt, den Gesetzgebungsorganen zu unterstellen, daß eine gesetzliche Kodifikation der Tariffähigkeit beabsichtigt war. Dennoch muß hervorgehoben werden, daß die Grund- und Leitsätze die bundesdeutsche Arbeitsrechtsordnung abbilden sollten, und zwar mit dem Inhalt, den die Vertragsparteien für „richtig" befunden haben. Nach dem Willen der Vertragsparteien entsprachen die festgelegten Kriterien damit inhaltlich den Anforderungen, die an die Tariffähigkeit im Rahmen des § 2 Abs. 1 TVG zu stellen sind. Wenn nach dem Wirksamwerden des Beitritts der ehemaligen DDR die Grund- und Leitsätze des 1. Staatsvertrages auch nicht dem geltenden Recht angehören, so rechtfertigt doch vor allem der Aspekt der einheitlichen Rechtsordnung, sie nach dem Beitritt der ehemaligen DDR als nicht gänzlich unbedeutende Regelungen anzusehen. Der tarifrechtliche Leitsatz des 1. Staatsvertrages könnte daher heute zumindest als unverbindliche Auslegungsregel im Rahmen des § 2 Abs. 1 TVG herangezogen werden.

(2) Methodische Bedenken

Die Einstufung des 1. Staatsvertrages als unverbindliches Hilfsmittel wirft allerdings die Frage auf, ob sich die tarifrechtliche Aussage des 1. Staatsvertrages in die anerkannte Auslegungsmethodik einordnen läßt. Zum einen sind die Grund- und Leitsätze des 1. Staatsvertrages mit § 2 TVG nicht zu einer kodifikatorischen Einheit verbunden. Zum anderen liegt mit dem tarifrechtlichen Leitsatz nur eine nachträgliche Erläuterung der parlamentarischen Gesetzgebungsorgane der Bundesrepublik Deutschland zum Inhalt des § 2 Abs. 1 TVG vor, da § 2 TVG als auszulegende Vorschrift aus einer Zeit vor dem Inkrafttreten des Einigungsvertrages stammt. Eine Beachtung im Rahmen der systematischen und/oder historischen Auslegung erscheint somit fragwürdig.

Mittels der Auslegungskriterien soll der Sinngehalt der zu interpretierenden Norm zweifelsfrei ermittelt werden[580]. Zu den tradierten Auslegungskriterien zählen seit langem die vier Auslegungselemente: Wortsinn, Gesetzessystematik, Entstehungsgeschichte und Normzweck[581]. Die Verwendung dieser vier Elemente ist jedoch nicht zwingend festgeschrieben[582]. Ob der 1. Staatsvertrag sich unter eines

---

579 *Oetker*, in: FS Stahlhacke, S. 363 (389 f., 392 f.); so auch jüngst BAG v. 06.06. 2000 - 1 ABR 21/99, AP Nr. 9 zu § 97 ArbGG 1979 (unter B. II. 4. c. der Gründe).

580 Vgl. ausführlich dazu *Larenz*, Methodenlehre, S. 312 ff.; *Zippelius*, Methodenlehre, S. 42 ff.

581 *Bydlinski*, Methodenlehre, S. 437; *Larenz*, Methodenlehre, S. 320 ff.; *Schmalz*, Methodenlehre, Rn. 220.

582 *Schmalz*, Methodenlehre, Rn. 302; vgl. *Larenz/Canaris*, Methodenlehre, S. 159, die die verfassungskonforme Auslegung als fünftes Auslegungskriterium behandeln; siehe auch *Larenz*, Methodenlehre, S. 339.

der vier Auslegungselemente einordnen läßt oder als zusätzliches Kriterium zu dem klassischen Kanon der Auslegungskriterien herangezogen werden kann, ist eine Frage, deren ausführliche Erörterung erst bei der Diskussion der einzelnen Auslegungskriterien notwendig ist[583]. Bedeutsam ist an dieser Stelle allein, daß einer Einstufung als unverbindliche Auslegungshilfe keine grundsätzlichen methodischen Bedenken entgegenstehen, da die anerkannten Auslegungskriterien nicht abschließend sind[584].

(3) Zwischenergebnis

Mit dem Wirksamwerden des Beitritts der Deutschen Demokratischen Republik zur Bundesrepublik Deutschland gemäß Art. 23 GG a. F. am 03.10. 1990 haben die arbeitsrechtlichen Grund- und Leitsätze des 1. Staatsvertrages ihre Bedeutsamkeit nicht gänzlich verloren. Einer Einstufung des 1. Staatsvertrages mit dem tarifrechtlichen Leitsatz als unverbindliche Interpretationsregel im Rahmen der heutigen Auslegung des § 2 Abs. 1 TVG stehen daher keine begründeten Einwände entgegen.

cc) Ergebnis

Zwar waren die allgemeinen Grundsätze des 1. Staatsvertrages durch die Transformationswirkung des Zustimmungsgesetzes der parlamentarischen Gesetzgebungsorgane rechtlich in der Lage, normative Wirkung für das bundesdeutsche Arbeitsrecht für die Zeit bis zum Beitritt der DDR zu entfalten, nicht jedoch die Leitsätze wegen ihrer systematischen Verknüpfung mit Art. 4 StV[585] (vgl. Art. 17 StV). Eine normative und verbindliche Kraft sollten die Leitsätze aufgrund ihrer ausschließlichen inhaltlichen Ausrichtung nur für die Rechtsanpassung der ehemaligen DDR besitzen. Das Ziel der Rechtseinheit rechtfertigt es aber, den 1. Staatsvertrag mit seinem 2. Leitsatz der Generellen Leitsätze zur Sozialunion zumindest als unverbindliche Auslegungsregel im Rahmen des § 2 Abs. 1 TVG und damit für die gegenwärtige Arbeitsrechtsordnung der Bundesrepublik Deutschland zu berücksichtigen.

III. Zusammenfassung

Der 1. Staatsvertrag mit seinem tarifrechtlichen Leitsatz aus dem Gemeinsamen Protokoll (unter Ziffer A III 2 zur Sozialunion) enthält zwar eine Bestimmung der Tariffähigkeit auf Arbeitnehmerseite, die auch heute noch für die Arbeitsrechts-

---

583 Ausführlich dazu im folgenden unter §§ 8, 9 und 10.

584 A. A. wohl *Jung*, Unabhängigkeit, S. 214, die von vornherein ablehnt, daß der 2. Leitsatz einen eigenständigen Ansatzpunkt im Auslegungsergebnis besitzen kann.

585 So z. B. auch *Oetker*, in: FS Stahlhacke, S. 363 (394).

ordnung der Bundesrepublik unverbindliche Wirkung entfaltet. Eine Legaldefinition der Tariffähigkeit für Arbeitnehmervereinigungen stellt er aber wegen seiner fehlenden verbindlichen Wirksamkeit für die Bundesrepublik Deutschland nicht dar.

§ 7 Gewerkschaftsbegriff und richterliche Konkretisierung

Die zuvor gewonnenen Erkenntnisse lassen sich noch einmal folgendermaßen zusammenfassen: Der Gesetzgeber hat gänzlich auf die Normierung der Voraussetzungen für die Gewerkschaftseigenschaft und die Tariffähigkeit im einzelnen verzichtet. Dieser Befund spricht vorerst dafür, daß die Arbeitsgerichtsbarkeit befugt ist, den unbestimmten Rechtsbegriff „Gewerkschaft“ im Wege der Auslegung des Tarifvertragsgesetzes auszufüllen[586].

I. „Berufung“ des Gesetzgebers zur Regelung der Tariffähigkeit

Nach der Rechtsprechung des Bundesverfassungsgerichts sind aber wesentliche Fragen stets dem Gesetzgeber vorbehalten[587]. Welche Angelegenheiten dabei wesentlich sind, bestimmt sich in erster Linie nach den tragenden Prinzipien und Grundrechten des Grundgesetzes[588]. Ungeachtet der zahlreichen - an dieser Stelle nicht notwendig aufzuzeigenden - Kritik, die die sog. Wesentlichkeitstheorie[589] aufgrund ihrer mangelnden Klarheit und Berechenbarkeit in nicht unwesentlichem Umfang erfahren hat[590], läßt sich mit Blick auf die „Mächtigkeitsrechtsprechung“ des Bundesarbeitsgerichts in Übereinstimmung mit der ständigen Rechtsprechung des Bundesverfassungsgerichts[591] festhalten: Grundsätzlich ist es Sache des Gesetzgebers, die Reichweite der Koalitionsfreiheit zu bestimmen und die

---

586 Vgl. insoweit auch BVerfG v. 20.10. 1981 - 1 BvR 404/78, AP Nr. 31 zu § 2 TVG (unter B. I. 2. der Gründe) = BVerfGE 58, 233 (248).

587 BVerfG v. 06.12. 1972 - 1 BvR 230/70 und 95/71, BVerfGE 34, 165 (192); BVerfG v. 08.08. 1978 - 2 BvL 8/77, BVerfGE 49, 89 (126); BVerfG v. 20.10. 1981 - 1 BvR 640/80, BVerfGE 58, 257 (268); siehe auch die Zusammenschau bei *Kloepfer*, NJW 1985, 2497 (2498 Fn. 17 - 20); vgl. ferner *Zeuner*, in: FS 25 Jahre BAG, S. 727 (730).

588 Vgl. z. B. BVerfG v. 06.12. 1972 - 1 BvR 230/70 und 95/71, BVerfGE 34, 165 (192 f.); BVerfG v. 27.01. 1976 - 1 BvR 2325/73, BVerfGE 41, 251 (259 f.); BVerfG v. 22.06. 1977 - 1 BvR 799/76, BVerfGE 45, 400 (417 f.); BVerfG v. 21.12. 1977 - 1 BvL 1/75, 1 BvR 147/75, BVerfGE 47, 46 (78 f.); BVerfG v. 16.06. 1981 - 1 BvL 89/78, BVerfGE 57, 295 (320 f.); BVerfG v. 20.10. 1981 - 1 BvR 640/80, BVerfGE 58, 257 (268).

589 Der Grundsatz des Vorbehalts des Gesetzes wird zwar in der Verfassung nicht ausdrücklich aufgeführt, seine Geltung ergibt sich aber aus Art. 20 Abs. 3 GG, vgl. std. Rspr. des Bundesverfassungsgerichts: BVerfG v. 28.10. 1975 - 2 BvR 883/73 und 379, 497, 526/74, BVerfGE 40, 237 (248); ferner BVerfG v. 08.08. 1978 - 2 BvL 8/77, BVerfGE 49, 89 (126 f.).

590 Vgl. z. B. *Roellecke*, NJW 1978, 1776 (1777 ff.); *Wilke*, Anm. zu BVerfG v. 20.10. 1981 - 1 BvR 640/80, JZ 1982, 758 (759 f.) m. w. N.

591 Vgl. BVerfG v. 18.11. 1954 - 1 BvR 629/52, AP Nr. 1 zu Art. 9 GG (unter C. 2. b. bb. der Gründe) = BVerfGE 4, 96 (107 f.); BVerfG v. 19.10. 1966 - 1 BvL 24/65, AP Nr. 24 zu § 2 TVG (unter C. I. der Gründe) = BVerfGE 20, 312 (317); BVerfG v. 01.03. 1979 - 1 BvR 532, 533/77, 419/78 und 1 BvL 21/78, BVerfGE 50, 290 (368).

Befugnisse im einzelnen auszugestalten und zu regeln[592]. Folgende Fragestellung drängt sich daher auf: Wäre es nach diesen strengen Maßstäben nicht Sache des Gesetzgebers gewesen, den Ausschluß sozial schwacher Arbeitnehmervereinigungen aus dem Bereich der Tariffähigkeit herauszunehmen[593]? Bevor jedoch die aufgeworfene Frage diskutiert wird, muß das Verhältnis von Koalitionseigenschaft und Tariffähigkeit erörtert werden. Denn die Erweiterung der Anforderungen wäre bereits unzulässig, wenn jeder Koalition im Sinne des Art. 9 Art. 3 GG von Verfassungs wegen die Tariffähigkeit zukommt.

1. Verhältnis von Koalitionseigenschaft und Tariffähigkeit

Zum Verhältnis von der Koalitionseigenschaft im Sinne des Art. 9 Abs. 3 GG und der Tariffähigkeit vertreten Rechtsprechung und Literatur verschiedene Ausgangspunkte, und zwar: einen homogenen und einen heterogenen Ansatz.

a) Homogener Ansatz

Einige Vertreter der Literatur[594] sehen in dem Koalitionsbegriff und dem Gewerkschaftsbegriff zwei deckungsgleiche Kreise und damit eine Einheit von Koalitionsbegriff und Tariffähigkeit. Koalitionen ohne Tariffähigkeit wären wie „Kernobst ohne Kerne“[595]. Denn als „ursprünglichem“ Träger der Tarifmacht sei die Tariffähigkeit einer jeden Arbeitnehmervereinigung im Sinne des Art. 9 Abs. 3 GG von Verfassungs wegen immanent. Aus diesem Zusammenhang heraus betrachtet, verkörpere die Tariffähigkeit keine Voraussetzung, sondern stelle eine zwingende Wirkung der Koalitionseigenschaft dar[596].

b) Heterogener Ansatz

Einen gegensätzlichen Ansatz verfolgt das Bundesarbeitsgericht, wenn es ausführt: „Aus dem nach Art. 9 Abs. 3 GG für jedermann und für alle Berufe gewährleisteten, im deutschen Rechtsraum allgemein geltenden Grundrecht, zur Wahrung der Arbeits- und Wirtschaftsbedingungen Vereinigungen zu bilden,

---

592 Zustimmend auch *Dütz*, AuR 1976, 65 (78); *Eitel*, Ungleichbehandlung, S. 111; *Herschel*, AuR 1976, 225 (231); *Seiter*, AöR 109 (1984), 88 (100); kritisch aber zu dieser Regelungspflicht *Ipsen*, DVBl. 1984, 1102 (1105).

593 Kritisch insoweit auch *Seiter*, AöR 109 (1984), 88 (100).

594 *Hensche*, RdA 1971, 17; *Mayer-Maly*, Anm. zu BAG v. 09.07. 1968 - 1 ABR 2/67, AP Nr. 25 zu § 2 TVG; *Nipperdey*, RdA 1964, 361. Eine begriffliche Deckungsgleichheit von Arbeitnehmerkoalition und Gewerkschaft bejahend z. B. auch: AG *Stuttgart* v. 04.02. 1972 - AZ 6 BV 3/71, EzA Art. 9 GG Nr. 9.

595 *Mayer-Maly*, Anm. zu BAG v. 09.07. 1968 - 1 ABR 2/67, AP Nr. 25 zu § 2 TVG.

596 Vgl. *Hueck/Nipperdey*, Arbeitsrecht, Bd. II/2, 7. Aufl., S. 1658 Rn. 436.

folgt noch nicht, daß den so gebildeten Vereinigungen *in jedem Fall auch die Tariffähigkeit zukommt*[597].“[598] Der Begriff „Gewerkschaft“ stellt nach dieser Meinung folgerichtig nur eine Teilmenge des Oberbegriffs „Arbeitnehmervereinigung im Sinne des Art. 9 Abs. 3 GG“ dar. Bestätigung findet diese Betrachtungsweise auch in weiten Teilen der Literatur[599].

c) Stellungnahme

Die Koalitionsfreiheit in Art. 9 Abs. 3 GG schützt nach seinem weiten Wortlaut - „Vereinigungen zur Wahrung und Förderung der Arbeits- und Wirtschaftsbedingungen“ - nicht nur die Koalitionen, die die Arbeits- und Wirtschaftsbedingungen ihrer Mitglieder durch Tarifverträge regeln, sondern vielmehr auch solche Vereinigungen, die die Interessen ihrer Mitglieder auf andere Weise wahren wollen (vgl. die Beamtenkoalitionen)[600]. Eine andere Bewertung würde zu einem unzulänglichen Schutz der nicht tariffähigen Vereinigungen führen, da insofern nur die von Art. 9 Abs. 1 GG umfaßte allgemeine Vereinigungsfreiheit eingreift[601]. Der Gesetzgeber ist zudem verfassungsrechtlich nur verpflichtet, ein Tarifvertragssystem zur Verfügung zu stellen. Zwar besteht die verfassungsrechtliche Garantie der Tarifautonomie darin, daß den frei gebildeten Koalitionen

---

597 Hervorhebung durch die Verfasserin.

598 BAG v. 09.07. 1968 - 1 ABR 2/67, AP Nr. 25 zu § 2 TVG (unter 2. der Gründe) = BAGE 21, 98 (102). Vgl. ferner BVerfG v. 18.11. 1954 - 1 BvR 629/52, AP Nr. 1 zu Art. 9 GG (unter C. 2. b. bb. der Gründe) = BVerfGE 4, 96 (107 f.); BVerfG v. 19.10. 1966 - 1 BvL 24/65, AP Nr. 24 zu § 2 TVG (unter C. der Gründe) = BVerfGE 20, 312 (317); BVerfG v. 20.10. 1981 - 1 BvR 404/78, AP Nr. 31 zu § 2 TVG (unter B. I. 1. der Gründe) = BVerfGE 58, 233 (248); BAG v. 15.03. 1977 - 1 ABR 16/75, AP Nr. 24 zu Art. 9 GG (unter III. 2. der Gründe) = BAGE 29, 72 (81).

599 *Badura*, ArbRdG Bd. 15 (1978), 17 (25); vgl. auch *Berghäuser*, Koalitionsfreiheit, S. 217; ferner *Däubler/Hege*, Koalitionsfreiheit, Rn. 102; *Dütz*, AuR 1976, 65 (66f.); *Herschel*, in: AR-Blattei, Tarifvertrag II, Entsch. 7; *ders.*, Anm. zu BVerfG v. 18.11. 1954 - 1 BvR 629/52, AuR 1955, 31; *Hemmen*, Durchsetzungsfähigkeit, S. 38 ff.; *Nikisch*, Arbeitsrecht, Bd. II, S. 62, 237; *Ramm*, JuS 1966, 223 (227 f.); *Reuß*, RdA 1964, 362 (363); *Scholz*, Koalitionsfreiheit, S. 49; *Söllner*, Grundriß, S. 131; *Wiedemann*, Gemeinsame Anm. zu BAG v. 15.03. 1977 - 1 ABR 16/75, AP Nr. 24 zu Art. 9 GG und zu BAG v. 14.03. 1978 - 1 ABR 2/76, AP Nr. 30 zu § 2 TVG (unter II. 1. der Gründe).

600 BAG v. 15.03. 1977 - 1 ABR 16/75, AP Nr. 24 zu Art. 9 GG (unter III. 2. der Gründe) = BAGE 29, 72 (81), das sich auf das BVerfG v. 18.11. 1954 - 1 BvR 629/52, AP Nr. 1 zu Art. 9 GG (unter C. 2. b. bb. der Gründe) = BVerfGE 4, 96 (107 f.) und BVerfG v. 19.10. 1966 - 1 BvL 24/65, AP Nr. 24 zu § 2 TVG (unter C. I. der Gründe) = BVerfGE 20, 312 (317) bezieht; vgl. ferner *Dütz*, AuR 1976, 65 (66 f.).

601 Vgl. auch *Hemmen*, Durchsetzungsfähigkeit, S. 38 f.; BAG v. 14.03. 1978 - 1 ABR 2/76, AP Nr. 30 zu § 2 TVG (unter III. 2. der Gründe); *Herschel*, in: AR-Blattei, Tarifvertrag II, Entsch. 7; *Badura*, ArbRdG Bd. 15 (1977), 17 (25); *ders.*, RdA 1974, 129 (136).

durch Art. 9 Abs. 3 GG die im öffentlichen Interesse liegende Aufgabe zugewiesen ist, insbesondere Arbeitsbedingungen in einem von staatlicher Rechtssetzung frei gelassenen Raum in eigener Verantwortung und im wesentlichen ohne eine Einflußnahme seitens des Staates durch das „Mittel des Tarifvertrages" zu ordnen. Doch auch wenn der Tarifvertrag das maßgebliche Gestaltungsmittel ist, rechtfertigen die Funktionsbedingungen des Tarifvertragssystems, die Teilnahme noch von weiteren, nicht in Art. 9 Abs. 3 GG enthaltenen Voraussetzungen abhängig zu machen und nur den Koalitionen, die die zusätzlichen Merkmale erfüllen, die Tariffähigkeit zuzuerkennen und die anderen Vereinigungen von der Tariffähigkeit auszuschließen, wenn weitere Merkmale im Interesse der Ordnung und Befriedigung des Arbeitslebens gefordert sind[602]. Den Koalitionen steht daher aus Art. 9 Abs. 3 GG kein unbedingtes den Abschluß von Tarifverträgen umfassendes Selbstbestimmungsrecht zu[603]. Die Koalitionseigenschaft im Sinne des Art. 9 Abs. 3 GG deckt sich somit nicht notwendig mit der Tariffähigkeit im Sinne des § 2 Abs. 1 TVG[604].

2. Richterliche Rechtsfindung und Wesentlichkeitstheorie

Ob der Richter anstelle des Gesetzgebers befähigt ist, weitere, über die Koalitionseigenschaft im Sinne des Art. 9 Abs. 3 GG hinausgehende Voraussetzungen für die Zuerkennung der Gewerkschaftseigenschaft aufzustellen, richtet sich nach der Anwendbarkeit der Wesentlichkeitstheorie im Privatrecht. Denn bei der Konkretisierung des Gewerkschaftsbegriffs und damit der Tariffähigkeit durch die Judikative geht es um das Verhältnis gleichgeordneter Grundrechtsträger, und zwar der Koalitionen[605].

Grundsätzlich ist der Anteil eigenständiger judizieller Normbildung in Rechtsgebieten von großer normativer Dichte gering, umgekehrt hingegen die richterliche Entscheidung unausweichlich. Im Vordergrund steht stets der Entscheidungszwang der Richter. Gerichte müssen daher bei unzulänglichen gesetzlichen Regelungen das materielle Recht mit den anerkannten Methoden der Rechtsfindung aus den allgemeinen Rechtsgrundlagen ableiten, die für das betreffende

---

602 Vgl. BAG v. 15.03. 1977 - 1 ABR 16/75, AP Nr. 24 zu Art. 9 GG (unter III. 3. der Gründe) = BAGE 29, 72 (82); siehe auch *Oetker*, in: Wiedemann, TVG-Komm., § 2 Rn. 25.

603 So aber *Schnorr*, RdA 1955, 3 (7).

604 Zutreffend *Wiedemann*, Gemeinsame Anm. zu BAG v. 15.03. 1977 - 1 ABR 16/75, AP Nr. 24 zu Art. 9 GG und zu BAG v. 14.03. 1978 - 1 ABR 2/76, AP Nr. 30 zu § 2 TVG (unter II. 1. der Gründe).

605 Zur Frage, ob Gewerkschaften Träger von einzelnen Grundrechten sind, siehe unten Teil 2/3. Abschnitt unter § 11.

Rechtsverhältnis relevant sind. Vor allem unbestimmte Rechtsbegriffe und Generalklauseln weisen einen nur geringen normativen Gehalt auf und ermächtigen somit den Rechtsanwender zu eigener Normbildung. Zwar hat der Gesetzgeber in fast jedem Rechtsgebiet auf vollkommene Normierungen in diesem Sinne verzichtet, auffällig oft lassen sich Beispiele hierzu aber im Privatrecht finden. Wenn es überdies in einem der sensiblen Bereiche des kollektiven Arbeitsrechts, zu dem das Tarifvertragsrecht zweifellos zählt, zu keiner gesetzlichen Normierung der Tariffähigkeit gekommen ist, noch eine solche Regelung in Aussicht steht, so spricht dieser Befund zumindest dafür, daß die Rechtspraxis auch ohne gesetzliche Normierung auskommt[606].

Wie die Entscheidungen des Bundesverfassungsgerichts schließlich zeigen, mußte sich die bisherige Judikatur zum Parlamentsvorbehalt mit Sachverhalten auseinandersetzen, in denen das Rechtsverhältnis des einzelnen zum Staat fraglich war; ob nun der Staat beispielsweise als Träger von Schulen[607], in Gestalt der Genehmigungsbehörden für Kernkraftwerke[608] oder als Konzessionsgeber für private Rundfunkveranstalter[609] tätig war, stets handelte es sich um ein Verhältnis zwischen Bürger und Staat[610]. Mit der grundlegenden Entscheidung des 1. Senats des Bundesverfassungsgerichts zum Arbeitskampfrecht[611] läßt sich deshalb festhalten: Die sog. Wesentlichkeitstheorie gilt nur für das Verhältnis zwischen Staat und Bürger und nicht im Privatrecht[612]. Eine andere Betrachtungsweise würde vielmehr zu einer statischen Rechtsfindung im Bürgerlichen Recht und insbesondere im Arbeitsrecht, das regelrecht durch das Richterrecht geprägt ist, zu unzureichenden Ergebnissen führen. Die Konkretisierung des unbestimmten Rechtsbegriffs „Gewerkschaft" durch das Bundesarbeitsgericht und die damit verbundene Einführung des Mächtigkeitskorrektivs verstoßen folglich nicht gegen die Wesentlichkeitstheorie[613].

---

606 Vgl. auch *Ipsen*, DVBl. 1984, 1102.

607 BVerfG v. 06.12. 1972 - 1 BvR 230/70 und 95/71, BVerfGE 34, 165 (192 f.); BVerfG v. 27.01. 1976 - 1 BvR 2325/73, BVerfGE 41, 251 (259 f.); BVerfG v. 22.06. 1977 - 1 BvR 799/76, BVerfGE 45, 400 (417 f.); BVerfG v. 21.12. 1977 - 1 BvL 1/75, 1 BvR 147/75, BVerfGE 47, 46 (78 f.); BVerfG v. 20.10. 1981 - 1 BvR 640/80, BVerfGE 58, 257 (268).

608 BVerfG v. 08.08. 1978 - 2 BvL 8/77, BVerfGE 49, 89 (126 f.).

609 BVerfG v. 16.06. 1981 - 1 BvL 89/78, BVerfGE 57, 295 (320 f.).

610 Vgl. dazu auch *Ipsen*, DVBl. 1984, 1102 (1105).

611 BVerfG v. 26.06. 1991 - 1 BvR 779/85, BVerfGE 84, 212 (226 f.).

612 A. A. vgl. z. B. *Seiter*, RdA 1986, 165 (171).

613 Ob daneben die Wesentlichkeitstheorie, die auf dem Prinzip der Gesetzmäßigkeit der Verwaltung beruht (vgl. *Badura*, Staatsrecht, D 54), nicht nur im Verhältnis Legislative und Executive, sondern darüberhinaus auch im Verhältnis zwischen Legislative und Judicative

II. Geeignete Begriffsbestimmung anhand des Gewerkschaftsbegriffs

Mangels Legaldefinition der Tariffähigkeit ist eine Auslegung des Gewerkschaftsbegriffs in § 2 Abs. 1 TVG in Erwägung zu ziehen. Eine Auslegung des Begriffs „Gewerkschaft" ist hier aber nur dann weiterführend, wenn von der Gewerkschaftseigenschaft im Sinne des § 2 Abs. 1 TVG ohne weiteres auf die Tariffähigkeit einer Arbeitnehmervereinigung zu schließen wäre. Der Gewerkschaftsbegriff des § 2 Abs. 1 TVG könnte zumindest dann herangezogen werden, wenn die Begriffe „Gewerkschaft" und „tariffähige Arbeitnehmervereinigung" identisch zu handhaben sind. Mit diesen Überlegungen stellt sich die Frage, ob das zu untersuchende Merkmal der allgemeinen sozialen Mächtigkeit auch tatsächlich eine Voraussetzung der Tariffähigkeit oder lediglich ein Kriterium der Gewerkschaftseigenschaft ist[614]. Denn in der Judikatur des Bundesarbeitsgerichts ist aufgrund der unterschiedlichen Terminologie eine eindeutige Zuordnung des Mächtigkeitskriteriums nicht erkennbar. Obwohl sich die weitere Abhandlung vorrangig mit der Frage beschäftigt, ob das Mächtigkeitserfordernis zu den konstitutiven Merkmalen der Tariffähigkeit auf Arbeitnehmerseite gehört, soll insofern auch auf die Kritik hinsichtlich der allgemeinen sozialen Mächtigkeit als Voraussetzung eines einheitlichen arbeitsrechtlichen Gewerkschaftsbegriffs eingegangen werden. Denn läßt sich die Zulässigkeit der Verbandsmächtigkeit bereits aus dieser Blickrichtung ablehnen, könnte davon auch das Mächtigkeitserfordernis als solches betroffen sein.

1. Verhältnis zwischen Tariffähigkeit und Gewerkschaftsbegriff

In der Rechtsprechung und der Literatur ist bis heute umstritten, ob die Begriffe Koalition, Gewerkschaft und tariffähige Gewerkschaft (Arbeitnehmervereinigung) synonym verwendet werden können[615]. Relevant und daher klärungsbedürftig für das Verhältnis von Tariffähigkeit und Gewerkschaftsbegriff ist an dieser Stelle aber lediglich, ob im Bereich des unterverfassungsrechtlichen Arbeitsrechts einheitliche Begriffe vorliegen, wenn von Gewerkschaft oder tariffähiger Arbeit-

---

gilt, stellt für diese Ermittlung eine nachrangige Frage dar. Siehe ausführlich hierzu *Badura*, Staatsrecht, C 19, der zutreffend davon ausgeht, daß der Gesetzgeber alle wesentlichen Fragen selbst regeln muß, und sie weder der Executive noch der Judicative überlassen darf; vgl. ferner *Eitel*, Ungleichbehandlung, S. 111 f.; *Ipsen*, DVBl. 1984, 1102 (1106).

614 Kritisch auch *Reuß*, RdA 1972, 4 (5).

615 Bejahend z. B. *Mayer-Maly*, Anm. zu BAG v. 09.07. 1968 - 1 ABR 2/67, AP Nr. 25 zu § 2 TVG; anders dagegen BAG v. 09.07. 1968 - 1 ABR 2/67, AP Nr. 25 zu § 2 TVG, das zwischen Koalitionen im engeren Sinne, die tariffähig sind, und die es auf Arbeitnehmerseite als Gewerkschaften bezeichnet, und Koalitionen im weiteren Sinne, die nicht tariffähig sind, unterscheidet; ebenso BVerfG v. 06.05. 1964 - 1 BvR 79/62, AP Nr. 15 zu § 2 TVG (unter B. II. 1. der Gründe).

nehmervereinigung die Rede ist[616]. Maßgeblich ist dabei die Bedeutung des Gewerkschaftsbegriffs in der arbeitsrechtlichen Gesetzgebung. Ob die Gewerkschaften auch realiter alleinige Inhaber der Tariffähigkeit auf Arbeitnehmerseite sind, ist Ausgangsbasis der einheitlichen Betrachtung. Denn lassen sich weitere tariffähige Koalitionen der Arbeitnehmer finden, so erübrigt sich die Frage nach einer Identität von „Gewerkschaftsbegriff“ und allgemeiner „Tariffähigkeit“.

a) Gewerkschaften als alleinige tariffähige Arbeitnehmervereinigungen

Gegenwärtig gibt es nur in zwei Bundesländern neben den klassischen Gewerkschaften anderweitige Zusammenschlüsse von Arbeitnehmern, und zwar in Bremen und im Saarland sog. Arbeiterkammern[617]. Diese Vereinigungen sind jedoch nicht tariffähig[618]. Ob der Gesetzgeber hingegen darüber entscheiden kann, daß neben den in § 2 Abs. 1 TVG aufgezählten Berufsverbänden auch anderen Organisationen oder Zusammenschlüssen die Tariffähigkeit zukommen soll, ist eine andere - gegenwärtig auch nur theoretische - Frage, die aber für die folgende Untersuchung unerheblich ist[619]. Den Gewerkschaften steht somit nach heutigem Recht auf Arbeitnehmerseite ausschließlich die Fähigkeit zu, Tarifverträge abzuschließen.

b) Bedeutung des Gewerkschaftsbegriffs in den arbeitsrechtlichen Gesetzen

Im Hinblick auf die bereits aufgezeigten methodischen Bedenken gegen das Mächtigkeitserfordernis in Verbindung mit dem einheitlichen arbeitsrechtlichen Gewerkschaftsbegriff[620] ist im folgenden zu klären, ob der Gewerkschaftsbegriff in den arbeitsrechtlichen Gesetzen einheitlich verstanden werden muß.

---

616 Zum Verhältnis von Koalitionseigenschaft und Tariffähigkeit siehe oben Teil 2/2. Abschnitt unter § 7 I. 1.

617 Gesetz über die Arbeitnehmerkammern im Lande Bremen vom 03.07. 1956 (BremGBl. S. 79, in der Fassung vom 08.09. 1970, BremGBl. S. 93); Gesetz Nr. 846 über die Arbeitnehmerkammern des Saarlandes vom 05.07. 1967 (SaarlABl. S. 635, geändert durch Gesetz vom 11.04. 1970, SaarlABl. S. 267).

618 *Oetker*, in: Wiedemann, TVG-Komm., § 2 Rn. 232.

619 Siehe dazu ausführlich *Koberski/Clasen/Menzel*, TVG-Komm., § 2 Rn. 146; ferner mit weiteren Nachweisen *Oetker*, in: Wiedemann, TVG-Komm., § 2 Rn. 27 f., der namentlich „freiwillig“ gebildeten Arbeitnehmerkammern die Tariffähigkeit einräumen will; ablehnend hingegen z. B. *Kempen*, in: Kempen/Zachert, TVG-Komm., § 2 Rn. 64; *Reuß*, AuR 1963, 1 (5); *ders.*, in: FS Kunze, S. 269 (288 f.).

620 Siehe dazu oben Teil 2/1. Abschnitt unter § 5 II. 2.

aa) Relativität der Begriffsbildung

Wird ein bestimmter Begriff in verschiedenen Gesetzen oder an mehreren Stellen innerhalb eines Gesetzes verwendet, so liegt grundsätzlich die Vermutung nahe, die Begriffe stimmen inhaltlich überein, insbesondere wenn das Gesetz den Begriff an einer Stelle definiert. Zweifelhaft ist aber, ob eine solche Annahme zwingend gegeben ist. Nicht nur im Rahmen der arbeitsrechtlichen Gesetze, sondern auch außerhalb dieser Vorschriften finden sich zahlreiche Regelungen, wo derselbe Begriff - auch innerhalb eines Gesetzes - eine unterschiedliche Bedeutung hat. Wenn im folgenden der Begriff „Gewerkschaft" in der arbeitsrechtlichen Gesetzgebung untersucht wird, so ist an dieser Stelle nur die Relativität der Begriffsbildung im gleichen Rechtsgebiet relevant[621]. Als Anschauungsbeispiel soll der Begriff „Sache" im Bürgerlichen Gesetzbuch dienen[622]: Obwohl § 90 BGB den Begriff der Sache klar definiert - Sachen seien im Sinne des Gesetzes nur „körperliche" Gegenstände -, verstehen Rechtsprechung und Literatur § 119 Abs. 2 BGB nicht in diesem strengen Wortsinne. So ist allgemein anerkannt, im Rahmen des § 119 Abs. 2 BGB fällt auch jeder „unkörperliche" Gegenstand unter den Begriff der Sache[623]. Abstrahiert läßt sich daher festhalten: Überall dort, wo in Gesetzen ein bestimmter Terminus mehrfach verwendet wird, kann nicht schematisch von dem Sinn des einen Ausdrucks auf den Gehalt des anderen Begriffs geschlossen werden[624].

bb) Auswirkungen für den arbeitsrechtlichen Gewerkschaftsbegriff

Es ist plausibel, wenn die wohl überwiegende Meinung nach 1949 vor dem Hintergrund der geschichtlichen Entwicklung der Verbände von einem einheitlich

---

621 Zu den anderen Varianten, in denen das Problem der Relativität der Begriffe auftaucht siehe ausführlich *Wank*, Begriffsbildung, S. 111 ff.

622 So wird beispielsweise auch der „Betriebsbegriff" innerhalb eines Gesetzes (BetrVG) unterschiedlich behandelt. Hierzu ausführlich *Bepler*, AuR 1997, 54 ff. Weitere Beispiele siehe bei: *Eitel*, Ungleichbehandlung, S. 64 ff.; *Herschel*, JuS 1978, 524; *Schumann*, in: Stein/Jonas, ZPO-Komm., Einl. Anm. 53; *Wank*, Begriffsbildung, S. 111 f.

623 RG v. 22.11. 1935 - V 77/35, 149, 235 (238); BGH v. 21.01. 1952 - IV ZR 103/51, LM § 779 BGB Nr. 2 (unter II. 4. der Gründe), BGH v. 14.11. 1962 - V ZR 66/61, BB 1963, 285; *Heinrichs*, in: Palandt, BGB-Komm., § 119 Rn. 27; *Kramer*, in: MünchKomm., BGB, § 119 Rn. 113.

624 Vgl. auch *Herschel*, JuS 1978, 524; ferner *Wank*, Begriffsbildung, S. 111. Siehe zudem die Rechtsprechung des Bundesarbeitsgerichts, daß es keinen allgemeinen, für die gesamte Rechtsordnung verbindlichen Begriff des „Unternehmens" gebe: BAG v. 13.06. 1985 - 2 AZR 452/84, AP Nr. 10 zu § 1 KSchG 1969 (unter A II. 2. a. der Gründe) = EzA § 1 KSchG Nr. 41; eingehend auch dazu *Joost*, Betrieb und Unternehmen, S. 208 ff.

zu verstehenden Gewerkschaftsbegriff ausgegangen ist[625], insbesondere da die Frage nach einem Mächtigkeitserfordernis erst ansatzweise und noch nicht als eigenständiges Hauptthema zur Diskussion stand[626]. Trotzdem erscheint es in der heutigen Zeit unverständlich, unabhängig davon, ob es der Zwecksetzung der übrigen arbeitsrechtlichen Gesetze entspricht, auch für die Wahrnehmung der „sekundären“ Gewerkschaftsrechte die Tariffähigkeit als Wesensmerkmal zu fordern. Denn bei einer lediglich vom Tarifrecht ausgehenden Änderung der Anforderungen an den Gewerkschaftsbegriff im Sinne des § 2 Abs. 1 TVG ist zum Beispiel eine sachliche Notwendigkeit, die Prozeßführungsbefugnis (§ 11 ArbGG) an die Tariffähigkeit zu knüpfen, nicht ersichtlich[627]. Wenn die Vertretungsbefugnis im Arbeitsgerichtsgesetz von weiteren Anforderungen abhängen soll, damit nicht jedweder Vertreter vor den Arbeitsgerichten plädieren kann, so muß das Arbeitsgerichtsgesetz selbst Abhilfe schaffen[628]. Fraglich ist zudem, wie eine neugegründete Koalition die vom Bundesarbeitsgericht geforderte Mächtigkeit erreichen kann, solange sie die „sekundären“ Gewerkschaftsrechte nicht ausüben darf. Nicht zuletzt zwingt auch die Einheitlichkeit der juristischen Methode zu der Annahme, der Begriff „Gewerkschaft“ muß wie alle gesetzlichen Begriffe nur aus dem rechtlichen Zusammenhang heraus verstanden werden, in den er eingefügt ist[629].

Es läßt sich daher festhalten: Der Gewerkschaftsbegriff im Arbeitsrecht ist entgegen der Ansicht der höchstrichterlichen Rechtsprechung und einiger Vertreter der Literatur nicht begriffsnotwendig einheitlich in der arbeitsrechtlichen Gesetzgebung zu verstehen. Wenn daher aus Sinn und Zweck der Vorschrift „besondere Umstände ersichtlich“ sind, ist es nicht ausgeschlossen, den Begriff der Gewerkschaft differenzierter zu betrachten[630]. Zu den Wesens-

---

625 Std. Rspr. des Bundesarbeitsgerichts seit BAG v. 06.07. 1956 - 1 AZR 18/55, AP Nr. 11 zu § 11 ArbGG 1953 = BVerfGE 4, 351 (LS); bestätigt z. B. in BAG v. 22.12. 1960 - 2 AZR 140/58, AP Nr. 25 zu § 11 ArbGG 1953 (unter III. 2. b. der Gründe). Zustimmend auch LAG *Düsseldorf* v. 14.12. 1957- 1 BvTa 1/57, AP Nr. 2 zu Art. 9 GG (unter III. 1. der Gründe); vgl. ebenso *Hueck/Nipperdey*, Arbeitsrecht., Bd. II, 6. Aufl., S. 75.

626 Siehe dazu unten Teil 2/3. Abschnitt unter § 8 II. 1.

627 Vgl. auch *Buchner*, in: FS 25 Jahre BAG, S. 55 (62).

628 Vgl. *Gamillscheg*, in: FS Herschel, S. 99 (115).

629 Vgl. auch *Engisch*, Juristisches Denken, S. 109 ff.; in diesem Sinne ebenso *Gamillscheg*, in: FS Herschel, S. 99 (114 f.); vgl. ferner *Herschel*, JuS 1978, 524; *Wahl*, Relativität, S. 147.

630 Vgl. ebenso *Dietz*, in: Dietz/Nietsch, ArbGG-Komm., § 10 Rn. 35 - 37; *Gamillscheg*, Kollekt.ArbR., Bd. I, S. 435 f.; ferner *Grunsky*, Anm. zu BAG v. 15.03. 1977 - 1 ABR 16/75, JZ 1977, 473 (474); *Nikisch*, Arbeitsrecht Bd. II, S. 4.; *Reuß*, RdA 1972, 4 (5); siehe auch *Seiter*, AöR Bd. 109 (1984), 88 (109 f.); *Wank/Ramrath*, NZA 1993, 345 (349 f.);

merkmalen zählt somit nicht zwangsläufig die Tariffähigkeit. Ob sich die Anforderungen an den Gewerkschaftsbegriff in den verschiedenen arbeitsrechtlichen Gesetzen letztendlich im Ergebnis gleichen, ist dagegen eine andere Frage, die aber ohne weitere Bedeutung für die vorliegende Untersuchung ist und daher ungeklärt bleiben kann.

c) Tariffähigkeit und Gewerkschaftsbegriff im Rahmen des § 2 Abs. 1 TVG

Die Tariffähigkeit und der Gewerkschaftsbegriff im Rahmen des § 2 Abs. 1 TVG können nur in zwei Beziehungen zueinander stehen: Entweder bildet die Tariffähigkeit ein Wesensmerkmal des Gewerkschaftsbegriffs, oder sie ist Rechtsfolge der Gewerkschaftseigenschaft einer Arbeitnehmervereinigung[631]. Die Rechtsprechung des Bundesarbeitsgerichts birgt gewisse Unklarheiten.

aa) Tariffähigkeit als Wesensmerkmal des Gewerkschaftsbegriffs

Das Bundesarbeitsgericht legt seiner These vom einheitlichen arbeitsrechtlichen Gewerkschaftsbegriff die Wertungen des § 2 Abs. 1 TVG zugrunde, wonach eine Gewerkschaft nach dem Wortlaut dieser Vorschrift grundsätzlich tariffähig ist. Es schlußfolgert aus dieser Aussage, die Tariffähigkeit sei ein Wesensmerkmal des Gewerkschaftsbegriffs[632] und verwendet damit die Begriffe Gewerkschaft und tariffähige Arbeitnehmervereinigung synonym.

Noch deutlicher wird die einheitliche Handhabung der Begriffe „Gewerkschaft" und „tariffähige Arbeitnehmervereinigung" in den beiden folgenden Entscheidungen des Bundesarbeitsgerichts: In dem Beschluß vom 09.07. 1968 verlangt der 1. Senat für die *Tariffähigkeit* einer Arbeitnehmervereinigung - und Arbeitgebervereinigung -, daß die Koalition in der Lage ist, einen sich im Rahmen der Rechtsordnung haltenden wirkungsvollen Druck und Gegendruck auszuüben. Im Gegensatz knüpft er in dem Beschluß vom 23.07. 1971 die *Gewerkschaftseigenschaft* eines Arbeitnehmerverbandes daran, ob der Zusammenschluß entweder durch die Zahl seiner Mitglieder oder kraft deren Stellung im Arbeits-

---

Wiedemann, Gemeinsame Anm. zu BAG v. 15.03. 1977 - 1 ABR 16/75, AP Nr. 24 zu Art. 9 GG und zu BAG v. 14.03. 1978 - 1 ABR 2/76, AP Nr. 30 zu § 2 TVG (unter III.); deutlich abweichend dagegen *Grunsky*, ArbGG-Komm., 2. Aufl., § 10 Rn. 9; § 11 Rn. 17; *Fitting/Schelp*, in: Dersch/Volkmar, ArbGG-Komm., 6. Aufl., § 11 Rn. 5 b; im Ergebnis auch *Bork*, in: Stein/Jonas, ZPO-Komm., 21. Aufl., § 50 VIII Rn. 46.

631 So *Wahl*, Relativität, S. 170.

632 Std. Rspr. seit BAG v. 06.07. 1956 – 1 AZR 18/55, AP Nr. 11 zu § 11 ArbGG 1953 = BAGE 4, 351 (352).

leben gegenüber der Arbeitgeberseite einen besonderen Einfluß im Sinne eines Druckes ausüben könne.

bb) Tariffähigkeit als Rechtsfolge der Gewerkschaftseigenschaft

Auf den ersten Blick etwas unklar wirkt die Rechtsauffassung des Bundesarbeitsgerichts in seiner Entscheidung vom 15.11. 1963[633]. Danach müsse die Arbeitnehmervereinigung für die Bejahung der Tariffähigkeit sämtliche Merkmale aufweisen, die zur Erfüllung des Gewerkschaftsbegriffs notwendig sind. Daraus könnte zu schlußfolgern sein, daß die Bejahung der Gewerkschaftseigenschaft zur Zuerkennung der Tariffähigkeit führt und die Tariffähigkeit damit nicht konstitutives Merkmal, sondern Rechtsfolge der Gewerkschaftseigenschaft ist.

cc) Konsequenzen aus Ziffer A III 2 des Staatsvertrages vom 18.05. 1990

Ziffer A III 2 des 1. Staatsvertrages enthält die Formulierung „[t]ariffähige Gewerkschaften“. In der Konsequenz dieses Begriffsverständnisses liegt es, den Gewerkschaftsbegriff als Oberbegriff von tariffähigen und nicht-tariffähigen Gewerkschaften zu betrachten und somit das Merkmal der allgemeinen „sozialen Mächtigkeit“ als Voraussetzung der Tariffähigkeit zu begreifen. Mit den sog. Beamtengewerkschaften als nicht-tariffähige „Gewerkschaften“ wäre dem kollektiven Arbeitsrecht eine solche Unterscheidung auch nicht fremd. Wenn das Bundesarbeitsgericht somit zu Recht von sich restlos überlappenden Begriffsrastern ausgeht, sind die Parteien des 1. Staatsvertrages dem Vorwurf einer Tautologie ausgesetzt[634].

dd) Stellungnahme

Allein den Gewerkschaften kommt heute die tarifrechtliche Regelungsmacht zu. Dabei ist die Tariffähigkeit kein notwendiges Merkmal des Gewerkschaftsbegriffs in der arbeitsrechtlichen Gesetzgebung. Denn wird innerhalb eines Rechtsgebietes ein bestimmter Terminus verwendet, so kann nicht von einem identischen Begriffsinhalt ausgegangen werden. Der Gewerkschaftsbegriff in den arbeitsrechtlichen Gesetzen muß deshalb nicht notwendig einheitlich verstanden werden.

Wenn das Bundesarbeitsgericht die Tariffähigkeit als ein Wesensmerkmal – auch - des Gewerkschaftsbegriffs in § 2 Abs. 1 TVG beschreibt, so drängt sich die Frage auf, ob der Begriff der Gewerkschaft in § 2 Abs. 1 TVG nur von einem

---

633 BAG v. 15.11. 1963 - 1 ABR 5/63, AP Nr. 14 zu § 2 TVG (unter 5. der Gründe).

634 In diesem Sinne auch *Suckow*, Gewerkschaftliche Mächtigkeit, S. 41.

Merkmal, in diesem Fall der Tariffähigkeit, seine Wesensprägung erfährt oder ob weitere Charakteristika hinzutreten sollen. Für eine alleinige Wesensprägung des Gewerkschaftsbegriffs durch die Tariffähigkeit und damit für eine Gleichstellung der Begriffe „Gewerkschaft“ und „tariffähige Arbeitnehmervereinigung“ könnte sprechen, daß nach der heutigen Rechtsordnung ausschließlich Gewerkschaften Inhaber der Tariffähigkeit auf Arbeitnehmerseite sind. Allerdings ist nicht eindeutig erkennbar, ob der Gesetzgeber mit seiner in § 2 Abs. 1 TVG gewählten Formulierung „Tarifvertragsparteien sind [...] Gewerkschaften“ die Beschreibung einer Rechtsfolge zum Ausdruck bringen wollte oder die Gleichstellung beider Begriffe insofern beabsichtigt hatte als die Tariffähigkeit das alleinige wesensprägende Merkmal ist. Nach allgemeiner Auffassung muß eine Arbeitnehmervereinigung bestimmte Voraussetzungen für die Anerkennung als Gewerkschaft erfüllen. Mit der Zuerkennung der Gewerkschaftseigenschaft ist zugleich die Fähigkeit, Tarifverträge abzuschließen verbunden. Dieses Verständnis stützt die Annahme, die Tariffähigkeit ist Rechtsfolge der Gewerkschaftseigenschaft im Rahmen des § 2 Abs. 1 TVG. Das Mächtigkeitserfordernis kann sich nur im Rahmen der Zuerkennung der Gewerkschaftseigenschaft stellen. Anhand der Merkmale des Gewerkschaftsbegriffs in § 2 Abs. 1 TVG sind somit Rückschlüsse auf die Anforderungen an die Tariffähigkeit einer Arbeitnehmervereinigung möglich.

2. Gewerkschaftsbegriff als Typusbegriff oder Klassenbegriff

Der Gesetzgeber geht im Rahmen der Tariffähigkeit des § 2 Abs. 1 TVG nicht ausdrücklich von dem Erfordernis einer allgemeinen sozialen Mächtigkeit aus, sondern zählt nur die Gewerkschaften als Tarifvertragsparteien auf. Mit der festgestellten „gesetzgeberischen Zurückhaltung“ drängt sich für die Frage nach der Geeignetheit der Begriffsbestimmung der Tariffähigkeit anhand des Gewerkschaftsbegriffs in § 2 Abs. 1 TVG ferner die folgende Überlegung auf: Wie ist der Begriff „Gewerkschaft“ auszufüllen? Hierzu bedarf es der Prüfung, unter welche Art von Begriffen der Gewerkschaftsbegriff in § 2 Abs. 1 TVG einzuordnen ist.

a) Überblick

Juristische Begriffe lassen sich je nach Blickrichtung in verschiedene Arten einteilen[635]. Von Belang ist für die weitere Betrachtung des Gewerkschaftsbegriffs aber nur die Einteilung in die Gruppe der „Typusbegriffe“ oder der „Klassenbegriffe“. Beide Begriffsarten unterscheiden sich nach allgemeiner Ansicht insoweit, als der Klassenbegriff an Hand von definitorischen Kriterien auf

[635] Siehe hierzu die ausführliche Darstellung bei *Wank*, Begriffsbildung, S. 6 ff.

eine klare Abgrenzung ausgerichtet sei, während der Typusbegriff keine feststehende Zahl der ihn konstituierenden Merkmale umfasse[636]. Zur Begriffsbestimmung müssen daher nicht notwendig alle Kriterien vorliegen. Die einzelnen Anforderungen seien vielmehr häufig austauschbar und können bis zu einem gewissen Grade auch abgestuft vorliegen. Charakteristisch für den Typusbegriff sei daher seine „Offenheit“ [637]. Demgegenüber sei der klassifikatorische Begriff aufgrund eines geschlossenen Kreises an Kriterien nur dann anzuwenden, wenn die Merkmale ausnahmslos vorhanden seien[638].

b) Einordnung des Gewerkschaftsbegriffs

Bei der Einordnung des Gewerkschaftsbegriffs in § 2 Abs. 1 TVG kommt dem Aspekt der Rechtssicherheit oder Rechtsklarheit ein besonders hoher Stellenwert zu. Wenn die arbeitsrechtlichen Gerichte eine bestimmte Vorstellung davon haben, an welchen Tatbestand die Rechtsfolgen „Gewerkschaftseigenschaft“ und „Tariffähigkeit“ geknüpft werden sollen - wie also der Gewerkschaftsbegriff in § 2 Abs. 1 TVG im Ergebnis auszufüllen sei -, so muß dem Rechtsanwender auch ein klares Bild der Anforderungen vermittelt werden. Folgerecht können nur alle definitorischen Merkmale vorliegen, wenn einer Arbeitnehmervereinigung die Gewerkschaftseigenschaft und damit die Tariffähigkeit zukommen sollen. Der Gewerkschaftsbegriff muß daher als klassifikatorischer Begriff gesehen werden. Übertragen auf das - an anderer Stelle noch näher zu untersuchende - Mächtigkeitskriterium bedeutet eine solche Einordnung, daß es im Fall einer Anerkennung als konstitutives Merkmal des Gewerkschaftsbegriffs stets vorliegen muß.

III. Zusammenfassung

Methodische Bedenken stehen einer Auslegung des klassifikatorischen Begriffs der Gewerkschaft im Rahmen des § 2 Abs. 1 TVG für die Bestimmung der Anforderungen an die Tariffähigkeit einer Arbeitnehmervereinigung nicht entgegen. Zu untersuchen ist deshalb, welche Voraussetzungen für die Bejahung der Gewerkschaftseigenschaft im Rahmen des § 2 Abs. 1 TVG vorliegen müssen.

---

636 *Larenz/Canaris*, Methodenlehre, S. 37.

637 Ausführlich hierzu *Leenen*, Tyus, S. 34 ff.

638 *Larenz/Canaris*, Methodenlehre, S. 37 f.

3. Abschnitt: Verbandsmacht als Resultat der Auslegung

Die Tariffähigkeit auf Arbeitnehmerseite ist gesetzlich nicht geregelt, dafür aber mit dem nicht weiter gesetzlich erläuterten Begriff „Gewerkschaft" in § 2 Abs. 1 TVG umschrieben. Es handelt sich dabei um einen sog. „offenen" Begriff[639]. Um die Frage klären zu können, ob die allgemeine soziale Mächtigkeit ein konstitutives Merkmal der Tariffähigkeit einer Arbeitnehmervereinigung ist, bedarf es der Auslegung des Begriffs „Gewerkschaft" im Sinne des § 2 Abs. 1 TVG[640]. Die Interpretation soll den klassischen Regeln folgen; dazu zählen: der Gesetzeswortlaut, die Entstehungsgeschichte, die Gesetzessystematik und die Gesetzesteleologie. Dabei ist das Mächtigkeitskriterium auch unter verfassungsrechtlichen Gesichtspunkten zu würdigen. Der Wortlaut des § 2 Abs. 1 TVG enthält erkennbar keine Anhaltspunkte für das Erfordernis einer sozialen Mächtigkeit als notwendige Voraussetzung des Gewerkschaftsbegriffs. Im folgenden empfiehlt es sich deshalb, mit der Erörterung der verbleibenden Auslegungsregeln fortzufahren. Die höchstrichterliche Rechtsprechung mißt den geschichtlichen Zusammenhängen bei der Bestimmung des Begriffs „Gewerkschaft" eine besondere Bedeutung bei. Sie ist der Auffassung, die inhaltlichen Anforderungen ließen sich nur anhand der „tatsächlichen Entwicklung des sozialen Lebens" erklären[641]. Der historischen Interpretation kommt somit bei der folgenden Betrachtung eine Schlüsselrolle zu.

---

639 *Dütz*, AuR 1976, 65 (79); a. A. *Herschel*, AuR 1976, 225 (229).

640 *Dütz*, AuR 1976, 65 (78 f.); *Mayer-Maly*, Anm. zu BAG v. 09.07. 1968 - 1 ABR 2/67, AP Nr. 25 zu § 2 TVG; *Oetker*, in: Wiedemann, TVG-Komm., § 2 Rn. 157. Einen anderen methodischen Ansatz wählt *Herschel*, AuR 1976, 225 (230), und zwar: eine „richterliche Rechtsfortbildung".

641 BAG v. 19.01. 1962 - 1 ABR 14/60, AP Nr. 13 zu § 2 TVG (unter II 2 der Gründe) = BAGE 12, 184 (191) unter Berufung auf BVerfG v. 18.11. 1954 - 1 BvR 629/52, AP Nr. 1 zu Art. 9 GG = BVerfGE 4, 96 ff.; vgl. auch BVerfG v. 06.05. 1964 - 1 BvR 79/62, AP Nr. 15 zu § 2 TVG (unter B. II. u. III. der Gründe) = BVerfGE 18, 18 (28 - 31).

§ 8 Entstehungsgeschichte

Die besondere Bedeutung der historischen Zusammenhänge erfordert über die Entstehungsgeschichte des Tarifvertragsgesetzes hinaus auch die Auffächerung der sozialgeschichtlichen Entwicklung im Kontext mit dem Selbstverständnis der arbeitsrechtlichen Verbände[642]. Insbesondere ist auf die Zeit der Weimarer Republik näher einzugehen. Denn sie lieferte die Grundlage für die Tarifrechtsdiskussion nach dem Zweiten Weltkrieg[643]. In der Weimarer Zeit haben Judikative und insbesondere die arbeitsrechtliche Wissenschaft wegen der fehlenden gesetzlichen Regelungen das Tarifrecht weiterentwickelt und ein System an Voraussetzungen für den Gewerkschaftsbegriff herausgearbeitet, das dem nunmehr geltenden Tarifvertragsrecht (TVG) als Vorbild dienen sollte und auch gedient hat. Aus diesem Grund ist die Rechtsprechung und Literatur der damaligen Zeit für das Verständnis des geltenden Tarifrechts von Wichtigkeit[644].

I. Historische Entwicklung bis 1945

Die für die einzelnen Arbeitsverträge so wichtige Schutzwirkung brachte erst die positivrechtliche Regelung des Tarifvertrages[645]: die vom Rat der Volksbeauftragten am 23.12. 1918 erlassene „Verordnung über Tarifverträge, Arbeiter- und Angestelltenausschüsse und Schlichtung von Arbeitsstreitigkeiten“ (TVVO)[646]. Bis zum Erlaß dieser Verordnung war das Tarifvertragsrecht in Deutschland gesetzlich nicht geregelt[647]. Da aber die Anzahl der Tarifverträge und damit ihre Bedeutsamkeit seit Ende des 19. Jahrhunderts erheblich zunahm, waren Sozialpolitik, Gesetzgebungspolitik, Rechtsprechung und Literatur gezwungen, sich mit dem Institut Tarifvertrag und daher - wenn auch nur vereinzelt - mit der Frage nach den Voraussetzungen der Tariffähigkeit auf Arbeitnehmerseite auseinander-

---

642 Vgl. auch *Dütz*, AuR 1976, 65 (68); ferner *Eitel*, Ungleichbehandlung, S. 72 ff.; *Hemmen*, Durchsetzungsfähigkeit, S. 27 ff.; *Schrader*, Durchsetzungsfähigkeit, S. 22; *Sinzheimer*, Arbeitstarifgesetz, S. 56; *Wahl*, Relativität, S. 18.

643 Vgl. *Nautz*, Durchsetzung, S. 22; *Schrader*, Durchsetzungsfähigkeit, S. 22.

644 *Hueck/Nipperdey/Stahlhacke*, TVG-Komm., 4. Aufl., Einl. S. 11; *Schlickum*, Tariffähigkeit, S. 4.

645 Ausführlich dazu unter § 8. I. 2. a.

646 RGBl. S. 1456. Die TVVO ist durch das Übergangsgesetz vom 04.03. 1918 bestätigt und am 01.03. 1928 aufgrund des Gesetzes zur Abänderung der TVVO vom 28.02. 1928 in neuer Fassung verkündet worden, RGBl. 1928, S. 46. Ausführlich dazu siehe *Dreschers*, Entwicklung, S. 73 - 75. Zur Entwicklung der Rechtsgrundlagen im Tarifrecht siehe auch *Schaub*, NZA 2000, 15.

647 Lediglich im Kaligesetz 1910 (RGBl. S. 775) und im Hausarbeitsgesetz 1911 (RGBl. S. 976) waren Regelungen getroffen, die zwar die Grundfragen des Tarifvertrags nicht regelten, aber zumindest auf ihn Bezug nahmen.

zusetzen[648]. Es existierte daher eine Lehre vom Tarifvertrag, die im einzelnen sehr umstritten war und an die das neue Recht teilweise anknüpfen konnte[649].

1. Tarifrecht bis 1918

Die Forderung einer Beschränkung der Tariffähigkeit in Form von bestimmten Mindestvoraussetzungen läßt sich nur anhand der historischen Entwicklung des Tarifvertragsrechts erklären. Mit der Geschichte des Tarifwesens ist die Geschichte der Verbände in Deutschland eng verbunden[650].

a) Sozialgeschichtliche Entwicklung der Verbände

Die besondere sozialgeschichtliche Entwicklung[651] der Verbände in Deutschland führte in den letzten Jahren vor dem Ersten Weltkrieg zu zahlreichen Tarifvertragsabschlüssen. Vor allem Tarifverträge mächtiger Gewerkschaften hatten an Attraktivität gewonnen, weil sich das Kräfteverhältnis im Lohnkampf durch das Auftreten mächtiger Gewerkschaften verschoben hatte[652]. Ein weiterer wichtiger Grund für das Auftreten mächtiger Gewerkschaften war der ab dem Beginn des 20. Jahrhunderts einsetzende Entwicklungsprozeß, in dem die großen Gewerkschaften - die freien, christlichen Gewerkschaften und die Hirsch-Duncker'schen Gewerkvereine - begonnen hatten, sich von den politischen und kirchlichen Einflüssen zu lösen. Durch die Unabhängigkeit von Partei und Kirche waren die großen repräsentativen Gewerkschaften fähig, einen bestimmenden Einfluß auf den allgemeinen Arbeitsmarkt auszuüben. Denn sie konnten sich nach ihrer geschaffenen Distanz zu den politischen Parteien und Kirche in ihrem Aufgabenbereich neu orientieren. Anstatt in erster Linie parteipolitische und kirchliche Ziele zu unterstützen, sahen die Gewerkschaften in der Vertretung ihrer Mitgliederinteressen durch tarifliche Regelung und Förderung der Arbeitsbedingungen ihr vorrangiges Tätigkeitsfeld. Begünstigend wirkten sich auf die Mächtigkeit auch die sich inzwischen durchgesetzten zentralen Organisationsstrukturen aus. Ferner hatten die Arbeitgeber zuvor auf die zunehmende Bedeutsamkeit gewerkschaftlicher Zusammenschlüsse mit der Gründung eigener Verbände reagiert, die parallel zur Entwicklung der Arbeitnehmerorganisationen

---

648 *Hueck/Nipperdey*, Arbeitsrecht, 7. Aufl., Bd. II/1, S. 213 f.; vgl. dazu auch *Schlickum*, Tariffähigkeit, S. 17.

649 *Hueck/Nipperdey*, Arbeitsrecht, 7. Aufl., Bd. II/1, S. 214.

650 Vgl. auch *Schrader*, Durchsetzungsfähigkeit, S. 22.

651 Ausführlich dazu oben Teil 1 unter § 2 I.

652 *Baum*, JW 1919, 70; *Dütz*, AuR 1976, 65 (69).

ebenso an Einfluß auf die Regelung der Arbeitsbedingungen gewannen[653]. Die Ergebnisse der Verhandlungen waren unter der Bezeichnung „Arbeitstarifverträge“ oder „Arbeitsnormenverträge“ oder „kollektive Arbeitsverträge“ geführte Vereinbarungen, bei denen sich die beiderseitigen Organisationen als gleichberechtigte und gleich starke Kontrahenten gegenüberstanden und durch die die Arbeitsbedingungen oftmals für das ganze Deutsche Reich geregelt werden konnten[654]. Entscheidend für diese Entwicklung war in erster Linie der freie Gewerkschaftskongreß im Jahre 1899 mit folgendem Beschluß[655]:

> „Tarifliche Vereinbarungen, welche die Lohn- und Arbeitsbedingungen für eine bestimmte Zeit regeln, sind als Beweis der Gleichberechtigung der Arbeiter seitens der Unternehmer bei der Festsetzung zu erachten und in den Berufen erstrebenswert, in welchen sowohl eine *starke Organisation* der Unternehmer als auch *der Arbeiter*[656] vorhanden ist, welche eine Gewähr für Aufrechterhaltung und Durchführung des Vereinbarten bieten...“[657]

Dem Beschluß zufolge waren sich die Verbände bereits in den Anfangsjahren des Tarifwesens darüber einig, daß die Verwirklichung eines tatsächlichen Gleichgewichts zwischen Unternehmer und Arbeiter bei der Gestaltung der Arbeitsbedingungen in Tarifverträgen maßgeblich davon abhängig ist, ob eine starke Arbeitnehmervereinigung vorliegt[658].

Die Organisation der Arbeitnehmer war historisch gesehen eine notwendige Reaktion auf die ursprüngliche faktische Überlegenheit der Arbeitgeber, die aufgrund ihrer Position in der Lage waren, den Arbeitnehmern die Arbeitsbedingungen vorzugeben[659]. Bereits in den Anfängen gewerkschaftsähnlicher Zusammenschlüsse, und zwar zunächst in Form von Gesellenbruderschaften, spielte die Mächtigkeit der Vereinigung eine nicht unerhebliche Rolle. Denn der

---

653 Zu Beginn des Ersten Weltkrieges waren über 4.000.000 Arbeiter in Deutschland organisiert, vgl. *Baum*, JW 1919, 70 (71). Hierzu ferner *Schrader*, Durchsetzungsfähigkeit, S. 25; *Söllner*, Grundriß, S. 62.

654 *Baum*, JW 1919, 70 (71).

655 *Dütz*, 1976, 65 (69); *Hueck-Nipperdey*, Arbeitsrecht, 1. und 2. Aufl., Bd. II, S. 32 f. (Fn. 2).

656 Hervorhebungen durch die Verfasserin.

657 So die von *Emil Döblin* (Hauptvorsitzender des Buchdruckerverbandes) vorgeschlagene Resolution; zit. nach: Protokoll der Verhandlungen des dritten Kongresses der Gewerkschaften Deutschlands, S. 150; abgedruckt auch bei *Hueck/Nipperdey*, Arbeitsrecht, 7. Aufl., Bd. II/1, S. 213 f. (Fn. 1). Hierzu auch *Schüren*, Tarifliche Normsetzung, S. 118.

658 Vgl. auch *Sinzheimer*, Rechtsfragen, S. 19 f., 47; *Wahl*, Relativität, S. 19.

659 *Baum*, JW 1919, 70 (70); *Kaskel/Dersch*, Arbeitsrecht, 5. Aufl., S. 47; *Sinzheimer*, Arbeitstarifgesetz, S. 56.

Einfluß der Vereinigung auf die Gestaltung der Arbeitsverhältnisse durch kollektivrechtliche Regelungen war besonders von der Bedeutung und Macht der Organisation abhängig[660]. Die Notwendigkeit mächtiger Zusammenschlüsse zeigte sich insbesondere darin, daß aufgrund des § 152 GewO der Rechtsweg für die Verbände zur Durchsetzung ihrer kollektivrechtlichen Regelungen verschlossen blieb. Zwar brachte die Reichsgewerbeordnung vom 29.05. 1869 eine erhebliche Lockerung der Koalitionsverbote, da § 152 Abs. 1 GewO die Verbote und Strafbestimmungen gegen Vereinigungen und Verabredungen der gewerblichen Arbeiter zur Förderung der Lohn- und Arbeitsbedingungen aufhob. Die volle rechtliche Gewährleistung tariflicher Ziele erreichten jedoch erst die TVVO von 1918 und Art. 165 WRV. Historisch betrachtet mußte die Entwicklung der Verbände somit zwangsläufig zu bestimmten Mindestanforderungen an die Tariffähigkeit auf Arbeitnehmerseite führen[661].

b) Erörterung der Tariffähigkeitsvoraussetzungen in Praxis und Literatur

Die Frage nach den einzelnen Voraussetzungen der Tariffähigkeit stellte sich in der Praxis und Literatur vor 1918 nur selten[662]. Einzig *Sinzheimer* setzte sich bereits zu Zeiten des Kaiserreiches mit dem Problem der Tariffähigkeit auseinander. So schrieb er 1916:

> „Aufgrund der Tariffähigkeit ist der Berufsverein im Stande, Partei eines Tarifvertrages zu sein."[663]

Sinzheimer, der das Ergebnis der Tarifverhandlungen insbesondere von den Verhandlungsvoraussetzungen der Tarifvertragsparteien abhängig machte, kam zu der Feststellung, daß ausreichende Verhandlungsvoraussetzungen nicht unterstellt werden können und „die Hauptschwierigkeit in der Behandlung der Arbeiterseite" liegt[664]. Für die Arbeiterseite fragte er sich, ob neben der freiwilligen Vereinigung, die eine Einwirkung auf die Arbeits-, Gehalts- und Lohnverhältnisse bezwecken muß, „nicht eine noch engere Bestimmung des Begriffs [Berufsvereine] im

---

660 *Dütz*, AuR 1976, 65 (69).

661 So zutreffend *Schrader*, Durchsetzungsfähigkeit, S. 25.

662 So z. B. *Geßler*, Gewerberichter in München, führte in den Verhandlungen des Deutschen Juristentages (1908) in München wie folgt aus: „Wer praktisch in der Bewegung steht, weiß, daß ohne einen Verband, der über Machtmittel verfügt, an den Abschluß eines Tarifvertrages nicht zu denken ist, weil es irrig ist, wenn man meint, die Tarifverträge würden von Unternehmern freiwillig abgeschlossen", vgl. *Geßler*, 29. DJT 1908, Bd. 5, S. 82. Vgl. zu weiteren Stellungnahmen in der Literatur *Schlickum*, Tariffähigkeit, S. 17 (Fn. 51).

663 *Sinzheimer*, Arbeitstarifgesetz, S. 64.

664 *Sinzheimer*, Arbeitstarifgesetz, S. 51.

Hinblick auf die Zwecke des Tarifvertrages notwendig ist“[665]. Die Antwort ließe sich nach seiner Auffassung nur in der geschichtlichen Entwicklung des Tarifwesens, insbesondere in der Entwicklung der freien[666], der christlichen[667] Gewerkschaften und der Hirsch-Duncker'schen Gewerkvereine[668] in Deutschland finden. Denn für ihn waren es allein die drei repräsentativen Gewerkschaftsrichtungen, die den Tarifgedanken in Deutschland getragen haben[669].

Die weiteren Überlegungen von *Sinzheimer* zur Frage nach der Einschränkung der Begriffsbestimmung zeigen deutlich, daß er den Erfolg der Tarifautonomie als eng verknüpft mit der Stärke der Tarifvertragsparteien ansah. Der Tarifvertrag konnte für ihn nur dann ein Ausgleich der gegensätzlichen sozialen Interessen sein, wenn die Interessen auf beiden Seiten mit genügend Nachdruck wahrgenommen werden können. Deshalb waren nach seiner Auffassung nur solche Arbeitnehmervereinigungen fähig, die Belange der Arbeitnehmer angemessen zu berücksichtigen, die auch tatsächlich mit ausreichender sozialer und wirtschaftlicher Macht ausgestattet waren[670]. *Sinzheimer*, der sich an den Merkmalen der drei großen Verbände ausrichtete, stellte dabei gegen die „gelben Gewerkschaften“[671] gerichtete Tariffähigkeitsvoraussetzungen auf. Relevant war vor allem die Forderung nach einer Kampfbereitschaft und -fähigkeit[672]. Daraus ist zu schlußfolgern, daß bereits vor 1918 die Notwendigkeit eines bestimmten Korrektivs zur Begrenzung des tariffähigen Kreises gesehen wurde.

2. Tarifrecht der Weimarer Zeit

In der Weimarer Zeit setzten sich aufgrund der fehlenden gesetzlichen Regelung der Tariffähigkeit nicht nur Rechtspraxis und Literatur, sondern auch die Verbände selbst, das heißt sowohl die Arbeitgeber- als auch die Arbeitnehmerverbände, mit der Frage auseinander, wer Partei eines Tarifvertrages sein kann.

---

665 *Sinzheimer*, Arbeitstarifgesetz, S. 55 f.

666 Siehe ausführlich dazu d. unter aa.

667 Siehe ausführlich dazu d. unter cc.

668 Siehe ausführlich dazu d. unter bb.

669 *Sinzheimer*, Arbeitstarifgesetz, S. 56 f.

670 So auch *Schlickum*, Tariffähigkeit, S. 20.

671 Siehe ausführlich dazu d. unter dd.

672 Vgl. auch *Schlickum*, Tariffähigkeit, S. 27.

a) Tarifvertragsverordnung vom 23.12. 1918

Die TVVO vom 23.12. 1918[673] veränderte den rechtlichen Zustand des Tarifvertragsrechts zwar grundlegend, allerdings nur in zwei - wenn auch sehr bedeutsamen - Punkten: Erstens ordnete die TVVO in § 1 die unmittelbare und zwingende Wirkung der Arbeitsbedingungen des Tarifvertrages auf die Arbeitsverhältnisse an. Und zweitens sah die Verordnung in § 2 das Mittel der Allgemeinverbindlichkeitserklärung der tariflichen Arbeitsbedingungen für Arbeitsverträge mit oder zwischen Außenseitern durch den Reichsarbeitsminister auf Antrag vor. Welche Voraussetzungen eine Arbeitnehmervereinigung im einzelnen erfüllen muß, um tariffähig zu sein, legte die TVVO aber nicht fest[674]. Selbst der - wenn auch nur einmal zuvor von *Sinzheimer* benutzte - Begriff der Tariffähigkeit war in der TVVO nicht zu finden. Der Gesetzgeber verlangte nach dem Wortlaut des § 1 TVVO lediglich eine „Vereinigung von Arbeitnehmern". Bei der Diskussion um die Frage, wer Partei eines Tarifvertrages auf Arbeitnehmerseite sein könne, setzte sich jedoch der Begriff Tariffähigkeit im Gegensatz zu dem Begriff Gewerkschaft sehr schnell durch[675].

Die TVVO war als provisorische Regelung des Tarifwesens gedacht. Sie sollte im Zuge einer Neukodifikation des Arbeitsrechts durch ein umfassendes Tarifvertragsgesetz abgelöst werden[676]. Das Tarifvertragsgesetz sollte die einzelnen Voraussetzungen der Tariffähigkeit fixieren[677]. Der „Arbeitsausschuß für einheitliches Arbeitsrecht" legte daher im Jahre 1921 aufgrund eines Vorentwurfs von *Sinzheimer* aus dem Jahre 1916[678] unter Mitwirkung des Tarifausschusses der Gesellschaft für soziale Reform einen Entwurf eines Tarifvertragsgesetzes vor[679]. Diese Konzeption enthielt in § 4 ausdrücklich eine Regelung der Tariffähigkeit. Für die Zuerkennung der Tariffähigkeit verlangte sie vor allem das Unabhängigkeitskriterium als maßgebliche Voraussetzung. Denn nur solche Arbeitnehmer-

---

673 RGBl. 1918, S. 1456 ff.

674 *Hueck/Nipperdey*, Arbeitsrecht, 1. und 2. Aufl., Bd. II, S. 37; vgl. ferner *Junk*, JW 1919, 75 (75 f.).

675 Vgl. mit weiteren Nachweisen *Schlickum*, Tariffähigkeit, S. 33 f.

676 *Hainke*, Tarifvertragsverordnung, S. 120; *Hueck*, Das Recht des Tarifvertrages, S. 8; *Hueck/Nipperdey*, Arbeitsrecht, 1. und 2. Aufl., Bd. II, S. 37; *Nautz*, Durchsetzung, S. 27; mit weiteren Nachweisen siehe auch *Nipperdey*, Tarifrecht, S. 109 Fn. 1 a.

677 *Flatow/Joachim*, ArbGG-Komm. 1926, § 10 Anm. 3 B, S. 101.

678 *Sinzheimer*, Arbeitstarifgesetz, S. 213 ff.; ausführlich dazu siehe *Hainke*, Tarifvertragsverordnung, S. 122.

679 Veröffentlicht in RABl. AT 1921 Nr. 13, S. 491 - 493 nebst Begründungen. Vgl. hierzu auch *Hainke*, Tarifvertragsverordnung, S. 124; vgl. ferner *Hueck/Nipperdey*, Arbeitsrecht, 1. und 2. Aufl., Bd. II, S. 37; *Nipperdey*, Tarifrecht, S. 110 und 115 ff.

vereinigungen sollten Tarifverträge abschließen können, die auch den Willen besitzen, die Interessen ihrer Mitglieder unabhängig wahrzunehmen und ferner auch fähig und bereit sind, diesen Willen zu bekunden. Der Arbeitsausschuß zählte als Gegenbeispiel die sog. *Harmonieverbände* auf, die Arbeitnehmer und Arbeitgeber gemeinsam vereinigen. Weiterhin stellte er in seiner Begründung zu diesem Entwurf mit Blick auf die sog. *Werksvereine* fest: Wie bei Vereinigungen auf Arbeitgeberseite muß auch bei Vereinigungen auf Arbeitnehmerseite die materielle Möglichkeit bestehen, die von der Arbeitgeberseite aufgestellten Bedingungen nicht nur abzulehnen, sondern auch Widerstand zu leisten und eigene Forderungen durchsetzen zu können. Denn nur unter dieser Voraussetzung sei gewährleistet, daß der Tarifvertrag auf einer wirklichen Einigung beruhe und nicht nur auf einer mehr oder weniger bestehenden Unterwerfung der Arbeitnehmervereinigung, wenn auch in der nach außen erkennbaren Form eines „Vertrages“[680].

Wenn in diesem Zusammenhang zum einen von der Fähigkeit, Widerstand zu leisten, und zum anderen von der Fähigkeit, eigene Forderungen durchzusetzen, gesprochen wurde, so kann damit nur die auch heute vom Bundesarbeitsgericht geforderte Fähigkeit zu Druck und Gegendruck gemeint gewesen sein. Ansätze eines Regulativs der Tariffähigkeit der Arbeitnehmervereinigungen existierten also auch in der Weimarer Zeit im Rahmen der Diskussion über die Neuregelung des Tarifrechts durch ein Tarifvertragsgesetz. Obwohl der Reichsarbeitsminister keine Stellung zu diesem Gesetzesentwurf eingenommen hatte und daher der amtliche Charakter fehlte[681], gibt auch dieser Gesetzesentwurf zumindest einen Anhaltspunkt dafür, daß die Gesetzgebungsorgane in der Weimarer Zeit Voraussetzungen für die Tariffähigkeit angeregt haben, die über die „Grundvoraussetzungen“ hinausreichten. Bis auf den bereits im Jahre 1918 entstandenen Gegenentwurf *Bretanos*[682] kam es in dieser Zeit zu keinem weiteren bedeutenden Gesetzesvorhaben[683]. Erst die in den Jahren 1927/1928 eingeleiteten Bestrebungen zur Angleichung des deutschen und des österreichischen Tarifrechts führten dazu, die früheren Überlegungen zur Neugestaltung des Tarifrechts wieder aufzugreifen[684]. Im Rahmen der Reformbemühungen ist in diesem Zusammenhang der Entwurf des Reichsarbeitsministeriums vom Mai 1931 von Bedeutung, denn

680 Vgl. RABl. 1921 AT Nr. 13, S. 491 (497).

681 *Funke*, Begriff der wirtschaftlichen Vereinigung, S. 42; *Nipperdey*, Tarifrecht, S. 110.

682 Vgl. ausführlich hierzu *Dreschers*, Entwicklung, S. 78 m. w. N.

683 *Hueck*, in: Hueck/Nipperdey, TVG-Komm., 1950, Einl. S. 8. Zu den beiden Entwürfen vgl. ausführlich *Dreschers*, Entwicklung, S. 78 f.

684 Der vollständige Gesetzesentwurf mit den umfangreichen Vorarbeiten ist abgedruckt bei: *Oetker*, deutsch-österreichische Tarifrechtsangleichung, S. 319 ff.

er läßt in § 5 Abs. 1[685] die Notwendigkeit eines Korrektivs der Tariffähigkeit erkennen. Allerdings reichten die Vorarbeiten nicht über das Stadium eines seitens des Reichsarbeitsministeriums ausgearbeiteten Referentenentwurfs hinaus[686]. Die TVVO blieb daher während der gesamten Weimarer Zeit bis 1933 in Kraft[687].

In diesem Zusammenhang ist auch der von *Funcke* vorgeschlagene Entwurf zur Begriffsbestimmung der wirtschaftlichen Vereinigung im Arbeitsrecht für das beabsichtigte Arbeitstarifgesetz zu erwähnen. Bedeutsam ist dabei sein Vorschlag, die Tariffähigkeit der Arbeitnehmervereinigung von der Mitgliederzahl und dem Organisationsgrad der Arbeitnehmer des Bezirks, der für einen Tarifvertrag in Frage kommt, abhängig zu machen. Als Richtwert für den Organisationsgrad der Arbeitnehmer setzte *Funcke* fünf Prozent fest, die nicht unterschritten werden durften[688].

---

685 § 5 Abs. 1 des Referentenentwurfs lautet:

(1) „Zum Abschluß von Tarifverträgen befähigt (tariffähig) ist eine Vereinigung von Arbeitgebern und von Arbeitnehmern, die

1. eine nicht nur vorübergehende Verbindung darstellt, einen eigenen Namen führt, einen Vorstand hat und nach ihrer Satzung vom Wechsel der Mitglieder unabhängig ist;
2. nach ihrer Satzung die Regelung von Arbeitsbedingungen zu ihren Aufgaben zählt oder sich tatsächlich mit der Regelung von Arbeitsbedingungen befaßt, auch wenn es im Widerspruch mit der Satzung geschieht;
3. nach ihrem Wesen und Verhalten die Gewähr bietet, daß sie die Angelegenheiten ihrer Mitglieder selbständig und unabhängig von der Gegenseite wahrnimmt."

686 *Oetker*, in: Wiedemann, TVG-Komm., Geschichte Rn. 13 m. w. N.

687 *Hainke*, Tarifvertragsverordnung, S. 129.

688 *Funcke*, Begriff der wirtschaftlichen Vereinigung, S. 50; § 6 seines Gesetzesvorschlages lautet:

„Tariffähig ist eine Vereinigung von Arbeitnehmern,
1. wenn sie eine feste Organisation hat,
2. wenn sie einen wirtschaftlichen Zweck verfolgt,
3. wenn ihr Arbeitgeber als Mitglieder nicht angehören,
4. wenn sie nicht auf Grund Gesetzes einen anderen festumrissenen Aufgabenkreis besitzt,
5. wenn sie die Interessen ihrer Mitglieder selbständig und unabhängig wahrnimmt,
6. wenn wenigstens 5 Prozent aller Arbeitnehmer des Bezirks ihr als Mitglieder angehören, der für einen Tarifvertrag in Frage kommt."

b) Weimarer Reichsverfassung vom 11.08. 1919

Signifikant für die Gesetzesauslegung ist die Weimarer Reichsverfassung vom 11.08. 1919 (WRV)[689]. Mit Art. 159 WRV konnte die Koalitionsfreiheit verfassungsrechtlich gewährleistet werden[690]. § 152 GewO war damit endgültig aufgehoben und alle Schranken der Koalitionsfreiheit beseitigt[691]. Die verfassungsrechtliche Anerkennung der Gewerkschaften als berufene Interessenvertreter der Arbeiterschaft erreichte Art. 165 Abs. 1 Satz 1 WRV[692]. Art. 165 Abs. 1 Satz 2 WRV sah die Gleichstellung der Arbeiter und Angestellten mit den Unternehmern bei der Regelung der Lohn- und Arbeitsverhältnisse vor[693]. Von Bedeutung ist ferner der Grundgedanke des Art. 165 Abs. 1 Satz 2 WRV, daß die vorgesehene Gleichberechtigung der Arbeiter und Angestellten mit den Unternehmern hinsichtlich der Mitwirkung an der Regelung der Lohn- und Arbeitsverhältnisse nur mit großen Verbänden der Arbeiterschaft verwirklicht werden könne[694].

c) Gesetzliche Begriffsbestimmungen

Der Gesetzgeber verwendete neben der TVVO auch in anderen arbeitsrechtlichen Vorschriften den Begriff „wirtschaftliche Vereinigung von [...] Arbeitnehmern“[695]. Da in Rechtsprechung und Literatur Einigkeit darüber herrschte, daß eine wirtschaftliche Vereinigung im Sinne des Arbeitsrechts nur eine tariffähige Vereinigung ist, und der Begriff der Tariffähigkeit in der arbeitsrechtlichen Gesetzgebung einheitlich zu verstehen ist[696], kann umgekehrt die Begriffsbestimmung der wirt-

---

689 RGBl. 1919 II, Nr. 152, S. 1414.

690 Art. 159 lautete: „Die Vereinigungsfreiheit zur Wahrung und Förderung der Arbeits- und Wirtschaftsbedingungen ist für jedermann und alle Berufe gewährleistet. Alle Abreden, welche diese Freiheit einschränken oder zu behindern suchen, sind rechtswidrig.“

691 Vgl. RG v. 02.07. 1925, RGZ 111, 199 (203).

692 *Hueck/Nipperdey*, Arbeitsrecht, 1. und 2. Aufl., Bd. II, S. 38; *Ramm*, RdA 1968, 412 (414).

693 RGBl. 1919 II, Nr. 152, S. 1415.

694 So *Dütz*, AuR 1976, 65 (69 Fn. 48); vgl. ferner *Mansfeld*, BRG, § 8 Anm. 2; *Schlickum*, Tariffähigkeit, S. 31 f.

695 Zum ersten Mal im Betriebsrätegesetz vom 04.02. 1920, vgl. RGBl. 1920, S. 147. Ausführlich zu weiteren gesetzlichen Regelungen vgl. *Funke*, Begriff der wirtschaftlichen Vereinigung, S. 3.

696 Vgl. etwa *Dersch/Volkmar*, ArbGG-Komm., 4. Aufl., § 10 Anm. 4 b m. w. N.; *Mansfeld*, BRG, § 8 Anm. 2; vgl. z. B. auch RAG v. 10.10. 1928 - RAG 144/28, RAGE 2, 299 (301) = ARS 4, 239 (241) m. w. N.

schaftlichen Vereinigung Auskunft über die Voraussetzungen der Tariffähigkeit geben[697].

aa) § 184 Reichsknappschaftsgesetz

Eine Begriffsbestimmung der wirtschaftlichen Vereinigung brachte das Reichsknappschaftsgesetz (RKnG) in § 184[698]. Die Definition des Reichsknappschaftsgesetzes beschränkte sich aber ausdrücklich auf den Geltungsbereich des Gesetzes und ist aus diesem Grund nicht allgemeingültig für die übrige arbeitsrechtliche Gesetzgebung[699].

bb) Art. 161 des deutsch-polnischen Abkommens

Außer der Begriffsbestimmung in § 184 RKnG existierte in Art. 161 des deutsch-polnischen Abkommens über Oberschlesien vom 15.05. 1922[700] eine Definition des in diesem Abkommen verwendeten Begriffs der Arbeitnehmervereinigung[701]. Allerdings bezog sich das Abkommen nur auf die abgetretenen - ehemals deutschen - Gebiete in Polen. Aufgrund des begrenzten Geltungsbereichs und

---

697 *Funke*, Begriff der wirtschaftlichen Vereinigung, S. 11 m. w. N. und 27; so auch *Joerges*, ArbRPrax. 1928, 121 (126).

698 RGBl. 1926 I. S. 369.

§ 184 RKnG lautete:

„Wirtschaftliche Vereinigungen von Arbeitnehmern im Sinne dieses Gesetzes sind solche Verbände, die einem Gesamtverband angehören, der als Benennungskörper für den vorläufigen Reichswirtschaftsrat anerkannt ist."

699 So zu Recht *Dersch/Volkmar*, ArbGG-Komm., 6. Aufl., § 10 Anm. 5 b; *Eitel*, Ungleichbehandlung, S. 74; *Funke*, Begriff der wirtschaftlichen Vereinigung, S. 4; vgl. auch RAG v. 10.10. 1928 - 144/28, RAGE 2, 299 (301 f.) = ARS 4, 239 (242 f.).

700 RGBl. II 1922, S. 273 (305); RABl. 1922, AT S. 401 ff.

Art. 161 lautete:

(1) „Arbeitnehmervereinigungen im Sinne des Art. 159 sind freiwillige Vereinigungen von Arbeitnehmern ohne Rücksicht auf die Staatsangehörigkeit, die sich unter Ablehnung politischer Ziele ausschließlich oder überwiegend mit der Regelung der Arbeitsverhältnisse durch Tarifvertrag beschäftigen.

(2) Sie müssen ferner folgenden Bedingungen entsprechen:

(a) Die Mitgliedschaft darf nicht von der Zugehörigkeit zu einem bestimmten Betrieb abhängig sein.

(b) Arbeitgeber dürfen nicht als Mitglieder aufgenommen, Unterstützungen oder sonstige Zuwendungen von Arbeitgeberseite dürfen nicht angenommen werden.

(c) Die Wahrnehmung der Interessen ihrer Mitglieder muß selbständig und unabhängig von nicht gewerkschaftlichen, insbesondere von politischen Einflüssen erfolgen."

701 *Funke*, Begriff der wirtschaftlichen Vereinigung, S. 6; vgl. ferner *Eitel*, Ungleichbehandlung, S. 73 f.

insbesondere weil mit dem Abkommen von deutscher Seite aus der Zweck verfolgt wurde, die Arbeitnehmervereinigungen ehemaliger deutscher Staatsangehöriger dem Einfluß des polnischen Staates entziehen zu können, kam der Begriffsbestimmung keine Bedeutung für die innerdeutsche arbeitsrechtliche Gesetzgebung zu[702].

d) Um die Tariffähigkeit konkurrierende Gewerkschaften

Von praktischer Relevanz war die Frage nach der Tariffähigkeit der Arbeitnehmervereinigungen, weil es eine Vielzahl von Arbeitnehmervertretungen gab, die um die Fähigkeit, Tarifverträge abschließen zu können, konkurrierten[703]. Die Arbeitnehmerschaft war in der Weimarer Zeit in ideologisch und tarifpolitisch ganz verschiedene Richtungsgewerkschaften zersplittert[704]. Eine besondere Rolle nahmen dabei - wie bereits *Sinzheimer*[705] betonte - die Gewerkschaften ein, die zu den drei großen Gewerkschaftsrichtungen - freie, christliche und Hirsch-Duncker'sche - zusammengeschlossen waren. Diese Gewerkschaften, die seit 1918 die ersten waren, mit denen die Arbeitgeber Tarifverträge abgeschlossen haben, verkörperten mit einem Anteil von etwa 85 Prozent der gesamten deutschen Arbeitnehmerschaft die damals übergroße Mehrheit aller Arbeitnehmer und waren somit auch zu Recht berufen, Vertreter der Arbeitnehmer in den Verhandlungen über Lohn- und Arbeitsfragen zu sein[706]. Bedeutung erlangten deshalb für Rechtspraxis und Literatur nicht die Voraussetzungen der Tariffähigkeit, die von allen Organisationen ungeachtet ihrer Verschiedenheit erfüllt werden konnten - wie Vereinigung, Reinheit oder Vertretung der wirtschaftlichen Interessen. Entscheidend waren vielmehr die aus der sozialpolitischen Funktion der Verbände abgeleiteten Anforderungen, die unmittelbare Folgen für die Bestimmung des Kreises der tariffähigen Arbeitnehmervereinigungen hatten - wie Selbständigkeit und Unabhängigkeit, überbetriebliche Grundlage sowie Kampfbereitschaft oder -fähigkeit (dazu e))[707].

---

702 So zu Recht *Dersch/Volkmar*, ArbGG, 6. Aufl., § 10 Anm. 5 b; *Eitel*, Ungleichbehandlung, S. 73; *Funcke*, Der Begriff der wirtschaftlichen Vereinigung, S. 6; *Herschel*, Tariffähigkeit, S. 21. *Tatarin-Tarnheyden*, Berufsverbände, S. 30 sah in dieser Vorschrift einen Verstoß gegen Art. 165 WRV und hielt sie deshalb für verfassungswidrig.

703 Vgl. auch *Schlickum*, Tariffähigkeit, S. 37 ff.

704 Siehe ausführlich dazu oben Teil 1 unter § 2 I.

705 Siehe Teil 2/3. Abschnitt unter § 8 I. 1. b.

706 So *Funke*, Begriff der wirtschaftlichen Vereinigung, S. 28.

707 *Schlickum*, Tariffähigkeit, S. 3 und 225.

Bevor die maßgeblichen Voraussetzungen der Tariffähigkeit näher untersucht werden, soll im folgenden erst ein Überblick über die Hauptgewerkschaftsrichtungen gegeben werden, deren Interessen bei der Diskussion um die Tariffähigkeit für Arbeitnehmerorganisationen betroffen waren. Die deutschen „Gewerkschaften" teilten sich in der Weimarer Zeit in folgende bedeutsame Hauptströmungen auf[708]: in die Gewerkschaften „sozialistischer" Prägung (dazu aa)), in die Hirsch-Duncker'schen Gewerkvereine mit „liberaler" Grundhaltung (dazu bb)), in die Gewerkschaften mit christlicher Anbindung (dazu cc)) und in die wirtschaftsfriedlichen Arbeitnehmervereinigungen (dazu dd)).

aa) Die zunächst als „sozialistisch" oder auch als „sozialdemokratisch" bezeichneten Gewerkschaften waren anfangs in zwei verschiedene Richtungen gespalten: in die Gewerkschaften *Lassalleaner* und *Eisenacher Herkunft*[709]. Beide Richtungen konkurrierten zunächst hinsichtlich der Organisations- und Agitationsform und behinderten damit die Bildung einer allgemeinen gewerkschaftlichen Organisation[710]. Die *Lassalleaner* verfolgten anlehnend an den „Allgemeinen Deutschen Arbeiterverein" (ADAV) vor allem politische Ziele, wie die Einführung des allgemeinen Wahlrechts, um eine Verbesserung der Lage der Arbeiter zu erreichen. Die Gewerkschaften *Eisenacher Herkunft* sahen dagegen die konkrete gewerkschaftliche Arbeit als ihre primäre Aufgabe an[711]. Charakteristisch für die *Lassalleaner* war die Zentralisierung, während sich die Gewerkschaften *Eisenacher Herkunft* in lokalen und fachlichen Zentralverbänden organisierten und damit auf eine Dachorganisation verzichteten. Der Streit um die „richtige" Organisations- und Agitationsform konnte aber vorerst im Jahre 1875 auf dem *Gothaer Einigungskongreß* beigelegt werden. Die Vertreter der Parteien reagierten auf die bereits im Jahre 1872 von den Gewerkschaften *Eisenacher Herkunft* aufgestellte Forderung nach neutralen, einheitlichen Gewerkschaften und beschlossen daher zunächst die Vereinigung der sozialistischen Parteien (SDAP und ADAV) zur „Sozialdemokratischen Arbeiterpartei" (SAP)[712], die sich ab 1890 „Sozialdemokratische Partei Deutschlands" (SPD) nannte. Im Anschluß daran vereinbarten sie die Zusammenlegung der sozialistischen Gewerkschaften. Das Sozialistengesetz (1878-1890) kam der Umsetzung jedoch zuvor[713]. Erst im

708 Zur weniger bedeutsamen Einzelgewerkschaften vgl. *Schlickum*, Tariffähigkeit, S. 40.

709 Die Gewerkschaften Eisenacher Herkunft werden auch als Gewerksgenossenschaften bezeichnet.

710 *Otto*, Gewerkschaftsbewegung, S. 52; vgl. ausführlich dazu auch *Schneider*, Geschichte, S. 44 ff.; *Sohn*, Berufsverband, S. 11 ff.

711 *Otto*, Gewerkschaftsbewegung, S. 52; *Schneider*, Geschichte, S. 44.

712 *Breuilly*, Liberalismus, S. 129.

713 Siehe unten unter cc.

Jahre 1919 gelang auf dem Nürnberger Gewerkschaftskongreß formal der Zusammenschluß der inzwischen sog. „freien“ Gewerkschaften zum Allgemeinen Deutschen Gewerkschaftsbund (ADGB)[714]. Mit einem Mitgliederhöchstbestand von etwa 8 Millionen im Jahre 1920 war der größte Teil der gewerkschaftlich organisierten Arbeitnehmer in den „freien“ Gewerkschaften vereinigt[715].

Obwohl die „freien“ Gewerkschaften dem Abschluß von Tarifverträgen anfangs grundsätzlich ablehnend gegenüberstanden, sahen sie die Regelung des Tarifwesens gleichwohl als nützlich an[716]. Den Arbeitskampf setzten sie nur ein, um die politischen Ziele der SPD zu unterstützen[717]. Erst gegen Ende des 19. Jahrhunderts gab die freie Gewerkschaftsrichtung ihre Haltung auf. In den Vordergrund ihrer gewerkschaftlichen Ziele rückte nunmehr die Idee der Wirtschaftsdemokratisierung[718].

bb) Als Gegenbewegung zu den sozialistischen Gewerkschaften riefen *Max Hirsch* und *Franz Duncker* im Herbst 1868 nach englischem Vorbild, das heißt nach der englischen Trade Union-Bewegung[719], eine eigenständige Gewerkschaftsorganisation ins Leben[720]. Sie gründeten die Hirsch-Duncker'schen Gewerkvereine, die das Privateigentum bejahten[721], eine Unterstützung der politischen Klassenkampfbewegung aber entschieden ablehnten und daher über eine dem liberalen Gedankengut vergleichbare Ideologie verfügten[722]. Die Gewerkvereine gliederten sich in Berufsgewerkvereine, die wiederum aus einzelnen Ortsvereinen bestanden[723]. Vorrangige Aufgabe der Gewerkvereine war es, die Interessen und Rechte ihrer Mitglieder auf gesetzlichem Wege zu fördern und ein gegenseitiges Unterstützungssystem für die Gewerksmitglieder zu

714 *Däubler/Hege*, Koalitionsfreiheit, S. 26 Rn. 41. Bis zum Kriegsausbruch waren die freien Gewerkschaften nur locker durch die Generalkommission miteinander verbunden, vgl. *Otto*, Gewerkschaftsbewegung, S. 69.

715 Vgl. *Däubler/Hege*, Koalitionsfreiheit, S. 26 Rn. 41; *Kurth*, Geschichte, S. 63; *Schlickum*, Tariffähigkeit, S. 37 f.

716 *Nautz*, Durchsetzung, S. 23.

717 *Gamillscheg*, Kollekt.ArbR., Bd. I, S. 97; vgl. ferner *Mattheier*, Die Gelben, S. 28.

718 *Bahl*, GMH 1978, 397 (401); *Monjau/Heimeier*, Tarifvertragsgesetz vom 09. April 1949, S. 10; *Otto*, Gewerkschaftsbewegung, S. 70 ff.; vgl. auch *Schlickum*, Tariffähigkeit, S. 38.

719 Zu der Trade Union-Bewegung ausführlich *Schröder*, Partei, S. 14 f.

720 Vgl. dazu *Kurth*, Geschichte, S. 59; *Czieslik*, in: IHG, Bd. 1, S. 336 ff.

721 *Gamillscheg*, Kollekt.ArbR., Bd. I, S. 96.

722 Vgl. ausführlich hierzu *Kurth*, Geschichte, S. 59.

723 Weiterführend *Czieslik*, in: IHG, Bd. 1, S. 336.

errichten. Dabei beschränkten die Gewerkvereine den Einsatz des Arbeitskampfes als letztes Mittel ihrer Interessenvertretung auf Auseinandersetzungen allein zur Verbesserung der wirtschaftlichen Lage der Arbeiter[724]. Sie nahmen daher den Tarifabschluß bereits 1869 in ihr Programm auf[725]. Die letztendlich aber sehr zurückhaltenden sozialpolitischen und arbeitsrechtlichen Forderungen und die damit verbundene weitestgehende Streikenthaltung führten zu einem stetigen Mitgliederverlust, der seinen Ausdruck in dem schwindenden politischen Einfluß fand. Die Bedeutung der Gewerkvereine war bis zu ihrer Auflösung im Jahre 1933 deshalb eher gering[726].

cc) Wegen der engen Anbindung der „freien“ Gewerkschaften an die Sozialdemokratische Partei und ihrer damit zwangsläufig verbundenen anti-religiösen Einstellung sahen christliche (katholische und evangelische) Arbeiter ihre Interessen von diesen Gewerkschaften nicht mehr als ausreichend vertreten an[727]. Aufbauend auf katholische und evangelische Gesellen- und Arbeitervereine der 60er Jahre entstanden deshalb ab Mitte der 90er Jahre des 19. Jahrhunderts innerhalb kurzer Zeit als dritte bedeutende deutsche Gewerkschaftsrichtung die christlichen Gewerkschaften[728], die jegliche sozialdemokratische Bestrebungen entschieden ablehnten[729]. Vor allem die Geistlichen waren es, die den Gründungsprozeß der christlichen Gewerkschaften vorantrieben und die spätere Entwicklung beeinflußten[730]. Während anfänglich noch lokale Vereinigungen vorherrschend waren, gingen die christlichen Gewerkschaften sehr rasch zum richtungspolitischen Zusammenschluß über[731]. Nach der christlichen Soziallehre sollten sich Gewerkschaften nicht mit politischen Angelegenheiten, sondern nur mit wirtschaftlichen und sozialen Aufgaben befassen[732]. Das Ziel der christlichen Gewerkschaften bestand deshalb darin, eine friedliche Übereinkunft zwischen Arbeitgebern und Arbeitnehmern zu erreichen[733], also nicht in erster Linie im

---

724 Die ersten größeren Streiks unter Hirsch-Duncker'scher Leitung gab es 1869/70 in Waldenburg, vgl. *Schneider*, Geschichte, S. 81.

725 *Kaskel*, Arbeitsrecht, 3. Aufl., S. 17.

726 So *Abendroth*, Gewerkschaften, S. 15; vgl. dazu auch *Kurth*, Geschichte, S. 60.

727 So *Grebing*, Geschichte, S. 131.

728 Weiterführend *Schneider*, Die Christlichen, passim; *Jansen*, in: IHG, Bd. 1, S. 301 ff.

729 *Gellings*, Geschichte, S. 24; *Schneider*, Geschichte, S. 83.

730 Weiterführend *Schneider*, Geschichte, S. 82; vgl. auch *Gamillscheg*, Kollekt.ArbR., Bd. I, S. 98.

731 Weiterführend *Schneider*, Geschichte, S. 83.

732 Vgl. *Gamillscheg*, Kollekt.ArbR., Bd. I, S. 98; ferner *Gellings*, Geschichte, S. 23.

733 Vgl. die Leitsätze des ersten Kongresses 1899; zit. in: Kulemann, Berufsvereine, Bd. 2, S. 153.

Klassenkampf, sondern in der Versöhnung der Stände mit sozialem Ausgleich[734]. Im Bewußtsein der bestehenden Klassengegensätze hinderte ihre christliche Soziallehre sie dennoch nicht, mit dem Mittel des Streiks am Kampf um die Gleichberechtigung der Arbeiterschaft teilzunehmen[735]. Mit dieser Intention befürworteten auch die christlichen Gewerkschaften den Tarifvertrag als ein adäquates Mittel im Umgang zwischen Arbeitgebern und Arbeitnehmern[736].

dd) Im bewußten Gegensatz zu den drei großen Richtungsgewerkschaften, insbesondere aber als Gegengewicht zu der sozialistischen und freigewerkschaftlichen Arbeiterbewegung, kristallisierte sich nach der Verabschiedung des Sozialistengesetzes (1878) eine wirtschaftsfriedliche Arbeiterbewegung heraus, die sich in wesentlichen Merkmalen von den anderen Arbeitnehmervereinigungen unterschied[737]. Besonders in den industriell entwickelten Gebieten Deutschlands entstand ein neuer Typus der Arbeitnehmerorganisation: der sog. wirtschaftsfriedliche, auch als *„gelbe Gewerkschaft“*[738] bezeichnete, Arbeiterverein[739]. Während im Ergebnis alle damaligen bedeutenden Arbeiterorganisationen den Einsatz des Arbeitskampfes, wenn auch zu unterschiedlichen Zwecken, befürworteten, lehnten die *„gelben Gewerkschaften“* jede Art der organisierten Arbeitsniederlegung, ob in Form des politischen oder des wirtschaftlichen Streiks, entschieden ab - daher auch der Name: wirtschaftsfriedliche Vereinigungen[740]. In der Form eines *Werkvereins* oder einer sog. *Hausgewerkschaft* wurden sie zumeist von den Unternehmern unterstützt und waren daher von ihnen abhängig. Ihre Gewerkschaftseigenschaft und damit ihre Tariffähigkeit war deshalb heftig umstritten[741]. Nicht selten veranlaßten gerade die Arbeitgeber die Gründung der Werkvereine, um den außenstehenden Gewerkschaften die Mitglieder zu entziehen[742]. Entscheidendes Abgrenzungsmerkmal gegenüber den „richtigen“ Gewerkschaften war somit die Streikbereitschaft oder Arbeitskampfbereitschaft. Da eine Arbeitnehmervereinigung, wenn sie durch die Arbeitgeberseite unterstützt

---

734 So *Johann Giesberts* (Redakteur der gewerkschaftlichen Verbandszeitung) auf dem Katholikentag 1906; zit. nach: *Grebing*, Geschichte, S. 128.

735 Vgl. die Beispiele bei *Gamillscheg*, Kollekt.ArbR., Bd. I, S. 98; siehe dazu auch *Schlickum*, Tariffähigkeit, S. 39.

736 Vgl. *Nikisch*, Arbeitsrecht, Bd. I, § 11 I 3; *Monjau/Heimeier*, TVG-Komm., S. 10.

737 *Mattheier*, Die Gelben, S. 15; *Apolant*, Arbeiterbewegung, S. 5. Eingehend hierzu *Vorwerck*, Arbeitnehmerbewegung, passim.

738 Hierzu *Mattheier*, Die Gelben, S. 309 f.

739 Ausführlich *Mattheier*, Die Gelben, S. 24 (FN 43).

740 *Mattheier*, Die Gelben, S. 29.

741 Ausführlich dazu siehe Teil 2/3. Abschnitt unter § 8 I. 2. e. cc.

742 *Gamillscheg*, Kollekt.ArbR., Bd. I, S. 407.

würde, als „gelbe" Gewerkschaft angesehen würde, ist umgekehrt zu schlußfolgern, daß ein Kennzeichen der eigentlichen Gewerkschaften auch die finanzielle und ideelle Unabhängigkeit von der Arbeitgeberseite war. Ein weiteres maßgebliches Unterscheidungsmerkmal der Fabrikvereine und der unternehmerfreundlichen Arbeitervereine zu den „richtigen" Gewerkschaften war folglich auch die Überbetrieblichkeit[743].

e) Entwicklung der Tariffähigkeitsmerkmale in Praxis und Literatur

Aufgrund der fehlenden gesetzlichen Regelung der Tariffähigkeit waren Rechtspraxis und Literatur gezwungen, die Voraussetzungen für die Tariffähigkeit einer Arbeitnehmervereinigung festzulegen[744]. Eine gesonderte, für die Prüfung der Kompetenz zuständige Stelle gab es nicht. Da erst das Arbeitsgerichtsgesetz[745] die arbeitsgerichtliche Rechtsprechung weitgehend auf die Arbeitsgerichtsbarkeit konzentrierte, mußten sich bis dahin verschiedene staatliche Instanzen mit Fragen der Tariffähigkeit und folglich mit der Begriffsbestimmung auseinandersetzen. Stellungnahmen zur Tariffähigkeit von Arbeitnehmervereinigungen tauchten zum Beispiel vereinzelt in den Entscheidungen des Reichsgerichts und der ab 1924 als „vorläufige Arbeitsgerichte" fungierenden Gewerbegerichte auf sowie in den Vorschlägen der Schlichtungsausschüsse, der Reichsarbeitsminister oder des Reichswirtschaftsrats[746]. Daneben versuchten auch die Verbände in gemeinsamen Abkommen, Kriterien für die Tariffähigkeit aufzustellen.

aa) Rechtspraxis

Die Entscheidungen des Reichsgerichts befaßten sich nicht mit der umstrittenen Frage der Tariffähigkeitsvoraussetzungen, sondern nur mit allgemeinen Fragen der Tariffähigkeit[747]. Die Anzahl der Stellungnahmen der Gewerbegerichte[748] und

---

743 So auch *Ramm*, RdA 1968, 412 (414).

744 Vgl. etwa *Jacobi*, Grundlehren, S. 158 - 179; *Kaskel/Dersch*, Arbeitsrecht, 4. Aufl., S. 51; ferner RAG v. 10.04. 1929 - RAG 377/28, ARS 5, 537 (540); RAG v. 10.04. 1924 - RAG 648/1928; ARS 5, 543 (546); hierzu *Nipperdey*, Anm. zu diesen beiden RAG-Entscheidungen ARS 5, 551 (553). Ausführliche Rechtsprechungs- und Literaturangaben bei: *Hueck/Nipperdey*, Arbeitsrecht, 7. Aufl., Bd. II/1, S. 218; *Schrader*, Durchsetzungsfähigkeit, S. 27 ff.

745 Arbeitsgerichtsgesetz vom 23.12. 1926, vgl. RGBl. I, S. 507.

746 Ergänzend sind die Entscheidungen verschiedener Versicherungsämter, der Reichsarbeitsverwaltung und einzelner Landesministerien anzuführen, denen aber für die Bestimmung des Begriffs Tariffähigkeit keine weitere Bedeutung zukommen soll. Ausführlich hierzu *Schlickum*, Tariffähigkeit, S. 144 - 152.

747 Vgl. z. B. RG v. 01.10. 1923 - IV 789/22, RGZ 107, 144 ff.; RG v. 09.10. 1925 -III 237/25, RGZ 111, 354 ff.; RG v. 29.10.1926 - III 550/25, RGZ 115, 177 ff.; RG v. 18.11. 1927 -

des Reichswirtschaftsrates sowie der Reichsarbeitsminister[749], die die Begriffsbestimmung der Tariffähigkeit betrafen, waren so gering, daß ihnen eine bestimmte Tendenz zur Begriffsbestimmung nicht zu entnehmen ist. Auch bei den Schlichtungssprüchen zeichnete sich keine einheitliche Entscheidungspraxis ab[750].

bb) Selbstverständnis der Verbände

In dem Zentralarbeitsgemeinschaftsabkommen vom 15.11. 1918 [751] der industriellen Arbeitgeber und Arbeitnehmer Deutschlands haben die Industriellen die Gewerkschaften als berufene Vertreter der Arbeiterschaft und gleichberechtigte Kontrahenten bei der Regelung der Lohn- und Arbeitsbedingungen anerkannt. Zu den anerkannten tariffähigen Arbeitnehmervereinigungen zählten die den beteiligten Spitzenverbänden angehörenden Gewerkschaften: die freien, die christlichen Gewerkschaften und die Hirsch-Duncker'schen Gewerkvereine. Nach der staatlichen Anerkennung durch das Hilfsdienstgesetz aus dem Jahre 1916 hatten die Arbeitnehmervereinigungen damit ihr zweitwichtigstes Ziel erreicht: die Parität mit dem sozialen Gegenspieler[752]. Signifikant ist, daß die Verbände gemeinsam die Merkmale festlegten, die eine Arbeitnehmervereinigung aufweisen muß, um eine Gewerkschaft und damit tariffähig zu sein. Begriffswesentlich für die Tariffähigkeit waren folgende Grundsätze des sog. Novemberabkommens: Die Arbeitgeber verpflichteten sich in Nr. 3 des Abkommens, insbesondere die sog. „gelben Gewerkschaften“ und die Werkvereine[753] nicht mehr zu unterstützen. Hierzu gehört auch die Aufnahme der Bestimmung in die Satzung, daß die Vereinigung als äußerstes Mittel den Arbeitskampf anwenden kann. Die Verbände sträubten sich damit dagegen, die wirtschaftsfriedlichen Arbeitnehmervereinigungen als Tarifvertragspartei anzuerkennen. Gleichzeitig kamen die Spitzenverbände der Arbeitnehmer- und Arbeitgebervereinigungen in Nr. 6

III 134/27, RGZ 119, 13 ff. Siehe auch *Nipperdey*, in: Dersch/Flatow/Hueck/Nipperdey, Rechtsprechung, Bd. 1, S. 4 - 19 und Bd. 2, S. 1 - 91.

748 Hierzu *Eitel*, Ungleichbehandlung, S. 75 (Fn. 24); ferner *Schlickum*, Tariffähigkeit, S. 146 f. (Fn. 543) m. w. N.

749 Vgl. z. B. RAM v. 06.03. 1925 - III. A. 1003/25, abgedruckt im: RABl. 1925, S. 138 = NZfA 1925, Sp. 303.

750 Vgl. *Eitel*, Ungleichbehandlung, S. 75; siehe ausführlich dazu *Schlickum*, Tariffähigkeit, S. 147.

751 „Abkommen über die Arbeitsgemeinschaft“ vom 15.11. 1918, das auch als „Stinnes-Legien-Abkommen“ oder „Novemberabkommen“ bezeichnet wird. Hierzu ausführlich dazu *Hainke*, Tarifvertragsverordnung, S. 93 - 95; ferner *Schlickum*, Tariffähigkeit, S. 29 f.

752 *Ruck*, Arbeitsgemeinschaft, S. 133 (143).

753 Ausführlich zu den „gelben“ Gewerkschaften und den Werkvereinen siehe oben Teil 2/3. Abschnitt unter § 8 I. 2. d. dd.

überein, die Arbeitsbedingungen in den einzelnen Gewerbezweigen durch Tarifvertrag zu regeln[754]. Eine Begriffsbestimmung der Tariffähigkeit trafen die damaligen Arbeitnehmerspitzenverbände auch in anderen Abkommen. Wie insbesondere die Vereinbarung über „Zusammensetzung, Leitung, Zweck und Mittel der Vereinigungen, die als Arbeitnehmergewerkschaften gelten wollen" vom 02.01. 1920[755] zeigt, sprachen sich die Organisationen in erster Linie für die Fähigkeit zu sozialer Gegenspielerschaft aus[756]. Fraglich ist, ob der Selbsteinschätzung der damaligen Verbände eine Bedeutung für die Gesetzesauslegung beigemessen werden muß.

Einerseits ist das Abkommen kein staatlicher Rechtsakt. Den Abreden kommt lediglich ein privater Charakter zu, da es sich um eine Art Parteiprogramm handelte. Die Wirkung könnte folglich auf die beteiligten Verbände beschränkt gewesen sein[757]. Anderseits kann wegen des fehlenden öffentlichen Charakters nicht ohne weiteres geschlußfolgert werden, daß die Begriffsbestimmung der Arbeitnehmerspitzenverbände zugleich unbedeutend und daher ohne praktische Relevanz für die Entwicklung der Tariffähigkeitsvoraussetzungen war. Zumal - so *Huber*[758] - das Novemberabkommen einen quasi-öffentlichen Charakter hatte, da der Text des Abkommens am Tag der Unterzeichnung durch Verfügung des Rates der Volksbeauftragten im Reichsanzeiger und im Reichsarbeitsblatt veröffentlicht wurde. Grund für die Veröffentlichung war, daß die Leiter der Reichsbetriebe und der Landes- und kommunalen Betriebe seine Bestimmungen beachten sollten[759]. Wenngleich die Bestimmungen des Novemberabkommens der Spitzenverbände vom 15.11. 1918 und der anderen Vereinbarungen nicht umfassend und auch nur für den vorgegebenen Geltungsbereich vorgesehen waren, so lieferte die Selbsteinschätzung der Verbände für die juristische Betrachtung zumindest einen

754 Vgl. dazu *Funke*, Begriff der wirtschaftlichen Vereinigung, S. 35.

755 Abgedruckt im Korrespondenzblatt der Generalkommission der Gewerkschaften Deutschlands v. 22.04. 1919; ebenso bei: *Flatow/Kahn-Freund*, BRG, § 8 Anm. 5; *Nörpel/Gusko*, Gewerkschaften, S. 5 f. Zu anderen gewerkschaftlichen Versuchen einer Begriffsbestimmung der Tariffähigkeit siehe *Nörpel/Gusko*, Gewerkschaften, S. 7 f.

756 *Dütz*, AuR 1976, 65 (70); *Funke*, Begriff der wirtschaftlichen Vereinigung, S. 30.

757 So z. B. *Eitel*, Ungleichbehandlung, S. 74; *Funcke*, Begriff der wirtschaftlichen Vereinigung, S. 35; *Kaskel*, Arbeitsrecht, 1927, S. 905 (911); *Mansfeld*, BRG, § 8 Anm. 2 d; *Sitzler*, Tarifvertragsrecht, § 1 Anm. 2 c; in diese Richtung wohl auch *Bloch*, Tariffähigkeit, S. 24.

758 *Huber*, Wirtschaftsverwaltungsrecht, Bd. 1, S. 360; vgl. ferner *Potthoff*, Sozialdemokratie, S. 79.

759 Vgl. Reichsanzeiger v. 18.11. 1918, S. 273; RABl. 1918, S. 874.

Anhaltspunkt[760]. Die Forderung nach einer Arbeitskampfbereitschaft der damaligen Verbände zeigt, daß sie eine Beschränkung des tariffähigen Kreises für notwendig hielten.

cc) Arbeitsgerichtliche Rechtsprechung und Literatur

Für die arbeitsgerichtliche Rechtsprechung und Literatur war bei der Bestimmung und der Auslegung des Begriffs Tariffähigkeit das Wesen des Tarifvertrages maßgeblich, und zwar wie Sinn und Zweck des Tarifvertrages von den beteiligten Verbänden im Arbeitsleben verstanden worden waren[761]. Nach der Auffassung der am Arbeitsleben beteiligten Verbände hatte der Tarifvertrag die Aufgabe, die nur formell bestehende Gleichberechtigung der beiden Vertragsparteien in ein tatsächliches Gleichgewicht zu bringen. Um diesen Interessenausgleich zu erreichen, sollten insbesondere auf Seiten der Arbeitnehmer Vereinigungen eingesetzt werden,

> „die nach ihrer Grundeinstellung geeignet sind, die Interessen [...] der Arbeitnehmerseite rein und unverfälscht zu vertreten“[762].

Aus der Grundeinstellung der Verbände schlußfolgerten Rechtsprechung und Literatur übereinstimmend, daß eine Vereinigung nur tariffähig sein kann, wenn sie in erster Linie tatsächlich zur „sozialen Gegenspielerschaft“ fähig ist[763]. Daneben entstanden eine Reihe weiterer Voraussetzungen für die Tariffähigkeit, die unter Billigung der vorherrschenden Literatur insbesondere aus einer festen Übung der zuständigen Gerichte und Behörden resultierten, die aber nicht im Zusammenhang mit der sozialen Gegenspielerschaft stehen und auch keine unmittelbaren Folgen für die Bestimmung des tariffähigen Kreises haben. Sie sollen daher nicht Gegenstand der vorliegenden Untersuchung sein[764].

---

760 So auch *Dütz*, AuR 1976, 65 (69); *Flatow/Joachim*, ArbGG-omm. 1926, § 10 Anm. 3 B, S. 101 und 103; *Flatow/Kahn-Freund*, BRG, § 8 Anm. 5 m. w. N.; *Herschel*, Tariffähigkeit, S. 20; *Jacobi*, Grundlehren, S. 158 - 179; *Schlickum*, Tariffähigkeit, S. 29; zu Recht auch der Sozialpolitische Ausschuß des Vorläufigen Reichswirtschaftsrates, sozPrax. 1921, Sp. 656.

761 *Flatow/Joachim*, ArbGG-Komm. 1926, § 10 Anm. 3 B, S. 101; *Kaskel*, Arbeitsrecht 1927, S. 905 (908); *Fraenkel*, ArbRPrax. 1929, 79.

762 Vgl. *Flatow/Joachim*, ArbGG-Komm. 1926, § 10 Anm. 3 B, S. 101; siehe ferner *Mansfeld*, BRG, § 8 Anm. 2; zustimmend auch *Fraenkel*, ArbRPrax. 1929, 79.

763 *Dütz*, AuR 1976, 65 (70); vgl. auch *Fraenkel*, ArbRPrax. 1929, 79 f., der von „sozialer Ebenbürtigkeit“ spricht.

764 Vgl. dazu *Dersch/Volkmar*, ArbGG-Komm., 4. Aufl., § 10 Anm. 4 b cc; *Flatow/Joachim*, ArbGG-Komm. 1926, § 10 Anm. 3 B, S. 101; *Flatow/Kahn-Freund*, BRG, § 8 Anm. 5; *Hueck/Nipperdey*, Arbeitsrecht, 1. und 2. Aufl., Bd. II, S. 142 ff. und 417 ff.; *Jacobi*,

(1) Unabhängigkeit

Richtungweisend für die Anforderungen an die soziale Gegenspielerschaft war für Rechtsprechung und Literatur der besonders in dem Novemberabkommen zum Ausdruck gekommene Gedanke: „Gelbe" Gewerkschaften können die Interessen der Arbeiter nicht wirksam vertreten, weil sie nicht tatsächlich von der Arbeitgeberseite unabhängig sind. Im Gegensatz zu den „richtigen" Gewerkschaften sind sie deshalb nicht in der Lage, die nur formell bestehende Gleichberechtigung der beiden Vertragsparteien in ein tatsächliches Gleichgewicht zu bringen[765]. Aufgrund dieser geschichtlichen Erfahrungen legten Rechtsprechung und Literatur bei der Bestimmung des Gewerkschaftsbegriffs betont Wert auf die vollkommene Selbständigkeit und Unabhängigkeit von der Gegenseite[766]. Dabei herrschte jedoch über den anzulegenden Maßstab Uneinigkeit[767]. Umstritten war, wie sich die Selbständigkeit und Unabhängigkeit im Hinblick auf den organisatorischen Aufbau gestalten sollte[768]. Gleichermaßen uneinheitlich sahen Rechtsprechung und Literatur die Notwendigkeit einer geistigen und ideellen Selbständigkeit[769]. Im Ergebnis war sich die Mehrheit weitgehend darin einig, eine

---

Grundlehren, S. 159; *Kaskel/Dersch*, Arbeitsrecht, 4. Aufl., S. 51; *Kaskel*, Tarifrecht, S. 27; *Mansfeld*, BRG, § 8 Anm. 2 d; *Nipperdey*, Tarifrecht, S. 120; vgl. auch RAG v. 29.09. 1928 - RAG 24/28, RAGE 2, 289 (293 f.); RAG v. 10.10. 1928 - RAG 144/28, RAGE 2, 299 (302 ff.) = ARS 4, 239 (242 ff.).

765 Vgl. *Flatow/Kahn-Freund*, BRG, § 8 Anm. 5.

766 Vgl. *Dersch/Volkmar*, ArbGG-Komm., 4. Aufl., § 10 Anm. 4 b. dd.; *Flatow/Joachim*, ArbGG-Komm. 1926, § 10 Anm. 3 B mit Hinweis auf damalige Regierungserklärungen, S. 102; *Hueck/Nipperdey*, Arbeitsrecht, 1. und 2. Aufl., Bd. II, S. 143; *Kaskel/Dersch*, Arbeitsrecht, 4. Aufl., S. 51; *Mansfeld*, BRG, § 8 Anm. 2 d; *Zerkiebel*, Tariffähigkeit, S. 11; vgl. ferner RAG v. 10.10. 1928 - 144/28, RAGE 2, 299 (302) = ARS 4, 239 (243); RAG v. 09.02. 1929 - 370/28, RAGE 3, 170 (173) = ARS 5, 217 (219); RAG v. 21.05. 1930 - 52/30, RAGE 6, 139 (143) = ARS 9, 487 (491).

767 Vgl. dazu auch *Eitel*, Ungleichbehandlung, S. 78; *Schlickum*, Tariffähigkeit, S. 93 ff.

768 Z. B. forderten *Hueck/Nipperdey*, Arbeitsrecht, Bd. II, 3.- 5. Aufl., S. 167 f., daß Gründung, Satzung und Leitung der Arbeitnehmervereinigung ohne Mitwirkung des Arbeitgebers erfolgen müsse. *Kaskel*, Arbeitsrecht 1927, S. 905 (911) verlangte, daß sich der gesamte Gründungsakt als freier Willensakt darstelle und die Satzung formell von den Arbeitnehmern aufgestellt werde. Das RAG v. 10.11. 1928 - 144/28, RAGE 2, 299 (303) = ARS 4, 231 (236 f.) stellte nicht nur auf die Satzung, sondern auch auf deren Handhabung und auf die Art der Betätigung ab. Dagegen ließ *Richter*, Grundverhältnisse, S. 99 die organisatorische Selbständigkeit gänzlich außer acht.

769 Zustimmend *Dersch/Volkmar*, ArbGG-Komm., 4. Aufl., § 10 Anm. 4 b cc; *Flatow/Joachim*, ArbGG -Komm. 1926, § 10 Anm. 3 B, S. 102; *Flatow/Kahn-Freund*, BRG, § 8 Anm. 5; *Hueck/Nipperdey*, Arbeitsrecht, 1. und 2. Aufl., Bd. II, S. 142 ff., 417 ff.; *Joerges*, ArbRPrax. 1928, 121 (124); *Mansfeld*, BRG, § 8 Anm. 2 d; *Sitzler/Goldschmidt*, Tarifvertragsrecht, § 1 Anm. D b; vgl. auch in std. Rspr. RAG

finanzielle Unabhängigkeit zu fordern[770]. Allerdings konnte keine Übereinstimmung darüber erzielt werden, ob für die finanzielle Unabhängigkeit eine gewisse finanzielle Parität der Tarifvertragsparteien[771] oder die Art der tatsächlich zur Verfügung stehenden finanziellen Mittel der Arbeitnehmerorganisation maßgeblich sein sollte[772].

(2) Überbetrieblichkeit

In engem Zusammenhang mit der Unabhängigkeit der Vereinigung stand die Frage nach der Überbetrieblichkeit[773]. Sie zählte ebenso zu den umstrittenen Fragen wie die Frage nach der Tariffähigkeit der sog. „gelben“ Gewerkschaften[774]. Die zunächst von *Sinzheimer* in seinem Entwurf zu einem Tarifvertragsgesetz aufgeführte Bedingung der Überbetrieblichkeit löste sowohl in der Rechtsprechung als auch in der Literatur besonders im Zusammenhang mit der Errichtung von Werkvereinen einen heftigen Streit aus[775]. Unter Berufung auf die historische Entwicklung forderte die Literatur die überbetriebliche Organisation der Vereinigung, und zwar zum Teil als eigenständiges Merkmal der Tarif-

---

v. 10.10. 1928 - 144/28, RAGE 2, 299 (302) = ARS 4, 239 (243); verneinend z. B. *Jacobi*, Grundlehren, S. 160; *Richter*, Grundverhältnisse, S. 99.

770 Vgl. z. B. *Dersch/Volkmar*, ArbGG-Komm. 4. Aufl., § 10 Anm. 4 b cc; *Flatow/Joachim*, ArbGG-Komm. 1926, § 10 Anm. 3 B, S. 102; *Flatow/Kahn-Freund*, BRG, § 8 Anm. 5; *Hueck/Nipperdey*, Arbeitsrecht, 1. und 2. Aufl., Bd. II, S. 142 ff., 417 ff.; *Kaskel*, Arbeitsrecht, 3. Aufl., S. 26; *Mansfeld*, BRG, § 8 Anm. 2 d; *Sitzler/Goldschmidt*, Tarifvertragsrecht, § 1 Anm. D b; vgl. auch in std. Rspr. RAG v. 10.10. 1928 - 144/28, RAGE 2, 299 (302) = ARS 4, 239 (243).

771 Vgl. z. B. *Nörpel*, Arbeitsrecht 1927, 609 (618); vgl. dazu m. w. N. *Schlickum*, Tariffähigkeit, S. 94 ff.

772 Vgl. z. B. *Mansfeld*, BRG, § 8 Anm. 2 d sowie *Richter*, Grundverhältnisse, S. 99, die allein forderten, daß der Arbeitgeber die Arbeitnehmervereinigung nicht finanziell unterstützt; anders dagegen *Bloch*, Tariffähigkeit, S. 26 und *Joerges*, ArbRPrax. 1928, 121 (124), die fordern, daß die Vereinigung die finanziellen Mittel zur Aufgabenerfüllung allein durch Beiträge ihrer Mitglieder oder durch dem gleichen Berufskreis angehörende Organisationen aufbringt.

773 Bejahend z. B.: *Hueck/Nipperdey*, Arbeitsrecht, 1. und 2. Aufl., Bd. II, S. 147; *Sinzheimer*, Grundzüge des Arbeitsrechts, S. 70; dagegen ausdrücklich verneinend z. B.: *Jacobi*, Grundlehren, S. 178; *Mansfeld*, BRG, § 8 Anm. 2 d.

774 Vgl. *Kaskel*, Tarifrecht, S. 28; *ders.*, Arbeitsrecht 1927, S. 905 (907); *ders.*, Rechtsgutachten für den „Reichsbund vaterländischer Arbeiter- und Werkvereine“, abgedruckt bei: *Nörpel*, Arbeitsrecht 1927, S. 609 ff.

775 *Funke*, Begriff der wirtschaftlichen Vereinigung, S. 32; vgl. ausführlich dazu *F. Müller*, Gewerkschaftsbegriff, S. 48 ff.; *Stelling*, NZA 1998, 920 ff.; LAG *Bielefeld*, v. 16.05. 1928 - 3 AS. 25/28, ARS Bd. 3, 105.

fähigkeit[776] oder als Kriterium der festzustellenden Unabhängigkeit[777]. Das Reichsarbeitsgericht ging dagegen grundsätzlich von der Tariffähigkeit der Werkvereine aus. Als allerdings die Literatur das Argument anführte, eine Vereinigung mit Mitgliedern aus lediglich einem Betrieb sei stets durch die Möglichkeit der Entlassung der Mitglieder von der Arbeitgeberseite abhängig[778], gab das Reichsarbeitsgericht seine anfängliche Haltung auf und schloß sich dem überwiegenden Teil der Literatur an. Es betonte aber, die Tariffähigkeit müsse stets anhand der Umstände des Einzelfalls gewürdigt werden. Deshalb sei auch bei den auf Betriebsebene organisierten Werkvereinen zu prüfen, ob die Vereinigung im konkreten Fall die völlige Unabhängigkeit von der Arbeitgeberseite bewahren könne[779]. Die „gelben" Gewerkschaften, die zumeist unter maßgeblichem Einfluß des sozialen Gegenspielers standen und zudem auch finanziell abhängig waren, zählten im Falle einer ideellen oder finanziellen Abhängigkeit von der Gegenseite daher nicht zu den tariffähigen Arbeitnehmervereinigungen[780].

(3) Arbeitskampfbereitschaft

Die Frage nach dem Erfordernis einer Arbeitskampfbereitschaft der Arbeitnehmervereinigungen löste bereits in der Weimarer Zeit heftige Diskussionen in Rechtsprechung und Lehre aus[781]. Da das Bundesarbeitsgericht das Merkmal der sozialen Mächtigkeit aus dem Kriterium der Arbeitskampfbereitschaft entwickelt

---

776 Vgl. z. B. *Hueck/Nipperdey*, Arbeitsrecht, 1. und 2. Aufl., Bd. II, S. 147; *dies.*, Arbeitsrecht, Bd. II, 3. - 5. Aufl., S. 168 ff.; *Nipperdey*, Anm. zu LAG *Bielefeld* v. 16.05. 1928 - 3 AS. 25/28, ARS Bd. 3, 111.

777 Vgl. z. B. *Dersch/Volkmar*, ArbGG-Komm., 4. Aufl., § 10 Anm. 4 b dd; *Flatow/Joachim*, ArbGG-Komm. 1926, § 10 Anm. 3 B, S. 102.

778 *Flatow/Joachim*, ArbGG-Komm. 1926, § 10 Anm. 3 B, S. 102; *Fraenkel*, ArbRPrax. 1929, 79 (81); so auch *Nipperdey*, Anm. zu LAG *Bielefeld* v. 16.05. 1928 - 3 AS. 25/28, ARS Bd. 3, 111 (112).

779 Vgl. z. B. RAG v. 10.10. 1928 - 144/28, RAGE 2, 299 (302) = ARS 4, 239 (243); so auch LAG *Bielefeld* v. 16.05. 1928 - 3 AS. 25/28, ARS Bd. 3, 105 (108 ff.).

780 *Kaskel*, Tarifrecht, S. 28; RAG v. 10.10. 1928 - RAG 144/28, ARS 4, 239 (242 ff.).

781 Ablehnend z. B. *Bloch*, Tariffähigkeit, S. 24; *Hueck/Nipperdey*, Arbeitsrecht, 1. und 2. Aufl., Bd. II, S. 154; *Jacobi*, Grundlehren, S. 161; *Mansfeld*, BRG, § 8 Anm. 2 d; vgl. auch *Neumann*, Tarifrecht, S. 35; siehe auch RAG v. 29.09. 1928 - RAG 24/28, RAGE 2, 189 (293 f.) mit Nachweisen auf gegenteilige Stellungnahmen der Literatur; zustimmend auch *Kaskel*, Rechtsgutachten für den „Reichsbund vaterländischer Arbeiter- und Werkvereine", abgedruckt bei *Nörpel*, Arbeitsrecht 1927, S. 609 ff., der fordert, daß die Arbeitnehmerpartei mindestens in der Lage sein muß, Kampfhandlungen vorzunehmen, um die Arbeitgeberpartei zur Regelung strittiger Fragen des Arbeitsverhältnisses einzulassen; vgl. ferner *Kaskel*, Arbeitsrecht, 3. Aufl., S. 26.

hat[782], soll auf die arbeitsgerichtliche Rechtsprechung näher eingegangen werden[783].

Das Reichsarbeitsgericht[784] sprach sich in ständiger Rechtsprechung gegen die Forderung nach einer Arbeitskampfbereitschaft aus. Nach seiner Auffassung war es nicht ausgeschlossen, daß eine Lösung arbeitsrechtlicher Streitfragen mit friedlichen Mitteln herbeigeführt werden könne, zum Beispiel mittels eines Vergleiches oder eines Schiedsspruchs. Aus Sicht des Reichsarbeitsgerichts konnte das staatliche Schlichtungswesen den Arbeitskampf abwenden. Das Reichsarbeitsgericht betonte aber, daß eine Arbeitnehmervereinigung in der Lage sein muß,

> „ihre eigenen Interessen gegenüber der Arbeitgeberseite, und zwar nötigenfalls auch gegen deren Willen, *durchzusetzen...*“[785]

Als Orientierungshilfe gab das Reichsarbeitsgericht für die Bestimmung der „Durchsetzungsfähigkeit“ vor, inwieweit sich „auch sonst im [Rechts-] Verkehr eine selbständige Person gegenüber einer anderen selbständigen Person [ihren Willen] durchsetzen kann“[786]. In späteren Entscheidungen hat es diese Rechtsauffassung wiederholt[787] und hinzugefügt[788],

> „daß für die Bejahung der Tariffähigkeit einer Vereinigung eine ernstliche Betätigung im Sinne eines Abschlusses und der Einhaltung von Tarifverträgen, nicht aber die Einwirkung auf die Gestaltung der einzelnen Arbeitsverhältnisse im Wege des Arbeitskampfes erforderlich sei, sondern auch wirtschaftsfriedliche Verständigung genüge, sofern nur die Vereinigung in der Lage sei, ihre eigenen Belange gegenüber der anderen Partei, notfalls auch gegen deren Willen, *in verkehrsüblicher Weise durchzusetzen*“.[789]

---

782 Vgl. dazu oben Teil 1 unter § 3 II.

783 Vgl. dazu auch *Schrader*, Durchsetzungsfähigkeit, S. 29 f.

784 Vgl. RAG v. 10.10. 1928 - 144/28, RAGE 2, 299 (302) = ARS 4, 239 (243); RAG v. 09.02. 1929 - 370/28, RAGE 3, 170 (173) = ARS 5, 217 (219); RAG v. 21.05. 1930 - 52/30, RAGE 6, 139 (143) = ARS 9, 487 (491).

785 Hervorhebungen durch die Verfasserin.

786 RAG v. 29.09. 1928 - 24/28, RAGE 2, 289 (294) = ARS 4, 294 (298).

787 Vgl. z. B. RAG v. 10.10. 1928 - 144/28, RAGE 2, 299 (302) = ARS 4, 239 (243); RAG v. 09.02. 1929 - 370/28, RAGE 3, 170 (173) = ARS 5, 217 (219); RAG v. 21.05. 1930 - 52/30, RAGE 6, 139 (143) = ARS 9, 487 (491).

788 RAG v. 21.05. 1930 - 52/30, RAGE 6, 139 (143) = ARS 9, 487 (491).

789 Hervorhebungen durch die Verfasserin.

Den Terminus der sozialen Mächtigkeit verwendet das Reichsarbeitsgericht allerdings nicht. Ohne den Begriff näher zu typisieren, spricht es vielmehr davon, daß die Arbeitnehmervereinigungen in der Lage sein müssen:

> den „sozialen Gegenspieler“ zu bilden[790].

Für den Begriff des „sozialen Gegenspielers“ stellte das Reichsarbeitsgericht auf eine Wertung im Einzelfall ab[791]. Den sog. wirtschaftsfriedlichen Vereinigungen verwehrte es daher die Tariffähigkeit nicht, wenn sie die notwendige Unabhängigkeit besaßen[792]. Dieser Rechtsauffassung ist das Reichsarbeitsgericht treu geblieben. Erst das Bundesarbeitsgericht griff den gedanklichen Ansatzpunkt der Fähigkeit zur „sozialen Gegenspielerschaft“ in Form von sog. Mindestvoraussetzungen für die Tariffähigkeit wieder auf[793].

Einen Hinweis für eine im Rahmen der Zuerkennung der Tariffähigkeit geforderte bestimmte Größe und Organisationsstrukur einer Koalition liefert die Rechtsprechung des Reichsarbeitsgerichts[794] aber letztendlich, wenn sie betonte:

> „Die Tariffähigkeit setzt eine ausgebaute für die Tarifverantwortung tragfähige Organisation voraus, die einige Gewähr für ihre eigene Beständigkeit und Tariftreue und einer satzungsmäßig begründeten Einflußnahme auf die Mitglieder bietet.“

Wie die heutige Rechtsprechung des Bundesarbeitsgerichts[795] so führte demnach auch das Reichsarbeitsgericht die Notwendigkeit starker tariffähiger Organisation auf die den Tarifvertragsparteien obliegende Aufgabe, das Arbeitsleben sozial zu befriedigen, zurück. Nur größere Organisationen waren danach also in der Lage, ihrer „Tarifverantwortung“ gerecht zu werden.

---

790 RAG v. 29.09. 1928 - 24/28, RAGE 2, 289 (292) = ARS 4, 294 (296); vgl. dazu auch *Fraenkel*, ArbRPrax. 1929, 79 (80).

791 Vgl. z. B. RAG v. 09.02. 1929 - 370/28, RAGE 3, 170 (173) = ARS 5, 217 (219).

792 Vgl. z. B. RAG v. 10.10. 1928 - RAG 144/28, RAGE 2, 299 (302 ff.) = ARS 4, 239 (242 ff.).

793 Ausführlich dazu siehe oben Teil 1 unter § 3 II. 2.

794 RAG v. 30.04. 1930 - RAG RB 3/30, ARS 9, 108 (LS 3).

795 Vgl. insoweit nur BAG v. 15.03. 1977 - 1 ABR 16/75, AP Nr. 24 zu Art. 9 GG (unter III. 1. der Gründe) = BAGE 29, 72 (80) im Anschluß an das BVerfG v. 06.05. 1964 - 1 BvR 79/62, AP Nr. 15 zu § 2 TVG (unter B. II. 1. der Gründe) = BVerfGE 18, 18 (28) und BVerfG v. 18.11. 1954 - 1 BvR 629/52, AP Nr. 1 zu Art. 9 GG (unter C. 2. b. bb. der Gründe) = BVerfGE 4, 96 (107).

In der Literatur tauchte der Begriff der Verbandsmächtigkeit im Zusammenhang mit der Bestimmung des tariffähigen Kreises ebenso nicht ausdrücklich auf. Gleichwohl werden auch hier Ansätze eines notwendigen Korrektivs sichtbar, die die Durchsetzungsfähigkeit im heutigen Sinne umschreiben. So forderte ein Teil der Lehre für die Tariffähigkeit, wenn auch nicht aus rechtlichen Erwägungen so zumindest aus faktischen Gründen, eine bestimmte Anzahl von Mitgliedern der Organisation. Denn eine Vereinigung müsse, um ihren Forderungen nachhaltig Ausdruck verleihen zu können, einen gewissen Umfang der Mitglieder erreichen. Wann eine ausreichende Mitgliederzahl vorliegt, sollte dabei stets anhand einer Wertung im Einzelfall getroffen werden[796].

f) Auswirkungen der Schlichtungsverordnung vom 30.10. 1923

In diesem Zusammenhang muß noch darauf eingegangen werden, daß sich die Entwicklung des Tarifrechts und damit auch die Notwendigkeit bestimmte an die Tariffähigkeit zu stellende Anforderungen entscheidend veränderte, als der Staat die Verordnung über das Schlichtungswesen vom 30.10. 1923[797] erließ. Nach § 6 Abs. 3 der Schlichtungsverordnung konnten die staatlichen Behörden in die tariflichen Auseinandersetzungen zwischen Arbeitnehmer- und Arbeitgeberverbänden eingreifen, wenn die Tarifverhandlungen gescheitert waren. Die Besonderheit der staatlichen Vermittlung lag darin, daß auch gegen den Willen der Sozialpartner eine verbindliche Schlichtung vorgenommen werden konnte[798]. Unabhängig davon, ob die staatliche Zwangsschlichtung für beide Tarifvertragsparteien zu sinnvollen Ergebnissen geführt hat, kann jedenfalls nicht von einem freien Aushandeln der Arbeits- und Wirtschaftsbedingungen gesprochen werden[799].

Auf der einen Seite war es zwar möglich, die Großindustrie zum Abschluß von Tarifverträgen zu zwingen. Durch die Schwächung der Gewerkschaften hatte sich eine Tarifunwilligkeit verbreitet[800]. Die Schlichtung erreichte daher, wenn über-

---

796 *Kaskel/Dersch*, Arbeitsrecht, 4. und 5. Aufl., S. 52; vgl. ferner *Zerkiebel*, Tariffähigkeit, S. 11; a. A. vgl. z. B. *Jacobi*, Grundlehren, S. 178; zustimmend *Hueck/Nipperdey*, Arbeitsrecht, 1. und 2. Aufl., Bd. II, S. 138 (Fn. 5).

797 RGBl. 1923 I, S. 1043.

798 *Däubler/Hege*, Koalitionsfreiheit, S. 26 f. Rn. 42; vgl. ausführlich dazu auch *Futter*, Schlichtungswesen, S. 13; *Gamillscheg*, Kollekt.ArbR., Bd. I, S. 1300 f.; *Schrader*, Durchsetzungsfähigkeit, S. 32; vgl. ferner *Zachert*, Tarifvertrag, S. 77.

799 Zutreffend *Bahl*, GMH 1978, 397; ferner *Schrader*, Durchsetzungsfähigkeit, S. 33; *Zachert*, Tarifvertrag, S. 77.

800 *Däubler/Hege*, Koalitionsfreiheit, S. 26 f. Rn. 42; vgl. ferner *Däubler*, in: Däubler, Arbeitskampfrecht, Rn. 24.

haupt, gegenüber der tariffeindlichen Großindustrie eine Schutz- und Garantiefunktion für den Tarifvertrag, wobei das Moment der Tarifvertragsförderung noch überwog[801]. Auf der anderen Seite wirkte die Schlichtung in ihrer damaligen Form jedoch nicht nur stabilisierend, sondern überwiegend destabilisierend. Als Instrument innerstaatlicher Intervention ersetzte das Schlichtungssystem zunehmend die ursprünglichen Funktionen der Tarifvertragsparteien. Ende der Weimarer Zeit waren etwa 80 Prozent der damaligen Tarifverträge mit Hilfe der staatlichen Zwangsschlichtung zustande gekommen, dagegen nur 20 Prozent durch eigenständiges Aushandeln der Tarifpartner[802], obwohl der Zwangsschlichtung ursprünglich nur ein hilfsweiser Charakter zugedacht war[803]. Die Gewerkschaften hatten sich zu dieser Zeit von ihrer wirtschaftlichen Position, das heißt von ihrer Stärke als dem ohne jede sonstige rechtliche Absicherung wirksamsten Schutz für einen Tarifvertrag, weit entfernt[804]. In dem neuen gewerkschaftlichen Ziel der „Wirtschaftsdemokratisierung" sah *Bahl* „die eindeutige [...] Vernachlässigung der Autonomie der gewerkschaftlichen Organisation und damit ihrer unabhängigen ‚Organisationsmacht' und Durchsetzungsfähigkeit"[805]. Aufgrund der Inflation und des damit verbundenen starken Mitgliederrückgangs steckte die Arbeitskampfbereitschaft in einer Krise, die die Reichsregierung veranlaßte, die Verordnung über das Schlichtungswesen zu erlassen[806]. Ferner sollte die Streitbeilegung nur Auswirkung und nicht Hauptzweck des Schlichtungswesens sein[807]. Die Schlichtungspraxis stellte jedoch die Verhütung und Beilegung von Arbeitskämpfen in den Vordergrund[808]. Damit machte die staatliche Zwangsschlichtung jede sich auf zu regelnde Fragen im Arbeitsverhältnis bezogene Arbeitsniederlegung unmöglich und schränkte folglich die den Verbänden durch die Weimarer Verfassung eingeräumte Tarifautonomie, zu

---

801 Zutreffend *Zachert*, Tarifvertrag, S. 77; vgl. ferner *Brauchitsch*, Aushöhlung der Tarifautonomie, S. 141.

802 Überblick der damaligen Tarifsituation bei: *Bähr*, Staatliche Zwangsschlichtung, S. 319. Vgl. ferner *Brauchitsch*, Aushöhlung der Tarifautonomie, S. 141; *Gamillscheg*, Kollekt.ArbR., Bd. I, S. 1301.

803 *Futter*, Schlichtungswesen, S. 11; *Zachert*, Tarifvertrag, S. 77.

804 *Bahl*, GMH 1978, 397 (400). Ausführlich zur sozialen und politischen Machtverschiebung der Gewerkschaften siehe auch *Ruck*, Arbeitsgemeinschaft, S. 133 (143 ff.).

805 *Bahl*, GMH 1978, 397 (401). Zur „Wirtschaftsdemokratie" vgl. *Nautz*, Durchsetzung, S. 38.

806 *Däubler/Hege*, Koalitionsfreiheit, S. 26 f. Rn. 42.

807 Vgl. *Futter*, Schlichtungswesen, S. 14; vgl. dazu auch BVerfG v. 06.05. 1964 - 1 BvR 79/62, AP Nr. 15 zu § 2 TVG (unter B. III. 2. a. der Gründe) = BVerfGE 18,18 (31).

808 Vgl. dazu *Futter*, Schlichtungswesen, S. 14 m. w. N. und zu den damit verbundenen Schwierigkeiten für das Schlichtungswesen S. 15.

der als zulässiges Druckmittel auch der Arbeitskampf gehört, unverhältnismäßig ein[809].

Bei einer staatlichen Zwangsschlichtung kann davon ausgegangen werden, daß beide Sozialpartner auf irgendeine Weise benachteiligt werden[810]. Wie der Ruhreisenstreik im Jahre 1928 zeigte - trotz Verbindlichkeitserklärung durch den Reichsarbeitsminister hatten die Arbeitgeber mehr als 200.000 Arbeitnehmer ausgesperrt - bewährte sich die Zwangsschlichtung im Ergebnis nicht. Arbeitnehmer und Arbeitgeber versuchten auf verschiedene Weise, wie zum Beispiel mit einer „gewollten Tarifunfähigkeit“[811], dem Zwangstarif auszuweichen[812]. Das Reichsarbeitsgericht erklärte die Zwangsschlichtung für unzulässig[813]. § 65 Ziff. 7 des Gesetzes zur Ordnung der nationalen Arbeit vom 21.01. 1934 (AOG)[814] hob später die staatliche Schlichtung auf. Das heutige Tarifvertragsrecht sieht ein Schlichtungssystem vor, dem sich die Tarifvertragsparteien freiwillig unterwerfen können[815]. Die Erfahrungen der Weimarer Zeit haben daher gezeigt, daß die Entwicklung eines Korrektivs nicht durch den Staat zwingend vorgeschrieben, sondern vielmehr Rechtsprechung und Literatur unter Wahrung der geschicht-

809 Zutreffend die heute herrschende Ansicht: z. B. *Brauchitsch*, Aushöhlung der Tarifautonomie, S. 139 f.; *Gamillscheg*, Kollekt.ArbR., Bd. I, S. 1304 m. w. N.; ferner *Otto*, in: MünchArbR, Bd. 3, §§ 294 Rn. 14 und 296 Rn. 14 ff.; *Zachert*, Tarifvertrag, S. 77.

810 So zu Recht *Däubler*, in: Däubler, Arbeitskampfrecht, Rn. 24, der darauf hinweist, daß trotz grundsätzlich möglicher Vorteile für beide Tarifvertragsparteien je nach politischer Ausrichtung des Staates vorrangig bestimmte Interessen unterstützt werden. Siehe auch *Schrader*, Durchsetzungsfähigkeit, S. 33.

811 Ein Fall der „gewollten Tarifunfähigkeit“ lag vor, wenn ein Verband zum Beispiel - um sich dem Anwendungsbereich der Schlichtungsverordnung vom 30.10. 1923 zu entziehen - darauf verzichtete, den Abschluß von Tarifverträgen als satzungsmäßige Aufgabe festzuhalten. Ausführlich hierzu *Löwisch*, ZfA 1974, 29 ff.

812 *Sitzler/Goldschmidt*, Tarifvertragsrecht, § 1 Anm. D b. Vgl. auch die Stellungnahmen der Arbeitgeber bei *Brauchitsch*, Aushöhlung der Tarifautonomie, S. 144 ff. und für die Stellungnahmen der Arbeitnehmer S. 152 ff. , die allerdings eine tarifvertraglich vereinbarte Zwangsschlichtung befürworteten, wie bereits in Nr. 8 des Novemberabkommens vom 15.11. 1918 festgelegt; siehe hierzu auch *Nautz*, Durchsetzung, S. 37; ferner *Bahl*, GMH 1978, 397 (400 f.).

813 RAG v. 22.01. 1929, RAGE 3, 178 ff. Zu den Auswirkungen des Ruhrstreits siehe *Bahl*, GMH 1978, 397 (400); *Bähr*, Staatliche Schlichtung, S. 250 ff.; vgl. ferner *Zachert*, Tarifvertrag, S. 77 f.

814 RGBl. I, S. 45.

815 In einzelnen Bundesländern existieren heute noch subsidiär staatliche Schlichtungsstellen. Hierzu *Gamillscheg*, Kollekt.ArbR., Bd. I, S. 1302 f.; *Otto*, in: MünchArbR, Bd. 3, § 296; *Schumann*, in: Däubler, Arbeitskampfrecht, Rn. 218.

lichen Zusammenhänge überlassen sein muß[816]. Weil gegen Ende der Weimarer Zeit die für den sozialpolitischen Erfolg der Tarifautonomie unentbehrliche soziale Parität der Tarifvertragsparteien[817] nicht durch entsprechende, an die Arbeitnehmervereinigungen gestellte Tariffähigkeitsvoraussetzungen geschützt worden ist, muß das Scheitern der Tarifautonomie[818] in dieser Zeit letztendlich auch auf die unzulängliche Bestimmung der Tariffähigkeit der Arbeitnehmervereinigung zurückgeführt werden[819].

g) Wertende Zusammenfassung

Für die Weimarer Zeit läßt sich insgesamt festhalten: Rechtsprechung und Literatur haben unter Berücksichtigung der Entwicklung der Verbände vor allem Wert auf die „Fähigkeit zu sozialer Gegenspielerschaft" gelegt. Übereinstimmend bildete dabei die völlige Unabhängigkeit der Arbeitnehmervereinigung von der Arbeitgeberseite das maßgebliche Kriterium[820]. Umstritten war dagegen in der Lehre die Forderung nach einer überbetrieblichen Organisation sowie der Fähigkeit und Bereitschaft zum Arbeitskampf als über die „Grundvoraussetzungen" der Tariffähigkeit hinausgehende Voraussetzungen. Obwohl das Merkmal „Durchsetzungsfähigkeit" nur im Zusammenhang mit einer zumindest faktisch erforderlichen Mitgliederzahl der Arbeitnehmervereinigung eine Rolle spielte, so zeigt der Streit doch deutlich, daß ein Teil der Lehre zwischen tariffähigen und nicht tariffähigen Vereinigungen unterschied und somit bestimmte Mindestvoraussetzungen für die Tariffähigkeit auf Arbeitnehmerseite verlangte[821]. Das Reichsarbeitsgericht lehnte beide Voraussetzungen ab. Es griff jedoch den Gedanken der Fähigkeit zu sozialer Gegenspielerschaft auf und betonte damit ausdrücklich, eine Arbeitnehmervereinigung müsse in der Lage sein, ihre Interessen notfalls auch gegen den Willen der Arbeitgeberseite durchzusetzen. Auch wenn die Durchsetzungsfähigkeit - wie insbesondere die Forderung nach einer ausgebauten für die Tarifverantwortung tragfähigen Organisationsstruktur zeigt - nur ansatzweise aus den Überlegungen hervortrat, sah also auch das Reichsarbeitsgericht die Notwendigkeit, den tariffähigen Kreis

---

816 So im Ergebnis auch *Schrader*, Durchsetzungsfähigkeit, S. 37.

817 Vgl. dazu BAG v. 15.03. 1977 - 1 ABR 16/75, AP Nr. 24 zu Art. 9 GG (unter III. 3. der Gründe) = BAGE 29, 72 (82); BAG v. 14.03. 1978 - 1 ABR 2/76, AP Nr. 30 zu § 2 TVG (unter III. 2. der Gründe).

818 Vgl. *Hartwich*, Arbeitsmarkt, S. 357; *Blanke/Erd/Mückenberger/Stascheit*, Kollekt.ArbR, S. 153.

819 So zu Recht *Schlickum*, Tariffähigkeit, S. 228.

820 Zutreffend *Dütz*, AuR 1976, 65 (70); *Wahl*, Relativität, S. 21.

821 Vgl. a. A. *Gamillscheg*, Kollekt.ArbR., Bd. II, S. 51.

zu beschränken. Das Erfordernis eines Korrektivs war folglich dem Tarifvertragsrecht der Weimarer Zeit immanent[822].

3. Zeit des Nationalsozialismus

Der Nationalsozialismus unterbrach die Entwicklung des Tarifvertragsrechts mit der Auflösung der Gewerkschaften und Arbeitgeberverbände im Jahre 1933 abrupt. An die Stelle von Tarifverträgen trat die totale staatliche Lenkung, wodurch die in der Weimarer Zeit eingeführte staatliche Zwangsschlichtung entfiel. Zunächst regelten staatliche Behörden die Arbeitsbedingungen treuhänderisch. Später ersetzte das „Gesetz zur Ordnung der nationalen Arbeit“ (AOG) vom 20.01. 1934[823] die Tarifverträge durch staatliche Rechtsverordnungen[824]. Obwohl die Tarifautonomie völlig beseitigt war und die Gewerkschaften ihre wichtigste Aufgabe, die Aushandlung und Festsetzung von Arbeitsbedingungen durch Tarifvertrag, an den Staat verloren[825], war der Einfluß des Nationalsozialismus für die Weiterentwicklung der Gewerkschaftsbewegung und für das Verständnis des Gewerkschaftsbegriffs, insbesondere im Hinblick auf das Merkmal soziale Mächtigkeit, für die Zeit nach dem Zusammenbruch des Nationalsozialismus nicht von nennenswerter Bedeutung[826]. Denn das Tarifrecht knüpfte an den Zustand der Weimarer Zeit an[827].

II. Entwicklung bis in die Gegenwart

Mit der Beseitigung des Nationalsozialismus konnten sich die Gewerkschaften und Arbeitgeberverbände wieder frei bilden. Wenn auch anfangs wegen der besonderen Situation der Nachkriegszeit nur zögerlich, erlangten die Verbände alsbald ihre Autonomie vollständig zurück. Der Weg zur Entstehung eines Tarifvertragsgesetzes war damit frei[828].

---

822 So auch *Schrader*, Durchsetzungsfähigkeit, S. 31; a. A. vgl. z. B. *Eitel*, Ungleichbehandlung, S. 81 f.; *Hemmen*, Durchsetzungsfähigkeit, S. 30; *Wiedemann*, Gemeinsame Anm. zu BAG v. 15.03. 1977 - 1 ABR 16/75, AP Nr. 24 zu Art. 9 GG und v. 14.03. 1978 - 1 ABR 2/76, AP Nr. 30 zu § 2 TVG.

823 RGBl. I, S. 45.

824 Ausführlich hierzu *Hueck/Nipperdey*, Arbeitsrecht, 7. Aufl., Bd. II/1, S. 219 f.; *Nipperdey*, BB 1948, 157 (158); siehe ferner mit weiteren Nachweisen *Schrader*, Durchsetzungsfähigkeit, S. 34 ff.

825 Weiterführend dazu *Hueck/Nipperdey*, Arbeitsrecht, 6. Aufl., Bd. II, S. 87 f.

826 So auch *Schrader*, Durchsetzungsfähigkeit, S. 34.

827 Vgl. ausführlich hierzu *Hueck/Nipperdey*, Arbeitsrecht, 7. Aufl., Bd. II/1, S. 220 ff.

828 Vgl. dazu *Hueck/Nipperdey*, Arbeitsrecht, 7. Aufl., Bd. II/1, S. 220 ff.

1. Der Weg bis zur Entstehung des Tarifvertragsgesetzes

Zwar trat die TVVO von 1918[829] nach Beendigung des Nationalsozialismus nicht automatisch wieder in Kraft, denn sie war durch § 65 Ziff. 6 AOG[830] aufgehoben worden, der seinerseits mit Wirkung zum 01.01. 1947 durch das Kontrollratsgesetz Nr. 40 vom 30.11. 1946 abgelöst worden ist[831]. Dennoch bildeten die in der Weimarer Zeit entwickelten tarifrechtlichen Prinzipien die Grundlage für die Schaffung verschiedener Gesetzesentwürfe eines Tarifvertragsgesetzes[832]. Allerdings herrschten Zweifel darüber, inwieweit die Regelungen der TVVO vom 23.12. 1918 herangezogen werden konnten[833]. Anhand von verschiedenen Hinweisen des Besatzungsrechts - insbesondere den Kontrollratsgesetzen Nr. 21 und 22 - betrachteten Praxis und Literatur die alten Regelungen der TVVO als Wesensmerkmale des Tarifvertragstypus′ nach deutschem Recht[834], teilweise auch als Gewohnheitsrecht[835] oder wendeten sie, auf die Weitergeltung der Art. 159 und 165 WeimRV gestützt[836], an[837]. Als aber am 03.11. 1948 das Gesetz zur Aufhebung des Lohnstops in Kraft trat, das die unbeschränkte Tarifvertragsfreiheit zum 10.11. 1948 einführte, wodurch eine Bindung der Tarifverträge an die bisher festgelegten Arbeitsbedingungen entfiel, fehlte es für den Erlaß von Tarifverträgen an jeglicher gesetzlicher Rechtsgrundlage. Die Alliierten machten deshalb die Schaffung eines umfassenden Tarifvertragsgesetzes zu einer ihrer wichtigsten Aufgaben. Ziel war es, aus Rechtssicherheitsgründen ein gegenüber der TVVO von 1918 lückenloses Tarifwerk zu schaffen[838].

---

829 In der Fassung vom 01.03. 1928, RGBl. I, S. 47.

830 Gesetz zur Ordnung der nationalen Arbeit vom 20.01. 1934, RGBl. I, S. 45.

831 Ausführlich zur Übergangszeit vgl. BAG v. 12.10. 1955 - 1 ABR 13/54, AP Nr. 1 zu § 56 BetrVG = BAGE 2, 165 ff.; vgl. auch *Hueck/Nipperdey*, Arbeitsrecht, 7. Aufl., Bd. II/1, S. 220 ff.; *Hueck/Nipperdey/Stahlhacke*, TVG-Komm., 4. Aufl., Einl. S. 12; *Nipperdey*, BB 1948, 157 (159). Zur Rechtslage des Tarifvertrages in den Ländern der französischen Besatzungszone siehe *Fechner*, RdA 1950, 129 ff.

832 Vgl. die Materialien zur Entstehung des Tarifvertragsgesetzes vom 09.04. 1949, ZfA 1973, 129 ff. Hierzu auch *Oetker*, in: Wiedemann, TVG-Komm., Geschichte, Rn. 20 ff.

833 *Hueck/Nipperdey/Stahlhacke*, TVG-Komm., 4. Aufl., Einl. S. 13.

834 LAG *Bremen* v. 19.05. 1948 - AE 49 Nr. 52 (zit. bei: *Galperin*, DRZ 1950, 148 (Fn. 11)); *Herschel*, Arbl.Bl. brit. Z. 1947, 443; *Nipperdey*, BB 1948, 157.

835 LAG *Schleswig-Holstein* v. 27.11. 1948 - 1 Sa 190/48 (zit. bei: *Dreschers*, Entwicklung, S. 96; *Galperin*, DRZ 1950, 148 (Fn. 12)).

836 ArbG *Bremen* v. 18.11. 49 - Ca 1662/49 (zitiert bei *Galperin*, DRZ 1950, 148 (Fn. 13)).

837 *Galperin*, DRZ 1950, 148; ähnlich auch *Dreschers*, Entwicklung, S. 96.

838 *Hueck/Nipperdey*, Arbeitsrecht, 7. Aufl., Bd. II/1, S. 221; *Hueck/Nipperdey/Stahlhacke*, TVG-Komm., 4. Aufl., Einl. S. 13.

Nach einigen Vorentwürfen zum Tarifvertragsgesetz, die allerdings nicht veröffentlicht worden sind[839], brachte schließlich die SPD-Fraktion im Wirtschaftsrat für das Vereinigte Wirtschaftsgebiet den sog. Gewerkschaftsentwurf[840] ein[841]. Im wesentlichen anlehnend an die Regelungen der TVVO von 1918 sah dieser Gesetzesentwurf - wie auch die anderen Vorentwürfe[842] - vor allem in einem Punkt eine Neuerung vor: Anstelle des Begriffs „Vereinigungen von Arbeitnehmern“ sprach der Entwurf von „Gewerkschaften“. Das Tarifvertragsgesetz vom 09.04. 1949[843] übernahm diesen Gesetzesvorschlag. Die Tariffähigkeit auf Arbeitnehmerseite ist daher mittelbar durch den Begriff „Gewerkschaften“ umschrieben[844]. Eine Begriffsbestimmung der Tariffähigkeit hat der Gesetzgeber allerdings in den früheren wie in den heute gültigen Tarifvertragsvorschriften unterlassen. Mit Meinungsverschiedenheiten darüber, was im Sinne der Verordnung unter einer Gewerkschaft zu verstehen ist, sei nicht zu rechnen - lautete die damalige Begründung. Die Neufassung des Wortlauts hatte das Ziel, den Gesetzestext an den allgemeinen Sprachgebrauch anzupassen, weil der Begriff der Gewerkschaft mittlerweile in der Rechtslehre eindeutig war[845]. Ferner herrschte Einigkeit darüber, in einer so ereignisreichen Zeit, in der sich alles im Fluß befindet und es deshalb auf ein Höchstmaß an Flexibilität ankommt, starre Begriffe und damit eine frühzeitige Festlegung über den Kreis der Tariffähigen vermeiden zu wollen[846]. Die Grundfragen des Tarifrechts sollten lediglich in einem kurzen und klaren Gesetz festgelegt werden, eine erschöpfende und einheitliche Regelung dagegen einer späteren Zeit, in der sich die sozialen und wirtschaftlichen Verhältnisse stabilisiert hätten, überlassen werden[847].

---

839 Vgl. die Materialien zur Entstehung des Tarifvertragsgesetzes vom 09.04. 1949, abgedruckt in: ZfA 1973, S. 129 ff. Hierzu auch *Hueck/Nipperdey/Stahlhacke*, TVG-Komm., 4. Aufl., Einl. S. 14; ferner *Oetker*, in: Wiedemann, TVG-Komm., Geschichte, Rn. 20 ff.

840 Drucksachen des Wirtschaftsrats 1948 Nr. 613.

841 *Monjau/Heimeier*, Tarifvertragsgesetz vom 09. April 1959, S. 14.

842 Vgl. Materialien zur Entstehung des Tarifvertragsgesetzes vom 09.04. 1949, abgedruckt in ZfA 1973, S. 129 ff.

843 Heute gilt das TVG in der Bekanntmachung v. 25.08. 1969 (BGBl. I, S. 1323), zuletzt geändert durch Heimarbeitsänderungsgesetz vom 29.10. 1974 (BGBl. I, S. 2879).

844 *Herschel*, ZfA 1973, 183 (189).

845 *Herschel*, ZfA 1973, 183 (189); *Hueck/Nipperdey*, TVG-Komm., § 2 Rn. 9; so auch die Begründung zu dem sog. *Lemgoer* Entwurf [abgedruckt in: ZfA 1973, 129 (133)] auf den sich der Gewerkschaftsratsentwurf stützt, vgl. ZfA 1973, 129 (146).

846 *Herschel*, ZfA 1973, 183 (189); vgl. ebenso *Hessel*, BB 1950, 621 (622).

847 Vgl. die Materialien zur Entstehung des Tarifvertragsgesetzes vom 09.04. 1949, abgedruckt in: ZfA 1973, S. 129 ff. Hierzu auch *Hueck/Nipperdey/Stahlhacke*, TVG-Komm., 4. Aufl., Einl. S. 13.

Zusammenfassend ist zum neuen Tarifvertragsrecht der Nachkriegszeit folgendes festzuhalten: Der Gesetzgeber des Tarifvertragsgesetzes hat den Begriff der wirtschaftlichen Vereinigung durch den Begriff der Gewerkschaft ersetzt. Anhand der Gesetzesmaterialien lassen sich aber keine Anhaltspunkte für die einzelnen Tariffähigkeitsvoraussetzungen entnehmen. Dennoch geht aus den Gesetzesmaterialien hervor, daß die Legislative bemüht war, auf der einen Seite an die historischen Einflüsse und Gegebenheiten anzuknüpfen und sie zu bewahren und sich auf der anderen Seite dennoch nicht mit starren Begrifflichkeiten festzulegen, sondern im Hinblick auf die zukünftige Entwicklung flexibel zu bleiben. Die Merkmale des Gewerkschaftsbegriffs entsprachen somit im wesentlichen dem Verständnis der Weimarer Zeit[848]. Der Gedanke, den tariffähigen Kreis auf Arbeitnehmerseite mittels Mindestanforderungen an die Tariffähigkeit einzugrenzen, war folglich auch dem Tarifvertragsrecht der Nachkriegszeit immanent[849].

2. Ziffer A III 2 des Staatsvertrages vom 18.05. 1990

In dem Staatsvertrag vom 18.05. 1990 unter Ziffer III A 2 haben die parlamentarischen Gesetzgebungsorgane der Bundesrepublik durch die Zustimmungsgesetze ihren Willen dahingehend kundgetan, welche Voraussetzungen für die Tariffähigkeit erforderlich sind. Zu den notwendigen Voraussetzungen zählte die Fähigkeit der Vereinigung zu Druck und Gegendruck, also die soziale Mächtigkeit der Vereinigung. Fraglich ist, ob die Aussagen des 1. Staatsvertrages im Rahmen der historischen Auslegung herangezogen werden können.

Der 1. Staatsvertrag entfaltet heute in der Rechtsordnung die Wirkung einer unverbindlichen Auslegungshilfe[850]. Allerdings ist der 1. Staatsvertrag zu einer Zeit in Kraft getreten, in der § 2 TVG bereits Rechtsgeltung erlangt hatte. Die parlamentarischen Gesetzgebungsorgane beschreiben in dem 1. Staatsvertrag den Gewerkschaftsbegriff des § 2 Abs. 1 TVG daher erst nachträglich. Spätere Aussagen können grundsätzlich nicht im Rahmen der historischen Auslegung herangezogen werden[851]. Allerdings muß bei der Auslegung des Gewerkschaftsbegriffs im Sinne des § 2 TVG berücksichtigt werden, daß Rechtsprechung und Rechtslehre in erster Linie auf eine starre Begrifflichkeit verzichten wollten, weil sich in der damaligen, so ereignisreichen Zeit alles in der Entwicklung befand und eine einheitliche Regelung einer späteren Zeit, in der sich die soziale und wirtschaftliche Lage gefestigt haben würde, überlassen werden sollte. Wenn sich

848 *Dütz*, AuR 1976, 65 (71).

849 A. A. z. B. *Buchner*, in: FS 25 Jahre BAG, S. 55 (56).

850 Ausführlich dazu oben Teil 2/2. Abschnitt unter § 6 II. 2. b. bb.

851 So *Kamanabrou*, Auslegung, S. 42.

die Gesetzgebungsorgane der Bundesrepublik in der heutigen Zeit bewußt für das Erfordernis einer sozialen Mächtigkeit der Arbeitnehmervereinigung ausgesprochen haben, so ist davon auszugehen, daß die gegenwärtigen sozialen und wirtschaftlichen Verhältnisse die Forderung nach einer sozialen Mächtigkeit bedingen. Der 1. Staatsvertrag muß daher zumindest als Anhaltspunkt für die Notwendigkeit des Korrektivs der sozialen Mächtigkeit gewertet werden[852].

III. Zusammenfassung

Die historische Auslegung zeigt zum einen deutlich, daß jedem Tarifvertragsrecht die Beschränkung des tariffähigen Kreises auf Arbeitnehmerseite immanent war[853]. Zum anderen wird erkennbar, daß der Staat sich erst veranlaßt sah, das Instrument des Tarifvertrages in seiner heutigen Wirkungsweise zu schaffen, als die Arbeitnehmervereinigungen sich aufgrund ihrer Mächtigkeit als fähig erwiesen, den Abschluß der Tarifverträge durchzusetzen. Vor ihrer Vereinigung in mächtigen Massenorganisationen waren die Gewerkschaften nicht in der Form wirksam geworden[854]. Die historische Auslegung begründet folglich keine Bedenken gegen das Erfordernis einer sozialen Mächtigkeit als Voraussetzung der Gewerkschaftseigenschaft und Tariffähigkeit auf Arbeitnehmerseite.

---

852 So auch BAG v. 06.06. 2000 - 1 ABR 21/99, AP Nr. 9 zu § 97 ArbGG 1979 (unter B. II. 4. c. der Gründe).

853 Siehe auch BVerfG v. 06.05. 1964 - BvR 79/62, AP Nr. 15 zu § 2 TVG (unter B. II. der Gründe) = BVerfGE 18, 18 (28).

854 So auch *Stein*, Tarifvertragsrecht, Rn. 45.

§ 9 Gesetzessystematik

Die zunehmende Globalisierung der Wirtschaft wirkte sich auch auf das Arbeitsrecht aus. Die Koalitionsfreiheit und mit ihr der Zugang zur Gestaltung von Arbeitsbedingungen wird in der heutigen Rechtsordnung daher nicht nur durch nationale, sondern auch durch internationale Normen garantiert. Im folgenden soll daher untersucht werden, ob internationale und nationale Regelungen der Koalitionsfreiheit Aufschluß über die Bestimmung des tariffähigen Kreises auf Arbeitnehmerseite in Deutschland geben können.

I. Internationale Regelungen des Arbeitsrechts

Sowohl auf weltlicher Ebene der Vereinten Nationen (VN) als auch auf regional begrenzter Ebene des Europarats (ER) entstanden vor allem nach 1945 verschiedene Konventionen, die sich mit der Frage des ausreichenden sozialen Grundrechtsschutzes[855] beschäftigten; zu den sozialen Grundrechten zählt insbesondere die Freiheit, sich in Koalitionen, also in Gewerkschaften, zu vereinigen und zu betätigen[856]. Neben zahlreichen Abkommen und Verträgen existiert heute auch eine Vielzahl von Erklärungen internationaler Organisationen, die arbeitsrechtliche Verhaltensregeln beinhalten und damit das völkerrechtliche Arbeitsrecht ergänzen. Sie richten sich zwar in erster Linie an die Regierungen, die Arbeitgeber- und Arbeitnehmerverbände sowie die multinationalen Unternehmen können aber dennoch rechtsverbindliche Wirkungen auch gegenüber der Legislative, Exekutive und Judikative entfalten[857].

Die Wirkungen der universalen und regional begrenzten Konventionen sind unterschiedlich. Sie reichen von bloßen Hinweisen bis zu innerstaatlicher Verbindlichkeit. Zwar wird der Inhalt eines völkerrechtlichen Vertrages durch seine Ratifikation nach dem Staatsrecht der Bundesrepublik in innerstaatliches Recht transformiert[858]; eine innerstaatlich verbindliche Wirkung begründet allerdings nicht zugleich unmittelbare Rechte der einzelnen Subjekte wie der Arbeitnehmer

---

855 „Soziale Grundrechte" gehören rechtssystematisch zum Grenzbereich zwischen Arbeitsrecht und öffentlichem Recht. Ausführlich dazu *Daum*, RdA 1968, 81.

856 *Sproedt*, Koalitionsfreiheit und Streikrecht, S. 1.

857 Siehe dazu die Antwort der Bundesregierung auf eine kleine Anfrage - BT - Drs. 12/3495 v. 21.10.1992, abgedruckt in: ArbRdG Bd. 30 (1993), 157 (170 ff.); a. A. z. B. *Birk*, in MünchArbR, Bd. 1, § 17 Rn. 4 und 49 ff., der eine verbindliche Wirkung verneint. Vgl. dazu auch die dreigliedrige Grundsatzerklärung über multinationale Unternehmen und Sozialpolitik der IAO, 1979, abgedruckt in: RdA 1979, 253 (256).

858 BVerfG v. 21.03. 1961 - 1 BvL 3, 18, 99/58, BVerfGE 12, 281 (289); BVerfG v. 09.06. 1971 - 2 BvR 225/69, BVerfGE 31, 145 (178).

oder der Gewerkschaften aus den ratifizierten Abkommen. Handelt es sich bei den völkerrechtlichen Regelungen um sog. „non self-executing“ - Normen, so bedürfen die Normen einer Konkretisierung durch staatliches Recht[859]. Handelt es sich dagegen um sog. „self-executing“ - Normen, so sind keine weiteren Ausfüllungsakte durch den Ratifikationsstaat notwendig, wenn nach Inhalt und Zweck ein unmittelbarer Anspruch des privaten einzelnen gewollt und die Regelung inhaltlich hinreichend bestimmt ist. Eine verbindliche Wirkung entfällt daher, wenn die Vertragsnorm lediglich Verbindlichkeiten gegenüber dem Vertragspartner begründet[860]. Im Falle sog. „non self-executing“ - Normen kann aber die Regelung im Rahmen der Auslegung und Fortbildung des innerstaatlichen Rechts durch die Gerichte heranzuziehen sein[861].

1. Erklärungen und Pakte der Vereinten Nationen

Auf der Ebene der VN befassen sich die allgemeinen Menschenrechtsbestimmungen mit der Koalitionsfreiheit der Arbeitnehmer, und zwar die Allgemeine Erklärung der Menschenrechte von 1948 und die beiden 1976 in Kraft getretenen Internationalen Menschenrechtspakte von 1966: der Pakt über bürgerliche und politische Rechte und der Pakt über wirtschaftliche, soziale und kulturelle Rechte[862].

a) Allgemeine Erklärung der Menschenrechte

Zwar garantiert Art. 20 der Allgemeinen Erklärung der Menschenrechte vom 10.12. 1948 (AEMR)[863] allgemein die Vereinigungsfreiheit[864] und Art. 23 Abs. 4 AEMR[865] das Recht, zum Schutze seiner Interessen Berufsvereinigungen

---

859 *Echterhölter*, BABl. 1973, 496; *Konzen*, JZ 1986, 157 (162). Ausführlich dazu *Leinemann/Schütz*, BB 1993, 2519; *dies.*, ZfA 1994, 1 (6 f.).

860 *Echterhölter*, BABl. 1973, 496; *ders.*, RdA 1980, 241 (244); *Leinemann/Schütz*, ZfA 1994, 1 (7 f., 11); vgl. auch BVerfG v. 09.12. 1970 - 1 BvL 7/66, BVerfGE 29, 348 (360), ferner die Antwort der Bundesregierung auf eine kleine Anfrage - BT - Drs. 12/3495 v. 21.10.1992, abgedruckt in: ArbRdG Bd. 30 (1993), 157 (172) m. w. N.

861 *Leinemann/Schütz*, BB 1993, 2519 (2519).

862 Vgl. weiterführend dazu *Beyerlin*, Koalitionsfreiheit, S. 1153 (1154 f.).

863 Die AEMR wurde am 10.12. 1948 von der UNO erlassen. Sartorius II Nr. 19 und GAOR, III Resolutions (UN-Doc.A/810) p.71.

864 Art. 20 lautet:

1. Jeder Mensch hat das Recht auf Versammlungs- und Vereinigungsfreiheit zu friedlichen Zwecken.
2. Niemand darf gezwungen werden, einer Vereinigung anzugehören.

865 Art. 23 Abs. 4 lautet:

zu bilden und beizutreten; beide Freiheitsrechte können auch nach Art. 29 bestimmten Beschränkungen unterworfen werden [866]. Nach zutreffender herrschender Rechtsauffassung ist die Allgemeine Erklärung der Menschenrechte vom 10.12. 1948[867] völkerrechtlich jedoch nicht verbindlich[868]. Sie weist lediglich den Charakter eines feierlichen Bekenntnisses zu den Menschenrechten auf und gewährt daher dem einzelnen keine einklagbaren Rechtsansprüche[869]. Eine Durchsetzungsmöglichkeit ist allein auf politischem Wege gegeben[870]. Da aber nach herrschender Meinung anerkannt ist, daß die Allgemeine Erklärung der Menschenrechte eine Ausstrahlungswirkung auf die anderen einzelnen Übereinkommen besitzt, kann sie zumindest als Auslegungshilfe dienen[871].

„Jeder Mensch hat das Recht, zum Schutze seiner Interessen Berufsvereinigungen zu bilden und solchen beizutreten".

866 Art. 29 lautet:

1. „Jeder Mensch hat Pflichten gegenüber der Gemeinschaft, in der allein die freie und volle Entwicklung seiner Persönlichkeit möglich ist.
2. Jeder Mensch ist in Ausübung seiner Rechte und Pflichten nur den Beschränkungen unterworfen, die das Gesetz ausschließlich zu dem Zwecke vorsieht, um die Anerkennung und Achtung der Rechte und Freiheiten der anderen zu gewährleisten und den gerechten Anforderungen der Moral, der öffentlichen Ordnung und der allgemeinen Wohlfahrt in einer demokratischen Gesellschaft zu genügen.
3. Rechte und Pflichten dürfen in keinem Fall in Widerspruch zu den Zielen und Grundsätzen der Vereinten Nationen ausgeübt werden."

867 Veröffentlicht in UNYB 1948 - 49, S. 535 ff.; vollständig in deutscher Sprache bei: *Däubler/Kittner/Lörcher*, IntASO, Nr. 110.

868 Vgl. z. B. *Birk*, in MünchArbR, Bd. 1, § 17 Rn. 10; ferner *Däubler/Kittner/Lörcher*, IntASO, Nr. 110 II; *Beyerlin*, Koalitionsfreiheit, S. 1153 (1158); *Dürig*, in M/D/H, GG-Komm., Art. 1 Rn. 56; *Echterhölter*, JZ 1955, 689 (690) mit Nachweisen in Anm. 25; *ders.*, RdA 1980, 241 (244); *Gitter*, ZfA 1971, 127 (132); *Jescheck*, NJW 1954, 783 (784); *Schiek*, Europäisches Arbeitsrecht, S. 42; BVerfG v. 17.12. 1975 - 1 BvR 548/68, BVerfGE 41, 88 (106).

869 So zutreffend *Echterhölter*, BABl. 1973, 496 (496); vgl. auch *Däubler/Hege*, Koalitionsfreiheit, S. 39 Rn. 66.

870 *Birk*, in: MünchArbR, Bd. 1, § 17 Rn. 10.

871 Vgl. *Däubler/Kittner/Lörcher*, IntASO, Nr. 110 II; siehe auch *Burchardt*, Streikrecht, S. 25 f.; *Sproedt*, Koalitionsfreiheit und Streikrecht, Einl.; ferner *Schiek*, Europäisches Arbeitsrecht, S. 41, die die AEMR für Völkergewohnheitsrecht oder für allgemeine Rechtsgrundsätze hält; ähnlich auch *Trieschmann*, BABl. 1956, 452 (452) und das BVerwG v. 22.02. 1956 - BVerwG I C 41.55, BVerwGE 3, 171 (175); BVerwG v. 29.07. 1957 - BVerwG II C 105.56, BVerwGE 5, 153 (160 f.), die eine programmatische Bedeutung annehmen.

Mit Ausnahme der in Art. 20 Abs. 2 AEMR niedergelegten negativen Koalitionsfreiheit, die in diesem Zusammenhang keine weitere Rolle spielt, kommt der in Art. 20 Abs. 1 AEMR postulierten individuellen positiven Vereinigungsfreiheit, da sie gegenüber der Spezialregelung des Art. 23 Abs. 4 AEMR lex generalis ist, keine über Art. 23 Abs. 4 AEMR hinausgehende Bedeutung zu[872]. Art. 23 Abs. 4 AEMR regelt allerdings nicht die kollektive, sondern allein die individuelle positive Koalitionsfreiheit. Anhaltspunkte, die auf eine Unterscheidung zwischen Gewerkschaften und nicht tariffähigen Arbeitnehmervereinigungen hindeuten, sind nicht vorhanden. Die Allgemeine Erklärung der Menschenrechte vom 10.12. 1948 gibt somit keinen Aufschluß über die Bestimmung des tariffähigen Kreises auf Arbeitnehmerseite[873].

b) Internationaler Pakt über bürgerliche und politische Rechte

Am 16.12. 1966 verabschiedete die Generalversammlung der Vereinten Nationen den Internationalen Pakt über bürgerliche und politische Rechte (IPbpR), der von der Bundesrepublik Deutschland am 17.12. 1973 ratifiziert worden[874] und am 23.03. 1976 in Kraft getreten ist[875]. Obwohl die Regelungsstruktur des IPbpR aufgrund des Art. 2 Abs. 1 IPbpR[876] gegenüber der innerstaatlichen Bindungswirkung des Internationalen Pakts über wirtschaftliche, soziale und kulturelle Rechte (IPwskR) verbindlicher ist[877], kommt dem IPbpR im Rahmen dieser Untersuchung keine weitere Bedeutung zu. Denn die einzige Vorschrift, die sich mit der Koalitionsfreiheit beschäftigt, ist Art. 22 IPbpR. Er verwendet in Abs. 1[878] zwar das Wort Gewerkschaft, definiert den Begriff allerdings nicht und gewährleistet

872 Vgl. *Beyerlin*, Koalitionsfreiheit, S. 1153 (1159).

873 So auch *Eitel*, Ungleichbehandlung, S. 116.

874 BGBl. II, S. 1534. Vgl. dazu *Däubler/Kittner/Lörcher*, IntASO, Nr. 120; *Goose*, NJW 1974, 1305 (1305 f.).

875 Nach Art. 49 Abs. 1 IPbpR tritt der Pakt 3 Monate nach Hinterlegung der 35. Ratifikationsurkunde in Kraft.

876 Art. 2 Abs. 1 lautet:

„ Jeder Vertragsstaat verpflichtet sich, die in diesem Pakt anerkannten Rechte zu achten und sie allen in seinem Gebiet befindlichen und seiner Herrschaftsgewalt unterstehenden Personen ohne Unterschied wie insbesondere der Rasse, der Hautfarbe, des Geschlechts, der Sprache, der Religion, der politischen oder sonstigen Anschauung, der nationalen oder sozialen Herkunft, des Vermögens, der Geburt oder des sonstigen Status zu gewährleisten.“

877 Vgl. ausführlich dazu *Beyerlin*, Koalitionsfreiheit, S. 1153, 1169 ff. m. w. N.; ferner *Eitel*, Ungleichbehandlung , S. 121 f.; *Goose*, NJW 1974, 1305 (1306). Siehe dazu oben.

878 Art. 22 Abs. 1 lautet:

„Jedermann hat das Recht, sich frei mit anderen zusammenzuschließen sowie zum Schutz seiner Interessen Gewerkschaften zu bilden und ihnen beizutreten.“

zudem aufgrund seines Wortlauts „jedermann“ nur die individuelle Koalitionsfreiheit, während kollektive Rechte nicht erwähnt werden[879]. Konkretisierungen kollektiver Rechte haben dagegen in dem Internationalen Pakt über wirtschaftliche, soziale und kulturelle Rechte ihren Ausdruck gefunden.

c) Internationaler Pakt über wirtschaftliche, soziale und kulturelle Rechte

Als notwendige Ergänzung zu der - nach herrschender Meinung nicht rechtlich verbindlichen - AEMR verabschiedete die Generalversammlung am 16.12. 1966 neben dem IPbpR auch den Internationalen Pakt über wirtschaftliche, soziale und kulturelle Rechte (IPwskR)[880]. In diesem Zusammenhang ist für die Auslegung des Gewerkschaftsbegriffs vor allem Art. 8 einschlägig, der das Koalitionsrecht gewährleistet. Deutschland hat dem IPwskR durch Gesetz vom 23.11. 1973 zugestimmt[881]. Mit der 35. Beitrittserklärung erlangte der Pakt im Jahre 1976 völkerrechtliche Verbindlichkeit[882].

aa) Rechtswirkung im innerstaatlichen Bereich

Die Rechtswirkungen im innerstaatlichen Bereich sind fraglich. Auf der einen Seite hat sich nach Art. 2 Abs. 1 IPwskR jeder Vertragsstaat verpflichtet, „unter Ausschöpfung aller seiner Möglichkeiten Maßnahmen zu treffen, um nach und nach mit allen geeigneten Mitteln, vor allem durch gesetzgeberische Maßnahmen, die volle Verwirklichung der in diesem Pakt anerkannten Rechte zu erreichen“. Nach Art. 8 sind die Ratifikationsstaaten sogar verpflichtet, die Koalitionsfreiheit nicht nur anzuerkennen, sondern zu gewährleisten. Art. 8 IPwskR könnte zumindest damit gegenüber dem übrigen Inhalt des IPwskR eine weitergehende innerstaatliche Bindungswirkung zukommen[883]. Auf der anderen Seite enthält Art. 2 IPwskR unbestimmte Formulierungen in seiner Auflistung der Mittel ebenso wie in der Aufstellung des Ziels, wenn es heißt: die im Pakt anerkannten Rechte „nach und nach“ zu verwirklichen. Zudem sichert lediglich ein Berichts-

879 Vgl. *Beyerlin*, Koalitionsfreiheit, S. 1153 (1171); *Birk*, MünchArbR, Bd. 1, § 17 Rn. 11.

880 Deutsche Übersetzung in BGBl. 1973 II, 1569.

881 BGBl. 1973 II, S. 1570.

882 Nach Art. 27 Abs. 1 IPwskR tritt der Pakt drei Monate nach Hinterlegung der 35. Ratifikationsurkunde in Kraft. Vgl ausführlich dazu *Bartsch*, NJW 1977, 474; ferner *Beyerlin*, Koalitionsfreiheit, S. 1153 (1157 ff.); *Goose*, NJW 1974, 1305; *Köhler*, ZIAS 1988, 157; *Sproedt*, Koalitionsfreiheit, S. 34 ff.; *Zuleeg*, RdA 1974, 321ff.

883 So bereits *Beyerlin*, Koalitionsfreiheit, S. 1153 (1162), der in Art. 8 eine unmittelbare völkerrechtliche Staatenverpflichtung sieht, da die Norm ein gegen den Staat gerichtetes Abwehrrecht ist, das lediglich vor staatlichen Eingriffen schützen soll, dem Staat also keine positiven Handlungspflichten auferlegt; vgl. ferner *Eitel*, Ungleichbehandlung, S. 116 f.; *Däubler/Kittner/Lörcher*, IntASO, Nr. 130 II. 2.

system die bestehenden Verpflichtungen, denn die Unterzeichnerstaaten sind nach Art. 16 Abs. 1 IPwskR nur verpflichtet, „Berichte über die von ihnen getroffenen Maßnahmen und über die Fortschritte vorzulegen, die hinsichtlich der Beachtung der in dem Pakt anerkannten Rechte erzielt wurden“. Der Sozialrechtspakt sieht also kein eigenes Staatengemeinschaftsorgan zur völkerrechtlichen Kontrolle vor. Dem Berichtssystem kommt somit völkervertragsrechtlich keine über eine allgemeine Empfehlung hinausgehende Wirkung zu[884]. Der in Art. 8 IPwskR gewählte Ausdruck soll nur bedeuten, daß die Vertragsstaaten die Koalitionsfreiheit sofort gewährleisten sollen und nicht erst fortschreitend[885]. Vor allem wegen der Unbestimmtheit der „non self-executing“ - Normen entfaltet der IPwskR daher keine unmittelbaren Ansprüche bundesdeutschen Rechts[886]. Dennoch muß trotz fehlender unmittelbarer innerstaatlicher Rechtswirkungen für den einzelnen die Pflicht bestehen, völkerrechtliche Grundsätze wie den IPwskR als Auslegungsregel heranzuziehen, um somit innerstaatliches Recht völkerrechtskonform zu gebrauchen - was allerdings nicht vergleichbar mit der verfassungskonformen Handhabung[887] ist[888]. Erwähnt werden muß an dieser Stelle außerdem, daß auch auf die AEMR als völkerrechtlich nicht verbindliche Regelung im Rahmen des innerstaatlichen Rechts Bezug genommen werden darf[889].

bb) Materieller Inhalt des Koalitionsrechts in Art. 8 IPwskR

Während Art. 8 Abs. 1 lit. a IPwskR durch die Verwendung des Wortes „jedem“ die individuelle positive Koalitionsfreiheit garantiert[890], schützen Art. 8 Abs. 1 lit. b und c IPwskR kollektive Rechte der Gewerkschaften, und zwar das Recht auf Gründung nationaler Vereinigungen und internationaler Verbände, den Beitritt zu internationalen Gewerkschaftsorganisationen sowie die freie Betätigung in

---

884 *Köhler*, ZIAS 1988, 157 (158).

885 Zutreffend *Echterhölter*, BABl. 1973, 496 (498).

886 Vgl. auch *Birk*, in MünchArbR, Bd. 1, § 17 Rn. 16; *Franzen*, AR-Blattei SD 920 Rn. 9; *Söllner*, Grundriß, S. 45; a. A. *Zuleeg*, RdA 1974, 321 (328), der Art. 8 für unmittelbar anwendbar hält; siehe auch *Däubler/Hege*, Koalitionsfreiheit, S. 39 f. Rn. 67; *Hohn*, Streikrecht, S. 127. Vgl. ferner die Denkschrift der Bundesregierung, BT-Dr. 7/658, S. 18.

887 Vgl. dazu BVerfG v. 09.08. 1978 - 2 BvR 831/76, BVerfGE 49, 148 (157); BVerfG v. 11.10. 1978 - 1 BvR 16/72, BVerfGE 49, 286 (301).

888 So zutreffend *Echterhölter*, RdA 1980, 241 (245); vgl. dazu auch *Schieck*, Europäisches Arbeitsrecht, S. 42 m. w. N., die dem IPwskR die Rechtsverbindlichkeit wegen seines programmatischen Charakters nicht ganz absprechen will; ferner *Zuleeg*, RdA 1974, 321 (324).

889 Siehe oben Teil 2/3. Abschnitt unter § 9 I. 1. a.

890 So auch *Beyerlin*, Koalitionsfreiheit, S. 1153 (1163).

diesen Zusammenschlüssen[891]. Was unter dem Recht der freien Betätigung der Gewerkschaften zu verstehen ist, geht nicht aus dem Wortlaut hervor. Art. 8 Abs. 1 lit. c IPwskR läßt sich nur allgemein entnehmen, daß den Gewerkschaften grundsätzlich die Ermächtigung zukommen soll, sich zwar vorbehaltlich gesetzlicher Schranken, aber ansonsten uneingeschränkt von staatlicher Seite für den Schutz und die Förderung der Lohn- und Arbeitsbedingungen der Arbeitnehmer einzusetzen[892]. Eine Aussage über den Begriff Gewerkschaft enthält die Norm ebenfalls nicht. Diskussionen über die Bedeutung und Tragweite des Gewerkschaftsbegriffs fanden während der Beratungen des Art. 8 im Rahmen der Menschenrechtskommission und im 3. Komitee der Generalversammlung auch nicht statt[893]. Aufgrund der fehlenden Erörterung des Begriffs Gewerkschaft muß geschlußfolgert werden, daß die Ausfüllung des Gewerkschaftsbegriffs bewußt den jeweiligen nationalen Rechtsordnungen überlassen werden sollte[894]. Beachtlich ist in diesem Zusammenhang dennoch, daß Art. 8 nicht nur die Koalitionsfreiheit anerkennt, sondern die Vertragsstaaten ausdrücklich verpflichtet, sie zu „gewährleisten". Die gewählte stärkere Formulierung ist damit Ausdruck des politischen Willens, daß sich die an dem Vertragstext Beteiligten darüber einig waren, die Aufgabe der Vertragsstaaten sollte zumindest darin bestehen, jegliche Einmischung in die Bildung und Betätigung der Gewerkschaften zu unterlassen[895]. Den Vertragsstaaten, also auch der Bundesrepublik, steht es daher nach Art. 8 IPwskR nicht unbedingt frei,

---

891 Art. 8 Abs. 1 a-c lautet:

(1) „Die Vertragsstaaten verpflichten sich, folgende Rechte zu gewährleisten:

a) das Recht eines jeden, zur Förderung und zum Schutz seiner wirtschaftlichen und sozialen Interessen Gewerkschaften zu bilden oder einer Gewerkschaft eigener Wahl allein nach Maßgabe ihrer Vorschriften beizutreten. Die Ausübung dieses Rechts darf nur solchen Einschränkungen unterworfen werden, die gesetzlich vorgesehen und in einer demokratischen Gesellschaft im Interesse der nationalen Sicherheit oder der öffentlichen Ordnung oder zum Schutz der Rechte und Freiheiten anderer erforderlich sind;

b) das Recht der Gewerkschaften, nationale Vereinigungen oder Verbände zu gründen, sowie deren Recht, internationale Gewerkschaftsorganisationen zu bilden oder solchen beizutreten;

c) das Recht der Gewerkschaften, sich frei zu betätigen, wobei nur solche Einschränkungen zulässig sind, die gesetzlich vorgesehen und in einer demokratischen Gesellschaft im Interesse der nationalen Sicherheit oder der öffentlichen Ordnung oder zum Schutz der Rechte und Freiheiten anderer erforderlich sind."

892 *Beyerlin*, Koalitionsfreiheit, S. 1153 (1166); *Sproedt*, Koalitionsfreiheit, S. 45.

893 *Sproedt*, Koalitionsfreiheit, S. 44.

894 Vgl. auch *Beyerlin*, Koalitionsfreiheit, S. 1153 (1163); *Eitel*, Ungleichbehandlung, S. 118; *Sproedt*, Koalitionsfreiheit, S. 44.

895 So auch *Echterhölter*, BABl. 1973, 496 (498).

bestimmte Mindestanforderungen an den Gewerkschaftsbegriff aufzustellen und den Kreis der tariffähigen Arbeitnehmervereinigungen einzuschränken[896].

cc) Einschränkungen der Koalitionsfreiheit

Einschränkungen der von den Vertragsstaaten in dem Pakt garantierten Rechte sind nach dem IPwskR nur begrenzt zulässig. Wie der die positive individuelle Koalitionsbildungsfreiheit regelnde Art. 8 Abs. 1 lit. a IPwskR so sieht auch Art. 8 Abs. 1 lit. c IPwskR für die Betätigungsfreiheit der Gewerkschaften nur Einschränkungen vor, „die *gesetzlich vorgesehen*[897] und in einer demokratischen Gesellschaft im Interesse der nationalen Sicherheit oder der öffentlichen Ordnung oder zum Schutz der Rechte und Freiheiten anderer erforderlich sind“. Daneben enthält auch Art. 4 IPwskR eine weitgehende Vorbehaltsklausel, die die Vertragsstaaten dazu zwingt anzuerkennen, „daß ein Staat die Ausübung der von ihm gemäß diesem Pakt gewährleisteten Rechte nur solchen Einschränkungen unterwerfen darf, die *gesetzlich vorgesehen*[898] und mit der Natur dieser Rechte vereinbar sind und deren ausschließlicher Zweck es ist, das allgemeine Wohl in einer demokratischen Gesellschaft zu fördern“. Unabhängig davon, ob Art. 8 Abs. 1 lit. c gegenüber Art. 4 IPwskR lex specialis ist[899], bestehen bereits Zweifel, ob die vom Bundesarbeitsgericht vorgesehene und vom Bundesverfassungsgericht befürwortete Einschränkung des Gewerkschaftsbegriffs und der Tariffähigkeit durch das Erfordernis der sozialen Mächtigkeit eine gesetzlich vorgesehene Einschränkung im Sinne des Art. 4 IPwskR darstellt. Denn bei der vom Bundesarbeitsgericht entwickelten Mächtigkeitstheorie handelt es sich um einen Akt richterlicher Rechtsbildung und nicht um eine gesetzliche Regelung[900]. Auch wenn der Gesetzgeber durch das Zustimmungsgesetz zum 1. Staatsvertrag[901] erstmalig das Erfordernis einer sozialen Mächtigkeit als Merkmal der Tariffähigkeit und des Gewerkschaftsbegriffs aufgestellt und damit die Mächtigkeitstheorie bekräftigt hat, so änderte sich jedoch aufgrund der fehlenden verbindlichen Wirkung des Vertrages für die Bundesrepublik nicht die Rechtslage. Es stellt sich daher die Frage, was unter dem Begriff „vom Gesetz vorgesehen“ zu verstehen ist.

---

896 So aber *Eitel*, Ungleichbehandlung, S. 118.

897 Hervorhebung durch die Verfasserin.

898 Hervorhebung durch die Verfasserin.

899 So *Sproedt*, Koalitionsfreiheit, S. 50. Siehe auch *Eitel*, Ungleichbehandlung, S. 119; ferner *Schwerdtfeger*, Koalitionsfreiheit, S. 149 (157), der - allerdings ohne Begründung - Art. 8 Abs. 1 des IPwskR inhaltlich durch Art. 9 Abs. 3 GG voll abgedeckt sieht; so auch *Zuleeg*, RdA 1974, 321 (329).

900 Vgl. dazu auch *Eitel*, Ungleichbehandlung, S. 119.

901 Siehe oben Teil 2/3. Abschnitt unter § 6 I.

Die deutsche Rechtsordnung verwendet den Begriff „Gesetz" im doppelten Sinne: zum einen im Sinne eines formellen Gesetzes, also eines Parlamentsgesetzes, und zum anderen im Sinne eines materiellen Gesetzes, also einer jeden Rechtsnorm, die für eine unbestimmte Vielzahl von Personen allgemein verbindliche Regelungen enthält, wie zum Beispiel auch das ungeschriebene Recht in Form von Gewohnheitsrecht. Ob im Ergebnis nur ein formelles oder materielles Gesetz als Rechtsgrundlage im Rahmen der Art. 4 und 8 Abs. 1 lit. c IPwskR ausreichend ist, könnte sich anhand des in englischer Sprache verfaßten Originaltextes ableiten lassen, in dem sich die Bezeichnung „prescribed by law" finden läßt. Mit dem Ausdruck „law" ist nicht nur das Gesetz gemeint, sondern umfassender auch das Recht. Einen Anhaltspunkt für die Begriffsbestimmung könnte ebenfalls die verbindlich wirkende Übersetzung des Originaltextes in französischer Sprache liefern, die die Formulierung „prevues par la loi" verwendet. Auch unter dem Begriff „loi" ist nicht nur das Gesetz zu verstehen, sondern auch das Recht im weiteren Sinne[902]. Beide Fassungen des Vertragstextes geben somit Anlaß zu einer weitreichenden Auslegung des Begriffs „vom Gesetz vorgesehen"[903]. Da sich der Schrankenvorbehalt des Art. 8 mit annähernd gleichem Wortlaut in Art. 29 Abs. 2 AEMR[904] und in Art. 11 Abs. 2 EMRK[905] sowie in Art. 31 ESC[906]

---

902 Vgl. dazu *Cornu*, Vocabulaire Juridique, unter Loi, S. 485 f.; ferner *Hoffmann-Remy*, Grundrechtseinschränkung, Kapitel VIII. § 1, S. 37.

903 Zutreffend *Eitel*, Ungleichbehandlung, S. 119.

904 Art. 29 Abs. 2 AEMR lautet:

„Jeder Mensch ist in Ausübung seiner Rechte und Freiheiten nur den Beschränkungen unterworfen, die das Gesetz ausschließlich zu dem Zwecke vorsieht, um die Anerkennung und Achtung der Rechte und Freiheiten der anderen zu gewährleisten und den gerechten Anforderungen der Moral, der öffentlichen Ordnung und der allgemeinen Wohlfahrt in einer demokratischen Gesellschaft zu genügen."

905 Art. 11 Abs. 2 EMRK lautet:

„Die Ausübung dieser Rechte [Vereinigungsfreiheit] darf keinen Einschränkungen unterworfen werden als den vom Gesetz vorgesehenen, die in einer demokratischen Gesellschaft im Interesse der äußeren und inneren Sicherheit, zur Aufrechterhaltung der Ordnung und zur Verbrechensverhütung, zum Schutze der Gesundheit und der Moral oder zum Schutze der Rechte und Freiheiten anderer notwendig sind. Dieser Artikel verbietet nicht, daß die Ausübung dieser Rechte für Mitglieder der Streitkräfte, der Polizei oder der Staatsverwaltung gesetzlichen Einschränkungen unterworfen wird."

906 Art. 31 ESC lautet:

(1) „Die in Teil I niedergelegten Rechte und Grundsätze dürfen nach ihrer Verwirklichung ebenso wie ihre in Teil II vorgesehene wirksame Ausübung anderen als den in diesen Teilen vorgesehenen Einschränkungen oder Begrenzungen nur unterliegen, wenn diese gesetzlich vorgeschrieben und in einer demokratischen Gesellschaft zum Schutze der Rechte und Freiheiten anderer oder zum Schutze der öffentlichen Sicherheit und Ordnung, der Sicherheit des Staates, der Volksgesundheit und der Sittlichkeit notwendig sind.

wiederfindet, bietet sich ferner auch ein Rückgriff auf die Judikatur des Europäischen Gerichtshofs für Menschenrechte (EGMR) an[907].

Der EGMR hat sich erstmalig mit der Bedeutung einer Rechtsgrundlage für die Einschränkung von Freiheitsrechten in dem *Sunday Times*-Fall beschäftigt und dort den Grundsatz aufgestellt, daß der Begriff „law“ nicht nur geschriebenes, sondern auch ungeschriebenes Recht erfaßt[908]. Ob das ungeschriebene Recht das Richterrecht impliziert, läßt sich anhand der weiteren Ausführungen des EGMR nicht ableiten. In bezug auf die vom Common Law geprägten Rechtsordnungen Großbritanniens und Irlands ist jedoch eine andere Deutung als die der Zugehörigkeit des Richterrechts zum Begriff „law“ nicht denkbar[909]. In einigen späteren Entscheidungen hat der EGMR seine Auffassung zu den Anforderungen an die Rechtsgrundlage der Einschränkungen präzisiert. Zunächst hat er im Fall *Silver* darauf hingewiesen, daß unter den Begriff „law“ nur solche Rechtsnormen fallen, die auch nach dem innerstaatlichen Recht als Rechtsnormen angesehen werden[910]. Später hat der EGMR im Fall *Malone* herausgestellt, daß mit dem Verweis „vom Gesetz vorgesehen“ nicht nur der Verweis auf die nationale Rechtsordnung gemeint sein dürfe, sondern der Verweis gleichzeitig bedinge, daß sich die nationalen Rechtsnormen mit dem Prinzip der „Rule of Law“/ „prééminence du droit“ - das in der Präambel zur Konvention festgelegt sei - im Einklang befinden müssen[911]. Auch im Fall *Barthold* hat der EGMR seine Rechtsauffassung bekräftigt, aber gleichzeitig als ausreichende Rechtsgrundlage eine autonom gesetzte Rechtsnorm angesehen, die einer staatlichen Aufsicht und Genehmigungspflicht unterstand[912]. Ähnlich verhielt sich der Gerichtshof auch im Fall *Leander*, in dem der EGMR eine Verordnung als Eingriffsgrundlage anerkennt[913]. Betont hat der EGMR, daß ein Eingriff nicht als „vom Gesetz

(2) Von den nach dieser Charta zulässigen Einschränkungen der darin niedergelegten Rechte und Verpflichtungen darf für keinen anderen als den vorgesehenen Zweck Gebrauch gemacht werden.“

907 Vgl. dazu *Eitel*, Ungleichbehandlung, S. 120; *Frowein/Peukert*, EMRK-Komm., Vorbem. zu Art. 8 - 11 Rn. 3 ff.

908 EGMR v. 26.04. 1979, EuGRZ 1979, 386 (387).

909 Zutreffend *Frowein/Peukert*, EMRK-Komm., Vorbem. zu Art. 8 - 11 Rn. 3.

910 EGMR v. 25.03. 1983, EuGRZ 1984, 147 (150).

911 EGMR v. 02.08. 1984, EuGRZ 1985, 17 (20). Die Präambel ist in englischer, französischer und deutscher Fassung bei: *Fowein/Peukert*, EMRK-Komm., S. 13 f. abgedruckt.

912 EGMR v. 25.03. 1985, EuGRZ 1985, 170 (173).

913 *Leander*, GH 116, 24 (zit. bei: *Frowein/Peukert*, EMRK-Komm., Vorbem. Art. 8 - 11, Rn. 10 (Fn. 13)).

vorgesehen" betrachtet werden kann, wenn die den Eingriff begründende Entscheidung nicht mit der anwendbaren Gesetzgebung vereinbar sei[914].

Festhalten läßt sich nach der Untersuchung der Entscheidungspraxis des EGMR jedenfalls: Als Rechtsgrundlage für eine innerstaatliche „vom Gesetz vorgesehene" Einschränkung ist kein formelles Gesetz erforderlich[915], sondern andere Rechtssätze sind ausreichend. Zwar hat der EGMR den in seiner *Sunday Times*-Entscheidung aufgestellten Grundsatz, daß auch ungeschriebenes Recht als Einschränkungsmöglichkeit ausreichend ist, in späteren Entscheidungen nicht wieder aufgegriffen. Unklar bleibt dennoch, ob der Gerichtshof an diesem Grundsatz festhalten will[916]. Im Ergebnis muß die vom EGMR gewählte Anerkennung im *Sunday Times*-Fall aber als ein Indiz für eine mögliche Einschränkung durch die Judikatur gewertet werden, auch wenn die Aufzählung des ungeschriebenen Rechts zum Begriff „law" in bezug auf die vom Common Law geprägten Rechtsordnungen Großbritanniens und Irlands nicht anders möglich ist.

Von besonderem Gewicht ist in diesem Zusammenhang weiterhin, ob die „Mächtigkeitsrechtsprechung" des Bundesarbeitsgerichts den in Art. 8 Abs. 1 lit. a und c IPwskR enthaltenen besonderen Eingriffszwecken entspricht. Dann müßte die Forderung nach einer sozialen Mächtigkeit der Gewerkschaften im Interesse der nationalen Sicherheit oder der öffentlichen Ordnung oder zum Schutz der Rechte und Freiheiten anderer notwendig sein. Die Vertreter der Mächtigkeitstheorie stützen sich in ihrer Argumentation in erster Linie auf die Funktionsfähigkeit der Tarifautonomie, die durch sozial schwache Gewerkschaften nicht gewährleistet werden könne[917]. Da die Funktionsfähigkeit der Tarifautonomie selbst nicht zu den aufgezählten Eingriffszwecken zählt, kommt nur die öffentliche Ordnung in Betracht. Die aus der Koalitionsfreiheit resultierende Tarifautonomie verfolgt den im öffentlichen Interesse liegenden Zweck, den von der staatlichen Rechtssetzung freigelassenen Raum des Arbeitslebens sinnvoll auszufüllen. Der öffentliche Zweck kann durch sozial starke Arbeitnehmervereinigungen zweckmäßig erfüllt werden[918]. Anhaltspunkte, die offensichtlich

---

914 EGMR v. 25.03. 1985, EuGRZ 1985, 170 (173 f.).

915 Im Rahmen des Art. 11 Abs. 2 EMRK verlangt *Sproedt*, Koalitionsfreiheit, S. 21 ein formelles Bundes- oder Landesgesetz. Vgl. auch *Frowein/Peukert*, EMRK-Komm., Vorbem. Art. 8 - 11 Rn. 2.

916 Bejahend *Eitel*, Ungleichbehandlung, S. 120. Vgl. in diesem Zusammenhang auch *Hoffmann-Remy*, Grundrechtseinschränkung, S. 39.

917 Siehe dazu oben Teil 2/1. Abschnitt unter § 5 I. 1.

918 So BVerfG v. 06.05. 1964 - BvR 79/62, AP Nr. 15 zu § 2 TVG (unter B. II. der Gründe) = BVerfGE 18, 18 (28).

dagegen sprechen, daß die Mächtigkeitstheorie nicht notwendig zum Schutz eines in Art. 8 Abs. 1 lit. a und c IPwskR erwähnten Rechtsguts erfolgt, sind somit nicht erkennbar[919].

dd) Konsequenzen

Art. 8 Abs. 1 IPwskR gibt im Ergebnis keinen Aufschluß über die einzelnen an den Gewerkschaftsbegriff zu stellenden Merkmale. Zwar läßt Art. 8 Abs. 1 IPwskR Einschränkungen der Koalitionsfreiheit zu, die auf eine mögliche Unterscheidung in tariffähige und nicht tariffähige Arbeitnehmervereinigungen hindeuten. Eine genaue Angabe darüber, was unter dem Begriff der kollektiven Betätigungsfreiheit zu verstehen ist, läßt sich indes nicht finden. Anhand des Art. 8 Abs. 1 IPwskR kann somit keine Aussage darüber getroffen werden, ob die soziale Mächtigkeit eine für die Gewerkschaftseigenschaft im Sinne des § 2 Abs. 1 TVG notwendige zulässige Anforderung darstellt[920].

2. Übereinkommen der Internationalen Arbeitsorganisationen

Ausdrückliche Normierungen der Koalitionsfreiheit lassen sich im Rahmen der VN auch in den speziellen Übereinkommen der Internationalen Arbeitsorganisationen (IAO) finden[921]. Am detailliertesten und daher von besonderer Bedeutung bei der Bestimmung des tariffähigen Kreises auf Arbeitnehmerseite sind in diesem Zusammenhang zwei Übereinkommen der IAO, und zwar die Übereinkommen Nr. 87 und Nr. 98[922].

a) IAO-Übereinkommen Nr. 87 vom 09.07. 1948

Das wichtigere Übereinkommen ist das IAO-Übereinkommen Nr. 87 vom 09.07. 1948 über die Vereinigungsfreiheit und den Schutz des Vereinigungsrechts[923]. Maßgebliche Vorschriften des Abkommens sind in diesem Zusammenhang die Art. 2 bis 5, die sich speziell mit dem Koalitionsrecht auseinandersetzen.

---

919 Anders wohl *Eitel*, Ungleichbehandlung, S. 121.

920 So auch *Eitel*, Ungleichbehandlung, S. 121; *Hemmen*, Durchsetzungsfähigkeit, S. 34; vgl. ferner BVerfGE v. 20.10. 1981 - 1 BvR 404/78, AP Nr. 31 zu § 2 TVG (unter B. I. 5. c der Gründe) = BVerfGE 58, 233 (255).

921 Zur Bedeutung der IAO siehe *Birk*, in: MünchArbR, Bd. 1, § 17 Rn. 29 ff.; *Klotz*, BABl. 1973, 499 (499 f.).

922 Das Übereinkommen Nr. 11 richtet sich nur an das Koalitionsrecht der Landarbeiter. Hierzu *Tomandl*, Streik, S. 92 ff.

923 *Adamy/Bobke/Lörcher*, in: Däubler/Kittner/Lörcher, IntASO, Nr. 210 I.; *Trieschmann*, BABl. 1956, 452 (459).

aa) Rechtsnatur und Geltungsbereich

Die Regeln der IAO sind völkerrechtlicher Natur[924]. Umstritten ist die Frage, ob das Übereinkommen Nr. 87 seit seiner Ratifizierung durch die Bundesregierung mit dem Gesetz vom 20.12. 1956[925] für den einzelnen in der Bundesrepublik Deutschland als unmittelbar anwendbares Recht gilt, also „self-executing“ ist[926] oder ob es erst entsprechender Durchführungsbestimmungen zu seiner Anwendbarkeit bedarf[927]. Der Streit verliert jedoch an praktischer Relevanz und muß somit nicht näher erörtert werden, da Gesetze grundsätzlich in Übereinstimmung mit den völkerrechtlichen Verpflichtungen der Bundesrepublik Deutschland auszulegen und anzuwenden sind[928].

bb) Materieller Inhalt des Koalitionsrechts

Während Art. 2[929] lediglich die individuelle Koalitionsfreiheit des einzelnen gewährt, befassen sich Art. 3[930], 4[931] und 5[932] des IAO-Übereinkommens Nr. 87

---

924 *Franzen*, AR-Blattei SD 920 Rn. 14. Speziell zu den IAO-Normen *Haase*, ZfSH/SGB 1990, 238 (245).

925 BGBl. II, S. 2072.

926 So *Otto*, in: MünchArbR, Bd. 3, § 284 Rn. 56; *Schnorr*, Arbeitsrecht, S. 142; vgl. auch *Schüren*, Legitimation, S. 259; ferner BVerfG v. 20.10. 1981 - 1 BvR 404/78, AP Nr. 31 zu § 2 TVG (unter B. 5. c. der Gründe) = BVerfGE 58, 233 (255); BAG v. 10.06. 1980 - 1 AZR 822/79, AP Nr. 64 zu Art. 9 GG Arbeitskampf (unter A. II. 2. b. der Gründe) = BAGE 33, 140 (157). Siehe dazu auch die Antwort der Bundesregierung auf eine kleine Anfrage - BT - Drs. 12/3495 v. 21.10.1992, abgedruckt in: ArbRGegw. Bd. 30 (1993), 157 (170).

927 So *Gitter*, ZfA 1971, 127 (133); *Lörcher*, AuR 1991, 97 (103); siehe ausführlich dazu *Muhr*, ArbRdG Bd. 29 (1992), 87 (110 ff.); ferner *Schnorr*, Arbeitsrecht, S. 116 ff.; *Schwerdtfeger*, Koalitionsfreiheit, S. 149 (158), der eine innerstaatliche Geltung ablehnt und allenfalls eine unmittelbare Wirksamkeit annimmt, wenn das deutsche Recht „völkerrechtskonform“ auszulegen oder fortzubilden ist.

928 *Däubler/Hege*, Tarifvertragsrecht, Rn. 248; *Lörcher*, AuR 1991, 97 (103); vgl. auch *Ramm*, RdA 1968, 412 (415); *Schwerdtfeger*, Koalitionsfreiheit, S. 5; siehe ferner das BVerfG v. 26.03. 1987, EuGRZ 1987, 203 (206) (unter C. I. 1. a. der Gründe); bestätigt in BVerfG v. 29.05. 1990 - 2 BvR 254, 1343/88, NJW 1990, S. 2741.

929 Art. 2 lautet:

„Die Arbeitnehmer und die Arbeitgeber ohne jeden Unterschied haben das Recht, ohne vorherige Genehmigung Organisationen nach eigener Wahl zu bilden und solchen Organisationen beizutreten, wobei lediglich die Bedingung gilt, daß sie deren Satzungen einhalten.“

930 Art. 3 lautet:

1. „Die Organisationen der Arbeitnehmer und der Arbeitgeber haben das Recht, sich Satzungen und Geschäftsordnungen zu geben, ihre Vertreter frei zu wählen, ihre Geschäftsführung und Tätigkeit zu regeln und ihr Programm aufzustellen.

mit den kollektiven Rechten der „Organisationen“, wobei nach Art. 10 jede Organisation von Arbeitnehmern und Arbeitgebern gemeint ist, „die die Förderung und den Schutz der Interessen der Arbeitnehmer oder der Arbeitgeber zum Ziele hat“. Ohne den Begriff Gewerkschaft ausdrücklich zu erwähnen, beziehen sich die Regelungen somit auch auf die Gewerkschaften. Die kollektiven Rechte, die laut Abkommen gewährleistet werden, sind die Satzungs-, Geschäftsordnungs- und Programmherrschaft, die Wahl der Repräsentanten (Art. 3) sowie der Beitritt zu den Zentralverbänden und internationalen Zusammenschlüssen (Art. 5); daneben besteht ein Verbot, die Koalitionen auf dem Verwaltungsweg aufzulösen oder zeitweilig einzustellen (Art. 4). Die garantierten Rechte sind jedoch sehr allgemein gehalten und beziehen sich nicht auf die Fähigkeit, Tarifverträge abzuschließen.

cc) Konsequenzen

Da die in Art. 3 bis 5 aufgeführten Rechte durch die Mächtigkeitstheorie nicht berührt werden, lassen sich aus dem Übereinkommen Nr. 87 keine Schlüsse gegen die Zulässigkeit der Mächtigkeitstheorie ziehen[933].

b) IAO-Übereinkommen Nr. 98 vom 01.07. 1947

Während das Überkommen Nr. 87 den Grundsatz der Vereinigungsfreiheit im Hinblick auf den Staat enthält, ist das Übereinkommen Nr. 98 der Internationalen Arbeitsorganisation vom 01.07. 1947[934] für das Verhältnis zwischen Arbeitgebern

---

2. Die Behörden haben sich jedes Eingriffes zu enthalten, der geeignet wäre, dieses Recht zu beschränken oder dessen rechtmäßige Ausübung zu behindern.“

931 Art. 4 lautet:

„Die Organisationen der Arbeitnehmer und der Arbeitgeber dürfen im Verwaltungswege weder aufgelöst noch zeitweilig eingestellt werden.“

932 Art. 5 lautet:

„Die Organisationen der Arbeitnehmer und der Arbeitgeber sind berechtigt, Verbände und Zentralverbände zu bilden und sich solchen anzuschließen. Die Organisationen, Verbände und Zentralverbände haben das Recht, sich internationalen Organisationen der Arbeitnehmer und der Arbeitgeber anzuschließen“.

933 Vgl. vor allem BVerfGE v. 20.10. 1981 - 1 BvR 404/78, AP Nr. 31 zu § 2 TVG (unter B. I. 5. c. der Gründe) = BVerfGE 58, 233 (255), das darauf hinweist, daß die Tariffähigkeit und die Gewerkschaftseigenschaft nicht unmittelbar erwähnt werden; siehe auch *Eitel*, Ungleichbehandlung, S. 123 f.; ferner *Hemmen*, Durchsetzungsfähigkeit, S. 34; kritisch dagegen *Suckow*, Gewerkschaftliche Mächtigkeit, S. 125 - 127.

934 Die Bundesrepublik Deutschland stimmte dem Übereinkommen Nr. 98 mit Gesetz vom 23.12. 1955 (BGBl. II, S. 1122) zu, das am 24.12. 1955 in Kraft getreten ist. Das Übereinkommen trat am 08.06. 1957 in Kraft. Der Wortlaut des Übereinkommens ist abgedruckt in: BGBl. 1955 II, S. 1123 ff.

und Arbeitnehmern maßgeblich[935]. Insbesondere enthält es spezielle Regelungen in bezug auf die Vereinigungsfreiheit und das Recht auf Kollektivverhandlungen. Da aber das Übereinkommen Nr. 98 nur Diskriminierungsverbote hinsichtlich des Vereinigungsrechts der Arbeitnehmer (Art. 1) und den Schutz der Unabhängigkeit (Art. 2) als Ergänzung zum Übereinkommen Nr. 87 vorsieht[936], ist es für die Bestimmung des Gewerkschaftsbegriffs nicht weiter hilfreich[937].

3. Konventionen des Europarats

Während im Rahmen der IAO zahlreiche Konventionen zur Verbesserung der Arbeitsbedingungen der Arbeitnehmer unter Beteiligung vieler Staaten entstanden, konnte vor allem in Westeuropa, das aufgrund seiner relativ starken politischen, wirtschaftlichen und sozialen Homogenität gute Voraussetzungen für eine Fortentwicklung des völkerrechtlichen Menschenrechtsschutzes bot, mit Hilfe des im Jahre 1949 gegründeten Europarats an der Schaffung zweier Menschenrechtskonventionen auf der Grundlage der Menschenrechtserklärung der Vereinten Nationen gearbeitet werden: an der Europäischen Menschenrechtskonvention zum Schutze der Menschenrechte und Grundfreiheiten und an der Europäischen Sozialcharta[938].

a) Europäische Menschenrechtskonvention

Im Rahmen der Europäischen Menschenrechtskonvention zum Schutze der Menschenrechte und Grundfreiheiten vom 04.11. 1950 (EMRK)[939] ist Art. 11 die maßgebliche Vorschrift, die sich ausführlich mit dem Koalitionsrecht befaßt und daher Hinweise über die Voraussetzungen des Gewerkschaftsbegriffs und der Tariffähigkeit liefern könnte.

---

935 *Bobke/Lörcher*, in: Däubler/Kittner/Lörcher, IntASO, Nr. 211 II.

936 *Bobke/Lörcher*, in: Däubler/Kittner/Lörcher, IntASO, Nr. 211 III; *Jung*, Unabhängigkeit, S. 77 f.; *Tomandl*, Streik, S. 97.

937 *Gitter*, ZfA 1971, 127 (132 f.) sowie *Martinek/Schwarz*, DRdA 1963, 269 (276 f.) halten überdies die maßgeblichen Art. 1 und 2 nicht für self-executing.

938 *Sproedt*, Koalitionsfreiheit, Einl.

939 Die EMRK ist am 04.11. 1950 durch die Vertreter von 13 Mitgliedsstaaten des Europarates in Rom unterzeichnet worden. Der Bundestag hat durch das aus seiner Mitte eingebrachte Gesetz vom 07.08. 1952 (BGBl. II, S. 685 (953)) die Zustimmung zur Ratifikation gegeben, und das Abkommen ist am 03.09. 1953 in Kraft getreten; vgl. dazu *Jescheck*, NJW 1954, 783.

aa) Rechtsnatur und innerstaatliche Geltung

Aufgrund der Ratifizierung ist die Bundesrepublik verpflichtet, die Bestimmungen der EMRK anzuerkennen und durchzuführen, das heißt: Das innerstaatliche Recht der Bundesrepublik darf nicht mit den Normen dieser Konvention kollidieren[940]. Die Arbeitsnormen der EMRK sind - so die wohl herrschende Ansicht - „self-executing“ - Normen; eine andere Deutung läßt der von der Konvention gewährte effektive Rechtsschutz nicht zu[941]; die Vorschriften gelten daher zu Recht unmittelbar für jeden einzelnen[942].

bb) Begriff der „Gewerkschaft“

Art. 11 Abs. 1 EMRK[943] erwähnt den Begriff der „Gewerkschaft“, läßt allerdings offen, wann eine Gewerkschaft vorliegt; der Begriff wird lediglich vorausgesetzt[944]. Zu überlegen ist daher, ob mit dem Wort „Gewerkschaft“ der Gewerkschaftsbegriff im Sinne des deutschen Tarifvertragsrechts gemeint ist oder lediglich der allgemeine verfassungsrechtliche Koalitionsbegriff im Sinne des Art. 9 Abs. 3 GG. Die EMRK ist dem in allen Konventionsstaaten bekannten Begriff gefolgt, der von einem Zusammenschluß abhängig Beschäftigter zur Vertretung ihrer Interessen aus dem Beschäftigungsverhältnis ausgeht[945]. Die

---

940 *Trieschmann*, BABl. 1956, 452; vgl. auch BAG v. 10.06. 1980 - 1 AZR 822/79, AP Nr. 64 zu Art. 9 GG Arbeitskampf (unter A. II. 2. b. der Gründe) = BAGE 33, 140 (157).

941 Die EKMR entscheidet auf Antrag eines Mitgliedsstaates (Staatenbeschwerde) oder auf Beschwerde eines Bürgers (Individualbeschwerde), einer nicht-staatlichen Organisation oder Personenvereinigung, ob die EMRK verletzt ist oder nicht. Wenn eine Verletzung der Konvention festgestellt wird, dann legt die EKMR den Fall im allgemeinen dem EGMR vor. Ausführlich hierzu *Birk*, in: MünchArbR, Bd. 1, § 17 Rn. 89; *Frowein/Peukert*, EMRK-Komm., Art. 11 Rn. 11 ff.; *Kietz*, Koalitionsfreiheit, S. 1073 (1081 ff.).

942 *Däubler*, in: Däubler/Kittner/Lörcher, IntASO, Nr. 310 III; vgl. ausführlich dazu *Echterhölter*, JZ 1955, 689 ff.; siehe auch *Grillberger*, ZAS 1984, 92 (98); *Lörcher*, AuR 1991, 97 (103); *Otto*, in: MünchArbR, Bd. 3, § 284 Rn. 50; ferner *Ramm*, RdA 1968, 412 (415); siehe auch BVerfGE v. 10.05. 1957 - 1 BvR 550/52, BVerfGE 6, 389 (440); BVerwG v. 16.01. 1964 - B VIII C 60.62, DVBl. 1968, 983 (983); a. A. *Söllner*, Grundriß, S. 45; ferner *Tomandl*, Streik, S. 98 f., der sogar ausdrücklich Art. 11 als „self-executing“ - Norm ablehnt, da Abs. 2 des Art. 11 dem Staat einen an den Bedürfnissen des Staates ausgerichteten Ermessensspielraum für Einschränkungen der Koalitionsfreiheit eröffnet.

943 Art. 11 Abs. 1 lautet:

„Alle Menschen haben das Recht, sich friedlich zu versammeln und sich frei mit anderen zusammenzuschließen, einschließlich des Rechts, zum Schutz ihrer Interessen Gewerkschaften zu bilden und diesen beizutreten.“

944 Vgl. dazu auch *Frowein/Peukert*, EMRK-Komm., Art. 11 Rn. 9; *Grillberger*, ZAS 1984, 92 (98).

945 *Frowein/Peukert*, EMRK-Komm., Art. 11 Rn. 9.

Definition ist so unbestimmt gefaßt, daß sich daraus zunächst nur ein Hinweis auf den allgemeinen Koalitionsbegriff des Art. 9 Abs. 3 GG ableiten läßt.

cc) Materieller Inhalt des Koalitionsrechts in Art. 11 Abs. 1 EMRK

Anhand des Schutzbereichs der Koalitionsfreiheit bleibt daher zu klären, ob Art. 11 Abs. 1 EMRK eine Beschränkung der Tariffähigkeit auf sozial mächtige Arbeitnehmervereinigungen zuläßt. Abs. 1 spricht zwar allen Menschen das Recht zu, sich frei mit anderen zusammenzuschließen und „zum Schutze ihrer Interessen Gewerkschaften [*trade-unions/ syndicats*] zu bilden und diesen beizutreten". Fraglich ist aber, ob Träger der Koalitionsfreiheit nicht nur das einzelne Individuum, sondern auch die Koalition als solche ist. Nach dem Wortlaut des Abs. 1 soll auch das Eintreten der Gewerkschaft für die Interessen ihrer Mitglieder geschützt werden. Ob daraus konkrete Rechte abgeleitet werden können, bleibt aber ungeklärt[946]. In diesem Zusammenhang soll deshalb auf die Entscheidungspraxis der Organe eingegangen werden, die sich mit der Kontrolle der von der Konvention festgelegten Rechte und Freiheiten befassen: der Europäische Gerichtshof für Menschenrechte (EGMR) und die Europäische Kommission für Menschenrechte (EKMR). Maßgebliche Bedeutung erlangten dabei insbesondere die *belgische* und *schwedische* Gewerkschafts-Entscheidung, weil beide Sachverhalte unter kollektivrechtlichen Aspekten behandelt wurden[947].

Nach Auffassung der EKMR enthalte Art. 11 EMRK für die Gewerkschaften zwar keine bestimmten Garantien gewerkschaftlicher Tätigkeiten seitens des Staates. Dennoch könne davon ausgegangen werden, daß Art. 11 EMRK nicht nur die Gewerkschaftsgründungsfreiheit umfasse, sondern daneben auch alle allgemein anerkannten und spezifischen gewerkschaftlichen Betätigungen, wie zum Beispiel das Recht der Gewerkschaften, in Konsultationsverfahren[948], bei kollektiven Verhandlungen[949] oder beim Abschluß von Kollektivverträgen aufzutreten[950]. In dem *belgischen Polizeigewerkschafts*-Fall vertrat die EKMR ferner die Auffassung, daß der Staat bei der Behandlung der Koalitionen nach der

---

946 *Frowein/Peukert*, EMRK-Komm., Art. 11 Rn. 9.

947 Fall der *Nationalen Belgischen Polizeigewerkschaft c. Belgien*, EGMR v. 27.10. 1975, EuGRZ 1975, 562 ff.; Fall *Schwedischer Lokomotivführerverband*, EGMR v. 06.02. 1976, EuGRZ 1976, 62 ff. Siehe daneben auch den Fall *Schmidt und Dahlström c. Schweden*, EGMR v. 06.02. 1976, EuGRZ 1976, 68 ff.

948 EGMR v. 27.10. 1975, EuGRZ 1975, 562 (564).

949 EGMR v. 06.02. 1976, EuGRZ 1976, 68 (70).

950 EGMR v. 06.02. 1976, EuGRZ 1976, 62 (65).

Größe der Vereinigungen unterscheiden könne[951]. Unter Hinweis auf den Charakter der Koalitionsfreiheit als bloßes Abwehrrecht gegenüber dem Staat deutete die EKMR im *schwedischen Lokomotivenführergewerkschafts*-Fall darauf hin, daß das Recht der Gewerkschaften auf Teilnahme an Kollektivverhandlungen ein wesentlicher Bestandteil der Koalitionsfreiheit sei[952].

Der EGMR legte in den genannten Fällen auf der einen Seite einen engeren Maßstab als die EKMR an[953]. So erwähnte der Gerichtshof zwar ausdrücklich, daß Art. 11 Abs. 1 EMRK die Gewerkschaftsfreiheit als eine Form oder einen Punkt der Vereinigungsfreiheit darstellt[954]. Eine bestimmte Behandlung gewährleiste die Vorschrift den Gewerkschaften seitens des Staates nach seiner Auffassung jedoch nicht[955]. Auf der anderen Seite hielt der EGMR im Gegensatz zur EKMR die in Art. 11 gewählte Formulierung „zum Schutze ihrer Interessen“ nicht für überflüssig. Denn die Worte verdeutlichen seiner Meinung nach, daß die EMRK die Freiheit sicherstellen solle, die beruflichen Interessen der Mitglieder einer Gewerkschaft durch kollektive Maßnahmen der Gewerkschaft zu schützen und die Vertragsstaaten zu verpflichten, die Durchführung und Entwicklung dieser Maßnahmen zu erlauben und zu ermöglichen. Zweifellos geht der Gerichtshof davon aus, daß Art. 11 EMRK jedem Staat die Wahl der Mittel einräume, die er zu diesem Zweck einsetzen will[956]. Maßgeblich sei allein, daß die staatliche Gesetzgebung den Gewerkschaften gestatte, zum Schutz der Interessen ihrer Mitglieder in einer Weise zu kämpfen, die dem Art. 11 EMRK nicht zuwiderlaufe. Als geeignete Mittel führte der EGMR beispielsweise die Konsultierung der Gewerkschaften[957], den Abschluß von Tarifverträgen[958] und die Gewährung des Streikrechts[959] an.

---

951 CEDH, Serie B Bd. 17, S. 54/57, §§ 76 - 81 (zit. bei: *Kietz*, Koalitionsfreiheit, S. 1073 (1082).

952 CEDH, Serie B Bd. 18, S. 48 f., §§78 - 80 (zit. bei: *Kietz*, Koalitionsfreiheit, S. 1073 (1082); vgl. auch EGMR v. 06.02. 1976, EuGRZ 1976, 62 ff.

953 Vgl. ausführlich dazu *Eitel*, Ungleichbehandlung, S. 126 f.; ferner *Frowein/Peukert*, EMRK-Komm., Art. 11 Rn. 11 ff.; *Kitz*, Koalitionsfreiheit, S. 1073 (1082).

954 Fall der *Nationalen Belgischen Polizeigewerkschaft c. Belgien*, EGMR v. 27.10. 1975, EuGRZ 1975, 562 (564). Vgl. ferner den Fall *Schmidt* und *Dahlström* EGMR v. 06.02. 1976, EuGRZ 1976, 68 (70).

955 EGMR v. 27.10. 1975, EuGRZ 1975, 562 (564); vgl. auch EGMR v. 06.02. 1976, EuGRZ 1976, 68 (70).

956 EGMR v. 27.10. 1975, EuGRZ 1975, 562 (564); bestätigt in EGMR v. 06.02. 1976, EuGRZ 1976, 62 (65); ferner EGMR v. 06.02. 1976, EuGRZ 1976, 68 (70).

957 So im Fall der *Nationalen Belgischen Polizeigewerkschaft c. Belgien*, EGMR v. 27.10. 1975, EuGRZ 1975, 562 (564).

Beide Organe der Konvention, sowohl die EKMR als auch der EGMR, sprechen sich im Ergebnis mit Recht dafür aus, daß Art. 11 EMRK auch kollektive Rechte schützt; Gewerkschaften können somit Rechte unmittelbar ableiten[960]. Obwohl nach dem Wortlaut des Art. 11 Abs. 1 EMRK keine spezifischen Garantien gewerkschaftlicher Tätigkeiten bestehen, zählt nach der Spruchpraxis der Kontrollorgane zu den kollektiven Rechten der „Gewerkschaften" im Sinne des Art. 11 EMRK auch die Tarifautonomie, also der Abschluß von Tarifverträgen. Der Ausschluß einer Arbeitnehmervereinigung von der Tariffähigkeit durch Richterspruch könnte somit eine Verletzung des durch Art. 11 Abs. 1 EMRK gewährleisteten Betätigungsrechts bedeuten.

dd) Einschränkungsmöglichkeiten des Koalitionsrechts

Zwar gehört zur Koalitionsbetätigungsfreiheit grundsätzlich auch der Tarifabschluß. Die Vertragsstaaten der EMRK bleiben aber - so ausdrücklich der Gerichtshof - in der Wahl der Maßnahmen frei, die sie zur Verwirklichung der in der Konvention aufgeführten Rechte für geeignet halten. Voraussetzung ist allerdings, daß die gewählten Mittel den weiteren Anforderungen der Konvention entsprechen[961]. So ergibt sich eine beachtliche Anforderung der Konvention im Rahmen des Art. 14 EMRK[962], die für die vorliegende Untersuchung der „Mächtigkeitsrechtsprechung" des Bundesarbeitsgerichts hilfreich sein könnte. Art. 14 EMRK kennt zwar nicht den aus dem nationalen Verfassungsrecht bekannten allgemeinen Gleichheitssatz (vgl. Art. 3 GG). Er knüpft aber den Gleichheitssatz an die Verletzung anderer durch die EMRK gewährleistete Grundrechte an, um so im Ergebnis gleichheitswidrige Verletzungen der Grundrechte zu verhindern[963]. Der also nur für bestimmte Rechte geltende, „akzessorische" Gleichheitssatz schützt neben einzelnen Individuen auch Gruppierungen, die sich in vergleichbarer Lage befinden, gegen jede Diskriminierung in der Ausübung der

---

958 So im Fall *Schwedischer Lokomotivführerverband*, EGMR v. 06.02. 1976, EuGRZ 1976, 62 (65).

959 So im Fall *Schmidt* und *Dahlström* EGMR v. 06.02. 1976, EuGRZ 1976, 68 (70).

960 Vgl. auch *Guradze*, EMRK, Art. 11 Rn. 16; *Villiger*, EMRK, § 29 Rn. 615.

961 EGMR v. 06.02. 1976, EuGRZ 1976, 62 (66); in diese Richtung bereits EGMR v. 27.10. 1975, EuGRZ 1975, 562 (567).

962 Art. 14 EMRK lautet:

„Der Genuß der in der vorliegenden Konvention festgelegten Rechte und Freiheiten muß ohne Unterschied des Geschlechts, der Rasse, Hautfarbe, Sprache, Religion, politischen oder sonstigen Anschauungen, nationaler und sozialer Herkunft, Zugehörigkeit zu einer nationalen Minderheit, des Vermögens, der Geburt oder des sonstigen Status gewährleistet werden."

963 Vgl. dazu *Hoffmann-Remy*, Grundrechtseinschränkung, Kapitel IX. § 2 a., S. 41 f.; *Kitz*, Koalitionsfreiheit, S. 1073 (1083).

Rechte und Freiheiten, die von den Bestimmungen der EMRK umfaßt sind[964]. Nach Auffassung des Gerichtshofs erscheint es so, als ob Art. 14 EMRK Bestandteil eines jeden Artikels wäre, der ein Recht oder eine Freiheit gewährleistet. Insbesondere werde diese Vermutung verstärkt, wenn ein in der EMRK geschütztes Recht und die ihr entsprechende Verpflichtung des Staates unzureichend bestimmt sind und dem Staat daher zahlreiche Mittel zur Wahl stehen, um die Ausübung des in Frage stehenden Rechts möglich und wirksam werden zu lassen. Ein nicht konkret bestimmtes Recht verkörpert Art. 11 Abs. 1 EMRK. Art. 11 Abs. 1 EMRK muß daher notwendig im Zusammenhang mit Art. 14 EMRK betrachtet werden, und zwar im Hinblick darauf, ob die Forderung nach einer sozialen Mächtigkeit eine konventionswidrige Diskriminierung der nicht sozial mächtigen Arbeitnehmervereinigungen bedeutet.

Nach der Meinung des EGMR führt jedoch nicht jede Ungleichbehandlung zu einer unzulässigen Diskriminierung. Maßgeblich für die Feststellung einer unzulässigen Diskriminierung sei, daß die Unterscheidung keinen objektiv angemessenen Rechtfertigungsgrund hat. Ein objektiv angemessener Rechtfertigungsgrund beurteile sich nach dem Verhältnis zu Ziel und Wirkungen der Maßnahmen, wobei für das Ziel entscheidende Voraussetzung die Rechtmäßigkeit sei und ferner, daß die eingesetzten Mittel und das angestrebte Ziel nicht in einem unangemessenen Verhältnis stehen[965]. Unter Berücksichtigung dieser aufgestellten Grundsätze entschied der EGMR daher in dem *belgischen* Gewerkschafts-Fall, in dem nur repräsentative Gewerkschaften an dem von Belgien eingeführten Konsultationsverfahren teilnehmen sollten, daß die Beschränkung auf repräsentative Gewerkschaften und die unterlassene Beteiligung der Beschwerdeführerin keine unzulässige Diskriminierung der Beschwerdeführerin darstelle. Nach Auffassung des Gerichtshofs sei das mit dieser Maßnahme angestrebte Ziel, die „gewerkschaftliche Anarchie“ zu vermeiden und eine zusammenhängende und ausgeglichene Personalpolitik zu erreichen, sachgerecht und verhältnismäßig[966]. Auch im *schwedischen* Gewerkschafts-Fall, in dem in Schweden das Staatliche Büro für Tarifverhandlungen eine Politik verfolgte, die den Abschluß von Tarifverträgen nur mit großen, repräsentativen Gewerkschaftsbünden vorsah, verneinte der EGMR eine Verletzung des Diskriminierungsverbots; das Bestreben, sich nicht einer übermäßigen Anzahl von Verhandlungspartnern aussetzen zu müssen, um seine Bemühungen nicht zu zerstreuen und leichter zu einem konkreten

---

964 Vgl. EGMR v. 23.07. 1968, EuGRZ 1975, 298 (301 ff.).

965 EGMR v. 23.07. 1968, EuGRZ 1975, 298 (301); EGMR v. 27.10. 1975, EuGRZ 1975, 562 (566).

966 Fall der *Nationalen Belgischen Polizeigewerkschaft c. Belgien*, EGMR v. 27.10. 1975, EuGRZ 1975, 562 (567).

Ergebnis zu gelangen, sei rechtmäßig und angemessen[967]. Ebenso lehnte die EKMR eine konventionswidrige Diskriminierung der *DAV* in ihrer Entscheidung vom 14.07. 1983[968] ab; Anlaß der Beschwerde war eine zurückgewiesene Verfassungsbeschwerde vom 20.10. 1981[969], die der *DAV* gegen das Urteil des Bundesarbeitsgerichts vom 14.03. 1978[970] eingelegt hatte. Die Kommission hielt es mit den Anforderungen der EMRK vereinbar, daß die deutsche Arbeitsgerichtsbarkeit nur sozial mächtigen Arbeitnehmervereinigungen die Gewerkschaftsfähigkeit und Tariffähigkeit zuerkennt, weil nur sozial starke Organisationen in der Lage seien, wirksam die Interessen ihrer Mitglieder wahrzunehmen[971]. Mit der Zuerkennung der Gewerkschaftseigenschaft und Tariffähigkeit allein an sozial mächtige Arbeitnehmervereinigungen entsprechen die deutschen Gerichte somit der Spruchpraxis der Europäischen Kontrollorgane und damit den Anforderungen der Konvention aus Art. 11 Abs. 1 i.V.m. Art. 14.

Nach Art. 11 Abs. 2 EMRK kann das Koalitionsrecht ferner „durch Gesetz" eingeschränkt werden, soweit Einschränkungen „in einer demokratischen Gesellschaft im Interesse der äußeren und inneren Sicherheit, zur Aufrechterhaltung der Ordnung und der Verbrechensverhütung oder zum Schutze der Rechte und Freiheiten anderer notwendig sind". Da aber der Schutzbereich des Art. 11 Abs. 1 EMRK nicht erkennbar über die Grundsätze hinausgeht, die in der Bundesrepublik gewährleistet werden[972] - Art. 9 Abs. 3 GG enthält nicht wie Art. 11 Abs. 2 EMRK einen Vorbehalt zu staatlichen Eingriffen -, muß in diesem Zusammenhang auf die in Abs. 2[973] vorgesehenen Einschränkungsmöglichkeiten

---

967 Fall *Schwedischer Lokomotivführerverband*, EGMR v. 06.02. 1976, EuGRZ 1976, 62 (66 f.).

968 Entscheidung über die Beschwerde Nr. 9792/82 (zit. bei: *Eitel*, Ungleichbehandlung, S. 129).

969 BVerfG v. 20.10. 1981 - 1 BvR 404/78, AP Nr. 31 zu § 2 TVG = BVerfGE 58, 233 ff.

970 BAG v. 14.03. 1978 - 1 ABR 2/76, AP Nr. 30 zu § 2 TVG.

971 Vgl. dazu *Eitel*, Ungleichbehandlung, S. 129.

972 *Rüthers/Roth*, Anm. zu BAG v. 16.11. 1982 - 1 ABR 22/78, AP Nr. 32 zu § 2 TVG (unter 5. a.); vgl. auch *Schwerdtfeger*, Koalitionsfreiheit, S. 149 (157); siehe ferner BAG v. 10.06. 1980 - 1 AZR 822/79, AP Nr. 64 zu Art. 9 GG Arbeitskampf (unter A. II. 2. b. der Gründe) = BAG 33, 140 (157).

973 Art. 11 Abs. 2 EMRK lautet:

„Die Ausübung dieser Rechte und Pflichten darf keinen anderen Einschränkungen unterworfen werden als den vom Gesetz vorgesehenen, die in einer demokratischen Gesellschaft im Interesse der äußeren und inneren Sicherheit, zur Aufrechterhaltung der Ordnung und zur Verbrechensverhütung, zum Schutze der Gesundheit und der Moral oder zum Schutze der Rechte und Freiheiten anderer notwendig sind. Dieser Artikel verbietet nicht, daß die Ausübung dieser Rechte für Mitglieder der Streitkräfte, der Polizei oder der Staatsverwaltung gesetzlichen Einschränkungen unterworfen sind."

nicht näher eingegangen werden[974]; zumal auch bereits Abs. 1 des Art. 11 EMRK sich nicht gegen eine Einschränkung, wie das Erfordernis einer sozialen Mächtigkeit, ausspricht[975].

ee) Konsequenzen

Der Wortlaut enthält keine Anzeichen dafür, daß Art. 11 Abs. 1 EMRK mit dem Begriff „Gewerkschaft“ den Gewerkschaftsbegriff im Sinne des Tarifvertragsrechts meint und damit nur sozial mächtige Arbeitnehmervereinigungen als Gewerkschaften umfaßt[976]. Anhand der Spruchpraxis der Kontrollorgane der Konvention läßt sich aber ableiten, daß eine Zuerkennung der Tariffähigkeit nur an sozial mächtige Arbeitnehmervereinigungen im Sinne der Konvention sachlich gerechtfertigt wäre[977].

b) Europäische Sozialcharta

Anhaltspunkte für die Bestimmung des Begriffs „Gewerkschaft“ oder allgemein zur Tariffähigkeit könnte die Europäische Sozialcharta (ESC) vom 18.10. 1961[978] geben. Denn während die Angaben zu den kollektiven Rechten der Gewerkschaften in der EMRK vom 04.11. 1950 nur allgemein gehalten sind, behandelt die ebenfalls im Rahmen des Europarates ausgearbeitete Konvention die Gewerkschaftsfragen ausführlicher, und zwar unter zwei verschiedenen Gesichtspunkten: des Vereinigungsrechts (Art. 5 ESC[979]) und des Rechts auf Kollektivverhandlungen (Art. 6 ESC[980])[981]. Die Bundesrepublik Deutschland hat

---

974 Siehe dazu die Ausführungen zum IPwskR. Vgl. ferner *Eitel*, Ungleichbehandlung, S. 130.

975 Vgl. auch *Eitel*, Ungleichbehandlung, S. 130.

976 Vgl. auch *Hemmen*, Durchsetzungsfähigkeit, S. 34.

977 Zutreffend *Eitel*, Ungleichbehandlung, S. 130.

978 Gesetz zur ESC BGBl. II 1964, 1262.

979 Art. 5 ESC lautet:

„Um die Freiheit der Arbeitnehmer und Arbeitgeber zu gewährleisten oder zu fördern, örtliche, nationale oder internationale Organisationen zum Schutze ihrer wirtschaftlichen und sozialen Interessen zu bilden und diesen Organisationen beizutreten, verpflichten sich die Vertragsparteien, diese Freiheit weder durch das innerstaatliche Recht noch durch dessen Anwendung zu beeinträchtigen. Inwieweit die in diesem Artikel vorgesehenen Garantien auf die Polizei Anwendung finden, bestimmt sich nach innerstaatlichem Recht. Das Prinzip und gegebenenfalls der Umfang der Anwendung dieser Garantien auf die Mitglieder der Streitkräfte bestimmen sich gleichfalls nach innerstaatlichem Recht.“

980 Art. 6 ESC lautet:

„Um die wirksame Ausübung des Rechtes auf Kollektivverhandlungen zu gewährleisten, verpflichten sich die Vertragsparteien,

1. gemeinsame Beratungen zwischen Arbeitnehmern und Arbeitgebern zu fördern;

den am 18.10. 1961 unterzeichneten völkerrechtlichen Vertrag 1964 ratifiziert[982] und auch transformiert[983]; der Vertrag ist am 25.02. 1965 in Kraft getreten.

aa) Innerstaatliche Rechtswirkungen

Fraglich ist, ob die ESC über die Staatenverpflichtung hinaus auch für die Bundesrepublik innerstaatliche Rechtswirkungen entfaltet oder zumindest den Gesetzgeber und die Gerichtsbarkeit in der Auslegung und Rechtsfortbildung des Rechts bindet. Zu den Wirkungen der ESC im innerstaatlichen Bereich werden verschiedene Ansichten vertreten, wobei nicht immer erkennbar ist, ob lediglich eine völkerrechtliche oder auch eine innerstaatliche Wirkung bejaht werden soll[984].

Während ein Teil der Literatur[985] die Normen der europäischen Sozialcharta für unmittelbar geltendes Recht hält, geht die wohl überwiegende Auffassung[986] von einem programmatischen Charakter aus und lehnt daher eine „self-executing" -

---

2. Verfahren für freiwillige Verhandlungen zwischen Arbeitgebern oder Arbeitgeberorganisationen einerseits und Arbeitnehmerorganisationen andererseits zu fördern, soweit dies notwendig und zweckmäßig ist, mit dem Ziele, die Beschäftigungsbedingungen durch Gesamtarbeitsverträge zu regeln;

3. die Einrichtung und die Benutzung geeigneter Vermittlungs- und freiwilliger Schlichtungsverfahren zur Beilegung von Arbeitsstreitigkeiten zu fördern

und anzuerkennen

4. das Recht der Arbeitnehmer und der Arbeitgeber auf kollektive Maßnahmen einschließlich des Streikrechts im Falle von Interessenkonflikten, vorbehaltlich etwaiger Verpflichtungen aus geltenden Gesamtarbeitsverträgen."

981 So EGMR v. 27.10. 1975, EuGRZ 1975, 562 (564); EGMR v. 06.02. 1976, EuGRZ 1976, 62 (64); vgl. dazu ausführlich *Kitz*, Koalitionsfreiheit, S. 1085 ff.

982 Zustimmungsgesetz vom 19.09. 1964.

983 BGBl. 1965 II, S. 1122; transformiert durch Gesetz vom 18.10. 1961 - BGBl. 1964 II, S. 1261.

984 Offengelassen vom BVerfG v. 20.10. 1981 - 1 BvR 404/78, AP Nr. 31 zu § 2 TVG = BVerfGE 58, 233. Ausführlich zur konkreten Wirkung *Lörcher*, in: Däubler/Kittner/Lörcher, IntASO, Nr. 320 III. m. w. N.

985 Vgl. z. B. *Söllner*, Grundriß, S. 45.

986 Vgl. z. B. *Birk*, in: MünchArbR, Bd. 1, § 17 Rn. 98; *Scholz/Konzen*, Aussperrung, S. 63; siehe auch *Seiter*, Streikrecht, S. 131 - 137 m. w. N.; *Rüthers*, Aussperrung, S. 17 f.; *Wengler*, Unabwendbarkeit, S. 10 ff.; vgl. ferner auch die damalige Bundesregierung in der Denkschrift zum Entwurf der ESC, BT-Drucks. IV./2117, S. 28; BVerwG v. 18.12. 1992 - 7 C 12.92, AP Nr. 1 zu Art. 16 ESC (unter 2. der Gründe).

Wirkung - mit leichten Einschränkungen im Hinblick auf Art. 6 Abs. 4[987] - ab; die im Gegensatz zur EMRK lediglich schwachen Kontrollmöglichkeiten in Form eines reinen Berichtssystems im vierten Teil der ESC (Art. 21 - 29)[988] lassen mit Recht keine andere Erklärung als die Ablehnung der innerstaatlichen Anwendbarkeit zu. Dennoch kommt den in diesem Zusammenhang maßgeblichen Art. 5 und 6 nicht nur ein deklaratorischer Charakter zu. Ihr Gewicht liegt vielmehr darin, daß Art. 20 die Ratifikationsstaaten dazu zwingt, den Teil 1, dem auch Art. 5 und 6 angehören, „als eine Erklärung der Ziele anzusehen, die sie entsprechend dem einleitenden Absatz jenes Teils mit allen geeigneten Mitteln verfolgen wird“[989]. Da für das Bundesgebiet nicht die Art. 5 und 6 ESC von dem Inkrafttreten ausgenommen wurden[990], müssen beide Vorschriften als Auslegungsregeln des bundesdeutschen Rechts herangezogen werden.

bb) Materieller Inhalt des Koalitionsrechts

Art. 5 und 6 ESC verwenden nicht den Begriff der Gewerkschaft, sondern lediglich den Begriff „Organisation“. Unter welchen Voraussetzungen eine Organisation im Sinne des Art. 5 ESC vorliegt, ergibt sich aus Art. 10 des IAO-Übereinkommens Nr. 87[991]. Denn das Übereinkommen Nr. 87 IAO diente bei den Beratungen zu Art. 5 ESC als Grundlage[992]. Nach Art. 10 umfaßt der Begriff „Organisation“ jede Arbeitnehmer- oder Arbeitgeberorganisation, die die Förderung und den Schutz der Arbeitnehmer- und Arbeitgeberinteressen zum Ziel hat[993]. Damit fallen unter den Organisationsbegriff auch Gewerkschaften. Die Definition ist jedoch für die Untersuchung des Gewerkschaftsbegriffs so

987 Vgl. *Konzen*, JZ 1986, 157 (162); *Ramm*, RdA 1968, 412 (415); *Tomandl*, Streik, S. 100. Weitere Nachweise für zustimmende Autoren bei: *Seiter*, Streikrecht, S. 130 (Fn. 4). Zu Art. 6 Abs. IV auch indirekt BAG v. 10.06. 1980 - 1 AZR 822/79, AP Nr. 64 zu Art. 9 GG Arbeitskampf (unter A. II. 2. a. der Gründe) = BAGE 33, 140 (156), wenn das BAG, ohne ausdrücklich zur Frage der unmittelbaren Anwendbarkeit Stellung zu nehmen, mit Art. 6 Abs. 4 ESC argumentiert; ähnlich auch BAG v. 12.03. 1985 - 1 AZR 636/82, AP Nr. 84 zu Art. 9 Arbeitskampf (unter II. 1. c. der Gründe) = BAGE 48, 195 (204).

988 Zum Berichtssystem der ESC siehe weiterführend *Kitz*, Koalitionsfreiheit, S. 1073 (1086 f.).

989 Vgl. dazu auch *Kitz*, Koalitionsfreiheit, S. 1073 (1086); *Sproedt*, Koalitionsfreiheit, S. 22 ff.

990 Vgl. *Isele*, Europäische Sozialcharta, S. 10.

991 *Eitel*, Ungleichbehandlung, S. 132; *Sproedt*, Koalitionsfreiheit, S. 11; a. A. vgl. *Schnorr*, Öffentliches Vereinsrecht, § 16 Nr. 2, der eine Legaldefinition weder in dem ILO-Übereinkommen Nr. 87 noch in dem ergänzenden ILO-Übereinkommen Nr. 98 erblicken will und sich deshalb für eine Begriffsbestimmung allein nach innerstaatlichem Recht ausspricht.

992 *Sproedt*, Koalitionsfreiheit, S. 11.

993 *Sproedt*, Koalitionsfreiheit, S. 11 f.

unbestimmt, daß zu überprüfen bleibt, ob anhand des von Art. 5 und 6 ESC geschützten Koalitionsrechts Aussagen über die Zulässigkeit der Mächtigkeitstheorie getroffen werden können.

Art. 5 ESC enthält ausdrücklich die Verpflichtung der Unterzeichnerstaaten, die Koalitionsgründungsfreiheit zu gewährleisten und zu fördern. Unter Berücksichtigung der IAO-Übereinkommen Nr. 87 und 98, die beide sowohl in Inhalt als auch in Formulierungsart bei der Ausarbeitung der ESC als Vorlage dienten[994], läßt sich der Schluß ziehen, daß Art. 5 auch das Recht, die Koalitionsautonomie zu organisieren sowie das Recht, nach außen für deren Ziele einzutreten, umfaßt[995]. Die in diesem Zusammenhang relevante kollektive Betätigungsfreiheit gestaltet Art. 6 ESC näher aus[996]. Die bedeutsamen Abs. 1 bis 3 des Art. 6 ESC geben im Vergleich zur EMRK insoweit einen umfassenderen Schutz, als sie nicht nur ein an die Ratifikationsstaaten gerichtetes Verbot, in bereits bestehende Konsultations-, Verhandlungs- und Streitschlichtungsmechanismen einzugreifen, enthalten, sondern zudem ausdrücklich die Verpflichtung erzeugen, die Einrichtung, Anwendung und Weiterentwicklung derartiger Verfahren mit allen ihnen zur Verfügung stehenden Mitteln zu unterstützen[997].

cc) Einschränkungen des Koalitionsrechts

Neben den in Art. 5 Abs. 2 und 3 ESC ausdrücklich erwähnten Einschränkungsmöglichkeiten des Koalitionsrechts finden sich in Art. 30 und 31 Abs. 1 ESC weitere Schrankenbestimmungen. Das Korrektiv der sozialen Mächtigkeit fällt aber nicht unter den Wortlaut der Art. 5, 30 und 31 ESC. Allein von Bedeutung ist Art. 31[998], der fast wortgleich den Einschränkungsvorbehalten in Art. 29 Abs. 2 der AEMR, in Art. 8 Abs. 1 lit. a und c IPwskR sowie in Art. 11 EMRK entspricht. Wie bereits bei den angesprochenen internationalen Rechtsquellen festgestellt, ist für eine Einschränkung ein formelles Gesetz keine notwendige Voraussetzung, vielmehr erfaßt der Schrankenvorbehalt das gesamte geltende

---

994 *Sproedt*, Koalitionsfreiheit, S. 15 m. w. N.

995 *Kitz*, Koalitionsfreiheit, S. 1073 (1088 und 1091); *Sproedt*, Koalitionsfreiheit, S. 13 und 16.

996 *Kitz*, Koalitionsfreiheit, S. 1073 (1091).

997 *Kitz*, Koalitionsfreiheit, S. 1073 (1091).

998 Art. 31 Abs. 1 ESC lautet:

„Die im Teil I niedergelegten Rechte und Grundsätze dürfen nach ihrer endgültigen Verwirklichung ebenso wie ihre im Teil II vorgesehene wirksame Ausübung anderen als den in diesen Teilen vorgesehenen Einschränkungen oder Begrenzungen nur unterliegen, wenn diese gesetzlich vorgeschrieben und in einer demokratischen Gesellschaft zum Schutz der öffentlichen Ordnung, der Staatssicherheit, der öffentlichen Gesundheit und der Sittlichkeit notwendig sind."

Recht, also auch abstrakt-generell geschriebene und ungeschriebene Rechtssätze[999]. An Gewicht gewinnt jedoch in diesem Zusammenhang der Umstand, daß im Rahmen der ESC die Kontrollgremien sich nicht mit der Frage auseinandersetzen mußten, ob eine Zuerkennung der Tariffähigkeit allein auf sozial mächtige Arbeitnehmervereinigungen zulässig ist; zumal auch ein Differenzierungsverbot, mit Art. 14 EMRK vergleichbar, fehlt[1000]. Ferner geht auch der Schutz des Art. 6 ESC nicht weiter als Art. 9 Abs. 3 GG, da Art. 9 Abs. 3 keinen Vorbehalt zu staatlichen Eingriffen enthält[1001].

dd) Konsequenzen

Art. 5 und 6 ESC geben im Ergebnis keinen Hinweis auf die Zulässigkeit der sozialen Mächtigkeit als konstitutives Merkmal des Gewerkschaftsbegriffs im Sinne des § 2 Abs. 1 TVG[1002].

4. Ziffer A III 2 des Staatsvertrages vom 18.05. 1990

Als völkerrechtlicher Vertrag könnte der 1. Staatsvertrag vom 18.05. 1990 mit seinem 2. Leitsatz der Generellen Leitsätze zur Sozialunion Aufschluß über die Bestimmung der Voraussetzungen des Gewerkschaftsbegriffs im Sinne des § 2 Abs. 1 TVG geben. Zu klären bleibt allerdings die Frage, ob der 1. Staatsvertrag im Rahmen der systematischen Auslegung des Gewerkschaftsbegriffs herangezogen werden kann, weil der 1. Staatsvertrag erst *nach* § 2 TVG in Kraft getreten ist. Auch wenn nur solche Normen zur Auslegung betrachtet werden dürfen, die zur Zeit des Erlasses der auszulegenden Regelung gleichzeitig erlassen oder zumindest schon im fortgeschrittenen Stadium der Beratung standen[1003], so kann daraus nicht zugleich geschlußfolgert werden, daß die Norm nicht zumindest „im Zweifel“ im Rahmen der systematischen Auslegung herangezogen werden darf; zumal in diesem Fall der Gesetzgeber des § 2 TVG bewußt den Gewerkschaftsbegriff nicht näher erläutern wollte, um rechtliche Veränderungen des Umfeldes berücksichtigen zu können. Anhand des ausdrücklichen Wortlauts des 1. Staatsvertrages, der die soziale Mächtigkeit oder Durchsetzungsfähigkeit als konstitutives Merkmal der Tariffähigkeit und damit der Gewerkschaftseigenschaft aufzählt, ist daher abzuleiten, daß die vom Bundes-

---

999 So auch *Eitel*, Ungleichbehandlung, S. 132.

1000 *Eitel*, Ungleichbehandlung, S. 133.

1001 Zutreffend *Rüthers/Roth*, Anm. zu BAG v. 16.11. 1982 - 1 ABR 22/78, AP Nr. 32 zu § 2 TVG (unter 5. a.).

1002 Vgl. auch *Suckow*, Gewerkschaftliche Mächtigkeit, S. 131.

1003 So *Kamanabrou*, Auslegung, S. 44.

arbeitsgericht vertretene sog. Mächtigkeitstheorie zumindest nicht unzulässig ist[1004].

II. Einfachrechtliche Regelungen

Neben dem Tarifvertragsrecht knüpfen auch zahlreiche andere nationale Regelungen über Vorschlags-, Anhörungs- oder Beteiligungsrechte im Bereich des Arbeits- und Sozialrechts an die tatsächliche Mächtigkeit oder Bedeutung einer Arbeitnehmervereinigung an, und zwar vor allem Normen des Arbeitsgerichtsgesetzes und des Sozialgesetzbuchs III[1005].

1. Verhältnis von § 2 Abs. 1 zu § 12 Tarifvertragsgesetz

§ 12 TVG enthält in erster Linie eine Legaldefinition für Spitzenorganisationen, wonach nur Zusammenschlüsse von Verbänden unter den Begriff der Spitzenorganisationen fallen, die für die Vertretung der Arbeitnehmer- oder Arbeitgeberinteressen im Arbeitsleben des Bundesgebietes eine „wesentliche Bedeutung" haben. Die wesentliche Bedeutung eines Verbandes entscheidet sich im Rahmen des § 12 TVG anhand einer Gesamtschau von Mitgliederzahl, wirtschaftlicher Stellung sowie Anzahl und Bedeutsamkeit der Tarifabschlüsse[1006]. Interessanterweise stellt die Vorschrift Verbände, die keine Zusammenschlüsse von Vereinigungen sind, den Spitzenorganisationen gleich, wenn sie die Voraussetzungen des § 2 Abs. 1 TVG erfüllen, also tariffähig sind, und zudem gemäß § 12 Satz 2 letzter Halbsatz eine „wesentliche Bedeutung" im Arbeitsleben des Bundesgebiets besitzen. Es könnte daher interpretationsmethodisch verfehlt sein, die in § 12 Satz 1 TVG enthaltene Differenzierung auf § 2 TVG zu übertragen, wenn sich § 2 gerade nicht auf die in § 12 in Frage kommende Unterscheidung einläßt[1007]. In diesem Zusammenhang zeigt aber die Entstehungsgeschichte, daß beide Normen unterschiedliche Zwecke verfolgen[1008]. Während § 12 TVG lediglich Relevanz für die Zusammensetzung des Tarifausschusses

---

1004 A. A. vgl. *Jung*, Unabhängigkeit, S. 214.

1005 Vgl. auch § 14 SGG, der in Abs. 2 als vorschlagsberechtigte Stelle nur Gewerkschaften verlangt, die ein bestimmtes Gewicht besitzen. Ausführlich hierzu *Meyer-Ladewig*, SGG-Komm., §14 Rn. 2.

1006 *Rieble*, in: Löwisch/Rieble, TVG-Komm., § 12 Rn. 5; *Oetker*, in: Wiedemann, TVG-Komm., § 12 Rn. 8.

1007 Bejahend *Mayer-Maly*, Anm. zu BAG v. 16.01. 1990 - 1 ABR 10/89, SAE 1991, 100 (102); *ders.*, RdA 1966, 201 (204); vgl. auch *Reiß*, Bedeutung, S. 56 ff. (zu § 10 a TVG a. F.); ferner ArbG *Stuttgart* v. 04.02. 1972 - 6 BV 3/71, EzA Art. 9 Nr. 9 (unter III. 4. der Gründe).

1008 Ausführlich zur Entstehungsgeschichte des § 12 TVG *Oetker*, in: Wiedemann, TVG-Komm., § 12 Rn. 1 f.

(§ 5 Abs. 1 TVG) und für die Mitwirkung beim Erlaß von Durchführungsverordnungen (§ 11 TVG) erlangt, beschäftigt sich § 2 TVG allgemein mit der Tariffähigkeit von Gewerkschaften; ferner betont der Wortlaut des § 12 ausdrücklich, daß diese Regelung nicht für den Bereich des § 2 TVG gilt. Die verschiedenen Normzwecke lassen also kein argumentum e contrario zu. Im Ergebnis ist es damit im Hinblick auf § 12 Satz 1 TVG interpretationsmäßig nicht verfehlt, die Gewerkschaftseigenschaft im Sinne des § 2 Abs. 1 TVG von der sozialen Mächtigkeit abhängig zu machen[1009]. Auch wenn die Frage nach der Bedeutsamkeit einer Vereinigung in § 12 TVG ihren Ausdruck gefunden hat, so schließt dieser Umstand nicht aus, daß der Gedanke von der Bedeutung einer Koalition als Bedingung ihrer Anerkennung auch in anderen tarifrechtlichen Bestimmungen einen Sinn haben kann[1010].

2. §§ 14 Abs. 5, 20 Abs. 1, 43 Abs. 1 Arbeitsgerichtsgesetz

Im Rahmen des Arbeitsgerichtsgesetzes koppeln verschiedene Normen gewerkschaftliche Rechte an die Bedeutsamkeit der Gewerkschaft. So ist der Landesgesetzgeber bei gesetzlichen Vorhaben nach § 14 Abs. 2 und 3 ArbGG gemäß § 14 Abs. 5 ArbGG verpflichtet, die Gewerkschaften anzuhören, die für das Landesgebiet eine „wesentliche Bedeutung“ besitzen. Die Beschränkung der Anhörungspflicht auf mächtige Arbeitnehmervereinigungen stößt in diesem Zusammenhang nicht auf rechtliche, insbesondere nicht auf verfassungsrechtliche Bedenken[1011]. Ebenso hängt das Vorschlagsrecht der Gewerkschaften für die Berufung der ehrenamtlichen Richter nach § 43 Abs. 1 ArbGG von ihrer „wesentlichen Bedeutung“ für das Arbeitsleben des Bundesgebietes ab. Obwohl im Gesetzestext nicht ausdrücklich erwähnt, soll auch das Vorschlagsrecht nach § 20 Abs. 1 ArbGG mit dem Gewicht und der Bedeutung der Gewerkschaft verknüpft sein[1012]. Zwar verfolgen alle aufgezählten Regelungen einen anders gelagerten Zweck als § 2 TVG. Wie jedoch bereits die Untersuchung des § 12 TVG gezeigt hat, rechtfertigen die verschiedenen Gesetzeszwecke nicht den

---

1009 So auch *Hemmen*, Durchsetzungsfähigkeit, S. 35; *Rüthers/Roth*, Anm. zu BAG v. 16.11. 1982 - 1 ABR 22/78, AP Nr. 32 zu § 2 TVG (unter 5. c.); *Suckow*, Gewerkschaftliche Mächtigkeit, S. 135 f.

1010 Zutreffend *Dütz*, AuR 1976, 65 (74), der aber betont, das Bundesarbeitsgericht verlange gerade keine „wesentliche Bedeutung“, sondern ziele allein darauf ab, daß die Arbeitnehmervereinigung in der Lage ist, die Koalitionsaufgaben durch Druck und Gegendruck zu erfüllen; vgl. ferner *Herschel*, AuR 1976, 225 (226).

1011 *Dörner*, in: GK-ArbGG, § 14 Rn. 11; *Prütting*, in: Germelmann/Matthes/Prütting, ArbGG-Komm., § 14 Rn. 17; in diese Richtung wohl auch BVerfG v. 22.10. 1985 - 2 BvL 44/83, NJW 1986, 1093 (1095).

1012 *Grunsky*, ArbGG-Komm., 7. Aufl., § 20 Rn. 5; a. A. z. B. *Prütting*, in: Germelmann/Matthes/Prütting, ArbGG-Komm., § 20 Rn. 16.

Schluß, daß „Gewicht" und „Bedeutung" einer Arbeitnehmervereinigung nicht auch im Rahmen einer anderen arbeitsrechtlichen Vorschrift, wie hier in § 2 Abs. 1 TVG, eine maßgebliche Rolle einnehmen können.

3. § 392 Abs. 1 Sozialgesetzbuch III

Als vorschlagsberechtigte Stelle für die Vertreter der Arbeitnehmer im Sinne des § 392 Abs. 1 SGB III (vormals § 195 Abs. 1 Satz 1 AFG) kommen nur Gewerkschaften in Betracht, die für die Vertretung der Arbeitnehmerinteressen „wesentliche Bedeutung" haben. Die wesentliche Bedeutung ist im Rahmen des § 392 Abs. 1 SGB III von der Intensität abhängig, mit der die Gewerkschaften gesellschaftspolitisch nach außen hin auftreten, wobei nach pflichtgemäßem Ermessen unter Würdigung der Gesamtumstände zu entscheiden ist[1013]. § 392 Abs. 1 SGB III verfolgt aber einen grundsätzlich von § 2 TVG verschiedenen Gesetzeszweck. Von der Vorschrift des § 392 SGB III kann deshalb ebensowenig wie von den bereits angesprochenen Normen des Tarifvertrags- und Arbeitsgerichtsgesetzes auf die Zulässigkeit der Forderung nach einer sozialen Mächtigkeit im Rahmen des § 2 TVG geschlossen werden. Trotzdem zwingt der sich in diesen Vorschriften ausdrücklich manifestierte Gedanke von der Bedeutsamkeit einer Koalition als Bedingung ihrer Anerkennung nicht von vornherein auf, die Mächtigkeitstheorie im Rahmen des § 2 Abs. 1 TVG abzulehnen; zumal die Normen des SGB III öffentlich-rechtliche Normen sind und deshalb davon ausgegangen werden kann, daß der Gesetzgeber des SGB III mit der gewählten Formulierung bewußt eine klare und rechtssichere Regelung schaffen wollte, die im Gegensatz zur Vorschrift des § 2 TVG nicht von äußeren Umständen beeinflußbar ist und daher nicht von vornherein für die zukünftige Entwicklung eine Flexibilität bewahren muß[1014].

III. Zusammenfassung

Anhand der internationalen sowie nationalen arbeits- und sozialrechtlichen Normen kann nicht ohne weiteres die Schlußfolgerung gezogen werden, daß das Erfordernis einer sozialen Mächtigkeit als Voraussetzung für die Zuerkennung der Gewerkschaftseigenschaft und Tariffähigkeit zulässig ist. Allerdings geben die aufgezählten Regelungen einen Hinweis dafür, daß der Bedeutungsgedanke dem geschriebenen Recht zumindest nicht fremd ist[1015].

1013 *Kuck*, in: GK-SGB III, § 392 Rn. 8.

1014 Vgl. in diesem Sinne auch *Herschel*, AuR 1976, 225 (226).

1015 So auch *Herschel*, AuR 1976, 225 (226).

§ 10 Gesetzesteleologie

Die historische Auslegung hat zwar das frühere Bestreben in der arbeitsrechtlichen Wissenschaft und Rechtsprechung, den Kreis der tariffähigen Arbeitnehmervereinigungen zu beschränken, aufgezeigt, und dem systematischen Auslegungsergebnis zufolge ist der Mächtigkeitsgedanke dem geschriebenen Recht zumindest auch nicht fremd. Die bisherigen Auslegungsresultate liefern jedoch keine eindeutigen Anhaltspunkte für das Kriterium der allgemeinen sozialen Mächtigkeit als Voraussetzung der Tariffähigkeit einer Arbeitnehmervereinigung. Dem Gesetzeszweck des § 2 Abs. 1 TVG kommt im Rahmen der Auslegung deshalb eine besondere Bedeutung zu. Mit Hilfe des Normzwecks des § 2 Abs. 1 TVG soll geklärt werden, ob eine restriktive Handhabung der Tariffähigkeit in Form einer allgemeinen sozialen Mächtigkeit der Arbeitnehmervereinigung zulässig und notwendig ist. Für die Bestimmung des Zwecks ist folgende Überlegung notwendig: Welche Interessenlage überwiegt bei der Festlegung der Tariffähigkeit auf Arbeitnehmerseite und bestimmt damit die Vorschrift des § 2 Abs. 1 TVG vorrangig? Anhand der verfassungsrechtlichen Vorgaben des Art. 9 Abs. 3 GG könnte der Normzweck des § 2 Abs. 1 GG insoweit konkretisiert sein, als eine Einschränkung der Tariffähigkeit in Form eines Mächtigkeitsmerkmals notwendig ist, um in Einklang mit Art. 9 Abs. 3 GG zu stehen. Bevor im folgenden die Interessen bei der Festlegung der Tariffähigkeit auf Arbeitnehmerseite auf ihre Schutzwürdigkeit hin bewertet werden, empfiehlt es sich, die in Betracht kommenden Interessen zu klassifizieren.

I. Bestimmung der kollidierenden Interessen im Rahmen des § 2 Abs. 1 TVG

Bezüglich der Tariffähigkeit auf Arbeitnehmerseite stehen sich auf den ersten Blick zwei Interessengruppen gegenüber, und zwar einerseits die Bestrebungen der einzelnen Arbeitnehmervereinigungen einschließlich ihrer Mitglieder und andererseits das Anliegen des Staates und der Allgemeinheit[1016].

Die Interessen der Arbeitnehmervereinigungen werden aber in aller Regel leicht divergieren. Während Klein-, Kleinst- und Großgewerkschaften sicherlich einheitlich daran gelegen ist, mitgliederwirksame Information und Anwerbung zu betreiben, um die gewerkschaftlichen Betätigungsrechte wahrnehmen zu können, wird vorrangiges Ziel der bereits etablierten Gewerkschaften sein, einer starken Zersplitterung der Arbeitnehmerschaft in zahlreiche Vereinigungen erfolgreich entgegenzutreten und sozial starke Vereine aufzubauen, um damit die Macht auf wenige Organisationen konzentrieren zu können; im Normalfall stellt sich die

[1016] Vgl. dazu auch *Hemmen*, Durchsetzungsfähigkeit, S. 42 ff.

Frage nach der Durchsetzungsfähigkeit auch nicht, da sie solchen Vereinigungen anhaften dürfte[1017].

Ein gleichartiges Anliegen verfolgt auch das Bundesarbeitsgericht. Es will nur starke Vereinigungen von Arbeitnehmern an der Tarifautonomie teilhaben lassen, wenn es fordert, eine Arbeitnehmervereinigung müsse für die Zuerkennung der Tariffähigkeit in der Lage sein, einen im Rahmen der Rechtsordnung zulässigen Druck und Gegendruck auf den sozialen Gegenspieler auszuüben, um so Tarifvertragsverhandlungen zu veranlassen und Tarifabschlüsse zu erreichen. Denn nur mächtige Koalitionen können die Aufgabe der Tarifautonomie, das Arbeitsleben und insbesondere die Höhe der Arbeitsvergütung durch Tarifverträge sinnvoll ordnen und so schließlich die Gemeinschaft sozial befriedigen[1018]. Der Allgemeinheit ist daher stark daran gelegen, daß nur die Vereinigungen handeln können, die dem praktischen Bedürfnis des Arbeitslebens gerecht werden können[1019].

II. Bewertung der vorrangigen Interessenlage

Für die Ermittlung der Interessenlage, der § 2 Abs. 1 TVG den Vorrang einräumt, könnte die Verknüpfung von der Gewerkschaftseigenschaft an die Rechtsfolge der Tariffähigkeit aufschlußreich sein.

1. Verknüpfung von Gewerkschaftseigenschaft an die Tariffähigkeit

Die zuvor gewonnenen Erkenntnisse[1020] haben gezeigt, daß nach § 2 Abs. 1 TVG auf Arbeitnehmerseite allein den Gewerkschaften die Tariffähigkeit zukommen soll und auch tatsächlich nur zukommt. Es kam dem Gesetzgeber also besonders darauf an, nicht jede beliebige Arbeitnehmervereinigung, sondern vielmehr nur hinsichtlich Aufbau und Zielsetzung qualifizierte Koalitionen an der Tarifauto-

---

1017 Soweit bekannt, ist vor den arbeitsrechtlichen Gerichten noch nie die Tariffähigkeit oder Gewerkschaftseigenschaft einer *DGB*-Gewerkschaft bestritten worden, siehe ausführlich dazu oben Teil 1 unter § 2 III. 2.

1018 Vgl. z. B. BAG v. 15.03. 1977 - 1 ABR 16/75, AP Nr. 24 zu Art. 9 GG (unter III. 1. der Gründe) = BAGE 29, 72 (79 f.) im Anschluß an das BVerfG v. 06.05. 1964 - 1 BvR 79/62, AP Nr. 15 zu § 2 TVG (unter B. II. 1. der Gründe) = BVerfGE 18, 18 (28) und BVerfG v. 18.11. 1954 - 1 BvR 629/52, AP Nr. 1 zu Art. 9 GG (unter C. 2. b. bb. der Gründe) = BVerfGE 4, 96 (107); vgl. auch RAG v. 30.04 1930 - RAG RB 3/30, ARS 9, 108 (LS 3), das die Forderung in der Weimarer Zeit bekräftigte, die Tariffähigkeit setze eine ausgebaute, für die Aufgaben und die Aufgabenverantwortung tragfähige Organisation voraus.

1019 Vgl. auch *Meisinger*, AuR 1955, 1 (3).

1020 Siehe oben Teil 2/2. Abschnitt unter § 7 II. 1.

nomie durch den Abschluß von Tarifverträgen teilnehmen zu lassen[1021]. Anhand dieses Befundes läßt sich daher die Eingrenzung der potentiellen Tarifpartner auf Arbeitnehmerseite als einen Normzweck des § 2 Abs. 1 TVG ableiten.

Ob damit auch das Betätigungsinteresse kleinerer oder neugegründeter Organisationen zurücktreten sollte, bleibt aber fraglich. Die historischen Erkenntnisse haben gezeigt: Mit der Verknüpfung des Begriffs „Gewerkschaft“ an die Rechtsfolge der Tariffähigkeit wollten Rechtsprechung und Rechtspraxis die zuvor zu den tariffähigen Vereinigungen zählenden Werkvereine und Harmonieverbände von den potentiellen Tarifvertragsparteien ausschließen und nur die drei großen Gewerkschaftsrichtungen einschränkungslos an der Tarifautonomie teilhaben lassen[1022]. Vor dem Hintergrund dieser geschichtlichen Entwicklung der Arbeitnehmervereinigungen besitzt der aufgestellte Katalog mit Anforderungen an die Tariffähigkeit den Sinn einer Legalitätskontrolle: Es sollen Vorbedingungen und Spielregeln für die Mitwirkung an der sozialen Selbstverwaltung abgesteckt werden[1023].

2. Tariffähigkeit auf Arbeitgeberseite

Zu überlegen ist, ob die Regelungstechnik der Tariffähigkeit auf Arbeitgeberseite das von § 2 Abs. 1 TVG vorrangig geschützte Interesse verdeutlicht.

a) Einzelner Arbeitgeber

Die heute überwiegende Meinung in der Rechtsprechung und der Literatur[1024] sieht den einzelnen Arbeitgeber ungeachtet der eigenen hinreichenden Hausmacht

---

1021 Vgl. auch *Hemmen*, Durchsetzungsfähigkeit, S. 44.

1022 Siehe oben Teil 2/3. Abschnitt unter § 8 I.

1023 Vgl. *Oetker*, in: Wiedemann, TVG-Komm., § 2 Rn. 25.

1024 Vgl. BVerfG v. 20.10. 1981 - 1 BvR 404/78, AP Nr. 31 zu § 2 TVG (unter B. II. 2. der Gründe) = BVerfGE 58, 233 (256); ferner BAG v. 14.07. 1981 - 1 AZR 159/78, AP Nr. 1 zu § 1 TVG Verhandlungspflicht (unter III. 2. der Gründe) = BAGE 36, 131 (137); BAG v. 20.11. 1990 - 1 ABR 62/89, AP Nr. 40 zu § 2 TVG (unter B. II. 2. c. der Gründe) = BAG 66, 258 (263 f.); unklar dagegen BAG v. 21.04. 1971 - GS 1/68, AP Nr. 43 zu Art. 9 GG Arbeitskampf (unter Teil III. B. 2. der Gründe) = BAGE 23, 292 (309), das die Frage, ob die gesetzliche Regelung des § 2 Abs. 1 TVG über die Tariffähigkeit des einzelnen Arbeitgebers in jedem denkbaren Fall anwendbar sei, insbesondere bei „kleinen“ Arbeitgebern, die nicht in der Lage sind, einen sich im Rahmen der Rechtsordnung haltenden wirkungsvollen Druck und Gegendruck auszuüben, offengelassen hat; zustimmend auch *Gamillscheg*, Kollekt.ArbR., Bd. II, S. 93, Nr. 286; ablehnend hingegen *Löwisch*, in: Löwisch/Rieble, TVG-Komm., Grundl. Rn. 33 und § 2 Rn. 44. Eingehend auch *Scholz*, in: M/D/H, GG-Komm., Art. 9 Rn. 192, 199, 302. Während der Beratung des Tarifvertragsgesetzes konnte sich der Gedanke, die Tariffähigkeit auch auf Arbeitgeberseite

als tariffähig an, weil der Gesetzgeber dem einzelnen Arbeitgeber die Tariffähigkeit bewußt verliehen habe und sie daher zum Kernbereich seiner Betätigungsfreiheit gehöre. Das Interesse, nur große mächtige Gewerkschaften an der Tarifautonomie teilnehmen zu lassen, könnte folglich von nachgeordnetem Rang sein. Allerdings ist zu bedenken, daß auch ein sog. „kleiner Arbeitgeber" im allgemeinen nicht in der Lage sein wird, einen Druck auf eine mächtige Gewerkschaft auszuüben und einem Gegendruck standzuhalten. Doch selbst wenn die Tariffähigkeit sog. „kleiner Arbeitgeber" in Zweifel zu ziehen ist, muß dem Zweck der Tariffähigkeit des einzelnen Arbeitgebers besondere Beachtung geschenkt werden. Überall dort, wo einer Gewerkschaft kein Arbeitgeberverband zur Verfügung steht, will § 2 Abs. 1 TVG durch die Tariffähigkeit des einzelnen Arbeitgebers einen Tarifvertragspartner zur Seite stellen[1025]. Würde den sog. „kleinen Arbeitgebern" die Tariffähigkeit aber verwehrt[1026], so könnten durch bloßen Entschluß, sich nicht mit anderen Arbeitgebern zu koalieren, Tarifabschlüsse verhindert und damit die Tarifautonomie beeinträchtigt werden. Der Gesetzeszweck des § 2 Abs. 1 TVG würde folglich vereitelt werden[1027].

Vor dem Hintergrund des einheitlichen arbeitsrechtlichen Gewerkschaftsbegriffs, zu dessen Voraussetzungen die Tariffähigkeit zählen soll, hält ein Teil der Literatur[1028] den Vergleich mit der Arbeitgeberseite jedoch für bedenklich. Denn der einzelne Arbeitgeber habe im Gegensatz zu den Verbänden keine über den Abschluß von Tarifverträgen hinausgehende Aufgaben, die erst die besondere Stellung in der Arbeitsverfassung charakterisieren. Dieser Auffassung ist insoweit zu folgen, als dem einzelnen Arbeitgeber tatsächlich nur die Funktion zugedacht ist, Tarifverträge abzuschließen; er nimmt damit eine Sonderrolle ein. Den Erwägungen kann aber folgender Aspekt entgegengehalten werden: Im Rahmen des § 2 Abs. 1 TVG ist zwar die Gewerkschaftseigenschaft mit der Fähigkeit, Tarifverträge abzuschließen, untrennbar verbunden. Die Tariffähigkeit gehört aber damit nicht zwangsläufig zu den konstitutiven Voraussetzungen des Gewerk-

ausschließlich den Berufsverbänden vorzubehalten, nicht einheitlich durchsetzen. Ausführlich hierzu *Oetker*, in: Wiedemann, TVG-Komm., § 2 Rn. 94 m. w. N.

1025 Vgl. insoweit nur *Oetker*, in: Wiedemann, TVG-Komm., § 2 Rn. 95 m. w. N.; *Rüthers/Roth*, Anm. zu BAG v. 16.11. 1982 - 1 ABR 22/78, AP Nr. 32 zu § 2 TVG (unter 5.c.); BVerfG19.10. 1966 - 1 BvL 24/65, AP Nr. 24 zu § 2 TVG (unter C. I. 1. der Gründe) = BVerfGE 20, 312 (318).

1026 So aber *G. Müller*, Arbeitskampfrecht, S. 152 f., der sich dafür ausspricht, eine besondere zusätzliche Voraussetzung im Sinne einer Mächtigkeit zu finden; *ders.*, Arbeitsrecht, S. 161; *ders.*, Tarifautonomie, S. 262 ff., 343 (Fn. 538). Zur Möglichkeit einer teleologischen Reduktion siehe *Zeuner*, in: FS 25 Jahre BAG, S. 727 (731).

1027 *Hemmen*, Durchsetzungsfähigkeit, S. 46; *Zeuner*, in: FS 25 Jahre BAG, S. 727 (730).

1028 *Herschel*, AuR 1976, 225 (231).

schaftsbegriffs in den übrigen arbeitsrechtlichen Vorschriften[1029]. Diese scheinbaren Bedenken lassen sich somit nicht weiter aufrechterhalten. Ein Vergleich mit dem einzelnen Arbeitgeber im Tarifvertragsrecht ist daher durchaus statthaft[1030].

Als Zwischenergebnis ist somit festzuhalten: Indem garantiert werden sollte, daß den Gewerkschaften stets ein potentieller Tarifvertragspartner zur Seite steht, bestand bezogen auf die Normierung der Tariffähigkeit des einzelnen Arbeitgebers von Seiten des Gesetzgebers her ein besonderes Interesse an der Verwirklichung der Tarifautonomie durch den Abschluß von Tarifverträgen[1031]. Allein aufgrund dieses besonderen Zwecks läßt sich ein Vorrang des Betätigungsinteresses der Koalitionen gegenüber dem Ordnungsinteresse des Staates und der Allgemeinheit dennoch nicht restlos begründen.

b) Arbeitgeberverbände

Beachtlich ist aber auch der folgende Gesichtspunkt: Als arbeitsrechtliche Koalitionen von Arbeitnehmern einerseits und Arbeitgebern andererseits drängt sich die Annahme auf, vom Gesetzeszweck des § 2 Abs. 1 TVG könnte eine symmetrische Konkretisierung der Tariffähigkeit umfaßt sein[1032]. Insofern wäre es möglich, die Regelung der Tariffähigkeit der Arbeitgeberverbände vergleichsweise heranzuziehen. Denn wenn der Gesetzgeber bestimmte einschränkende Voraussetzungen auf Arbeitgeberseite bezweckt hat, ist es folgerichtig, diese Wertungen zu übernehmen.

Das Bundesarbeitsgericht hat für die Tariffähigkeit der Arbeitgeberverbände bestimmte Bedingungen für die Teilhabe an der Tarifautonomie aufgestellt[1033]. Wenn der 1. Senat dazu in dem Beschluß vom 09.07. 1968[1034] feststellte, „tariffähig sind nur Vereinigungen von Arbeitnehmern und Arbeitgebern zur Förderung der Arbeits- und Wirtschaftsbedingungen, die die tarifrechtlichen Aufgaben einer Koalition sinnvoll, d[as] h[eißt] durch einen im Rahmen der Rechtsordnung sich haltenden wirkungsvollen Druck und Gegendruck erfüllen können“, so hat er

---

1029 Siehe oben Teil 2/2. Abschnitt unter § 7 II. b.

1030 Vgl. auch *Hemmen*, Durchsetzungsfähigkeit, S. 47.

1031 Vgl. auch *Schrader*, Durchsetzungsfähigkeit, S. 118.

1032 Zugunsten einer Symmetrie *Oetker*, in: Wiedemann, TVG-Komm., § 2 Rn. 322; *Seiter*, Arbeitskampfparität, S. 86.

1033 Siehe ausführlich hierzu *Kempen*, in: Kempen/Zachert, TVG-Komm., § 2 Rn. 75 - 92.

1034 BAG v. 09.07. 1968 - 1 ABR 2/67, AP Nr. 25 zu § 2 TVG (LS 1) = BAGE 21, 98.

damit einheitlich auch für Arbeitgeberverbände eine Verbandsmacht gefordert[1035]. Im Gegensatz zur früheren Rechtsprechung sieht das Bundesarbeitsgericht aber heute ausdrücklich von einer Verbandsmacht ab[1036]. Denn möglicherweise könne es zu dem Ergebnis kommen, daß sich einzelne tariffähige Arbeitnehmer bewußt zu einer „ohnmächtigen“ Koalition zusammenschließen[1037]. Dieser Befund zwingt vorerst dazu, ein Mächtigkeitserfordernis auch auf Arbeitnehmerseite abzulehnen, wenn eine symmetrische Handhabung der Anforderungen an die Tariffähigkeit notwendig ist.

Gleichwohl erscheint eine Negierung des Mächtigkeitskriteriums für Arbeitgeberverbände bedenklich, da sie erkennbar in einem gravierenden Wertungswiderspruch zur Gesetzeslage nach Abschluß des 1. Staatsvertrages vom 18.05. 1990 bis zur deutsch-deutschen Wiedervereinigung am 03.10. 1990 steht. Art. 17 StV legte für die ehemalige DDR ausdrücklich die Koalitionsfreiheit fest, wie sie in der Bundesrepublik Deutschland zu diesem Zeitpunkt galt, also insbesondere mit dem aus Art. 9 Abs. 3 GG abgeleiteten Inhalt. Zentrales Ziel war, in der Übergangszeit eine einheitliche Gesetzeslage zu schaffen. Das Recht auf dem Staatsgebiet der ehemaligen DDR sollte daher dem bestehenden Recht der Bundesrepublik angepaßt werden[1038]. Wie Ziffer A III 2 des Staatsvertrages vom 18.05. 1990 aber ausdrücklich festlegte, zählte zu den Anforderungen an die Tariffähigkeit der Arbeitgeberverbände auch, daß sie in der Lage sein müssen, „durch Ausüben von Druck auf den Tarifpartner zu einem Abschluß zu kommen“[1039].

Diese Erkenntnisse führen zu folgender Annahme: Die Wertungen bezogen auf die Tariffähigkeit der Arbeitgeberkoalitionen können nicht ohne weiteres auf die Tariffähigkeit der Arbeitnehmerkoalitionen übertragen werden; abgesehen davon hat der Gesetzgeber in § 2 Abs. 1 TVG die zwingende Notwendigkeit einer differenzierenden Betrachtungsweise der Tariffähigkeitsvoraussetzungen für Arbeit-

---

1035 Allerdings erscheint diese Ansicht des Bundesarbeitsgerichts leicht verwirrend, wenn es an späterer Stelle (unter 2. der Gründe) ausführt: „..., daß der einzelne Arbeitgeber auf Grund seiner Stellung in der Lage sei, Tarifverhandlungen zu beginnen, durchzuführen, abzulehnen und auch einen Arbeitskampf auf sich zu nehmen. Dagegen muß eine Vereinigung von Arbeitnehmern, die eine Rolle im Arbeitsleben spielen will, damit nicht schon ihrerseits hinreichend wirkungsvoll sein.“

1036 BAG v. 20.11. 1990 - 1 ABR 62/89, AP Nr. 40 zu § 2 TVG (LS) = BAGE 66, 258.

1037 BAG v. 20.11. 1990 - 1 ABR 62/89, AP Nr. 40 zu § 2 TVG (unter B. II. 2. c. der Gründe) = BAGE 66, 258 (263 f.).

1038 Siehe dazu oben Teil 2/2. Abschnitt unter § 6 II. 2. b. bb.

1039 Siehe für den Wortlaut oben Teil 2/2. Abschnitt unter § 6 I. Vgl. auch *Oetker*, in: FS Stahlhacke, S. 363 (392).

nehmer- und Arbeitgebervereinigungen aufgezeigt, wenn er auf Arbeitnehmerseite allein die Gewerkschaften, auf der Arbeitgeberseite hingegen sowohl den einzelnen Arbeitgeber als auch die Arbeitgeberverbände als Tarifvertragsparteien anerkennt[1040].

3. Verfassungsrechtliche Vorgaben des Art. 9 Abs. 3 GG

Für die Ermittlung des maßgeblichen Normzwecks des § 2 Abs. 1 TVG könnte ferner der mit der verfassungsrechtlichen Gewährleistung der Koalitionsfreiheit in Art. 9 Abs. 3 GG verfolgte Zweck hilfreich sein[1041]. Denn Tarifrecht und Koalitionsrecht stehen in einem engen Zusammenhang, der sich insbesondere darin wiederspiegelt, daß die Koalitionsfreiheit von vornherein der gesetzlichen Ausgestaltung bedarf[1042] und der historische Gesetzgeber mit der Schaffung des Tarifvertrages vom 09.04. 1949[1043] dem gestalterischen Verfassungsauftrag der Koalitionsfreiheit nachgekommen ist[1044]. Die Tarifautonomie wird zwar nicht ausdrücklich in Art. 9 Abs. 3 GG erwähnt[1045]. Dennoch ist sie seit der Entscheidung des Bundesverfassungsgerichts vom 18.11. 1954[1046] als Bestandteil[1047] des Grundrechts der Koalitionsfreiheit weitestgehend anerkannt[1048]. Um die aufgeworfene

---

1040 In diesem Sinne auch *Ramm*, JuS 1966, 223 (227 f.); *ders.*, Arbeitskampf, S. 183; *Reuß*, RdA 1972, 4 (7); *Zöllner*, Anm. zu BAG v. 09.07. 1968 - 1 ABR 2/67, SAE 1969, 140 (141).

1041 Eine Interpretation verschließt sich nur im umgekehrten Verhältnis von „unten nach oben“, eingehend dazu bereits oben Teil 2/2. Abschnitt unter § 6 II 2. b. aa. (3).

1042 BVerfG v. 20.10. 1981 - 1 BvR 404/78, AP Nr. 31 zu § 2 TVG (unter B. I. 1. der Gründe) = BVerfGE 58, 233 (247), vgl. dazu auch *Kannengießer*, in: Schmidt-Bleibtreu/Klein, GG-Komm., Art. 9 Rn. 12 b.

1043 Siehe dazu Teil 2/3. Abschnitt unter § 8 II. 1.

1044 Vgl. *Kannengießer*, in: Schmidt-Bleibtreu/Klein, GG-Komm., Art. 9 Rn. 12 b und c.

1045 Siehe hierzu *Brocker*, Tarifautonomie, S. 9.

1046 BVerfG v. 18.11. 1954 - 1 BvR 629/52, AP Nr. 1 zu Art. 9 GG (unter C. 2. b. aa. der Gründe) = BVerfGE 4, 96 (106).

1047 Zur Frage, ob es sich bei der Tarifautonomie um eine „Institutsgarantie“ oder eine „institutionelle Garantie“ handelt, siehe *Biedenkopf*, Grenzen, S. 102 f.; ferner *Oetker*, in: Wiedemann, TVG-Komm., § 2 Rn. 25; eingehend dazu auch *Scholz*, in: M/D/H, GG-Komm., Art. 9 Rn. 29 m. w. N., der aber abweichend im Ergebnis (vgl. Fn. 173) die Tarifautonomie von der Koalitionsmittelgarantie umfaßt sieht; *ders.*, in: FS Trinkner, 377 (383).

1048 Mittlerweile std. Rspr. Siehe z. B. BVerfG v. 06.05. 1964 - 1 BvR 79/62, AP Nr. 15 zu § 2 TVG (unter B. I. 1. der Gründe) = BVerfGE 18, 18 (28); BVerfG v. 19.10. 1966 - 1 BvL 24/65, AP Nr. 24 zu § 2 TVG (unter C. der Gründe) = BVerfGE 20, 312 (317); BVerfG v. 20.10. 1981 - 1 BvR 404/78, AP Nr. 31 zu § 2 TVG (unter B. I. 1. der Gründe) = BVerfGE 58, 233 (246); BVerfGE v. 02.03. 1993 - 1 BvR 1213/85, 88, 103 (114 f.) = ZTR 1993, 241 f. Vgl. auch BAG v. 11.11. 1968 - 1 AZR 16/68, AP Nr. 14 zu Art. 9 (unter 2.

Frage nach den vorrangig zu bewertenden Interessen auf Arbeitnehmerseite abschließend beantworten zu können, muß bestimmt werden, welche Aufgabe den Tarifvertragsparteien überhaupt zuzuweisen ist. Denn wenn die zentrale Zielvorstellung darin liegt, den sich in den Gewerkschaften vereinigenden Arbeitnehmern die Möglichkeit einzuräumen, Arbeits- und Wirtschaftsbedingungen als unverzichtbare Mindestbedingungen festzulegen, dann würde zweifellos das Betätigungsinteresse der Arbeitnehmer, sich zu koalieren, den gesamtwirtschaftlichen Ordnungsvorstellungen vorgehen[1049].

Klären läßt sich diese Frage aber nur anhand einer funktionsbezogenen Betrachtung der Tarifautonomie: Die Tarifautonomie diente ursprünglich - aufgrund fehlender gesetzlicher Mindestarbeitsbedingungen zum Schutz abhängiger Arbeitnehmer - allein dem Schutzbedürfnis des einzelnen Arbeitnehmers[1050]. Im Laufe der Zeit traten weitere Aufgaben hinzu, wie zum Beispiel eine Verteilungsfunktion, indem die Verbände ein verbindliches Lohn- und Gehaltsgefüge festsetzten[1051]. Wie die Rechtsprechung des Bundesverfassungsgerichts bestätigt[1052], verlor die Tarifautonomie aus heutiger Sicht nie gänzlich ihre Schutzfunktion[1053]. Denn trotz der anhaltend guten Konjunkturlage, die auf der wirtschaftlichen Entwicklung der Bundesrepublik Deutschland beruht, bestehen auch heute noch - abgesehen von den Lohn- und Gehaltsregelungen - besondere sachliche oder persönliche Umstände[1054], die zwingende tarifliche Mindestarbeitsbedingungen

der Gründe) = BAGE 21, 201 (205); ebenso zustimmend *Biedenkopf*, Grenzen, S. 102 ff.; *Brocker*, Tarifautonomie, S. 9; *Richardi*, Kollektivgewalt, S. 89; *Scholz*, in: M/D/H, GG-Komm., Art. 9 Rn. 299 m. w. N.

1049 So *Mayer-Maly*, Anm. zu BAG v. 09.07. 1968 - 1 ABR 2/67, AP Nr. 25 zu § 2 TVG.

1050 Siehe ausführlich dazu *Wiedemann*, in: Wiedemann, TVG-Komm., Einl. Rn. 3 m. w. N.

1051 Eingehend hierzu *Wiedemann*, in: Wiedemann, TVG-Komm., Einl. Rn. 7 ff.

1052 BVerfG v. 26.06. 1991 - 1 BvR 779/85, BVerfGE 84, 212 (229): „Tarifautonomie ist darauf angelegt, die strukturelle Unterlegenheit der einzelnen Arbeitnehmer beim Abschluß von Arbeitsverträgen durch kollektives Handeln auszugleichen und damit ein annähernd gleichgewichtiges Aushandeln der Löhne und Arbeitsbedingungen zu ermöglichen. Soweit Arbeitskämpfe zu einem Ungleichgewicht führen, wird die Funktionsfähigkeit der Tarifautonomie beeinträchtigt."

1053 Dazu auch *Wiedemann*, in: Wiedemann, TVG-Komm., § 1 Rn. 225. Weitergehend *Fuchs*, in: Benda/Maihofer/Vogel, Verfassungsrecht, 1. Aufl., S. 739. In letzter Zeit aber im Hinblick auf den Wandel des Arbeitslebens in Frage gestellt von: z. B. *Donges*, Deregulierung, S. 37 ff. mit Vorschlägen einer auf den notwendigen Inhalt beschränkten Geltung; vgl. ferner *Heinze*, NZA 1991, 329 (332 ff.).

1054 Zu denken ist hier z. B. an: die Gratifikationen und das Ruhegeld oder auch die Thematik „ältere Menschen".

zum Schutz der abhängig Beschäftigten verlangen[1055]. Allerdings wird der Rückgang der Schutzaufgabe besonders deutlich an der - noch im weiteren aufzuzeigenden - Tarifflucht, insbesondere in den neuen Bundesländern[1056].

Bemerkenswert ist außerdem die Ordnungsaufgabe, die jeder Tarifvertrag heute erfüllt[1057]. Mit dieser Ordnungsfunktion ist zugleich eine neue Rolle der Tarifvertragsparteien verbunden. Den Verbänden obliegt anstelle des Staates der Auftrag zur Ordnung und Befriedigung des Arbeitslebens[1058]; sie tragen eine soziale Verantwortung gegenüber der Allgemeinheit[1059]. Denn Tarifvertragsparteien sind insbesondere mit der Möglichkeit ausgestattet, ihre Interessen notfalls durch Zwang und - da ihre Mitglieder arbeitsvertragliche Pflichten verletzen - unter Verdrängung sonst geltenden Rechts durchzusetzen. Sie besitzen insofern eine - abgesehen von Notwehr und Notstand - einmalige vom Staat verliehene Sonderstellung in der Rechtsordnung. Nur aufgrund dieses besonderen Auftrags ist diese Ungleichbehandlung auch gegenüber anderen Vereinen mit ähnlich schützenswerter Zielsetzung sachlich begründet[1060]. Der Tarifvertrag - auch ein „Instrument des Friedens“[1061] - ist daher letztendlich nicht bloß ein Mittel, den Faktor Arbeit durch Mindestbedingungen zu regeln; es wäre auch zu einseitig und zu eng, den Verbänden lediglich eine lohnpolitische Funktion zuzuweisen[1062]. Er ist vielmehr eigens als Instrument gesamtwirtschaftlicher Ordnungspolitik gestaltet, die dafür Vorsorge zu treffen hat, daß die Kernfragen der Lohn- und Beschäftigungspolitik nur einzelnen, dafür aber besonders sozial starken, Verbänden angetragen werden.

1055 *Eitel*, Ungleichbehandlung, S. 141; ebenso *Griebeling*, in: FS Schaub, S. 219; vgl. auch *Herschel*, RdA 1975, 333 (336): „Das Schutzprinzip hat [...] seinen Kulminationspunkt überschritten.“; ferner *G. Müller*, DB 1975, 205 (207); *Wiedemann*, in: Wiedemann, TVG-Komm., Einl. Rn. 5.

1056 Siehe ausführlich dazu unten Teil 3 unter § 12 I. 3. a.

1057 Ausführlich dazu *Krüger*, Sinn und Grenzen, S. 1 (43 f.); eingehend auch *Wiedemann*, in: Wiedemann, TVG-Komm., Einl. Rn. 13 f.; zustimmend auch der überwiegende Teil der Literatur, z. B.: *Griebeling*, in: FS Schaub, S. 219; *Herschel*, RdA 1975, 333 336; *Löwisch*, in: Löwisch/Rieble, TVG-Komm., Grundl. Rn. 5; *G. Müller*, DB 1975, 205 (207); *Säcker/Oetker*, Tarifautonomie, S. 264; vgl. auch *Waltermann*, RdA 1993, 209 (217); siehe ferner Wiedemann, RdA 1997, 297 (298 ff.); abweichend hingegen z. B. *Reuter*, ZfA 1995, 1 (38).

1058 *Gamillscheg*, Kollekt.ArbR., Bd. I, S. 264 f.; *Herschel*, AuR 1976, 225 (231) mit Verweis auf *Reuß*, in: FS Kunze, S. 269 (279); a. A. *Bruhn*, Tariffähigkeit, S. 159.

1059 *Gift*, DB, 1959, 651.

1060 *Gamillscheg*, Kollekt.ArbR., Bd. I, S. 264.

1061 *Nell-Breuning*, AuR 1985, 297; siehe ausführlich dazu *Krüger*, Sinn und Grenzen, S. 1 (42 f.); eingehend auch *Wiedemann*, in: Wiedemann, TVG-Komm., Einl. Rn. 27 ff.

1062 Vgl. auch *Herschel*, AuR 1976, 225 (231).

Von diesem Blickwinkel aus betrachtet, muß das Betätigungsinteresse kleiner und neugegründeter Organisationen zurücktreten und das Ordnungsinteresse des Staates als das vorrangig schützenswerte Interesse im Rahmen des § 2 Abs. 1 TVG betrachtet werden.

III. Zusammenfassung

Der Ausschluß kleiner sozial schwacher Arbeitnehmervereinigungen von der Tarifautonomie erweist sich nach den bisherigen Feststellungen als folgerichtig. Gleichwohl muß sich das Mächtigkeitserfordernis als Konkretisierung einfachen Gesetzesrechts auch an verfassungsrechtlichen Grundsätzen messen lassen.

§ 11 Verfassungsrechtliche Aspekte

Die allgemeine soziale Mächtigkeit führt als Normativvoraussetzung des Gewerkschaftsbegriffs zwangsläufig zu einem Versagen der Tariffähigkeit für sozial schwache Arbeitnehmervereinigungen. Berührungspunkte mit dem Verfassungsrecht finden sich in dem Koalitionsgrundrecht des Art. 9 Abs. 3 GG, in dem in Art. 3 Abs. 1 GG verankerten allgemeinen Gleichheitssatz und in dem in Art. 20 Abs. 3 GG zum Ausdruck gekommenen Rechtsstaatsprinzip. Ob und inwieweit mit diesem Mächtigkeitskorrektiv in verfassungsrechtlich ungerechtfertigter Weise gegen die aufgeführten Grundrechte verstoßen und das erwähnte Rechtsprinzip verletzt sein könnte, bedarf im folgenden der Erörterung.

I. Koalitionsfreiheit des Art. 9 Abs. 3 GG

Das Bundesverfassungsgericht hat schon früh den Gewährleistungsinhalt des Koalitionsgrundrechts aus Art. 9 Abs. 3 GG mit der positiven und negativen individuellen Koalitionsfreiheit als nicht erschöpft angesehen und den Schutz auf die kollektive Bestands- und Betätigungsfreiheit erstreckt[1063]. Die Grenzlinie der kollektiven Betätigungsfreiheit zieht die seit 1954 vom Bundesverfassungsgericht entwickelte Kernbereichslehre[1064]. Auf diese Kernbereichslehre stützt sich die seitens einiger Vertreter der Literatur[1065] gegen die Mächtigkeitsrechtsprechung vorgebrachtete Kritik, die nach ihrer Auffassung in den unantastbaren Kernbereich der Koalitionsbetätigung eingreife[1066]. Die Rechtsauffassung des Bundesverfassungsgerichts zur Kernbereichslehre hat sich aber zwischenzeitlich gewandelt; die veränderte Rechtsprechung ist Beweggrund, die verfassungsrechtliche Tragweite des Mächtigkeitsgedankens neu zu beurteilen. Zum besseren Verständnis soll zuvor der Rechtsprechungswandel gezeigt werden.

1063 So std. Rspr. seit BVerfG v. 18.11. 1954 – 1 BvR 629/52, AP Nr. 1 zu Art. 9 GG (unter C. 2. b. aa. der Gründe) = BVerfGE 4, 96 (106); vgl. auch BAG v. 12.09. 1984 - 1 AZR 342/83, AP Nr. 81 zu Art. 9 GG Arbeitskampf (unter A. I. 2. b. der Gründe) = BAGE 46, 322.

1064 BVerfG v. 18.11. 1954 - 1 BvR 629/52, AP Nr. 1 zu Art. 9 GG (unter C. 2. b. aa. der Gründe) = BVerfGE 4, 96 (106).

1065 Siehe z. B. *Kraft*, Anm. zu BAG v. 15.03. 1977 - 1 ABR 16/75, SAE 1978, 43 (44); vgl. auch die vorgebrachte Kritik von *Wiedemann*, Gemeinsame Anm. zu BAG v. 15.03. 1977 - 1 ABR 16/75, AP Nr. 24 zu Art. 9 GG und zu BAG v. 14.03. 1978 - 1 ABR 2/76, AP Nr. 30 zu § 2 TVG (unter II. 3. b.) gegenüber der Mächtigkeitslehre i.V.m. der These des einheitlichen Gewerkschaftsbegriffs; siehe ferner *Zöllner*, Anm. zu BAG v. 09.07. 1968 - 1 ABR 2/67, SAE 1969, 140 (141).

1066 Siehe dazu oben Teil 2/1. Abschnitt unter § 5 II. 1. a. aa.

1. Abkehr von der Kernbereichsformel

In der Entscheidung vom 18.11. 1954[1067] ging das Bundesverfassungsgericht zunächst davon aus, zu dem verfassungsrechtlich geschützten Kernbereich des Art. 9 Abs. 3 GG zähle die staatliche Aufgabe, ein Tarifvertragssystem im Sinne des modernen Arbeitsrechts überhaupt bereitzustellen. Wie bereits aufgezeigt[1068], sei es jedoch nicht verfassungsnotwendig, jeder beliebigen Koalition die Tariffähigkeit zuzusprechen. Denn Sinn und Zweck des Art. 9 Abs. 3 GG sei ebenso wie der Normzweck des Art. 159 WRV, nur solche frei gebildeten Vereinigungen zu schützen, die nach ihrer Gesamtstruktur in der Lage sind, die Interessen ihrer Mitglieder auf arbeits- und sozialrechtlichem Gebiet wirksam und nachhaltig zu vertreten. Der einfache Gesetzgeber müsse daher nicht jede Koalition als tariffähigen Verband betrachten; gleichwohl könne er im Rahmen seines Ermessens die Tariffähigkeit nicht bedenkenlos von weiteren Voraussetzungen abhängig machen[1069]. Das Bundesverfassungsgericht stützte sich dabei auf die sinnvolle Ordnung des Arbeitslebens als einer der Zwecke, die das Tarifvertragssystem nach seiner Ansicht verfolge.

In späteren Entscheidungen erfolgte sukzessive eine Konkretisierung des Kernbereichs. Das Bundesverfassungsgericht bemerkte vorerst ausdrücklich: Das Grundrecht der Koalitionsfreiheit verbietet dem Gesetzgeber, die Tariffähigkeit von Umständen abhängig zu machen, die nicht von der Sache selbst, also von der im Interesse der Allgemeinheit liegenden Aufgabe der Ordnung und Befriedigung des Arbeitslebens, verlangt sind[1070]. Später betonte es, mit der Koalitionsfreiheit werde auch die Tarifautonomie und damit der Kernbereich eines Tarifvertragssystems garantiert. Zur Begründung führte das Bundesarbeitsgericht an: Im anderen Falle können die Koalitionen ihre Funktion, in dem von der staatlichen Rechtssetzung frei gelassenen Raum, das Arbeitsleben im einzelnen durch den Abschluß von Tarifverträgen sinnvoll zu ordnen, nicht zweckmäßig erfüllen. Jedoch sei eine solche Gewährleistung ganz allgemein und berücksichtige nicht die besondere Ausprägung, die das Tarifvertragssystem in dem zur Zeit des Inkrafttretens des Grundgesetzes durch das Tarifvertragsgesetz erfahren hatte[1071].

1067 BVerfG v. 18.11. 1954 - 1 BvR 629/52, AP Nr. 1 zu Art. 9 GG (unter C. 2. b. aa. der Gründe) = BVerfGE 4, 96 (106).

1068 Siehe dazu oben Teil 2/2. Abschnitt unter § 7 I. 1.

1069 BVerfG v. 18.11. 1954 - 1 BvR 629/52, AP Nr. 1 zu Art. 9 GG (unter C. 2. b. bb. der Gründe) = BVerfGE 4, 96 (107).

1070 BVerfG v. 06.05. 1964 - 1 BvR 79/62, AP Nr. 15 zu § 2 TVG (unter B. I. 2. der Gründe) = BVerfGE 18, 18 (27).

1071 BVerfG v. 19.10. 1966 - 1 BvL 24/65, AP Nr. 24 zu § 2 TVG (unter C. I. der Gründe) = BVerfGE 20, 312 (317).

Ferner seien die einzelnen Voraussetzungen für die Tariffähigkeit nicht festgelegt, sondern vielmehr dem Gesetzgeber im Rahmen eines weiten Gestaltungsspielraums überlassen. Dabei müsse er die Anforderungen der jeweiligen gesellschaftlichen Wirklichkeit so anpassen, daß die Koalitionen in der Lage sind, ihre Aufgaben erwartungsgemäß zu erfüllen[1072].

In der folgenden Rechtsprechung bediente sich das Bundesverfassungsgericht zur Konturierung des „Kernbereichs" folgender Formeln[1073]: Koalitionsmäßige Betätigungen sind nur in einem Kernbereich verfassungsrechtlich unmittelbar geschützt, und zwar insoweit, als diejenigen Tätigkeiten für die Erhaltung und Sicherung des Fortbestehens der Koalition „unerläßlich" sind - sog. Unerläßlichkeitsformel[1074]. Nach der Abwägungsformel hingegen hängt der verfassungsrechtliche Schutz der dem Koalitionszweck dienenden Betätigungen durch Art. 9 Abs. 3 GG davon ab, ob und inwieweit zum Schutz von Rechten Dritter Schranken gezogen werden[1075]. In seiner Entscheidung vom 20.10. 1981[1076] hat das Bundesverfassungsgericht die Verbandsmacht als weitere Voraussetzung für die Tariffähigkeit ausdrücklich anerkannt, allerdings unter Hinweis darauf, daß keine Anforderungen an die Tariffähigkeit gestellt werden dürfen, die sich beträchtlich auf die Bildung und Betätigung der Koalition auswirken, die Koalitionsbildung und -betätigung unverhältnismäßig einschränken und dadurch aushöhlen. Eine weitere Spezifizierung der „Unerläßlichkeitsformel" findet sich in der Entscheidung vom 26.06. 1991[1077]. In diesem Beschluß heißt es[1078]: „Soweit die Verfolgung des

1072 BVerfG v. 19.10. 1966 - 1 BvL 24/65, AP Nr. 24 zu § 2 TVG (unter C. I. 1. der Gründe) = BVerfGE 20, 312 (318).

1073 Ausführlich hierzu siehe *Konzen*, Anm. zu BVerfG v. 26.06. 1991 - 1 BvR 779/85, SAE 1991, 335 (338); eingehend auch *Otto*, Gewährleistung, S. 40 ff.; ferner *Schwarze*, JuS 1994, 653 (655).

1074 So z. B. BVerfG v. 30.11. 1965 - 2 BvR 54/62, BVerfGE 19, 303 (322); BVerfG v. 18.12. 1974 - 1 BvR 430/65 und 259/69, AP Nr. 23 zu Art. 9 GG (unter C. II. 3. c. der Gründe) = BVerfGE 38, 281 (305); bejahend *Konzen*, Anm. zu BVerfG v. 26.06. 1991 - 1 BvR 779/85, SAE 1991, 335 (338 f.).

1075 So etwa BVerfG v. 30.11. 1965 - 2 BvR 54/62, BVerfGE 19, 303 (322); BVerfG v. 01.03. 1979 - 1 BvR 532, 533/77, 419/78 und 1 BvL 21/78, AP Nr. 1 zu § 1 MitbestG = BVerfGE 50, 290 (369); BVerfG v. 20.10. 1981 - 1 BvR 404/78, AP Nr. 31 zu § 2 TVG (unter B. I. 1. der Gründe) = BVerfGE 58, 233 (247 f.); bejahend etwa *Gamillscheg*, Grundrechte, 1990, S. 94.

1076 BVerfG v. 20.10. 1981 - 1 BvR 404/78, AP Nr. 31 zu § 2 TVG (unter B. I. 2. der Gründe) = BVerfGE 58, 233 (249 f.).

1077 BVerfG v. 26.06. 1991 - 1 BvR 779/85, AP Nr.117 zu Art. 9 GG Arbeitskampf = BVerfGE 84, 212. Siehe eingehend dazu *Schwarze*, JuS 1994, 653 (655).

1078 BVerfG v. 26.06. 1991 - 1 BvR 779/85, BVerfGE 84, 212 (224).

Vereinigungszwecks von dem Einsatz bestimmter Mittel abhängt, werden [...] auch diese vom Schutz des Grundrechts umfaßt."

Nachdem jedoch die Kernbereichslehre [1079] in der Literatur, insbesondere im Zusammenhang mit der Konzeption von der gesetzlichen Ausgestaltungsbedürftigkeit der Koalitionsfreiheit, auch als Vermischung von Grundrechtstatbestand und Grundrechtsschranken in die Kritik geraten war[1080], trat mit der Entscheidung vom 14.11. 1995[1081] eine „Wende" [1082] in der Rechtsprechung des Bundesverfassungsgerichts ein. Abweichend von der vertretenen sog. Unerläßlichkeitsformel erklärte das Bundesverfassungsgericht nunmehr, daß es „den Schutzbereich des Art. 9 Abs. 3 GG [...] nicht von vornherein auf den Bereich des Unerläßlichen beschränken wollte"[1083]. Es stellte fest, daß „der Grundrechtsschutz sich vielmehr auf alle Verhaltensweisen erstreckt, die koalitionsspezifisch sind. Ob eine koalitionsspezifische Betätigung für die Wahrnehmung der Koalitionsfreiheit unerläßlich ist, kann demgegenüber erst bei Einschränkungen dieser Freiheit Bedeutung erlangen"[1084]. Das Bundesarbeitsgericht argumentiert somit nicht mehr vordergründig schutzbereichsbezogen, sondern vielmehr stärker schrankenrechtlich, wenn es einerseits auf die Gewährleistungskomponente der Koalitionsbestandsgarantie abstellt[1085] und andererseits danach fragt, ob eine bestimmte Maßnahme, die mit Schutzgütern Dritter kollidiert oder kollidieren kann, deshalb unter den

1079 Der Kernbereichsschutz ist auch verbreitete Auffassung in der Literatur. Siehe z. B.: *Säcker*, Grundprobleme, S. 33 ff., 89 ff.; vgl. auch *Hanau*, AuR 1983, 257 ff.; ausführlich dazu auch *Meik*, Kernbereich der Tarifautonomie, S. 27 ff.; in jüngerer Zeit etwa *Otto*, in: FS Zeuner, S. 121 (130 ff.).

1080 Vgl. *Casper*, Stellung der Gewerkschaften, S. 78; Bedenken auch von *Hanau*, ArbRdG Bd. 17 (1979), S. 49; kritisch ferner *Herschel*, AuR 1981, 265 (268); *Höfling*, in: Sachs, GG-Komm., Art. 9 Rn. 71 f.; *Gröbing*, AuR 1986, 297 (300 - 302); *Zechlin*, NJW 1985, 585 (591). Bejahend, daß die Kernbereichslehre auf einen vornherein entsprechend vorgeformten, d.h. verengten, Schutzbereich hindeutet *Isensee*, Verankerung der Tarifautonomie, S. 159 (172) - „Ein verfassungsrechtlicher Kern also ohne verfasssungsrechtliche Schale." Bejahend dagegen, daß die Kernbereichslehre lediglich den effektiven Garantiebereich annimmt *Lübbe-Wolff*, Grundrechte, S. 98 (Fn. 82); zustimmend ferner *Däubler*, AuR 1992, 1 (4).

1081 BVerfG v. 14.11. 1995 - 1 BvR 601/92, BVerfGE 93, 352.

1082 Das Gericht selbst spricht nur von einer „Klarstellung" seiner bisherigen Auslegung des Grundrechts der Koalitionsfreiheit. Vgl. dazu *Junker*, ZfA 1996, 383 (389); ferner *Scholz*, in: M/D/H, GG-Komm., Art. 9 Rn. 249.

1083 BVerfG v. 14.11. 1995 - 1 BvR 601/92, BVerfGE 93, 352 (359).

1084 BVerfG v. 14.11. 1995 - 1 BvR 601/92, BVerfGE 93, 352 (358).

1085 Prinzipieller Schutz der Mitgliederwerbung als koalitionsspezifischer Teil der Koalitionsbestandsgarantie.

Schutz des Art. 9 Abs. 3 GG zu stellen ist, weil sie sich im konkreten Falle als „unerläßlich“ erweist[1086].

Allgemein betrachtet bedeuten diese Aussagen: Die Koalitionsbestandsgarantie stellt alle diejenigen Maßnahmen unter den absoluten Schutz des Art. 9 Abs. 3 GG, die sowohl koalitionsspezifisch als auch für den Koalitionsbestand von „unerläßlicher“ Relevanz sind. Tatbestandlich überschreitet die Koalitionsbestandsgarantie jedoch den Rahmen des „Unabdingbaren“ insoweit, als sie jedenfalls bis zur Grenze kollidierender Schutzgüter auch alle weiteren bestandsschützenden oder bestandsfördernden Koalitionsmaßnahmen gewährleistet, die jedenfalls koalitionsspezifisch sind[1087].

2. Mächtigkeitslehre vor dem Hintergrund der neuen Lehre

Unbestritten gehört der Tarifvertragsabschluß zu den spezifischen Betätigungsfeldern einer Gewerkschaft. Von der Fähigkeit, Tarifverträge abzuschließen, hängt in entscheidendem Maß der Mitgliederzuwachs[1088] und damit die Attraktivität eines Verbandes ab. Wenn daher kleine Arbeitnehmervereinigungen durch das Mächtigkeitserfordernis von der Tarifautonomie ausgeschlossen werden, so liegt ebenso fraglos eine nicht unerhebliche Einschränkung der Koalitionsbildungsfreiheit vor; in gleicher Weise bestehen Eingriffe in die ebenfalls von Art. 9 Abs. 3 GG umfaßte Koalitionsbetätigungs- und Koalitionsbestandsgarantie[1089]. Denn den neugegründeten Arbeitnehmervereinigungen wird von Beginn an die faktische Möglichkeit genommen, mit einer mächtigen Gewerkschaft in Wettbewerb zu treten[1090].

Mit der sog. Mächtigkeitstheorie will das Bundesarbeitsgericht in erster Linie ein nahezu ausgewogenes Gleichgewicht der Tarifpartner erreichen, damit die materielle Richtigkeitsgewähr der Tarifverträge und schließlich die „Funktionsfähig-

---

1086 So die zutreffende Einschätzung von *Scholz*, in: M/D/H, GG-Komm., Art. 9 Rn. 249; ausführlich dazu *ders.*, Anm. zu BVerfG v. 14.11. 1995 - 1 BvR 601/92, SAE 1996, 320 (321).

1087 Vgl. auch *Scholz*, in: M/D/H, GG-Komm., Art. 9 Rn. 249; ferner *ders.*, Anm. zu BVerfG v. 14.11. 1995 - 1 BvR 601/92, SAE 1996, 320 (321 ff.).

1088 So ursprünglich *Söllner*, Grundriß, 3. Aufl., S. 117.

1089 Vgl. *Richardi*, in: Staudinger, BGB-Komm., Vorbem zu §§ 611 ff. Rn. 587.

1090 Vgl. *Mayer-Maly*, RdA 1979, 356 (357 f.); *Wiedemann*, Gemeinsame Anm. zu BAG v. 15.03. 1977 - 1 ABR 16/75, AP Nr. 24 zu Art. 9 GG und zu BAG v. 14.03. 1978 - 1 ABR 2/76, AP Nr. 30 zu § 2 TVG (unter II. 2. a. (1) der Gründe).

keit des tarifvertraglichen Regelungssystems" gewahrt werden könne[1091]. Der Staat hat die Regelung der Arbeits- und Wirtschaftsbedingungen und damit eines der sensibelsten Bereiche des Arbeitsrechts in die Hände der Verbände gelegt. Das System des Tarifvertragsrechts beruht auf dem Gedanken einer „staatsunabhängigen Selbstbestimmung"; durch ein Übereinkommen der jeweiligen Tarifvertragsparteien sollen die beiderseitigen Interessen zu einem bestmöglichen Ausgleich gebracht werden[1092]. Die verfassungsrechtliche Entscheidung für die Tarifautonomie ist zwar eine Entscheidung für eine Staatsneutralität; sie bedeutet aber nicht zugleich, daß der Staat die Erfüllung seiner allgemeinen öffentlichen Aufgaben einstellen müßte[1093]. Wenn die arbeitsgerichtliche Rechtsprechung daher das Gewicht auf funktionsspezifische Gesichtspunkte legt, so sind aus verfassungsrechtlicher Sicht keine Bedenken gegen diese Argumentation einzuwenden[1094].

Das Kriterium der Verbandsmacht ist zweifellos in der Lage, den Kreis der tariffähigen Arbeitnehmervereinigungen insoweit zu beschränken, als solche Organisationen nicht an der Tarifautonomie partizipieren können, die eine Durchsetzungsfähigkeit nicht aufweisen können; damit ist garantiert, daß nur sozial mächtige Verbände Tarifvertragspartei der Arbeitgeberseite sind[1095]. Ohne ein Mächtigkeitserfordernis werden die jeweiligen Kollektivparteien erwartungsgemäß versuchen, ihre eigenen Interessen durchzusetzen; die Gefahr, daß eine Tarifvertragspartei der anderen ihren Willen aufzwingt, kann folglich nicht ausgeschlossen werden. Es stellt sich aber die Frage, ob mit dem Mächtigkeitserfordernis überhaupt ein gerechtes Ergebnis bei den Tarifvertragsverhandlungen erzielt werden kann.

Die Tarifautonomie stütze sich nach allgemeiner Auffassung[1096] auf die zwischen beiden Seiten des Arbeitslebens bestehende Gleichgewichtigkeit der Interessen,

---

[1091] BAG v. 15.03. 1977 - 1 ABR 16/75, AP Nr. 24 zu Art. 9 GG (unter III. 3. der Gründe) = BAGE 29, 72 (82).

[1092] *Wiedemann*, in: Wiedemann, TVG-Komm. § 1 Rn. 225.

[1093] *Löwisch/Rieble*, MünchArbR., Bd. 3, § 246 Rn. 99 i.V.m. 90.

[1094] *Suckow*, Gewerkschaftliche Mächtigkeit, S. 148.

[1095] *Schrader*, Durchsetzungsfähigkeit, S. 165.

[1096] Vgl. z. B. BAG v. 10.06. 1980 - 1 AZR 822/79, AP Nr. 64 zu Art. 9 GG Arbeitskampf (unter A. I. 1. c. der Gründe) = BAGE 33, 140 (149); BAG v. 06.09. 1995 - 5 AZR 174/94, AP Nr. 22 zu § 611 BGB Ausbildungsbeihilfe (unter III. 1. der Gründe) = BAGE 81, 5 (13); vgl. auch *Rüthers*, in: Brox/Rüthers, Arbeitskampfrecht (2. Aufl.), Rn. 161; ferner *Biedenkopf*, Grenzen, S. 148 f.; *Gamillscheg*, Kollekt.ArbR., Bd. I, S. 284 ff.; *Küchenhoff*, AuR 1963, 321 (327); *Richardi*, Kollektivgewalt, S. 183; *ders.*, RdA 1966, 241 (247); *Säcker*, Gruppenautonomie, S. 205; *Stein*, Tarifvertragsrecht, Rn. 387; a. A. z.B. *Lerche*,

die durch den Abschluß eines Tarifvertrages zu einem nach Möglichkeit gerechten Ausgleich gelangen sollen. Diese Gleichgewichtigkeit wird gemeinhin als Parität bezeichnet[1097]; das Gleichgewichtsprinzip erfährt besonders im Arbeitskampfrecht große Aufmerksamkeit. Insbesondere sei es eine Grundbedingung des Tarifvertragssystems, weil der Staat die Gestaltung der Arbeits- und Wirtschaftsbedingungen der gegenläufig wirksamen Autonomie der Tarifparteien überlassen hat und andernfalls eine den sozialen und wirtschaftlichen Interessen gerechter Ausgleich ohne Schädigung allgemeiner Interessen nicht zu erwarten wäre[1098]. Eine Umschreibung der Tarifautonomie lautet daher auch: „paritätisches Konfliktregelungs- und Normsetzungsverfahren zur Gestaltung der Arbeitsbedingungen“, das sich an die Stelle „einseitig-autoritärer Festsetzungen von Unternehmern oder von staatlicher Seite bilateraler Verhandlungen“ setze[1099]. Das im allgemeinen fehlende tarifliche Verhandlungsgleichgewicht im Fall kleinerer Arbeitnehmerverbände will die überwiegende Meinung durch das Mächtigkeitserfordernis kompensieren; unter Berufung auf dieses Kräftegleichgewicht zwischen den Tarifvertragsparteien lehnt sie eine Inhaltskontrolle ab[1100].

Rechtsprechung[1101] und Rechtslehre[1102] schlußfolgern aus dem Vertragscharakter des Tarifvertrages die These von der Richtigkeitsgewähr. Nach dieser Auffassung soll parallel zum gegenseitigen Vertrag im Schuldrecht auch bei der Vertragsgestaltung im Tarifvertragsrecht das Gleich- und Gegengewichtsprinzip gelten;

Verfassungsrechtliche Zentralfragen, S. 62 ff.; *Wolter*, AuR 1979, 193 (194 ff.); ablehnend wegen fehlender Berücksichtigung von Interessen Dritter und der Allgemeinheit *Reuter*, ZfA 1995, 1 (4, 12).

1097 *Badura*, ArbRdG Bd. 15 (1977), 17 (22). Den Anstoß für eine „paritätische“ Neuordnung des Arbeitslebens gab bereits die Einrichtung eines „Kriegsausschusses für die Metallbetriebe Großberlins“ aus dem Jahre 1915, vgl. umfassend hierzu *Schneider*, Geschichte, S. 108 f.

1098 *Badura*, ArbRdG Bd. 15 (1977), 17 (22).

1099 Vgl. *Klönne*, WSI-Mitteilungen 1993, 488 m. w. N.

1100 Auch das Bundesarbeitsgericht spricht sich gegen eine Inhaltskontrolle von Tarifverträgen unter Berufung auf das Paritätsprinzip aus, vgl. z. B.: BAG v. 23.02. 1967 - 5 AZR 234/66, AP Nr. 57 zu § 611 BGB Gratifikation (unter 3. Gründe); BAG v. 14.11. 1974 - 3 AZR 547/73, AP Nr. 1 zu § 242 BGB Ruhegehalt-Zusatzversorgung (unter I. 1. der Gründe). Weitere Nachweise zur Richtigkeitsgewähr bei Tarifverträgen in Rechtsprechung und Literatur bei *Gamillscheg*, Kollekt.ArbR., Bd. I, S. 285. Abweichend z.B. *Eitel*, Ungleichbehandlung, S. 147 f., der unter Umständen einer erweiterten richterlichen Inhaltskontrolle den Vorzug geben will.

1101 Vgl. z.B. *Gamillscheg*, Kollekt.ArbR., Bd. I, S. 284 ff.; *Säcker*, Gruppenautonomie, S. 205.

1102 Vgl. insoweit nur BAG v. 10.06. 1980 - 1 AZR 822/79, AP Nr. 64 zu Art. 9 GG Arbeitskampf (unter A. I. 1. c. der Gründe) = BAGE 33, 140 (149).

der Kräfteausgleich zwischen den Vertragsparteien verbürge eine Richtigkeitsgewähr[1103]. Als Hauptform der privatautonomen Gestaltung in einer marktwirtschaftlichen Ordnung komme dem Vertrag die Funktion zu, den Vertragsschließenden durch freies Aushandeln die Aussicht auf einen den individuellen Vorstellungen entsprechenden Ausgleich ihrer gegenläufigen Interessen zu kommen[1104].

Der Begriff der „Richtigkeitsgewähr" des Vertrages stößt aber auf Bedenken, denn es läßt sich kein einheitlicher Maßstab finden, mit dem sich die Richtigkeit tariflicher Verhandlungsergebnisse objektiv nachprüfen läßt[1105]. Daher ist dieser Begriff auch der Kritik ausgesetzt, er führe zu der irrigen Annahme, daß es eine objektive Gewähr eines „richtigen" Vertragsergebnisses geben könne[1106]. Vielmehr seien der freiwillige Abschluß und damit die autonome beiderseitige Willensbildung die ausschlaggebenden Anhaltspunkte, und nur vor diesem Hintergrund wäre eine Richtigkeitschance möglich[1107]. Gleichwohl muß folgender Umstand berücksichtigt werden: Der rechtliche Sinn einer Gegenleistung wird regelmäßig darin bestehen, welches Opfer die Leistung des anderen Vertragspartners dem Empfänger wert ist; die subjektiven Empfindungen richten sich daher durchaus nach den individuellen Verhältnissen der Beteiligten[1108]. Deshalb ist die persönliche Einschätzung der Parteien maßgeblich. Insofern kann zwar nur von einer „Richtigkeitswahrscheinlichkeit" gesprochen werden. Dem Vertrag haftet aber dennoch eine gewisse Richtigkeitsgewähr an[1109]. Diese Wertungen lassen sich auf die kollektivrechtliche Ebene der Tarifvertragsabschlüsse übertragen.

1103 Der Begriff der Richtigkeitsgewähr stützt sich auf privatrechtliche Grundsätze, die auf den Überlegungen von *Schmidt-Rimpler* basieren: Mit dem Abschluß eines Vertrages werde ein „richtiges Ergebnis" erzielt. Nur weil dem frei ausgehandelten Vertrag eine „materielle Richtigkeitsgewähr" anhaftet, soll die Vertragsfreiheit als zentraler Punkt der hoheitsfreien Selbstgestaltung anerkannt werden. Siehe ausführlich *Schmidt-Rimpler*, AcP 147, 159 f.; *ders.*, in: FS Nipperdey, S. 5 ff. Eingehend dazu auch *Wiedemann*, in: Wiedemann, TVG-Komm. § 1 Rn. 225.

1104 *Säcker*, Gruppenautonomie, S. 205.

1105 Vgl. *Schmidt-Rimpler*, in: FS Raiser, S. 3 (15). Eingehehend hierzu *Hildebrandt*, Disparität, S. 17 ff.; *Koopmann*, Gewerkschaftsfusion, S. 194; ferner *Schrader*, Durchsetzungsfähigkeit, S. 153 ff.

1106 *Kempen*, in: Kempen/Zachert, TVG-Komm., Grundl. Rn. 88.

1107 *Wiedemann*, RdA 1986, 231 (235).

1108 Vgl. eingehend dazu *Schmidt-Rimpler*, in: FS Raiser, S. 3 (15).

1109 Vgl. *Schmidt-Rimpler*, in: FS Nipperdey, S. 1 (6).

Die Entscheidung für eine freie Marktwirtschaft gewährt dem Arbeitgeber als Inhaber der Produktionsmittel gegenüber dem Arbeitnehmer, der nur seine Arbeitskraft anbieten kann, eine vorteilhaftere Position[1110]. Herkömmlicherweise bestehen daher strukturelle Ungleichheiten zwischen Arbeitnehmern und Arbeitgebern. Aufgrund der Erfahrungen der Gewerkschaftsbewegung und des Tarifvertragswesens will die heutige Rechtsordnung durch Konsens auf kollektiver Ebene einen angemessen Ausgleich zwischen Arbeitnehmer- und Arbeitgeberinteressen erzielen, der sich auf der Ebene des Einzelarbeitsvertrages nicht herbeiführen läßt[1111]. Angesichts der - bereits aufgezeigten - Veränderungsprozesse innerhalb der deutschen Gewerkschaftslandschaft und der denkbar damit verbundenen Paritätsverschiebungen bestehen auf den ersten Blick Zweifel, ob der Markt heute noch eine Korrekturfunktion in Form eines Mächtigkeitskriteriums für Arbeitnehmervereinigungen braucht. Denn unverkennbar ist mit den derzeitigen Konzentrationsprozessen eine „Kräftebündelung“ und auf diese Weise eine soziale Mächtigkeit bezweckt. Parallel zu diesen Bestrebungen waren die einzelnen Fusionen aber auch eine Reaktion auf die drastischen Mitgliederverluste der letzten Jahre und die damit verbundenen finanziellen Nöte. In gewisser Hinsicht muß daher die zugrundeliegende Intention eher als Vorsorge und Ausgleich bereits verlorener Stärke als zur Förderung neuer Macht verstanden werden[1112]. Die Bedenken, daß allen außerhalb der *DGB*-Gewerkschaften stehenden Arbeitnehmervereinigungen die Tariffähigkeit regelmäßig verwehrt wird[1113], können gegenwärtig nicht geteilt werden[1114]. Mit diesen tarifpolitischen Entscheidungen geht somit nicht zwingend eine Neubewertung des Mächtigkeitserfordernisses einher. Auch die zu beobachtende Tarifflucht läßt das Schutzbedürfnis des einzelnen Arbeitnehmers heute nicht schlechthin entfallen. Wenn aber das Mächtigkeitskriterium - wie von vielen Autoren vertreten - nicht erforderlich sein soll, so fragt sich, auf welchem anderen Weg die Richtigkeitschancen beim Kollektivvertrag besser eingeschätzt werden können.

Im kollektiven Arbeitsrecht, sind die Gerichte vor allem verpflichtet, Tarifverträge unter den Gesichtspunkten der Verfassung, des zwingenden Rechts, der guten Sitten oder der tragenden Grundsätze des Arbeitsrechts zu überprüfen. Eine

1110 Vgl. auch *Suckow*, Gewerkschaftliche Mächtigkeit, S. 149.

1111 *Wiedemann*, in: Wiedemann, TVG-Komm., § 1 Rn. 225.

1112 Siehe auch *Koopmann*, Gewerkschaftsfusion, S. 193; vgl. ferner *Löwisch/Rieble*, MünchArbR, Bd. 3, § 248 Rn. 13.

1113 *Rieble*, Arbeitsmarkt, Rn. 1857, der den „Markt der Koalitionen“ praktisch auf die *DGB*-Gewerkschaften und die *DAG* beschränkt sieht.

1114 In diesem Sinne auch *Benecke*, Anm. zu BAG v. 25.09. 1996 – 1 ABR 25/96, SAE 1998, 60 (63).

Rechtskontrolle durch die Arbeitsgerichte findet daher unstreitig statt. In einem gewissen Umfang soll auch eine gerichtliche Inhaltskontrolle im Rahmen eines den Vertragsparteien überlassenen Beurteilungsspielraums mit der Tarifautonomie vereinbar sein[1115]. Trotzdem würde eine umfassende Angemessenheits- und Zweckmäßigkeitsprüfung der Tarifverträge aber einer Tarifzensur ähneln, die nach Art. 9 Abs. 3 GG ausgeschlossen ist[1116]. Die verfassungsrechtliche Entscheidung für die Tarifautonomie stellt sich zugleich einer Intervention des Staates entgegen[1117]. Ferner muß nach Maßgabe der heutigen Rechtsordnung eine rechtliche Verpflichtung der Sozialpartner zur Aufnahme von Tarifvertragsverhandlungen abgelehnt werden[1118]. Denn zu der koalitionsspezifischen Betätigung zählt auch das Recht, bestimmte Tarifpartner abzulehnen[1119]. Außerdem wäre die Offenlegung der Gründe der Zurückweisung nur dann sinnvoll, wenn eine gerichtliche Überprüfbarkeit bestehen würde, die zwar nicht die Qualität einer Inhaltskontrolle erreicht, aber dennoch mit der koalitionsspezifischen Betätigung vereinbar wäre. Weiterhin würde ein Verhandlungsanspruch einer Zwangsschlichtung gleichkommen, die - wie erwähnt - nicht mit dem Kerngedanken der Tarifautonomie

1115 *Wiedemann*, in: Wiedemann, TVG-Komm., § 1 Rn. 226. Vgl. hierzu BAG v. 10.10. 1989 - 3 AZR 200/88, AP Nr. 3 zu § 1 TVG Vorruhestand (LS 4) = BAGE 63, 100.

1116 Vgl. BVerfG v. 26.06. 1991, AP Nr. 117 zu Art. 9 GG Arbeitskampf (unter C. I. 3. b. cc. der Gründe) = BVerfGE 84, 212 (231); ferner *Suckow*, Gewerkschaftliche Mächtigkeit, S. 149; a. A. z.B. *Oetker*, in: Wiedemann, TVG-Komm., § 2 Rn. 324.

1117 Vgl. auch *Löwisch/Rieble*, MünchArbR., Bd. 3, § 246 Rn. 90.

1118 So auch die Rspr. des BAG v. 02.08. 1963 - 1 AZR 9/63, AP Nr. 5 zu Art. 9 GG (LS und unter III. der Gründe) = BAGE 14, 282; BAG v. 14.07. 1981 - 1 AZR 159/78, AP Nr. 1 zu § 1 Verhandlungspflicht (unter II. der Gründe) =BAGE 36, 131 (134 ff., insb. 137); vgl. auch BAG v. 19.06. 1984 - 1 AZR 361/82, AP Nr. 3 zu § 1 TVG Verhandlungspflicht (unter I. 2. a. der Gründe) = BAGE 46, 129 (137); BAG v. 14.02. 1989 - 1 AZR 142/88, AP Nr. 52 zu Art. 9 GG (unter III. 4. der Gründe); zustimmend z. B. *Coester*, ZfA 1977, 87 ff.; *Däubler/Hege*, Tarifvertragsrecht, Rn. 78; *dies.*, Koalitionsfreiheit, Rn. 202; *Galperin*; AuR 1965, 1 (5 f.); *Hanau*, AuR 1983, 257 (263 f.); *Hanau/Adomeit*, Arbeitsrecht, S. 63; *v. Hoyningen-Huene*, ZfA 1978, 285 (290); *Scholz*, in: M/H/D, GG-Komm., Art. 9 Rn. 253; *Waas*, AuR 1991, 334 ff.; a. A. z. B. *Gamillscheg*, Kollekt.ArbR. Bd. II, S. 276; *Hueck/Nipperdey*, Arbeitsrecht, Bd. II/1, 7. Aufl., S. 79 f. (Fn. 16) und S. 153; ferner *Hottgenroth*, Verhandlungspflicht, S. 230; *Mayer-Maly*, Anm zu BAG v. 02.08. 1963 - 1 AZR 9/63, AP Nr. 5 zu Art. 9 GG; *Seiter*, in: FS zum 125jährigen Bestehen der Juristischen Gesellschaft zu Berlin, S. 729 (751); *Loritz*, in: Zöllner/Loritz, Arbeitsrecht, S. 371 f.

1119 BVerfG v. 20.10. 1982 - 1 BvR 1423/81, AP Nr. 2 zu § 1 TVG Verhandlungspflicht; BAG v. 02.08. 1963 - 1 AZR 9/63, AP Nr. 5 zu Art. 9 GG (unter III. 2. der Gründe) = BAGE 14, 282 (287 ff.), das in einem Verhandlungsanspruch einen Verstoß gegen den Grundsatz der Vertragsfreiheit sieht, der auch die Wahl des Vertragspartners umfasse; siehe auch *Hemmen*, Durchsetzungsfähigkeit, S. 15 mit Verweis auf *G. Müller*, Arbeitskampfrecht, S. 147; *ders.*, Arbeitskampf, S. 157, der eine unzulässige Bevormundung der Koalitionen befürchtet.

vereinbar ist[1120]. Überdies liefe eine Verhandlungspflicht auf einen Kontrahierungszwang hinaus, der aber schon wegen der fehlenden Monopolstellung des Arbeitgeberverbandes nicht in Betracht kommt[1121]. Ohne alle maßgeblichen Ablehnungsgründe[1122] aufführen zu wollen, sei schließlich noch zu bemerken, daß bereits kein rechtlich durchsetzbarer Anspruch eines Verbandes hinsichtlich einer auf derselben Seite stehenden Vereinigung dahingehend besteht, sich an den geführten Tarifverhandlungen beteiligen zu können[1123].

Zu überlegen ist, ob durch die „Mächtigkeitsrechtsprechung“ der Wettbewerb zwischen Arbeitnehmervereinigungen zu stark eingeschränkt wird und es damit an einem angemessenen Instrument zur Gewährleistung der Funktionsfähigkeit des tariflichen Regelungssystems fehlen könnte. Es ist durchaus anzunehmen, daß große, sozial starke Koalitionen nicht auf einen Antrieb durch Wettbewerb angewiesen sind[1124]. Allerdings wirkt sich der Wettstreit - wie *Benecke*[1125] zu Recht hinweist - auch in der Form eines Verdrängungswettbewerbes aus. Kleinere, schwächere Arbeitnehmerkoalitionen werden demzufolge in die Bedeutungslosigkeit gedrängt, überdies sogar von selbst in diesem Zustand zurückgehalten.

Wenn auch mit der überwiegenden Meinung in Rechtsprechung[1126] und Literatur[1127] von einem durch Art. 9 Abs. 3 GG verfassungsrechtlich geschützten Koalitionspluralismus auszugehen ist, so erscheint ein Gewerkschaftspluralismus, der ein Zustandekommen für die Arbeitnehmer gerechter Tarifverträge nicht gewähr-

---

1120 BAG v. 02.08. 1963 - 1 AZR 9/63, AP Nr. 5 zu Art. 9 GG (unter III. 2. der Gründe) = BAGE 14, 282 ff.

1121 Vgl. BAG v. 02.08. 1963 - 1 AZR 9/63, AP Nr. 5 zu Art. 9 GG (unter III. 3. der Gründe) = BAGE 14, 282 (289). Siehe zum Kontrahierungszwang bei Monopolen *Bötticher*, Anm. zu BAG v. 02.08. 1963 - 1 AZR 9/63, AP Nr. 5 zu Art. 9 GG, SAE 1864, 97 (98).

1122 Siehe ausführlich dazu *Coester*, ZfA 1977, 87 ff.; ferner *Hottgenroth*, Verhandlungspflicht, S. 9 ff.; *Stecher*, Verhandlungsanspruch, S. 23 ff.

1123 Für den Verband bleibt daher nur die Möglichkeit, einen Anschlußtarifvertrag abzuschließen, siehe dazu BAG v. 02.08. 1963 - 1 AZR 9/63, AP Nr. 5 zu Art. 9 GG (unter III. 4. der Gründe) = BAGE 14, 282 (290); ferner *Däubler/Hege*, Koalitionsfreiheit, Rn. 202; *G. Müller*, Arbeitskampf, S. 156.

1124 Zu Recht *Benecke*, Anm. zu BAG v. 25.09. 1996 - 1 ABR 25/96, SAE 1998, 60 (64); *Herschel*, AuR 1976, 225 (240 f.).

1125 *Benecke*, Anm. zu BAG v. 25.09. 1996 - 1 ABR 25/96, SAE 1998, 60 (64).

1126 Vgl. insoweit nur BVerfG v. 06.05. 1964 – 1 BvR 79/62, AP Nr. 15 zu § 2 TVG (unter III. 2. d. der Gründe).

1127 *Badura*, RdA 1974, 135 (136); *Reichel*, RdA 1972, 143 (149); *Scholz*, Koalitionsfreiheit, S. 379.

leisten kann, wenig sinnvoll. Insofern ist auch zu beachten, daß den Koalitionen nach der Konzeption des Grundgesetzes eine vollkommene Organisationsautonomie zukommt, die den Verbänden die Auflösung oder den Zusammenschluß mit großen und leistungsfähigeren Organisationen freigestellt läßt[1128]. Die Koalition trägt außerdem selbst die Entscheidung zur Bejahung ihrer Tariffähigkeit[1129]. Denn das Auftreten ihrer Mitglieder, die Repräsentation ihres Programms und vor allem auch ihre Überzeugungskraft bei Mitgliederwerbungen sind nach der Mächtigkeitstheorie maßgebliche Faktoren einer Verbandsmacht.

Es drängt sich aber die Frage auf, ob Arbeitnehmerkoalitionen, die auf der einen Seite klein, schwach und damit meist unattraktiv sind, auf der anderen Seite überhaupt in der Lage sind, zugleich das tarifvertragliche Regelungssystem zu gefährden. Unzweifelhaft kann von einer Gefahr ausgegangen werden, wenn die Anzahl der kleineren „Gewerkschaften" enorm anwachsen und überhandnehmen würde. Aber zu fragen ist dann, ob es sich angesichts der Korrekturfunktion des freien Wettbewerbs überhaupt um eine einscheidende Gefahr handeln kann. Zwar kann davon ausgegangen werden, daß der Tarifabschuß mit bedeutungslosen Arbeitnehmervereinigungen naturgemäß auf kein Gegeninteresse der Arbeitgeberseite stoßen wird. Die - bereits erwähnten Tarifabschlüsse[1130] - können aber genau das Gegenteil in der Tarifpraxis verkörpern. Eine nicht ganz unbedeutende Gefahr für das tarifliche Regelungssystem ist daher nicht auszuschließen.

Als Ergebnis bleibt festzuhalten: Zwar hängt die Attraktivität eines Verbandes in entscheidenem Maße davon ab, ob der betreffenden Vereinigung die Fähigkeit zukommt, Tarifverträge abzuschließen[1131]. Die Tariffähigkeit ist damit eine wichtige Voraussetzung für den Mitgliederzuwachs[1132]. Dennoch wiegt das Interesse des Staates an der Funktionsfähigkeit des tariflichen Regelungssystems erkennbar schwerer als das Interesse der Koalitionen an der Koalitionsbetätigung.

1128 Vgl. auch *Koopmann*, Gewerkschaftsfusion, S. 197.

1129 Vgl. auch BAG v. 14.03. 1978 – 1 ABR 2/76, AP Nr. 30 zu § 2 TVG (unter III. 4. der Gründe).

1130 *DAG* mit *IBM* und *CGM* mit *Jenoptik*.

1131 Vgl. auch *Eitel*, Ungleichbehandlung, S. 135.

1132 So ursprünglich *Söllner*, Grundriß, 3. Aufl., S. 117.

II. Gleichheitsgrundsatz des Art. 3 Abs. 1 GG

Das Verbot der Ungleichbehandlung - unabhängig davon, ob dieser Grundsatz wie im folgenden mit dem Bundesverfassungsgericht[1133] im allgemeinen Gleichheitsgrundsatz des Art. 3 Abs. 1 GG oder mit der Literatur[1134] in der spezielleren arbeitsrechtlichen Norm des Art. 9 Abs. 3 GG festgelegt wird - verpflichtet neben den Behörden und Gerichten auch den Gesetzgeber bei der Anwendung von Gesetzen[1135]. Wenn die Rechtsprechung bei der Bestimmung der Anforderungen des Gewerkschaftsbegriffs und damit der Tariffähigkeit anstelle des Gesetzgebers tätig wird, so muß sie hierbei also diesen Gleichheitssatz wahren. Die gegen das Merkmal der allgemeinen sozialen Mächtigkeit vor dem Hintergrund des Art. 3 Abs. 1 GG angeführten Bedenken bezüglich der unterschiedlichen Behandlung von nicht etablierten Gewerkschaften und anderen Koalititionen sind Gegenstand der folgenden Ausführungen. Bevor jedoch näher auf die inhaltliche Ausgestaltung des allgemeinen Gleichheitssatzes eingegangen wird, muß der Frage nachgegangen werden, ob Gewerkschaften insoweit überhaupt Grundrechtsträger des Gleichheitsgrundrechts sein können.

1. Gewerkschaften als Grundrechtsträger des Gleichheitssatzes

Grundrechtsträger des Gleichheitsgrundrechts sind trotz der in Art. 3 Abs. 1 GG gewählten Formulierung „alle Menschen“, nicht nur alle natürlichen Personen. Vielmehr ist Art. 3 Abs. 1 GG nach Maßgabe des Art. 19 Abs. 3 GG seinem Wesen nach auch auf inländische juristische Personen anwendbar[1136]. Gewerkschaften haben sich zwar historisch bedingt als nicht juristische Personen entwickelt, dennoch ist mit der überwiegenden Meinung der Begriff „juristische Person“ in Art. 19 Abs. 3 GG nicht im engen gesetzestechnischen Sinne zu verstehen. Art. 19 Abs. 3 GG beschränkt den Geltungsbereich demnach nicht auf rechtsfähige Personengruppen. Entscheidend ist vielmehr eine gewisse binnenorganisatorische Struktur und die Fähigkeit zur internen Willensbildung[1137]. Für

---

[1133] BVerfG v. 20.10. 1981 – 1 BvR 404/78, AP Nr. 31 zu § 2 TVG (unter B. II. 2. der Gründe) = BVerfGE 58, 233 (256).

[1134] Vgl. *Scholz*, Koalitionsfreiheit als Verfassungsproblem, S. 258: „Eine allgemeinere Gewährleistung verbandsrechtlich verselbständigter Koalitionspositionen ist dem Grundrechtskatalog des GG unbekannt.“

[1135] Vgl. insofern nur *Gubelt*, in: v. Münch/Kunig, GG-Komm., Art. 3 Rn. 8 m. w. N.

[1136] Std. Rspr. des Bundesverfassungsgerichts seit BVerfG v. 03.06. 1954 - 1 BvR 183/54, BVerfGE 3, 383 (391); vgl. auch BVerfG v. 14.12. 1965 - 1 BvR 413, 416/60, BVerfGE 19, 206 (215); BVerfG v. 13.01. 1976 - 1 BvR 631/69 und 24/70, BVerfGE 41, 126 (149); zustimmend auch die überwiegende Meinung in der Literatur, vgl. z. B. *Kanngießer*, in: Schmidt-Bleibtreu/Klein, GG-Komm., Art. 3 Rn. 12; *Kunig*, in: v. Münch/Kunig, GG-Komm., Art. 3 Rn. 6; *Scholz*, in: M/D/H, GG-Komm., Art. 3 Rn. 276 .

[1137] Vgl. *Dreier*, in: Dreier, GG-Komm., Art. 19 Abs. 3 Rn. 26.

klar konturierte Gewerkschaften ist der allgemeine Gleichheitssatz in Art. 3 Abs. 1 GG daher anwendbar.

2. Materieller Gehalt des Gleichheitssatzes

Für die Frage nach einer Verletzung des allgemeinen Gleichheitssatzes ist maßgebend, ob Art. 3 Abs. 1 GG überhaupt ein subjektives Recht gewährt.

a) Art. 3 Abs. 1 GG als subjektives Recht

Während in der früheren Rechtsprechung[1138] und Literatur[1139] Art. 3 Abs. 1 GG als subjektiv-öffentliches Recht weitestgehend unbestritten war, setzte in den 70er und 80er Jahren des 20. Jahrhunderts ein „Bedeutungswandel" ein[1140]. Ohne die Fülle der verschiedenen Meinungen an dieser Stelle wiedergeben zu wollen, soll lediglich die Grundtendenz der veränderten Auffassungen umrissen werden[1141]. So gelangten einige Autoren zu der Überzeugung, das Gleichheitsprinzip sei bereits von Hause aus kein besonders geartetes subjektives Recht. Es besitze hingegen nur eine „akzessorische" Bedeutung bei der Verletzung anderer Grundrechte und damit ein Art „Hebelwirkung"[1142]. Mit Recht hielt aber ein anderer Teil der Literatur der unselbständigen Bedeutsamkeit die hierdurch verlorengegangene Eigenständigkeit des Art. 3 Abs. 1 GG entgegen, wenn speziell die gleichheitswidrige Differenzierung ursächlich für die Verletzung eines anderen subjektiven Rechts ist[1143]. Deshalb muß mit der heute überwiegenden Meinung[1144] Art. 9 Abs. 3 GG als eigenständiges subjektiv-öffentliches Recht und nicht nur als bloßes Rechtsflex angesehen werden.

1138 Vgl. insofern nur BVerfG v. 10.10. 1952 - 1 BvR 511/52, BVerfGE 1, 439 (440); BVerfG v. 03.06. 1954 - 1 BvR 183/54, BVerfGE 3, 383 (390); BVerfG v. 23.01. 1957 - 2 BvE 2/56, BVerfGE 6, 84 (91).

1139 Vgl. etwa *Feige*, Gleichheitssatz, S. 158; *Wallerath*, Die Selbstbindung der Verwaltung, S. 80.

1140 Vgl. *Gubelt*, in: v. Münch/Kunig, GG-Komm., Art. 3 Rn. 1; *Scholz*, in: M/D/H, GG-Komm., Art. 3 Rn. 275 f.

1141 Einen Überblick zu den unterschiedlichen Gedankengängen gebend *Gubelt*, in: v. Münch/Kunig, GG-Komm., Art. 3 Rn. 2; *Scholz*, in: M/D/H, GG-Komm., Art. 3 Rn. 276 ff.

1142 *Luhmann*, Grundrechte als Institution, S. 167; vgl. hierzu auch die Darstellung bei *Scholz*, in: M/D/H, GG-Komm., Art. 3 Rn. 277.

1143 Vgl. *Scholz*, in: M/D/H, GG-Komm., Art. 3 Rn. 277.

1144 Vgl. statt aller nur BVerfG v. 24.07. 1957 - 1 BvL 23/52, BVerfGE 7, 89 (94); *Eitel*, Ungleichbehandlung, S. 106; *Erichsen*, VerwArch. 71 (1980), 294 ff.; *Fuß*, JZ 1959, 329; unter Hinweis auf Art. 1 Abs. 3 GG zustimmend auch *Gubelt*, in: v. Münch/Kunig, GG-Komm., Art. 3 Rn. 2; *Kanngießer*, in: Schmidt-Bleibtreu/Klein, GG-Komm., Art. 3 Rn. 13.

b) Von der Willkürverbotsformel zur „Neuen Formel“

Während sich der allgemeine Gleichheitssatz nach Auffassung des Bundesverfassungsgerichts[1145] lange in der sich am Gerechtigkeitsgedanken orientierenden „Willkürverbotsformel“ - wesentlich Gleiches ungleich und wesentlich Ungleiches seiner Eigenart entsprechend gleich zu behandeln - wiederspiegelte[1146], richtet sich der Inhalt neuerdings an einem aussagekräftigeren Maßstab aus: Eine ungleiche Behandlung einer Gruppe im Vergleich zu anderen Normadressaten verletze den allgemeinen Gleichheitssatz dann nicht, wenn zwischen den beiden Gruppen Unterschiede von solcher Art und solchem Gewicht bestehen, die die ungleiche Behandlung rechtfertigen können[1147]. Mit dem Bundesverfassungsgericht tendiert nunmehr auch die Literatur[1148] dazu, dem Gleichheitssatz klare Konturen zu verleihen. So wird die unhandliche Willkürverbotsformel durch eine präzisere dreistufige Prüfung ersetzt, die sich aus dem Differenzierungskriterium, dem Differenzierungsziel und dem schließlich angemessenen Verhältnis des Differenzierungskriteriums zum Differenzierungsziel zusammensetzt. Nach dieser brauchbaren „Neuen Formel“ wird nicht mehr eine bloße Willkürkontrolle, sondern vielmehr eine Rechtfertigung der Differenzierung verlangt. Im Verhältnis von Differenzierungsziel zu Differenzierungskriterium nähert sich die neuere Formel einer Verhältnismäßigkeitsprüfung an. Das Differenzierungskriterium ist dementsprechend nur zulässig, wenn es zur Erreichung des Differenzierungsziels geeignet, erforderlich und angemessen ist[1149].

3. Verletzung des Gleichheitsgrundsatzes

Der Ausschluß kleiner, sozial schwacher Arbeitnehmervereinigungen von der Tariffähigkeit müßte mit Blick auf die anderen Tarifpartner, der insoweit unbe-

---

1145 Vgl. BVerfG v. 17.12. 1953 - 1 BvR 147, BVerfGE 3, 58 (135); BVerfG v. 27.05. 1964 - 1 BvL 4/59, BVerfGE 18, 38 (46); wobei die Rechtsprechung des Bundesverfassungsgerichts im wesentlichen auf die Ausführungen von *Leibholz*, Gleichheit, S. 30 ff. zurückgeht. Siehe ferner BGH v. 06.09. 1953 - I VRG 11/53, BGHZ 11, Anh. S. 34 f. (LS 4).

1146 Eingehend dazu *Gubelt*, in: v. Münch/Kunig, GG-Komm., Art. 3 Rn. 11 f.; siehe auch *Kanngießer*, in: Schmidt-Bleibtreu/Klein, GG-Komm., Art. 3 Rn. 13.

1147 Vgl. BVerfG v. 07.10. 1980 - 1 BvL 50/79 und 89/79, 1 BvR 240/79, BVerfGE 55, 72 (88); BVerfG v. 16.11. 1982 - 1 BvL 16/75 und 36/79, BVerfGE 62, 256 (274); BVerfG v. 09.02. 1983 - 1BvL 8/80, 16/81 und 1 BvR 257/80, 890/89, 1357/81, BVerfGE 63, 152 (166); BVerfG v. 28.06. 1983 - 1 BvL 20/79, BVerfGE 64, 243 (247); BVerfG v. 07.12 1983 - 2 BvR 282/80, BVerfGE 65, 377 (384).

1148 Eine umfassende Darstellung des Meinungsstandes bei: *Gubelt*, in: v. Münch/Kunig, GG-Komm., Art. 3 Rn. 15.

1149 Vgl. dazu die ausführliche Darstellung bei: *Gubelt*, in: v. Münch/Kunig, GG-Komm., Art. 3 Rn. 16 a ff.

schränkt tariffähigen einzelnen Arbeitgeber und Arbeitgeberverbände, gerechtfertigt sein.

Wie bereits festgestellt[1150], will das Gesetz mit der Zuerkennung der Tariffähigkeit an einzelne Arbeitgeber für die Gewerkschaften einen Tarifpartner sicherstellen, falls ein Arbeitgeberverband nicht besteht. Eine Unterscheidung in durchsetzungsstarke und -schwache Arbeitgeber würde dem einzelnen Arbeitgeber die Möglichkeit einräumen, durch bloßen Entschluß, sich nicht zu koalieren, Tarifverträge zu verhindern und damit die Tarifautonomie zu beeinträchtigen. Wenn der Gesetzgeber daher das Interesse daran, auf jeden Fall einen Tarifpartner auf Arbeitgeberseite zu gewährleisten, höher als die Frage der Durchsetzungsfähigkeit des einzelnen Arbeitgebers einstuft, so rechtfertigen diese besonderen Verhältnisse eine Ungleichbehandlung[1151]. Ebenso ist der Verzicht des Bundesarbeitsgerichts auf eine Durchsetzungsfähigkeit für die Verbände auf Arbeitgeberseite nicht nach Art. 3 Abs. 1 GG zu beanstanden. Würde eine soziale Mächtigkeit gefordert werden, so könnte der Fall eintreten, daß ein tariffähiger Arbeitgeber sich einem schwachen Arbeitgeberverband anschließt[1152].

III. Rechtsstaatsprinzip des Art. 20 Abs. 3 GG

Als Teilprinzip des in Art. 20 Abs. 3 GG festgelegten Rechtsstaatsprinzips ist das Gebot der ausreichenden Bestimmtheit als Ausprägung des Gebots der Rechtssicherheit anerkannt[1153]. Es fragt sich, ob das zur Gewährleistung des Kräftegleichgewichts der Tarifvertragsparteien geforderte Merkmal der sozialen Mächtigkeit ausreichend bestimmt ist und sich daher als justitiabel erweist.

1. Justitiabilität der einzelnen Merkmale

Wie bereits ausgeführt[1154], hat das Bundesarbeitsgericht die soziale Mächtigkeit einzelfallbezogen und mit Hilfe verschiedener Kriterien bewertet, die es allerdings selbst mit unterschiedlichem Gewicht in die Beurteilung einfließen läßt. Die Bedenken einiger Autoren[1155] hinsichtlich der erschwerten Justitiabilität liegen auf der Hand. Denn der unbestimmte Rechtsbegriff Tariffähigkeit wird mit einem

---

1150 Siehe dazu ausführlich oben Teil 2/3. Abschnitt unter § 10 II. 2. a.

1151 Vgl. BVerfG v. 20.10. 1981 - 1 BvR 404/78, AP Nr. 31 zu § 2 TVG (unter B. II. 2. der Gründe) = BVerfGE 58, 233 (256).

1152 Siehe dazu oben Teil 2/3. Abschnitt unter § 10 II. 2. b.

1153 BVerfG v. 26.09. 1978 - 1 BvR 525/77, BVerfGE 49, 168 (181); BVerfG v. 09.05. 1989 - 1 BvL 35/86, BVerfGE 80, 103 (107).

1154 Siehe oben Teil 2/1. Abschnitt unter § 4 I. 2.

1155 Siehe ausführlich dazu oben Teil 2/1. Abschnitt unter § 5 II. 1. d. aa.

weiteren offenen Begriff erklärt[1156]. Den getroffenen Feststellungen zufolge[1157] ist zwar durchaus ein bestimmtes Kriterienraster der einzelnen Anforderungen an die Verbandsmacht erkennbar. Dennoch scheint mit der abnehmenden Bedeutung der Mitgliederzahl, die sich zumindest unproblematischer für den potentiellen Tarifpartner und die arbeitsrechtlichen Gerichte ermitteln lassen könnte, eine Feststellung der neu gewonnen Indikatoren nahezu unmöglich geworden. Während sich die Bestimmung eines leistungsfähigen organisatorischen Aufbaus mit Hilfe der finanziellen Stärke, der personellen und sachlichen Strukturen und der bisherigen Tarifpraxis[1158] noch im Rahmen des denkbar Möglichen bewegt, ist indes kaum vorstellbar, wie sich die geforderte Autorität gegenüber den Mitgliedern und dem Tarifpartner ausdrücken und meßbar sein könnte. Zu denken ist zwar an eine Art innere Verbandsdiziplin und im Außenverhältnis an ein intellektuell und kompetent wirkendes Auftreten mit einer gewissen Überzeugungskraft. Einer objektiven Beurteilung ist eine solche Wesensart aber wohl nicht ohne weiteres zugänglich; sie beruht eher auf einer intuitiven Wahrnehmung[1159].

Trotzdem lassen sich die aufgezeigten Zweifel durch die anderweitige Rechtspraxis der Gerichte überwinden. Denn anhand der Rechtspraxis der Gerichte ist erkennbar, daß ein solcher Einwand der Unbestimmbarkeit gegen eine Interpretation von offenen Rechtsbegriffen an anderer Stelle unbegründet ist. Der Gesetzgeber hat zum Beispiel mit dem Begriff „Partei“ des § 2 PartG keine Definition „im klassischen Sinne“ gegeben, sondern vielmehr in typologischer Weise eine bloße Umschreibung[1160]; diesen Parteienbegriff hat das Bundesverfassungsgericht zudem als verfassungsgemäß anerkannt[1161]. Überdies gibt es in unserer Rechtsordnung eine Fülle von unbestimmt gefaßten Normen. Ob sie justitiabel sind, wird nicht in Frage gestellt, sondern von einigen Stimmen[1162] als bestehende Verpflichtung der Richter, nach praktikablen Differenzierungen zu suchen, angesehen. Allein Bedenken über zu unbestimmt gefaßte Kriterien des Mächtigkeitskriteriums können somit nicht zu der Unanwendbarkeit dieses Merkmals führen[1163].

1156 So *Bruhn*, Tariffähigkeit, S. 195.

1157 Siehe oben Teil 2/1. Abschnitt unter § 4 I. 2.

1158 Ausführlich dazu siehe oben Teil 2/1. Abschnitt unter § 4 I. 2. c. aa.

1159 Vgl. auch *Hemmen*, Durchsetzungsfähigkeit, S. 73; ferner *Herschel*, AuR 1976, 225 (232).

1160 Vgl. auch *Söllner*, AuR 1976, 321 (324).

1161 BVerfG v. 17.10. 1968 - 2 BvE 4/67, BVerfGE 24, 260 (264). Nach *Gamillscheg* übersieht der Vergleich des BVerfG mit der fünf Prozent Klausel bei politischen Wahlen, daß die Verneinung der Gewerkschaftseigenschaft der Wirkung eines Parteienverbots gleichkommt, vgl. *Gamillscheg*, Kollekt.ArbR., Bd. II, Nr. 260 d.

1162 Vgl. z.B. *Dütz*, AuR 1976, 65 (75) m. w. N.

1163 So auch *Dütz*, AuR 1976, 65 (75).

2. Unsicherheiten bei Prognoseentscheidungen

Auch wenn das Indiz der bisherigen Tarifpraxis für einen Außenstehenden durchaus überprüfbar ist, so ist doch die Indizwirkung als solche zweifelhaft. Das Bundesarbeitsgericht hat zwar zutreffend die Gefälligkeitstarifverträge als Anhaltspunkt einer ausreichenden Verbandsmacht abgelehnt. Allerdings hat es auch den mehrfachen Haustarifvertragsabschluß von der Indizwirkung ausgenommen und damit zwischen Verbands- und Haustarifverträgen ohne ersichtlichen Grund differenziert. Insbesondere Tarifverträge neugegründeter Arbeitnehmervereinigungen laufen somit Gefahr, mangels Tariffähigkeit unwirksam zu sein; regelmäßig werden solche „Prototypen" auf betrieblicher Ebene abgeschlossen[1164]. Ebenso betroffen sind davon Klein- und Kleinstgewerkschaften, die ihr vorrangiges Betätigungsfeld im betrieblichen Bereich suchen. Die fehlende Geeignetheit dieses einzelnen Kriteriums zeigt sich aber auch darin, daß das Bundesarbeitsgericht auf der anderen Seite einen einmaligen Verbandsabschluß ausreichen läßt, der letztendlich vom „guten Willen" des Tarifpartners abhängig ist[1165]. Die Tariffähigkeit zumeist kleiner Gewerkschaften hängt davon ab, ob die Verhandlungsvorschläge auf Gefallen stoßen oder nicht. Abgesehen davon erscheint die Bewährung einer Organisation in der tariflichen Praxis auch nicht aussagekräftig genug für eine zuverlässige Prognose hinsichtlich der sozialen Mächtigkeit und damit ungeeignet, eine Indizwirkung für eine ausreichend bestehende Verbandsmacht zu liefern.

IV. Zusammenfassung

Zusammengefaßt läßt sich festhalten: Die verfassungsrechtliche Gewährleistung der Tarifautonomie verlangt deren Funktionsfähigkeit. Wenn der Richter daher bestimmte Anforderungen an die Tariffähigkeit in der Art aufstellt, daß nur diejenigen Arbeitnehmervereinigungen an der Tarifautonomie teilhaben sollen, die in der Lage sind, den von der staatlichen Rechtssetzung frei gelassenen Raum des Arbeitslebens durch Tarifverträge sinnvoll zu gestalten, um so die Gemeinschaft zufriedenzustellen, so erscheint eine Kritik unter verfassungsrechtlichen Gesichtspunkten nicht angezeigt.

1164 Siehe auch *Hemmen*, Durchsetzungsfähigkeit, S. 78.

1165 Siehe oben Teil 2/1. Abschnitt unter § 4 I. 1.

Teil 3: Von der allgemeinen zur „relativen Tariffähigkeit"

Die - bereits aufgezeigten[1166] - Fusionen der Verbände blieben dem Anschein nach nicht ohne Einfluß auf die heutige Tarifpolitik[1167]. Mit Blick auf diese tarifvertragspolitischen Veränderungen, insbesondere einiger Haustarifverträge[1168], sind folgende Überlegungen notwendig: Muß eine Gewerkschaft, um Haustarifverträge abschließen zu können, nur allgemein als Organisation die Anforderungen an die Tariffähigkeit erfüllen oder in Bezug auf jedes einzelne Unternehmen, mit dem sie einen Haustarifvertrag abschließt? Ist insofern zwischen der allgemeinen und der „relativen Tariffähigkeit" zu unterscheiden? Bevor für die Beantwortung dieser aufgeworfenen Fragen die rechtliche Anerkennung einer restriktiven Handhabung der Tariffähigkeit im Rahmen des § 2 Abs. 1 TVG erörtert wird, soll zunächst die tarifvertragsrechtliche Relevanz einer „relativen Tariffähigkeit" näher beleuchtet und eine Begriffsbestimmung erfolgen.

§ 12 Tarifvertragsrechtliche Relevanz einer „relativen Tariffähigkeit"

Die Frage nach einer „relativen Tariffähigkeit" stellt sich nicht erst in der heutigen Zeit. Wenn auch der Begriff „relative Tariffähigkeit" selbst ein Ausdruck der Moderne ist, so beschäftigten sich die arbeitsrechtlichen Gerichte bereits in den ersten Jahrzehnten nach Inkrafttreten des heute noch rechtsgültigen Tarifvertragsgesetzes mit der Frage, ob es für die Prüfung der Tariffähigkeit auf die tarifvertragsrelevante räumliche Region ankommt[1169]. Die Diskussionen um die Anerkennung einer nach dem Geltungsbereich des Tarifvertrages unterscheidenden Tariffähigkeit waren jedoch eher sporadisch. Erst aufgrund der aktuellen Wandlungsprozesse innerhalb der Tarifpolitik in Deutschland erlangte eine begrenzt zu handhabende Tariffähigkeit erneut Aufmerksamkeit, und zwar in erster Linie infolge der veränderten praktischen Bedeutung der Haustarifverträge.

I. Anwendungsbereich einer „relativen Tariffähigkeit"

Das Bundesarbeitsgericht bezeichnet die sich auf den Geltungsbereich des jeweiligen Tarifvertrages beziehende Tariffähigkeit als sog. „relative Tariffähig-

---

1166 Siehe oben Teil 1 unter § 2 III. 2.

1167 Vgl. *Schaub*, NZA 2000, 15 (17).

1168 Siehe die bereits vorgestellten Fälle *IBM* und *Jenoptik* oben Teil 1 unter § 3 II. 2. b. cc.

1169 Vgl. LAG *Frankfurt a. M.* v. 19.10. 1962 - 5 Ta BV 2/62, DB 1964, 702.

keit"[1170]. Es zielt damit in erster Linie auf die gesonderte Feststellung der Tariffähigkeit für Haustarifverträge ab. Die Gewerkschaften sind aber in der Lage, ihre Tarifzuständigkeit auf ein gegenüber dem gesamtdeutschen Tarifgebiet relativ kleines Gebiet oder eine kleine Region zu beschränken oder Verbandstarifverträge mit einer lokal eng begrenzten Ausdehnung abzuschließen. Es muß sich daher gefragt werden, in welchen Fallkonstellationen eine „relative Tariffähigkeit" überhaupt praktische Bedeutung erlangen könnte.

1. Tarifabschlüsse bei regional eng begrenzter Tarifzuständigkeit

Die allgemeine soziale Mächtigkeit einer Arbeitnehmervereinigung beurteilt die höchstrichterliche Rechtsprechung - bisher[1171] - abstrakt nach dem von ihr kraft autonomer Entscheidung festgelegten räumlichen, fachlichen und personellen Organisationsbereich[1172]. Relevant sind diese Beurteilungsfaktoren bislang geworden, wenn die Arbeitnehmervereinigung fachlich und personell sehr eng zugeschnitten tätig wird, wie zum Beispiel bei leitenden Angestellten[1173]. In diesem Fall kann nach Auffassung des Bundesarbeitsgerichts ein hoher Organisationsgrad von Mitgliedern in Schlüsselstellungen ausreichend sein, um einer Arbeitnehmervereinigung die für die Tariffähigkeit erforderliche Mächtigkeit zuzuerkennen.

Ähnlich verhält es sich auch mit dem räumlichen Organisationsbereich: Wenn sich der Organisationsbereich nicht auf die gesamte Bundesrepublik bezieht, sondern - wie zum Beispiel bei Landesverbänden - auf regional begrenzte Teile, wie Bundesländer oder bestimmte Regionen, dann ist die soziale Mächtigkeit nach dem in der Satzung der Arbeitnehmervereinigung festgelegten räumlichen Organisationsbereich zu bestimmen[1174]. Konsequenz ist, daß eine Gewerkschaft nur für bestimmte Gebiete innerhalb Deutschlands tariffähig ist. Für andere nicht in ihrem Zuständigkeitsbereich liegende Regionen muß die Tariffähigkeit dagegen verneint werden. In Relation zum gesamtdeutschen Rechtsgebiet liegt es nahe, in diesem Fall von „relativer Tariffähigkeit" zu sprechen. Da aber der Zuständigkeitsbereich der Gewerkschaft von vornherein allein auf ein bestimmtes Gebiet oder Region und gerade nicht auf das gesamte Bundesgebiet festgelegt ist, kann ihr Wirkungskreis nicht in Bezug zum potentiellen gesamtdeutschen Tarifgebiet

---

[1170] Vgl. BAG v. 25.09. 1996 - 1 ABR 25/96, AP Nr. 4 zu § 97 ArbGG 1979 (unter B. III. der Gründe).

[1171] Ausführlich dazu siehe Teil 3 unter § 11 III. 1. b.

[1172] *Oetker*, Rechtsgutachten, S. 10.

[1173] Vgl. etwa BAG v. 15.03. 1977 - 1 ABR 16/75, AP Nr. 24 zu Art. 9 GG (unter III. 1. der Gründe) = BAGE 29, 72 (80).

[1174] *Oetker*, Rechtsgutachten, S. 10.

gesetzt werden. Innerhalb ihres räumlichen Organisationsbereichs ist die Gewerkschaft somit allgemein tariffähig. Es liegt kein Anwendungsfall einer „relativen Tariffähigkeit" vor.

2. Flächentarifverträge für lokal eng begrenzte Regionen

Die Tarifautonomie erlaubt es den Tarifvertragsparteien, ihre Tarifzuständigkeit auf ein bestimmtes räumliches Tarifgebiet zu erstrecken, allerdings einzelne Regionen innerhalb dieses Bereichs auszunehmen[1175]. Die Gewerkschaften sind damit in der Lage, Verbandstarifverträge nur auf ein gegenüber dem festgelegten Tarifgebiet relativ kleines Gebiet oder kleine Region abzuschließen - wie etwa für ein Bundesland oder für einen Tarifbezirk. Auch in dieser Konstellation treten insoweit Bedenken hinsichtlich der Durchsetzungsfähigkeit und damit gegenüber einer absolut zu verstehenden Tariffähigkeit auf, als die Arbeitnehmervereinigung in diesem Tarifgebiet nur über eine geringe Anzahl von Mitgliedern verfügt[1176]. Ob die vertragsabschließende Gewerkschaft für den jeweiligen Geltungsbereich des Tarifvertrages die erforderliche Mächtigkeit besitzen muß, bleibt somit auch zu klären - soll aber nicht Ansatzpunkt der vorliegenden Untersuchung sein.

3. Haustarifverträge

Um die Diskussion der Bedeutung einer „relativen Tariffähigkeit" für Haustarifverträge nachvollziehen zu können, empfiehlt es sich, die Veränderungsprozesse in der deutschen Tariflandschaft näher zu erhellen, die wie erwähnt - auch - auf die Fusionen der Verbände zurückzuführen sind. Erst im Anschluß daran soll auf die Besonderheiten beim Abschluß von Haustarifverträgen eingegangen werden.

a) Veränderungsprozesse in der deutschen Tariflandschaft

Bevor jedoch im folgenden über die Veränderungsprozesse in der deutschen Tariflandschaft berichtet wird, müssen für die Einordnung und Bewertung der Kenntnisse einige Grund- und Strukturdaten des bundesdeutschen Tarifsystems skizziert werden.

1175 Vgl. insoweit nur BAG v. 09.11.1956 - 1 AZR 421/54, AP Nr. 1 zu § 3 TVG Verbandszugehörigkeit (mit zustimmender Anm. *Tophoven*) = BAGE 3, 174 ff.; *Kempen/Zachert*, TVG-Komm., § 4 Rn. 17; *Wank*, in: Wiedemann, TVG-Komm., § 4 Rn. 131.

1176 Die Tariffähigkeit in diesem Fall bereits ablehnend LAG *Frankfurt*, DB 1960, 702; vgl. auch *Dütz*, DB 1996, 2385 (2388 f.). Auf diese Problematik heute auch hinweisend *Oetker*, Anm. zu BAG v. 25.09. 1996 - 1 ABR 25/96, AP Nr. 4 zu § 97 ArbGG 1979 (unter III.).

aa) Grund- und Strukturdaten zum bundesdeutschen Tarifvertragssystem

Den Regelfall der tarifvertraglichen Abschlüsse bildet seither der Verbandstarifvertrag, den eine Gewerkschaft mit einem Arbeitgeberverband abschließt[1177]. Der Verbandstarifvertrag gilt für eine Branche oder Teile davon, und zwar entweder für eine einzelne Region oder bundesweit[1178]. Neben den Verbandstarifverträgen gibt es in Deutschland Haustarifverträge, die die Gewerkschaften mit den einzelnen Unternehmen abschließen, die meist nicht Mitglied des Arbeitgeberverbandes sind[1179]. Den Haustarifverträgen kam in Deutschland bislang eher eine untergeordnete Rolle innerhalb der Tarifpraxis zu[1180]. Obwohl die Anzahl der gültigen Haustarifverträge relativ hoch war[1181], muß die bisherige gesamtwirtschaftliche Bedeutung dennoch als gering bewertet werden, da lediglich ein kleiner Anteil der abhängig Beschäftigten von dem tariflichen Regelungsinstitut Haustarifvertrag erfaßt war[1182]. Viele Haustarifverträge waren außerdem als Anerkennungstarifverträge konstruiert; als Anerkennungstarifverträge übernahmen sie nur die Regelungen des entsprechenden Flächentarifvertrages[1183]. Die Gründe für die Vernachlässigung des Haustarifvertrages sind vielschichtig. So können auf Seiten der Verbände und Arbeitgeber strategische Überlegungen eine Rolle spielen. Für die Vorhaben fallen aber auch Kostenerwägungen und Bewertungen der Verhandlungs- und Wettbewerbssituation ins Gewicht[1184]. Im Ergebnis beruht der Übergang von Verbands- auf Haustarifverträge weniger auf rechtlichen, denn auf

---

1177 Vgl. *Bispinck*, WSI-Mitteilungen 1997, 551 (552); dazu auch *Farthmann/Coen*, in: Benda/Meierhofer/Vogel, Verfassungsrecht, 2. Aufl., § 19 Rn. 55; ferner *Hensche*, Tarifpolitik, S. 20 (32); *Konzen*, in: Tarifautonomie auf dem Prüfstand, S. 25 (31).

1178 Der Verbandstarifvertrag wird daher häufig auch als Branchen- oder Flächentarifvertrag bezeichnet. Zur unterschiedlich stark differenzierten sektoralen Untergliederung in den alten und neuen siehe ausführlich *Bispinck*, Der schleichende Umbau, S. 53 (56); *ders.*, WSI-Mitteilungen 1997, 551 (552); ferner *Gamillscheg*, Kollekt.ArbR., Bd. I, S. 504.

1179 Eine - in diesem Zusammenhang nicht relevante - Mischform liegt vor, wenn der Verband den Tarifvertrag für ein Mitglied mit Vollmacht des Mitglieds abschließt, sog. firmenbezogener Verbandstarifvertrag, vgl. *Gamillscheg*, Kollekt.ArbR., Bd. I, S. 504.

1180 Vgl. mit Nachweisen *Gamillscheg*, Kollekt.ArbR., Bd. I, S. 505. Zur Forderung nach einer „betriebsnahen Tarifpolitik“ in der Vergangenheit siehe *Oetker*, in: Wiedemann, TVG-Komm., § 2 Rn. 124.

1181 Die Angaben des Tarifregisters des Bundesarbeitsministers weisen für ganz Deutschland Ende 1996 12.399 Haustarifverträge aus [vgl. *Bispinck*, WSI-Mitteilungen 1997, 551 (552 Fn. 2)], Ende 1998 bestanden bereits insgesamt 17.819 Haustarifverträge, vgl. *Informationsdienst des Instituts der deutschen Wirtschaft* (*iwd*) v. 25.11. 1999, Nr. 47, S. 7.

1182 Die Bedeutung des Haustarifvertrages variiert je nach Branche erheblich. Hierzu m. w. N. *Bispinck*, WSI-Mitteilungen 1997, 551 (552 f.).

1183 *Bispinck*, Der schleichende Umbau, S. 53 (56 f.); *ders.*, WSI-Mitteilungen 1997, 551 (552).

1184 *Stein*, RdA 2000, 129.

allgemeinen politischen, wirtschaftlichen und organisatorisch-politischen Erwägungen[1185].

bb) Tarifbindung im Wandel

Das bundesdeutsche Tarifsystem begann sich besonders deutlich zu wandeln, als tarifpolitische Schwierigkeiten im ostdeutschen Transformationsprozeß in den letzten Jahren einsetzten[1186]; begleitet von umfangreichen tarifrechtlichen und die Tarifpraxis betreffenden Diskussionen, die sich in erster Linie mit der Zukunft des Verbandstarifvertrages beschäftigten, setzte eine Trendwende in der Bedeutung der Abschlußebene von Tarifverträgen ein[1187].

(1) Verbandstarifverträge im Brennpunkt tarifvertragspolitischer Diskussionen

Der Verbandstarif ist Mittelpunkt zahlreicher Auseinandersetzungen geworden, weil er wegen seiner Verallgemeinerungstendenz einer unternehmensbezogenen Flexibilisierung der Arbeitsbedingungen den Weg verschließe[1188]. In der Tarifpolitik und Wissenschaft waren deutlich Rufe vernehmbar, die starren Verbandstarifvertragsstrukturen aufzulockern[1189] und nach flexibleren Gestaltungsformen zu suchen, die betriebsnahe Regelungen schaffen können[1190]: Also weg vom umfassenden Verbandstarifvertrag und hin zum Unternehmen oder Betrieb[1191]. Wenn auch die Flexibilisierungsdebatten in Deutschland häufig ohne Nennung des Haustarifvertrages als Alternative zum Flächentarifvertrag abliefen[1192], so

---

1185 *Schaub*, NZA 1998, 617 (618).

1186 Dazu und zum Tarifwesen der früheren DDR siehe *Farthmann/Coen*, in: Benda/Meierhofer/Vogel, Verfassungsrecht, 2. Aufl., § 19 Rn. 57.

1187 Vgl. *Rosdücher*, WSI-Mitteilungen 1997, 459; *Stein*, RdA 2000, 129; *Walker*, ZfA 1996, 353 (354).

1188 Vgl. *Junker*, ZfA 1996, 383 (384); *Matthes*, in: FS Schaub, S. 477; *Molitor*, in: FS Schaub, S. 487; *Möschel*, WuW 1995, 704 (705 u. 707); *Stein*, RdA 2000, 129; *Walker*, ZfA 1996, 353 (354); siehe ferner *iwd* v. 25.11. 1999, Nr. 47, S. 7.

1189 *Bispinck*, WSI-Mitteilungen 1997, 551; vgl. auch *Gentz*, in: FS Schaub, S. 205 (212 ff.); zusammenfassend im Überblick *Wieland*, Firmentarifverträge, Rn. 17 ff. m. w. N.

1190 Zu den Reformvorschlägen siehe *Konzen*, in: Tarifautonomie auf dem Prüfstand, S. 25 (838 ff.); vgl. ferner *Schaub*, NZA 1998, 617 ff.; *ders.*, NZA 2000, 15 (16).

1191 So *Konzen*, in: Tarifautonomie auf dem Prüfstand, S. 25.

1192 So benennt z. B. *Walker*, ZfA 1996, 353 (354) als alternative, weil möglicherweise flexiblere Gestaltungsmöglichkeiten zum Verbandstarif allein Betriebsvereinbarungen und den Arbeitsvertrag; anders *Molitor*, in: FS Schaub, S. 487 (490 ff.); *Rosdücher*, WSI-Mitteilungen 1997, 459.

kündigt sich dennoch seit den letzten Jahren eine leichte Wende in der tatsächlichen und tarifvertragspolitischen Bedeutung des Haustarifvertrages an[1193].

(2) Tarifpolitische Schwierigkeiten in Ostdeutschland

Vor allem in den neuen Bundesländern haben Verbandstarifverträge eine Reihe von Unternehmen an die Grenze ihrer finanziellen Belastbarkeit gebracht[1194]. Zahlreiche, insbesondere sog. „Multi-Branchentarifverträge“[1195], standen daher im Zentrum kritischer Debatten um die künftige Entwicklung des Verbandstarifvertrages[1196]. Zwar konnte beispielsweise mit Hilfe sog. „Härtefallklauseln“[1197] auf die besondere wirtschaftliche Situation und Leistungsfähigkeit der einzelnen Betriebe reagiert werden. Viele, meist mittelständische Unternehmen sehen sich aber den Bedingungen trotz dieser Ausnahmeregelungen nicht gewachsen und suchen daher nach flexibleren Alternativen zum Verbandstarifvertrag[1198]: Unter anderem ist eine Flucht der Arbeitgeber aus den Verbänden zu beobachten[1199], vielerorts wird eine Verbandsmitgliedschaft ohne Tarifgebundenheit in Betracht

1193 *Stein*, RdA 2000, 129 (Fn. 3); *Waas*, ZTR 2000, 341. Zur zugleich weltweit veränderten Bedeutung des Firmentarifvertrages siehe *Gamillscheg*, Kollekt.ArbR., Bd. I, S. 968.

1194 Zu den Ursachen siehe *Loritz*, in: Zöllner/Loritz, Arbeitsrecht, S. 369.

1195 Während die Tarifverträge zum Beispiel für die Metallindustrie zugleich einige bedeutende Branchen umfassen - darunter fallen Fahrzeugbau, Maschinenbau, Elektroindustrie, Werfte u. a. - bestehen in anderen Bereichen, beispielsweise in dem Verbrauchsgütergewerbe oder dem privaten Dienstleistungssektor, zahlreiche fachliche Tarifbereiche, vgl. *Bispinck*, WSI-Mitteilungen 1997, 551 (552).

1196 *Bispinck*, WSI-Mitteilungen 1997, 551 (552).

1197 Zu den sog. „Härtefallklauseln“, die in den neuen Bundesländern erstmalig in Tarifverträgen eingeführt wurden, siehe *Loritz*, in: Zöllner/Loritz, Arbeitsrecht, S. 369. Als weiteres bedeutendes Gestaltungsmittel sei noch der „Stufen-Tarifvertrag“ an dieser Stelle zu nennen. Hierzu *Veit*, Zuständigkeit, S. 6.

1198 Vgl. *Bauer*, in: FS Schaub, S. 19 ff.; *Loritz*, in: Zöllner/Loritz, Arbeitsrecht, S. 369. Ausführlich dazu *Schaub*, NZA 2000, 15 (16); ferner *Veit*, Zuständigkeit, S. 7 f.

1199 Vgl. *Konzen*, in: Tarifautonomie auf dem Prüfstand, S. 25 (31); *Rosdücher*, WSI-Mitteilungen 1997, 459; *Schaub*, NZA 2000, 15 (16); *ders.*, BB 1995, 2003 (2004); eine ähnliche Einschätzung trifft auch *Bispinck*, WSI-Mitteilungen 1997, 551, der zwar nicht von einer „Flucht der Unternehmen aus den Arbeitgeberverbänden“ spricht, aber auf den erkennbar zurückgegangenen Organisationsgrad hinweist. So sank zum Beispiel der Unternehmensorganisationsgrad der ostdeutschen Arbeitgeberverbände in der Metall- und Elektroindustrie von 1991 bis 1994 von 60,1 Prozent auf 35,7 Prozent, vgl. *König*, Brutalisierung der Konkurrenz, S. 9 (12 f.). Heute sind sogar nur noch 25 bis 30 Prozent der ostdeutschen Metall- und Elektrounternehmen Mitglieder im Arbeitgeberverband vertreten, vgl. *Wirtschaftswoche* v. 24.09. 1998; *Die Zeit* v. 28.05. 1998; siehe auch *Heinze*, in: FS Kraft, S. 205 (216); *Hensche*, Tarifpolitik, S. 20; ferner dazu *Schroeder*, GMH 2000, 352 (360); *Wendeling-Schröder*, RdA 1999, 138 (146).

gezogen, zum Teil besteht sie auch schon[1200], oder es wird eine Tarifdifferenzierung durch Unternehmensspaltung angestrebt[1201]. Auf die verschiedenen Gestaltungsmöglichkeiten soll an dieser Stelle nicht weiter eingegangen werden. Relevant für die vorliegende Untersuchung ist letztlich nur die Bedeutung von Haustarifverträgen[1202].

(3) Wechsel der Abschlußebene: Vom Verbands- zum Haustarifvertrag

Zwar gehöre der Haustarifvertrag nicht ohne weiteres in die Kategorie der Flexibilisierungsinstrumente für Arbeitsbedingungen. Denn - im Vergleich zum Verbandstarifvertrag - trete er vielmehr für den Gedanken der Dezentralisierung und der Betriebsbezogenheit auf. Wenn allerdings die Flexibilisierung mit der Aussicht auf eine optimale Angleichung des Vertragswerks an die exogenen und endogenen Faktoren eines Unternehmens verglichen wird, dann stelle der Haustarifvertrag durchaus eine echte Alternative zum Verbandstarifvertrag dar[1203].

Besonders aus gewerkschaftlicher Sicht war von grundlegender Bedeutung, auf welcher Abschlußebene die abweichenden Regelungen schließlich festgelegt werden sollen[1204]. Nachdem die Gewerkschaften jahrelang Fürsprecher der Verbandstarifverträge waren, sehen sie sich nunmehr angesichts der zu beobachtenden Tarifflucht der Arbeitgeber mit der Frage konfrontiert, ob Haustarifverträge an das bisher durch Flächentarifverträge erreichte Schutzniveau für die Arbeitnehmer anknüpfen können[1205].

Spielte der Haustarifvertrag um 1990 mit einer Abschlußzahl von rund 2.550 noch deutlich erkennbar eine untergeordnete Rolle innerhalb der Tarifpolitik, so ist in letzter Zeit verstärkt zu beobachten, daß der individuelle Tarifabschluß mit einer Abschlußzahl von 5.371 im Jahre 1998 sich wachsender Beliebtheit erfreut[1206]; im Jahr 1999 wurden für nahezu 500 Unternehmen erstmals Haustarifverträge abgeschlossen, womit am Jahresende 5.841 Haustarifverträge gültig waren[1207]. Wie die Daten deutlich zeigen, hat sich die Anzahl der Unternehmen mit Haustarifver-

---

1200 Vgl. *Junker*, ZfA 1996, 383 (385); *Schaub*, NZA 2000, 15 (16); *ders.*, 1995, 2003 (2004 f.).

1201 Vgl. *Hessler*, ZfA 1994, 487 (508).

1202 Zum Fallbeispiel *Jenoptik*, die mit der *CGM* einen stark kritisierten Haustarifvertrag abgeschlossen haben siehe Teil 1 unter § 3 II. 2. b. cc. (1).

1203 *Stein*, RdA 2000, 129.

1204 *Bispinck*, WSI-Mitteilungen 1997, 551 (557).

1205 Vgl. dazu auch *Hensche*, Tarifpolitik, S. 20 (32); *Rosdücher*, WSI-Mitteilungen 1997, 459.

1206 *Iwd* v. 13.05. 1998, Nr. 19, S. 4 f.

1207 *Clasen*, BABl. 2000, Nr. 4, 11.

trägen im Laufe der neunziger Jahre des 20. Jahrhunderts somit mehr als verdoppelt.

Insbesondere in den neuen Bundesländern kommt dem individuellen Tarifabschluß gegenwärtig ein stärkeres Gewicht zu. Galten Haustarifverträge zum Beispiel im Jahr 1998 in Westdeutschland lediglich für knapp fünf Prozent der Betriebe und acht Prozent der Beschäftigen, so fiel der Anteil in Ostdeutschland mit rund acht Prozent der Betriebe und knapp dreizehn Prozent der Beschäftigen erheblich höher aus[1208].

Die Unternehmen Ostdeutschlands vertrauen vermehrt auf Haustarifverträge[1209], weil sie mit dem tariflichen Regelungsinstitut Haustarifvertrag versuchen, die Verdienst- und Arbeitsbedingungen besser der eigenen besonders schwierigen wirtschaftlichen Situation anzupassen[1210].

Zu erwähnen ist auch der Umstand, daß die Art der Tarifbindung mit verschiedenen äußeren und inneren Faktoren verknüpft ist. So besteht zum Beispiel ein Zusammenhang zwischen der Betriebsgröße und der Tarifbindung. Je größer ein Unternehmen, desto eher zieht es den Verbandstarifvertrag heran, je weniger Beschäftigte dagegen ein Betrieb hat, desto eher stellt er auf Einzelarbeitsverträge ab[1211]. Denn Betriebe mit einer geringen, und damit überschaubaren Beschäftigtenzahl fällt es naturgemäß leichter, die Arbeitsbedingungen direkt mit jedem einzelnen Arbeitnehmer auszuhandeln. Dagegen wären Einzelarbeitsverträge in größeren Unternehmen mit einem entsprechenden Verhandlungsaufwand verbunden. Außerdem sind es erwartungsgemäß die größeren Unternehmen, auf die die

---

1208 Daten zusammengetragen aus den Quellen: *iwd* v. 13.05. 1998, Nr. 19, S. 4 und IAB-Betriebsspanell, 6. Welle West/ 3. Welle Ost 1998, abgedruckt unter: http://www.boeckler.de/wsi/tarchiv/tiu/bindung/1998.html. Das Institut für Arbeitsmarktforschung (IAB) befragt einmal jährlich einen festen Kreis von Betrieben mit mindestens einem sozialversicherungspflichtig Beschäftigten – unter anderem über ihre Tarifbindung. Siehe hierzu auch *Bispinck*, Der schleichende Umbau, S. 53 (57); *ders.*, WSI-Mitteilungen 1997, 551 (553); *Wieland*, Recht der Firmentarifverträge, Rn. 15.

1209 Siehe dazu Anhang, Abbildung 5.

1210 So *iwd* v. 04.03. 1999, Nr. 9, S. 2. Hierzu auch *Wieland*, Firmentarifverträge, Rn. 15. Zu der besonders schwierigen Tarifsituation in Ostdeutschland siehe auch *Konzen*, in: Tarifautonomie auf dem Prüfstand, S. 25 (38). Auch in dem Fall *IBM Informationssysteme GmbH* [BAG v. 25.9. 1996 - 1 ABR 25/96, AP Nr. 4 zu § 97 ArbGG 1979] ging es zentral um die Versuche des Unternehmens, auf verschiedenen Wegen einen billigeren Haustarifvertrag mit der *DAG* für alle Beschäftigten verbindlich zu machen. Hierzu *Handelsblatt* v. 23.11. 1994, S. 5, „Tarifdumping der *DAG* ist nur betriebsverbindlich“.

1211 *Iwd* v. 13.05. 1998, Nr. 19, 4 f.; siehe dazu Anhang, Abbildung 6.

Gewerkschaften ihr Augenmerk richten[1212]. Gleichwohl bedeutet der Haustarifvertrag für Großunternehmen eine echte Alternative zum Verbandstarifvertrag. Denn die finanziellen und personellen Ressourcen erleichtern eine eigenständige Tarifpolitik gegenüber kleineren Betrieben[1213]. So besitzen Haustarifverträge ein überdurchschnittliches Gewicht bei Branchen, die relativ wenige, aber große Unternehmen umfassen - wie etwa die Mineralölverarbeitung oder die Luftfahrt[1214]. Einige Unternehmen bauen dabei ausschließlich auf Haustarifverträge. Gegenwärtig bestehen rund 17.800 solcher firmenspezifischer Tarifvereinbarungen[1215]. Im ganzen führen mittlerweile nahezu 5.400 Unternehmen selbst die Tarifgeschäfte[1216].

Außerdem besteht eine Verbindung zwischen dem Betriebsalter und der Art der Tarifabschlüsse. Je jünger der Betrieb ist, desto seltener greift er auf das tarifliche Regelungsinstitut Verbandstarifvertrag zurück: Dementsprechend fielen 1998 in Westdeutschland nur rund 39 Prozent der nach 1992 gegründeten Unternehmen unter einen Verbandstarifvertrag, dafür aber fast 50 Prozent der älteren Betriebe. Eine ähnliche Relation findet sich in Ostdeutschland - wenn auch auf einem bedeutend niedrigeren Niveau: So galt nur für 23 Prozent der nach 1992 gegründeten Unternehmen ein Verbandstarifvertrag, während es bei den älteren Betrieben gut 27 Prozent waren. Gänzlich ohne Einfluß auf diesen Trend blieb die Betriebsgröße; er dehnt sich vielmehr auf alle Betriebsgrößen aus[1217].

Während die Tarifbindung an Verbandstarifverträge der westdeutschen Beschäftigten von rund 72 Prozent auf weniger als 68 Prozent gesunken ist, erreichte sie in Ostdeutschland - von ehemals 56 Prozent - nur noch rund 51 Prozent. Die Attraktivität der Verbandstarifverträge ist für jüngere Unternehmen in den letzten Jahren aufgrund folgender Faktoren gesunken: Der Hauptgrund für den schwindenden Anreiz der Verbandstarifverträge liegt in der zunehmenden Globalisierung der Wirtschaft. Zudem spielen der strukturelle und technische Wandel eine nicht unbedeutende Rolle. Um den Entwicklungen gerecht zu werden, müssen sich die Betriebe in hohem Maße anpassungsfähig zeigen. Zudem werden von den Unter-

---

1212 Siehe dazu Anhang, Abbildung 6.

1213 *Iwd* v. 13.05. 1999, Nr. 19, 4.

1214 *Clasen*, BABl. 1996, Nr. 4, 21 (22); vgl. auch *Wieland*, Firmentarifverträge, Rn. 12.

1215 Bedeutende Firmentarifverträge bestehen zum Beispiel bei der Volkswagen AG, der Lufthansa und der Deutschen Telekom, vgl. *iwd* v. 04.03. 1999, Nr. 9, S. 2. Siehe ferner *Bispinck*, Der schleichende Umbau, S. 53 (56); mit weiteren Beispielen auch *Gamillscheg*, Kollekt.ArbR., Bd. I, S. 505.

1216 Vgl. Anhang, Abbildung 5.

1217 *Iwd* v. 13.05. 1998, Nr. 19, S. 4 f.

nehmen eine flexible Arbeitsorganisation und differenzierte Entlohnungssysteme verlangt. Die genannten Anforderungen können aber herkömmliche Verbandstarifverträge ohne betrieblichen Gestaltungsspielraum oftmals nicht erfüllen[1218].

Schließlich ist anzuführen, daß viele Unternehmen einen Wechsel der Tarifebene anstreben, um für sich günstigere Bedingungen zu erlangen[1219]. Insbesondere kleinere Unternehmen wechselten bislang von einem Verbands- zum Haustarifvertrag. Allerdings verließ davon fast jeder zweite Betrieb bereits nach einem Jahr die firmenbezogene Abschlußebene und kehrte daraufhin zum Verbandstarifvertrag zurück. Die Beweggründe reichten von enttäuschten Hoffnungen auf bessere Tarifbedingungen bis hin zur angepaßten Tarifpolitik der Arbeitgeberverbände, die damit die abgewanderten Unternehmen zurückgewinnen wollten[1220].

cc) Zusammenfassung und Ausblick

Die Tarifpolitik hat sich in den letzten Jahren fühlbar verändert. Die erkennbar zunehmende Würdigung des Haustarifvertrages belegt, daß dezentrale Tarifvereinbarungen willkommen sind. Insbesondere in Ostdeutschland finden firmenbezogene Tarifabschlüsse großen Zuspruch - mit der Tendenz steigend. Mit Hilfe des tariflichen Regelungsinstituts Haustarifvertrag versuchen dort Arbeitgeber, der eigenen besonderen wirtschaftlichen Lage gerecht zu werden. Dabei stößt der Haustarifvertrag allgemein betrachtet vorwiegend bei größeren Unternehmen auf wachsendes Interesse, da finanzielle und personelle Ressourcen eine eigenständige Tarifpolitik erleichtern. Zudem bedienen sich auffallend jüngere Unternehmen dieser Tarifart. Die zunehmende Globalisierung der Wirtschaft oder auch der technische Wandel erfordern eine hohe Anpassungsfähigkeit der Unternehmen in allen Bereichen. Zwar ist vereinzelt eine Rückkehr der einzelnen Arbeitgeber in die Verbände zu beobachten. Die anstehenden Fusionen der Verbände[1221] werden aber voraussichtlich auch künftig das Tarifvertragswesen beeinflussen[1222].

1218 *Iwd* v. 13.05. 1999, Nr. 19, S. 5; vgl. auch *Henssler*, ZfA 1994, 487 (488).

1219 Vgl. *Bispinck*, WSI-Mitteilungen 1997, 551 (553); *iwd* v. 13.05. 1999, Nr. 19, S. 5.

1220 *Iwd* v. 13.05. 1999, Nr. 19, S. 5; vgl. dazu auch den mahnenden Hinweis von *Mundorf*, Der Arbeitgeber 1993, 698 ff.; ferner *Kraus*, DB 1995, 1562 (1564); *Müller-Jentsch*, WSI-Mitteilungen 1993, 496 ff.

1221 Siehe dazu oben Teil 1 unter § 2 III. 2.

1222 So auch *Schaub*, NZA 2000, 15 (17).

b) Besonderheiten beim Abschluß von Haustarifverträgen

Angesichts der geringen Bedeutsamkeit der Haustarifverträge innerhalb der deutschen Tarifpolitik[1223], stellte sich die Frage nach der Mächtigkeit bisher folglich nur im Hinblick auf die Arbeitnehmervereinigung als solche, das heißt auf ihre Befugnis, Verbandstarifverträge abzuschließen[1224]. In den folgenden Ausführungen wird daher untersucht, inwieweit sich die Interessenlage der Betroffenen beim Haustarifvertrag gegenüber der Interessenlage beim Verbandstarifvertrag unterscheidet und ob zudem aus den Erkenntnissen geschlußfolgert werden kann, eine „relative Tariffähigkeit“ der tarifvertragsschließenden Gewerkschaft sei auf der firmenspezifischen Abschlußebene, also bei Haustarifverträgen, zu fordern. Eine maßgebliche Rolle spielt dabei die Judikatur des Bundesarbeitsgerichts zum Verhältnis von Verbands- und Haustarifverträgen.

aa) Allgemeines

Haustarifverträge werden auf betrieblicher Ebene oder Unternehmensebene geschlossen. Im Gegensatz zu den Verbandstarifverträgen tritt bei einem firmenbezogenen Tarifvertrag kein Arbeitgeberverband, sondern der einzelne Arbeitgeber als Tarifvertragspartei auf[1225]. An die Tariffähigkeit sind nach dem eindeutigen Wortlaut des § 2 Abs. 1 TVG keine besonderen Anforderungen gestellt; eine Fähigkeit zu Druck und Gegendruck muß nicht vorliegen[1226]. Der einzelne Arbeitgeber ist insoweit uneingeschränkt tariffähig[1227]. Der Zweck der unbegrenzten Tariffähigkeit besteht darin, den Gewerkschaften in jedem Fall einen Tarifvertragspartner zur Verfügung zu stellen und damit der kollektiven Koalitionsfreiheit des Art. 9 Abs. 3 GG ausreichend nachzukommen. Denn den Gewerkschaften ist es aufgrund der negativen Koalitionsfreiheit verwehrt, den einzelnen Arbeitgeber, der selbst keine Koalition ist, zum Beitritt in einen Arbeitgeberverband zu zwingen[1228].

1223 Siehe ausführlich dazu in diesem Teil 3 unter § 12 I. 3. a. aa.

1224 Vgl. auch *Benecke*, Anm. zu BAG v. 25.09. 1996 - 1 ABR 25/96, SAE 1998, 60 (64).

1225 Siehe ausführlich dazu oben Teil 3 unter § 11 I. 3. a. aa.

1226 BAG v. 20.11. 1990 - 1 ABR 62/89, AP Nr. 40 zu § 2 TVG (unter II. 2. c. der Gründe) = BAGE 66, 258 (263) = SAE 1991, 314 ff. (mit ablehnender Anm. *Rieble*); *Kempen*, in: Kempen/Zachert, TVG-Komm., § 2 Rn. 66. ff.

1227 Zur Frage, ob der einzelne Arbeitgeber auch tariffähig ist, wenn er eine Mitgliedschaft in einem Verband begründet, siehe ausführlich *Hueck/Nipperdey*, Arbeitsrecht, Bd. II/1, 7. Aufl., S. 424 f. Hierzu auch *Matthes*, in: FS Schaub, S. 477 ff., der eine abstrakte Tariffähigkeit ablehnt; siehe ferner *Rieble*, NZA 2000, 225 (229); *Wieland*, Firmentarifverträge, Rn. 202 ff.

1228 *Löwisch/Rieble*, TVG-Komm., § 2 Rn. 52 und Grundl. Rn. 33.

bb) Tarifkollision bei Haus- und Verbandstarifvertrag

Stößt ein Haustarifvertrag in einem Betrieb auf einen Verbandstarifvertrag, so liegt eine Tarifkollision vor[1229]. Zu unterscheiden sind zwei Arten der Tarifkollision, und zwar die Tarifkonkurrenz und die Tarifpluralität[1230]. Bevor im folgenden die hier relevante Rechtsprechung des Bundesarbeitsgerichts zur Tarifkollision bei Haus- und Verbandstarifen dargelegt wird, soll einleitend auf die Ursachen dieser Tarifkollision eingegangen werden.

(1) Ursachen

Mit Hilfe der Organisation nach dem Industrieverbandsprinzip[1231] versuchen vor allem die *DGB*-Gewerkschaften Tarifkollisionen zu vermeiden[1232]. Nicht zu verhindern ist aber, daß mehrere Verbände Tarifverträge mit dem gleichen Gegenstand abschließen. Angesichts des Strukturwandels in der Wirtschaft kann sogar von künftigen Kollisionsfällen ausgegangen werden[1233]. Diese Bemühungen gelten allerdings nur im Verhältnis der *DGB*-Gewerkschaften untereinander, nicht für Gewerkschaften außerhalb des *DGB*, wie *DAG* oder Mitglieder des *CGB*[1234]. Die Gewerkschaften außerhalb des *DGB* sind daher Konkurrenten sowohl gegenüber den einzelnen *DGB*-Gewerkschaften als auch untereinander[1235]. Konkurrierende Haus- und Verbandstarifverträge von *DGB*-Gewerkschaften und Nicht-*DGB*-Gewerkschaften mit dem gleichen Gegenstand sind daher in der Tarifpraxis die Folge.

(2) Auflösung der Tarifkollision

Treffen Haus- und Verbandstarifvertrag mit gleichem Geltungsbereich in einem Betrieb aufeinander, so taucht zunächst folgendes umstrittenes Tarifkonkurrenz-Problem auf: Welcher Tarifvertrag kommt zur Anwendung, wenn ein Arbeitsverhältnis unter den Geltungsbereich mehrerer Tarifverträge fällt? Folgende Konstellationen sind hier - zwar praktisch selten, aber dennoch theoretisch mög-

---

1229 *Säcker/Oetker*, ZfA 1993, 1 f.

1230 *Hromadka/Maschmann/Wallner*, Tarifwechsel, Rn. 130.

1231 Siehe ausführlich dazu oben Teil 1 unter § 2 II.

1232 Für den Fall einer Kollision sieht § 16 Nr. 1 der Satzung des *DGB* ein Schiedsgerichtsverfahren vor.

1233 *Hromadka/Maschmann/Wallner*, Tarifwechsel, Rn. 127. Insoweit siehe auch zum Streit zwischen der *IG Metall* und der *IG Chemie* um die Tarifzuständigkeit für die metallverarbeitenden Betriebe eines Unternehmens der Chemiebranche LAG *München* v. 29.11. 1995 - 5 (7) TaBV 36/92, LAGE § 2 Nr. 1 Tarifzuständigkeit.

1234 Siehe eingehend dazu oben Teil 1 unter § 2 III. 2.

1235 *Hromadka/Maschmann/Wallner*, Tarifwechsel, Rn. 127.

lich - von Bedeutung[1236]: Es besteht ein Verbandstarifvertrag zwischen einem Arbeitgeberverband und einer Gewerkschaft, und ein Arbeitgeber, der Verbandsmitglied ist, vereinbart zusätzlich einen Haustarifvertrag entweder mit derselben Gewerkschaft oder aber mit einer anderen Gewerkschaft[1237].

Nach allgemeiner Ansicht kann nur ein Tarifvertrag ein Arbeitsverhältnis gestalten[1238]. Das Bundesarbeitsgericht[1239] und die heute herrschende Ansicht in der Literatur[1240] lösen die Tarifkonkurrenz daher nach dem Grundsatz der größeren Nähe oder Sachnähe, dem sog. Spezialitätsgrundsatz: *lex specialis derogat legi generali*[1241]. Das Spezialitätsprinzip besagt, daß der Tarifvertrag zur Anwendung kommen soll, der dem Betrieb räumlich, betrieblich, fachlich und persönlich am nächsten steht und damit den besonderen Bedürfnissen und Eigenarten des konkreten Betriebes oder Unternehmens und der darin Beschäftigen am besten Rechnung trägt[1242]. Vor dem Hintergrund des Spezialitätsgrundsatzes sehen die

---

1236 Vergleichbar ist aber auch der Fall, wenn eine Tarifkonkurrenz vom Gesetz veranlaßt wird, und zwar wenn ein allgemeinverbindlicher Flächentarifvertrag mit einem Haustarifvertrag konkurriert. Hierzu *Schaub*, BB 1995, 2003 (2005).

1237 Vgl. dazu *Jacobs*, Tarifeinheit und Tarifkonkurrenz, S. 277 f.; *B. Müller*, NZA 1989, 449 (450); ausführlich auch *Witting*, BABl. 1957, 544 (546).

1238 Vgl. statt aller *Löwisch/Rieble*, TVG-Komm., § 4 Rn. 294; *Wank*, in: Wiedemann, TVG-Komm., § 4 Rn. 273.

1239 BAG v. 14.06. 1989 - 4 AZR 200/89, AP Nr. 16 zu § 4 Tarifkonkurrenz unter Bezugnahme auf BAG v. 24.09. 1975 - 4 AZR 471/74 und 29.01. 1978 - 4 AZR 304/77, AP Nr. 11 und 12 zu § 4 TVG Tarifkonkurrenz m. w. N.; ferner BAG v. 26.01. 1994 - 10 AZR 611/92, AP Nr. 22 zu § 4 Tarifkonkurrenz (unter II. 4. c. der Gründe) = BAGE 75, 298 (307).

1240 Vgl. statt aller *Jacobs*, Tarifeinheit und Tarifkonkurrenz, S. 277 m. w. N.; ferner *Junker/Wichmann*, NZA 1996, 505 (509); *Zachert*, in: *Kempen/Zachert*, TVG-Komm., § 4 Rn. 129; *B. Müller*, NZA 1989, 449 (452); *Otto*, Arbeitsrecht, Rn. 460; *Säcker/Oetker*, ZfA 1993, 1 (2 ff.) m. w. N.; *Wank*, in: Wiedemann, TVG, 6. Aufl., § 4 Rn. 289; dagegen zweifelnd *Schaub*, BB 1995, 2005.

1241 Sind die Tarifverträge mit der gleichen Gewerkschaft vereinbart, so sei nach überwiegender Meinung in erster Linie der Tarifvertrag anzuwenden, den die Tarifparteien bestimmt haben, vgl. *Däubler*, Tarifvertragsrecht, Rn. 1488 ff.; *Schaub*, Arbeitsrechtshandbuch, § 203 Rn. 56 ff.

1242 BAG v. 14.06. 1989 - 4 AZR 200/89, AP Nr. 16 zu § 4 Tarifkonkurrenz (unter II. 4. c. der Gründe) = BAGE 75, 298 (307 f.). Allerdings wird in der Rechtsprechung und der Literatur die Meinung vertreten, daß bei konkurrierenden Tarifverträgen der räumlich engere Tarifvertrag nicht dem betrieblich, fachlich oder persönlich engeren Tarifvertrag vorgeht, vgl. LAG *Hamburg* v. 26.03. 1949 - 20 Sa 225/48, RdA 1949, 389 f.; LAG *Hamm* v. 13.01. 1967 - 5 Sa 637/66 und 368/66, DB 1967, 689; *Wank*, in: Wiedemann, TVG-Komm., § 4 Rn. 292.

Vertreter des Spezialitätsprinzips gewöhnlich im Haustarifvertrag die vorrangige Regelung[1243].

Nach anderer Auffassung[1244] soll ein Haustarifvertrag dagegen nur dann einem Verbandstarifvertrag vorgehen, wenn beide Tarifverträge mit derselben Gewerkschaft abgeschlossen worden sind. Früher vertraten einige Autoren die Meinung, dem Verbandstarifvertrag sei grundsätzlich deshalb der Vorrang zu gewähren, weil der Arbeitgeber durch die Mitgliedschaft in einer Tarifvertragspartei den Vorrang des Verbandstarifvertrages anerkenne[1245]. Wenn jedoch Haus- und Verbandstarifvertrag von verschiedenen Gewerkschaften vereinbart sind, so sei heute vielmehr entscheidend, welche der Gewerkschaften eine höhere Anzahl der Beschäftigten in dem Unternehmen organisiert habe[1246]. Einzelne Autoren schlagen indes ein Wahlrecht des einzelnen Arbeitnehmers zwischen den konkurrierenden Tarifverträgen vor[1247].

Der Rechtsprechung des Bundesarbeitsgerichts zufolge besteht ein weiteres Kollisions-Problem bei der sog. Tarifpluralität[1248]. Tarifpluralität liegt nach allgemeiner Auffassung[1249] vor, wenn mindestens zwei Tarifverträge in einem Betrieb

---

1243 Insoweit kritisch *Gamillscheg*, Kollekt.ArbR., Bd. I, S. 756; ferner *Waas*, Tarifkonkurrenz und Tarifpluralität, S. 49 ff.; *ders.*, ZTR 2000, 341 (343). In jüngerer Zeit auch ablehnend *Jacobs*, Tarifeinheit und Tarifkonkurrenz, S. 260 ff.

1244 Vgl. z.B. *Kempen*, in: Kempen/Zachert, TVG-Komm., § 4 Rn. 131.

1245 Vgl. z. B. *Witting*, BABl. 1957, 544 (546); LAG *Bremen* v. 28.08. 1990 - 1 Sa 67/79/90, LAGE § 4 TVG Tarifpluralität Nr. 2, S. 6, 9; ferner LAG *Hamm* v. 05.11. 1952 - 3 Sa 428/52, BB 1953, 115 (mit ablehnender Anm. *Gumpert*, BB 1953, 115 (116), der den Haustarifverträgen grundsätzlich den Vorrang gewähren will).

1246 Siehe *Kempen*, in: Kempen/Zachert, TVG-Komm., § 4 Rn. 136, der insofern praktisch gesehen ein kollektives Wahlrecht der Arbeitsvertragsparteien vorschlägt.

1247 Insofern siehe statt aller *Kempen*, in: Kempen/Zachert, TVG-Komm., § 4 Rn. 135 m. w. N.

1248 *Hromadka/Maschmann/Wallner*, Tarifwechsel, Rn. 132.

1249 Vgl. insoweit nur *Koberski/Clasen/Menzel*, TVG-Komm., § 3 TVG Rn. 33; *Rieble*, in: Löwisch/Rieble, TVG-Komm., § 4 Rn. 284 f.; *Schaub*, Arbeitsrechtshandbuch, § 203 Rn. 52; *Wank*, in: Wiedemann, TVG-Komm., § 4 Rn 274 m. w. N.; *Wieland*, Firmentarifverträge, Rn. 206; BAG v. 20.03. 1991 - 4 AZR 455/90, AP Nr. 20 zu § 4 TVG Tarifkonkurrenz (unter B. II. 2. a. der Gründe) = BAGE 67, 330 (336). Vgl. neuerdings BAG v. 28.05. 1997 - 4 AZR 546/95, AP Nr. 25 zu § 4 TVG Tarifkonkurrenz = AP Nr. 26 zu § 4 TVG Nachwirkung (unter 2. c. der Gründe) = BAGE 86, 43 (56), das eine Tarifpluralität ablehnt, wenn ein nachwirkender Tarifvertrag mit einem Tarifvertrag zusammentrifft, an den allein der Arbeitgeber gebunden ist. Das Bundesarbeitsgericht hat damit den Grundsatz der Tarifeinheit auf das Zusammentreffen zweier voll wirksamer Tarifverträge reduziert, vgl. *Kania*, Anm. zu BAG v. 28.05. 1997 - 4 AZR 546/95, AP Nr. 26 zu § 4 TVG Nachwirkung (unter 1.).

gelten und nur der Arbeitgeber an beide Tarifverträge gebunden ist, während für den einzelnen Arbeitnehmer höchstens jeweils nur ein Tarifvertrag Anwendung findet. Während die überwiegende Meinung in der Literatur[1250] die Tarifverträge nebeneinander anwenden will, zieht das Bundesarbeitsgericht auch in diesem Fall den Grundsatz der Tarifeinheit heran („Ein Betrieb - eine Gewerkschaft/ ein Tarifvertrag") und löst mit Hilfe des Spezialitätsprinzips die Tarifkollision[1251].

cc) Auswirkungen auf die tarifliche Praxis

Wie zum Beispiel der Fall *Jenoptik*[1252] verdeutlicht, ist so mancher von Nicht-*DGB*-Gewerkschaften abgeschlossene Haustarifvertrag von den *DGB*-Gewerkschaften aus verschiedenen Gründen kritisiert worden. Vorrangig stützte sich die Kritik auf die mangelnde Wirksamkeit der Tarifverträge, denn den tarifvertragsabschließenden Gewerkschaften fehle die für die Tariffähigkeit notwendige „Mächtigkeit" innerhalb des Geltungsbereichs des von ihr abgeschlossenen Tarifvertrages. Es fielen ferner Schlagwörter wie „Handlanger-Organisationen" der Arbeitgeber[1253] oder „gelbe" Gewerkschaften[1254].

Gewerkschaften werden bei Abschluß eines Haustarifvertrages aber in erster Linie mit folgenden weiteren Problemen konfrontiert sein: Theoretisch steht den einzelnen Gewerkschaften zwar die Möglichkeit offen, einen Haustarifvertrag bei einem „schwächeren" Arbeitgeber zu suchen und durchzusetzen[1255]. Der Haustarifvertrag

1250 Vgl. insofern nur die Zusammenfassung bei: *Löwisch/Rieble*, in: FS Schaub, S. 457 (461); *Schaub*, Arbeitsrechtshandbuch, § 203 Rn. 60 (Fn. 89); *Wank*, in: Wiedemann, TVG-Komm., § 4 Rn. 277 (Fn. 29).

1251 BAG v. 29.03. 1957 - 1 AZR 208/55, AP Nr. 4 zu § 4 TVG Tarifkonkurrenz = BAGE 4, 37 (40); BAG v. 24.09. 1975 - 4 AZR 471/74, AP Nr. 11 zu § 4 TVG Tarifkonkurrenz; BAG v. 29.11. 1978 - 4 AZR 304/77, AP Nr. 12 zu § 4 TVG Tarifkonkurrenz; BAG v. 20.03. 1991 - 4 AZR 455/90, AP Nr. 20 zu § 4 TVG Tarifkonkurrenz (unter B. II. 2. a. der Gründe) = BAGE 67, 330 (337); zustimmend auch *Koberski/Clasen/Menzel*, TVG-Komm., § 3 Rn. 29; *Säcker/Oetker*, ZfA 1993, 1 (9 ff.).

1252 Vergleichbar ist auch der Fall *IBM*, allerdings werden wohl die Tarifverträge der *DAG* nach der Gründung von „Ver.di" und der anschließenden Eingliederung in den *DGB* nicht mehr der hier relevanten Kritik ausgesetzt sein. Ausführlich zu den beiden Fällen siehe Teil 1 unter § 3 II. 2. b. cc. (1).

1253 Quelle v. 08.04. 1999 abgedruckt unter (vgl. auch *FAZ* v. 10.10. 1997, Nr. 235, S. 19): http://www.BerlinOnline.de/archiv/...1=jenoptik&TEXT2=cgm.

1254 Vgl. IGM-Direkt 1999, Heft Nr. 9, S. 3.

1255 Ob die Durchsetzung eines Haustarifvertrages mittels Kampfmaßnahmen auch zulässig ist, wenn der Arbeitgeber zugleich Tarifvertragspartei eines Verbandstarifvertrages ist, ist umstritten.

verhilft aber auch dem einzelnen Arbeitgeber dazu, sich die Gewerkschaft als Tarifvertragspartner auszuwählen, die insoweit verhandlungsbereit ist, seinen Vorstellungen so nahe wie möglich zu kommen[1256]. Für die Gewerkschaften werden zudem technische Probleme nicht ausbleiben, wenn sie mit jedem einzelnen Unternehmen einen Haustarifvertrag abschließen sollen[1257]. Die entscheidenden Bedenken im Hinblick auf diese Tarifpraxis liegen aber schließlich darin begründet, daß auf der Grundlage des von der herrschenden Auffassung vertretenen Spezialitätsprinzips gültige Verbandstarifverträge[1258] „stets" durch Haustarifverträge verdrängt werden[1259]. Eine Gewerkschaft, die lediglich eine Minderheit in dem betroffenen Betrieb vorweisen kann, ist damit praktisch in der Lage, der Mehrheit den maßgeblichen Haustarifvertrag aufzuzwingen. Denn der Arbeitgeber wird wohl auch in der Praxis den vorrangigen Tarif unter Zuhilfenahme von individualrechtlichen Bezugnahmeklauseln[1260] einheitlich anwenden[1261]; durch die Gleichstellung der Arbeitsverhältnisse nichtorganisierter und organisierter Arbeitnehmer will er durch die so entstehende Entgeltgleichheit den materiellen Anreiz zum Eintritt in die Gewerkschaft nehmen und somit die Voraussetzungen für ein gesundes Betriebsklima schaffen[1262].

Bejahend: LAG *Düsseldorf* v. 31.07. 1985 - 13 Sa 1082/85, LAGE Nr. 21 zu Art. 9 GG Arbeitskampf; *Zachert*, in: Kempen/Zachert, TVG-Komm., § 1 Rn. 351; zustimmend unter gewissen Voraussetzungen *Koberski/Clasen/Menzel*, TVG-Komm., § 2 Rn. 123 f. m. w. N. Hierzu auch *Matthes*, in: FS Schaub, S. 477 (481 - 485), der darauf hinweist, daß die Tariffähigkeit des Einzelarbeitgebers bei dem Eintritt in den Verband entbehrlich werde.

Ablehnend: in neuerer Zeit LAG *Schleswig-Holstein* v. 25.11. 1999 - 4 Sa 584/99, AP Nr. 157 zu Art. 9 GG Arbeitskampf (LS 4 und unter 3.2. der Gründe).

Ausführlich zur streikweisen Erzwingung von Haustarifverträgen *Lieb*, DB 1999, 2058 ff.; *Wieland*, Firmentarifverträge, Rn. 207 ff.

1256 *Schaub*, BB 1995, 2003 (2005).

1257 Vgl. dazu auch *Benecke*, Anm. zu BAG v. 25.09. 1996 - 1 ABR 25/96, SAE 1998, 60 (65).

1258 Diese Konsequenz trifft auch auf allgemeinverbindliche Tarifverträge zu.

1259 *Benecke*, Anm. zu BAG v. 25.09. 1996 - 1 ABR 25/96, SAE 1998, 60 (65); *Gamillscheg*, Kollekt.ArbR., Bd. I, S. 756; *Schaub*, BB 1995, 2003 (2005). Siehe dazu auch oben Teil 3 unter § 12 I. 3. b. bb.

1260 *Hanau/Kania*, in: FS Schaub, S. 239.

1261 Zumal ein Fragerecht des Arbeitgebers nach der Gewerkschaftseigenschaft wegen Unvereinbarkeit mit Art. 9 Abs. 3 GG nicht besteht, vgl. *Buchner*, in: MünchArbR, Bd. 1, § 41 Rn. 113.

1262 Vgl. *Wendeling-Schröder*, RdA 1999, 138 (143).

c) Stellungnahme

Die zunehmende Bedeutung von Haustarifverträgen beruht nicht nur auf den einschneidenden Veränderungen in der Tarifpraxis. Sie ergeben sich auch aus dem bestehenden Konkurrenzverhältnis der Nicht-*DGB*-Gewerkschaften zu den *DGB*-Gewerkschaften, das wohl trotz der bevorstehenden Vereinigung („Fusion“) von *DGB*- und Nicht-*DGB*-Gewerkschaften weiterhin bestehen bleiben wird[1263]. Die Befürchtungen der „Mehrheits“-Gewerkschaften mit Blick auf die Tarifpraxis der „Minderheits“- Gewerkschaften sind überzeugend[1264]. Allerdings bedarf es der weiteren Klärung, ob das Postulat einer „relativen Tariffähigkeit“ der tarifvertragsschließenden „Gewerkschaft“ das richtige Mittel ist, die angedeuteten Gefahren zu verhindern[1265].

Vergleichbar und daher aufschlußreich ist auch folgende Konstellation: Wie bereits festgestellt, gehört zu den konstitutiven Voraussetzungen der Gewerkschaftseigenschaft und damit der Tariffähigkeit nach allgemeiner Ansicht, daß die Arbeitnehmervereinigung auf überbetrieblicher Ebene organisiert sein muß. Wenn aber auf das geforderte Merkmal der Überbetrieblichkeit verzichtet wird und entgegen der heute herrschenden Meinung „Haus- oder Betriebsgewerkschaften“[1266] als tariffähige Arbeitnehmervereinigungen anerkannt würden, so weist auch diese Fallkonstruktion auf die Relevanz einer „relativen Tariffähigkeit“ hin. Die Tariffähigkeit der Vereinigung müßte zwar als solche in dem Unternehmen bestimmt werden, da sich der Organisationsbereich auf ein konkretes Unternehmen bezieht[1267]. Jedoch können die Parteien die Beschränkung des Haustarifvertrages auf einen bestimmten Betrieb vereinbaren[1268].

II. Problemaufriß

Die Tariffähigkeit einer Arbeitnehmervereinigung könnte in Frage gestellt sein, wenn sie im Sinne des § 2 Abs. 1 TVG nicht nur allgemein, sondern auch für den speziellen Tarifvertrag zu beurteilen wäre. Eine Arbeitnehmervereinigung müßte dann für jeden einzelnen von ihr abgeschlossenen Tarifvertrag tariffähig sein. Folglich müßte sie die vom Bundesarbeitsgericht für die Tariffähigkeit aufge-

---

1263 Ausführlich bereits dazu siehe Teil 1 unter § 2 III. 2. a. dd.

1264 So auch *Benecke*, Anm. zu BAG v. 25.09. 1996 - 1 ABR 25/96, SAE 1998, 60 (65).

1265 Dazu ausführlich Teil 3 § 12.

1266 Ausführlich zur Tariffähigkeit der sog. „gelben Gewerkschaften“ siehe oben Teil 2/ 3. Abschnitt unter § 8 I. 2. d. dd.

1267 *Oetker*, Rechtsgutachten, S. 10.

1268 *Wank*, in: Wiedemann, TVG-Komm., § 4 Rn. 123.

stellten Voraussetzungen innerhalb des entsprechenden tariflichen Geltungsbereichs aufweisen[1269].

Wie bereits festgestellt, ist die allgemeine soziale Mächtigkeit das einzige Kriterium der Gewerkschaftseigenschaft und damit der Tariffähigkeit, das sich gegenüber dem gesamten Tarifzuständigkeitsgebiet der Arbeitnehmervereinigung auf Unternehmensebene anders darstellen kann. Die übrigen Merkmale der Gewerkschaftseigenschaft sind folglich für die Prüfung der „relativen Tariffähigkeit" nicht weiter von Bedeutung[1270]. Maßgeblich ist demzufolge allein, ob die Arbeitnehmervereinigung eine „tarifvertragsbezogene Mächtigkeit" aufweisen kann. Zur Folge könnte das Erfordernis einer tarifvertragsbezogenen Mächtigkeit haben, daß eine Arbeitnehmervereinigung beispielsweise mit bundesweitem Geltungsbereich in einigen Gebieten oder Regionen eine Gewerkschaft und damit tariffähig ist, während in anderen Gebieten oder Regionen die Gewerkschaftseigenschaft und Tariffähigkeit verneint werden müßten[1271].

III. Überblick zum Meinungsstand

Ob es überhaupt eine „relative Tariffähigkeit" gibt, ist in der Rechtsprechung und in der Literatur umstritten. Im folgenden wird deshalb ein Überblick zum bisherigen Meinungsstand gegeben.

1. „Relative Tariffähigkeit" in der Rechtsprechung

Während die These von einer „relativen Tariffähigkeit" erst in den letzten Jahren Gegenstand der Rechtsprechung war, setzte sich die Instanzrechtsprechung bereits Anfang der 60er Jahre mit dieser Thematik auseinander.

a) Instanzrechtsprechung

Die Problematik einer „relativen Tariffähigkeit" stellte sich in der Instanzrechtsprechung, nachdem das LAG *Frankfurt a.M.* im Jahre 1962 die Gewerkschaftseigenschaft des Christlichen Chemiearbeiterverbandes (*CCVD*) ablehnte, weil er

1269 Vgl. hierzu auch *Oetker*, Rechtsgutachten, S. 15.

1270 Siehe oben Teil 1 unter § 3 II. 1.

1271 Siehe dazu auch *Gamillscheg*, in: FS Herschel, S. 99 (114), der auf die englische Praxis hinweist, wo sich der räumliche Bereich eines Verbandes immer nur auf das betroffene Unternehmen beziehen muß, während sich in Frankreich das Problem der „*concordance*" im Sinne der Bereichsbezogenheit löst und auf die Konsequenz für Deutschland bei einer Übernahme dieser Grundgedanken schließt, und zwar: Verzicht auf die These „Ein Verband kann nur immer oder nie Gewerkschaft sein".

im Land Hessen nicht über eine hinreichende Anzahl von Mitgliedern verfügte[1272]. Die Tatsache, daß der *CCVD* in einem anderen Bundesland, in diesem Fall im Saarland, eine größere Mitgliederzahl nachweisen konnte, ließ das LAG *Frankfurt a.M.* dabei nicht ausreichen. Vielmehr hat es hervorgehoben, daß von der Tariffähigkeit einer Vereinigung in einem Bundesland nicht ohne weiteres auf die Tariffähigkeit in den übrigen Bundesländern zu schließen sei. Das LAG *Frankfurt a.M.* gelangte damit zu der Feststellung, daß es für die Frage der „sozialpolitischen Bedeutung“[1273] im Rahmen der Prüfung der Tariffähigkeit auf die Mitglieder der Organisation in dem jeweiligen Bundesland, also der tarifvertragsrelevanten räumlichen Region, ankomme. Die Tariffähigkeit erschien dem LAG *Frankfurt a.M.* somit regional aufteilbar[1274]. Es erkannte damit die Existenz einer „relativen Tariffähigkeit“ an, eine These, die bis dahin noch nie in der Rechtsprechung vertreten worden war und für die das LAG *Frankfurt a.M.* auch keine nähere Begründung lieferte[1275].

In neuerer Zeit mußte sich das LAG *Hamburg* mit der Frage auseinandersetzen, ob aus der Befähigung zum Abschluß von Verbandstarifverträgen gleichfalls die Berechtigung zum Abschluß von Haustarifverträgen folgt. Es kam zu dem Ergebnis, daß eine Arbeitnehmervereinigung, die eine allgemeine Verbandsmacht nachweisen kann, auch bezogen auf den Abschluß von Haustarifverträgen tariffähig sei. Denn eine relative, also nur auf den jeweiligen Geltungsbereich des abgeschlossenen oder angestrebten Tarifvertrages bezogene Tariffähigkeit sei dem geltenden Recht fremd[1276].

b) Höchstrichterliche Rechtsprechung

Das Bundesarbeitsgericht griff zwar in seiner Entscheidung vom 09.07. 1968[1277] den Grundgedanken des LAG *Frankfurt a.M.* auf, indem es erkannte, daß eine Vereinigung mit einer zahlenmäßig nur unbedeutenden Mitgliederzahl in der Regel nicht tariffähig sei und sich damit für das Postulat einer sozialen Mächtigkeit im Sinne der vom LAG *Frankfurt a.M.* geforderten „sozialpolitischen

---

1272 LAG *Frankfurt a. M.* v. 19.10. 1962 - 5 Ta BV 2/62, DB 1964, 702; zustimmend *Dütz*, DB 1996, 2385 (2389).

1273 Vgl. zu der begrifflichen Vielfalt der Verbandsmacht oben Teil 2/1. Abschnitt vor § 4.

1274 Zustimmend *Dütz*, DB 1996, 2385 (2390); offengelassen dagegen LAG *Frankfurt a. M.* v. 13.12. 1967 - 1 Ta BV 3/67.

1275 *Stahlhacke*, DB 1964, 697; *ders.*, ArbRdG Bd. 11 (1974), 21 (31).

1276 LAG *Hamburg*, zit. bei: BAG v. 25.09. 1996, AP Nr. 4 zu § 97 ArbGG 1979 (unter B. III. 1. a. der Gründe).

1277 BAG v. 09.07. 1968 - 1 ABR 2/67, AP Nr. 25 zu § 2 TVG (unter 2. der Gründe) = BAGE 21, 98 (103).

Bedeutung“ aussprach. Auf die aufgestellte These, daß die Tariffähigkeit gespalten, also regional aufteilbar ist, stützte sich das Bundesarbeitsgericht jedoch nicht. Offensichtlich stimmte das Bundesarbeitsgericht der Rechtsauffassung des LAG *Frankfurt a.M.* in dieser Behauptung nicht zu.

Das Bundesarbeitsgerichts könnte sich aber in seinem späteren Beschluß vom 23.04. 1971[1278] der Rechtsauffassung des LAG *Frankfurt a.M.* angenähert haben. Das Bundesarbeitsgericht wiederholte die in der Entscheidung vom 09.07. 1968[1279] zum Ausdruck gekommene Auffassung. Gleichzeitig steigerte es aber die Anforderung an die Tariffähigkeit einer Arbeitnehmervereinigung, indem es auf die „Bedeutung“ der Antragstellerin „im Betrieb“ - im Volkswagenwerk Hannover - abstellte. Das Bundesarbeitsgericht hat damit wohl die konkreten betrieblichen Verhältnisse zu den notwendigen Voraussetzungen der Mächtigkeit und damit der Tariffähigkeit gezählt[1280].

Die Frage nach der Existenz und dem Erfordernis einer „relativen Tariffähigkeit“ stellte sich für die höchstrichterliche Rechtsprechung des Bundesarbeitsgerichts aber erst ausdrücklich, nachdem der 1. Senat in seiner Entscheidung vom 25.09. 1996 nicht die soziale Mächtigkeit der *DAG* als solche in Frage stellte, sondern davon sprach, daß er das Verfahren gemäß § 97 Abs. 5 ArbGG aussetzen will, um zu klären, ob die *DAG* auch für den Abschluß der Haustarifverträge tariffähig war[1281]. Das Bundesarbeitsgericht erwähnt damit in seiner Entscheidung vom 25.09. 1996 erstmals die Möglichkeit der Existenz einer „relativen Tariffähigkeit“[1282]. Eine abschließende Klärung dieser Frage erfolgte jedoch nicht[1283]. Obwohl die Frage der Existenz offengelassen wird, lehnt das Bundesarbeitsgericht die Existenz jedenfalls nicht von vornherein als unmöglich ab[1284].

1278 BAG v. 23.04. 1971 - 1 ABR 26/70, AP Nr. 2 zu § 97 ArbGG 1953.

1279 BAG v. 09.07. 1968 - 1 ABR 2/67, AP Nr. 25 zu § 2 TVG (unter 2. der Gründe) = BAGE 21, 98 (103).

1280 Vgl. dazu auch ArbG *Stuttgart* v. 04.02. 1972 - 6 BV 3/71, EzA Art. 9 Nr. 9 (unter III. 4. der Gründe).

1281 BAG v. 25.09. 1996 - 1 ABR 25/96, AP Nr. 4 zu § 97 ArbGG 1979 (unter B. III. der Gründe).

1282 Wobei das BAG die Existenz der „relativen Tariffähigkeit“ als rechtliche Vorfrage in einem Verfahren nach § 2 a I Nr. 4 ArbGG klären will.

1283 Vgl. *Oetker*, Anm. zu BAG v. 25.09. 1996 - 1 ABR 25/96, AP Nr. 4 zu § 97 ArbGG 1979 (unter III.).

1284 *Benecke*, Anm. zu BAG v. 25.09. 1996 - 1 ABR 25/96, SAE 1998 60 (65).

Wenn das Bundesverfassungsgericht formuliert: „eine solche Durchsetzungskraft [...] muß bei jeder Koalition *nach ihrer konkreten Situation im Einzelfall*[1285] beurteilt werden“[1286], so ist unklar, ob es damit nicht auf eine konkrete, tarifvertragsbezogene Betrachtungsweise der Tariffähigkeit abstellt. Allerdings hatte sich das Bundesverfassungsgericht in seiner bisherigen Rechtsprechung nur mit solchen Fällen zu befassen, in denen das Bundesarbeitsgericht die Gewerkschaftseigenschaft oder Tariffähigkeit nur insgesamt bejaht oder verneint hatte und daher im Ergebnis vielmehr auf eine abstrakte Betrachtungsweise der Tariffähigkeit abstellt[1287].

2. „Relative Tariffähigkeit“ in der Literatur

In der Literatur ist die Anerkennung einer sich auf den Geltungsbereich eines bestimmten Tarifvertrages beziehenden Tariffähigkeit bislang eher selten diskutiert worden. Die einzelnen Stellungnahmen der Autoren pro und contra „relative Tariffähigkeit“ sollen daher im folgenden umrissen werden.

a) Befürwortende Stellungnahmen

In der älteren Literatur wies vor allem *Kaskel* auf eine - rechtlich zwar nicht erforderliche - aber faktisch notwendige Mindestzahl von Mitgliedern einer Vereinigung hin[1288]. Er vertrat den Standpunkt, das kollektive Ziel des Tarifvertrages - die Arbeitsbedingungen der Mitglieder zu regeln - müsse realisierbar sein, das heißt: Die Mitgliederanzahl der Vereinigung muß groß genug sein, um gemäß der Arbeitsmarktlage auf den Inhalt der Arbeitsverträge einwirken zu können. Ob er dabei die notwendige Mitgliederanzahl getrennt für den Geltungsbereich eines jeden Tarifvertrages beurteilt wissen wollte oder insgesamt für das gesamte Tarifgebiet, geht aus seinen Stellungnahmen allerdings nicht hervor. Ohne weitere Ausführungen stellte *Kaskel* lediglich auf den Einzelfall ab[1289].

In neuerer Zeit ging in der Literatur *Dütz* auf die Überlegungen des LAG *Frankfurt a.M.* ein[1290]. Nach seiner Auffassung ist die die Tariffähigkeit voraussetzende Mächtigkeit einer Arbeitnehmervereinigung nicht abstrakt-generell

---

1285 Hervorhebungen durch die Verfasserin.

1286 BVerfG v. 20.10. 1981 - 1 BvR 404/78, AP Nr. 31 zu § 2 TVG (unter B. I. 2. der Gründe) = BVerfGE 58, 233 (249).

1287 Vgl. z. B. BVerfG v. 20.10. 1981 - 1 BvR 404/78, AP Nr. 31 zu § 2 TVG.

1288 Siehe dazu oben Teil 2/3. Abschnitt unter § 8 I. 2. e. cc.

1289 *Kaskel*, Arbeitsrecht, 3. Aufl., S. 25; vgl. auch *Kaskel/Dersch*, Arbeitsrecht, 4. und 5. Aufl., S. 52.

1290 *Dütz*, DB 1996, 2385 (2388 ff.).

und gebietsmäßig entsprechend der Satzung, also in der Regel bundesweit, zu bewerten. Vielmehr sei sie auf einen bestimmten Geltungsbereich, insbesondere in gebietsmäßiger und branchenspezifischer Hinsicht, bezogen und muß daher konkret für den jeweils abgeschlossenen oder beabsichtigten Tarifvertrag bestimmt werden.

Begründet hat *Dütz* seine Ansicht damit, daß auch das Bundesarbeitsgericht sich nicht auf eine regional unbegrenzte Bedeutung des Verbandes beziehe, wenn es sich in seinen Entscheidungen stets auf seinen Beschluß vom 09.07. 1968 stützt. Denn in der Entscheidung vom 09.07. 1968 stellte das Bundesarbeitsgericht darauf ab, ob die Vereinigung in der Lage ist, einen wirkungsvollen Druck und Gegendruck im Verhältnis zum tariflichen Gegenspieler auszuüben, um mittels Druckwirkung den Tarifpartner zur Aufnahme von Tarifverhandlungen zu veranlassen und zum Abschluß von Tarifverträgen zu gelangen. Mit dieser Rechtsprechung habe das Bundesarbeitsgericht auf die Bedeutung der Vereinigung im Geltungsbereich des jeweiligen Tarifvertrages und damit auf eine tarifvertragsrelevante Mächtigkeit abgestellt. Auch habe das Bundesarbeitsgericht in seiner Entscheidung vom 14.03. 1978 darauf hingewiesen, daß ein krasses Mißverhältnis zwischen Organisationsbereich und Organisationsstruktur einer Fähigkeit zu Druck und Gegendruck entgegenstehe und damit festgelegt, daß das Merkmal der Verbandsmächtigkeit vom potentiellen Geltungsbereich eines Tarifvertrages abhängig ist, insbesondere im Hinblick auf sein denkbar räumliches Gebiet und seine mögliche fachliche Ausrichtung. Ebenso sollen die weiteren, von der höchstrichterlichen Rechtsprechung aufgestellten Kriterien - wie Aufbau, Struktur, Organisation und Ausstattung der Arbeitnehmervereinigung - so beschaffen sein, daß nachhaltige Tarifverhandlungen geführt werden können, um einen Tarifabschluß zu erreichen. Sie weisen damit gleichermaßen einen tarifvertragsrelevanten Bezug auf.

Ferner macht *Dütz* geltend: Die Anträge, die gemäß § 97 Abs. 1 ArbGG auf Feststellung der Tariffähigkeit und Gewerkschaftseigenschaft gestellt werden, können - soweit die soziale Mächtigkeit in Frage steht - zweckmäßig nur auf eine tarifvertragsrelevante, meist eine bestimmte räumliche Region, Bezug nehmen. Die Feststellungsanträge im Sinne der §§ 2a, Abs. 1 Nr. 4, Abs. 2, 97 ArbGG müssen daher bei einem laufenden Tarifvertrag in Beziehung zum vereinbarten Tarifgebiet, bei einer Tarifpause im Verhältnis zum üblichen Tarifgebiet oder schließlich bei einer geplanten Tarifgebietsänderung in Relation zur potentiellen Tarifgebietsbegrenzung ausgelegt werden[1291].

[1291] *Dütz*, DB 1996, 2385 (2389).

Auch wenn sich *Dütz* in seinen Überlegungen nicht ausdrücklich auf die Tariffähigkeit für den Abschluß von Haustarifverträgen bezieht, kann mangels entgegenstehender Anhaltspunkte davon ausgegangen werden, daß sie auch auf diese Tarifvertragsform ausstrahlen[1292]. Andere Autoren sehen die Tarifmacht dagegen deutlich im Kontext stehend mit dem jeweiligen Tarifabschluß. Danach können nur solche Arbeitnehmervereinigungen Firmentarifverträge abschließen, die unter den Beschäftigten des tarifvertragsbezogenen Unternehmens oder Betriebes „angemessen vertreten“ sind[1293].

b) Ablehnende Stellungnahmen

Unter Hinweis auf die „ganz erheblichen“ Konsequenzen der Entscheidung des LAG *Frankfurts*[1294] für die Bildung und Entwicklung der Verbände sprach sich in der älteren Literatur bereits *Stahlhacke*[1295] im Jahre 1964 gegen eine „gespaltene Tariffähigkeit“ aus[1296]. Er wies zudem darauf hin, daß die Rechtsnatur der Tariffähigkeit eine unterschiedliche Behandlung der Verbände im Bereich des Tarifrechts verbiete. Die Tariffähigkeit sei die Rechtsfähigkeit auf dem gesamten Gebiet des Tarifrechts. Entweder habe ein Verband diese Eigenschaft und könne damit Tarifverträge abschließen, oder er habe sie nicht. Eine Tariffähigkeit, die regional aufteilbar ist, sei schon ein Widerspruch in sich. Nach seiner Auffassung genüge es daher - falls eine gewisse Verbandsmacht als Voraussetzung besteht -, wenn die Vereinigung überhaupt mächtig ist[1297].

Die - wohl überwiegende - Mehrheit der Autoren[1298] in der Diskussion um die Forderung nach einer „relativen Tariffähigkeit“ lehnt heute eine restriktive Handhabung der Tariffähigkeit ab. Es wird kritisiert, daß der Begriff der Tariffähigkeit nur einheitlich verstanden werden könne. Denn die Tariffähigkeit umfasse die

---

1292 Vgl. auch *Oetker*, Rechtsgutachten, S. 16.

1293 *Koberski/Clasen/Menzel*, TVG-Komm., § 2 Rn. 82.

1294 LAG *Frankfurt a. M.* v. 19.10. 1962 - TaBV 2/62, DB 1960, 702.

1295 *Stahlhacke*, DB 1964, 697; vgl. auch *Hueck/Nipperdey/Stahlhacke*, TVG-Komm., 4. Aufl., § 2 Anm. 42.

1296 Vgl. insofern auch *Kraegeloh*, BABl. 1951, 922, der ausdrücklich darauf hinweist: Die Tariffähigkeit „ist nicht etwa davon abhängig, daß die tariffähige Gewerkschaft eine bestimmte Mindestzahl von Arbeitnehmern, die unter den zu schließenden Tarifvertrag fallen, umfaßt“.

1297 *Stahlhacke*, DB 1964, 697.

1298 *Benecke*, Anm. zu BAG v. 25.09. 1996 - 1 ABR 25/96, SAE 1998 60 (65 f.); *Buchner*, NZA 1994, 2 (4); *Oetker*, Anm. zu BAG v. 25.09. 1996 - 1 ABR 25/96, AP Nr. 4 zu § 97 ArbGG 1979; *ders.*, in: Wiedemann, TVG-Komm., § 2 Rn. 314; in neuerer Zeit auch *Suckow*, Gewerkschaftliche Mächtigkeit, S. 65; vgl. ebenso *Wahl*, Relativität, S. 136.

Möglichkeit, zwischen dem Abschluß von Verbands- oder Haustarifverträgen zu wählen[1299]. Die Anerkennung einer „relativen Tariffähigkeit“ würde diese Wahlmöglichkeit aber einschränken und die Tariffähigkeit damit aufspalten. Eine solche aufgespaltene Tariffähigkeit finde im Wortlaut des § 2 TVG keine Stütze und sei dem Tarifvertragsgesetz auch im übrigen fremd[1300]. Zudem müsse im Falle der Anerkennung einer regional aufteilbaren Tariffähigkeit davon ausgegangen werden, daß bei Haustarifverträgen zusätzlich zu den Wirksamkeitsvoraussetzungen eines Tarifvertrages das Tatbestandsmerkmal der „relativen Tariffähigkeit“ zu fordern sei. Jeder Haustarifvertrag wäre dann gesondert daraufhin zu überprüfen, ob die tarifvertragsbeteiligte „Gewerkschaft“ im jeweiligen Unternehmen tariffähig ist. Langwierige Rechtsstreitigkeiten und eine daraus entstehende Rechtsunsicherheit würden drohen, Umstände, die insbesondere im Hinblick auf § 97 ArbGG verhindert werden sollen[1301]. So müsse über die Tariffähigkeit, zumal sie Voraussetzung für die Wirksamkeit des Tarifwerkes ist, größtmögliche Rechtssicherheit herrschen. Außerdem werde das Tatbestandsmerkmal der „relativen Tariffähigkeit“ neue Schwierigkeiten aufwerfen, etwa wenn sich die Frage stellt, wie denn die unternehmensbezogene Tariffähigkeit überhaupt bestimmt werden soll[1302].

IV. Zusammenfassung

Die zunehmende Bedeutung der Haustarifverträge, insbesondere in den neuen Bundesländern, erweckt gewichtige Bedenken im Hinblick auf eine abstrakte Betrachtungsweise, die die Tariffähigkeit einer Arbeitnehmervereinigung nur insgesamt bejahen oder verneinen läßt. Denn die Rechtsprechung des Bundesarbeitsgerichts zum Verhältnis von Haus- zum Verbandstarif verdrängt nicht nur weitestgehend den Wettbewerb der Koalitionen für Haustarifverträge. Vielmehr begünstigt sie auch Tarifabschlüsse auf betrieblicher Ebene von kleinen allgemein sozial schwachen „Gewerkschaften“, die mit einer sehr geringen Mitgliederzahl in dem tarifvertragsbezogenen Unternehmen vertreten sind. Hieraus ergäbe sich dann die Gefahr, daß ein Tarifwerk Geltung erlangt, das aufgrund der mangelnden Durchsetzungskraft der „Gewerkschaft“ in dem jeweiligen Geltungsbereich und

---

1299 *Oetker*, Anm. zu BAG v. 25.09. 1996 - 1 ABR 25/96, AP Nr. 4 zu § 97 ArbGG 1979.

1300 Vgl. AG Stuttgart v. 04.02. 1972 - 6 BV 3/71, EzA Art. 9 GG Nr. 9 (unter V. der Gründe), wonach die Tariffähigkeit ihrem Zweck nach nicht teilbar sein kann und folgerichtig die Beschränkung der Gewerkschaftseigenschaft auf ein Bundesland oder ein Unternehmen ablehnt; ferner *Stahlhacke*, DB 1964, 697.

1301 Vgl. *Benecke*, Anm. zu BAG v. 25.09. 1996 - 1 ABR 25/96, SAE 1998, 60 (66); *Oetker*, in: *Wiedemann*, § 2 TVG, Rn. 314.

1302 *Benecke*, Anm. zu BAG v. 25.09. 1996 - 1 ABR 25/96, SAE 1998, 60 (66).

dem daraus resultierenden Kräfteungleichgewicht nicht interessengerecht ist[1303]. Eine sozial schwache „Gewerkschaft" ist damit praktisch in der Lage, der Mehrheit der Beschäftigen in dem Unternehmen den maßgeblichen Haustarifvertrag aufzuzwingen. Denn es ist anzunehmen, daß der Arbeitgeber in der Praxis den vorrangigen Tarif einheitlich anwenden wird. Etablierte Gewerkschaften werden daher unter Umständen verdrängt. Zwar lassen sich die Bedenken leicht abmildern, weil Arbeitgeber sicher auch gewillt sind, einem aus einem „skandalumwobenen Tarifabschluß" sich ergebenden Attraktivitäts- und Imageverlust entgegenzuwirken[1304]. Trotzdem erscheint eine tarifvertragsbezogene Betrachtungsweise der Tariffähigkeit mit Blick auf die Auswirkungen und Gefahren der Tarifpraxis der „Minderheits-Gewerkschaften" in Deutschland begreiflich. Allerdings bleibt zu klären, ob die „relative Tariffähigkeit" der richtige Weg zur Begegnung dieser Befürchtungen ist.

Die soziale Mächtigkeit ist das maßgebliche Begriffsmerkmal der Tariffähigkeit, das sich im Gegensatz zum gesamten Tarifzuständigkeitsgebiet der Arbeitnehmervereinigung auf der unternehmens- oder betriebsbezogenen Ebene anders darstellen kann. Alle weiteren Merkmale sind für die Bestimmung der „relativen Tariffähigkeit" ohne Belang. Von Bedeutung ist insofern nur, ob die Arbeitnehmervereinigung in der Lage ist, eine „tarifvertragsbezogene Mächtigkeit" aufzuweisen. Die Annahme einer auf den Geltungsbereich eines abgeschlossenen Tarifvertrages sich beziehenden Mächtigkeit könnte zur Konsequenz haben, eine „Gewerkschaft" ist innerhalb des durch Satzung festgelegten Geltungsbereichs in einigen Gebieten tariffähig, während in anderen Regionen die Tariffähigkeit verneint werden müßte.

Höchstrichterlich ist die Existenz einer „relativen Tariffähigkeit" bislang noch nicht entschieden worden. Gleichwohl ist anzunehmen, daß das Bundesarbeitsgericht die Annahme einer gespaltenen Tariffähigkeit nicht von vornherein als unmöglich ablehnt. Die konkrete, tarifvertragsrelevante Betrachtungsweise der Tariffähigkeit begegnet aber in der Literatur starker Kritik. Nur einzelne Autoren befürworten eine sich auf den Geltungsbereich eines abgeschlossenen Tarifvertrages beziehende Tariffähigkeit.

[1303] Siehe auch *Benecke*, Anm. zu BAG v. 25.09. 1996 - 1 ABR 25/96, SAE 1998, 60 (65); in diesem Sinne auch *Oetker*, Anm. zu BAG v. 25.09. 1996 - 1 ABR 25/96, AP Nr. 4 zu § 97 ArbGG 1979.

[1304] Vgl. auch *Benecke*, Anm. zu BAG v. 25.09. 1996 - 1 ABR 25/96, SAE 1998, 60 (65).

§ 13 Tatsächliche Anforderungen an eine „relative Tariffähigkeit“

Die bislang gewonnenen Erkenntnisse laufen noch einmal zusammengefaßt auf die im folgenden zu untersuchende Kernfrage hinaus: Kann es wirklich uneingeschränkt bei der Tariffähigkeit einer Gewerkschaft bleiben, wenn sie einen Haustarifvertrag abschließt, in dem tarifvertragsabschließenden Betrieb oder Unternehmen aber nur mit einer Minderheit der dort Beschäftigten vertreten ist, oder muß vielmehr eine „relative, tarifvertragsbezogene Tariffähigkeit“ gefordert, unter Umständen auch nach alternativen Lösungsansätzen gesucht werden, um der Gefahr einer „Majorisierung durch eine Minderheit“ wirksam begegnen zu können?

Um das herauszuarbeitende Ergebnis auf eine möglichst breite Argumentationsgrundlage stellen zu können, sollen im Vorfeld der Frage nach der tarifrechtlichen Anerkennung[1305] die tatsächlichen Anforderungen einer „relativen Tariffähigkeit“ geklärt werden. Die tarifrechtlichen Rahmenbedingungen sind zudem unerläßliche Vorfragen in einem nach §§ 2 a Abs. 1 Nr. 4, 97 ArbGG durchzuführenden Verfahren[1306]. Die Existenz einer „relativen Tariffähigkeit“ unterstellt, drängen sich folgende denknotwendige Einzelfragen auf: Anhand welcher Kriterien der allgemeinen sozialen Mächtigkeit läßt sich die „relative Tariffähigkeit“ überhaupt bestimmen? Wie sieht insofern das Verhältnis der „relativen“ zur allgemeinen Tariffähigkeit aus?

I. „Tarifvertragsbezogene Mächtigkeit“ als begriffsbildendes Merkmal

Wie bereits aufgezeigt[1307], sind die sonstigen Voraussetzungen für die Tariffähigkeit unabhängig davon, ob eine Arbeitnehmervereinigung einen Haus- oder Verbandstarifvertrag abschließt. Sie sind folglich keine tarifvertragsbezogenen Merkmale und deshalb nicht weiter hilfreich für die Begriffsbestimmung der „relativen Tariffähigkeit“. Für die Definition ist allein die allgemeine soziale Mächtigkeit maßgebliches Kriterium. Die „relative Tariffähigkeit“ läßt sich damit auf das Merkmal der relativen, also „unternehmensbezogenen Mächtigkeit“ beschränken und das Postulat einer „relativen Tariffähigkeit“ demzufolge auf die Frage nach der „unternehmensbezogenen Mächtigkeit“ reduzieren. Das Bundesarbeitsgericht hat - wie oben festgestellt[1308] - verschiedene Kriterien zur Bestim-

---

1305 Siehe dazu unten Teil 3 unter § 14.

1306 *Oetker*, Anm. zu BAG v. 25.09. 1996 - 1 ABR 25/96, AP Nr. 4 zu § 97 ArbGG 1979.

1307 Siehe dazu Teil 1 unter § 3 II. 2. b. cc. (2).

1308 Siehe dazu Teil 1 unter § 3 II. 1.

mung der allgemeinen Verbandsmacht entwickelt, ohne allerdings eine genaue Abgrenzung vorzunehmen und eine feste Rangfolge festzulegen. Zu untersuchen ist daher, welche dieser Merkmale sich zur Konkretisierung der „Hausmacht“ übertragen lassen.

1. Begriffsbestimmung

Die Analyse der Rechtsprechung des Bundesarbeitsgerichts hat gezeigt: Die einzelnen Indizien zur Bestimmung der allgemeinen sozialen Mächtigkeit lassen sich in ein bestimmtes Kriterienraster einordnen, das aus drei Hauptmerkmalen besteht, und zwar: der Außen- und Innenautorität sowie dem organisatorischen Aufbau[1309]. Die Innenautorität kann aber nur Auskunft über das Verhältnis der Gewerkschaft zu den einzelnen Gewerkschaftsmitgliedern geben. Sie ist daher nicht weiter hilfreich bei der Begriffsbestimmung der Mächtigkeit der Gewerkschaft im Unternehmen. Ebenso hilft der organisatorische Aufbau nicht weiter. Die dabei anerkannten Indizien - wie zum Beispiel hauptamtliche Gewerkschaftssekretäre und deren Mitarbeiter sowie die finanzielle Leistungsfähigkeit der Organisation - beschreiben eher die Gewerkschaft als solche, und nicht ihr Auftreten im konkreten, tarifvertragsbezogenen Unternehmen. Einzig hier in Betracht kommendes Merkmal ist demzufolge die Außenautorität der Gewerkschaft. Wie bei der Bestimmung der allgemeinen sozialen Mächtigkeit muß die Betrachtungsweise heute nicht mehr allein aus objektiver Sicht erfolgen; vielmehr kann ein subjektiver Beurteilungsmaßstab zugrundegelegt werden[1310].

a) Außenautorität

Das Bundesarbeitsgericht bezieht sich für die Feststellung der Außenautorität einer Arbeitnehmervereinigung allein auf das Verhältnis zum sozialen Gegenspieler[1311]. Diskutiert wird aber ebenso das Erfordernis einer allgemein bestehenden Autorität in Bezug zur Öffentlichkeit, also auch gegenüber dem Staat[1312]. Für die Beurteilung, ob ein Arbeitnehmerverband innerhalb des Geltungsbereichs des jeweiligen Tarifvertrages mächtig ist, kann aber schwerlich die Beziehung zur Öffentlichkeit informativ sein, sondern allenfalls die Autorität gegenüber der anderen Tarifvertragspartei.

1309 Siehe oben Teil 2/1. Abschnitt unter § 4 I. 2.

1310 Siehe oben Teil 2/1. Abschnitt unter § 4 I. 2. c. bb.

1311 Vgl. z. B. BAG v. 16.11. 1982 - 1 ABR 22/78, AP Nr. 32 zu § 2 TVG (unter B. II. der Gründe); BAG v. 25.11. 1986 - 1 ABR 22/85, AP Nr. 36 zu § 2 TVG (unter II. 3. a. der Gründe) = BAGE 53, 347 (356).

1312 Vgl. *Herschel*, AuR 1976, 225 (235 f.); *ders.*, JuS 1978, 524 (527).

Die Außenautorität im Verhältnis zum sozialen Gegenspieler läßt sich nicht pauschal beurteilen. Sie richtet sich nach folgenden von der Rechtsprechung entwickelten Indizien: der Mitgliederzahl, die bei einer zu geringen Größe auch durch die Art der Mitgliederstellung in sog. „Schlüsselpositionen im Arbeits- und Wirtschaftsleben" kompensiert werden kann, dem Organisationsgrad im Verhältnis zum räumlichen und fachlichen Organisationsbereich der Arbeitnehmervereinigung, der Bereitschaft zum Arbeitskampf oder der bisherigen Tarifpraxis[1313]. Die Frage nach der Bereitschaft zum Arbeitskampf kann aber wie die Frage nach dem Organisationsgrad im gesamten Tarifzuständigkeitsgebiet dahingestellt bleiben. Bei beiden Kriterien fehlt der Bezug zum Auftreten der Gewerkschaft in dem maßgeblichen Unternehmen. Als somit nicht tarifvertragsbezogene Kriterien sind sie zur Begriffsbestimmung eher ungeeignet. Für die Prüfung der „unternehmensbezogenen Mächtigkeit" könnte dagegen die Mitgliederzahl ausschlaggebend sein, die die Arbeitnehmervereinigung in dem tariflichen Geltungsbereich nachweisen kann.

aa) Mitgliederzahl

Fraglich ist zunächst der Maßstab, ab welcher Mitgliederzahl eine Gewerkschaft in dem tarifvertragsabschließenden Unternehmen angemessen auftreten kann[1314]. Bedarf es dazu einer - einfachen oder qualifizierten - Mehrheit innerhalb des Unternehmens oder lediglich einer „qualifizierten Minderheit"[1315]? Insofern muß dann überlegt werden, welche Auswirkungen ein Wechsel der Mehrheitsverhältnisse innerhalb des Unternehmens hat. Zu bedenken ist auch der - praktisch zwar selten relevante, aber dennoch theoretisch mögliche - Fall: Die Beschäftigten des Unternehmens sind zugleich Mitglieder verschiedener Gewerkschaften. Klärungsbedürftig ist dann, ob und inwieweit die Doppelmitgliedschaft zu berücksichtigen ist.

(1) Maßstab

Um die Frage nach der Größe der Mitgliederzahl klären zu können, muß sich zunächst einmal überlegt werden, ob als Maßstab die gesamte Belegschaft des Unternehmens oder Betriebes herangezogen werden soll oder lediglich die tarif-

---

1313 *Wank*, Übungen, S. 174.

1314 Vgl. dazu auch *Benecke*, Anm. zu BAG v. 25.09. 1996 - 1 ABR 25/96, SAE 1998, 60 (66).

1315 Der Gedanke einer „qualifizierten Minderheit" im Sinne einer sog. Sperrminorität klingt auch im Aktienrecht an, wenn eine Gruppe, die im Besitz von mehr als 25 Prozent der Aktien ist, und damit zum Beispiel satzungsändernde Hauptversammlungsbeschlüsse, die gemäß § 179 Abs. 2 Satz 1 AktG eine Dreiviertel-Kapitalmehrheit erfordern, verhindern kann, vgl. *Hüfer*, AktG-Komm., § 179 Rn. 14. Differenzierend auch *Benecke*, Anm. zu BAG v. 25.09. 1996 —1 ABR 25/96, SAE 1998, 60 (66).

gebundenen Beschäftigten. Den Nichtorganisierten wird zwar besonders im Hinblick auf die inhaltlichen Regelungen nicht gleichgültig sein, welcher Tarif zur Anwendung gelangt. Aber schließlich lassen sie sich durch die in der Regel individualvertraglich vereinbarte Bezugnahmeklausel auf den Tarifvertrag ein, den der einzelne Arbeitgeber, insbesondere wegen des unzulässigen Fragerechts nach der Gewerkschaftseigenschaft bei der Einstellung (vgl. Art. 9 Abs. 3 Satz 2 GG)[1316] und des erstrebten Betriebsfriedens, in der Tarifpraxis einheitlich anwenden wird. Die Zahl der Nichttarifgebundenen kann daher für die Bestimmung der Hausmacht einer „Gewerkschaft“ nicht relevant sein. Maßstab ist somit allein die Anzahl der organisierten Beschäftigten.

(2) Mitgliederstatus

Klärungsbedürftig ist vorweg außerdem, ob die zu berücksichtigenden Mitglieder einen bestimmten Status innerhalb des Unternehmens innehaben müssen. Dürfen sie - wie im Betriebsverfassungsrecht von der herrschenden Meinung gefordert[1317] - ausschließlich Arbeitnehmer sein, die vom Betriebsrat repräsentiert werden oder auch leitende Angestellte?

Mit Blick auf das Betriebsverfassungsrecht ist ein besonderer Mitgliederstatus der Gewerkschaft abzulehnen. Denn die Wahrnehmung der betriebsverfassungsrechtlichen Gewerkschaftsrechte ist von dem Gedanken getragen, daß die Belange der leitenden Angestellten vom Sprecherausschuß vertreten werden (§ 25 Abs. 1 SprAuG). Außerdem ist grundsätzlich zwischen der betriebsverfassungsrechtlichen und der arbeitsrechtlichen Stellung der leitenden Angestellten zu differenzieren[1318], da leitende Angestellte gleichfalls spezifische Arbeitnehmerinteressen haben[1319], wie die Gewerkschaften der Angestellten auch zeigen[1320]. Arbeitnehmer wie auch leitende Angestellte sind daher ohne Unterschied zu berücksichtigen.

1316 Allerdings ist das Fragerecht des Arbeitgebers nicht „schlechthin unzulässig“, so zum Beispiel anerkannt im Hinblick der Einziehung der Gewerkschaftsbeiträge, vgl. ausführlich dazu *Wohlgemuth*, Datenschutz, Rn. 126 m. w. N.

1317 Vgl. insofern nur BAG v. 25.03. 1992 - 7 ABR 65/90, AP Nr. 4 zu § 2 BetrVG 1972 (unter B. I. 2 der Gründe) = BAGE 70, 85 (89); *Richardi*, BetrVG-Komm., § 2 Rn. 67.

1318 *F/K/H/E*, BetrVG-Komm., § 5 Rn. 116; vgl. auch BAG v. 05.03. 1974 - 1 ABR 19/73, AP Nr. 1 zu § 5 BetrVG 1972 (unter III. 2. a. der Gründe).

1319 Vgl. BAG v. 15.03. 1977 - 1 ABR 16/75, AP Nr. 24 zu Art. 9 GG (unter VI. 1. der Gründe) = BAGE 29, 72 (85).

1320 Vgl. z. B.: Der Verband der oberen Angestellten der Eisen- und Stahlindustrie e.V.

(3) Größe der Mitgliederzahl

Eine feste Größe der erforderlichen Mitgliederzahl zu fordern, ist weder sinnvoll noch praktikabel. Es muß daher nach allgemeinen Grundsätzen gesucht werden, die zugleich den Einzelfall berücksichtigen können. Wie schon die Verbandsmacht, als „Fähigkeit zu sozialer Gegnerschaft“ umschrieben[1321], so richtet sich auch die Hausmacht auf den tariflichen Gegenspieler aus. Die Bezugsgrößen müssen folgerichtig in dem Organisationsbereich des Arbeitgebers zu suchen sein[1322].

Sind in dem betroffenen Unternehmen mehrere Gewerkschaften vertreten, so kommen zwei Bezugspunkte in Betracht: erstens die Gesamtgröße der Organisierten als solche; zweitens die Mitgliederzahlen der anderen in dem jeweiligen Unternehmen vorzufindenden Gewerkschaften. Die folgenden Fallkonstellationen sollen die Auswirkungen der beiden Beziehungspunkte veranschaulichen:

> *Fall 1:* Die Gewerkschaft A hat in einem Unternehmen mit 1000 Tarifgebundenen 50 Mitglieder; die restlichen 950 Organisierten gehören der anderen Gewerkschaft B an.
>
> *Fall 2:* Die Gewerkschaft A hat in einem Unternehmen mit 1000 Tarifgebundenen wieder nur 50 Mitglieder, dagegen verteilen sich die restlichen 950 Organisierten auf vier weitere Gewerkschaften, und zwar wie folgt: auf die Gewerkschaft B 350 Mitglieder, auf die Gewerkschaft C 300 Mitglieder, auf die Gewerkschaft D 200 Mitglieder und auf die Gewerkschaft E 100 Mitglieder.

Die Fallbeispiele verdeutlichen: Wenn die Mitgliederzahl der in Frage gestellten Gewerkschaft in Beziehung zur Gesamtgröße der Organisierten gesetzt betrachtet wird, so führen beide Fallkonstellationen zu einer einheitlichen Organisationsstärke, und zwar hier von fünf Prozent. Werden dagegen die Mitgliederanteile der anderen anzutreffenden Gewerkschaften - hier beispielsweise der Gewerkschaft B - berücksichtigt, so weichen die Ergebnisse von einerseits etwa fünf Prozent und andererseits über 14 Prozent erheblich voneinander ab. Der Vergleich zeigt: Sind in dem jeweiligen Unternehmen noch weitere Gewerkschaften vertreten, so müssen als Bezugsgröße die Mitgliederanteile der anderen Verbände herangezogen werden. Denn nur auf diese Weise können die Umstände des Einzelfalls ausreichend berücksichtigt werden. Es empfiehlt sich in diesem Fall, eine Hausmacht abzulehnen, wenn im Vergleich zu anderen im Unternehmen vertretenen Gewerkschaften ein krasses Mißverhältnis zwischen den einzelnen

---

1321 *Dütz*, Anm. zu LAG *Hamm* v. 16.10. 1975 - I Ta BV 5/75, EzA § 2 TVG Nr. 12 (unter II. 3. der Gründe).

1322 Vgl. auch *Suckow*, Gewerkschaftliche Mächtigkeit, S. 66.

Mitgliederanteilen besteht. Überlegt werden muß hierzu, ob ein Leitfaden zur Bestimmung eines solchen Mißverhältnisses aufgestellt werden kann.

Mit Hilfe der Fallbeispiele läßt sich feststellen: Ein krasses Mißverhältnis gegenüber anderen Mitgliederanteilen kann nicht abstrakt bejaht oder verneint werden, sondern - wie hier Fall 1 zeigt - in einem Fall durchaus bejaht, dagegen in einem anderen Fall - wie hier in Fall 2 - abgelehnt werden. Es muß daher stets in Relation zu den verschiedenen Mitgliederanteilen der anderen vertretenen Gewerkschaften gesetzt betrachtet werden. Kann eine Gewerkschaft folglich lediglich einen Bruchteil der in einer etablierten Gewerkschaft organisierten Arbeitnehmer als Mitglieder aufweisen, so steht dieser Umstand der Annahme einer optimalen Durchsetzungskraft entgegen. Je weiter somit die zahlenmäßigen Größen auseinanderklaffen, desto unwahrscheinlicher wird eine ausreichende Hausmacht der „schwächeren" Gewerkschaft gegenüber dem Arbeitgeber.

Dabei irrelevant und deshalb zu vernachlässigen ist eine bestehende Doppelmitgliedschaft der Mitglieder. Auch in diesem Fall ist eine Einflußnahme auf die Arbeitgeberseite denkbar.

(4) Mitgliederstruktur

Wie auch bei der Bestimmung der allgemeinen sozialen Mächtigkeit soll der Mitgliedergröße keine ausschließliche Bedeutung beigemessen werden. Deshalb darf die Art der Mitgliederstellung innerhalb des Betriebes nicht außer acht bleiben. Sie muß bei der Hausmacht insoweit berücksichtigt werden, als die „Gewerkschaft" nur eine geringe Mitgliederzahl vorweisen kann und infolgedessen ein krasses Mißverhältnis gegenüber den Mitgliederanteilen repräsentativer Gewerkschaften besteht. Denn es ist anzunehmen, daß der Gewerkschaft durch Mitglieder in sog. Schlüsselpositionen innerhalb des Unternehmens oder Betriebes ein zumindest nicht unerheblicher Einfluß im Sinne eines Druckes möglich ist.

Während die Rechtsprechung beinahe ausnahmslos schweigt[1323] und vielmehr auf die Umstände des Einzelfalls abstellt, hat die Literatur die Zurückhaltung als Anreiz genommen, Vergleichsgruppen für die Mitgliederqualität im Rahmen der Bestimmung einer Verbandsmacht aufzustellen[1324]. Ausdrücklich erwähnt werden: Ärzte[1325], Piloten und EDV-Spezialisten[1326] sowie Fluglotsen[1327]. Etwas allge-

---

[1323] Siehe oben Teil 2/1.Abschnitt unter § 4 I. 2. a.

[1324] Vgl. dazu *Suckow*, Gewerkschaftliche Mächtigkeit, S. 67 - 70.

[1325] *Wank*, Übungen, S. 175.

meiner formuliert, findet sich auch die vorgeschlagene Gruppierung „gehobene Angestellte“[1328]. Von Bedeutung sei dabei jeweils, ob die „Schlüsselkraft“ vom Arbeitgeber „jederzeit durch andere Arbeitnehmer ersetzt werden kann“[1329]. Diese Versuche geben aber kein Klassifizierungsraster zu erkennen. Die Trennungslinie muß vielmehr dort gezogen werden, wo das Gebot der fairen Arbeitskampfführung die Einrichtung eines sog. Notdienstes oder die Ausführung von sog. Erhaltungsmaßnahmen oder von sog. Notstandsarbeiten[1330] notwendig macht[1331].

Ungeachtet der Fragen nach der dogmatischen Herleitung einer Verpflichtung zur Leistung von Erhaltungsarbeiten[1332] interessiert allein die Frage, welche Arbeitnehmer im Streikfall eine solche Pflicht trifft. Nach Auffassung des Bundesarbeitsgerichts, das die sog. Notdienstarbeiten auch als Erhaltungsarbeiten bezeichnet, obliegt denjenigen Arbeitnehmern eine Erhaltungspflicht, die in der Lage sind, für die Dauer eines Arbeitskampfes die sächlichen Betriebsmittel in dem Zustand zu bewahren, in dem sie sich bei Beginn des Arbeitskampfes befunden haben[1333]. Daraus folgt: Wenn durch eine arbeitskampfbedingte Arbeitsniederlegung die Funktionsfähigkeit wesentlicher sächlicher Produktionsmittel durch das einzelne Arbeitsverhältnis berührt wird, so könnte hierin eine Schlüsselposition liegen[1334]. Bei Notstandsmaßnahmen ist es aber oftmals gleichgültig, welcher einzelne Arbeitnehmer die unerläßlichen Arbeiten ausführt. Deshalb kann nur den Arbeitnehmern, die überdies unersetzbar sind, also nicht beliebig durch andere Arbeitnehmer ausgetauscht werden können, eine indizielle Wirkung einer Hausmacht beigemessen werden. Der Erkenntnis des Bundesarbeitsgerichts entsprechen auch die Erwägungen der Literatur, die zum Beispiel von Arbeiten sprechen, die die Betriebsanlagen und Arbeitsplätze erhalten sollen[1335] oder die Existenzver-

---

1326 *Gaul*, Arbeitsrecht, Bd. II., S. 287. Neuerdings von Piloten als „Spezialisten in Schlüsselstellungen sprechend auch BAG v. 06.06.2000 – 1 ABR 10/99, AP Nr. 55 zu § 2 TVG (unter B. II. 2. b. aa. (1) der Gründe).

1327 *Gamillscheg*, Kollekt.ArbR., Bd. II, Nr. 260 a.

1328 *Gamillscheg*, Kollekt.ArbR., Bd. II, Nr. 260 a.

1329 *Gamillscheg*, Kollekt.ArbR., Bd. II, Nr. 260 a.

1330 Zu den einzelnen Begriffen vgl. *Leinemann*, DB 1971, 2309; ferner *Däubler*, AuR 1981, 257 ff., der eine andere Unterscheidung trifft.

1331 *Suckow*, Gewerkschaftliche Mächtigkeit, S. 67.

1332 Zu den diskutierten Anspruchsgrundlagen siehe *Apfel*, Sicherung, S. 138 - 180.

1333 BAG v. 30.03. 1982 - 1 AZR 265/80, AP Nr. 74 zu Art. 9 GG Arbeitskampf (unter III. 1. der Gründe) = BAGE 38, 207 (216).

1334 Vgl. auch *Suckow*, Gewerkschaftliche Mächtigkeit, S. 70.

1335 *Däubler*, AuR 1981, 257 (261); *Leinemann*, DB 1971, 2309; vgl. auch *Schumann*, in: Däubler, Arbeitskampfrecht, Rn. 224.

nichtung des Betriebes vermeiden sollen[1336]. Da nach allgemeiner Meinung[1337] den Gewerkschaften im Arbeitskampf die Verantwortung obliegt, durch den Arbeitskampf berührte Drittinteressen und das Gemeinwohl schonend zu beachten und deshalb Notdienste einzurichten, wenn eine übermäßige Schädigung Dritter droht, kommt auch diesen Tätigkeiten eine tragende Rolle zu[1338].

bb) Tarifpraxis

Eine andere Frage ist aber die, ob von der bisherigen Bewährung der Organisation in der Tarifpraxis Rückschlüsse auf die Hausmacht gezogen werden können. Unzweifelhaft liefern vormalige Verbandstarifverträge kein Indiz für eine unternehmensbezogene Mächtigkeit[1339]. Wenn die Organisation aber bereits zuvor Haustarifverträge mit demselben Arbeitgeber abgeschlossen hat, so könnte sie damit ihre hinreichende Durchsetzungskraft ausgedrückt haben, die zugleich die Annahme bekräftigt, die Vereinigung sei auch bei Abschluß des in Frage gestellten Haustarifvertrages ausreichend mächtig gewesen. Allerdings müßten insofern die Wertungen zur Bestimmung der allgemeinen sozialen Mächtigkeit beachtet werden: Es dürfte sich nicht um reine Gefälligkeitstarifverträge handeln. Die Gewerkschaft müßte ferner wiederholt Tarifverträge, in diesem Fall also Haustarifverträge, vereinbart haben und schließlich im Falle von Anschlußtarifverträgen von der Arbeitgeberseite „ernst genommen", die einzelnen Regelungen somit tatsächlich ausgehandelt worden sein[1340].

Zweifelhaft ist jedoch, ob dieses Kriterium der „Bewährung in der Tarifpraxis" von der Mitgliederzahl isoliert betrachtet werden kann. Denn im Gegensatz zu der Größe der Gesamtmitgliederzahl der Vereinigung machen sich Mitgliederzahlschwankungen innerhalb eines Unternehmens oder Betriebes, sei es durch Arbeitsplatzwechsel oder Mitgliedsaustritte deutlich bemerkbar. Eine einmal bestandene Hausmacht muß sich daher nicht notwendig fortsetzen. Unabhängig davon, ob die Tarifpraxis nur im Zusammenhang mit der derzeitigen Mitgliederzahl zu sehen ist, ist aber schon bedenklich, von zurückliegenden Umständen auf

1336 *Apfel*, Sicherung, S. 130; *Löwisch*, ZfA 1978, 153 (158).

1337 BVerfG v. 18.12. 1974 - 1 BvR 430/65 und 259/69, AP Nr. 23 zu Art. 9 GG (unter C. II. 3. c. der Gründe) = BVerfGE 38, 281 (307); BAG v. 21.04. 1971 - GS 1/68, AP Nr. 43 zu Art. 9 GG Arbeitskampf (unter Teil III. 1. - 3. der Gründe) = BAGE 23, 292 (306 f.); vgl. ferner *Däubler*, AuR 1981, 257 (261); *Hueck/Nipperdey*, Arbeitsrecht, Bd. II/2, 7. Aufl., S. 1023; *Rüthers*, in: Brox/Rüthers, Arbeitskampfrecht, 2. Aufl., Rn. 200; *Steinert*, Notstands- und Streikarbeit, § 37.

1338 So auch *Suckow*, Gewerkschaftliche Mächtigkeit, S. 70.

1339 Vgl. auch *Benecke*, Anm. zu BAG v. 25.09. 1996 - 1 ABR 25/96, SAE 1998, 60 (66).

1340 Siehe oben Teil 2/1. Abschnitt unter § 4 II. 2. c. aa.

die aktuelle tatsächliche Lage zu schließen. Zwar stützt sich das Bundesarbeitsgericht in seiner Rechtsprechung zur allgemeinen sozialen Mächtigkeit auf in der Vergangenheit liegende Fakten, wenn es die Tarifpraxis unter Umständen als Indiz für eine hinreichende Außenautorität wertet[1341]. Diese letztlich auf bloßen Mutmaßungen beruhenden Rückschlüsse sind jedoch - zumindest auf der Unternehmensebene - nicht tragbar. Wie oben aufgezeigt, ist eine Gewerkschaft jederzeit Mitgliederschwankungen in den einzelnen Unternehmen ausgesetzt. Ein Rückschluß von der vergangenen auf die gegenwärtige Mächtigkeit wäre gleichermaßen unsicher wie eine Prognose für die Zukunft und ist daher abzulehnen.

b) Auswirkungen anderer unternehmensbezogener Tarifverträge

Verschiedene unternehmensbezogene Tarifverträge könnten der Hausmacht einer Gewerkschaft entgegenstehen. Überlegt werden muß daher, ob und inwieweit andere unternehmensbezogene Tarifverträge Einfluß auf die Bestimmung der Mächtigkeit nehmen.

Die Hausmacht einer Gewerkschaft ist grundsätzlich nur unter dem Blickwinkel der eigenen, im Unternehmen beschäftigten Mitgliederzahl im Verhältnis zur Gesamtzahl der organisierten Beschäftigten oder bei mehreren vorzufindenden Gewerkschaften in Bezug auf die einzelnen Mitgliederanteile zu betrachten. Eine ganz andere Frage ist dagegen die, ob mehrere Tarifverträge in einem Unternehmen oder Betrieb vorliegen können[1342]. Die Hausmacht einer Gewerkschaft wird demzufolge nicht dadurch beeinträchtigt, daß in dem betreffenden Unternehmensbereich bereits ein anderer Verband einen Tarifvertrag abgeschlossen hat.

2. Beweisrechtliche Probleme der „tarifvertragsbezogenen Mächtigkeit“

Von der tariflichen Anerkennung einer „relativen Tariffähigkeit“ können praktische Erwägungen nicht abgekoppelt werden. Neben materiell-rechtlichen Überlegungen soll daher auch eine praxisbezogene Betrachtung mit in die Untersuchungen einfließen. Denkbar sind auftretende Schwierigkeiten beim Nachweis der „tarifvertrags- oder unternehmensbezogenen Mächtigkeit“, und zwar im Hinblick auf die Überprüfbarkeit der Mitgliederzahl, denn: Auf welche Weise soll eine „Hausmacht“ ermittelt werden, wenn soweit ersichtlich nur wenige Beschäftigte in Gewerkschaften organisiert sind und offensichtlich die bestimmte im Unternehmen vertretene Gewerkschaft nicht über die hier maßgebliche „unternehmensbezogene Mächtigkeit“ verfügt? Es kann auch nicht davon ausgegangen werden, daß die Mitgliedschaft des einzelnen bekannt ist. Zumal sich die Situation

---

1341 Vgl. oben Teil 2/1. Abschnitt unter § 4 II. 2. c. aa.

1342 Siehe dazu oben Teil 3 unter § 12 I. 3. b. bb.

unverhofft verändern kann: Die Mitglieder können ihren Arbeitsplatz gewechselt haben, sei es, daß sie aus dem Unternehmen ausgeschieden oder in eine leitende Position aufgerückt sind; gleichermaßen können Mitglieder für die Gewerkschaft unbemerkt verstorben sein. Klarheit könnte insoweit nur eine Namensangabe der betroffenen in dem Unternehmen beschäftigten Gewerkschaftsmitglieder verschaffen. Die eigentliche Schwierigkeit besteht beim Nachweis der unternehmensbezogenen Mächtigkeit aber schließlich darin, ob die Gewerkschaft die Mitglieder namentlich benennen muß, obwohl Folgereaktionen seitens des Arbeitgebers oder der anderen Arbeitnehmer auftreten könnten, die die Koalitionsfreiheit gefährden würden.

a) Notwendigkeit der Namensnennung der Mitglieder

Im Zweifel ist wohl davon auszugehen, daß die „Gewerkschaft" ihre Mitglieder nicht nennen muß, wenn der Gewerkschaft die Namensnennung verboten ist[1343]. Abgesehen davon, daß es der Gewerkschaft bereits aus Datenschutzaspekten oder mit Rücksicht auf die zumeist unzulässige Frage nach der Gewerkschaftseigenschaft verwehrt sein könnte, die Namen der Mitglieder ohne Einverständnis zu nennen[1344], scheint es, als sei eine Namensangabe zur Wahrheitsfindung überhaupt nicht notwendig; die beweisrechtlichen Probleme könnten folglich überwunden werden, wenn es der Gewerkschaft möglich ist, die eigene „unternehmensbezogene Mächtigkeit" auf anderem Wege darzulegen. Insofern muß jedoch folgendes beachtet werden: Die wohl schutzwürdigen Interessen der betroffenen Mitglieder bei der Veröffentlichung von Mitgliederverzeichnissen als auch die scheinbar unzulässige Frage nach der Gewerkschaftseigenschaft stehen dann nicht bloß der Offenbarung der Gewerkschaftszugehörigkeit durch Namensnennung als solche entgegen, sondern insbesondere auch durch den Umweg mittels einer Zeugenvernehmung der betroffenen Mitglieder[1345]. Bei einem Verfahren zur Feststellung der Tariffähigkeit handelt es sich zwar um ein arbeitsrechtliches Beschlußverfahren, das vom Untersuchungsgrundsatz beherrscht wird. Der Untersuchungsgrundsatz sagt aber nicht aus, die Beteiligten bräuchten keinerlei Tatsachen vorzutragen[1346]. Die beteiligte Gewerkschaft trifft vielmehr eine Mitwirkungspflicht (vgl. § 83 Abs. 1 Satz. 2 ArbGG). Überdies hat der Beteiligte des Verfahrens - dem an der Feststellung eines bestimmten Status gelegen ist - ein besonderes Bedürfnis zur verstärkten Mitarbeit, da ihn die objektive Beweislast

1343 Vgl. ohne Einschränkung *Koberski/Clasen/Menzel*, TVG-Komm., § 2 Rn. 82.

1344 So LAG *Düsseldorf* v. 05.12. 1988 - 4 Ta BV 140/88, LAGE § 2 BetrVG 1972 Nr. 6; a. A. *Prütting*/Weth, DB 1989, 2274 f.

1345 Vgl. LAG *Düsseldorf* v. 05.12. 1988 - 4 Ta BV 140/88, LAGE § 2 BetrVG 1972 Nr. 6 (unter 1. b. bb. der Gründe), das wohl versehentlich von „schlechthin zulässig" spricht.

1346 *Grunsky*, ArbGG-Komm., 7. Aufl., § 83 Rn. 2 f.

trifft, und er deshalb daran interessiert sein wird, einen non liquet-Fall[1347] zu vermeiden[1348]; er wird also in der Regel versuchen, das Risiko des Prozeßverlustes abzuwehren. Vorstellbar ist demzufolge, daß die betroffene Gewerkschaft ihre „unternehmensbezogene Mächtigkeit“ mit Hilfe eines sog. beweisrechtlichen Geheimverfahrens aufzeigen will.

aa) Arbeitsrechtliches Geheimverfahren als alternatives Beweismittel

In der heutigen Rechtsordnung wird ein beweisrechtliches Geheimverfahren in verschiedenen Bereichen besprochen. Dienlich und daher bemerkenswert könnten die verschiedenen Erscheinungsformen sein.

(1) Erscheinungsformen

Einige Autoren haben ein sog. beweisrechtliches Geheimverfahren bislang insbesondere im Zivilprozeß für den Schutz von Unternehmensgeheimnissen vertieft erörtert[1349]. In der Praxis soll ein solches Beweisverfahren derart aussehen: Urkunden- oder Bucheinsicht, Augenschein und die Vernehmung der Zeugen oder Sachverständigen erfolgen ohne Anwesenheit der anderen Partei. Ferner dürfen Urteilstenor, Tatbestand und Entscheidungsgründe nicht so gefaßt werden, daß ein Rückschluß auf das Unternehmensgeheimnis möglich ist[1350]. Das Geheimverfahren greift in dieser Ausgestaltung allerdings einerseits in wesentliche Grundprinzipien der Zivilprozeßordnung (§§ 357 Abs. 1, 285 Abs. 1 ZPO) ein und verstößt andererseits gegen den Anspruch auf rechtliches Gehör (Art. 103 Abs. 1 GG).

Im Rahmen des Betriebsverfassungsrechts, und zwar für den Nachweis des „Vertretenseins der Gewerkschaft im Betrieb“, wird in der Rechtsprechung und Literatur dagegen ein modifiziertes Geheimverfahren diskutiert, bei dem der Name nicht in den Prozeß eingeführt wird; der gegnerischen Partei und dem

---

[1347] Ein non liquet-Fall ist gegeben, wenn es dem Richter am Ende des Prozesses nicht gelungen ist, trotz aller möglichen und prozessual zulässigen Beweismittel zu einer bestimmten Überzeugung zu gelangen, vgl. *Prütting*, in: Germelmann/Matthes/Prütting, ArbGG-Komm., § 58 Rn. 75.

[1348] Entgegen früherer Ansicht herrscht heute Einigkeit darüber, daß im arbeitsgerichtlichen Beschlußverfahren die Beweislastregeln eingreifen, und zwar sei die objektive Beweislast auf die Beteiligten verteilt, ferner daß im Falle eines non liquet derjenige den Prozeß verliert, der die objektive Beweislast trägt, vgl. dazu die Zusammenfassung bei: *Weth*, Das arbeitsgerichtliche Beschlußverfahren, S. 307 f.

[1349] *Prütting*/Weth, DB 1989, 2273.

[1350] *Stürner*, JZ 1985, 453 (458); Siehe hierzu statt aller *Baumgärtel*, in: FS Habscheid, S. 1 ff.

Gericht wird er also vorenthalten[1351]. Wenn der nicht-beweisbelastete Beteiligte die von der Gewerkschaft vorgetragenen Angaben bestreitet, kann sich die Gewerkschaft auf den Beweis durch „mittelbare Zeugenaussage" stützen[1352], bekanntermaßen: durch Vernehmung eines Gewerkschaftssekretärs, der den Namen nicht zu nennen braucht oder durch notarielle Tatsachenbescheinigung, die festhält, daß bestimmte Personen, deren Personalien in einem Umschlage hinterlegt sind, Mitglieder dieser Gewerkschaft sind und dem maßgeblichen Betrieb oder Unternehmen angehören[1353]. Diese Ansicht stützt sich dabei auf den Grundsatz der freien Beweiswürdigung in der Zivilprozeßordnung (vgl. § 286 Abs. 1 ZPO), der auch im Beschlußverfahren gilt (vgl. § 80 Abs. 2 i.V.m. § 46 Abs. 2 ArbGG). Es obliege demzufolge den Tatsachengerichten zu überprüfen, ob die mittelbaren Beweismittel für die Beweisführung ausreichen[1354]. Ob sich das Gericht auf ein derartiges beweisrechtliches Geheimverfahren - also ein Beweis ohne Namensnennung - einlassen muß, wenn die Gewerkschaft im Rahmen der Feststellung der Tariffähigkeit nach § 97 Abs. 5 ArbGG die Namen ihrer Mitglieder nicht offenbaren darf, ist aber fraglich und muß daher an dieser Stelle analysiert werden.

(2) Analyse

Als Ausgangspunkt muß festgehalten werden, der Untersuchungsgrundsatz ist nicht verletzt, da die betroffene Gewerkschaft eine Mitwirkungspflicht trifft (vgl. § 83 Abs. 1 Satz. 2 ArbGG) und angebotene Beweise nicht übersehen werden dürfen[1355]. Weiterhin wird in dieser Form des Geheimverfahrens nicht in das uneingeschränkte Recht, bei der Beweisaufnahme anwesend zu sein (vgl. § 357 Abs. 1 ZPO), eingegriffen. Denn die gegnerische Partei hat die Möglichkeit,

---

1351 Ausführlich dazu *Grunsky*, AuR 1990, 105 ff; siehe auch *Prütting*/Weth, DB 1989, 2273 ff.; *dies.*, AuR 1990, 269 (271 ff.); *Richardi*, BetrVG -Komm., § 2 Rn. 69 m. w. N.

1352 So LAG *Düsseldorf* v. 06.04. 1978 - 14 Ta BV 123/77, DB 1979, 110 f.; vgl. auch BAG v. 25.03. 1992 - 7 ABR 65/90, AP Nr. 4 zu § 2 BetrVG 1972 (unter B. III. 1. der Gründe) = BAGE 70, 85 (91); a. A. *Kraft*, in: GK-BetrVG, Bd. 1, § 2 Rn. 30; *Prütting/Weth*, DB 1989, 2273 ff., die dieses Verfahren ebenso für den Nachweis des „Vertretenseins im Betrieb" im Rahmen des Betriebsverfassungsrechts diskutieren, im Ergebnis aber ablehnen; siehe auch *dies.*, AuR 1990, 269 ff.

1353 Vgl. *F/K/H/E*, BetrVG-Komm., § 2 Rn. 26; mit Nachweisen auch *Grunsky*, AuR 1990, 105 (108 Fn. 16 f.); *Richardi*, BetrVG-Komm., § 2 Rn. 69; siehe ebenfalls LAG *Düsseldorf* v. 05.12. 1988 - 4 Ta BV 140/88, NZA 1989, 236, wobei es sich allerdings um ein einstweiliges Verfügungsverfahren gehandelt hat; ferner AG *Nürnberg* v. 06.06. 1989 - 8 BV 30/89 A.

1354 BAG v. 25.03. 1992 - 7 ABR 65/90, AP Nr. 4 zu § 2 BetrVG 1972 (unter B. III. 6. der Gründe) = BAGE 70, 85 (95).

1355 Vgl. BAG v. 25.03. 1992 - 7 ABR 65/90, AP Nr. 4 zu § 2 BetrVG 1972 (unter B. III. 6. der Gründe) = BAGE 70, 85 (95).

bei der Vernehmung des mittelbaren Zeugen dabeizusein. Aus dem Unmittelbarkeitsgrundsatz - wie er in § 58 Abs. 1 ArbGG, § 355 Abs. 1 ZPO niedergelegt ist - ergibt sich allein: Die Beweisaufnahme muß vor dem Prozeßgericht erfolgen[1356]. Er wird auf diese Weise gewahrt. Allerdings könnte der prozessuale Grundsatz der Pflicht zu substantiiertem Vorbringen mißachtet werden[1357]. Der Name des Mitgliedes spielt sicher keine rechtliche Rolle, denn die unternehmensbezogene Mächtigkeit hängt nicht davon ab, welcher Arbeitnehmer Mitglied der Gewerkschaft ist. Folglich müßte der Sachvortrag ausreichend substantiiert sein, wenn er sich auf die betroffenen Personen bezieht und diese Personen nach den aufgezeigten Tatsachen sowohl Mitglieder der Gewerkschaft als auch Beschäftigte des tarifvertragsbezogenen Unternehmens oder Betriebes sind[1358]. Gleichwohl bestehen Zweifel, denn: Wie sollen die Aussagen der benannten Zeugen auf ihren Wahrheitsgehalt hin überprüft werden? Es ließe sich zwar folgender Umstand anführen: Im Zivilprozeß wird bereits die Glaubhaftmachung als zulässiges Beweismittel anerkannt (vgl. § 294)[1359]; bei der Glaubhaftmachung ist ein Beweis schon dann erbracht, wenn eine sehr hohe Wahrscheinlichkeit für das Vorliegen einer Tatsache spricht[1360]. Allerdings ist die Glaubhaftmachung nur dort ausreichend, wo das Gesetz sie ausdrücklich zuläßt[1361].

Eine ganz andere Frage besteht dahingehend, ob demjenigen Beteiligten, den die objektive Beweislast nicht obliegt - den aber ebenfalls eine Mitwirkungspflicht trifft -, damit eine Stellungnahme zum Ergebnis der Beweisaufnahme abgeschnitten und erforderlichenfalls den Gegenbeweis zu führen verwehrt wird. Bestreitet er, daß die betroffene Gewerkschaft über diese Mitgliederzahl verfügt, so werden seine Chancen, das Gericht zu überzeugen, sicher schlechter sein, wenn er sich lediglich auf eine mittelbare Zeugenaussage stützt[1362]. Die Waffengleichheit muß aber als Ausprägung der Rechtsstaatlichkeit und des allgemeinen Gleichheitsgrundsatzes auch im Prozeß gewahrt werden[1363]. Aus diesem Grund

---

1356 *Grunsky*, ArbGG-Komm., 7. Aufl., § 58 Rn. 20; *Hartmann*, in: Baumbach/Lauterbach/Albers/Hartmann, ZPO-Komm., § 355 Rn. 4.

1357 So *Kraft*, GK-BetrVG, Bd. 1, § 2 Rn. 30; *Prütting*/Weth, DB 1989, 2273 (2276 ff.).

1358 So BAG v. 25.03. 1992 - 7 ABR 65/90, AP Nr. 4 zu § 2 BetrVG 1972 (unter B. II. der Gründe) = BAGE 70, 85 (90) für den Nachweis des „Vertretenseins einer Gewerkschaft im Betrieb“; vgl. insoweit auch *Grunsky*, AuR 1990, 105 (111 f.).

1359 So zum Beispiel §§ 920 Abs. 2 und 936 für Arrest und einstweilige Verfügung.

1360 *Thomas*, in: Thomas/Putzo, ZPO-Komm., § 294 Rn. 1.

1361 Siehe die Anwendungsbeispiele bei *Thomas*, in: Thomas/Putzo, ZPO-Komm., § 294 Rn. 3.

1362 Vgl. auch *Grunsky*, AuR 1990, 105 (112).

1363 Vgl. BVerfG v. 25.07. 1979 - 2 BvR 878/74, BVerfGE 52, 131 (144); BVerfG v. 29.04. 1980 - 2 BvR 1441/79, BVerfGE 54, 117 (124 f.) m. w. N.

und im Hinblick auf Art. 3 Abs. 1 GG, der verlangt, daß einer gerichtlichen Entscheidung nur solche Tatsachen und Beweisergebnisse zugrunde gelegt werden können, zu denen die Beteiligten Stellung beziehen konnten[1364], ist ein solches beweisrechtliches Geheimverfahren bedenklich[1365]. Überdies unterscheidet sich der als Zeuge benannte Gewerkschaftssekretär oder Notar auch in beachtlicher Weise von dem zulässigen Beweismittel des Zeugen vom Hörensagen. Kann der „Zeuge vom Hörensagen" über bestimmte Tatsachen keine Angaben machen, weil er sie nicht kennt, so darf im Gegensatz dazu der Zeuge im Geheimverfahren keine Aussage - über die Namen der im Betrieb beschäftigten Gewerkschaftsmitglieder - machen[1366].

Diese Eingriffe in prozessual und grundrechtlich geschützte Grundsätze ließen sich aber rechtfertigen und insbesondere das Grundrecht aus Art. 103 Abs. 1 GG zurückdrängen, wenn ein besonderes, schutzbedürftiges Interesse der Mitglieder daran besteht, die Namen nicht zu nennen. Die Aufklärung der Namen müßte also unzumutbar sein. Denn der bislang tragende Grund für die Anerkennung eines beweisrechtlichen Geheimverfahrens war die bei namentlicher Nennung der Gewerkschaftsmitglieder von der Arbeitgeberseite ausgehende Gefahr von Repressalien gegenüber diesen Beschäftigten. Die Gewerkschaft selbst hat daher in der Regel nur ein Interesse daran, sich der Namensnennung zu entziehen, wenn den Mitgliedern berufliche Nachteile drohen. Die Interessen der objektiv beweisbelasteten Gewerkschaft sind demzufolge nicht unmittelbar, sondern nur mittelbar betroffen[1367].

Ein bloßes Interesse der Mitglieder daran, ihre Namen nicht offenzulegen, läßt sich zweifelsfrei erkennen. Allerdings ist zu überlegen, ob es sich dabei auch um ein schutzbedürftiges Interesse handelt. Denn die Situation bei der Feststellung der Tariffähigkeit ist nicht vergleichbar mit den Umständen, die beim Nachweis des „Vertretenseins einer Gewerkschaft im Betrieb" herrschen. Stellt sich die Frage der Tariffähigkeit einer Arbeitnehmervereinigung im Rahmen eines Haustarifvertragsabschlusses, so handelt es sich zumeist um einen Konflikt innerhalb der Arbeitnehmerseite. Einer anderen Gewerkschaft ist an der Feststellung gelegen, daß der an dem Tarifabschluß beteiligten Gewerkschaft die Tariffähigkeit fehlt. Im Gegensatz dazu hat der Arbeitgeber ein Interesse an der Wirksamkeit des

---

1364 Std. Rspr. Vgl. hierzu nur BVerfG v. 26.05. 1981 - 2 BvR 215/81, BVerfGE 57, 250 (274) m. w. N.; BVerfG v. 17.05. 1983 - 2 BvR 731/80, BVerfGE 64, 135 (144) m. w. N.

1365 So *Kraft*, GK-BetrVG, Bd. 1, § 2 Rn. 30 beim Nachweis des „Vertretenseins einer Gewerkschaft im Betrieb".

1366 *Prütting/Weth*, AuR 1990, 269 (271).

1367 Vgl. ausführlich *Grunsky*, AuR 1990, 105 (108 f.).

Tarifvertrages. Die sonst im Betriebsverfassungsrecht an erster Stelle gegen die Namensnennung angeführten Repressalien durch den Arbeitgeber sind daher nicht zu befürchten. Allerdings liegt es auf der Hand, daß Spannungen auftreten werden, und zwar wird eine Druckwirkung zwischen den Mitgliedern der vertretenen Gewerkschaften insgesamt zu erwarten sein. Gleichwohl rechtfertigen die dahingehend vorliegenden Mitgliederinteressen, die wohl eintretenden Konflikte zu vermeiden, nicht, die prozessualen und verfassungsrechtlich garantierten Grundsätze zurückzudrängen. Die Namensnennung ist damit für die Gewerkschaftsmitglieder nicht unzumutbar.

Nachdrücklich ist hervorzuheben: Die Benennung eines mittelbaren Zeugen ist zwar grundsätzlich möglich. Die Befragung des Gewerkschaftssekretärs oder Notars als benannten Zeugen verstößt dagegen in nicht gerechtfertigter Weise gegen verschiedene Verfahrensregeln der ZPO und des ArbGG sowie gegen Art. 103 Abs. 1 GG[1368].

bb) Ergebnis

Ein sog. beweisrechtliches Geheimverfahren zur Feststellung der „tarifvertragsbezogenen Mächtigkeit“ der Gewerkschaft verstößt gegen zahlreiche prozessuale und grundrechtlich geschützte Grundsätze. Ein besonderes, schutzbedürftiges Interesse der Gewerkschaftsmitglieder in dem tarifvertragsbezogenen Unternehmen, das diese Eingriffe rechtfertigen könnte, ist indes nicht erkennbar. Das Gericht muß sich - auch vor dem Hintergrund, daß die Gewerkschaftsmitglieder bereits rechtlich vor Nachteilen geschützt werden, die sie aufgrund der koalitionsmäßigen Betätigung erfahren[1369] - im Ergebnis somit nicht auf ein solches beweisrechtliches Geheimverfahren einlassen[1370]. Der Nachweis, daß eine Gewerkschaft über eine hinreichende „unternehmensbezogene Mächtigkeit“ verfügt, kann demzufolge nur durch namentliche Nennung der Mitglieder des Unternehmens oder Betriebes erfolgen. Die Namensangabe ist somit zur Wahrheitsfindung notwendig.

1368 Vgl. auch *Prütting/Weth*, AuR 1990, 269 (271).

1369 Std. Rspr. des BVerfG und BAG. Vgl. u. a. BVerfG v. 30.11. 1965 - 2 BvR 54/62, AP Nr. 7 zu Art. 9 GG (unter I. 2. a. der Gründe) = BVerfGE 19, 303 (312); BAG v. 14.02. 1967 - 1 AZR 494/65, AP Nr. 10 zu Art. 9 GG (unter 2. der Gründe) = BAGE 19, 217 (222 f.).

1370 BAG v. 25.03. 1992 - 7 ABR 65/90, AP Nr. 4 zu § 2 BetrVG 1972 (unter B. III. 6. der Gründe) = BAGE 70, 85 (95) m. w. N.

b) Zulässigkeit der Namensnennung

Eine andere Frage als die nach der rechtlichen Möglichkeit einer Gewerkschaft, den Nachweis der „tarifvertragsbezogenen Mächtigkeit“ auch anderweitig als durch Namensnennung zu führen, ist die Frage, ob eine solche Namensnennung überhaupt zulässig ist. Bedenken könnten sich sowohl im Hinblick auf das wohl unzulässige Fragerecht nach der Gewerkschaftseigenschaft als auch hinsichtlich der Regelungen des Bundesdatenschutzgesetzes ergeben.

Zum einen ist die Frage nach der Gewerkschaftszugehörigkeit nicht schlechthin unzulässig[1371]. Ein Verbot der Namensnennung kann aus diesem Grund folglich nicht bestehen. Zum anderen ist die Datenübermittlung - hier die namentliche Benennung des jeweiligen Mitgliedes - nach § 24 BDSG auch nicht erkennbar unzulässig. Denn diese Ausgangssituation ist nicht mit den Umständen beim Nachweis des „Vertretenseins einer Gewerkschaft im Betrieb“ vergleichbar. Der Arbeitgeber hat ein gesteigertes Interesse an der Wirksamkeit des Tarifabschlusses und damit an der ausreichenden Mächtigkeit der tarifvertragsbeteiligten Gewerkschaft. Die Gewerkschaft setzt somit zur Durchsetzung ihrer tarifvertraglichen Rechte ihre im Unternehmen oder Betrieb beschäftigten Mitglieder nicht den im anderen Falle auftretenden Risiken aus. Eine ernsthafte Gefahr seitens der anderen Gewerkschaftsmitglieder ist nach Namensaufklärung sicher auch nicht zu erwarten. Außerdem würden gegenteilige Überlegungen zu einem schwer verständlichen Ergebnis führen, wenn die Gewerkschaft zum Beispiel aufgrund rückständiger Mitgliedsbeiträge klagen will und sie die Namen nicht offenlegen kann[1372]. Die Namensnennung durch die Gewerkschaft ist somit zulässig.

II. Verhältnis der „relativen“ zur allgemeinen Tariffähigkeit

Für die Ermittlung des Verhältnisses der „relativen“ zur allgemeinen Tariffähigkeit kommen nur zwei Wahlmöglichkeiten in Betracht: Erstens ist vorstellbar, daß die „relative“ Tariffähigkeit kumulativ zur allgemeinen Tariffähigkeit vorhanden sein muß. Zweitens ist ein alternatives Verhältnis zwischen der sich auf den jeweiligen Geltungsbereich eines Tarifvertrages beziehenden und der sich auf den gesamten Bereich des Tarifrechts erstreckenden Tariffähigkeit denkbar. Wie bereits dargelegt[1373], geht die Frage der „relativen Tariffähigkeit“ notwendig auf die Frage nach der „unternehmensbezogenen Mächtigkeit“ zurück. Daraus folgt, daß allein zu klären bleibt, ob die „unternehmensbezogene Mächtigkeit“ zusätzlich zur allgemeinen sozialen Mächtigkeit vorliegen muß oder ob anstelle der

---

1371 Vgl. insoweit nur *Kraft*, GK-BetrVG, Bd. 2, § 94 Rn. 26 m. w. N.

1372 Zutreffend *Grunsky*, AuR 1990, 105 (113).

1373 Siehe oben unter Teil 1 unter § 3 II. 2. b. cc. (2).

Verbandsmacht lediglich eine Hausmacht für die Zuerkennung der Tariffähigkeit bei Haustarifverträgen zu fordern ausreicht. Insofern wird dann das Mächtigkeitserfordernis auf die Unternehmensebene verlagert[1374].

Tritt die „relative Mächtigkeit" an die Stelle der allgemeinen sozialen Mächtigkeit, wären auch die Verbände, denen bislang eine allgemeine Verbandsmacht fehlte und die damit nach der Rechtsprechung des Bundesarbeitsgerichts nicht tariffähig waren, in der Lage, Haustarifverträge abzuschließen, wenn sie ausschließlich über eine „unternehmensbezogene Mächtigkeit" verfügen können. Ohne bereits an dieser Stelle den Begriff „Tariffähigkeit" im Lichte des § 2 TVG auf seinen räumlichen Geltungsbereich näher würdigen zu wollen, kann aber konstatiert werden: Die damit hervorgerufene Lage wird die Zwecke, die die höchstrichterliche Rechtsprechung mit der Einführung des Merkmals „allgemeine Verbandsmacht" verfolgt hat, faktisch gesehen aushöhlen sowie zu einem vollends unüberschaubaren Zustand und damit zu einer gesteigerten Rechtsunsicherheit führen[1375]. Denn Zielvorstellung sowohl des Bundesarbeitsgerichts als auch des Bundesverfassungsgerichts war: Eine sinnvolle Ordnung des Arbeits- und Wirtschaftslebens durch Tarifverträge kann nur gesichert werden, wenn keiner der Tarifvertragspartner in der Lage ist, dem anderen Tarifvertragspartner seinen Willen aufzwingen. Um ein Gleichgewicht zwischen den Tarifvertragsparteien zu verwirklichen, sollten die Koaltionen daher fähig sein, einen fühlbaren Druck und Gegendruck auf den sozialen Gegenspieler auszuüben[1376]. Wenn aber ein Arbeitnehmerverband lediglich eine bestehende „Hausmacht" nachweisen muß, so stellt sich die Frage, ob er bei fehlender Verbandsmacht imstande ist, einen Haustarifvertrag notfalls auch durch Streik durchzusetzen. Denn insbesondere die Erzwingung von unternehmensbezogenen Tarifverträgen ist unweigerlich mit nicht unwesentlichen Auslagen verbunden und erfordert daher einen bestimmten organisatorischen Aufbau[1377]. Ferner ist auch eine bestimmte Innenautorität, zumindest gegenüber den im Unternehmen beschäftigten Mitgliedern, zu erwägen. Zum Schutz der Tarifautonomie und der Rechtssicherheit kann folglich bei Abschluß von Haustarifverträgen zugunsten sozial schwächerer Arbeitnehmervereinigungen nicht auf eine allgemeine Verbandsmacht verzichtet

1374 Vgl. auch *Benecke*, Anm. zu BAG v. 25.09. 1996 - 1 ABR 25/96, SAE 1998, 60 (65).

1375 Vgl. auch *Benecke*, Anm. zu BAG v. 25.09. 1996 - 1 ABR 25/96, SAE 1998, 60 (65).

1376 Siehe ausführlich dazu Teil 2/1. Abschnitt unter § 4 II.

1377 Zur Zulässigkeit von Streiks im Hinblick auf Firmentarifverträge siehe Teil 3 unter § 12 I. 3. b. cc.

und lediglich eine Hausmacht gefordert werden. Die Hausmacht muß insofern kumulativ zur allgemeinen sozialen Mächtigkeit vorliegen[1378].

III. Zusammenfassung

Weder Innenautorität noch organisatorischer Aufbau einer Arbeitnehmervereinigung sind begriffsbildende Merkmale der „tarifvertragsbezogenen Mächtigkeit". Das für die Bestimmung der Hausmacht einer Arbeitnehmervereinigung maßgebliche Kriterium ist allein die Außenautorität, und zwar gegenüber dem sozialen Gegenspieler; ein subjektiver Beurteilungsmaßstab ist dabei ausreichend. Organisationsgrad innerhalb des Tarifzuständigkeitsgebietes, Arbeitskampfbereitschaft und Tarifpraxis spielen in diesem Zusammenhang keine weitere Rolle. Ausschließlich die Zahl der Mitglieder eignet sich, Auskunft darüber zu geben, ob eine Hausmacht besteht oder nicht.

Die Arbeitnehmervereinigung muß innerhalb des tariflichen Geltungsbereichs mit einer angemessenen Mitgliederzahl vertreten sein[1379]. Die Durchsetzungskraft einer Gewerkschaft auf betrieblicher Ebene ist aber keine Frage zahlenmäßiger Präsenz, sondern vielmehr eine solche Frage tarifvertraglicher Existenz. Es kann demzufolge nicht auf eine abstrakte Mitgliederzahl in einem Unternehmen ankommen. Bei der Bestimmung der „angemessenen" Vertretung muß es sich vielmehr um eine Wertung im Einzelfall handeln. Als Richtwert ist festzuhalten: Es darf kein krasses Mißverhältnis der betroffenen Mitgliederanzahl zur Gesamtzahl der organisierten Beschäftigten vorliegen. Sind mehrere Gewerkschaften in dem betroffenen Unternehmen anzutreffen, so kommt es auf das Verhältnis zu den einzelnen Mitgliederanteilen an. Eine zu geringe Mitgliederzahl kann durch die Art der Mitgliederstellung aufgehoben werden. Eine Begrenzung auf sog. Schlüsselkräfte empfiehlt sich. Für die Ermittlung von Schlüsselpositionen bietet sich ein Rückgriff auf die Grundsätze zur Einrichtung eines streikbedingten Notdienstes an, wobei allerdings auf eine ausgeschlossene Austauschbarkeit der betroffenen Arbeitnehmer zu achten ist.

1378 Vgl. auch *Benecke*, Anm. zu BAG v. 25.09. 1996 - 1 ABR 25/96, SAE 1998, 60 (65); siehe ferner BAG v. 25.09. 1996 - 1 ABR 25/96, AP Nr. 4 zu § 97 ArbGG 1979 (unter B. III. 1. a. der Gründe), das sich zwar nicht ausdrücklich zu dem Verhältnis der „relativen" zur allgemeinen Tariffähigkeit äußert; allerdings scheint es, als müsse auch nach Auffassung des 1. Senats, die „Hausmacht" kumulativ vorliegen, wenn er die „relative Tariffähigkeit" den „allgemeinen Voraussetzungen" zuordnet.

1379 Zutreffend *Koberski/Clasen/Menzel*, TVG-Komm., § 2 Rn. 82.

Gleichwohl stößt die Beurteilung der Hausmacht anhand der Mitgliederzahl eines Verbandes auf Schwierigkeiten, wenn in einem Unternehmen die Anzahl der Nichtorganisierten gegenüber den Tarifgebundenen weit überwiegt.

Ein arbeitsrechtliches Geheimverfahren - als alternatives Beweismittel zur Namensnennung der betroffenen in dem Unternehmen beschäftigen Gewerkschaftsmitglieder - ist abzulehnen. Mangels - soweit erkennbar - anderer Beweismöglichkeiten ist für den Nachweis der „unternehmensbezogenen Mächtigkeit“ die Angabe der einzelnen Namen daher notwendig. Ein Verbot der Namensnennung ergibt sich weder aus dem zumeist unzulässigen Fragerecht nach der Gewerkschaftseigenschaft noch aus Datenschutzgesichtspunkten; sie ist somit auch zulässig.

Die Bestrebungen der Tarifautonomie und Rechtssicherheitsgesichtspunkte bedingen grundsätzlich eine allgemeine soziale Mächtigkeit der tarifvertragsabschließenden Arbeitnehmervereinigung. Im Falle einer existenten „relativen Tariffähigkeit“ muß somit die Hausmacht neben die allgemeine Verbandsmacht treten.

§ 14 Tarifrechtliche Anerkennung einer „relativen Tariffähigkeit“

Den Ausgangspunkt der Überlegungen zur tarifrechtlichen Anerkennung einer „relativen Tariffähigkeit“ bildet § 2 Abs. 1 TVG. Mittels der tradierten Auslegungskriterien muß zunächst überlegt werden, ob der Gesetzgeber in solchen Fällen von einer „restriktiven“ Handhabung der Tariffähigkeit ausgegangen ist[1380]. Dann müßte diese gefundene Bedeutung des Gesetzes aber innerhalb des möglichen Sinnbereichs des Ausdrucks liegen. Unterschreitet sie dagegegen gravierend die Grenze des denkbaren Wortsinns und bricht damit in den sog. „Begriffskern“[1381] ein, so verbleibt nur noch die Möglichkeit einer teleologischen Reduktion der Vorschrift des § 2 Abs. 1 TVG, wenn eine „verdeckte“ gesetzliche Lücke besteht[1382]. Allerdings ist in dem Fall, der Nachweis dafür zu erbringen, wertungsmäßig sei die Grundnorm - also § 2 Abs. 1 TVG - unanwendbar, wenn der Ausnahmefall - hier ein Haustarifvertrag einer „Minderheits-Gewerkschaft“ als „Majorisierung einer Minorität“ - vorliegt[1383]. Insoweit muß dann auf die bereits herausgearbeiteten Erkenntnisse[1384] hinsichtlich der vorrangig von § 2 Abs. 1 TVG geschützten Interessenlage zurückgegriffen werden, um schließlich mit Blick auf diese Schutzrichtung diskutieren zu können, ob eine teleologische Reduktion des § 2 Abs. 1 TVG erfolgreich ist oder nicht. Demzufolge ist die Antwort auf die Frage nach der Zulässigkeit einer Restriktion des § 2 Abs. 1 TVG in hohem Maße von der genauen Bestimmung des Gesetzeszwecks abhängig[1385].

1380 Auslegungsziel ist nicht nur der „wirkliche Wille“ des Gesetzgebers, sondern auch die heute maßgebliche Bedeutung des Gesetzes, vgl. dazu und zur „engen“ Auslegung *Larenz/Canaris*, Methodenlehre, S. 174, *Larenz*, Methodenlehre, S. 354.

1381 Alle Merkmale eines unbestimmten Rechtsbegriffs, über die Klarheit besteht, zählen zum sog. „Begriffskern“; bestehen dagegen Zweifel bei Merkmalen hinsichtlich Inhalt und Umfang, beginnt der sog. „Begriffshof“, vgl. *Engisch*, Juristisches Denken, S. 108.

1382 So auch die wohl überwiegende Meinung, die an einer Grenzziehung zwischen teleologischer Interpretation und teleologischer Reduktion trotz teilweiser fließender Übergänge festhält, vgl. *Brandenburg*, Teleologische Reduktion, S. 2 f. mit weiteren Nachweisen. Vgl. ausführlich zur „verdeckten“ (planwidrigen) Regelungslücke unten Teil 3 unter § 14 II.

1383 *Zippelius*, Methodenlehre § 11 II. b.

1384 Siehe dazu oben Teil 2/3. Abschnitt unter § 10.

1385 Vgl. dazu *Rüthers*, Rechtstheorie, Rn. 902 f.; *Zippelius*, Methodenlehre § 11 II. b.

I. Auslegung des § 2 Abs. 1 TVG hinsichtlich einer „relativen Tariffähigkeit“

Mit Hilfe der tradierten Auslegungskriterien wird im folgenden untersucht, ob Anhaltspunkte einer konkret-individuellen Betrachtungsweise der Tariffähigkeit in § 2 Abs. 1 TVG vorliegen. Dabei ist im einzelnen zu überlegen, ob und inwieweit sich die aus der Auslegung des Gewerkschaftsbegriffs in § 2 Abs. 1 TVG gefundenen Erkenntnisse übertragen lassen. Denn Ausgangspunkt der Überlegungen war: Von der Gewerkschaftseigenschaft im Sinne des § 2 Abs. 1 TVG kann grundsätzlich auf die allgemeine Tariffähigkeit geschlossen werden; beide Begriffsanforderungen können insofern gleichgesetzt werden. Ein Rückbezug auf die Auslegungsergebnisse erscheint daher zunächst naheliegend[1386]. Trotzdem ist hinsichtlich einer „relativen Tariffähigkeit“ folgendes zu bedenken: Während bei der vorgenannten Auslegung von den Voraussetzungen des Gewerkschaftsbegriffs auf die Anforderungen für die Zuerkennung der Tariffähigkeit zweifellos geschlossen werden konnte, ist der Blickwinkel hier ein anderer. Denn es geht in dieser Erörterung nicht in erster Linie darum, die einzelnen Voraussetzungen, also den sog. „Begriffskern“ der Tariffähigkeit hinsichtlich des personellen Geltungsbereichs auf Arbeitnehmerseite zu bestimmen. Es wird vielmehr versucht, solche Hinweise zu finden, die das Verständnis von der Tariffähigkeit mit Blick auf die Art der implizierten Tarifverträge erfassen, also um den sog. „Begriffshof“. Obwohl sich auch hier zugleich die Frage nach einer „unternehmensbezogenen Mächtigkeit“ als weitere Voraussetzung des Gewerkschaftsbegriffs und damit der Tariffähigkeit aufdrängt. Denn den bisherigen Erkenntnissen zufolge läuft die Frage nach einer tarifvertragsbezogenen Tariffähigkeit notwendig auf die Frage nach einer „unternehmensbezogenen Mächtigkeit“ hinaus.

1. Grammatikalische Auslegung

Ohne von der „Tariffähigkeit“ zu sprechen, legt § 2 Abs. 1 TVG nur ganz abstrakt die „Tarifvertragsparteien“ fest. Aufgeführt werden Gewerkschaften, Vereinigungen von Arbeitgebern und der einzelne Arbeitgeber. Allein diesen aufgezählten Personen und Personenzusammenschlüssen soll ohne weitere Relativierung die Tariffähigkeit zukommen. Die Tariffähigkeit auf Arbeitnehmerseite hängt folglich allein davon ab, ob die betreffende Arbeitnehmervereinigung eine Gewerkschaft im Sinne des § 2 Abs. 1 TVG darstellt. Nach dem Wortlaut des § 2 Abs. 1 TVG kann eine Gewerkschaft nur Tarifvertragspartei sein oder nicht. Es besteht also nur eine „entweder-oder“ Möglichkeit. Nicht abzuleiten ist dagegen: Eine Gewerkschaft könne nur hinsichtlich einer bestimmten Art von Tarifverträgen Tarifvertragspartei sein. Anhaltspunkte, die für eine „relative Tariffähig-

[1386] Siehe dazu oben Teil2/3. Abschnitt.

keit" sprechen, sind nach einer grammatikalischen Betrachtung somit nicht ersichtlich[1387].

2. Historische Auslegung

Der historische Kontext könnte darüber aufschlußreich sein, ob eine restriktive Handhabung der Tariffähigkeit auf Arbeitnehmerseite dem Gesetzesinhalt des § 2 Abs. 1 TVG entspricht.

a) Weimarer Zeit

Die TVVO von 1918 sprach in § 1 lediglich von „Vereinigungen von Arbeitnehmern und Arbeitgebern" und gibt folglich keine weitere Auskunft über das damalige Verständnis der Tariffähigkeit in Bezug auf den räumlichen Geltungsbereich. Die Tatsache, daß die TVVO mit keinem Wort die Tariffähigkeit erwähnte und letztendlich auch während der gesamten Weimarer Zeit unverändert blieb, darf aber nicht zu der Annahme führen, daß die arbeitsrechtliche Praxis und die Literatur der damaligen Zeit dem Fachausdruck der Tariffähigkeit keinerlei Bedeutung beigemessen haben. So erwähnte bereits *Sinzheimer* in seinen zahlreichen Vorentwürfen zum angestrebten Tarifvertragsgesetz den Terminus der Tariffähigkeit, allerdings ohne den Begriff in irgendeiner Weise „relativ" zu betrachten[1388]. Auch der Referentenentwurf des Reichsarbeitsministerium vom Mai 1931, der im Rahmen der angestrebten deutsch-österreichischen Tarifrechtsangleichung angefertigt wurde, verwendete in § 5 Abs. 1 den Ausdruck der Tariffähigkeit[1389]. Das in diesem Zusammenhang maßgebliche dogmatische Verständnis der Tariffähigkeit kam dabei besonders in § 5 Abs. 4 Satz 1 und 2 Hs. 1 zum Ausdruck. Diese Regelung lautete[1390]:

1387 Vgl. auch *Oetker*, Rechtsgutachten, S. 17.

1388 Siehe dazu oben Teil 2/3. Abschnitt unter § 8 I. 1. b. Siehe auch § 4 des Entwurfs des Arbeitsrechtsausschusses aus dem Jahre 1921 und § 3 des Entwurfs von *Nipperdey* aus dem Jahre 1924, die beide den Begriff „Tariffähigkeit" vorsahen, allerdings keine nähere Auskunft darüber geben, ob sich die Tariffähigkeit auf den jeweiligen Tarifvertrag beziehen sollte oder abstrakt-generell die Fähigkeit, Tarifverträge abschließen zu können, umschreiben sollte. Hierzu die Übersicht bei *Oetker*, Deutsch-österreichische Tarifrechtsangleichung, S. 370 (373 f.).

1389 Siehe auch § 5 des „Entwurfs des Bundesministeriums für soziale Verwaltung für ein Bundesgesetz über Tarifverträge und Betriebsvereinbarungen" in der Fassung vom Juni 1931, der allerdings ebenfalls den Begriff „Tariffähigkeit" ohne nähere Erläuterung verwendet, abgedruckt bei: *Oetker*, Deutsch-österreichische Tarifrechtsangleichung, S. 354 (355).

1390 Der vollständige Entwuf ist mit seinen umfangreichen Vorarbeiten abgedruckt bei: *Oetker*, Deutsch-österreichische Tarifrechtsangleichung, S. 319 ff.

> „Tariffähige Vereinigungen von Arbeitgebern und Arbeitnehmern besitzen *Rechtspersönlichkeit*. Auf solche Vereinigungen finden die Vorschriften über *rechtsfähige Vereine* Anwendung;...“[1391]

Daraus folgt, daß der Entwurf den dort genannten Vereinigungen eine spezielle Rechtspersönlichkeit im Sinne einer Rechtsfähigkeit eigener Art übertragen wollte, um bewußt die vertragsrechtlichen Probleme ausschließen zu können, die sich hinsichtlich der Vereinigungen von Arbeitnehmern ergeben konnten. Denn die Gewerkschaften waren historisch bedingt als nicht rechtsfähige Vereine entstanden[1392]. Anhaltspunkte, die auf eine „geteilte“ Rechtspersönlichkeit hinweisen, sind aber nicht ersichtlich[1393].

b) Entwürfe und Materialien zum Tarifvertragsgesetz von 1949

Obwohl das heute rechtsgültige Tarifvertragsgesetz den Begriff „Tariffähigkeit“ nicht erwähnt, könnten trotzdem die verschiedenen Entwürfe zum Tarifvertragsgesetz hilfreich sein, den räumlichen Geltungsbereich der Tariffähigkeit zu bestimmen.

Die zahlreichen Vorentwürfe zum Tarifvertragsgesetz setzten sich - wie bereits festgestellt[1394] - allerdings kaum mit dem Begriff der Tariffähigkeit auseinander. In den einzelnen Gesetzesvorschlägen fanden sich überdies nur geringe formulierungstechnische Unterschiede. Im übrigen gingen die Redakteure in den Begründungen kaum auf die begriffliche Klärung der Tariffähigkeit ein. Gleichwohl könnte in diesem Zusammenhang der von dem Zentralamt für Arbeit vorgelegte Entwurf (sog. *Lemgoer Entwurf*) von Bedeutung sein, da er die Vorarbeiten zu dem Tarifvertragsgesetz von 1949 ganz entscheidend prägte[1395] und in § 1 Abs. 1 vorsah:

> Gewerkschaften, Arbeitgeberverbände und Arbeitgeber sind „tariffähig“[1396].

1391 Hervorhebungen durch die Verfasserin.

1392 Zu den Gründen siehe ausführlich *Schaub*, Arbeitsrechtshandbuch, § 187 Rn. 8.

1393 So auch *Oetker*, Rechtsgutachten, S. 21. Siehe dazu auch § 5 des Entwurfs des Arbeitsrechtsausschusses aus dem Jahre 1921 sowie § 4 des Entwurfs von *Nipperdey*, die beide abgedruckt sind bei: *Oetker*, Deutsch-österreichische Tarifrechtsangleichung, S. 371 (375).

1394 Siehe dazu oben Teil 2/3. Abschnitt unter § 8 II. 1.

1395 *Oetker*, in: Wiedemann, TVG-Komm., Geschichte, Rn. 21.

1396 Vollständig abgedruckt bei: *Oetker*, in: Wiedemann, TVG-Komm., Geschichte Rn. 21 ff.

Im Gegensatz zu der abstrakten Formulierungsweise der Tarifvertragsverordnung vom 23.12. 1918 bezeichnete er damit die Träger der Tariffähigkeit konkret und erwähnte auch ausdrücklich die Tariffähigkeit. Aus der Begründung des Gesetzesvorschlags geht zudem folgendes hervor: Der Begriff „Tariffähigkeit" war der früheren Gesetzessprache zwar fremd; da er sich aber seit langem in Wissenschaft und Praxis eingebürgert hatte, erschien es als notwendig, den Ausdruck in den Gesetzestext aufzunehmen[1397]. Ein Hinweis auf eine einschränkend zu betrachtende Tariffähigkeit findet sich darin jedoch nicht. Soweit ersichtlich gingen auch weder Wissenschaft noch Praxis von einer Tariffähigkeit aus, die von der Art des abgeschlossenen Tarifvertrages abhängig sein sollte[1398].

Ebenso wie der *Lemgoer Entwurf*, nahmen auch der Entwurf der Arbeitsgemeinschaft der Arbeitgeber in der britischen Zone im Juni 1948[1399] und der spätere von der SPD-Fraktion im Wirtschaftsrat für das Vereinigte Wirtschaftsgebiet eingereichte Initiativantrag, der auf den zahlreichen Vorschlägen der Gewerkschaften aufbaute[1400], den Terminus der Tariffähigkeit ausdrücklich auf. Den beiden Entwürfen kann jedoch gleichermaßen kein Hinweis für ein Verständnis im Sinne einer auf den jeweiligen Tarifvertrag bezogenen Tariffähigkeit entnommen werden.

c) Zwischenergebnis

Anhand des tradierten Verständnisses der Tariffähigkeit, von dem der Gesetzgeber des heute rechtsgültigen Tarifvertragsgesetzes - soweit erkennbar - nicht abweichen wollte, läßt sich die Annahme einer „relativen Tariffähigkeit" nicht erklären. Sie bekräftigt damit eine Betrachtungsweise im Sinne einer abstrakt-generellen Umschreibung der Personen, die zum Abschluß von Tarifverträgen berechtigt sind und dementsprechend eine allgemein zu verstehende Tariffähigkeit[1401].

1397 Abgedruckt bei *Oetker*, in: Wiedemann, TVG-Komm., Geschichte Rn. 23.

1398 Siehe dazu oben Teil 2/3. Abschnitt unter § 8 I. 2. e. cc.

1399 Abgedruckt bei: *Nautz*, Durchsetzung, S. 172 ff.; *Oetker*, in: Wiedemann, TVG-Komm., Geschichte Rn. 24.

1400 Siehe dazu *Nautz*, Durchsetzung, S. 114 m. w. N.; *Oetker*, in: Wiedemann, TVG-Komm., Geschichte Rn. 37.

1401 *Oetker*, Rechtsgutachten, S. 21.

3. Systematische Auslegung

Zu fragen ist, ob sich eine nach dem Geltungsbereich des Tarifvertrages unterscheidende Tariffähigkeit Gegenstand des § 2 TVG problemlos in die Gesetzessystematik einorden läßt.

a) Vergleich mit den Regelungen des Tarifvertragsgesetzes

Der Gesetzgeber hat im Tarifvertragsrecht neben der in § 2 Abs. 1 TVG geregelten Tariffähigkeit noch weitere gewerkschaftliche Betätigungsrechte festgelegt, die er allerdings - wie § 12 TVG zum Beispiel im Hinblick auf § 5 TVG oder § 11 TVG zeigt - bewußt und ausdrücklich beschränkt hat. Denn nach § 5 TVG und § 11 TVG stehen die Mitwirkungsbefugnisse für die Allgemeinverbindlichkeitserklärung von Tarifverträgen durch den Bundesminister für Arbeit und Soziales und den Erlaß von Verordnungen zur Durchführung des Tarifvertragsgesetzes ausschließlich Spitzenorganisationen zu. Unter den Begriff der Spitzenorganisationen fallen aber nach § 12 TVG nur Zusammenschlüsse von Verbänden, die für die Vertretung der Arbeitnehmer- oder Arbeitgeberinteressen im Arbeitsleben des Bundesgebietes eine „wesentliche Bedeutung“ besitzen; gleichgestellt werden nach § 12 Satz 2 TVG Vereinigungen, die keinem Zusammenschluß angehören, wenn sie ebenfalls eine „wesentliche Bedeutung“ im Arbeitsleben des Bundesgebietes besitzen. Der Hinweis in § 12 TVG auf § 2 TVG macht deutlich, daß zwischen der Tariffähigkeit nach § 2 Abs. 2 TVG und den Mitwirkungsbefugnissen nach §§ 5 und 11 TVG zu trennen ist, die Tariffähigkeit also nicht automatisch zu den genannten Mitwirkungsmöglichkeiten berechtigt[1402]. Wenn der Gesetzgeber die in § 2 Abs. 1 TVG festgelegte Tariffähigkeit in Bezug zu dem Geltungsbereich des jeweiligen Tarifvertrages setzten wollte, so hätte er - wie seine weitere Regelungstechnik anhand des § 12 TVG zeigt - eine beschränkte Tariffähigkeit ausdrücklich festgelegt[1403].

Mit der Festlegung des Merkmals der „wesentlichen Bedeutung“ der Vereinigung im Arbeitsleben der Bundesrepublik hat der Gesetzgeber gezeigt, daß der Mächtigkeitsgedanke dem Tarifvertragsrecht nicht fremd ist. Wie bereits festgestellt[1404], schließt die Regelung in § 12 TVG nicht aus, die allgemeine soziale Mächtigkeit im Rahmen der Tariffähigkeit von Arbeitnehmervereinigungen zu fordern. Es

1402 *Koberski/Clasen/Menzel*, TVG-Komm., § 12 Rn. 3; *Oetker*, in:Wiedemann, TVG-Komm., § 12 Rn. 6.

1403 So auch *Oetker*, Rechtsgutachten, S. 17, der allerdings anhand der Regelung in § 12 TVG schlußfolgert, daß eine wesentliche Bedeutung für die Zuerkennung der Tariffähigkeit einer Spitzenorganisation überhaupt nicht bestehen muß.

1404 Siehe dazu oben Teil 2/3. Abschnitt unter § 9 II. 1.

stellt sich daher die Frage, ob anhand des Merkmals der „wesentlichen Bedeutung“ der Vereinigung im Arbeitsleben der Bundesrepublik Hinweise für das Postulat einer nach dem Geltungsbereich des Tarifvertrages unterscheidenden Tariffähigkeit abgeleitet werden können. Denn die tarifvertragsbezogene Tariffähigkeit kann im Ergebnis mit der „unternehmensbezogenen Mächtigkeit“ gleichgesetzt werden[1405]. Entscheidend für die Anerkennung einer „wesentlichen Bedeutung“ im Rahmen des § 12 TVG ist, daß sich die Bedeutung der Vereinigung nicht bloß auf ein örtlich beschränktes Gebiet, sondern auf das gesamte Bundesgebiet beziehen muß[1406]. Eine relative „wesentliche Bedeutung“ ist der Vorschrift damit fremd. Allerdings soll die gesetzliche Definition im Rahmen des § 12 TVG ausdrücklich nach dem Wortlaut nicht für den Bereich des § 2 TVG Geltung erlangen und die Frage der Tariffähigkeit demzufolge bei der dortigen Regelung in § 2 TVG verbleiben[1407]. Rückschlüsse auf die Anerkennung einer „relativen Tariffähigkeit“ können somit aus dieser Regelung nicht gezogen werden.

Wenn sich die Frage nach der rechtlichen Anerkennung einer „relativen Tariffähigkeit“ auf den Fall der fehlenden unternehmensbezogenen Mächtigkeit einer Arbeitnehmervereinigung stützt, dann ist die Rechtslage bei einem sog. „kleinen Arbeitgeber“, der auf eine übermächtige Gewerkschaft trifft, vergleichbar. Wie die herausgearbeiteten Ergebnisse zeigen[1408], entfällt auch in dieser Konstellation die Tariffähigkeit nicht[1409].

b) Vergleich mit den Regelungen des Betriebsverfassungsgesetzes

Das Betriebsverfassungsrecht bestimmt zahlreiche Befugnisse der Gewerkschaften[1410]. Demzufolge ist zu überlegen, ob von der Regelungstechnik im Betriebsverfassungsrecht Schlußfolgerungen auf die Existenz einer tarifvertragsbezogenen Tariffähigkeit möglich sind[1411].

[1405] Siehe oben Teil 1 unter § 3 II. 2. b. cc. (1).

[1406] *Oetker*, in: Wiedemann, TVG-Komm., § 12 Rn. 9.

[1407] *Oetker*, in: Wiedemann, TVG-Komm., § 12 Rn. 3.

[1408] Siehe oben Teil2/3. Abschnitt unter § 10 II. 2. a.

[1409] So auch *Oetker*, Anm. zu BAG v. 25.09. 1996 – 1 ABR 25/96, AP Nr. 4 zu § 97 ArbGG 1979 (unter III.).

[1410] Vgl. insofern nur § 2 Abs. 1 TVG (Zugangsrecht von Gewerkschaftsbeauftragten); § 14 Abs. 5 (Wahlvorschlag durch die Gewerkschaft); § 23 Abs. 1 und 2 (Antragsrecht der Gewerkschaft bei Verletzung betriebsverfassungsrechtlicher Pflichten).

[1411] Zu der systematischen Auslegungsmethode vgl. *Schlachter*, Auslegungsmethoden, S. 14.

Die maßgeblichen betriebsverfassungsrechtlichen Vorschriften billigen den Gewerkschaften verschiedene Rechte nur zu, wenn sie weitere, über den Gewerkschaftsbegriff hinausgehende Voraussetzungen erfüllen. Die Gewerkschaften müssen daher entweder im Betrieb[1412] oder im Betriebsrat[1413] vertreten sein[1414]. Eine Gewerkschaft ist nach herrschender Ansicht dann im Betrieb vertreten, wenn sie mindestens einen Arbeitnehmer des Betriebes zu ihren Mitgliedern zählen kann. Wichtig sei dabei, daß der Arbeitnehmer vom Betriebsrat vertreten wird, also nicht leitender Angestellter ist[1415]. Außerdem müsse die Gewerkschaft für den Arbeitnehmer tätig werden können, das bedeutet, daß sie ihn auch nach der eigenen Gewerkschaftssatzung als Mitglied aufnehmen können muß[1416]. Auch die Regelungstechnik im Betriebsverfassungsgesetz zeigt somit: Wenn der Gesetzgeber eine sich in Beziehung zum Geltungsbereich des jeweiligen Tarifvertrages setzende und damit einschränkende Tariffähigkeit gewollt hätte, dann hätte er eine ausdrückliche und bewußte Regelung im Tarifvertragsrecht zum Ausdruck gebracht[1417].

Bedenklich ist zudem, daß das Postulat einer tarifvertragsbezogenen Tariffähigkeit im Widerspruch zu dem betriebsverfassungsrechtlichen Gewerkschaftsbegriff steht[1418]. Denn auf der einen Seite muß nach allgemeiner Auffassung[1419] eine

1412 Vgl. z. B. § 2 Abs. 2 (Zugangsrecht von Gewerkschaftsbeauftragten); § 14 Abs. 5 (Wahlvorschlag durch die Gewerkschaft); § 16 Abs. 2 (Antrags- und Mitgliedschaftsrecht einer Gewerkschaft beim Wahlvorstand); § 19 Abs. 2 (Wahlanfechtungsrecht); § 23 Abs. 1 und 2 (Antragsrecht der Gewerkschaft bei Verletzung betriebsverfassungsrechtlicher Pflichten); § 46 Abs. 1 BetrVG (Teilnahmerecht von Gewerkschaftsbeauftragte in Betriebs- oder Abteilungsversammlungen).

1413 Vgl. § 31 BetrVG.

1414 *Richardi*, BetrVG-Komm., § 2 Rn. 66. Entsprechende Vorschriften bestehen auch in den Personalvertretungsgesetzen (siehe z. B. §§ 2 Abs. 1 und 2, 19 Abs. 8, 25, 36 BPersVG), wo die Rechte einer Gewerkschaft davon abhängen, ob sie in der Dienststelle vertreten ist. Auch im Mitbestimmungsgesetz unterliegen die Befugnisse einer Gewerkschaft der Voraussetzung, daß sie in dem Unternehmen vertreten ist (§§ 7 Abs. 4, 16 Abs. 2 MitbestG).

1415 *Richardi*, BetrVG-Komm., § 2 Rn. 67; a. A. *Grunsky*, AuR 1990, 105 (106).

1416 Zum Beispiel ist die *DAG* nicht in einem produzierenden Betrieb vertreten, wenn ihr nur ein Arbeiter angehört; denn nach *DAG*-Satzung (§ 7) können Arbeiter nur dann Mitglieder werden, wenn es sich um einen Angestelltenbetrieb handelt, vgl. *Richardi*, BetrVG-Komm., § 2 Rn. 68.

1417 Vgl. auch *Oetker*, Rechtsgutachten, S. 18.

1418 Zu der systematischen Auslegungsmethode vgl. *Schlachter*, Auslegungsmethoden, S. 14.

1419 *F/K/H/E*, BetrVG-Komm., § 2 Rn. 26 m. w. N.; *Richardi*, TVG-Komm., § 2 Rn. 31 und 67 m. w. N.; vgl. auch BAG v. 25.03. 1992 - 7 ABR 65/90, AP Nr. 4 zu § 2 BetrVG 1972 (unter B. I. 1. der Gründe) = BAGE 70, 85 (89).

Gewerkschaft für die Wahrnehmung betriebsverfassungsrechtlicher Befugnisse als weitere, über die an den Gewerkschaftsbegriff hinausgehende Anforderung lediglich einen Arbeitnehmer im Betrieb als Mitglied haben. Auf der anderen Seite soll der Begriff der Gewerkschaften im Bereich des Betriebsverfassungsrechts aber dieselbe Bedeutung wie im Bereich des Tarifvertragsrechts besitzen[1420]. Denn die obersten Gerichtshöfe gehen in ständiger Rechtsprechung von einem einheitlichen Gewerkschaftsbegriff in der arbeitsrechtlichen Gesetzgebung aus, der sich auf den in § 2 TVG niedergelegten Gewerkschaftsbegriff stützt. Auch die durch die Neuregelung des Betriebsverfassungsgesetzes veränderten Vorschriften führten zu keiner Rechtsänderung[1421]. Die neugeregelten Bestimmungen legen diesen Gewerkschaftsbegriff weiterhin zugrunde[1422]. Die widersprüchlichen Aussagen ließen sich allerdings unter Aufgabe des einheitlichen Gewerkschaftsbegriffs vermeiden. Allein mit dieser Konsequenz wäre eine ungehinderte Einordnung der These einer „relativen Tariffähigkeit" in die gesamte Rechtsordnung möglich[1423].

c) Vergleich mit den Regelungen des Arbeitsgerichtsgesetzes

Zu überlegen ist, ob sich das Postulat einer „relativen Tariffähigkeit" vor dem Hintergrund der prozessualen Regelung des § 97 Abs. 5 ArbGG rechtfertigen läßt. Nach § 97 Abs. 5 ArbGG wird auf Antrag im Wege eines Beschlußverfahrens nach §§ 2 a Abs. 1 Nr. 4, Abs. 2, 97 ArbGG eine Entscheidung über die Tariffähigkeit einer Vereinigung getroffen, wenn die Tariffähigkeit oder die Gewerkschaftseigenschaft[1424] umstritten ist. Dabei ist der Inhalt des Antrags gleichgültig[1425]. Für die Durchführung des Beschlußverfahrens nach §§ 2 a Abs. 1 Nr. 4, Abs. 2, 97 ArbGG muß ein Rechtsschutzbedürfnis vorliegen, und zwar muß die Frage der Tariffähigkeit oder Gewerkschaftseigenschaft zweifelhaft sein. Da es sich um ein reines Feststellungsverfahren handelt, ist das erforderliche Rechts-

---

1420 Vgl. BAG v. 23.04. 1971 - 1 ABR 26/0, AP Nr. 2 zu § 97 ArbGG 1953 (unter 1. der Gründe) = BAGE 23, 320 (324).

1421 Vgl. z. B. § 14 Abs. 5 n. F. i. V. m. § 14 Abs. 8 n. F.

1422 *Berg*, in: Däubler/Kittner/Klebe, BetrVG-Komm., § 2 Rn. 10 m. w. N.

1423 So im Ergebnis auch *Dütz*, DB 1996, 2355 (2390); vgl. ferner *Oetker*, Rechtsgutachten, S. 19.

1424 So BAG v. 23.04. 1971 - 1 ABR 26/70, AP Nr. 2 zu § 97 ArbGG 1953 = BAGE 23, 320 ff.; BAG v. 25.11. 1986 - 1 ABR 22/85, AP Nr. 36 zu § 2 TVG = BAGE 53, 347 ff.; vgl. auch *Matthes*, in: Germelmann/Matthes/Prütting, ArbGG-Komm., § 97 Rn. 10; a. A. BAG v. 22.12. 1960 - 2 AZR 140/58, AP Nr. 25 zu § 11 ArbGG 1953; vgl. ferner *Grunsky*, ArbGG-Komm., 7. Aufl., § 97 Rn. 5.

1425 *Matthes*, in: Germelmann/Matthes/Prütting, ArbGG-Komm., § 97 Rn. 12; *Grunsky*, ArbGG-Komm., 7. Aufl., § 97 Rn. 5.

schutzbedürfnis mit dem Feststellungsinteresse im Sinne von § 256 ZPO identisch[1426]. Nach § 256 ZPO fehlt ein besonderes Feststellungsinteresse, wenn das Gericht nicht zur Rechtsklärung beitragen kann[1427]. Das umstrittene Rechtsverhältnis muß sich aus einer konkreten Sachlage ergeben. Abstrakte Rechtsfragen können daher nicht Gegenstand einer Feststellungsklage sein[1428]. Die Antragsteller müssen dementsprechend im Falle eines allgemein gehaltenen Antrags mit einer Abweisung wegen Unzulässigkeit rechnen.

Da in der Praxis oftmals die Entscheidung eines Streits von der Entscheidung einer Rechtsfrage abhängt, ist bei der Formulierung der Anträge der Verfahrensbeteiligten darauf zu achten, also so auszulegen, daß nicht eine Entscheidung über eine Rechtsfrage, sondern eine konkrete Rechtsfolge begehrt wird[1429]. Maßgeblich für die Auslegung von Anträgen als Prozeßhandlungen ist, wie die Erklärung im Augenblick ihrer Abgabe unter Berücksichtigung der aus den Akten erkennbaren Gegebenheiten gedeutet werden muß[1430]. Bestehen Zweifel, so ist danach auszulegen, was nach den Maßstäben der Rechtsordnung vernünftig ist und der Interessenlage der Partei entspricht, das Anliegen der Partei also erfolgreich sein kann[1431]. Für die Feststellung der Tariffähigkeit oder Gewerkschaftseigenschaft kommt es grundsätzlich auf die gegenwärtige Tariffähigkeit oder Gewerkschaftseigenschaft der Arbeitnehmervereinigung vor dem Hintergrund der „tarifvertragsrelevanten Mächtigkeit“ in einer bestimmten Region an[1432]. Für eine über den regionalen Bereich hinausgehende Klärung der Tariffähigkeit oder Gewerkschaftseigenschaft fehlt es folglich an einem Feststellungsinteresse im Sinne des § 256 ZPO. Bei den Feststellungsstreitigkeiten über die Tariffähigkeit oder Gewerkschaftseigenschaft ist somit von einer Antragstellung konkret tarifvertragsbezogener Art, regelmäßig also in einem räumlich begrenzten Umfang auszugehen. Denn nur bei einem auf einen konkreten Sachverhalt bezogenen Antrag kann mit einer erfolgreichen Entscheidung gerechnet werden[1433]. Mit Blick auf

---

1426 *Grunsky*, ArbGG-Komm., 7. Aufl., § 97 Rn. 14.

1427 Vgl. *Hartmann*, in: Baumbach/Lauterbach/Albers/Hartmann, ZPO-Komm., § 256 Rn. 34; ferner *Lüke*, in: MünchKomm., ZPO, § 256 Rn. 37.

1428 *Arens/Lüke*, Zivilprozeßrecht, Rn. 127.

1429 *Arens/Lüke*, Zivilprozeßrecht, Rn. 127.

1430 BGH v. 11.11. 1993 - VII ZB 24/93, NJW-RR 1994, 568; *Rosenberg/Schwab/Gottwald*, § 65 III., S. 356; *Putzo*, in: Thomas/Putzo, ZPO-Komm., Einl. III, Rn. 16.

1431 BGH v. 18.06. 1996 - VI ZR 325/95, NJW-RR 1996, 1210 (1211); *Rosenberg/Schwab/Gottwald*, § 65 III., S. 356; *Putzo*, in: Thomas/Putzo, ZPO-Komm., Einl. III, Rn. 16.

1432 *Dütz*, DB 1996, 2385 (2390).

1433 *Dütz*, DB 1996, 2385 (2390).

§ 97 Abs. 5 ArbGG könnte somit von einer „relativen Tariffähigkeit" ausgegangen werden.

Trotzdem dürfte die Annahme einer „relativen Tariffähigkeit" nicht in Widerspruch zu der übrigen Regelungstechnik des Gesetzgebers im Arbeitsgerichtsgesetz stehen. Denn auch im Arbeitsgerichtsgesetz hat der Gesetzgeber vergleichbare Regelungen getroffen, in denen er den Gewerkschaftsbegriff des § 2 Abs. 1 TVG zugrunde legt und über die Gewerkschaftseigenschaft hinaus weitere Voraussetzungen für verschiedene Betätigungsrechte aufstellt. So fordert er beispielsweise in § 14 Abs. 5 ArbGG eine „wesentliche Bedeutung" der Arbeitnehmervereinigung für das Arbeitsleben im Landesgebiet oder in § 43 Abs. 1 ArbGG für das Bundesgebiet[1434]. Ferner verlangt er in § 97 Abs. 1 ArbGG für die Antragsbefugnis eine räumliche und sachliche Zuständigkeit des Verbandes. Die Regelungstechnik im Arbeitsgerichtsgesetz erhärtet somit ebenfalls die Annahme: Der Gesetzgeber hätte, wenn er eine einschränkende Tariffähigkeit gewollt hätte, eine solche Regelung im Tarifvertragsgesetz festgelegt[1435].

d) Ziffer A III 2 des Staatsvertrages vom 18.05. 1990

Der 1. Staatsvertrag spricht in seinem 2. Leitsatz des Gemeinsamen Protokolls über Leitsätze (unter Ziffer A III 2) lediglich von „tariffähigen Gewerkschaften und Arbeitgeberverbänden". Er liefert damit keinen Hinweis auf eine restriktiv zu handhabende Tariffähigkeit in § 2 Abs. 1 TVG.

e) Zwischenergebnis

Zwar sprechen mit Blick auf § 97 Abs. 5 ArbGG durchaus gewichtige Gründe für die Annahme einer „relativen Tariffähigkeit". Jedoch geht - insbesondere aus verschiedenen Regelungen des Tarifvertragsgesetzes, des Betriebsverfassungsgesetzes und des Arbeitsgerichtsgesetzes - hervor, daß eine solche Deutung im Widerspruch zu der übrigen Regelungstechnik des Gesetzgebers in den arbeitsrechtlichen Vorschriften steht. Überdies läßt sich auch dem 1. Staatsvertrag kein Anhaltspunkt für eine konkret-individuelle Umschreibung der Tariffähigkeit entnehmen. Die Gesetzessystematik spricht demzufolge im Ergebnis ebenso gegen eine nach dem Geltungsbereich des jeweiligen Tarifvertrages differenzierende Tariffähigkeit. Allerdings ließe sich die These einer „relativen Tariffähigkeit" insofern in Einklang mit der Gesamtsrechtsordnung bringen, als die Lehre vom

---

1434 In § 20 Abs. 1 ArbGG verlangt er außerdem eine „wesentliche Bedeutung" für das Bestehen im Gerichtsbezirk.

1435 Vgl. auch *Oetker*, Rechtsgutachten, S. 18.

einheitlichen arbeitsrechtlichen Gewerkschaftsbegriff nicht aufrechterhalten wird[1436].

4. Teleologische Auslegung

Der Umfang der Tariffähigkeit sei durch ihren Zweck begrenzt[1437]. Für die Existenz der Figur einer „relativen Tariffähigkeit“ ist daher die Gesetzesteleologie des § 2 Abs. 1 TVG von besonderer Bedeutung. Wie bereits dargelegt[1438], besteht im Rahmen der Diskussionen über die Bestimmung der begrifflichen Feinheiten des Gewerkschaftsbegriffs heute weitgehend Übereinstimmung darin, daß nur den Arbeitnehmervereinigungen die Gewerkschaftseigenschaft und damit die Tariffähigkeit zuerkannt werden soll, die „eine sinnvolle Ordnung des Arbeitslebens“ gewährleisten können. Von dieser Zielrichtung geleitet, fordern weite Teile der Literatur und die arbeitsgerichtliche Rechtsprechung eine gewisse Durchsetzungskraft der tariflichen Organisation. Ob eine abstrakt-generelle, also im Rahmen des gesamten Tarifzuständigkeitsgebietes der Gewerkschaft zu erfolgende Sichtweise der Tariffähigkeit maßgebend sein muß, hängt folglich von einer funktionsbezogenen Betrachtung des Gewerkschaftsbegriffs in § 2 Abs. 1 TVG und damit der Tariffähigkeit ab[1439]. Nachdem auf die bereits eingangs kurz erwähnte Bedeutung der Tariffähigkeit eingegangen wird, sollen die einzelnen Funktionen der Tariffähigkeit mit Blick auf eine eingeschränkt zu handhabende Tariffähigkeit untersucht werden.

a) Bedeutung der Tariffähigkeit

Die Tariffähigkeit wird allgemein mit der Formel umschrieben: „Tariffähigkeit“ verleiht das Recht, Partei eines Tarifvertrages zu sein[1440]. Da der Tarifvertrag aber kein Vertrag ist, der Rechtsbeziehungen allein zwischen den Vertragsparteien begründet, sondern sich vielmehr von anderen Verträgen wesensmäßig dadurch abgrenzt, daß er Rechtsnormen für die unterworfenen Arbeitgeber und Arbeitnehmer aufstellt, soll der rechtliche Gehalt der Aussage über die Erkenntnis hinausreichen, lediglich an einem Vertragsverhältnis beteiligt zu sein[1441]. Das Bundesverfassungsgericht definierte demzufolge: „Die Tariffähigkeit bedeutet die

1436 So auch *Oetker*, Rechtsgutachten, S. 17.

1437 *Maus*, TVG-Komm., § 2 Rn. 14.

1438 Siehe dazu Teil 2/1. Abschnitt unter § 5 I. 1.

1439 So auch *Dütz*, DB 1996, 2385 (2388 f.).

1440 BAG v. 27.11. 1964 - 1 ABR 13/63, AP Nr. 1 zu § 2 TVG Tarifzuständigkeit (unter I. der Gründe) = BAGE 16, 329 (332); *Hueck/Nipperdey*, Arbeitsrecht, Bd. II/1, 7. Aufl., S. 421; vgl. ferner *Oetker*, in: Wiedemann, TVG-Komm., § 2 Rn. 9.

1441 *Richardi*, Kollektivgewalt, S. 128.

Fähigkeit, durch Vereinbarung mit dem sozialen Gegenspieler unter anderem die Arbeitsbedingungen des Einzelarbeitsvertrages mit der Wirkung zu regeln, daß sie für die tarifgebundenen Personen unmittelbar und unabdingbar wie Rechtsnormen gelten“[1442]; wer die tarifliche Normsetzungsbefugnis - ungeachtet ihrer rechtsdogmatischen Konzipierung im Sinne einer originären[1443] oder derivativen[1444] Rechtsmacht - besitzt, regelt § 2 Abs. 1 TVG. Die besondere rechtliche Bedeutung der Tariffähigkeit besteht im Endeffekt darin, daß nur Personen und Verbände, die tariffähig sind, Tarifverträge abschließen können. Fehlt auch nur einer Tarifvertragspartei die Tariffähigkeit, so ist der Tarifvertrag unwirksam[1445].

Ob sich der Inhalt der Tariffähigkeit allein auf die Abschlußfreiheit von Tarifverträgen erstreckt, ist fraglich, soll jedoch nicht Aufgabe der vorliegenden Untersuchung sein. Festzuhalten ist lediglich: Die Merkmale der Gewerkschaftseigenschaft in § 2 Abs. 1 TVG stimmen mit den Anforderungen an die Tariffähigkeit überein. Der Inhalt der Tariffähigkeit erschöpft sich demzufolge im Rahmen des Tarifvertragsrechts in der Möglichkeit, Tarifverträge abzuschließen. Die Abschlußfreiheit ist somit nicht zwangsläufig nur eine Folge der Tariffähigkeit.

b) Funktionen der Tariffähigkeit

Die Bestrebungen zur Konstruktion der Tariffähigkeit lassen sich nach § 2 Abs. 1 TVG zu zwei Gesichtspunkten zusammenfassen: Zum einen soll durch die Tariffähigkeit lediglich der Kreis der Personen und Personenvereinigungen, die zum Abschluß von Tarifverträgen berechtigt sind, begrenzt werden; zum anderen sind Gewerkschaften traditionell bedingt als nicht rechtsfähige Vereine organisiert und besitzen daher keine allgemeine Rechtsfähigkeit. Die Tariffähigkeit besitzt daher neben einer Ordnungsfunktion auch eine Ergänzungsfunktion[1446].

1442 BVerfG v. 19.10. 1966 - BvL 24/65, AP Nr. 24 zu § 2 TVG = BVerfGE 20, 312 (313); vgl. auch die Legaldefinition in § 5 Abs. 1 des Referentenentwurfs des Reichsarbeitsministeriums im Mai 1931, abgedruckt bei: *Oetker*, in: Wiedemann, TVG-Komm., Geschichte Rn. 14, die von der Tariffähigkeit als Befähigung zum Abschluß von Tarifverträgen bezeichnet.

1443 So die Vertreter der sog. Originärtheorie. Vgl. z. B. *Dürig*, in: M/D/H, GG-Komm., Art. 1 Rn. 116; ferner *Söllner*, AuR 1966, 257 (261).

1444 In diesem Sinne die von der überwiegenden Auffassung vertretene sog. Delegationstheorie. Vgl. ausführlich dazu *Wiedemann*, in: Wiedemann, TVG-Komm., § 1 Rn. 43 - 48. Zu den ausführlichen Kritiken siehe nur *Kirchhof*, Rechtsetzung, S.163 - 175.

1445 *Maus*, TVG-Komm., § 2 Rn. 4 ff.

1446 Vgl. *Oetker*, in: Wiedemann, TVG-Komm., § 2 Rn. 12.

aa) Ordnungsfunktion

Gewerkschaften sind nach dem Wortlaut des § 2 Abs. 1 TVG die alleinigen Inhaber der Tariffähigkeit auf Arbeitnehmerseite[1447]. Der Kreis der Tariffähigen auf Arbeitnehmerseite ist damit abschließend geregelt. Angesichts dieser erstrebten Ordnungsfunktion lassen sich aber keine Anhaltspunkte ableiten, die auf eine bestimmte Vorstellung von der Tariffähigkeit hinweisen.

bb) Ergänzungsfunktion

Die Ergänzungsfunktion für sich betrachtet besitzt hinsichtlich der Handhabung der Tariffähigkeit ebenfalls keine klarstellende Wirkung. Allerdings könnte sich vor dem Hintergrund des rechtsdogmatischen Anliegens - die Tariffähigkeit soll die fehlende Rechtsfähigkeit der Gewerkschaften ergänzen - eine tarifvertragsbezogene Betrachtungsweise der Tariffähigkeit rechtfertigen lassen, wenn der Abschluß des Tarifvertrages zugleich den Instituten der zivilrechtlichen Rechtsgeschäftslehre zugeordnet werden kann und diese Institute einen relativen Gebrauch nicht vermissen lassen. Für die Beantwortung dieser aufgeworfenen Frage ist eine rechtliche Charakterisierung des Tarifvertrages hilfreich. Denn sofern die - umstrittene - Rechtsnatur des Tarifvertrages eher im Privatrecht als im öffentlichen Recht anzusiedeln ist, muß folgerecht auch der Tariffähigkeit ein Platz auf der Ebene des bürgerlichen Rechts zugewiesen werden.

(1) Charakterisierung des Tarifvertrages

Die seit jeher bestehenden Schwierigkeiten bei der Charakterisierung des Tarifvertrages sind darauf zurückführen, daß neben privatrechtlichen Vereinigungen auch einzelne Privatpersonen objektives Recht setzen können. Sie üben insofern hoheitliche Gewalt aus, wobei zugleich privatrechtliche Verpflichtungen der Tarifvertragsparteien begründet werden. Diese scheinbaren Widersprüche veranlaßten schon die ältere Literatur und Rechtsprechung dazu, eine vollkommene Zuweisung des Tarifvertrages entweder zum öffentlichen oder zum bürgerlichen Recht vorzunehmen[1448]. Mit Blick auf den Abschluß von Tarifverträgen ist lediglich relevant, ob der Tarifvertrag in seinem Wesen einer Komponente des öffentlichen Rechts entspricht. Denn in diesem Fall scheitert eine Einordnung der Tariffähigkeit auf der Ebene des bürgerlichen Rechts.

Die verschiedenen öffentlich-rechtlichen Theorien ordnen den Tarifvertrag beginnend bei einer Rechtsverordnung über die Figur einer autonomen Satzung bis hin zu einer von der staatlichen Gesetzgebung unabhängigen Rechtsquelle ein. Gegen

---

1447 Siehe dazu auch Teil 2/2. Abschnitt unter § 7 II. 1. a.

1448 *Nikisch*, Arbeitsrecht, Bd. II, S. 213 f.

die früher vertretene Auffassung[1449], der Tarifvertrag entspreche einer Rechtsverordnung, lassen sich im wesentlichen aber zwei ausschlaggebende Gründe anführen: Erstens wird der Tarifvertrag nicht im Namen des Staates, sondern durch Vereinbarung zweier selbständiger Rechtssubjekte erlassen[1450]; zweitens wird vor dem Hintergrund der geschichtlichen Entwicklung des Tarifrechts der Unterschied zwischen einem Tarifvertrag und einer durch staatliche Treuhänder erlassenen Tarifordnung deutlich, denn sie war eine Rechtsordnung[1451].

Für eine autonome Satzung spricht zwar die souveräne Rechtssetzung der Tarifvertragsparteien[1452]. Dennoch fehlt es an einer entscheidenden Voraussetzung. Anstatt sich zu einem beide Tarifvertragsparteien umfassenden Verband zusammenzuschließen, der für seine Mitglieder Recht setzen kann, schließt jede Partei den Tarifvertrag für sich in eigenem Namen ab[1453].

Gewerkschaften und Arbeitgeberverbände sind - abgesehen von den Innungen - keine Organisationen des öffentlichen Rechts[1454]. Auch wenn öffentlich-rechtliche Vereinigungen die Arbeitsbedingungen ihrer Mitglieder mittels Tarifverträge regeln können, kann aber nicht ohne weiteres auf den Charakter als öffentlich-rechtliche Rechtsquelle geschlußfolgert werden. Schließlich ist es den Trägern öffentlicher Gewalt ebenso möglich, zivilrechtliche Verträge abzuschließen[1455]. Umgekehrt läßt sich gleichwohl anführen, das bei einem Tarifvertrag fehlende Über- und Unterordnungsverhältnis führt nicht notwendig zur Anwendung des Privatrechts. Denn auch bei öffentlich-rechtlichen Verträgen kann ein Gleichordnungsverhältnis vorliegen. Überzeugendes Argument gegen die Einordnung als eine besondere öffentlich-rechtliche Vereinbarung ist trotzdem, daß der Schwerpunkt der besonderen Aufgabenstellung auf dem Gebiet der Arbeits- und

---

1449 So z. B. *Becker*, Tarifnormenkollision, S. 6 f.; vgl. ferner *Dechant*, Kollektivvertrag, S. 34 f.

1450 *Huber*, Wirtschaftsverwaltungsrecht, Bd. 2, S. 428; *Nikisch*, Arbeitsrecht, Bd. II, S. 214; siehe dazu auch *Jacobi*, Grundlehren, S. 254 ff.

1451 *Nikisch*, Arbeitsrecht, Bd. II, S. 214.

1452 In diesem Sinne RG v. 30.11. 1923 - III 244/23, RGZ 107, 247 (249 ff.).; ähnlich auch *Gerber*, Gutachten über die Frage der gewollten Tarifunfähigkeit, S. 33 f., der der Tarifvereinbarung dieselbe Bedeutung wie dem Erlaß von Statuten der Kommunalverbände oder sonstiger Selbstverwaltungskörper beimaß.

1453 *Nikisch*, Arbeitsrecht, Bd. II, S. 214.

1454 Ausführlich dazu *Jacobi*, Grundlehren, S. 391; *Hueck/Nipperdey*, Arbeitsrecht, Bd. II, 6. Aufl., S. 59.

1455 *Jung*, Unabhängigkeit, S. 217. Zum Gleichordnungsverhältnis im öffentlichen Recht siehe *Badura*, Staatsrecht, G 22, 23.

Wirtschaftsbedingungen liegt, und sie damit getrennt von der Staatsgewalt tätig werden[1456]. Die öffentlich-rechtlichen Elemente des Tarifvertrages müssen somit in den Hintergrund treten. Einzig annehmbares Ergebnis ist daher, den Tarifvertrag auf der Ebene des bürgerlichen Rechts anzusiedeln[1457].

(2) Auswirkungen der gewonnenen Erkenntnisse für die Tariffähigkeit

Der Einordnung des Tarifvertrages als Komponente des Privatrechts schließt sich die Tariffähigkeit an. Ohne Zweifel umfaßt sie die Möglichkeit, durch Willenserklärungen einen Tarifvertrag zu erschaffen. Da es sich somit um ein „rechtliches Können“ handelt, bleibt insofern nur zu klären, ob sich die Tariffähigkeit in die bekannten Kategorien „Befugnisse“ oder „rechtliche Eigenschaften“ einordnen läßt[1458].

Beide Begriffe unterscheiden sich - wie *Herschel* feststellt - insoweit, als die „rechtliche Eigenschaft“ von der Rechtsordnung schlechthin verliehen wird, die „Befugnis“ dagegen jeweils nur in Bezug auf ein konkretes Rechtsverhältnis gegeben ist[1459]. In Anbetracht des Wortlauts „Fähigkeit“ liegt es nahe, von dem Sprachgebrauch des Rechts, in dem sich mehrmals der Ausdruck einer „rechtlichen Eigenschaft“ findet (vgl. Rechtsfähigkeit, Geschäftsfähigkeit, Parteifähigkeit, Prozeßfähigkeit usw.), auf eine „rechtliche Eigenschaft“ zu schließen. Ausschlaggebendes Argument für diese Einordnung ist aber letztendlich, daß die Tariffähigkeit vom Gesetz zwingend gegeben ist, wenn die objektiven Voraussetzungen vorliegen; der subjektive Entschluß, unabhängig von den objektiven Merkmalen tariffähig zu sein oder nicht, ist dagegen stets unerheblich[1460]. Es gibt daher weder eine gewollte Tariffähigkeit, wenn die objektiven Anforderungen

---

1456 *Jung*, Unabhängigkeit, S. 218; vgl. auch *Schrader*, Durchsetzungsfähigkeit, S. 197.

1457 So auch die wohl überwiegende Meinung. Siehe insofern nur BAG v. 15.01. 1955 - 1 AZR 305/54, AP Nr. 4 zu Art. 3 GG = BAG 1, 258 (270); BAG v. 23.03. 1957 - 1 AZR 64/56, AP Nr. 18 zu Art. 3 GG = BAGE 4, 133 (135 f.); *Hueck/Nipperdey*, Arbeitsrecht, Bd. II, 6. Aufl., S. 59; *Koberski/Clasen/Menzel*, TVG-Komm., § 1 Rn. 228; *Nikisch*, Arbeitsrecht, Bd. II, S. 215; *Richardi*, Kollektivgewalt, S. 149 f., 164 f.; *Schrader*, Durchsetzungsfähigkeit, S. 197; *Stein*, Tarifvertragsrecht, Rn. 3.

1458 Vgl. insofern auch *Herschel*, Tariffähigkeit, S. 7.

1459 *Herschel*, Tariffähigkeit, S. 8.

1460 So auch die wohl h. M. Vgl. insoweit nur *Herschel*, Tariffähigkeit, S. 8; *Kaskel*, Arbeitsrecht, 3. Aufl., S. 27, der entgegenläufiger Meinung von *Cornelssen*, BABl. 1952, 327 (328), eine rechtliche Eigenschaft annimmt; siehe auch *Kraegeloh*, BABl. 1951, 922, der die Tariffähigkeit im Zusammenhang mit der „Tarifberechtigung“ sieht, die *Kaskel*, Arbeitsrecht, 3. Aufl., S. 27 als eine Befugnis einordnet.

fehlen noch eine gewollte Tarifunfähigkeit, wenn diese Merkmale vorhanden sind[1461].

(3) Vergleich mit der Rechts- und Geschäftsfähigkeit

Als privatrechtliche Eigenschaft stellt sich weiterhin die Frage, ob die Tariffähigkeit nicht unter die bekannten privatrechtlichen Eigenschaften gefaßt werden kann. In der Literatur wird kontrovers die dogmatische Einordnung der Tariffähigkeit in die Kategorien allgemeine Rechtsfähigkeit und Geschäftsfähigkeit diskutiert[1462]. Einige Autoren sehen in der Tariffähigkeit einen „Sonderfall der allgemeinen Rechtsfähigkeit"[1463] oder etwas restriktiver eine „TeilRechtsfähigkeit"[1464]. Andere Stimmen[1465] charakterisieren die Tariffähigkeit als eine „Sonder-Geschäftsfähigkeit". In den wissenschaftlichen Erörterungen besteht dabei insoweit Übereinstimmung, als es sich bei der Tariffähigkeit um eine von Gesetz und Richterspruch ausgestaltete Regelungsbefugnis mit Außenwirkung handelt[1466].

Nach herrschender Meinung bedeutet die allgemeine Rechtsfähigkeit, Träger von Rechten und Pflichten zu sein[1467]. Geschäftsfähigkeit ist dagegen die Fähigkeit, Rechtsgeschäfte selbständig vollwirksam vorzunehmen[1468]. Die Tariffähigkeit geht auf der einen Seite über die Rechtsfähigkeit des bürgerlichen Rechts hinaus, indem sie nicht jede natürliche Person einschließt, sondern nur den einzelnen Arbeitgeber; ferner ist nicht jede juristische Person tariffähig, vielmehr nur Gewerkschaften und Arbeitgeberverbände. Auf der anderen Seite bleibt sie hinter

---

1461 *Kaskel/Dersch*, Arbeitsrecht, 5. Aufl., S. 51.

1462 *Cornelssen*, BABl. 1952, 327 (328); *Oetker*, in: Wiedemann, TVG-Komm., § 2 Rn. 10.

1463 Vgl. *Hueck/Nipperdey*, Arbeitsrecht, Bd. II/1, 7. Aufl., S. 421 f., die die Tariffähigkeit als Rechtsfähigkeit begrenzt auf das Gebiet des Tarifrechts ansehen; vgl. auch *Lehmann*, Allgemeiner Teil des BGB, S. 71 und 385, der die Tariffähigkeit mit der Rechtsfähigkeit für vergleichbar hält; a. A. vgl. *Fabricius*, Relativität der Rechtsfähigkeit, S. 12; ferner *Nikisch*, Arbeitsrecht, Bd. II, S. 236; *Richardi*, Kollektivgewalt, S. 129; *Söllner*, Grundriß, S. 132.

1464 So *Kaskel/Dersch*, Arbeitsrecht, 5. Aufl., S. 50; ferner *Maus*, TVG-Komm., § 2 Rn. 13.

1465 *Cornelssen*, BABl. 1952, 327 (328); *Herschel*, Tariffähigkeit und Tarifmacht, S. 16; vgl. auch *Schnorr v. Carolsfeld*, Arbeitsrecht, S. 414, der zwar ausdrücklich eine Rechtsfähigkeit für die Tariffähigkeit nicht verlangt, allerdings ohne sich zu der Frage zu äußern, ob sie folglich Geschäftsfähigkeit bedeuten soll; siehe ferner *Ramm*, Parteien des Tarifvertrages, S. 70, der von einer „kollektivrechtlichen Geschäftsfähigkeit" spricht; a. A. *Nikisch*, Arbeitsrecht, Bd. II, S. 236; *Richardi*, Kollektivgewalt, S. 129 f.

1466 Vgl. *Nikisch*, Arbeitsrecht, Bd. II, S. 236; *Richardi*, Kollektivgewalt, S. 129 f.; *Söllner*, Grundriß, S. 132; *Loritz*, in: Zöllner/Loritz, Arbeitsrecht, S. 379.

1467 *Heinrichs*, in: Palandt, BGB-Komm., Überbl. v. § 1 Rn. 1.

1468 *Heinrichs*, in: Palandt, BGB-Komm., Überbl., Einführung v. § 104 Rn. 1.

der allgemeinen Rechtsfähigkeit zurück, weil sie Vereinigungen, die nicht rechtsfähig sind, mitumfaßt[1469]. Bezüglich der allgemeinen Geschäftsfähigkeit ist festzuhalten: Auch der geschäftsunfähige Arbeitgeber ist tariffähig[1470]. Selbst ohne kategorisch präzise Zuordnung der Tariffähigkeit kann aber, da die Tariffähigkeit - abgesehen von feinen strukturellen Unterschieden - zumindest Ähnlichkeiten zu den Instituten des Privatrechts „Rechtsfähigkeit und Geschäftsfähigkeit“ besitzt[1471], zumindest vergleichsweise gefragt werden, wie diese Fähigkeiten betrachtet werden müssen; insbesondere ist zu überlegen, ob situationsbezogene und für den einzelnen Vertragsschluß maßgebende Umstände zu berücksichtigen sind.

Die heutige Rechtsordnung unterscheidet zwischen rechtsfähigen und nicht rechtsfähigen sozialen Gebilden[1472]. Die „allgemeine“ Rechtsfähigkeit des Menschen ergeht ganz selbstverständlich mit der Vollendung der Geburt (§ 1 BGB). Ob auch der schon erzeugten, aber noch nicht geborenen Leibesfrucht (Nasciturus) eine zumindest „beschränkte“ Rechtsfähigkeit zukommen muß, ist umstritten[1473]. Der Gesetzgeber gesteht zwar dem Nasciturus im Falle späterer Geburt bestimmte Rechte zu (vgl. §§ 1923 Abs. 2, 2108 BGB); er wollte die ungeborene Leibesfrucht somit in keiner Weise schutzlos lassen. Die maßgeblichen Vorschriften, die den Nasciturus berücksichtigen, stellen jedoch nur eine lückenhafte Regelung dar[1474]. Nicht zuletzt gebietet daher die Verfassung, die auch die ungeborene Leibesfrucht schützt (vgl. Art. 2 Abs. 2 Satz 1, Art. 1 Abs. 1 GG)[1475], die Lücken im Wege der Rechtsanalogie zu schließen[1476]. Im praktischen Ergebnis ist daher eine „beschränkte“ Rechtsfähigkeit im Falle des Nasciturus anzunehmen[1477]. Ferner trennt das Gesetz streng zwischen rechtsfähigen (§§ 21, 22 BGB) und nicht rechtsfähigen Vereinen (§ 54 BGB). Im Gegensatz dazu haben jedoch einige Autoren ansatzweise versucht, diese „dualistische Betrachtungsweise“ der allgemeinen Rechtsfähigkeit zu durchbrechen und einzelnen nicht rechtsfähigen Institutionen zum Beispiel eine „beschränkte“, „partielle“

1469 *Hueck/Nipperdey*, Arbeitsrecht, Bd. II/1, 7. Aufl., S. 422; *Maus*, TVG-Komm., § 2 Rn. 13.

1470 *Oetker*, in: Wiedemann, TVG-Komm., § 2 Rn. 13.

1471 Vgl. *Oetker*, Rechtsgutachten, S. 19.

1472 *Fabricius*, Relativität der Rechtsfähigkeit, S. 1.

1473 Vgl. dazu unter anderem: *Fabricius*, Relativität der Rechtsfähigkeit, S. 7 ff. m. w. N.; ferner *Gitter*, in: MünchKomm., BGB, § 1 Rn. 23 ff.

1474 *Gitter*, in: MünchKomm., BGB, § 1 Rn. 26.

1475 *Kannengießer*, in: Schmidt-Bleibtreu/Klein, GG-Komm., Art. 1 Rn. 1 a.

1476 Siehe auch *Gitter*, in: MünchKomm., BGB, § 1 Rn. 26.

1477 Vgl. auch *Gitter*, in: MünchKomm., BGB, § 1 Rn. 26; *Heinrichs*, in: Palandt, BGB-Komm., § 1 Rn. 7.

oder „relative“ Rechtsfähigkeit beizuordnen[1478]. Ohne an dieser Stelle diese gegensätzlichen Einschätzungen näher würdigen zu wollen, ist aber folgendes zu bemerken: Wenn auch in der Literatur ein Bedürfnis nach einer eingeschränkt zu betrachtenden und damit situationsbezogenen Rechtsfähigkeit besteht, so zeigt sich dennoch ganz deutlich das auf Rechtssicherheitsgründen beruhende Interesse des Gesetzgebers an abstrakt-generellen Kriterien. Denn zum einen hat er bewußt auf eine besondere Ausnahmeregelung der Rechtsfähigkeit verzichtet; zum anderen hat er sich eindeutig für eine „zweigleisige“ Betrachtung der Rechtsfähigkeit bei juristischen Personen ausgesprochen. Eine für die Rechtsfähigkeit vorgesehene Relativierung im Hinblick auf den Vertragspartner ist zudem nicht erkennbar[1479].

Das Gesetz geht grundsätzlich von der Geschäftsfähigkeit des Menschen aus. Deshalb normiert es nur die Ausnahmen, in denen jemand geschäftsunfähig (vgl. § 104 BGB) oder beschränkt geschäftsfähig (vgl. § 106 BGB) ist[1480]. Für das Verständnis der Definition der Geschäftsfähigkeit hat der Gesetzgeber ausdrücklich auf verständliche und leicht feststellbare Umstände - wie zum Beispiel das Lebensalter - abgestellt und damit die Rechtssicherheit herausgestellt[1481]. Besonders deutlich zeigen sich diese Bestrebungen daran, daß das Gesetz im Falle von solchen Ungleichgewichtslagen der Vertragsparteien, die nicht mehr die Gewähr für einen angemessenen Interessenausgleich bieten können, nicht per se die Unwirksamkeit des Vertrages herbeiführt, sondern eine richterliche „Inhaltskontrolle“[1482] des Verhandlungsergebnisses ermöglicht[1483]. Erst wenn eine sinnvolle und funktionsadäquate Ausübung der Privatautonomie durchweg nicht mehr erreichbar ist, bestimmt das Gesetz Regelungen, die die Geschäftsfähigkeit zwar nicht einschränken, die volljährigen Personen unter Umständen aber zur Wirksamkeit ihrer Erklärungen der Zustimmung ihres bestellten Betreuers bedürfen

---

1478 Vgl. hierzu die Aufzählungen bei: *Fabricius*, Relativität der Rechtsfähigkeit, S. 2.

1479 *Oetker*, Anm. zu BAG v. 25.09. 1996 - 1 ABR 25/96, AP Nr. 4 zu § 97 ArbGG 1979 (unter III.).

1480 Das Recht kennt seit Inkrafttreten des Betreuungsgesetzes v. 01.01. 1992 keine beschränkt geschäftsfähigen Volljährigen, vgl. hierzu *Coester-Waltjen*, in: Gernhuber/Coester-Waltjen, Familienrecht, S. 1230 f.

1481 Vgl. auch *Oetker*, Rechtsgutachten, S. 19.

1482 Es handelt sich hierbei um eine gerichtliche Inhaltskontrolle im weiteren Sinne, vgl. *Mayer-Maly*, in: MünchKomm., BGB, § 138 Rn. 8. Ausführlich zu den Begrifflichkeiten der „Inhaltskontrolle“ siehe *Fastrich*, Richterliche Inhaltskontrolle, S. 5 f.

1483 Vgl. hierzu den Katalog bei: *Mayer-Maly*, in: MünchKomm., BGB, § 138 Rn. 34 ff.

(vgl. § 1903 Abs. 1 BGB)[1484]. Auch bei der Geschäftsfähigkeit sieht der Gesetzgeber keine Relativierung in Bezug auf den jeweiligen Vertragspartner vor[1485].

Im Hinblick auf die Funktionsfähigkeit der Tarifautonomie ist im Ergebnis festzuhalten: Ein entsprechendes Bestreben nach einer abstrakt-generellen und rechtssicheren Konkretisierung existiert auch für das Tarifrecht. Der jeweils in Anspruch genommene Tarifpartner muß angesichts der Unwirksamkeit des Tarifvertrages bei fehlender Tariffähigkeit die Möglichkeit haben, ohne Schwierigkeiten zu erkennen, ob sein sozialer Gegenspieler von der Rechtsordnung mit der Tariffähigkeit ausgestattet ist[1486]. Nicht zuletzt gilt diese gewonnene Erkenntnis auch, weil den Verbänden bei notwendigen Arbeitskampfmaßnahmen Eingriffe in die Rechtsgüter der gegnerischen Partei gewährt werden[1487], die allerdings nur unter der Voraussetzung zulässig sind, daß die Mittel von einer tariffähigen Partei verwendet werden[1488]. Müßte bei jeder Arbeitskampfmaßnahme erst die Tariffähigkeit im Vorfeld gerichtlich geklärt werden, um die Unzulässigkeit des Arbeitskampfes abzuwenden, so wären sicherlich Angriffs- und auch Abwehrmaßnahmen kaum noch sinnvoll. Diese Bedenken spiegeln sich insbesondere beim Abschluß von Firmentarifverträgen wieder, wenn zur allgemeinen Verbandsmacht der Gewerkschaft noch eine aktuelle Hausmacht hinzutreten müßte. Eine funktionsfähige Tarifautonomie wäre folglich in Frage gestellt[1489]. Außerdem hat der Gesetzgeber - wie bereits bemerkt[1490] - mit der Regelung des § 97 ArbGG auch in verfahrensrechtlicher Hinsicht sein Ziel nach einer rechtssicheren Grundlage für den Abschluß von Tarifverträgen dokumentiert, indem er nicht nur ein eigenständiges Beschlußverfahren über die Tariffähigkeit vorsieht (vgl. § 97 Abs. 1 ArbGG), sondern sich vielmehr auch für eine Aussetzungspflicht entschieden hat (vgl. § 97 Abs. 5 ArbGG). Gründe der Rechtssicherheit und

---

1484 Im Ergebnis auch *Oetker*, Rechtsgutachten, S. 20. Ausführlich zu den Auswirkungen der „Betreuung“ auf die Geschäftsfähigkeit siehe *Coester-Waltjen*, in: Gernhuber/Coester-Waltjen, Familienrecht, S. 1230 ff.; *Schwab*, in: MünchKomm., BGB, § 1903 Rn. 1.

1485 *Oetker*, Anm. zu BAG v. 25.09. 1996 - 1 ABR 25/96, AP Nr. 4 zu § 97 ArbGG 1979 (unter III.).

1486 Vgl. auch *Oetker*, Rechtsgutachten, S. 20.

1487 Das Bundesverfassungsgericht hat nunmehr in seiner Entscheidung vom 26.01. 1991 - 1 BvR 779/85, AP Nr. 117 zu Art. 9 GG Arbeitskampf (LS 2) = BVerfGE 38, 212 seine bisherige Zurückhaltung aufgegeben und „jedenfalls“ suspendierende Aussperrungen zur Abwehr von Teil- oder Schwerpunktsstreiks zum arbeitskampfrechtlichen Garantiegehalt des Art. 9 Abs. 3 GG gezählt. Eingehend dazu *Otto*, Arbeitsrecht, Rn. 502.

1488 Zu den Anforderungen an die Kampfparteien siehe unter anderem: *Otto*, Arbeitsrecht, Rn. 520.

1489 *Oetker*, Rechtsgutachten, S. 20.

1490 Vgl. z. B. oben § 1 I.

Rechtsklarheit müssen den Gesetzgeber zudem dazu veranlaßt haben, die Bedeutung der rechtskräftigen Entscheidung in diesem Verfahren sehr allgemein zu halten, wenn die rechtskräftigen Beschlüsse nicht nur den nach § 63 ArbGG zuständigen Landes- und Bundesbehörden zu übersenden sind (vgl. § 97 Abs. 3 ArbGG), sondern die Rechtskraft sich zusätzlich aufgrund einer analogen[1491] Anwendung des § 9 TVG auf nicht an dem jeweiligen Verfahren beteiligte Personen erstreckt[1492], was zur Folge hat, daß in einem neuen Prozeß kein im Gegensatz zur rechtskräftigen Entscheidung stehender Beschluß ergehen kann[1493]. Vor dem Hintergrund einer funktionsbezogenen Betrachtung der Tariffähigkeit kann eine situationsbezogene Tariffähigkeit somit nicht festgestellt werden[1494].

cc) Konkretisierung des Umfangs der Tariffähigkeit durch Art. 9 Abs. 3 GG

Einen entscheidenden Hinweis für die tarifrechtliche Anerkennung einer „relativen Tariffähigkeit“ könnte auch Art. 9 Abs. 3 GG liefern. Denn wie bereits erwähnt[1495], muß der Normzweck des § 2 Abs. 1 TVG im Zusammenhang mit dem Sinngehalt dieser Vorschrift betrachtet werden. Der Umfang der Tariffähigkeit wird daher maßgeblich durch Art. 9 Abs. 3 GG bestimmt.

Zur nach Art. 9 Abs. 3 GG garantierten Abschlußfreiheit zählen für tariffähige Arbeitnehmervereinigungen sowohl der Abschluß von Verbandstarifverträgen als auch Tarifabschlüsse auf Unternehmensebene[1496]. Eine Beschränkung wird insoweit nicht deutlich.

c) Zwischenergebnis

Eine tarifvertragsbezogene Tariffähigkeit kann auch unter teleologischen Gesichtspunkten nicht legitimiert werden. Insbesondere eine funktionsbezogene

---

1491 § 9 TVG verlangt unter anderem Rechtsstreitigkeiten zwischen Tarifvertragsparteien „aus dem Tarifvertrag“; da aber der Sinn der Vorschrift des § 9 TVG darin besteht, widersprüchliche gerichtliche Entscheidungen im Tarifvertragsrecht zu verhindern, muß sie unter anderem analog auf die nach § 2 a Abs. 1 Nr. 4 i. V. m. § 97 ArbGG ergehenden Entscheidungen zur Tariffähigkeit angewandt werden, vgl. *Zachert*, in: Kempen/Zachert, TVG-Komm., § 9 Rn. 3.

1492 Vgl. auch *Oetker*, Rechtsgutachten, S. 20 f.

1493 *Zachert*, in: Kempen/Zachert, TVG-Komm., § 9 Rn. 1.

1494 Vgl. auch *Oetker*, Rechtsgutachten, S. 21.

1495 Siehe oben Teil 2/3. Abschnitt unter § 10 II. 3.

1496 Vgl. auch *Oetker*, Anm. zu BAG v. 25.09. 1996 - 1 ABR 25/96, AP Nr. 4 zu § 97 ArbGG 1979 (unter III.); ferner *Scholz*, in: M/D/H, GG-Komm., Art. 9 Rn. 300.

Betrachtung der Tariffähigkeit für das Tarifrecht verdeutlicht das Streben nach klaren, rechtssicheren Abgrenzungskriterien bei der Festlegung, ob einer Arbeitnehmervereinigung die Fähigkeit zusteht, Tarifverträge abzuschließen; eine Wertung im Einzelfall würde dagegen zu einer unsicheren Beurteilung führen[1497].

5. Ergebnis

Die grammatikalische Betrachtung des § 2 Abs. 1 TVG führt nicht zu der Anerkennung einer „relativen Tariffähigkeit“ de lege lata. Auch im historischen Kontext gesehen, ist eine restriktive Handhabung der Tariffähigkeit auf Arbeitnehmerseite dem Gesetzesinhalt des § 2 Abs. 1 TVG fremd. Die historische Begutachtung und das hieraus gewonnene Auslegungsresultat bekräftigen damit eine Sichtweise im Sinne einer abstrakt-generellen Umschreibung der Personen, die zum Abschluß von Tarifverträgen berechtigt sind und somit eine absolut zu verstehende Tariffähigkeit. Abgesehen von der Regelung des § 97 Abs. 5 ArbGG ist eine sich auf den jeweiligen Tarifabschluß beziehende Tariffähigkeit auch nicht mit dem geltenden Tarifvertragsrecht vereinbar. Sie steht zudem im Widerspruch zu der übrigen Regelungstechnik des Gesetzgebers und überdies zur gesamten Rechtsordnung. Gestützt werden diese Erkenntnisse außerdem durch das teleologische Auslegungsergebnis. Eine gespaltene Tariffähigkeit entspricht danach nicht dem Normzweck des § 2 Abs. 1 TVG. Außerdem kennt die geltende Rechtsordnung weder für die Rechtsfähigkeit noch für die Geschäftsfähigkeit eine Relativierung im Hinblick auf den Vertragspartner. Mittels der tradierten Auslegungskriterien läßt sich somit eine konkret-individuelle Betrachtungsweise der Tariffähigkeit im Ergebnis nicht rechtfertigen. Der zweite Leitsatz der Generellen Leitsätze des 1. Staatsvertrages vom 18.05. 1990 bekräftigt zudem dieses gefundene Auslegungsergebnis. Denn ungeachtet der fehlenden gesetzlichen Definiton kommt der klare und unmißverständliche Wille des - wenn auch späteren - Gesetzgebers zum Ausdruck, daß die Tariffähigkeit der Gewerkschaften nur der allgemeinen sozialen Mächtigkeit und nicht von einer unternehmensbezogenen Hausmacht bei Haustarifverträgen abhängig sein soll.

II. Teleologische Reduktion des § 2 Abs. 1 TVG

Zu überlegen ist, ob § 2 Abs. 1 TVG insoweit teleologisch reduziert werden muß, als die Tariffähigkeit einer Arbeitnehmervereinigung dann nicht zuerkannt wird, wenn sie in dem Geltungsbereich des abgeschlossenen Tarifvertrages nicht über eine hinreichende Mächtigkeit verfügt. Eine teleologische Reduktion kommt allerdings nur in Betracht, wenn die Regelung des § 2 Abs. 1 TVG eine „verdeckte“ Lücke enthält, die entgegen ihres Wortsinns aus teleologischen Gründen

1497 Vgl. auch *Oetker*, Rechtsgutachten, S. 21.

einer Einschränkung bedarf[1498]. Um eine die teleologische Reduktion rechtfertigende „verdeckte" Gesetzeslücke handelt es sich, wenn eine planwidrige Unvollständigkeit des Gesetzes gegeben ist[1499]. Der Gesetzgeber muß also bei der Formulierung des Gesetzestextes von § 2 Abs. 1 TVG bestimmte Sachverhalte vernachlässigt haben, die nach dem verfolgten Normzweck von Wichtigkeit waren[1500]. Ausgangspunkt der folgenden Überlegungen ist der Wortsinn des Gesetzestextes des § 2 Abs. 1 TVG[1501].

1. Gesetzeslücke

Wie bereits festgestellt[1502], sind nach dem Wortlaut des § 2 Abs. 1 TVG als Tarifvertragspartei Gewerkschaften ohne weitere Relativierung tariffähig. Anhaltspunkte einer „gespaltenen" Tariffähigkeit bestehen nicht. Eine Gewerkschaft ist nach Maßgabe des möglichen Wortsinns entweder tariffähig oder nicht. Die Art des Tarifabschlusses sowie die konkrete Mächtigkeit des Verbandes innerhalb des tariflichen Geltungsbereichs bei Haustarifverträgen spielen danach keine Rolle. Ein Ausnahmetatbestand zur generellen Regelung des § 2 Abs. 1 TVG oder ein einschränkendes Tatbestandsmerkmal bei Haustarifverträgen für Arbeitnehmervereinigungen, die nicht über eine Hausmacht in dem Geltungsbereich des bestimmten Tarifvertrages verfügen, sind nicht ersichtlich. Daraus folgt: Die Lückenhaftigkeit dieser Regelung liegt folglich in der fehlenden expliziten Regelung der Tariffähigkeit bei Haustarifverträgen „unternehmensbezogen schwacher" Gewerkschaften.

2. Planwidrigkeit

Um eine teleologische Reduktion legitimieren zu können, dürfte das Eingreifen der Regelnorm, hier also § 2 Abs. 1 TVG, für den Fall eines unternehmensbezogenen „Minderheiten-Tarifabschlusses" nicht vom Plan des Gesetzgebers umfaßt sein.

1498 *Larenz/Canaris*, Methodenlehre, S. 210 f.; *Larenz*, Methodenlehre, S. 391; a. A. *Brandenburg*, Teleologische Reduktion, S. 63, der auf den Lückenbegriff in diesem Zusammenhang verzichten will.

1499 *Larenz/Canaris*, Methodenlehre, S. 210 ff.; *Larenz*, Methodenlehre, S. 391; ferner *Rüthers*, Rechtstheorie, Rn. 848.

1500 *Larenz/Canaris*, Methodenlehre, S. 210 f.; *Larenz*, Methodenlehre, S. 391.

1501 Vgl. *Brandenburg*, Teleologische Reduktion, S. 56.

1502 Siehe ausführlich dazu oben Teil 3 unter § 14 I. 1.

Der weiteren Betrachtung muß die Überlegung vorausgehen, ob eine Prüfung der aufgeworfenen Frage vom Standpunkt des historischen Gesetzgebers[1503] oder vom gegenwärtigen Blickpunkt[1504] aus zu erfolgen hat. Insbesondere der Wandel der Weltanschauungen kann Rechts- oder Gesetzeslücken aufdecken, die zuvor keine Beachtung fanden und die als „Lücke“ des geltenden Rechts und nicht als „rechtspolitische Lücke“ betrachtet werden müssen[1505]. Aus diesem Grunde sollte bei der Feststellung von „Lücken“ nicht nur der Wille des historischen Gesetzgebers, sondern zugleich der Standpunkt „ex nunc“ maßgeblich sein[1506]. Da sich ein solcher Ausnahmefall der „Majorisierung einer Minderheit“ in früherer Zeit wohl nicht stellte, fehlt folglich eine Bewertung des „historischen Gesetzgebers“. Es muß daher eine Würdigung aus Sicht der im Anwendungszeitpunkt gültigen Rechtsordnung erfolgen[1507]. Als Wertungsmaßstab soll aber nicht nur die Teleologie des betreffenden Gesetzes zur Verfügung stehen, sondern darüberhinaus auch die die gesamte übrige Rechtsordnung tragenden Prinzipien[1508]. Vom heutigen Standpunkt aus betrachtet muß also die hier vernachlässigte Fallgruppe - Haustarifabschluß durch eine unternehmensbezogen schwache Arbeitnehmervereinigung – nicht nur aufgrund des von § 2 Abs. 1 TVG verfolgten Zwecks von Wichtigkeit sein.

Im Ansatz ist zunächst festzuhalten: Bei der Regelung des § 2 Abs. 1 TVG handelt es sich um die Konkretisierung der durch Art. 9 Abs. 3 GG garantierten Tarifautonomie[1509]. Wie bereits dargelegt[1510], verlange die durch Art. 9 Abs. 3 GG verfassungsrechtlich geschützte Funktionsfähigkeit des Tarifvertragssystems eine prinzipielle Parität der Tarifvertragsparteien. Dieser Kerngedanke basiert auf der Konzeption einer „materiellen Richtigkeitsgewähr“ der Tarifverträge, die das Kräftegleichgewicht der jeweiligen Tarifpartner herbeiführen soll. Ein derart „gespaltenes Verständnis“ von der Tariffähigkeit wäre folglich sinnvoll, wenn ohne eine konkret-individuelle Betrachtung der Tariffähigkeit von Arbeitnehmervereinigungen bei Haustarifverträgen der gesetzgeberische Auftrag, ein funktionsfähiges tarifliches Regelungssystem bereitzustellen, vereitelt werden würde.

1503 Siehe dazu *Canaris*, Methodenlehre, S. 32 - 35.

1504 So nach der objektiven Auslegungstheorie. Siehe dazu *Engisch*, Juristisches Denken, S. 145.

1505 *Engisch*, Juristisches Denken, S. 145.

1506 *Engisch*, Juristisches Denken, S. 145.

1507 Zur Feststellung von unbewußten primären Gesetzeslücken siehe *Rüthers*, Rechtstheorie, Rn. 870.

1508 Eingehend dazu *Fenn*, in: FS Kissel, S. 213 (226 f.).

1509 Siehe dazu oben Teil 2/3. Abschnitt unter § 10 II. 3.

1510 Siehe oben Teil2/3. Abschnitt unter § 11 I.

Bei einem unternehmensbezogenen „Minderheiten-Tarifabschluß“ ist die Gefahr nicht von der Hand zu weisen, daß die Gewähr eines angemessenen Interessenausgleichs nicht geboten werden kann[1511]. Relevant ist diese Gefahr aber nur, wenn es aus Sicht des Tarifrechts wichtig ist, daß der einzelne Tarifvertrag eine sinnvolle Ordnung und Befriedigung herbeiführt. Da insbesondere eine verstärkte Inhaltskontrolle des Tarifvertrages unzulässig ist[1512], könnte insofern ein weiteres restriktives Merkmal des Gewerkschaftsbegriffs in Form einer unternehmensbezogenen Mächtigkeit verlangt sein, wenn für das zu fordernde Gewicht der der Tarifautonomie zugrundeliegenden Gleichgewichtslage auf die jeweils konkreten Umstände der Tarifverhandlungen abzustellen ist. Für die Erörterung dieser Aspekte ist das allgemeine Verständnis von der Verhandlungsparität maßgebend.

a) Konkrete oder abstrakte Verhandlungsparität

Sowohl das Bundesarbeitsgericht als auch die Literatur stützen sich für die Begründung des „Grundsatzes der Parität“ auf verschiedene Rechtsgrundlagen; in erster Linie sind genannt: Art. 3 Abs. 1 GG in Verbindung mit dem Neutralitätsgebot[1513] oder Art. 9 Abs. 3 GG[1514]. Da eine ausdrückliche verfassungsrechtliche Regelung der postulierten „Parität“ im Grundgesetz fehlt[1515], eine Inhaltsbestimmung aber nur von einer Rechtsgrundlage ausgehen kann, werden im folgenden die von Rechtsprechung und Literatur zur Diskussion gestellten Rechtsgrundlagen analysiert.

1511 So auch *Oetker*, Anm. zu BAG v. 25.09. 1996 – 1 ABR 25/96, AP Nr. 4 zu § 97 ArbGG 1979 (unter III.).

1512 So aber *Oetker*, Anm. zu BAG v. 25.09. 1996 – 1 ABR 25/96, AP Nr. 4 zu § 97 ArbGG 1979 (unter III.).

1513 So die ältere Rechtsprechung des Bundesarbeitsgerichts, vgl. z.B. BAG v. 28.01. 1955 - GS. 1/54, AP Nr. 1 zu Art. 9 GG Arbeitskampf (unter II. 1. der Gründe) = BAGE 1, 291 (308). Zustimmend auch *Hueck/Nipperdey*, Arbeitsrecht, Bd. II, 6. Aufl., S. 619, die aber später [Arbeitsrecht, Bd. II/1, 7. Aufl., S. 153 i.V.m. S. 827] auf den Gesamtzusammenhang der Art. 9 Abs. 3 GG, Art. 3 Abs. 1, Art. 19 Abs. 3 GG und dem Sozialstaatsprinzip der Art. 20 Abs. 1 und 28 Abs. 1 GG abstellen; ferner *Jürging*, DB 1966, 190 (191); *Isele*, JuS 1964, 41 (42); *Reuss*, AuR 1963, 225 (228); *Rüthers*, in: Brox/Rüthers, Arbeitskampfrecht, 1. Aufl., S. 45. Art. 3 Abs. 1 GG als „Wertungsmaßstab“ im Rahmen des Art. 9 Abs. 3 GG heranziehend *Kaiser*, Parität, S. 13. f.

1514 Vgl. z. B. *Raiser*, Aussperrung, S. 64 ff.; *Scholz*, in: M/D/H, GG-Komm., Art. 9 Rn. 287; *Scholz/Konzen*, Aussperrung, S. 168; *Zöllner*, Aussperrung, S. 24; BAG v. 10.06. 1980 - 1 AZR 168/79, AP Nr. 65 zu Art. 9 GG Arbeitskampf (unter A I. der Gründe) = BAGE 33, 184 (190 ff.); BAG v. 12.03. 1985 - 1 AZR 636/82, AP Nr. 84 zu Art. 9 GG Arbeitskampf (unter II. 1. c. der Gründe) = BAGE 48, 195 (202 f.).

1515 *Rüthers*, JurA 1970, 85 (86 f.); weniger zurückhaltend *ders.*, DB 1969, 967 (969) mit dem Hinweis: Der Grundsatz sei eine „typische Leerformel mit nahezu beliebiger Interpretationsbreite“.

aa) Verfassungsrechtliche Herleitung des Paritätsprinzips

Weder Wortlaut noch Entstehungsgeschichte[1516] deuten auf eine Verankerung des Paritätsgrundsatzes in Art. 3 Abs. 1 GG hin. Ferner ist eine bestehende gesetzgeberische Regelung im Arbeitsrecht fraglich, auf die der aus Art. 3 Abs. 1 GG abgeleitete Gleichheitssatz[1517] Anwendung finden könnte[1518]. Aber nicht nur aus diesen vorgenannten Gründen läßt sich Art. 3 Abs. 1 GG nicht zweifellos als Rechtsgrundlage des Paritätsprinzips rechtfertigen. Maßgeblicher Ablehnungsgrund wäre vielmehr folgender Umstand: Ein systematischer Vergleich mit Art. 9 Abs. 3 GG zeigt, daß diese Vorschrift im Gegensatz zu Art. 3 Abs.1 GG aufgrund seiner Stellung zu den arbeitsrechtlichen Regelungen als die spezielle Regelung anzusehen ist; insofern bedarf es bereits dann keines Rückgriffs mehr auf Art. 3 Abs. 1 GG, wenn Art. 9 Abs. 3 GG unmittelbar oder zumindest mittelbar eingreift.

Nach überwiegender Meinung[1519] sei Funktionsvoraussetzung für die tarifvertragliche Gestaltung von Arbeitsbedingungen die Verhandlungsparität der Tarifvertragsparteien. Deshalb findet sich nach dieser Auffassung Art. 9 Abs. 3 GG als Rechtsgrundlage des Paritätsgrundsatzes[1520]. Allerdings besteht Streit darüber, ob

---

1516 Ausführlich hierzu JöR Bd. 1, n. F. 1951, S. 66 ff.

1517 Ausführlich hierzu siehe unten Teil 2/3. Abschnitt § 11 II. 2. b.

1518 Vgl. *Holle*, Inhalt, S. 43 - 46; ablehnend auch *Colneric*, in: Däubler, Arbeitskampfrecht, Rn. 630.

1519 Vgl. z. B. die Rechtsprechung des BGH v. 18.12. 1967 - II ZR 211/65, AP Nr. 38 zu Art. 9 GG Arbeitskampf (unter 2. der Gründe) = BGHZ 49, 209: Es gehöre zu den sachbedingten Voraussetzungen der Tarifautonomie, daß die Tarifparteien einander grundsätzlich mit annähernd paritätischen Verhandlungschancen gegenübertreten, weil sonst ein echt ausgehandelter Vertragsschluß zwischen ihnen nicht gesichert wäre und sich das Diktat des Stärkeren in einem freiheitswidrigen Sinn durchsetzen würde“. Hierzu auch *Seiter*, Streikrecht, S. 156 f. m. w. N. Bejahend z. B. ferner *Scholz*, in: M/D/H, GG-Komm., Art. 9 GG Rn. 287 m. w. N.; *Rüthers*, ZfA 1982, 237 (243).

1520 Ablehnend z. B. *Bieback*, in: Bieback, Streikfreiheit, S. 253 (253 - 257); *Colneric*, in: Däubler, Arbeitskampfrecht, Rn. 630; *Kittner*, GMH 1973, 91 (95); *Krüger*, Sinn und Grenzen, S. 1 (72).

dieses Prinzip Art. 9 Abs. 3 GG unmittelbar immanent[1521] oder lediglich mittelbar, als bloßer „Annex"[1522], enthalten ist[1523].

Auf den ersten Blick stützt eine historische Betrachtung zum Tarifvertragsrecht die tarifrechtliche Anerkennung. Denn schon das Tarifrecht der Weimarer Zeit anerkannte das Paritätsprinzip in Art. 165 Abs. 1 WRV ausdrücklich; nach dieser Vorschrift waren Arbeiter und Angestellte dazu berufen, *„gleichberechtigt*[1524] in Gemeinschaft mit den Unternehmern an der Regelung der Lohn- und Arbeitsbedingungen sowie an der gesamten wirtschaftlichen Entwicklung der produktiven Kräfte mitzuwirken". Diese Norm gewährte der Arbeiterschaft die Gleichstellung mit den Unternehmern[1525]. Zweifel bestehen aber dennoch, da aus dem heutigen Grundgesetz nicht expressis verbis eine dem Art. 165 Abs. 1 WRV entsprechende Regelung hervorgeht.

Fraglich ist, ob dem Gesetzeszweck des Art. 9 Abs. 3 GG ein solcher Grundsatz der Parität entnommen werden kann. Wie die zuvor gewonnenen Erkenntnisse zeigen[1526], dient die aus der Koalitionsfreiheit abgeleitete Tarifautonomie heute nicht mehr in erster Linie dem historisch bedingten Schutzbedürfnis des einzelnen Arbeitnehmers; vielmehr besteht die Hauptfunktion darin, durch Tarifverträge eine sinnvolle Ordnung und Befriedigung des Arbeitslebens zu gewährleisten[1527]. Den Tarifvertragsparteien sind damit Gestaltungsaufgaben von einer Bedeutung nicht nur ihrer Mitglieder, sondern über den Kreis der Tarifgebundenen hinausgehend auch für die gesamte Allgemeinheit übertragen[1528]. Der Staat will zu Recht ausschließlich die Koalitionen, die diese Aufgabe sinnvoll erfüllen können, an der

---

[1521] So z. B. *Bötticher*, Waffengleichheit, S. 5; anerkennend ferner *Rüthers*, ZfA 1982, 237 (243); *Säcker*, Gruppenparität, S. 112 ff.; *Scholz*, in: M/D/H, GG-Komm., Art. 9 GG Rn. 287; *Scholz/Konzen*, Aussperrung, S. 173 i.V.m. S. 171; vgl. auch Schrader, Durchsetzungsfähigkeit, S. 170; *Seiter*, Streikrecht, S. 170 f.; *Zöllner*, Aussperrung, S. 34; ablehnend dagegen *Zachert*, AuR 1977, 1 (11 f.).

[1522] *Bertelsmann*, Aussperrung, S. 135 f., 226 f.; vgl. *Evers*, Arbeitskampffreiheit, S. 31, der Art. 9 Abs. 3 GG i.V.m. Art. 3 Abs. 1 GG heranziehen will; bejahend auch *Konzen*, ZfA 1975, 401 (423); wohl auch *G. Müller*, Arbeitskampf, S. 162.

[1523] Eingehend dazu *Holle*, Inhalt und Begründung, S. 56 ff., der aber im Ergebnis sowohl eine unmittelbare (S. 56 - 59) als auch eine mittelbare Herleitung (S. 59 - 65) ablehnt.

[1524] Hervorhebung durch die Verfasserin.

[1525] Eingehend dazu *Evers*, Arbeitskampffreiheit, S. 31.

[1526] Siehe oben Teil2/3. Abschnitt unter § 10 II. 3.

[1527] Vgl. auch *Badura*, RdA 1974, 129 (134).

[1528] *Gift*, DB 1959, 651.

Tarifautonomie teilhaben lassen[1529]. Wenn der erstrebte Zweck des Art. 9 Abs. 3 GG - einen „beiden Seiten gerecht werdender Interessenausgleich“ zu erzielen[1530] - erreicht werden soll, müssen beide Seiten an der Tarifauseinandersetzung grundsätzlich und durchschnittlich mit gleichem Maß an Entscheidungsfähigkeit, Selbständigkeit und Kampfkraft teilnehmen[1531]. Keinem Tarifpartner darf es möglich sein, der anderen Partei den eigenen Willen aufzuzwingen. Eine Gleichgewichtigkeit muß daher gewahrt werden[1532]. Aus den vorgenannten Erwägungen läßt sich somit folgender Schluß ziehen: Art. 9 Abs. 3 GG schützt erkennbar auch die Koalitionsparität; der Paritätsgrundsatz ist daher nicht notwendig auf den allgemeinen Gleichheitssatz des Art. 3 Abs. 1 GG zurückzuführen.

bb) Inhaltliche Bestimmung des Paritätsprinzips

Während ein Teil der Literatur eine differenzierte Betrachtung ablehnt[1533], gehen Rechtsprechung[1534] und der - inzwischen wohl - überwiegende Teil der Literatur[1535] von verschiedenen Paritätsbegriffen aus, und zwar zum einen von der Kampfparität als der Waffengleichheit im Arbeitskampf und zum anderen von der Verhandlungsparität als dem Verhandlungsgleichgewicht bei Tarifvertragskonflikten.

Ein Blick allein auf das Verhältnis der Kampfmittel der sozialen Gegenspieler im Arbeitskampf zueinander wird der Problematik des Paritätsprinzips nicht gerecht. Deshalb ist mit der allgemeinen Auffassung zwischen der Kampfparität und der Vertragsparität zu unterscheiden. Verhandlungsparität in diesem Sinne stellt daher allein auf das Verhältnis der beiden Parteien auf der Ebene der Vertragsverhand-

---

1529 BVerfG v. 06.05. 1964 - 1 BvR 79/62, AP Nr. 15 zu § 2 TVG (unter B. II. 1. der Gründe) = BVerfGE 18, 18 (28).

1530 *Scholz*, in: M/D/H, GG-Komm., Art. 9 GG Rn. 287.

1531 Vgl. *Scheuner*, in: Die Rolle der Sozialpartner in Staat und Gesellschaft, S. 9 (34); *Badura/Rittner/Rüthers*, Mitbestimmungsgesetz 1976, 243 ff.; *Badura*, ArbRdG Bd. 15 (1977), 17 (22); *ders.*, RdA 1976, 275 (277); ferner BAG v. 15.03. 1977 - 1 ABR 16/75, AP Nr. 24 zu Art. 9 GG (unter III. 3. der Gründe) = BAGE 29, 72 (82).

1532 Vgl. auch *Kaiser*, Parität, S. 38; *Scholz*, in: M/D/H, GG-Komm., Art. 9 GG Rn. 287.

1533 Z. B. *Buchner*, RdA 1986, 7 (9), der eine Identität der Begriffe „Waffengleichheit“, „Kampfparität“ und „Verhandlungsparität“ annimmt; ähnlich auch *Holle*, Inhalt, S. 66 ff.

1534 Vgl. z.B. BAG v. 12.03. 1985 - 1 AZR 636/82, AP Nr. 84 zu Art. 9 GG Arbeitskampf (unter II. 1. a. der Gründe) = BAGE 48, 195 (202 f.).

1535 Vgl. z. B. *Farthmann/Coen*, in: Benda/Meierhofer/Vogel, Verfassungsrecht, 2. Aufl., § 19 Rn. 104; *Hemmen*, Durchsetzungsfähigkeit, S. 82; *Loritz*, in: Zöllner/Loritz, Arbeitsrecht, S. 471; *Schrader*, Durchsetzungsfähigkeit, S. 173 - 176; *Seiter*, Streikrecht, S. 159; *ders.*, Arbeitskampfparität, S. 60.

lungen, also auf das Gewicht, mit dem jeder Gegenspieler seinen Forderungen Nachdruck verleiht, ab[1536].

Während der Verhandlungsparität[1537] im Vergleich zu der Kampfparität[1538] in der arbeitsrechtlichen Diskussion bislang eher eine stiefmütterliche Behandlung zuteil kam, diskutierten sowohl das Bundesarbeitsgericht als auch die Literatur im Rahmen der Begriffsbestimmung der Kampfparität verschiedene Sichtweisen der „Kampfparität“ [1539]. Da sich eine einheitliche Begründung zum Begriff der Parität nicht finden läßt, greifen einige Autoren[1540] zur inhaltlichen Bestimmung der Verhandlungsparität - zu Recht - auf die für die Kampfparität entwickelten Grundsätze zurück. Denn beide Grundsätze sind zwar auf verschiedenen Ebenen anzusiedeln. Jedoch kann das Verhandlungsgleichgewicht maßgeblich durch das Kräfteverhältnis bestimmt werden, da die Tarifauseinandersetzungen regelmäßig von dem Gedanken getragen werden, im äußersten Fall einen Arbeitskampf zu führen[1541]. Die Kampfparität erfährt somit ihren Sinn erst durch die Verhandlungsparität[1542]. Aufgrund des erkennbar eng bestehenden Zusammenhangs ist für beide Prinzipien folglich ein gleiches Maß an Parität zu verlangen, mit der Folge: Wenn ein konkretes Gleichgewicht für die Kampfparität zu fordern ist, so muß dieser Maßstab auch auf die Verhandlungsparität angelegt werden.

1536 *Seiter*, Streikrecht, S. 159.

1537 Z. B. *Buchner*, RdA 1986, 7 (9 ff.); *Hemmen*, Durchsetzungsfähigkeit, S. 83 ff.; *Schrader*, Durchsetzungsfähigkeit, S. 172 ff.

1538 Vgl. in der Literatur insofern nur *Bertelsmann*, Aussperrung, S. 220 ff.; *Biedenkopf*, Grenzen, S. 150 f.; *Seiter*, Streikrecht, S. 158 ff.; *Scholz/Konzen*, Aussperrung, S. 168 ff.; *Wolf*, ZfA 1971, 151 ff. In der Rechtsprechung taucht der Gesichtspunkt der Kampfparität in verschiedenen Zusammenhängen auf, siehe z. B.: bei der Zulässigkeit der Abwehraussperrung BAG v. 28.01. 1955 - GS 1/54, AP Nr. 1 zu Art. 9 GG Arbeitskampf (unter II. 3. der Gründe) = BAGE 1, 291 (310); BAG v. 27.09. 1957 - 1 AZR 81/56, AP Nr. 6 zu Art. 9 GG Arbeitskampf; bei der Zulässigkeit sukzessiver Aussperrung BAG v. 14.10. 1960 - 1 AZR 233/58, AP Nr. 10 zu Art. 9 GG Arbeitskampf (unter I. der Gründe), den Kampfpartnern müssen „in der Wirkung im wesentlichen gleichartige Kampfmittel zustehen“ = BAGE 10, 88 (93); bei der Notwendigkeit der Arbeitskampfbereitschaft als Voraussetzung der Tariffähigkeit BAG v. 19.01. 1962 - 1 ABR 14/60, AP Nr. 13 zu § 2 TVG (unter II. 2. der Gründe) = BAGE 12, 184 (192).

1539 Vgl. *Bertelsmann*, Aussperrung, S. 221.

1540 *Hemmen*, Durchsetzungsfähigkeit, S. 83 ff. m. w. N.; *Schrader*, Durchsetzungsfähigkeit, S. 172 ff.

1541 *Hemmen*, Durchsetzungsfähigkeit, S. 83; vgl. auch *Seiter*, Streikrecht, S. 160; ferner *Schrader*, Durchsetzungsfähigkeit, S. 175.

1542 Vgl. auch *Richardi*, in: Staudinger, BGB-Komm., Vorbem. zu §§ 611 ff. Rn. 932; *Seiter*, Streikrecht, S. 159.

Die formellen Theorien, denen anfangs das Bundesarbeitsgericht[1543] gefolgt war, stellen mit dem Begriff „Waffengleichheit“ auf eine Kampfmittelgleichheit in ihrer historischen Korrelation ab[1544]. Nach diesem Verständnis bestehe eine Kampfparität bereits dann, wenn Druck und Gegendruck für den bezweckten Tarifabschluß zulässig sind und keine Partei sich solcher Mittel bedienen muß, die von vornherein wirkungslos sind. Es soll daher genügen, daß jeder potentiellen Tarifpartei je ein effektives Angriffs- oder Abwehrmittel zukommt[1545]. Dieser Paritätsbegriff sei aber auf die generelle Vergleichbarkeit der Druckwirkung der wechselseitigen Kampfmittel beschränkt[1546].

Einen anderen Ansatz wählen die Vertreter der materiellen Theorien[1547]. Diese Auffassung der Waffengleichheit als materielle Kampfparität geht davon aus, daß trotz der unterschiedlichen Waffen dennoch gleiche Chancen zur Erreichung der jeweiligen Kampfziele mit rechtlichen Mitteln garantiert werden sollen[1548]. Kampfparität - materiell verstanden - beziehe sich also nicht auf die äußere Gleichheit der Waffen, sondern auf die rechtliche Gewähr eines denkbar gleichgewichtigen Kampfes[1549]. Dabei müsse die rechtliche Regelung dieses Gleichgewichts sowohl die Ausgangssituation der Tarifvertragsparteien als auch die jeweilige Wirkung der Kampfmittel berücksichtigen[1550]. Die Kampfmittel dürften nach diesem Verständnis nur dann die gleichen Zulässigkeitsvoraussetzungen und den gleichen Effektivitätsgrad haben, wenn die Stellung der Kampfgegner als vergleichbar betrachtet werden könne[1551]. Auch das Bundesarbeitsgericht ist

---

1543 BAG v. 28.01. 1955 - GS 1/54, AP Nr. 1 zu Art. 9 GG Arbeitskampf (unter II. 1. der Gründe) = BAGE 1, 291 (309), das sich auf die Rechtsprechung des RAG v. 19.12. 1929 - RAG 320/29, ARS 7, 493 (494) bezieht.

1544 *Rüthers*, JurA 1970, 85 (90). Siehe dazu auch *Bertelsmann*, Aussperrung, S. 222 f. (insb. Fn. 9), der eine weitere Aufgliederung des Begriffs in eine „historische“ Kampfparität befürwortet.

1545 In diesem Sinne *Nipperdey*, DB 1963, 1613 (1614).

1546 So auch *Hemmen*, Durchsetzungsfähigkeit, S. 83.

1547 So insbesondere *Steindorf*, RdA 1965, 253 (257 f.); *Zöllner*, RdA 1969, 250 (256); im Ergebnis auch *Rüthers*, JurA 1970, 85 (110). Einen Überblick gebend *Otto*, in: MünchArbR., Bd. 3, § 282 Rn. 62.

1548 *Rüthers*, JurA 1970, 85 (89); siehe dazu auch *Wolf*, ZfA 1971, 151 (152).

1549 *Rüthers*, JurA 1970, 85 (90); *Zöllner*, RdA 1969, 250 (256).

1550 *Bertelsmann*, Aussperrung, S. 224; *Zöllner*, RdA 1969, 256.

1551 *Bertelsmann*, Aussperrung, S. 224; *Rüthers*, JurA 1970, 85 (91).

diesem Ansatz gefolgt und hat seinen Standpunkt der formellen Parität aufgegeben, um zu einer materiellen Paritätsbetrachtung überzugehen[1552].

Eine Identität der Waffen im Arbeitskampf wäre unter Berücksichtigung der historischen Entwicklung und vor allem der verschiedenen sozialen Ausgangslagen der Tarifvertragsparteien auch nicht möglich; die Tarifpartner müssen sich unweigerlich auf unterschiedliche Kampfmittel (Streik und Aussperrung) stützen[1553]. „Waffengleichheit“ kann daher zumindest nicht Identität der Kampfmittel bedeuten[1554].

Umstritten ist, ob die materielle Parität grundsätzlich an den konkreten Gegebenheiten eines jeden einzelnen Arbeitskampfes gemessen werden muß oder aber eine generelle materielle Parität über einen längeren Zeitraum das Ziel ist[1555]. Einige Autoren[1556] verlangen eine reale, materiell-konkrete Parität in der jeweiligen Tarifauseinandersetzung; sie sind überzeugt davon, die Arbeitnehmerseite sei prinzipiell der Arbeitgeberseite strukturell unterlegen. Im Gegensatz dazu bezwecke nach einer anderen - wohl überwiegenden - Auffassung in der Literatur[1557] das Paritätsgebot des Art. 9 Abs. 3 GG eine abstrakte rechtliche Ordnung und ziele nicht konkret auf das Gleichgewicht der jeweiligen Tarifpartner in einer bestimmten Verhandlungsposition ab. Dabei habe die rechtliche Wertung auf der Grundlage der sozialwissenschaftlichen Fakten und der bestehenden rechtlichen Regelungen zu erfolgen[1558]. Einen leicht abweichenden Weg schlägt das Bundesarbeitsgericht[1559] ein, wenn es zwar die realen Kräfteverhältnisse heranzieht, aber

---

1552 Std. Rspr. seit BAG v. 21.04. 1971 - GS 1/68, AP Nr. 43 zu Art. 9 GG Arbeitskampf (unter Teil 3. B. 1 der Gründe) = BAGE 23, 292 (308); vgl. ferner BAG v. 14.11. 1974 - 3 AZR 547/73, AP Nr. 1 zu § 242 BGB Ruhegehalt-Zusatzversorgung (unter I. 1. der Gründe). Ausführlich dazu *Otto*, in: MünchArbR., Bd. 3, § 282 Rn. 62.

1553 Zutreffend *Bertelsmann*, Aussperrung, S. 222; vgl. auch *Rüthers*, JurA 1970, 85 (89).

1554 Vgl. auch *Lerche*, Zentralfragen, S. 68; ebenso *Rüthers*, JurA 1970, 85 (89).

1555 Ausführlich dazu *Otto*, in: MünchArbR., Bd. 3, § 282 Rn. 62 – 68; ferner *Scholz/Konzen*, Aussperrung, S. 177- 180.

1556 *Wolter*, AuR 1979, 193 (196 f.); *Zachert/Metzke/Hamer*, Aussperrung, S. 125 ff. (insb. 128). Hierzu auch *Wolf*, ZfA 1971, 151 ff.

1557 *Kaiser*, Parität, S. 9; *Konzen*, ZfA 1975, 401 (423); *Loritz*, in: Zöllner/Loritz, Arbeitsrecht, S. 472; *Schrader*, Durchsetzungsfähigkeit, S. 191; *Seiter*, Streikrecht, S. 163; *Zöllner*, Aussperrung, S. 34. Zur Paritätswertung unter Einbeziehung gesamtgesellschaftlicher Gesichtspunkte siehe *Bertelmann*, Aussperrung, S. 234 - 237.

1558 *Loritz*, in: Zöllner/Loritz, Arbeitsrecht, S. 471; zuvor *Zöllner*, Arbeitsrecht, 3. Aufl., S. 383.

1559 BAG v. 10.06. 1980 - 1 AZR 822/79, AP Nr. 64 zu Art. 9 GG Arbeitskampf (unter A. IV. der Gründe) = BAGE 33, 140 (162 - 166); BAG v. 10.06. 1980 - AP Nr. 65 zu Art. 9 GG Arbeitskampf (unter A. IV. der Gründe).

eine materiell-typisierende, tarifbezogene Parität favorisiert, ohne dabei alle Besonderheiten des konkreten Arbeitskampfes einbeziehen zu wollen. Angeführt werden zum Beispiel: der Organisationsgrad, die wirtschaftliche Lage oder die Kampfziele[1560].

Das Bundesverfassungsgericht hat in späteren Entscheidungen[1561] die typisierende zusammen mit der abstrakt-materiellen Betrachtungsweise als verfassungsgemäß anerkannt. Denn diese vereinfachende Wahrnehmung diene der Rechtsklarheit und der Kalkulierbarkeit des Arbeitskampfrechts und damit auch der Funktionsfähigkeit der Tarifautonomie. Eine solche Wertung im Einzelfall entspricht zudem nicht der Funktion der Koalitionsparität; denn nach - zutreffender - Auffassung[1562] habe der Grundsatz der Koalitionsparität die Funktion eines Maßstabs für die generelle Verteilung und Ausgestaltung der Kampfmittel der beiden Kampfparteien. Es genügt somit, wenn unter Einbeziehung der bestehenden Kräfteverhältnisse der Tarifvertragspartner anhand einer über einen längeren Zeitraum reichenden Bewertung ein abstrakt-materielles Gleichgewicht besteht[1563]. Eine materiell-konkrete Sichtweise der Parität ist dementsprechend abzulehnen.

b) Folgerungen für die Tariffähigkeit

Angesichts des vorrangigen Ziels nach Rechtssicherheit ist es für die Funktionsfähigkeit des tariflichen Regelungssystems grundsätzlich unerheblich, ob der einzelne Tarifvertrag eine sinnvolle Ordnung und Befriedigung bewirkt. Daraus folgt: Aus Sicht des Tarifrechts kann es für die Tariffähigkeit der Gewerkschaft gleichermaßen nicht von wesentlicher Bedeutung sein, ob sie bei konkreter Betrachtung fähig ist, eine tarifvertragliche Ordnung der Arbeitsbedingungen zu erreichen, weil sie von der Arbeitgeberseite ernst genommen wird. Maßgeblich wäre also allein eine abstrakt-generelle Betrachtungsweise im Rahmen des gesamten Tarifzuständigkeitsgebiets der Gewerkschaft[1564], die Paritätsnotwendigkeit könnte beim Haustarifabschluß unberücksichtigt bleiben.

1560 BAG v. 10.06. 1980 - 1 AZR 822/79, AP Nr. 64 zu Art. 9 GG Arbeitskampf (unter A. IV. 2. der Gründe) = BAGE 33, 140 (164); BAG v. 10.06. 1980 - AP Nr. 65 zu Art. 9 GG Arbeitskampf (unter A. IV. 2. der Gründe).

1561 BVerfG v. 26.06. 1991 - 1 BvR 779/85, AP Nr. 117 zu Art. 9 Arbeitskampf (unter C. I. 3. b. der Gründe) = BVerfGE 84, 212 (230); bestätigt in BVerfG v. 04.07. 1995 – 1 BvF 1/87, AP Nr. 4 zu § 116 AFG (unter C. I. 1. c. der Gründe) = BVerfGE 92, 365 (349 ff.).

1562 vgl. ferner *Scholz/Konzen*, Aussperrung, S. 178; *Seiter*, Arbeitskampfparität, S. 60 m. w. N.

1563 Vgl. auch *Loritz*, in: Zöllner/Loritz, Arbeitsrecht, S. 472.

1564 Vgl. auch *Oetker*, Rechtsgutachten, S. 19.

Wenn auch der Grundsatz der Koalitionsparität eine Gewähr abstrakter und nicht konkreter Gleichgewichtigkeit der Tarifpartner bedeutet, so stellt sich dennoch die Frage, ob die Rechtsordnung die Gefahr und letztendlich den Abschluß unangemessener Tarifverträge einer „Minderheiten-Gewerkschaft" auf Unternehmensebene tolerieren will. Im Rahmen der Arbeitskampfparität überwinden die allgemeinen Kampfführungsschranken nach Maßgabe des Verhältnismäßigkeitsgrundsatzes ein ersichtliches Machtübergewicht der einen Seite[1565]. Für den Fall eines „Minderheiten-Tarifabschlusses" könnte durch ein restriktives Tatbestandsmerkmal in Form einer unternehmensbezogenen Mächtigkeit ein Machtausgleich erzielt werden. Allerdings will Art. 9 Abs. 3 GG nicht jedes konkrete Machtübergewicht verhindern - Koalitionsimparität bedeutet nicht zugleich Unverhältnismäßigkeit -, sondern nur eine Ungleichgewichtslage mißbräuchlicher Art im Sinne des Ruinverbotes[1566]. Eine andere Beurteilung würde dem freiheitsrechtlichen Charakter der Koalitionsverfahrensgarantie auch nicht gerecht werden. Deshalb kann zwar im Einzelfall ein einzelnes Kampfmittel verboten werden; diese Untersagung umfaßt aber kein generelles Verbot[1567].

Der Gesetzgeber ist nicht daran gehindert, das Tarifvertragssystems sachgemäß fortzubilden[1568]. Allerdings könnten andere Rechtsgrundsätze einer Ergänzungsbedürftigkeit des § 2 Abs. 1 TVG entgegenstehen. Hauptargument gegen ein bestehendes Bedürfnis ist die zwangsläufig mit dem Merkmal der unternehmensbezogenen Mächtigkeit einhergehende Rechtsunsicherheit. Denn es gibt keine faßbaren Abgrenzungskriterien, die letztendlich zu einer sicheren Beurteilung der Durchsetzungsfähigkeit einer Arbeitnehmervereinigung gegenüber dem Arbeitgeber auf Unternehmensebene führen. Auch die Mitgliederzahl versagt als Indikator für eine hinreichende Hausmacht in dem Fall, daß in einem Unternehmen lediglich ein sehr kleiner Gesamtorganisationsgrad der Beschäftigen vorliegt. Die unternehmensbezogene Mächtigkeit ist daher Schwankungen ausgesetzt[1569].

Das Verlangen nach Rechtssicherheit hinsichtlich der Zuerkennung der Tariffähigkeit zeigt sich - von § 97 V ArbGG abgesehen – auch an anderer Stelle, und zwar bei der Tarifzuständigkeit, die neben der Tariffähigkeit eine weitere Wirk-

---

1565 Eingehend *Seiter*, Arbeitskampfparität, S. 61; ferner *Scholz/Konzen*, Aussperrung, S. 179.

1566 *Scholz/Konzen*, Aussperrung, S. 179 f.

1567 *Scholz/Konzen*, Aussperrung, S. 180.

1568 *Kanngießer*, in: Schmidt-Bleibtreu/Klein, GG-Komm., Art. 9 Rn. 12 c.

1569 Vgl. auch *Oetker*, Anm. zu BAG v. 25.09. 1996 – 1 ABR 25/96, AP Nr. 4 zu § 97 ArbGG 1979 (unter III.).

samkeitsvoraussetzung des Tarifvertrages ist[1570]. Der soziale Gegenspieler muß in der Lage sein, anhand der die Tarifzuständigkeit festlegenden Satzung eines Verbandes zu erkennen, ob die Arbeitnehmervereinigung für den begehrten Tarifabschluß zuständig ist[1571].

Wie bereits festgestellt, fällt nach der Funktionstypik des Koalitionsrechts und der Koalitionsmittelgarantie der Firmentarifvertrag unter den Schutz des Art. 9 Abs. 3 GG[1572]. Deshalb muß es zur Autonomie der Tarifvertragsparteien gehören zu entscheiden, ob und für welche Betriebe sie im Rahmen ihrer Tarifzuständigkeit tarifliche Regelungen treffen wollen[1573]. Es ist Sache der Beteiligten nach Art. 9 Abs. 3 GG, die Art des Tarifvertrages zu wählen[1574].

Die Lage zwischen den Arbeitnehmervereinigungen, die mit nur „wenigen“ Mitgliedern im Unternehmen vertreten sind und sog. „kleinen Arbeitgebern“ ist durchaus vergleichbar. Das Streben nach einer funktionsfähigen Tarifautonomie rechtfertigt es auch, dem einzelnen sog. „kleinen Arbeitgeber“ die Tariffähigkeit trotz eines Machtübergewichts der Gewerkschaft zu gewähren[1575].

Festzuhalten ist somit: Insbesondere vor dem Hintergrund der mit einer Hausmacht verbundenen Rechtsunsicherheiten würden die herausgearbeiteten Nachteile die Vorteile einer „relativen Tariffähigkeit“ nicht überwiegen[1576]. Eine bestehende Ungleichgewichtslage beim Abschluß eines Haustarifvertrages führt somit nicht zur Beseitigung der Tariffähigkeit. Die Fähigkeit zum Tarifabschluß ist damit nicht in eine relative und allgemeine Tariffähigkeit zu teilen[1577]. Die Ent-

---

1570 BAG v. 27.11. 1964 - 1 ABR 13/63, AP Nr. 1 zu § 2 TVG Tarifzuständigkeit (unter I. der Gründe) = BAGE 16, 329 (332).

1571 Vgl. *Oetker*, Rechtsgutachten, S. 20.

1572 Vgl. *Scholz*, in: M/H/D, GG-Komm., Art. 9 Rn. 300.

1573 Vgl. auch BAG v. 24.04. 1985 - 4 AZR 457/83, AP Nr. 4 zu § 3 BAT = BAGE 48, 307 (310).

1574 Vgl. auch *Gamillscheg*, Kollekt.ArbR., Bd. I, S. 504.

1575 Siehe dazu oben Teil 2/3. Abschnitt unter § 10 II. 2. a.

1576 Vgl. auch *Benecke*, Anm. zu BAG v. 25.09. 1996 – 1 ABR 25/96, SAE 1998, 60 (66).

1577 Von einer unteilbaren Tariffähigkeit in sachlicher und personeller Hinsicht spricht auch *Oetker*, in: Wiedemann, TVG-Komm., § 2 Rn. 19. Eine auf einzelne tarifwillige Mitglieder beschränkte „Teiltariffähigkeit“ des Gesamtverbandes im Falle der Einführung einer Mitgliedschaft ohne Tarifbindung ablehnend *Buchner*, NZA 1994, 2 (4), der aber nicht näher begründete Vorbehalte andeutet; ohne Vorbehalte *Junker*, Anm. zu BAG v. 23.10. 1996 - 4 AZR 409/95, SAE 1997, 172 (175); a. A. Ostrop, Mitgliedschaft ohne Tarifbindung, S. 128.

scheidung gegen eine getrennte Tariffähigkeit bedeutet zugleich für den Fall eines „Minderheiten-Tarifabschlusses" den Verzicht auf ein restriktives Tatbestandsmerkmal in Form einer unternehmensbezogenen Mächtigkeit.

3. Ergebnis

Ein die teleologische Reduktion des § 2 Abs. 1 TVG rechtfertigendes Bedürfnis ist nicht erkennbar. Die Bindung an Gesetz und Recht (Art. 20 Abs. 3 GG) verlangt somit auch in dem eintretenden Fall einer „Majorisierung einer Minderheit" die strikte Einhaltung des § 2 Abs. 1 TVG. Eine „relative" Tariffähigkeit kann somit nicht legitimiert werden.

III. Konsequenzen und Zusammenfassung

Alle Auslegungsergebnisse sprechen gegen die Anerkennung einer nach dem Geltungsbereich des Tarifvertrages differenzierenden Tariffähigkeit. Da eine Ergänzungsbedürftigkeit der gesetzlichen Regelung des § 2 Abs. 1 TVG nicht festgestellt werden kann, fehlt es an einer die teleologische Reduktion des § 2 Abs. 1 TVG rechtfertigenden „verdeckten" Lücke. Zudem steht eine relative, also nur auf den jeweiligen Tarifpartner bezogene Tariffähigkeit im Widerspruch zum geltenden Tarifrecht, und darüber hinaus läuft die Figur der „gespaltenen Tariffähigkeit" der gesamten Rechtsordnung zuwider[1578].

Ungeachtet der mangelnden Anerkennung einer „relativen Tariffähigkeit" im geltenden Recht kann aber über das aufgeworfene Sachproblem nicht ohne weiteres hinweggegangen werden. Der Einwand der Gefahr „einer Majorisierung einer Minderheit" beseitigt zwar nicht die Tariffähigkeit einer Arbeitnehmervereinigung. Er verlangt aber nach alternativen Lösungsansätzen.

Bei genauerer Betrachtung zeigt sich, daß es sich hierbei nicht in erster Linie um ein Problem handelt, das mit Hilfe einer modifizierten Mächtigkeitstheorie gelöst werden kann. Vielmehr resultieren die Bedenken aus der strikten Einhaltung des Spezialitätsprinzips im Falle einer „Tarifpluralität". Anstatt ein weiteres restriktives Tatbestandsmerkmal in Form einer unternehmensbezogenen Mächtigkeit zu fordern, muß das Prinzip der Tarifeinheit überdacht werden. Denkbar wäre hier eine Auflockerung des von der Rechtsprechung und weiten Teilen der Literatur

---

1578 Zutreffend vgl. auch LAG *Hamburg*, zit. bei: BAG v. 25.09. 1996 - 1 ABR 25/96, AP Nr. 4 zu § 97 ArbGG 1979 (unter B. III. 1. a. der Gründe).

angewandten Spezialitätsgrundsatzes, der im Zweifel den Haustarif einem Verbandstarif vorgehen läßt[1579].

Rechtsdogmatisch muß der Grundsatz der Spezialität in Verbindung mit dem Prinzip der Tarifeinheit betrachtet werden[1580]. Insofern ist zuvor zu überlegen, welchen Umfang der Grundsatz der Tarifeinheit überhaupt hat[1581]. Überdies bleibt die rechtliche Funktion des Prinzips der Tarifeinheit zu klären. Angefangen vom lediglich wünschenswerten tarifpolitischen Ziel[1582] über die Aufgabe einer - tarifrechtlichen - Auslegungsregel[1583] bis hin zum zwingenden rechtlichen Prinzip[1584] kommen mehrere Entscheidungen in Betracht[1585].

Die umgekehrte Lösung, der weitere verdrängt den engeren Tarifvertrag[1586], muß nicht notwendig herangezogen werden. Es bedarf auch nicht einer Neuregelung in der Form, daß bei Konkurrenz zwischen Haus- und Verbandstarifvertrag verschiedener Gewerkschaften die Anzahl der Mitglieder über die Gültigkeit entscheidet[1587]. Vielmehr muß die Frage des Tarifvorrangs zunächst dem Wahlrecht der Beschäftigten in dem jeweiligen Betrieb oder Unternehmen selbst überlassen bleiben. Läßt sich eine Einigung nicht erzielen, so kann als mögliche Alternative zur restriktiven Handhabung der Tariffähigkeit ins Auge gefaßt werden, daß es nur für die „betrieblichen" Normen auf die Mehrheit der Mitglieder der Organisationen ankommen soll, während im übrigen für jedes Gewerkschaftsmitglied der entsprechende Tarifvertrag zur Anwendung gelangt[1588]. Dann müßten die bei der

---

1579 *Benecke*, Anm. zu BAG v. 25.09. 1996 – 1 ABR 25/96, SAE 1998, 60 (66). Zum Grundsatz der Spezialität siehe ausführlich oben Teil 3 § 11 I 3 b. bb.

1580 Insoweit vgl. nur *Kempen/Zachert*, TVG-Komm., § 4 Rn. 130 m. w. N.

1581 Ausführlich dazu *Witzig*, Grundsatz der Tarifeinheit, passim. Zum Verständnis des Prinzips der Tarifeinheit durch das Bundesarbeitsgericht *Reuter*, JuS 1992, 105 ff.

1582 So z. B. *Kraft*, RdA 1992, 161 (168 f).

1583 So z. B. *Ezel*, NZA 1987, Beilage 1, 19 (22); *Kempen*, in: Kempen/Zachert, TVG-Komm., § 4 Rn. 131; *Wiedemann*, Anm. zu BAG v. 24.09. 1975 - 4 AZR 471/74, AP Nr. 11 zu § 4 TVG Tarifkonkurrenz (unter 2.).

1584 Vgl. z.B. BAG v. 14.06. 1989 - 4 AZR 200/89, AP Nr. 16 zu § 4 TVG Tarifkonkurrenz.

1585 Ausführlich dazu *Kraft*, RdA 1992, 161 (165 ff.) m. w. N.

1586 So mit Hinblick auf die Ordnungsaufgabe der Tarifautonomie favorisierend *Gamillscheg*, Kollekt.ArbR., Bd. I, S. 504.

1587 So der für die Auflösung von Tarifkonkurrenzen angemeldete Vorschlag von *Kempen*, in: Kempen/Zachert, TVG-Komm., § 4 Rn. 136.

1588 So für ein Nebeneinander zweier Firmen-Tarifverträge *Gamillscheg*, Kollekt.ArbR., Bd. I, S. 756; *Kania*, DB 1995, 625 (628); *Löwisch/Rieble*, TVG-Komm., § 4 Rn. 303.

Ermittlung der größeren Anzahl der Mitglieder zu erwartenden Schwierigkeiten in Kauf genommen werden.

Im Ergebnis läßt sich damit konstatieren: Eine tariffähige Vereinigung ist stets ermächtigt, Tarifverträge mit dem von ihr angestrebten räumlichen Geltungsbereich abzuschließen. Tariffähigkeit im Sinne des § 2 Abs. 1 TVG bedeutet die freie Wahl, sowohl Verbands- als auch Haustarifverträge beliebig zu vereinbaren.

Teil 4: Schlußbetrachtung und Thesen

§ 15 Schlußbetrachtung

Zwar ziehen sich Zusammenschlüsse von Arbeitnehmerverbänden wie ein roter Faden durch die Geschichte der deutschen Gewerkschaftsbewegung. Die in jüngster Zeit zu beobachtenden Konzentrationsbewegungen sind aber in Art und Umfang von einzigartiger Gestalt. Spielten sich die einleitenden Bündnisse unter dem Dach des *DGB* noch in einem verhältnismäßig engen Rahmen ab, so setzte allmählich eine Sogwirkung ein, die zunehmend mehr Gewerkschaften mit sich riß; ein Ende dieses Entwicklungsprozesses ist nicht absehbar. Mit dem zukünftigen Gewerkschaftsmodell „*Ver.di*" haben die Verbände ein klares Zeichen für eine Tarifpolitik gesetzt, die von wenigen, dafür aber mächtigen Organisationen betrieben werden soll.

Der Gesetzgeber hat die Anforderungen an die Tariffähigkeit auf Arbeitnehmerseite weder im Tarifvertragsgesetz noch in anderen arbeitsrechtlichen Regelungen festgelegt. Der Vertrag über die Herstellung einer Währungs-, Wirtschafts- und Sozialunion zwischen der Bundesrepublik Deutschland und der Deutschen Demokratischen Republik vom 18.05. 1990 enthält in seinem tarifrechtlichen Protokoll unter Ziffer A III 2 zur Sozialunion zwar eine Zusammenschau der für die Zuerkennung der Tariffähigkeit maßgeblichen Anforderungen. Mangels verbindlicher Wirksamkeit für die Bundesrepublik Deutschland stellt er aber keine Legaldefinition dar. Solange der Gesetzgeber seine Kompetenzen, ein Kriteriengebilde für die Tariffähigkeit zu präzisieren, nicht wahrnimmt, fällt damit den Gerichten die Begriffsbestimmung der Tariffähigkeit zu.

Mit der Anerkennung einer Arbeitnehmervereinigung als Gewerkschaft wird die rechtliche Eigenschaft, Tarifverträge abschließen zu können, verliehen. Die Tariffähigkeit ist nicht Wesensmerkmal eines einheitlich zu betrachtenden arbeitsrechtlichen Gewerkschaftsbegriffs, sondern vielmehr Rechtsfolge im Rahmen des § 2 Abs. 1 TVG. Die Judikative kann sich deshalb zur Klärung der begrifflichen Feinheiten der Tariffähigkeit auf den Begriff der Gewerkschaft in § 2 Abs. 1 TVG stützen.

Die Anforderungen der Rechtsprechung an den „offenen" Gewerkschaftsbegriff unterlagen einem stetigen Wandel. Während in der Zeit der Weimarer Republik und in den frühen Jahren der Bundesrepublik Deutschland weitgehend nur die Voraussetzungen des Koalitionsbegriffes als Kriterium der Gewerkschaftseigenschaft postuliert waren, verschärfte insbesondere das Bundesarbeitsgericht die Anforderungen nach und nach. Bestand das zusätzliche Verlangen zunächst in der

Bereitschaft zum Arbeitskampf, so bildete das Jahr 1968 eine wichtige Zäsur in der Weiterentwicklung der konstitutiven Voraussetzungen. Nach der Ablehnung der Arbeitskampfbereitschaft als Wesensmerkmal des Gewerkschaftsbegriffs durch das Bundesverfassungsgericht entwickelte das Bundesarbeitsgericht das Ersatzkriterium der sozialen Mächtigkeit. Der sog. Mächtigkeitstheorie kommt bis heute eine zentrale Bedeutung bei der Prüfung der Tariffähigkeit zu.

Der Gewerkschaftsbegriff im Rahmen des § 2 Abs. 1 TVG zählt zu den klassifikatorischen Begriffen. Das Merkmal der allgemeinen sozialen Mächtigkeit muß deshalb stets vorliegen.

Während das Bundesarbeitsgericht für die Bestimmung der sozialen Mächtigkeit eines Verbandes den Blick zunächst nur auf die Mitgliederzahl richtete, mußte es schon bald die Unhandlichkeit dieses Kriteriums erfahren. Ergebnis dieses Eingeständnisses war die Entwicklung eines beweglichen Merkmalgeflechts, bestehend aber aus drei festen Hauptsträngen: der Außen- und Innenautorität eines Verbandes sowie des organisatorischen Aufbaus.

Zur Ausfüllung dieser einzelnen Merkmale bedient sich die Judikatur verschiedener flexibler Indikatoren: Für die Bestimmung der Autorität stellt sie in erster Linie auf die Mitgliederzahl, den Organisationsgrad und die bisherige Bewährung in der tariflichen Praxis ab; daneben berücksichtigt sie auch die Bereitschaft einer Vereinigung zum Arbeitskampf. Zur Beurteilung des ausreichenden organisatorischen Aufbaus zieht sie zum einen die personelle und sachliche Ausstattung als maßgebliche Umstände heran; zum anderen mißt sie auch der Finanzstärke des Verbandes eine entscheidende Bedeutung bei. Nachdem das Bundesarbeitsgericht in den letzten Jahren zwischen dem anfänglich objektiven und einem subjektiven Bewertungsmaßstab hin und her schwankte, ist nunmehr erneut eine tendenzielle Absenkung der Anforderungen erkennbar.

Trotz der zahlreichen Konzentrationsbewegungen innerhalb der deutschen Gewerkschaftslandschaft ist nicht erkennbar, daß die herkömmliche strukturelle Ungleichgewichtslage der Tarifpartner überwunden ist. Auch das zunehmende Bedürfnis nach individuellen Tarifabschlüssen entbehrt nicht von einer staatlichen Reglementierung der Zugangsvoraussetzungen zur Teilnahme an der Tarifautonomie. Das Mächtigkeitskriterium ist zwar schwer in seinen inhaltlichen Anforderungen zu erfassen. Insbesondere die indizielle Wirkung einer Prognoseentscheidung des betroffenen Verbandes hinsichtlich der eigenen Leistungsfähigkeit stößt auf erhebliche Bedenken und gilt daher eher als ungeeignet. Trotzdem lassen sich gute Gründe für eine Verbandsmacht finden. Denn je mehr Rückhalt eine

Gewerkschaft erfährt, desto eher kann sie dem gegnerischen Druck standhalten. Die nicht unerheblichen Bedenken der Literatur sind zwar in vieler Hinsicht verständlich. Zu einer annehmbaren Lösung tragen sie jedoch nicht bei.

Der ordnungspolitische Gedanke, der mit der Forderung nach einer zusätzlichen „relativen Tariffähigkeit" bei Haustarifverträgen verbunden ist, liegt klar auf der Hand. Es soll der Gefahr begegnet werden, daß eine Gewerkschaft, die in einem Unternehmen kaum vertreten ist, einen Haustarifvertrag abschließt, der aufgrund der mangelnden unternehmensbezogenen Mächtigkeit und des sich daraus ergebenden Kräfteungleichgewichtes nicht als sachgerecht erscheint, aber dennoch einen geltenden Verbandstarifvertrag verdrängen kann. Arbeitgeber könnten versucht sein, sich gezielt solche Gewerkschaften als Partner eines Haustarifvertrages zu wählen, die nur eine sehr geringe „Mächtigkeit" im Unternehmen aufweisen und infolgedessen den Wünschen des Arbeitgebers weiter entgegenkommen, als es Gewerkschaften mit ausreichender unternehmensbezogener Mächtigkeit handhaben würden. Zwar ist es sicherlich für in einem Unternehmen „schwache" Gewerkschaften aus Imagegründen nicht besonders sinnvoll, offensichtlich nicht interessengerechte Haustarifverträge abzuschließen. In diesem Zusammenhang darf zudem nicht unberücksichtigt bleiben, daß es auch den im Unternehmen „mächtigen" Gewerkschaften jeder Zeit frei steht, einen Haustarifvertrag abzuschließen. Dieser Vorgang einer „Majorisierung einer Mehrheit durch eine Minderheit", erscheint trotzdem in der Tat als äußerst bedenklich. Die Tarifpraxis lehrt, solche Befürchtungen sind keinesfalls unbegründet.

Tatsächlich ließe sich dieser Gefahr durch die Annahme einer „relativen Tariffähigkeit" wirksam begegnen, wenn neben die allgemeine eine unternehmensbezogene Mächtigkeit tritt. Jedoch begegnet die Anerkennung der Rechtsfigur der „relativen Tariffähigkeit" schwerwiegenden Bedenken. Von besonderem Gewicht sind hier die systemwidrige Aufspaltung der Tariffähigkeit und die entstehende Rechtsunsicherheit. Denn anhand der Mitgliederzahlen eines Verbandes in dem betroffenen Unternehmen ließe sich eine Hausmacht nicht in jedem Fall zweifelsfrei ermitteln. Gerade der Rechtssicherheit kommt aber nach dem Willen des Gesetzgebers große Bedeutung zu, wie § 97 ArbGG 1979 zeigt.

Dem gleichwohl bestehenden Problem der „Majorisierung der Mehrheit durch eine Minderheit" muß auf anderer Weise begegnet werden. Denkbar wäre hier eine Auflockerung des von der Rechtsprechung angewandten Spezialitätsgrundsatzes, der den Haustarif einem Verbandstarif vorgehen läßt.

Als Ergebnis läßt sich damit festhalten: Eine über die das Merkmal der allgemeinen sozialen Mächtigkeit hinausgehende restriktive Handhabung der Tariffähigkeit auf Arbeitnehmerseite läßt sich angesichts der aufgezählten gravierenden Folgen nicht rechtfertigen. Die Rechtsfigur der „relativen Tariffähigkeit“ ist abzulehnen.

§ 16 Thesen

Aus der Schlußbetrachtung lassen sich die wichtigsten Ergebnisse zu folgenden Thesen zusammenfassen:

I. Die Zwecke der Tarifautonomie - die Schaffung einer angemessenen Ordnung und Befriedigung des Arbeitslebens – rechtfertigen es, trotz der gegenwärtigen Konzentrationsprozesse innerhalb der Gewerkschaftslandschaft, die Tariffähigkeit von Arbeitnehmervereinigungen an bestimmte Voraussetzungen zu knüpfen.

II. Das vom Bundesarbeitsgericht entwickelte Kriterium der sozialen Mächtigkeit ist - entgegen der Kritik der Literatur - taugliches Mittel, um eine Abgrenzung von leistungsfähigen und leistungsschwachen Arbeitnehmervereinigungen vorzunehmen.

III. Der Gewerkschaftsbegriff muß in den arbeitsrechtlichen Gesetzen nicht zwingend einheitlich betrachtet werden. Die Tariffähigkeit ist vielmehr eine Folge der Gewerkschaftseigenschaft im Rahmen des § 2 Abs. 1 TVG.

IV. Die Forderung nach einer „relativen Tariffähigkeit" bei Haustarifverträgen ist abzulehnen. Die Tariffähigkeit eines Arbeitnehmerverbandes muß nicht zwingend getrennt für den gesamten tariflichen Zuständigkeitsbereich und in Bezug auf den jeweiligen Geltungsbereich des einzelnen Tarifvertrages beurteilt werden.

V. Dennoch besteht das Sachproblem der „Majorisierung durch eine Minderheit" bei Haustarifverträgen. Hier müssen andere Lösungsansätze zur Abwehr dieser Gefahr entwickelt werden. Denkbar ist eine Auflockerung des Spezialitätsprinzips.

Anhang

Abbildung 1: Mitgliedergewerkschaften des DGB - Stand 31.12. 1988

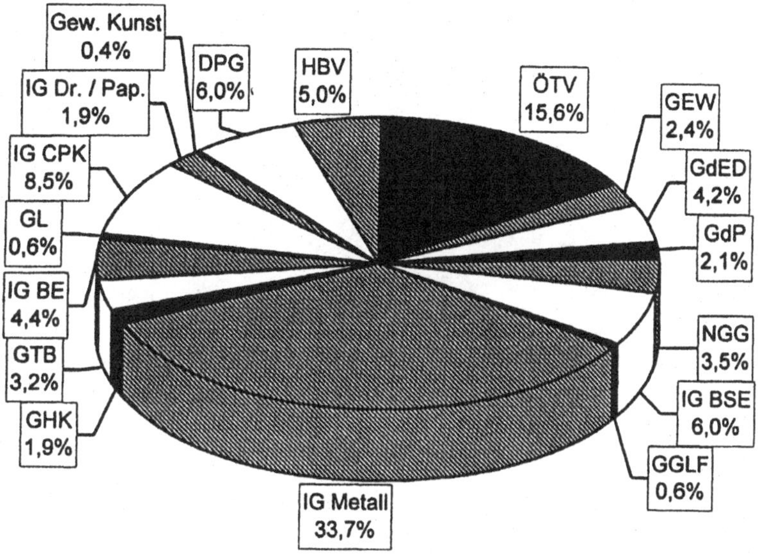

Mitgliederzahlen	
ÖTV	1.219.986
GEW	187.422
GdED	329.904
GdP	160.889
NGG	270.506
IG BSE	468.238
GGLF	43.479
IG Metall	2.624.521
GHK	144.763
GTB	253.493
IG BE	340.284
GL	46.560
IG CPK	662.568
IG Druck u. Papier	150.259
Gew. Kunst	29.613
DPG	471.175
HBV	393.399

Quelle: Statistisches Jahrbuch für die Bundesrepublik 1989, S. 603.

Abbildung 2: Mitgliedergewerkschaften des DGB - Stand 31.12. 1999

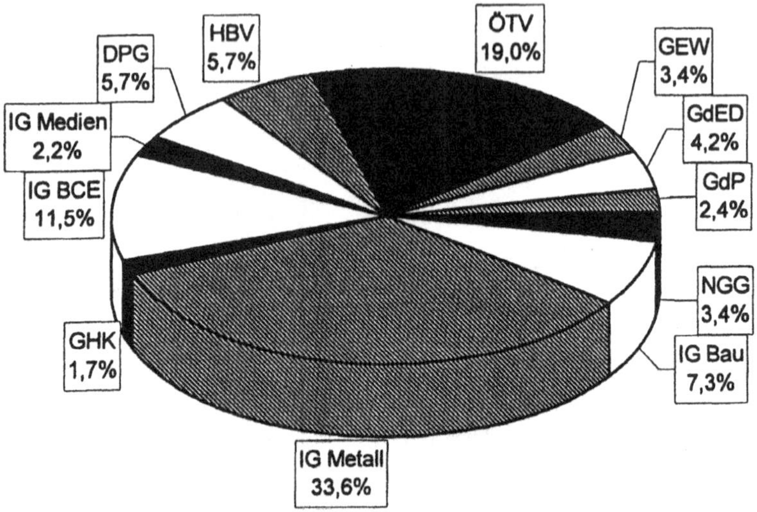

Mitgliederzahlen	
ÖTV	1.526.891
GEW	273.787
GdED	338.106
GdP	190.617
NGG	270.016
IG Bau	468.238
IG Metall	2.701.996
GHK*	132.865
IG BCE	922.783
IG Medien	179.072
DPG	457.475
HBV	457.720
* Integration der GHK ab 01.01. 2000 in die IG Metall	

Quelle: Mitgliederzahlen vom 31.12. 1999 nach Angaben des DGB, abgedruckt unter: http://www.dgb.de.

Abbildung 3: Voraussichtliche Zusammensetzung des DGB ab Frühjahr 2001 *

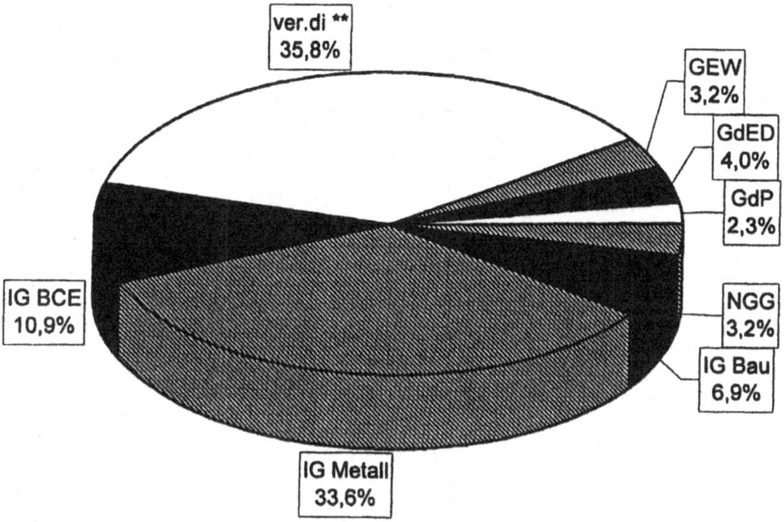

*	errechnet auf Grundlage der Mitgliederzahlen Stand 31.12. 1999.
**	ver.di ist ein Zusammenschluß von ÖTV, DPG, HBV, IG Medien und DAG.

Abbildung 4: Mitgliedergewerkschaften des CGB *

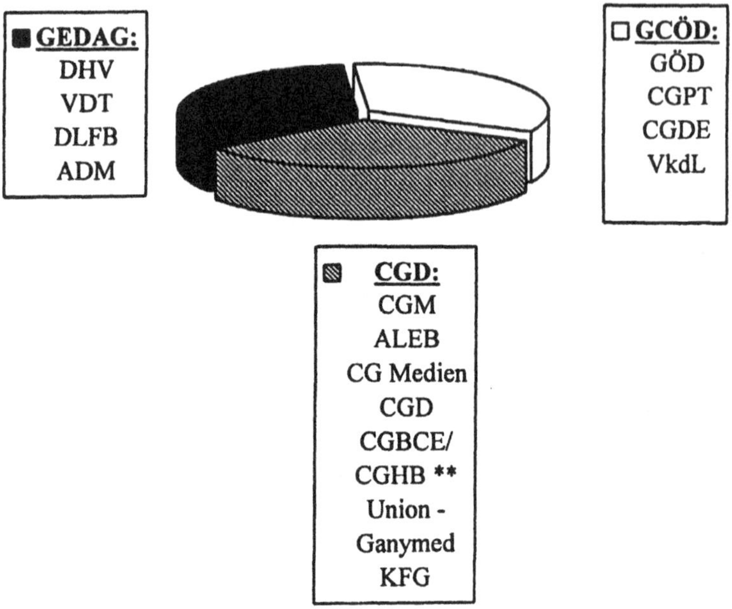

* CGB-Gesamt-mitgliederzahl (Stand 31.12.1999): 304.910	
** Keine Tariffähigkeit, vgl. BAG v. 16.01. 1990 – 1 ABR 10/89, AP Nr. 39 zu § 2 TVG; BAG v. 16.01. 1990 – 1 ABR, AP Nr. 38 zu § 2 TVG. Nach Angaben des CGB (Schriftsatz v. 04.05. 2000) ist die CGHB zwischenzeitlich mit der CTBLV in der CGD aufgegangen.	

Quelle: http://www.dhv-cgb.de/cgb/home.htm.

Abbildung 5: Entwicklung der Haustarifverträge 1990 - 1998

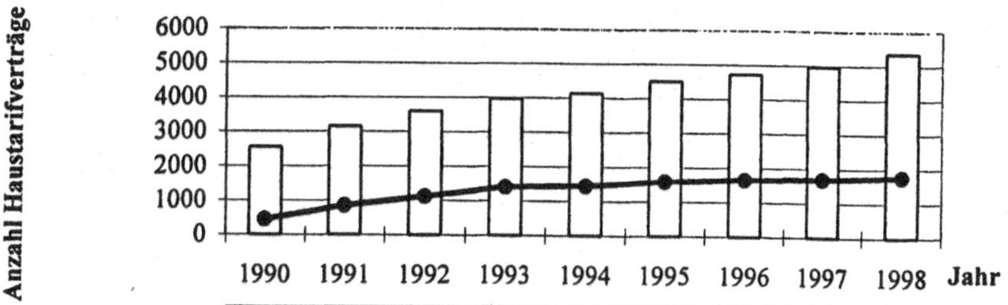

	1990	1991	1992	1993	1994	1995	1996	1997	1998
Insgesamt	2550	3150	3600	3966	4134	4512	4733	4978	5371
davon Ost	450	850	1117	1404	1445	1588	1652	1685	1765

Quelle: *iwd* v. 14.03. 1999, Nr. 9, S. 2: *Clasen*, BABl. 1996 Nr. 3, S. 21.

Abbildung 6: Zusammenhang mit Betriebsgröße und Hausverträgen

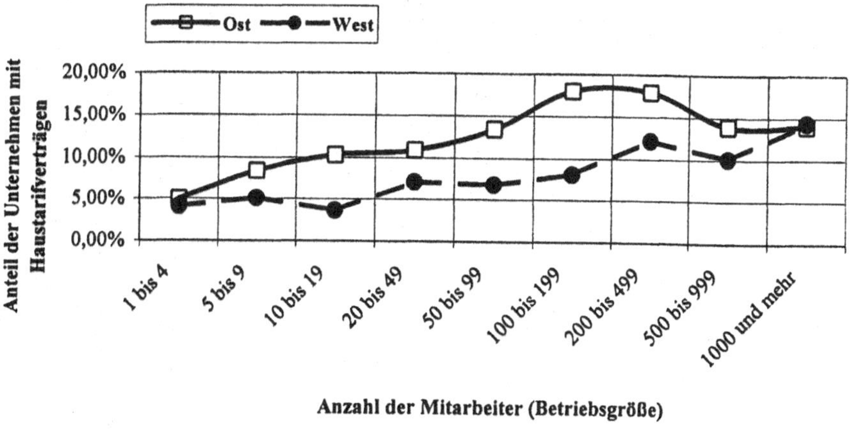

Quelle: *iwd* v. 13.05. 1999, Nr. 19, S. 5.

B. Entscheidungsregister

Das Entscheidungsregister soll auch einige Parallelfundstellen verwendeter Entscheidungen des Bundesverfassungsgerichts und der bundesrepublikanischen Arbeitsgerichte angeben.

1. Entscheidungen des Bundesverfassungsgerichts

Datum	Akten-zeichen	AP	amtliche Sammlung	sonstige
10.10. 1952	1 BvR 511/52	-	Bd. 1, 439	-
17.12. 1953	1 BvR 147	-	Bd. 3, 58	-
03.06. 1954	1 BvR 183/54	-	Bd. 3, 383	-
18.11. 1954	1 BvR 629/52	Nr. 1 zu Art. 9 GG (*Schnorr*)	Bd. 4, 96	AuR 1955, 29 (*Herschel*)
23.01. 1957	2 BvE 2/56	-	Bd. 6, 84	-
24.07. 1957	1 BvL 23/52	-	Bd. 7, 89	-
21.03. 1961	1 BvL 3, 18, 19/58	-	Bd. 12, 281	-
06.05. 1964	1 BvR 79/62	Nr. 15 zu § 2 TVG	Bd. 18, 18	SAE 1964, 137 (*Nikisch*)
27.05. 1964	1 BvL 4/59	Nr. 90 zu Art. 3 GG	Bd. 18, 38	RdA 1965, 359 NJW 1964, 251
30.11. 1965	2 BvR 54/62	Nr. 7 zu Art. 9 GG	Bd. 19, 303	NJW 1966, 491 SAE 1966, 157
14.12. 1965	1 BvR 413, 416/60	Nr. 5 zu Art. 2 GG	Bd. 19, 206	NJW 1966, 147
19.10. 1966	1 BvL 24/65	Nr. 24 zu § 2 TVG	Bd. 20, 312	AuR 1967, 30 (*Reuß*)
17.10. 1968	2 BvE 4/67	-	Bd. 24, 260	-
09.12. 1970	1 BvL 7/66	-	Bd. 29, 348	-
09.06. 1971	2 BvR 225/69	-	Bd. 31, 145	-
06.12. 1972	1 BvR 230/70	-	Bd. 34, 165	-
31.07. 1973	2 BvF 1/73	Nr. 1 zu Art. 23 GG	Bd. 36, 1	NJW 1973, 1573
18.12. 1974	1 BvR 430/65 und 259/69	Nr. 23 zu Art. 9 GG	Bd. 38, 281	RdA 1975, 260 BB 1976, 418 NJW 1975, 1265
17.12. 1975	1 BvR 548	-	Bd. 41, 88	-
28.10. 1975	2 BvR 883/73 und 379, 497, 526/74	-	Bd. 40, 237	-
13.06. 1976	1 BvR 631/69 und 24/70	-	Bd. 41, 126	-
27.01. 1976	1 BvR 2335/73	-	Bd. 41, 251	-

22.06. 1977	1 BvR 799/76	Nr. 6 zu § 1 BGB	Bd. 45, 400	NJW 1978, 207 JuS 1978, 210
21.12. 1977	1 BvL 1/75 und 1 BvR 147/75	-	Bd. 47, 46	-
08.08. 1978	2 BvL 8/77	-	Bd. 49, 89	-
09.08. 1978	2 BvR 831/76	-	Bd. 49, 148	-
26.09. 1978	1 BvR 525/77	-	Bd. 49, 168	-
07.11. 1978	1 BvR 411/78	-	-	nicht veröffentlicht
01.03. 1979	1 BvR 532, 533/77, 419/78 und 1 BvL 21/78	Nr. 1 zu § 1 MitbestG	Bd. 50, 290	-
25.07. 1979	2 BvR 878/74	Nr. 1 zu § 249 BGB Arzthaftung	Bd. 52, 131	NJW 1979, 1925 JuS 1981, 290
29.04. 1980	2 BvR 1441/79	-	Bd. 54, 117	-
07.10.1980	1 BvL 50/79, 89/79, 1 BvR 240/79	-	Bd. 55, 72	-
26.05. 1981	2 BvR 215/81	-	Bd. 57, 250	-
16.06. 1981	1 BvL 89/78	-	Bd. 47, 295	-
20.10. 1981	1 BvR 404/78	Nr. 31 zu § 2 TVG	Bd. 58, 233	EzA § 2 TVG Nr. 13 DB 1982, 231
11.10. 1981	1 BvR 16/72	-	Bd. 49, 286	-
20.10. 1982	1 BvR 1423/81	Nr. 2 zu § 1 TVG		-
16.11. 1982	1 BvL 16/75, 36/79	-	Bd. 62, 256	-
17.05. 1983	2 BvR 731/80	-	Bd. 64, 135	-
28.06. 1983	1 BvL 20/79	Nr. 4 zu Art. 5 Abs. 1 GG Rundfunkfreiheit	Bd. 64, 243	DB 1983, 2314 AuR 1984, 50
09.02. 1983	1 BvL 8/80, 16/81, 1 BvR 257/80, 890/89, 1357/81	-	Bd. 63, 152	-
07.12. 1983	2 BvR 282/80	-	Bd. 65, 377	-
22.10. 1985	2 BvL 44/83	Nr. 142 zu Art. 3 GG	Bd. 71, 81	NZA 1986, 162 NJW 1986, 1093
09.05. 1989	1 BvL 35/86	-	Bd. 80, 103	-
26.06. 1991	1 BvR 779/85	Nr. 117 zu Art. 9 GG Arbeitskampf	Bd. 84, 212	BB 1991, 1565 DB 1991, 1678 NJW 1991, 2549

16.09. 1991	1 BvR 453/90	-	-	EzA § 2 TVG Nr. 19 a
02.03. 1993	1 BvR 1213/85, 88, 103 (114 f.)	-	-	ZTR 1993, 241 f. DVBl. 1993, 545
04.07. 1995	1 BvF 1/87	Nr. 4 zu § 116 AFG	Bd. 92, 365	DB 1995, 1464 BB 1995, 1528 NZA 1995, 754
14.11. 1995	1 BvR 601/92	Nr. 80 zu Art. 9 GG	Bd. 93, 383	BB 1996, 118 NZA 1996, 381 NJW 1996, 1201

2. Entscheidungen des Bundesarbeitsgerichts

Datum	Aktenzeichen	AP	amtliche Sammlung	sonstige
15.01. 1955	1 AZR 305/54	Nr. 4 zu Art. 3 GG (*Beitzke*)	Bd. 1, 258	RdA 1955, 361 (*Gaul*) BB 1955, 290 (*Herschel*) DB 1955, 98
28.01. 1955	GS 1/54	Nr. 1 zu Art. 9 GG Arbeitskampf	Bd. 1, 291	RdA 1955, 198 BB 1955, 454 DB 1955, 455
12.10. 1955	1 ABR 13/54	Nr. 1 zu § 56 BetrVG	Bd. 2, 165	RdA 1955, 480 BB 1955, 929 DB 1955, 995
06.07. 1956	1 AZR 18/55	Nr. 11 zu § 11 ArbGG 1953 (*Bührig*)	Bd. 4, 351	RdA 1956, 358 BB 1956, 721 NJW 1956, 1332
09.11. 1956	1 AZR 421/54	Nr. 1 zu § 3 TVG Verbandszugehörigkeit (*Tophoven*)	Bd. 3, 174	RdA 1957, 159 BB 1957, 111 DB 1957, 94 NJW 1957, 258
23.03. 1957	1 AZR 64/56	Nr. 18 zu Art. 3 GG	BAGE 4, 133	RdA 1957, 359 DB 1957, 776
29.03. 1957	1 AZR 208/55	Nr. 4 zu § 4 TVG Tarifkonkurrenz (*Gumpert*)	Bd. 4, 37	RdA 1957, 310 BB 1957, 544 NJW 1957, 1006
14.10. 1960	1 AZR 233/58	Nr. 10 zu Art. 9 GG Arbeitskampf	Bd. 10, 88	RdA 1961, 93 BB 1961, 75 DB 1961, 205
22.12. 1960	2 AZR 140/58	Nr. 25 zu § 11 ArbGG 1953 (*Nikisch*)	-	BB 1961, 334 DB 1961, 444 AuR 1961, 277
27.09. 1957	1 AZR 81/56	Nr. 6 zu Art. 9 GG Arbeitskampf	-	RdA 1958, 39 BB 1957, 1142 DB 1957, 1130

19.01. 1962	1 ABR 14/60	Nr. 13 zu § 2 TVG (*Neumann-Duesberg*)	Bd. 12, 184	RdA 1962, 128 BB 1962, 218 DB 1962, 242 SAE 1962, 57 (*Nikisch*)
02.08. 1963	1 AZR 9/63	Nr. 5 zu Art. 9 GG Arbeitskampf (*Mayer-Maly*)	Bd. 14, 282	RdA 1963, 399 BB 1963, 1096 DB 1963, 1089
15.11. 1963	1 ABR 5/63	Nr. 14 zu § 2 TVG	-	RdA 1964, 118 BB 1964, 512 DB 1964, 590
27.11. 1964	1 ABR 13/63	Nr. 1 zu § 2 TVG Tarifzuständigkeit	Bd. 16, 329	RdA 1965, 119 BB 1965, 331 NJW 1965, 887 SAE 1965, 201 (*Isele*) AuR 1965, 26, 187
14.02. 1967	1 AZR 494/65	Nt. 10 zu Art. 9 GG (*Mayer-Maly*)	Bd. 19, 217	BB 1967, 330 DB 1967, 341 NJW 1967, 843
23.02. 1967	5 AZR 234/66	Nr. 57 zu § 611 BGB Gratifikation	-	RdA 1967, 199 BB 1967, 628 AuR 1967, 222
09.07. 1968	1 ABR 2/67	Nr. 25 zu § 2 TVG (*Mayer-Maly*)	Bd. 21, 98	RdA 1968, 399 BB 1968, 1119 NJW 1968, 2160 SAE 1969, 137 (*Zöllner*) AuR 1968, 283 AR-Blattei, Tarifvertrag II, Entsch. 7 (*Herschel*)
11.11. 1968	1 AZR 16/68	Nr. 14 zu Art. 9 GG (*Rüthers*)	Bd. 21, 201	RdA 1969, 60 BB 1969, 404 DB 1969, 621
21.04. 1971	GS 1/68	Nr. 43 zu Art. 9 GG Arbeitskampf	Bd. 23, 292	RdA 1971, 317 BB 1971, 701 DB 1971, 1061
23.04. 1971	1 ABR 26/70	Nr. 2 zu § 97 ArbGG 1953	Bd. 23, 320	RdA 1971,1322 BB 1971, 1322 SAE 1972, 229 (*Löwisch*) AuR 1971, 205, 384 AR-Blattei, Berufsverbände, Entsch. 10 (*Herschel*)
05.03. 1974	1 ABR 19/73	Nr. 1 zu § 5 BetrVG 1972 (*Wiedemann/ Wank*)	Bd. 26, 36	BB 1974, 553 DB 1974, 826 AuR 1974, 149
14.11. 1974	3 AZR 547/73	Nr. 1 zu § 242 BGB Ruhegehalt-Zusatzversorgung	-	RdA 1975, 150 BB 1975, 374 SAE 1975, 201 (*Sieg*) AuR 1975, 155

24.09. 1975	4 AZR 471/74	Nr. 11 zu § 4 TVG (*Wiedemann*)	-	SAE 1977, 56 (*Konzen*) EzA § 4 TVG Tarifkonkurrenz Nr. 1
21.11. 1975	1 ABR 12/75	Nr. 6 zu § 118 BetrG 1972 (Küchenhoff u. Richardi)	-	RdA 1976, 145 BB 1976, 602 DB 1977, 249 (*Mayer-Maly*) NJW 1976, 1165
15.03. 1977	1 ABR 16/75	Nr. 24 zu Art. 9 GG (*Wiedemann*)	Bd. 29, 72	EzA § 2 TVG Nr. 12 (*Dütz*) RdA 1977, 196, 258 NJW 1977, 1551 SAE 1978, 37 (*Kraft*) AuR 1977, 254, 281 (*Däubler*) JZ 1977, 470 (*Grunsky*) JuS 1978, 524 (*Herschel*)
14.03. 1978	1 ABR 2/75	Nr. 3 zu § 97 ArbGG 1953	-	RdA 1978, 272
14.03. 1978	1 ABR 2/76	Nr. 30 zu § 2 TVG (*Wiedemann*)	-	RdA 1978, 272 BB 1978, 1213 DB 1978, 1279
29.11. 1978	4 AZR 304/77	Nr. 12 zu § 4 TVG Tarifkonkurrenz (*Wiedemann*)	-	RdA 1979, 135 AuR 1980, 179 EzA § 4 TVG Tarifkonkurrenz Nr. 2
10.06. 1980	1 ABR 822/79	Nr. 64 zu Art. 9 GG (*Mayer-Maly*)	Bd. 33, 140	RdA 1980, 240 BB 1980, Beil. 13, 2141 DB 1980, 1266
10.06. 1980	1 AZR 168/79	Nr. 65 zu Art. 9 GG Arbeitskampf (*Mayer-Maly*)	Bd. 33, 185	RdA 1980, 240 BB 1980, Beil. 4, 2 DB 1980, 1274 NJW 1980, 1653
14.07. 1981	1 AZR 159/78	Nr. 1 zu § 1 Verhandlungspflicht	Bd. 36, 131	RdA 1981, 407 BB 19981, 1274 DB 19981, 1576
21.05. 1981	2 AZR 1117/78	Nr. 15 zu § 611 BGB Bühnenengagementsvertrag (1. *Herschel*; 2. *Fessmann*)	Bd. 35, 309	RdA 1981, 398 DB 1981, 2080 SAE 1981, 292 AuR 1981, 352
30.03. 1982	1 AZR 265/80	Nr. 74 zu Art. 9 GG Arbeitskampf	Bd. 38, 207	BB 1983, 766 DB 1982, 2139 NJW 1982, 2835
16.11 1982	1 ABR 22/78	Nr. 32 zu § 2 TVG (*Rüthers/Roth*)	-	RdA 1983, 196 BB 1983, 2047 DB 1983, 1151 (*Hagemeier*)

01.02. 1983	1 ABR 33/78	AP Nr. 14 zu § 322 ZPO	Bd. 41, 316	RdA 1983, 259 BB 1983, 1478 DB 1983, 1660
12.09. 1984	1 AZR 342/83	Nr. 81 zu Art. 9 GG Arbeitskampf	Bd. 46, 322	RdA 1985, 52 BB 1984, 1807 AuR 1985, 28
19.06. 1984	1 AZR 361/82	Nr. 3 zu § 1 TVG Verhandlungspflicht	Bd. 46, 129	RdA 1984, 323 BB 1984, 1230 NJW 1985, 220
12.03. 1985	1 AZR 636/82	Nr. 84 zu Art. 9 GG Arbeitskampf (*Mayer-Maly*)	Bd. 48, 195	RdA 1985, 255 BB 1985, 589 DB 85, 712 NJW 1985, 2548
24.04. 1985	4 AZR 457/83	Nr. 4 zu § 3 BAT	Bd. 48, 307	RdA 1985, 256 BB 1985, 2321 NZA 1985, 602
10.09. 1985	1 ABR 32/83	Nr. 34 zu § 2 TVG	Bd. 49, 322	EzA § 2 TVG Nr. 14 DB 1985, 2056; 1986, 755 NJW 86, 1708 NZA 1986, 332 SAE 1986, 229 (*Brox*) AuR 1986, 321 (*Zachert*)
15.10. 1986	1 AZR 289/85	Nr. 36 zu § 2 TVG	Bd. 53, 347	EzA § 2 TVG Nr. 17 (*Schulin*) BB 1987, 967 DB 1987, 947 NJW 1987, 2038 NZA 1987, 492 SAE 1987, 240 AuR 1988, 193 (*Hagemeier*)
14.02. 1989	1 AZR 142/88	Nr. 52 zu Art. 9 GG	-	RdA 1989, 198 BB 1989, 1126 DB 1989, 1832
14.06. 1989	200/89	Nr. 16 zu § 4 TVG Tarifkonkurrenz (*Wiedemann/ Arnold*)	-	RdA 1990, 59 BB 89, 1983 DB 1990, 129
10.10. 1989	3 AZR 200/88	Nr. 3 zu § 1 TVG Vorruhestand	BAGE 63, 100	BB 1990, 356 DB 1990, 637 NZA 1990, 564
14.10. 1089	4 AZR 200/89	Nr. 16 zu § 4 TVG Tarifkonkurrenz (*Wiedemann/ Arndt*)	-	RdA 1990, 59 BB 1989, 1983 DB 1990, 129
16.01. 1990	1 ABR 93/88	Nr.38 zu § 2 TVG	-	EzA § 2 TVG Nr. 19 BB 1990, 281 DB 1990, 840

				NZA 1990, 626 AuR 1990, 94, 162 AR-Blattei, Berufsverbände, Entsch. 31 (*Löwisch/Rieble*)
16.01. 1990	1 ABR 10/89	Nr. 39 zu § 2 TVG	Bd. 64, 16	EzA § 2 TVG Nr. 18 NZA 1990, 623 BB 1990, 281 DB 1990, 839 NZA 1990, 623 SAE 1991, 97 (*Mayer-Maly*) AuR 1990, 52, 162 AR-Blattei, Berufsverbände, Entsch. 30 (*Löwisch/Rieble*)
20.11. 1990	1 ABR 62/89	Nr. 40 zu § 2 TVG	Bd. 66, 258	Rda 1991, 188 BB 1991, 770 DB 1992, 269 (*G. Müller*)
20.03. 1991	4 AZR 455/90	Nr. 20 zu § 4 TVG Tarifkonkurren (*Hanau/Kania*)	Bd. 67, 330	RdA 1991, 255 BB 1991, 974 DB 1991, 708 NZA 1991, 436
25.03. 1992	7 ABR 65/90	Nr. 4 zu § 2 BetrVG 1972	Bd. 70, 85	RdA 1992, 399 BB 1992, 2295 DB 1993, 95
26.01. 1994	10 AZR 611/92	Nr. 22 zu § 4 TVG Tarifkonkurrenz	Bd. 75, 298	RdA 1994, 252 DB 1994, 2633 NZA 1994, 1038
06.09. 1995	5 AZR 174/94	Nr. 22 zu § 611 BGB Ausbildungsbeihilfe	Bd. 81, 5	RdA 1996, 193 BB, 1996, 959 NZA 1996, 437
25.09. 1996	1 ABR 25/96	Nr. 4 zu § 97 ArbGG 1979 (*Oetker*)	-	DB 1997, 584 NZA 1997, 668 SAE 1998, 54 (*Benecke*)
28.05. 1997	4 AZR 546/95	Nr. 26 zu § 4 TVG Nachwirkung (*Kania*)	Bd. 86, 43	DB 1997, 2229 NZA 1998, 40 SAE 1999, 41 (*Dauner-Lieb*)
06.06. 2000	1 ABR 21/99	Nr. 9 zu § 97 ArbGG 1979	-	AuR 2000, 265
06.06. 2000	1 ABR 10/99	Nr. 55 zu § 2 TVG	-	-

3. Entscheidungen der Landesarbeitsgerichte

Ort	Datum	Akten-zeichen	AP	amtliche Samm-lung	sonstige
Hamburg	26.03. 1949	20 Sa 225/48	-	-	-
Hamm	05.11. 1952	3 Sa 428/52	-	-	-
München	24.06. 1953	60/52 I	1953 Nr. 272	-	-
Frankfurt a. M.	12.10. 1965	3/5 S 1/65	Nr. 9 zu § 626 BGB Druckkündigung	-	-
Düssel-dorf	14.12. 1957	1 Bv Ta 1/57	Nr. 2 zu Art. 9 GG	-	-
Düssel-dorf	04.12. 1958	Ta BV 2/57	-	-	o-
Frankfurt a. M.	19.10. 1962	Ta BV 2/62			DB 1964, 702 AuR 1963, 379 f.
Berlin	20.11. 1962	-	-	-	-
Hamm	13.01. 1967	5 Sa 637/66, 368/66			
Frankfurt a.M.	13.12. 1967	1 Ta BV 3/67	Nr. 26 zu § 2 TVG	-	-
Stuttgart	04.02. 1972	6 BV 3/71	-	-	EzA Art. 9 GG Nr. 9 (*Badura*)
Düssel-dorf	06.11. 1974	12 Ta BV 62/74	-	Art. 9 GG Nr. 1	EzA § 2 TVG Nr. 8
Düssel-dorf	08.11. 1974	4 Ta BV	-	-	EzA § 2 TVG Nr. 9 (*Herschel*)
Hamm	16.10. 1975	1 Ta BV 5/75	-	§ 2 TVG Nr. 3	EzA § 2 TVG Nr. 10 (*Dütz*)
Düssel-dort	06.04. 1978	14 Ta BV 123/77	-	-	DB 1979, 110
Düssel-dorf	31.07. 1985	13 Sa 1082/85	Nr. 21 zu Art. 9 GG	-	-
Köln	10.10. 1988	2 TaBV 27/88	-	§ 2 TVG Nr. 4	-
Düssel-dorf	05.12. 1988	4 Ta BV 140/88	-	-	NZA 1989, 236 DB 1989, 1036
Baden-Württem-berg	10.12. 1989	4 Ta BV 3/98	-	-	-
Bremen	28.08. 1990	1 Sa 67/79/90	Nr.4 zu § 4 TVG	-	-
Stuttgart	24.04. 1991	2 Ta BV 9/90		-	-
München	29.11. 1995	5 (7) TaBV 36/92	-		-

Berlin	21.06. 1996	6 TaBV 2/96	Nr. 48 zu § 2 TVG	-	-
Stuttgart	10.12. 1998	4 Ta BV 3/98	-	-	-
Schles-wig-Holstein	25.11. 1999	1 Ta BV 3/67	-	-	-

4. Entscheidungen der Arbeitsgerichte

Ort	Datum	Aktenzeichen	EzA	sonstige
Stade	24.10. 1952	Ca 335/52	-	BB 1953, 235
München	05.08. 1959	1 BV 5/58	-	-
Stuttgart	04.02. 1972	AZ 6 BV 3/71	Art. 9 GG Nr. 9 (Anm. *Badura*)	AuR 1972, 344
Aachen	02.08. 1972	3 BV 24/72	-	-

Literaturverzeichnis

Abendroth, Wolfgang: Die deutschen Gewerkschaften, in: Kleine Schriften zur politischen Bildung, Heft 5/6, 2. Aufl., Heidelberg 1955 (zit.: Gewerkschaften)

— Das Verhältnis von Gewerkschaftsbewegung und Parteiensystem als Problem der Geschichte der Arbeiterbewegung, in: GMH 1974, 205 - 216

Apfel, Georg: Die Sicherung und Erhaltung des Betriebs bei Arbeitskämpfen, Frankfurt a. M. 1970

Badura, Peter: Arbeitsgesetzbuch, Koalitionsfreiheit und Tarifautonomie, in: RdA 1974, 129 - 138

— Anmerkung zu ArbG Stuttgart v. 04.02. 1972 - 6 BV 3/71, EzA Art. 9 GG Nr. 9

— Das Recht der Koalitionen - Verfassungsrechtliche Fragestellungen -, in: ArbRdG Bd. 15 (1977), 17 - 36

— Staatsrecht, 2. Aufl., München 1996

— Unternehmerische Mitbestimmung, soziale Selbstverwaltung und Koalitionsfreiheit, in: RdA 1976, 275 - 282

Bauer, Jobst-Hubertus: Flucht aus Tarifverträgen: Königs- oder Irrweg?, in: Tarifautonomie für ein neues Jahrhundert, Festschrift für Günter Schaub (Hrsg.: *Schlachter*, Monika; *Ascheid*, Reiner; *Friedrich*, Hans-Wolf) München 1998, S. 19 - 46

Baum, Georg: Das Recht des Arbeitstarifvertrages in der sozialistischen Republik, in: JW 1919, 70 - 75

Baumbach, Adolf; Lauterbach, Wolfgang; Albers, Jan; Hartmann, Peter: Kommentar zur Zivilprozeßordnung, 58. Aufl., München 2000 (zit.: *Bearbeiter*, in: Baumbach/Lauterbach/Albers/Hartmann, ZPO-Komm.)

Baumgärtel, Gottfried: „Geheimverfahren" im Zivilprozeß zur Wahrung von Geschäftsgeheimnissen nach Schweizer Vorbild?, in: Festschrift für Walther J. Habscheid zum 65. Geburtstag (Hrsg.: *Lindauer*, Walter F.; *Pfaff*, Dieter; *Roth*, Günter H.; *Schlosser*, Peter; *Wieser*, Eberhard), Bielefeld 1989, S. 1 - 9

Becker, Elmar: Bausteine der Flexibilisierung, in: AuA 2000, 18 - 22

Becker, Erich: Die Tarifnormen-Kollision, Erlangen, Leipzig 1924

Beier, Gerhard: Kontinuität und Diskontinuität gewerkschaftlicher Organisationen unter dem >Sozialistengesetz<, in: Sozialistengesetz, Arbeiterbewegung und Demokratie (Hrsg.: *Döring*, Dieter; *Kempen*, Otto Ernst), Köln u.a. 1979, S. 76 ff.

Benda, Ernst; Maihofer, Werner; Vogel, Hans-Jochen (Hrsg.): Handbuch des Verfassungsrechts der Bundesrepublik Deutschland, 1. Aufl., Berlin, New York 1983 (zit.: *Bearbeiter*, in: Benda/Maihofer/Vogel, Verfassungsrecht, 1. Aufl.)

— Handbuch des Verfassungsrechts der Bundesrepublik Deutschland, 2. Aufl., Berlin, New York 1994 (zit.: *Bearbeiter*, in: Benda/Maihofer/Vogel, Verfassungsrecht, 2. Aufl.)

Bertelsmann, Klaus: Aussperrung, Berlin 1979

Beyerlin, Ulrich: Die Koalitionsfreiheit der Arbeitnehmer in den Menschenrechtsinstrumenten der Vereinten Nationen, in: Koalitionsfreiheit des Arbeitnehmers, Teil 2 (Hrsg.: *Mosler*, Hermann; *Bernhardt*, Rudolf), Berlin, Heidelberg, New York 1980

Bieback, Karl-Jürgen (Hrsg.): Streikfreiheit und Aussperrungsverbot, Neuwied, Darmstadt 1979 (zit.: *Bearbeiter*, in: Bieback, Streikfreiheit)

Biedenkopf, Kurt H.: Grenzen der Tarifautonomie, Karlsruhe 1964

Bispinck, Reinhard: Der schleichende Umbau des Tarifsystems, in: Erosion der Erneuerung? Krise und Reform des Flächentarifvertrags (Hrsg.: *König*, Otto; *Stamm*, Sybille; *Wendl*, Michael), Hamburg 1998 S. 53 - 69 (zit.: Der schleichende Umbau)

— Deregulierung, Differenzierung und Dezentralisierung des Flächentarifvertrags, in: WSI-Mitteilungen 1997, 551 - 561

Blanke, Thomas; Erd, Rainer; Mückenberger, Ulrich; Stascheit, Ulrich: Kollektives Arbeitsrecht, Bd. 1, 1840 - 1933, Reinbek bei Hamburg 1975 (zit.: Kollekt.ArbR)

Bloch, Joachim Dieter: Die Tariffähigkeit, Diss., Stuttgart 1928

Borsdorf, Ulrich (Hrsg.): Geschichte der deutschen Gewerkschaften von den Anfängen bis 1945, Köln 1987 (zit.: *Bearbeiter*, in: Borsdorf, Geschichte)

Bösche, Burchhard; Kirchgäßner, Gerhard; Trautwein, Norbert; Rose, Wolfgang; Schmidt, Frank: DGB-Organisationsreform: Verändern ohne Konzept, in: GMH 1996, 17 - 24

Bötticher, Eduard: Waffengleichheit und Gleichbehandlung der Arbeitnehmer im kollektiven Arbeitsrecht, Karlsruhe 1956 (zit.: Waffengleichheit)

— Anmerkung zu BAG v. 02.08. 1963 - 1 AZR 9/63, AP Nr. 5 zu Art. 9 GG, SAE 1864, 97 - 99

Brandenburg, Hans-Friedrich: Die teleologische Reduktion, Diss., Göttingen 1983

Brauchitsch, Isabelle von: Staatliche Zwangsschlichtung, Die Aushöhlung der Tarifautonomie in der Weimarer Republik, Frankfurt a. M., Bern, New York, Paris 1989

Breuilly, John: Liberalismus oder Sozialdemokratie? in: Europäische Arbeiterbewegungen im 19. Jahrhundert, Deutschland, Österreich, England und Frankreich im Vergleich (Hrsg.: *Kocka*, Jürgen), Göttingen 1983

Brisch, Ulrich: Die Rechtsstellung der deutschen Gewerkschaften, Göttingen 1951

Brocker, Ulricht: Tarifautonomie - Element unseres freiheitlichen Gesellschaftssystems, Köln 1976

Brox, Hans; Rüthers, Bernd: Lehrbuch für Arbeitsrecht, 13. Aufl., Stuttgart, Berlin, Köln 1997 (zit.: Arbeitsrecht)
— Arbeitskampfrecht, 1. Aufl., Stuttgart 1965
— Arbeitskampfrecht, 2. Aufl., Stuttgart, Berlin, Köln, Mainz 1982 (zit.: *Bearbeiter*, in: Brox/Rüthers, Arbeitskampfrecht)
— Anm. zu BAG v. 16.11. 1982 - 1 ABR 22/78, AP Nr. 32 zu § 2 TVG
Brox, Hans: Anmerkung zu BAG v. 10.09. 1985 - 1 ABR 32/83, SAE 1986, 232 - 236
Bruhn, Claus-Jürgen: Tariffähigkeit von Gewerkschaften und Autonomie, Berlin 1993
Buchner, Herbert: Die Rechtsprechung des Bundesarbeitsgerichts zum Gewerkschaftsbegriff, in: Festschrift 25 Jahre Bundesarbeitsgericht, (Hrg.: *Gamillscheg*, Franz; *Hueck*, Götz; *Wiedemann*, Herbert), München 1979, S. 55 - 70
— Das Arbeitskampfrecht unter den Anforderungen der Verhandlungsparität und Staatsneutralität, in: RdA 1986, 7 – 23
— Mitgliedschaft in Arbeitgeberverbänden ohne Tarifbindung, in: NZA 1994, 2 – 12
Bydlinski, Franz: Juristische Methodenlehre und Rechtsbegriff, 2. Aufl., Wien, New York 1991

Casper, Richard: Die gesetzliche und verfassungsrechtliche Stellung der Gewerkschaften im Betrieb, Köln, Berlin, Bonn, München 1980
Clasen, Lothar: Viel Bewegung, in: BABl. 1996, Nr. 3, 21 - 27
— Effektiv zwei Prozent mehr, in: BABl 2000, Nr. 4, 11 - 17
Coester, Michael: Zur Verhandlungspflicht der Tarifvertragsparteien, in: ZfA 1977, 87 - 109
Conze, Werner: Der Beginn der Deutschen Arbeiterbewegung, in: Geschichte und Gegenwartsbewußtsein, in: Festschrift für Hans Rothfels (Hrsg.: *Besson*, Waldemar; *Frhr. Hiller v. Gaertringen*, Friedrich), Göttingen 1963, S. 328 - 358
Cornelssen, Edmund: Von der Tariffähigkeit, in: BABl. 1952, 327 – 331
Cornu, Gerard: Vocabulaire Juridique, 2. Aufl., Paris 1990
Czieslik, Alfred: Deutsche Gewerkvereine (H.-D.) in: Internationales Handwörterbuch des Gewerkschaftswesens (Hrsg.: *Heyde*, Ludwig), Bd. 1, Berlin 1931; Nachdruck (Hrsg.: *Ramm*, Thilo) Frankfurt am Main 1992, S. 336-343 (zit: IHG, Bd. 1)
Däubler, Wolfgang: Tarifvertragsrecht, 3. Aufl., Baden-Baden 1993
— Arbeitskampfrecht mit neuen Konturen? in: AuR 1992, 1 - 8
— Der Notdienst im Arbeitskampfrecht, in: AuR 1981, 257 - 265
— Arbeitskampfrecht, 2. Aufl., Baden-Baden 1987 (zit.: *Bearbeiter*, in: Däubler, Arbeitskampfrecht)

Daum, Werner: Soziale Grundrechte, in: RdA 1968, 80 - 87

Dechant, Hans: Der Kollektivvertrag, Wien, Leipzig, München 1923

Dersch, Hermann; Volkmar, Erich: Kommentar zum Arbeitsgerichtsgesetz, 4. Aufl., Mannheim, Berlin, Leipzig 1931 (zit.: *Bearbeiter*, in: Dersch/Volkmar, ArbGG-Komm.)

— Kommentar zum Arbeitsgerichtsgesetz, 6. Aufl., Berlin, Frankfurt a. M. 1955 (zit.: *Bearbeiter*, in: Dersch/Volkmar, ArbGG-Komm.)

Dersch, Hermann; Fitting, Karl; Müller, Gerhard; Schelp, Günter: Kommentar zum Arbeitsgerichtsgesetz 1953, 6. Aufl., Berlin, Frankfurt a. M. 1955 (zit.: *Dersch/Volkmar*)

Dersch, Hermann; Flatow, Georg; Hueck, Alfred; Nipperdey, Hans Carl: Die Rechtsprechung des Reichsgerichts zum Arbeitsrecht (1919 - 1926), Bd. 1, Mannheim, Berlin, Leipzig 1926 (zit.: *Bearbeiter*, in: Dersch/Flatow/Hueck/Nipperdey, Rechtsprechung, Bd. 1)

— Die Rechtsprechung des Reichsgerichts zum Arbeitsrecht (1926 - 1928), Bd. 2, Mannheim, Berlin, Leipzig 1929 (zit.: *Bearbeiter*, in: Dersch/Flatow/Hueck/Nipperdey, Rechtsprechung, Bd. 2)

Dietz, Rolf, Nikisch, Arthur: Kommentar zum Arbeitsgerichtsgesetz, München, Berlin 1954 (zit.: *Bearbeiter*, in: Dietz/Nikisch, ArbGG-Komm.)

Donges, Juergen B.: Deregulierung am Arbeitsmarkt und Beschäftigung, Tübingen 1992

Dreier, Horst: Kommentar zum Grundgesetz, Bd. 1, Artikel 1 - 19, Tübingen 1996 (zit.. *Bearbeiter*, in: Dreier, GG-Komm.)

Dreschers, Martin: Die Entwicklung des Rechts des Tarifvertrags in Deutschland. Eine rechtshistorische Untersuchung über den Verlauf der Durchsetzung des Kollektivvertragsgedankens, Frankfurt am Main 1994

Dütz, Wilhelm: Soziale Mächtigkeit als Voraussetzung eines einheitlichen Koalitionsbegriffs? in: AuR 1976, 65 - 82

— Zur Entwicklung des Gewerkschaftsbegriffs, in: DB 1996, 2385 - 2390

— Arbeitsrecht, 3. Aufl., München 1997

— Anmerkung zu LAG *Hamm* v. 16.10. 1975 - 1 Ta BV 5/75, EzA § 2 TVG Nr. 10

— Anmerkung zu BAG v. 15.03. 1977 - 1 ABR 16/75, EzA § 2 TVG Nr. 12

Engelhardt, Ulrich: Gewerkschaftliches Organisationsverhalten in der ersten Industrialisierungsphase, in: Arbeiter im Industrialisierungsprozeß (Hrsg.: *Conze*, Werner; *Engelhardt*, Ulrich) Stuttgart 1979 (zit.: Organisationsverhalten)

— Die Anfänge der deutschen Gewerkschaftsbewegung (1848 bis 1870), in: Solidarität und Menschenwürde. Etappen der deutschen Gewerkschaftsgeschichte von den Anfängen bis zur Gegenwart, (Hrsg.: *Matthias* Erich; *Schönhoven*, Klaus), Bonn 1984 (zit.: Anfänge)

Engisch, Karl: Einführung in das juristische Denken, 8. Aufl., Stuttgart, Berlin, Köln, Mainz 1983

Enneccerus, Ludwig; Nipperdey, Hans Carl: Allgemeiner Teil des Bürgerlichen Rechts, von Ludwig Enneccerus, 1. HB, 15. Aufl., Tübingen 1959 (zit.: AT des Bürgerlichen Rechts)

Erfurter Kommentar zum Arbeitsrecht, (Hrsg.: *Dieterich*, Thomas; *Hanau*, Peter; *Schaub*, Günter) München 1998 (zit.: *Bearbeiter*, in: ErfKomm.)

Erichsen, Uwe: Höchstrichterliche Rechtsprechung zum Verwaltungsrecht, in: VerwArch. 71 (1980), 294 - 298

Etzel, Gerhard: Tarifordnung und Arbeit, in: NZA 1998, Beilage 1, 19 - 31

Evers, Hans-Ulrich: Arbeitskampffreiheit, Neutralität, Waffengleichheit und Aussperrung, Hamburg 1969

Fabricius, Fritz: Relativität der Rechtsfähigkeit, Berlin 1963

Falkenberg, Rolf-Dieter: AR-Blattei, 1986, (D) Berufsverbände II A

Fastrich, Lorenz: Richterliche Inhaltskontrolle im Privatrecht, München 1992

Fechner, Erich: Die Rechtslage des Tarifvertrages in den Ländern der französischen Besatzungszone, in: RdA 1950, 129 - 133

Feige, Konrad: Der Gleichheitssatz im Recht der EWG, Tübingen 1973

Fenn, Herbert: Der Grundsatz der Tarifeinheit, in: Arbeitsrecht in der Bewährung, in: Festschrift für Otto Rudolf Kissel (Hrsg.: *Heinz*, Meinhard; *Söllner*, Alfred), München 1994, S. 213 - 238

Fitting, Karl (Hrsg.); Kaiser, Heinrich; Heither, Friedrich; Engels, Gerd; Schmidt, Ingrid: Kommentar zum Betriebsverfassungsgesetz, 20. Aufl., München 2000 (zit.: *F/K/H/E*, BetrVG-Komm.)

Flatow, Georg; Joachim, Richard: Arbeitsgerichtsgesetz 1926, Berlin 1928

Flatow, Georg; Kahn-Freund, Otto: Betriebsrätegesetz vom 4. Februar 1920, 13. Aufl., Berlin 1931

Fleck, Hans-Georg: Sozialliberalismus und Gewerkschaftsbewegung, Frankfurt am Main 1994

Fraenkel, Ernst: Der Streit um die Tariffähigkeit, in: ArbRPrax. 1929, 79 - 83

Franzen, Martin: Internationales Arbeitsrecht, in: AR-Blattei SD 920, 5. Lfg. Stand Oktober 1993

Frowein, Jochen Abr.; Peukert, Wolfgang: Kommentar zur Europäischen Menschenrechtskonvention, 2. Aufl., Kehl, Straßburg, Arlington 1996 (zit.: EMRK-Komm.)

Fülberth, Georg: Die Entwicklung der deutschen Gewerkschaftsbewegung von den Anfängen bis 1873, in: Geschichte der deutschen Gewerkschaftsbewegung (Hrsg.: *Deppe*, Frank; *Fülberth*, Georg; *Harrer*, Jürgen), 4. Aufl.; Köln 1989, S. 22 - 41

Funke, Friedrich: Der Begriff der wirtschaftlichen Vereinigung im modernen Arbeitsrecht, Diss., Coburg 1928

Fuß, Ernst-Werner: Gleichheitssatz und Richtermacht, in: JZ 1959, 329 - 339
Futter, Peter: Schlichtungswesen und Zwangstarif, Diss. Freiburg 1970

Galperin, Hans: Der Stand des kollektiven und des öffentlichen Arbeitsrechts, in: DRZ 1950, 148 -150
— Inhalt und Grenzen des kollektiven Koalitionsrechts, in: AuR 1965, 1 - 9
— Die Stellung der Gewerkschaften im Staatsgefüge (II), DB 1970, 346 - 352
Galperin, Hans; Löwisch, Manfred: Kommentar zum Betriebsverfassungsrecht, Bd. 1, §§ 1 - 73, 6. Aufl., Heidelberg 1982 (zit.: *Bearbeiter*, in: Galperin/Löwisch, BetrVG-Komm., Bd. 1)
Gamillscheg, Franz: Die Grundrechte im Arbeitsrecht, Berlin 1989 (zit.: Grundrechte)
— Koalitionsfreiheit und soziale Selbstverwaltung (Hrsg.: Niedersächsische Landeszentrale für Politische Bildung), Hannover 1968
— Kollektives Arbeitsrecht, Bd. I., München 1997 (zit.: Kollekt.ArbR., Bd. I)
— Kollektives Arbeitsrecht, Bd. II, 6. Aufl., München 1984 (zit.: Kollekt.ArbR., Bd. II)
— Sozialpolitische Bedeutung und Repräsentativität der Gewerkschaft im deutschen und ausländischen Recht, in: Festschrift für Wilhelm Herschel, München 1982, S. 99 - 114
Gaul, Dieter: Das Arbeitsrecht im Betrieb, Bd. II, 8. Aufl., Heidelberg 1986 (zit.: Arbeitsrecht)
— Zuständigkeitsregelung und kollektivrechtlicher Gestaltungsraum für Tarifvertragsparteien, ZTR 1991, 443 - 455
Gellings, Heinrich: Geschichte der deutschen Gewerkschaftsbewegung, Kevelaer 1960
Gemeinschaftskommentar zum Arbeitsförderungsrecht, Bd. 4 §§ 280 - 434 b, Neuwied, Kriftel Stand Juni 2000 (zit.: *Bearbeiter*, in: GK-SGB III)
Gemeinschaftskommentar zum Arbeitsgerichtsgesetz, Bd. 1, §§ 1 - 49 (Hrsg.: *Ascheid*, Reiner; *Bader*, Peter; *Dörner*, Klemens Maria; *Leinemann*, Wolfgang; *Stahlhacke*, Eugen; *Vossen*, Reinhard; *Menzel*, Hans), Neuwied Stand September 2000 (zit.: *Bearbeiter*, in: GK-ArbGG)
Gemeinschaftskommentar zum Betriebsverfassungsgesetz, Bd. 1, (Hrsg.: *Fabricius*, Fritz; *Kraft*, Alfons; *Wiese*, Günther; *Kreutz*, Peter; *Oetker*, Hartmut) 6. Aufl., Neuwied, Kriftel, Berlin 1998 (zit.: *Bearbeiter*, in: GK-BetrVG, Bd. 1)
— Bd. 2, (Hrsg.: *Fabricius*, Fritz; *Kraft*, Alfons; *Wiese*, Günther; *Kreutz*, Peter; *Oetker*, Hartmut) 6. Aufl., Neuwied, Kriftel 1998 (zit.: *Bearbeiter*, in: GK-BetrVG, Bd. 2)
Gentz, Manfred: Werden die geltenden Tarifverträge der betrieblichen Praxis gerecht?, in: Tarifautonomie für ein neues Jahrhundert, Festschrift für Günter

Schaub (Hrsg.: *Schlachter*, Monika; *Ascheid*, Reiner; *Friedrich*, Hans-Wolf) München 1998, S. 205 - 217

Gerber, Hans: Gutachten über die Frage der gewollten Tarifunfähigkeit von Arbeitgeberorganisationen, Hamburg 1926

Germelmann, Class-Hinrich; Matthes, Hans-Christoph; Prütting, Hanns: Kommentar zum Arbeitsgerichtsgesetz, 2. Aufl., München 1995(zit.: *Bearbeiter*, in: Germelmann/Matthes/Prütting, ArbGG-Komm.)

Gernhuber, Joachim; Coester-Waltjen, Dagmar: Lehrbuch des Familienrechts, 4. Aufl., München 1994

Gift, Emil: Probleme der Friedenspflicht, in: DB 1959, 651 - 655

Gitter, Wolfgang: Probleme des Arbeitkampfes in supranationaler, internationaler und international-privatrechtlicher Sicht, in: ZfA 1971, 127 - 150

— Durchsetzungsfähigkeit als Kriterium der Tariffähigkeit für einzelne Arbeitgeber und Arbeitgeberverbände, in: Arbeitsrecht in der Bewährung, Festschrift für Otto Rudolf Kissel zum 65. Geburtstag (Hrsg.: *Heinze*, Meinhard; *Söllner*, Alfred), München 1994, S. 265 - 279

Goose, Peter Ernst: Der internationale Pakt über bürgerlich und politische Rechte, in: NJW 1974, 1305 - 1310

Grebing, Helga: Geschichte der deutschen Arbeiterbewegung, München 1966 (zit.: Geschichte)

— Arbeiterbewegung, Sozialer Protest und kollektive Interessenvertretung bis 1914, München 1985 (zit.: Arbeiterbewegung)

Griebeling, Gert: Bindungs- und Rückzahlungsklauseln bei arbeitgeberfinanzierter Fort- und Weiterbildung, in: Tarifautonomie für ein neues Jahrhundert, Festschrift für Günter Schaub zum 65. Geburtstag (Hrsg.: *Schlachter*, Monika; *Ascheid*, Reiner; *Friedrich*, Hans-Wolf) München 1998, S. 219 - 237

Grill, Ulrich: FDGB - Die DDR-Gewerkschaft von 1945 bis zu ihrer Auflösung 1990, Köln 1990

Grillberger, Konrad: Voraussetzungen der Kollektivvertragsfähigkeit freier Berufsvereinigungen, ZAS 1984, 92 - 99

Gröbing, Karl: Das Koalitionsrecht der Arbeitnehmer in der Krise, in: AuR 1986, 297 - 302

Grunsky, Wolfgang: Anmerkung zu BAG v. 15.03. 1977 - 1 ABR 16/75, in: JZ 1977, 473 – 474

— Kommentar zum Arbeitsgerichtsgesetz, 2. Aufl., München 1978 (zit.: *Grunsky*, ArbGG-Komm, 2. Aufl.)

— Kommentar zum Arbeitsgerichtsgesetz, 7. Aufl., München 1995 (zit.: *Grunsky*, ArbGG-Komm., 7. Aufl.)

— Der Nachweis des Vertretenseins einer im Betrieb vertretenen Gewerkschaft, in: AuR 1990, 105 - 115

Gumpert, Jobst: Anmerkung zu LAG *Hamm* v.05.11. 1952 - 3 Sa 428/52, in: BB 1953, 115 -116

Guradze, Heinz: Die Europäische Menschenrechtskonvention, Berlin, Frankfurt a. M. 1968 (zit.: EMRK)

Haase, Winfried: Zur Bedeutung der IAO-Übereinkommen, in: ZfSH/SGB 1990, 238 - 250

Hagemeier, Christian: Überlegungen zur Tariffähigkeit von Vereinigungen von Führungskräften, in: DB 1984, 718 - 722

Hagemeier, Christian; Kempen, Otto Ernst; Zachert, Ulrich; Zilius, Jan: Kommentar zum Tarifvertragsgesetz, 2. Aufl., Köln 1990 (zit.: *Bearbeiter*, in: Hagemeier/Kempen/Zachert/Zilius, TVG-Komm., 2. Aufl.)

— Kommentar zum Tarifvertragsgesetz, 3. Aufl., Köln 1997 (zit.: *Bearbeiter*, in: Kempen/Zachert, TVG-Komm.)

Hainke, Stefan: Vorgeschichte und Entstehung der Tarifvertragsverordnung vom 23. Dezember 1918, Diss. Kiel 1987

Hanau, Peter: Die neue Rechtsprechung zur gewerkschaftlichen Betätigung im Betrieb, in: ArbRdG Bd. 17 (1979), 37 - 56

— Zum Kernbereich des Koalitionswesens, in: AuR 1983, 257 - 265

— Anmerkung zu BAG v. 20.11. 1990 - 1 ABR 62/89, EWiR 1991, § 2 TVG 1/91, 917

Hanau, Peter; Adomeit, Klaus: Arbeitsrecht, 11. Aufl., Neuwied, Kriftel, Berlin 1994

Hanau, Peter; Kania, Thomas: Die Bezugnahme auf Tarifverträge durch Arbeitsvertrag und betriebliche Übung, in: Tarifautonomie für ein neues Jahrhundert, Festschrift für Günter Schaub zum 65. Geburtstag (Hrsg.: *Schlachter*, Monika; *Ascheid*, Reiner; *Friedrich*, Hans-Wolf), München 1998, S. 239 - 262

Hardtwig, Wolfgang: „Arbeiterschaft" - „Genossenschaft" - „Gewerksverein" oder „Gewerkschaft", in: Von der Arbeiterbewegung zum modernen Sozialstaat, Festschrift für Gerhard A. Ritter (Hrsg.: *Kocka*, Jürgen; *Puhle*, Hans-Jürgen, *Tenfelde*, Klaus), München, New Providence, London, Paris 1994, S. 9 - 24

Hartfiel, Günter: Angestellte und Angestelltengewerkschaften in Deutschland, Berlin 1961

Hartwich, Hans-Hermann: Arbeitsmarkt, Verbände und Staat 1918 - 1933, Berlin 1967

Heinze, Meinhard: Tarifautonomie und sogenanntes Günstigkeitsprinzip, in: NZA 1991, 329 - 336

— Gibt es eine Alternative zur Tarifautonomie? in: DB 1996, 729 - 735

— Zur Reform des Flächentarifvertrages, in: Festschrift für Alfons Kraft zum 70. Geburtstag (Hrsg.: *Hönn*, Günther; *Konzen*, Horst; *Kreutz*, Peter), Neuwied, Kriftel 1998, S. 205 - 217

Hemmen, Wolfgang: Durchsetzungsfähigkeit als Kriterium für den Gewerkschaftsbegriff im Tarifvertragsrecht, Münster, New York 1988

Hemmer, Hans-Otto; Schmitz, Kurt Thomas: Geschichte der Gewerkschaften in der Bundesrepublik Deutschland: von den Anfängen bis heute, Köln 1990 (zit.: *Bearbeiter*, in: Hemmer/Schmitz, Geschichte)

Hensche, Detlef: Zur Zulässigkeit von Firmentarifverträgen mit verbandsangehörigen Unternehmen, in: RdA 1971, 9 - 17

— Tarifpolitik in der Krise, in: Erosion der Erneuerung? Krise und Reform des Flächentarifvertrags (Hrsg.: *König*, Otto; *Stamm*, Sybille; *Wendl*, Michael), Hamburg 1998, S. 20 - 32 (zit.: Tarifpolitik)

Henssler, Martin: Flexibilisierung der Arbeitsmarktordnung, in: ZfA 1994, 487 - 515

Herschel, Wilhelm: Tariffähigkeit und Tarifmacht, Mannheim, Berlin, Leipzig 1932 (zit.: Tariffähigkeit)

— Tarifordnung und Tarifvertrag, in: ArbBl. brit. Z. 1947, 443

— Anmerkung zum BVerfG v. 18.11. 1954 - 1 BvR 629/52, AuR 1955, 31

— Druckkündigung und Schadensausgleich, in: Das Deutsche Privatrecht in der Mitte des 20. Jahrhunderts, Festschrift für Heinrich Lehmann (Hrsg.: Mitarbeiter von *Nipperdey*, Hans Carl), Band II, Tübingen 1956, S. 662 - 669

— Anmerkung zu BAG v. 09.07. 1968 - 1 ABR 2/67, in: AR-Blattei D, Tarifvertrag II, II Abschluß, Entscheidung 7

— Zur Entstehung des Tarifvertragsgesetzes, in: ZfA 1973, 183 - 200

— Tarifdispositives Richterrecht, in: RdA 1975, 333 - 340

— Leistungsfähigkeit - eine Voraussetzung arbeitsrechtlicher Koalitionen, in: AuR 1976, 225 - 242

— Der Typus der arbeitsrechtlichen Koalition - BAG, NJW 1977, 1551, in: JuS 1978, 524 - 527

— Kernbereichslehre und Kodifikationsprinzip in der Tarifautonomie, in: AuR 1981, 265 - 269

— Anmerkung zu BAG v. 16.11. 1982 - 1 ABR 22/78, AuR 1983, 351 - 352

— Zur Präzisierung des Koalitionsbegriffs, in: AuR 1978, 321 - 325

Hess, Harald; Schlochauer, Ursula; Glaubitz, Werner: Kommentar zum Betriebsverfassungsgesetz, 5. Aufl., Neuwied, Kriftel, Berlin 1997 (zit.: *Bearbeiter*, in: Hess/Schlochauer/Glaubitz, BetrVG-Komm., § 1 Rn. 3)

Hessel, Philipp: Gutachten zu LAG *München* v. 21.03. 1950 - I 601 - 602/49, BB 1950, 621 - 623

Hildebrandt, Reinhard: Disparität und Inhaltskontrolle im Arbeitsrecht, Göttingen 1987

Hoffmann-Remy, Ulrich: Die Möglichkeiten der Grundrechtseinschränkung nach den Art. 8 - 11 Abs. 2 der Europäischen Menschenrechtskonvention, Berlin 1976

Hohn, Michael: Streikrecht und Aussperrungsrecht, Diss., Diessenhofen 1978

Holle, Gerd: Inhalt und Begründung des „Grundsatzes der Parität" im Arbeitskampfrecht, Diss. Marburg 1992

Horn, Norbert: Das Zivil- und Wirtschaftsrecht im neuen Bundesgebiet, 2. Auflage, Köln 1993

Hottgenroth, Ralf: Die Verhandlungspflicht der Tarifvertragsparteien, Baden-Baden 1990

Hoyningen-Huene, Gerrick v.: Die Entwicklung des arbeitsrechtlichen Schrifttums im Jahre 1977, in: ZfA 1978, 285 - 360

Hromadka, Wolfgang; Maschmann, Frank; Wallner, Franz: Der Tarifwechsel, München 1996

Huber, Ernst Rudolf: Wirtschaftsverwaltungsrecht, Bd.1., 2. Aufl., Tübingen 1954

— Wirtschaftsverwaltungsrecht, Bd. 2, 2. Aufl., Tübingen 1953

Hueck, Alfred: Das Recht des Tarifvertrages, Berlin 1920

Hueck, Alfred; Nipperdey, Hans Carl: Lehrbuch des Arbeitsrechts, Bd. II, 1./2. Aufl.; Mannheim, Berlin, Leipzig, 1930 (zit.: Arbeitsrecht, Bd. II, 1./2. Aufl.)

— Lehrbuch des Arbeitsrechts, Band II, 3. - 5. Aufl., Mannheim, Berlin, Leipzig 1932 (zit.: Arbeitsrecht, Bd. II, 3.- 5. Aufl.)

— Lehrbuch des Arbeitsrechts, Bd. II, 6. Aufl., Berlin, Frankfurt a. M. 1957 (zit.: Arbeitsrecht., Bd. II, 6. Aufl.)

— Lehrbuch des Arbeitsrechts, Bd. II/1, 7. Aufl., Berlin, Frankfurt a. M. 1967 (zit.: Arbeitsrecht, Bd. II/1, 7. Aufl.)

— Lehrbuch des Arbeitsrechts, Bd. II/2, 7. Aufl.; Berlin, Frankfurt a. M. 1970 (zit.: Arbeitsrecht, Bd. II/2, 7. Aufl.)

— Kommentar zum Tarifvertragsgesetz, München, Berlin 1950

— Grundriß des Arbeitsrecht, 5. Aufl., Berlin, Frankfurt a. M. 1970 (zit.: Grundriß)

Hueck, Alfred; Nipperdey, Hans Carl; Stahlhacke, Eugen: Kommentar zum Tarifvertragsgesetz, 4. Aufl., München, Berlin 1964 (zit.: *Hueck/Nipperdey/Stahlhacke*, TVG-Komm., 4. Aufl.)

Hueck, Alfred; Nipperdey, Hans Carl; Tophoven, Ernst: Kommentar zum Tarifvertragsgesetz, 3. Aufl., München, Berlin 1955 (zit.: *Bearbeiter*, in: Hueck/Nipperdey/Tophoven, TVG-Komm., 3. Aufl.)

Hüfer, Uwe: Kommentar zum Aktiengesetz, 3. Aufl., München 1997

Ipsen, Jörn: Richterrecht und Verfassung, Berlin 1975 (zit.: Richterrecht)

— Verfassungsrechtliche Schranken des Richterrechts, in: DVBl. 1984, 1102 - 1107

Isele, Hellmut Georg: Grundfragen der Aussperrung, in: JuS 1964, 41 - 46

— Die Europäische Sozialcharta, Wiesbaden 1967

Isensee, Josef: Die verfassungsrechtliche Verankerung der Tarifautonomie, in: Die Zukunft der sozialen Partnerschaft (Hrsg.: Walter-Raymond-Stiftung), Köln 1986, S. 159 - 193

Jacobi, Erwin: Grundlehren des Arbeitsrechts, Leipzig 1927 (zit.: Grundlehren)

Jacobs, Matthias: Tarifeinheit und Tarifkonkurrenz, Berlin 1999

Jansen, Carl: Christliche Gewerkschaften, in: Internationales Handwörterbuch des Gewerkschaftswesens, (Hrsg.: *Heyde*, Ludwig), Bd. 1, Berlin 1931; Nachdruck (Hrsg.: *Ramm*, Thilo) Frankfurt am Main 1992, S. 301-303, (zit.: IHG, Bd. 1)

Jescheck, Hans Heinrich: Die europäische Konvention zum Schutze der Menschenrechte und Grundfreiheiten, in: NJW 1954, 783 - 786

Joerges, Rudolf: Die Tariffähigkeit, in: ArbRPrax. 1928, 121 - 126

Joost, Detlev: Betrieb und Unternehmen als Grundbegriffe im Arbeitsrecht, München 1988

Jülicher, Friedrich: Die Rechtsprechung des Bundesarbeitsgerichts im Jahre 1978, in: ZfA 1980, 121 - 292

Jung, Ute: Die Unabhängigkeit als konstitutives Element im Koalitionsverfassungs- und Tarifvertragsrecht, Diss. Jena 1998

Junk, Hartmut: Neues Tarifvertragsrecht, in: JW 1919, 75 - 76

Junker, Abbo: Anmerkung zu BAG v. 23.10. 1996 - 4 AZR 409/95, SAE 1997, 172 - 182

— Der Flächentarifvertrag im Spannungsverhältnis von Tarifautonomie und betrieblicher Regelung, in: ZfA 1996, 383 - 417

— Individualwille, Kollektivgewalt und Staatsintervention im Arbeitsrecht, in: NZA 1997, 1305 – 1319

Junker, Abbo; Wichmann, Julia: Das Arbeitnehmer-Entsendegesetz - Doch ein Verstoß gegen Europäisches Recht? in: NZA 1996, 505 - 512

Jürging, Claus: Das Aussperrungsverbot der Hessischen Verfassung, in: DB 1966, 190 - 192

Kaiser, Joseph H.: Die Parität der Sozialpartner, Karlsruhe 1973

Kamanabrou, Sudabeh: Die Auslegung und Fortbildung des normativen Teils von Tarifverträgen, Diss., Berlin 1997

Kania, Thomas: Anmerkung zu BAG v. 28.05. 1997 - 4 AZR 546/95, AP Nr. 26 zu § 4 TVG Nachwirkung

— Tarifbindung bei Ausgliederung und Aufspaltung eines Betriebes, in: DB 1989, 625 - 631

Kaskel, Walter: Allgemeines Tarifrecht, Berlin 1928 (zit.: Tarifrecht)
— Zur Tariffähigkeit der Werksvereine, in: Arbeitsrecht 1927, Sp. 905 - 916
— Arbeitsrecht, 3. Aufl., Berlin 1928
Kaskel, Walter; Dersch, Hermann: Arbeitsrecht, 4. Aufl., Berlin 1932
— Arbeitsrecht, 5. Aufl., Berlin, Göttingen, Heidelberg 1957
Kirchhof, Ferdinand: Private Rechtsetzung, Berlin 1987 (zit.: Rechtsetzung)
Kissel, Otto Rudolf: Die Zusatzversorgungskasse des Baugewerbes im Gesamtgefüge der Tarifautonomie, in: ZfA 1985, 39 - 52
— Arbeitsrecht und Staatsvertrag, NZA 1990, 545 - 552
— Arbeitsrecht nach dem Staatsvertrag, in: DtZ 1990, 155 - 159
Kittner, Michael: Parität im Arbeitskampf? in: GMH 1973, 91 - 104
Kitz, Heinz-E.: Die Koalitionsfreiheit der Arbeitnehmer nach der Europäischen Menschenrechtskonvention und der Europäischen Sozialcharta, in: Koalitionsfreiheit des Arbeitnehmers, Teil 2, S. 1073 - 1098, (Hrsg.: *Mosler*, Hermann; *Bernhardt*, Rudolf), Berlin, Heidelberg, New York 1980
Kloepfer, Michael: Arbeitsgesetzgebung und Wesentlichkeitstheorie, in: NJW 1985, 2497 - 2505
Klönne, Arno: Tarif-„Autonomie“ in Deutschland - historisch betrachtet, in: WSI-Mitteilungen 1993, 488 - 495
Klotz, Valentin: Der Einfluß der Übereinkommen der internationalen Arbeitsorganisation auf die innerstaatliche Gesetzgebung, in: BABl. 1973, 499 - 504
Koberski, Wolfgang; Clasen, Lothar; Menzel, Horst: Kommentar zum Tarifvertragsgesetz, Neuwied, Kriftel/Ts., Berlin, Stand November 1999
Koch, Ursula E.: Angriff auf ein Monopol, Köln 1981
Kocka, Jürgen: Die Angestellten in der deutschen Geschichte 1850 - 1980, Göttingen 1981
Köhler, Peter A.: Das Berichtssystem des Internationalen Paktes über wirtschaftliche, soziale und kulturelle Rechte als völkerrechtlich institutionalisierter Sozialrechtsvergleich, in: ZIAS 1988, 157 - 168
König, Otto: Brutalisierung der Konkurrenz - Dumpingstrategien der Unternehmen, in: Erosion der Erneuerung? Krise und Reform des Flächentarifvertrags (Hrsg.: *König*, Otto; *Stamm*, Sybille; *Wendl*, Michael), Hamburg 1998
Konzen, Horst: Tarifbindung, Friedenspflicht und Kampfparität beim Verbandswechsel, in: ZfA 1975, 401 - 436
— Die Rechtsprechung des Bundesarbeitsgerichts im Jahre 1977, in: ZfA 1978, 451 - 551
— Anmerkung zu BAG v. 16.11. 1986 - 1 ABR 22/78, SAE 1984, 136 - 138
— Europäische Sozialcharta und ultima ratio-Prinzip, in: JZ 1986, 157 - 163
— Anmerkung zu BVerfG v. 26.06. 1991 - 1 BvR 779/85, SAE 1991, 335 - 344
— Vom „Neuen Kurs“ zur sozialen Marktwirtschaft, in: ZfA 1991, 379 - 400

—Die Tarifautonomie auf dem Prüfstand (Hrsg.: *Zohlnhöfer*, Werner) Berlin 1996 (zit.: *Bearbeiter*, in: Tarifautonomie auf dem Prüfstand)

Koopmann, Peter: Gewerkschaftsfusion und Tarifautonomie, Berlin 2000

Kraegeloh: Tariffähigkeit und Führung von Tarifverhandlungen, in: BABl. 1951, 922

Kraft, Alfons: Anmerkung zu BAG v. 15.3 1977 - 1 ABR 16/75, in: SAE 1978, 43- 45

—Tarifkonkurrenz, Tarifpluralität und das Prinzip der Tarifeinheit, in: RdA 1992, 161 - 169

Krauss, Stefan: Die neue Freiheit ohne Verbandstarif? in: DB 1995, 1562 - 1565

Krüger, Herbert: Sinn und Grenzen der Vereinbarungsbefugnis der Tarifvertragsparteien, Teil 1, in: Verhandlungen des sechsundvierzigsten Deutschen Juristentages, Bd. 1 (Hrsg.: Ständige Deputation des Deutschen Juristentages), München, Berlin 1966, S. 7 - 96

Küchenhoff, Günther: Verbandsautonomie, Grundrechte und Staatsgewalt, in: AuR 1963, 321 - 334

Kunze, Otto: Streikbereitschaft als Voraussetzung der Tariffähigkeit, in: BB 1964, 1311 - 1316

Kurth, Josef: Geschichte der Gewerkschaften in Deutschland, 4. Aufl., Hannover, Frankfurt a. M. 1965

Lang, Klaus; Schaaf, Peter: Gewerkschaftslandschaft im Umbruch, in: GMH 1997, 305 - 317

Larenz, Karl: Methodenlehre der Rechtswissenschaft, 6. Aufl., Berlin, Heidelberg, New York u. a. 1991

Larenz, Karl; Canaris, Claus-Wilhelm: Methodenlehre der Rechtswissenschaft, 3. Aufl., Heidelberg 1995

Leenen, Detlef: Typus und Rechtsfortbildung, Berlin 1971

Lehmann, Heinrich: Allgemeiner Teil des Bürgerlichen Gesetzbuches, 3. Aufl., Berlin, Leipzig 1928

Leibholz, Gerhard: Die Gleichheit vor dem Gesetz, 2. Aufl., München, Berlin 1959

Leinemann, Wolfgang: Erhaltungsarbeiten nach Beginn eines Arbeitskampfes und Arbeitsverhältnisses, in: DB 1971, 2309 - 2315

Leinemann, Wolfgang; Schütz, Friedrich: Die Bedeutung internationaler und europäischer Arbeitsrechtsnormen für die Arbeitsgerichtsbarkeit, in: BB 1993, 2519 – 2523

—Wirkungen der IAO-Übereinkommen auf das Recht der Bundesrepublik Deutschland, in: ZfA 1994, 1 - 18

Leisner, Walter: Von der Verfassungsmäßigkeit der Gesetze zur Gesetzmäßigkeit der Verfassung, in: Recht und Staat in Geschichte und Gegenwart, Heft 286/287, Tübingen 1964

Lerche, Peter: Verfassungsrechtliche Zentralfragen des Arbeitskampfes, Bad Homburg v. d. H., Berlin, Zürich 1968

Lieb, Manfred: Arbeitsrecht, 6. Aufl., Heidelberg 1997

— Erkämpfbarkeit von Firmentarifverträgen mit verbandsangehörigen Arbeitgebern, in: DB 1999, 2058 - 2067

Limmer, Hans: Die deutsche Gewerkschaftsbewegung, 12. Aufl., München 1988

Lörcher, Klaus: Die Normen der Internationalen Arbeitsorganisation und des Europarats - Ihre Bedeutung für das Arbeitsrecht der Bundesrepublik -, in: AuR 1991, 97 - 104

Löwisch, Manfred: Die Voraussetzungen der Tariffähigkeit, in: ZfA 1970, 295 - 318

— Gewollte Tarifunfähigkeit im modernen Kollektivarbeitsrecht, in: ZfA 1974, 29 - 46

— Erhaltungsarbeiten im Arbeitskampf, in: ZfA 1978, 153 - 178

— Arbeitsrecht, 4. Aufl., Düsseldorf 1996

Löwisch, Manfred; Friedrich, Karsten: Anmerkung zu BAG v. 23.04. 1971 - 1 ABR 26/70, SAE 1972, 231 - 233

Löwisch, Manfred; Rieble, Volker: Kommentar zum TVG, München 1992 (zit.: *Bearbeiter*, in: Löwisch/Rieble, TVG-Komm.)

Lübbe-Wolff, Gertrude: Die Grundrechte als Eingriffsabwehrrechte, Baden-Baden 1988

Luhmann, Niklas: Grundrechte als Institution, Ein Beitrag zur politischen Soziologie, 2. Aufl., Berlin 1965

Lüke, Gerhard; Walchshöfer, Alfred: Münchner Kommentar zur Zivilprozeßordnung, Bd. 1, §§1 - 354, München 1992 (zit.: *Bearbeiter*, in: MünchKomm.)

Mansfeld, Werner: Betriebsrätegesetz vom 4. Februar 1920, 3. Aufl., Mannheim, Berlin; Leipzig 1930 (zit.: BRG)

Martinek, Oswin; Schwarz, Walter: Das Koalitionsrecht, in: DRdA 1963, 269 - 284

Mattheier, Klaus: Die Gelben, Nationale Arbeiter zwischen Wirtschaftsfrieden und Streik, 1. Auflage, Düsseldorf 1973

Matthes, Hans-Christoph: Der Arbeitgeber als Tarifvertragspartei, in: Tarifautonomie für ein neues Jahrhundert, Festschrift für Günter Schaub (Hrsg.: *Schlachter*, Monika; *Ascheid*, Reiner; *Friedrich*, Hans-Wolf) München 1998, S. 477 - 485

Maunz, Theodor; Dürig, Günter; Herzog, Roman: Kommentar zum Grundgesetz, Bd. I, Art. 1 - 11, München, Stand Februar 1999 (zit.: *Bearbeiter*, in: M/D/H, GG-Komm.)

Maus, Wilhelm: Kommentar zum Tarifvertragsgesetz, Göttingen 1956

Mayer-Maly, Theo: Anmerkung zu BAG v. 15.11. 1963 - 1 ABR 5/63, in: SAE 1964, 197 - 198
— Anmerkung zu BAG v. 02.08. 1963 - 1 AZR 9/63, AP Nr. 5 zu Art. 9 GG
— Der Verhandlungsanspruch tariffähiger Verbände, in: RdA 1966, 201 - 207
— Anmerkung zu BAG v. 09.07. 1968 - 1 ABR 2/67, in: AP Nr. 25 zu § 2 TVG
— Druck und Recht im Arbeitsrecht, in: RdA 1979, 356 - 358
— Anmerkung zu BAG v. 16.01. 1990 - 1 ABR 10/89, in: SAE 1991, 100 - 102

Meik, Frank Andreas: Der Kernbereich der Tarifautonomie, Berlin 1987

Meissinger, Hermann: Soziale Selbstverwaltung im Fachprinzip, in: AuR 1955, 1 - 3

Meyer-Ladewig, Jens: Kommentar zum Sozialgerichtsgesetz, 6. Aufl., München 1998 (zit.: *Bearbeiter*, in: SGG-Komm.)

Molitor, Karl: Ende und Reform der Flächentarifverträge?, in: Tarifautonomie für ein neues Jahrhundert, Festschrift für Günter Schaub (Hrsg.: *Schlachter*, Monika; *Ascheid*, Reiner, *Friedrich*, Hans-Wolf) München 1998, S. 487 - 496

Monjau, Herbert; Heimeier, Wilhelm: Kommentar zum Tarifvertragsgesetz vom 09. April 1949, Düsseldorf-Gerresheim 1950

Möschel, Wernhard: Tarifautonomie - ein überholtes Ordnungsmodell? in: WuW 1995, 704 - 713

Muhr, Gerd : Die Internationale Arbeitsorganisation, in: ArbRdG 29 (1993), 87 - 116

Müller, Bernd: Tarifkonkurrenz und Tarifpluralität, NZA 1989, 449 - 453

Müller, Franz: Der Gewerkschaftsbegriff im Betriebsverfassungsgesetz, Frankfurt a. M., Bern, New York, Paris 1988

Müller, Gerhard: Gedanken zum Entwurf des Mitbestimmungsgesetzes (MitbestG) (I), in: DB 1975, 205 - 210
— Arbeitskampf und Arbeitskampfrecht, insbesondere die Neutralität des Staates und verfahrensrechtliche Fragen, Forschungsbericht 1986 (zit.: Arbeitskampfrecht)
— Arbeitskampf und Recht, Wiesbaden 1987 (zit.: Arbeitskampf)
— Die Tarifautonomie in der Bundesrepublik Deutschland, Berlin 1990 (zit.: Tarifautonomie)
— Tarifautonomie und gesetzliche Regelung des Arbeitskampfrechts, DB 1992, 269 - 274

Müller, Werner: Zur Entwicklung des FDGB in der sowjetischen Besatzungszone nach 1945, in: Solidarität und Menschenwürde. Etappen der deutschen Gewerkschaftsgeschichte von den Anfängen bis zur Gegenwart, (Hrsg.: *Matthias*, Erich; *Schönhoven*, Klaus), Bonn 1984, S. 325 - 347

Müller-Jentsch, Walther: Das (Des-)Interesse der Arbeitgeber am Tarifvertragssystem, in: WSI-Mitteilungen, 496 - 502

Münch, Ingo von; Kunig, Philip: Grundgesetz-Kommentar, Bd. 1, Art. 1 - 19, 5. Aufl., München 2000 (zit.: *Bearbeiter*, in: v. Münch/Kunig, GG-Komm.)

Münchener Handbuch zum Arbeitsrecht: Bd. 1, Individualarbeitsrecht I, §§ 1- 113 (Hrsg.: *Richardi*, Reinhard; *Wlotzke*, Otfried), 2. Aufl., München 2000 (zit.: *Bearbeiter*, in: MünchArbR, Bd. 1)

— Bd. 3, Kollektives Arbeitsrecht, §§ 240 - 394 (Hrsg.: *Richardi*, Reinhard; *Wlotzke*, Otfried), 2. Aufl., München 2000 (zit.: *Bearbeiter*, in: MünchArbR, Bd. 3)

Münchener Kommentar zur Zivilprozeßordnung: Bd. 1, §§ 1 - 354, (Hrsg.: *Lüke*, Gerhard; *Walchshöfer*, Alfred), München 1992 (zit.: *Bearbeiter*, in: MünchKomm., ZPO)

Münchner Kommentar zum Bürgerlichen Gesetzbuch: Bd. 1, Allgemeiner Teil §§ 1 - 240 und AGBG (Hrsg.: *Rebmann*, Kurt; *Säcker*, Franz Jürgen), 3. Aufl., München 1993 (*Bearbeiter*, in: MünchKomm., BGB)

— Bd. 3, Schuldrecht, Besonderer Teil I, §§ 433 – 606, 3. Aufl., München 1995

— Bd. 8, Familienrecht II, §§ 1589 - 1921, 3. Aufl., München 1992

Mundorf, Hans: Alleingänge bergen hohe Risiken, in: Der Arbeitgeber 1993, 698 - 699

Nautz, Jürgen P.: Die Durchsetzung der Tarifautonomie in Westdeutschland, Frankfurt am Main 1985

Nell-Breuning, Oswald v.: Wilhelm Herschel zum 90. Geburtstag, in: AuR 1985, 297

Neuhaus, Rolf: Wann sind Koalitionen tariffähig?, in: Sozialer Fortschritt 1976, 246 - 247

Neumann, Franz: Tarifrecht auf der Grundlage der Rechtsprechung des Reichsarbeitsgericht, Berlin 1931

Nikisch, Arthur: Arbeitsrecht, Bd. I, 2. Aufl., Tübingen 1955

— Arbeitsrecht, Bd. II, 2. Aufl., Tübingen 1959

— Anmerkung zu BAG v. 19.01. 1962 - 1 ABR 14/60, SAE 1962, 60 - 61

— Anmerkung zu BVerfG v. 06.05. 1964 - 1 BvR 79/62, SAE 1964, 141 - 144

Nipperdey, Hans Carl: Beiträge zum Tarifrecht, Mannheim, Berlin, Leipzig 1924 (zit.: Tarifrecht)

— Anmerkung zu LAG *Bielefeld*, v. 16.05. 1928 - 3 AS. 25/28., ARS Bd. 3, 111

— Anmerkung zu RAG v. 10.04. 1929 - RAG 377/28, ARS 5, 537 ff. und RAG v. 10.04. 1924 - RAG 648/1928; ARS 5, 543 ff., ARS 5, 551 (553)

— Das Recht des Tarifvertrages,in: BB 1948, 157 - 160

— Rechtsprobleme der Aussperrung und des Streiks, in: DB 1963, 1613 - 1615

— Zur Methode der Bestimmung des Koalitionsbegriffs. Koalition und Arbeitskampf, in: RdA 1964, 361 - 362

Nipperdey, Hans Carl; Säcker, Franz Jürgen: Geschichtliche Entwicklung, Begriff und Rechtsstellung der Berufsverbände, in: AR.Blattei (D) Berufsverbände I, 1979

Nörpel, Clemens: Die Bestimmung des Begriffs „Gewerkschaften", in: Arbeitsrecht 1927, 609 - 618

Nörpel, Clemens; Gusko, Kurt: Gewerkschaften und kollektives Arbeitsrecht, Berlin 1932

Oetker, Hartmut: Der Vertrag über die Schaffung einer Währungs-. Wirtschafts- und Sozialunion - Rechtshistorisches Dokument oder aktuelles Interpretament für die Arbeitsrechtsordnung, in: Festschrift für Eugen Stahlhacke, Neuwied, Kriftel, Berlin 1995, S. 363 - 394

— Anmerkung zu BAG v. 25.09. 1996 - 1 ABR 25/96, AP Nr. 4 zu § 97 ArbGG 1979

— Die Arbeiten zur deutsch-österreichischen Tarifrechtsangleichung, Goldberg 1998 (zit.: deutsch-österreichische Tarifrechtsangleichung)

Ostrop, Markus H.: Mitgliedschaft ohne Tarifbindung, Frankfurt am Main 1997

Otto, Bernd: Gewerkschaftliche Konzeptionen überbetrieblicher Mitbestimmung, Köln 1971 (zit.: Konzeptionen)

— Gewerkschaftsbewegung in Deutschland, Köln 1975 (zit.: Gewerkschaftsbewegung)

Otto, Hansjörg: Die verfassungsrechtliche Gewährleistung der koalitionsspezifischen Betätigung (Hrsg.: Hauptvorstand der Gewerkschaft Öffentliche Dienste, Transport und Verkehr), Reutlingen 1982 (zit.: Gewährleistung)

— Tarifautonomie unter Gesetzes- oder Verfassungsvorbehalt, in: Festschrift für Albrecht Zeuner zum siebzigsten Geburtstag (Hrsg.: *Bettermann*, Karl August; *Löwisch*, Manfred; *Otto*, Hansjörg; *Schmidt*, Karsten), Tübingen 1994, S. 121 - 145

— Einführung in das Arbeitsrecht, 2. Aufl., Berlin, New York 1997 (zit.: Arbeitsrecht)

Palandt: Kommentar zum Bürgerlichen Gesetzbuch, 60. Aufl., München 2001 (zit.: *Bearbeiter*, in: Palandt, BGB)

Potthoff, Heinrich: Die Sozialdemokratie von den Anfängen bis 1945, in: Kleine Geschichte der SPD, Bd. 1, Bonn-Bad Godesberg 1974

Prütting, Hanns; Weth, Stephan: Die Vertretung einer Gewerkschaft im Betrieb - Geheimverfahren zum Nachweis der Voraussetzungen, in: DB 1989, 2273 -2278

— Nochmals: Zur Zulässigkeit beweisrechtlicher Geheimverfahren, in: AuR 1990, 269 - 275

Rahmstorf, Frank: Die Druckkündigung des Arbeitsverhältnisses, München 1998

Raiser, Thomas: Die Aussperrung nach dem Grundgesetz, Berlin 1975

Ramm, Thilo: Die Parteien des Tarifvertrags, Stuttgart 1961 (zit.: Parteien des Tarifvertrages)

— Der Arbeitskampf und die Gesellschaftsordnung des Grundgesetzes, Stuttgart 1965 (zit.: Arbeitskampf)

— Der Koalitionsbegriff, in: RdA 1968, 412- 417

— Koalitionsbegriff und Tariffähigkeit, in: JuS 1966, 223 - 230

Rebmann, Kurt; Säcker, Franz Jürgen: Münchner Kommentar zum Bürgerlichen Gesetzbuch, Allgemeiner Teil, Bd. 1, §§ 1 - 240, 3. Aufl., München 1993 (zit.: *Bearbeiter*, in: MünchKomm, BGB)

Reichel, Hans: Fragen der Tariffähigkeit in der neueren Rechtsprechung, in: RdA 1960, 80 - 89

— Rechtsfragen zur Tariffähigkeit, in: RdA 1965, 9 - 15

— Rechtsfragen zur Tariffähigkeit, in: RdA 1972, 143 - 152

Reiß, Werner: Die juristische Bedeutung der Stärke von Koalitionen nach dem Tarifvertragsgesetz, jur. Diss. Köln 1968 (zit.: Bedeutung)

Reuß, Wilhelm: Die Tariffähigkeit der Handwerksorganisation, in: AuR 1963, 1 - 7

— Rechtsfolgen der Aussperrung, in: AuR 1963, 225 - 232

— Koalitionseigenschaft und Tariffähigkeit, in: Recht und Rechtsleben in der sozialen Demokratie, Festschrift für Otto Kunze zum 65. Geburtstag (Hrsg.: *Ballerstedt*, Kurt, *Friesenhahn*, Ernst; *v. Nell-Breuning*, Oswald), Berlin 1969, S. 269 - 289

— Arbeitskampfbereitschaft als Voraussetzung der Tarifhoheit, in: RdA 1964, 362 - 368

— Die Bedeutung der „Mächtigkeit" von Verbänden im kollektiven Arbeitsrecht, in: RdA 1972, 4 - 8

Reuter, Dieter: Anmerkung zu BAG v. 15.03. 1977 - 1 ABR 16/75, in: JuS 1977, 483

— Die problematische Tarifeinheit - BAG, NZA 1991, 736, in: JuS 1992, 105 - 110

— Möglichkeiten und Grenzen einer Auflockerung des Tarifkartells, in: ZfA 1995, 1 - 94

Richardi, Reinhard: Die Stellung des Arbeitskampfes in der gesamtwirtschaftichen Rechtsordnung, in: RdA 1966, 241 – 249

— Kollektivgewalt und Individualwille bei der Gestaltung des Arbeitsverhältnisses, München 1968 (zit.: Kollektivgewalt)

— Kommentar zum Betriebsverfassungsgesetz, Bd. 1, §§ 1 - 73, 6. Aufl., München 1981 (zit.: *Richardi*, in: Dietz/Richardi, BetrVG-Komm.)

— Kommentar zum Betriebsverfassungsgesetz, 7. Aufl., München 1998 (zit: *Richardi*, BetrVG-Komm.)
— Arbeitszeitverlängerung nach der Tarifvertragsregelung in der Metallindustrie, DB 1990, 1613 - 1618
Richardi, Reinhard; Wlotzke, Otfried: Münchner Handbuch zum Arbeitsrecht, Bd. 3, München 1993 (zit.: *Bearbeiter*, in: MünchArbR)
Richter, Lutz: Grundverhältnisse des Arbeitsrechts, Berlin 1928 (zit.: Grundverhältnisse)
Rieble, Volker: Die Bildung gesamtdeutscher Gewerkschaften, in: AuR 1990, 365 - 372
— Anmerkung zu BAG v. 20.11. 1990 - 1 ABR 62/89, SAE 1991, 316 - 319
— Die Bildung gesamtdeutscher Gewerkschaften, in: AuR 1990, 365 - 372
— Arbeitsmarkt und Wettbewerb, Berlin, Heidelberg, New York u.a. 1996 (zit.: Arbeitsmarkt)
— Der Fall Holzmann und seine Lehren, in: NZA 2000, 225 - 234
Ritter, Gerhard A.: Die Arbeiterbewegung im Wilhelminischen Reich, 2. Aufl., Berlin-Dahlem 1963
Roellecke, Gerd: Die Verwaltungsgerichtsbarkeit im Grenzbereich zur Gesetzgebung, in: NJW 1978, 1776 - 1781
Rosdücher, Jörg: Beschäftigungsorientierte Tarifpolitik, Firmentarifverträge oder Verbandstarifverträge mit Öffnungsklauseln, in: WSI-Mitteilungen 1997, 459 - 470
Rosenberg, Leo; Schwab, Karl Heinz; Gottwald, Peter: Zivilprozeßrecht, 15. Aufl., München 1993.
Ruck, Michael:Von der Arbeitsgemeinschaft zum Zwangstarif. Die Feien Gewerkschaften im sozialen und politischen Kräftefeld der frühen Weimarer Republik, in: Solidarität und Menschenwürde. Etappen der deutschen Gewerkschaftsgeschichte von den Anfängen bis zur Gegenwart, (Hrsg.: *Matthias*, Erich; *Schönhoven*, Klaus), Bonn 1984, S. 133 - 152
Rüthers, Bernd: Zur Beseitigung von Arbeitsverträgen durch Aussperrung, in: DB 1969, 967 - 972
— Zur Kampfparität im Arbeitskampfrecht, in: JurA 1970, 85 - 111
— Rechtsprobleme der Aussperrung, Berlin 1980 (zit.: Aussperrung)
— Die Kontrolle der sozialen Verbände (Gewerkschaften und Arbeitgeberverbände) durch Verwaltung und Rechtsprechung, in: ZfA 1982, 237 - 257
— Rechtstheorie, München 1999
Rüthers, Bernd; Roth, Günter: Anmerkung zu BAG v. 16.11. 1982 - 1 ABR 22/78, AP Nr. 32 zu § 2 TVG

Säcker, Franz-Jürgen: Grundprobleme der kollektiven Koalitionsfreiheit, Düsseldorf 1969 (zit.: Grundprobleme)
— Gewerkschaften und wilder Streik, in: BB 1971, 962 - 967

— Gruppenautonomie und Übermachtkontrolle im Arbeitsrecht, Berlin 1972 (zit.: Gruppenautonomie)

— Kommentar zum Grundgesetz, München 1996 (zit.: *Bearbeiter*, in: Sachs, GG-Komm.)

Säcker, Franz-Jürgen; Oetker, Hartmut: Grundlagen und Grenzen der Tarifautonomie, München 1992 (zit.: Tarifautonomie)

— Tarifeinheit im Betrieb - ein Akt unzulässiger richterlicher Rechtsfortbildung?, in: ZfA 1993, 1 - 21

Scharrer, Manfred: Die Anfänge des FDGB, in: GMH 1992, 123 - 138

Schaub, Günter: Aktuelle Fragen des Tarifvertragsrechts, in: BB 1995, 2003 - 2006

— Wege und Irrwege aus dem Flächentarifvertrag, in: NZA 1998, 617 - 623

— Arbeitsrechtshandbuch, 9. Aufl., München 2000

— Tarifrecht 2000, in: NZA 2000, 15 - 17

Scheuner, Ulrich: Die Rolle der Sozialpartner - Gewerkschaft, Arbeitgeberverbände - in Staat und Gesellschaft, in: Die Rolle der Sozialpartner in Staat und Gesellschaft (Hrsg.: *Utz*, A. F.; *Streithofen*, H. B.), Stuttgart-Degerloch 1973, S. 9 - 58

Schiek, Dagmar: Europäisches Arbeitsrecht, 1. Aufl., Baden-Baden 1997

Schlabrendorff, Fabian v.; Michaelis de Vasconcellos, Harald: Die Wirtschaftsunion der beiden deutschen Staaten ab 1.7. 1990, in: DtZ 1990, 142 - 147

Schlachter, Monika: Auslegungsmethoden im Arbeitsrecht, Diss. 1986, Göttingen 1987

Schlickum, Gunter: Die Tariffähigkeit der Arbeitnehmerorganisationen in der Weimarer Republik, Diss., Frankfurt/Main 1978 (zit.: Tariffähigkeit)

Schmalz, Dieter: Methodenlehre für das juristische Studium, 4. Aufl., Baden-Baden 1998

Schmidt, Eberhard: Die verhinderte Neuordnung 1945 - 1952, 4. Aufl., Frankfurt a. M. 1973

Schmidt-Bleibtreu, Bruno: Der Vertrag über die Schaffung einer Währungs-, Wirtschafts- und Sozialunion zwischen der Bundesrepublik Deutschland und der Deutschen Demokratischen Republik, in: DtZ 1990, 138 - 142

Schmidt-Bleibtreu, Bruno; Klein, Franz: Kommentar zum Grundgesetz, 9. Aufl., Neuwied, Kriftel 1999 (zitiert: *Bearbeiter*, in: Schmidt-Bleibtreu/ Klein, GG-Komm.)

— Kommentar zum Grundgesetz, 2. Aufl., Neuwied 1970 (zitiert: *Bearbeiter*, in: Schmidt-Bleibtreu/ Klein, GG-Komm.)

Schmidt-Preuß, Matthias: Soziale Marktwirtschaft und Grundgesetz vor dem Hintergrund des Staatsvertrages zur Währungs-, Wirtschafts- und Sozialunion, DVBl. 1993, 236 - 247

Schmidt-Rimpler, Walter: Grundfragen einer Erneuerung des Vertragsrechts, in: AcP 147 (1941), 130 - 197

— Zum Problem der Geschäftsgrundlage, in: Festschrift für Hans Carl Nipperdey zum 60. Geburtstag (Hrsg.: *Dietz*, Rolf; *Hueck*, Alfred; *Reinhardt*, Rudolf), München und Berlin 1955, S. 1 - 30

— Funktionswandel der Privatrechtsinstitutionen, in: Festschrift für Ludwig Raiser zum 70. Geburtstag (Hrsg.: *Baur*, Fritz; *Esser*, Josef; *Kübler*, Friedrich; *Steindorff*, Ernst) Tübingen 1974, S. 3 - 26

Schneider, Michael: Die Christlichen Gewerkschaften 1894 – 1933, Bonn, 1982 (zit.: Die Christlichen)

— Kleine Geschichte der Gewerkschaften, Bonn 1989 (zit.: Geschichte)

Schnorr von Carolsfeld, Ludwig: Arbeitsrecht, 2. Aufl., Göttingen 1954

Schnorr, Gerhard: Bundesverfassungsgericht und kollektives Arbeitsrecht, in: RdA 1955, 3 - 9

— Das Arbeitsrecht als Gegenstand internationaler Rechtsetzung, München, Berlin 1960

— Öffentliches Vereinsrecht, Kommentar zum Vereinsrecht, Köln, Berlin, Bonn, München 1965

Scholz, Rupert: Die Koalitionsfreiheit als Verfassungsproblem, München 1971 (zit.: Koalitionsfreiheit)

— Der Staatsvertrag zur Währungs-, Wirtschafts- und Sozialunion, in: BB 1990, Beil. Nr. 23, S. 1 - 9

— Tarifautonomie im Umbruch, in: Lebendiges Recht - Von den Sumerern bis zur Gegenwart, Festschrift für Reinhold Trinkner zum 65. Geburtstag (Hrsg.: *Graf von Westphalen*, Friedrich; *Sandrock*, Otto), Heidelberg 1995, S. 377 - 397

— Anmerkung zu BVerfG v. 14.11. 1995 - 1 BvR 601/92, SAE 1996, 320 - 323

Scholz, Rupert; Konzen, Horst: Die Aussperrung im System von Arbeitsverfassung und kollektivem Arbeitsrecht, Berlin 1980

Schön, Werner: Arbeitskampfbereitschaft als Voraussetzung der Tariffähigkeit, Diss. Würzburg 1967

Schönhoven, Klaus: Expansion und Konzentration (Hrsg.: *Conze*, Werner), 1. Aufl., Stuttgart 1980 (zit.: Expansion)

— in: Geschichte der deutschen Gewerkschaften von den Anfängen bis 1945 (Hrsg.: *Borsdorf*, Ulrich), Köln 1987, S. 182 ff. (zit.: Geschichte)

Schrader, Peter: "Durchsetzungsfähigkeit" als Kriterium für Arbeitgeber im Tarifvertragsrecht, Bayreuth 1993

Schröder, Wolfgang: Partei und Gewerkschaften 1868/69 bis 1893, Berlin 1975

Schroeder, Wolfgang: Tarifbilanz Ost, in: GMH 2000, 352 - 363

Schulin, Bertram: Anm. zu BAG v. 25.11 1986 - 1 ABR 22/85, EzA § 2 Nr. 17

Schüren, Peter: Die Legitimation der tariflichen Normsetzung, München 1990

Schuster, Dieter: Der Deutsche Gewerkschaftsbund, Düsseldorf 1977

Schwarze, Roland: Die verfassungsrechtliche Garantie des Arbeitskampfes - BVerfGE 84, 212 ff., in: JuS 1994, 653 - 659

Schwerdtfeger, Gunther: Die Koalitionsfreiheit des Arbeitnehmers in der Bundesrepublik Deutschland, in: Koalitionsfreiheit des Arbeitnehmers, Teil 1 (Hrsg.: *Mosler*, Hermann; *Bernhardt*, Rudolf), Berlin, Heidelberg, New York 1980

Seiter, Hugo: Streikrecht und Aussperrungsrecht, Tübingen 1975 (zit.: Streikrecht)

— Arbeitskampfparität und Übermaßverbot, Düsseldorf, Frankfurt 1979 (zit.: Arbeitskampfparität)

— Die Rechtsprechung des Bundesverfassungsgerichts zu Art. 9 Abs. 3 GG, in: AöR Bd. 109 (1984), 88 - 136

— Der Verhandlungsanspruch der Tarifvertragsparteien, in: Festschrift zum 125jährigen Bestehen der Juristischen Gesellschaft zu Berlin (Hrsg.: *Wilke*, Dieter), Berlin, New York 1984, S. 729 - 751

— Zur Gestaltung der Arbeitskampfordnung durch den Gesetzgeber, in: RdA 1986, 165 - 188

Sinzheimer, Hugo: Ein Arbeitstarifvertragsgesetz, München, Leipzig 1916

— Rechtsfragen des Arbeitstarifvertrags, Jena 1913 (zit.: Rechtsfragen)

— Grundzüge des Arbeitsrechts, Jena 1927

Sitzler, Friedrich: Tarifvertragsrecht, 1. Aufl., Berlin 1921

Sitzler, Friedrich; Goldschmidt, Gustav: Tarifvertragsrecht, 2. Aufl., Berlin 1929

Sohn, Karl-Heinz: Berufsverband und Industriegewerkschaft, Köln 1964 (zit.: Berufsverband)

Söllner, Alfred: Zu Sinn und Grenzen der Vereinbarungsbefugnis der Tarifvertragsparteien, in: AuR 1966, 257 - 263

— Mächtigkeit und Leistungsfähigkeit als typologische Merkmale der arbeitsrechtlichen Gewerkschaften, in: ArbuR 1976, 321 - 325

— Grundriß des Arbeitsrechts, 3. Aufl.; Stuttgart 1973

— Grundriß des Arbeitsrechts, 12. Aufl.; München 1998 (zit.: Grundriß)

Sproedt, Bernd: Koalitionsfreiheit und Streikrecht in den universellen und Euroäischen Kollektivabkommen, Diss. Heidelberg, 1972

Stadler, Hubert: Aktuelle Probleme mit Flächentarifverträgen in: ArbRdG Bd. 33 (1996), 47 - 58

Stahlhacke, Eugen: Sozialpolitische Bedeutung als Voraussetzung der Tariffähigkeit, in: DB 1964, 697 - 698

— Die Rechtsprechung des Bundesarbeitsgerichts zum allgemeinen Tarifrecht, in: ArbRdG Bd. 11, 1974, 21 - 34

Staudinger, Julius von: Kommentar zum Bürgerlichen Gesetzbuch, Bd. II, §§ 611 - 615, 13. Aufl., Berlin 1993 (zit.: *Bearbeiter*, in: Staudinger, BGB-Komm.)

Stecher, Norman: Der Verhandlungsanspruch eines tariffähigen Arbeitnehmerverbandes, Diss. Würzburg 1971

Stein, Axel: Tarifvertragsrecht, Stuttgart, Berlin, Köln 1997

— Der Abschluss von Firmentarifverträgen, RdA 2000, 129 - 140

Stein, Friedrich; Jonas, Martin: Kommentar zur Zivilprozeßordnung, Bd. I, §§1 - 252, 20. Aufl., Tübingen 1984 (zit.: *Bearbeiter*, in: Stein/Jonas, ZPO-Komm.), Bd. 1, §§1 - 90, 21. Aufl., Tübingen 1993 (zit.: *Bearbeiter*, in: Stein/Jonas, ZPO-Komm., 21. Aufl.)

Steindorff, Ernst: Wirtschaftliche Maßstäbe im Arbeitsrecht, in: RdA 1965, 253 - 259

Steinert, Joachim: Notstands- und Streikarbeit bei Arbeitskämpfen, Düsseldorf 1968

Steinmeyer, Heinz-Dietrich; Jürging, Axel: Überlegungen zu einer gesamtdeutschen Kodifikation des Arbeitsvertragsrechts, NZA 1992, 777 - 785

Stelling, Rainer: Das Erfordernis der Überbetrieblichkeit - ein Anachronismus des modernen Gewerkschaftsbegriffs, in: NZA 1998, 920 - 925

Stern, Klaus: Das Staatsrecht der Bundesrepublik Deutschland, Bd. 1, 2. Aufl., München 1984

— Der verfassungsändernde Charakter des Einigungsvertrages, in: DtZ 1990, 289 - 294

Stern, Klaus; Schmidt-Bleibtreu, Bruno: Staatsvertrag zur Währungs-, Wirtschafts- und Sozialunion, Bd. 1, München 1990 (zitiert: *Bearbeiter*, in: Stern/Schmidt-Bleibtreu, Staatsvertrag zur Währungs-, Wirtschafts- und Sozialunion, Bd. 1)

Stober, Rolf: Wirtschaftsverwaltungsrecht, 8. Aufl., Stuttgart, Berlin, Köln 1993

Stürner, Rolf: Die gewerbliche Geheimspäre im Zivilprozeß, in: JZ 1985, 453 - 461

Suckow, Jens: Gewerkschaftliche Mächtigkeit als Determinante korporatistischer Tarifsysteme, Berlin 2000

Tatarin-Tarnheyden, Edgar: Berufsverbände und Wirtschaftsdemokratie, Berlin 1930

Tenfelde, Klaus: Zur Bedeutung der Arbeitskämpfe für die Entstehung der deutschen Gewerkschaften, in: Solidarität und Menschenwürde. Etappen der deutschen Gewerkschaftsgeschichte von den Anfängen bis zur Gegenwart, (Hrsg.: *Matthias*, Erich; *Schönhoven*, Klaus), Bonn 1984, S. 25 - 38 (zit.: Arbeitskämpfe)

— Einleitung, in: Von der Arbeiterbewegung zum modernen Sozialstaat, Festschrift für Gerhard A. Ritter (Hrsg.: *Kocka*, Jürgen; *Puhle*, Hans-Jürgen; *Tenfelde*, Klaus), München, New Providence, London, Paris 1994

Tettinger, Peter J.: Öffentliche Wirtschaft in den neuen Bundesländern, in: BB 1992, 2 - 7

Thomas, Heinz; Putzo, Hans: Kommentar zur Zivilprozeßordnung, 22. Aufl., München 1999 (zit.: *Bearbeiter*, in: Thomas/Putzo, ZPO-Komm.)

Tomandl, Theodor: Streik und Aussperrung als Mittel des Arbeitskampfes, Wien, New York 1965

Tophoven, Ernst: Anmerkung zu BAG v. 09.11. 1956 - 1 AZR 421/54, AP Nr. 1 zu § 3 TVG Verbandszugehörigkeit

Triechmann, Günther: Soziale Menschenrechte, Internationale Normen und deutsches Arbeitsrecht in: BABl. 1956, 452 - 461

Umbreit, Paul: 25 Jahre Deutscher Gewerkschaftsbewegung, 1890-1915, Berlin 1915

Veit, Barbara: Die funktionelle Zuständigkeit des Betriebsrats, München 1998

Villiger, Mark E.: Handbuch der Europäischen Menschenrechtskonvention, Zürich 1993 (zit.: EMRK)

Vorwerck, Karl: Die wirtschaftsfriedliche Arbeitnehmerbewegung Deutschlands, Jena 1926

Waas, Bernd: Der Verhandlungsanspruch tariffähiger Verbände und schuldrechtliche Dauerbeziehungen zwischen den Tarifvertragsparteien, in: AuR 1991, 334 - 340

— Tarifkonkurrenz und Tarifpluralität, Baden-Baden 1999

— Firmentarifverträge und verbandstarifvertragliche „Meistbegünstigungsklausel", in: ZTR 2000, 341 - 347

Wachenheim, Hedwig: Die deutsche Arbeiterbewegung 1844 bis 1914, Köln, Opladen 1967

Wahl, Burkhard: Die Relativität des Gewerkschaftsbegriffs. Ein Beitrag zur Einordnung der sozialen Mächtigkeit im kollektiven Arbeitsrecht, Diss, Frankfurt am Main 1980

Walker, Wolf-Dietrich: Möglichkeiten und Grenzen einer flexibleren Gestaltung von Arbeitsbedingungen, in: ZfA 1996, 353 - 381

Wallerath, Maximilian: Die Selbstbindung der Verwaltung, Berlin 1968

Walloth, Wolf Dietrich: Das Koalitionsrecht im Lichte der Rechtsprechung des Bundesarbeitsgerichts, in: ArbRdG Bd. 11 (1973), 73 - 86

Waltermann, Raimund: Altersgrenzen in Kollektivverträgen, in: RdA 1993, 209 - 218

Wank, Rolf: Grenzen richterlicher Rechtsfortbildung, Berlin 1978 (zit.: Rechtsfortbildung)

— Die juristische Begriffsbildung, München 1985 (zit.: Begriffsbildung)

— Übungen im Arbeitsrecht, 2. Aufl., Berlin, New York 1996 (zit.: Übungen)

Wank, Rolf; Ramrath, Ulrich: Prozeßvertretung durch Vertreter von Koalitionen nach § 11 ArbGG, in: NZA 1993, 345 - 351

Wasmuth, Johannes: Das Regelungswerk des Einigungsvertrages, in: DtZ 1990, 294 - 298

Wendeling-Schröder, Ulrike: Arbeitsrecht und Gewerkschaften, in: RdA 1999, 138 - 146

Wengler, Wilhelm: Die Unanwendbarkeit der Europäischen Sozialcharta im Staat, Bad Homburg v.d.H., Berlin, Zürich1969

Weth, Stephan: Das arbeitsgerichtliche Beschlußverfahren, München 1995

Wiedemann, Herbert: Gemeinsame Anmerkung zu BAG v. 15.03. 1977 - 1 ABR 16/75, AP Nr. 24 zu Art. 9 GG und zu BAG v. 14.03. 1978 - 1 ABR 2/76, AP Nr. 30 zu § 2 TVG

— Anmerkung zu BAG v. 24.09. 1975 - 4 AZR 471/74, AP Nr. 11 zu § 4 TVG Tarifkonkurrenz

— Unternehmensautonomie und Tarifvertrag, in: RdA 1986, 231 - 241

— Die Gestaltungsaufgabe der Tarifvertragsparteien, in: RdA 1997, 297 - 304

— Kommentar zum TVG, 6. Aufl., München 1999 (zit.: *Bearbeiter*, in: Wiedemann, TVG-Komm.)

Wieland, Peter: Recht der Firmentarifverträge, Köln 1998

Wilke, Dieter: Anmerkung zu BVerfG v. 20.10. 1981 - 1 BvR 640/80, JZ 1982, 758 - 760

Wilke, Manfred: Einheitsgewerkschaft zwischen Demokratie und antifaschistischen Bündnis, Melle 1985

Wilke, Manfred; Müller, Hans-Peter: Zwischen Solidarität und Eigennutz (Hrsg.: Konrad-Adenauer-Stiftung), Melle 1991

Witting, Ute: Die Tarifkonkurrenz, in: BABl. 1957, 544 - 548

Witzig, Andreas: Der Grundsatz der Tarifeinheit und die Lösung von Tarifkonkurrenzen, Diss, Kiel 1992

Wohlgemuth, Hans Herrmann: Datenschutz für Arbeitnehmer, Neuwied, Darmstadt 1983

Wolf, Manfred: Tarifautonomie, Kampfparität und gerechte Tarifgestaltung, in: ZfA 1971, 151 - 179

Wolter, Henner: Aussperrung, Parität und Verhältnismäßigkeit, in: AuR 1979, 193 – 203

Zachert, Ulrich: Gewerkschaftliche Übermacht: Chimäre oder Realität?, in: AuR 1977, 1 - 15

— Tarifvertrag, Köln 1979

— Die Wirkung des Tarifvertrages in der Krise, Baden-Baden 1991 (zit.: Wirkung)

— Firmentarifvertrag und Arbeitskampfrecht gegenüber dem Verbandsaußenseiter, in: Arbeitsrecht in der Bewährung, Festschrift für Karl Kehrmann; Ursula Engelen-Kefer; Michael Schoden; Ulrich Zachert (zugl. Hrsg.), 1997, S. 335 - 346

Zachert, Ulrich; Metzke, Maria; Hamer, Wolfgang: Die Aussperrung, Köln 1978
Zechlin, Lothar: Beeinträchtigungen der Koalitionsfreiheit durch Subventionsauflagen, in: NJW 1985, 585 - 592
Zerkiebel, Max: Tariffähigkeit und Tarifberechtigung, Diss., Erlangen 1928, Coburg 1929
Zeuner, Albrecht: Gedanken zum Verhältnis von Richterrecht und Betätigungsfreiheit der Beteiligten, in: Festschrift 25 Jahre Bundesarbeitsgericht (Hrsg.: *Gamillscheg*, Franz; *Hueck*, Götz; *Wiedemann*, Herbert), München 1979, S. 727 - 744
Zippelius, Reinhold: Juristische Methodenlehre, 7. Aufl., München 1999
Zöllner, Wolfgang: Tarifvertragliche Differenzierungsklauseln, Düsseldorf 1967
— Der Abbau einheitsvertraglicher Arbeitsbedingungen im nicht tariflich gesicherten Bereich, in: RdA 1969, 250 - 256
— Aussperrung und arbeitskampfrechtliche Parität, Düsseldorf 1974 (zit.: Aussperrung)
— Anmerkung zu BAG v. 09.07. 1968 - 1 ABR 2/67, in: SAE 1969, 140 - 141
— Arbeitsrecht, 3. Aufl., München 1983
Zöllner, Wolfgang; Loritz, Karl-Georg: Arbeitsrecht, 5. Aufl.; München 1998
Zuleeg, Manfred: Der internationale Pakt über wirtschaftliche, soziale und kulturelle Rechte, in: RdA 1974, 321 - 332
Zwing, Karl: Geschichte der deutschen freien Gewerkschaften (1848-1928), Nachdruck der 3. Aufl. (Jena 1928) Olching bei München 1982

Internetadressen:

Christlicher Gewerkschaftsbund: Geschichte und Gegenwart der deutschen Gewerkschaftsbewegung, http://www.dhv-cgb.de/cgb/gesch.htm., o. J. (zit.: Geschichte)
Oetker, Hartmut: Rechtsgutachten „Zur Rechtswirksamkeit des zwischen der Jenoptik und der CGM am 6. Mai 1999 abgeschlossenen Haustarifvertrags", Mai 1999, abgedruckt unter: http://cgm.de/public/aktuelles/rechtsgutachten-inhalt.html (zit.: Rechtsgutachten)

Schriften zum Arbeitsrecht und Wirtschaftsrecht

Herausgegeben von Abbo Junker

- Band 1 Christoph-N. Lerche: Der Europäische Betriebsrat und der deutsche Wirtschaftsausschuß. Eine vergleichende Analyse der betrieblichen Mitwirkung der Arbeitnehmer vor dem Hintergrund der Globalisierung der Märkte. 1997.
- Band 2 Christian Walter Mecke: Zur rechtlichen Verbindlichkeit kollektiver Vereinbarungen in England. 1997.
- Band 3 Katja Francke: Die betriebliche Mitwirkung der Arbeitnehmer in Belgien. Unter Berücksichtigung vergleichender Aspekte zum deutschen Betriebsverfassungsrecht. 1997.
- Band 4 Christian Schulze: Die Zulässigkeit einstweiliger Verfügungen gegen Betriebsänderungen. 1998.
- Band 5 Stefan Miersch: Die Rechtsfolgen mitbestimmungswidriger Maßnahmen für das Arbeitsverhältnis. Eine zivilrechtsdogmatische Untersuchung. 1998.
- Band 6 Heike Wegner: Internationaler Verbraucherschutz beim Abschluß von Timesharingverträgen: § 8 Teilzeitwohnrechtegesetz. 1998.
- Band 7 Julia Wichmann: Dienstleistungsfreiheit und grenzüberschreitende Entsendung von Arbeitnehmern. 1998.
- Band 8 Johann-Volker Peter: Société par actions simplifiée (S.A.S.). Die Vereinfachte Aktiengesellschaft in Frankreich, eine Rechtsform für die Kooperation von Unternehmen. 1999.
- Band 9 Sylvia Schnelle: Der Europäische Betriebsrat in Spanien. Zugleich eine Einführung in das spanische Recht der Arbeitnehmervertretung. 1999.
- Band 10 Viktoria Bornhagen: Die Zumutbarkeit als Rechtsgedanke im Arbeitsrecht. 1999.
- Band 11 Thorsten Schacht: Der Übereilungsschutz beim arbeitsrechtlichen Aufhebungsvertrag. Arbeitnehmerschutz bereits de lege lata? 2000.
- Band 12 Marcus Hellmann: Immobilienkauf nach spanischem Recht. 1999.
- Band 13 Nicolaus Johannes Ehinger: Die juristischen Personen des öffentlichen Rechts als herrschende Unternehmen. 2000.
- Band 14 Alexander Lentz: Das kollektive Arbeitsrecht der Republik Südafrika. Eine Untersuchung mit Bezügen zum deutschen Recht. 2000.
- Band 15 Michaela Brunssen: Der Arbeitgeberverbandswechsel. Tarifrechtliche und arbeitskampfrechtliche Konsequenzen. 2000.
- Band 16 Morten Petersenn: Das Recht des Grundstückskaufs in Südafrika. 2000.
- Band 17 Stefan Krüger: Die umwandlungsrechtliche Haftungsregelung bei der Betriebsaufspaltung und ihre Analogiefähigkeit. 2001.
- Band 18 Jürgen Kitzinger: Der GmbH-Geschäftsführer zwischen Arbeits- und Gesellschaftsrecht. Im Blickpunkt: Zuständigkeit der Arbeitsgerichte. 2001.
- Band 19 Anja Ruge: Die Lohnersatzansprüche ehemaliger Zwangsarbeiter gegen deutsche Industrieunternehmen. 2001.
- Band 20 Michael Knoll: Die Sozialauswahl im Arbeitsrecht. 2001.
- Band 21 Britta Albrecht: Mediation im Arbeitsrecht. Individualarbeitsrecht und Betriebsverfassungsrecht. 2001.
- Band 22 Annusch Barten: Das System der Arbeitnehmervertretung in Frankreich. 2001.
- Band 23 Diane Westera: Der Wiedereinstellungsanspruch nach wirksamer Kündigung. 2001.

Band 24 Kristin Doerlich: Die Tariffähigkeit der Gewerkschaft. Eine Analyse der Mächtigkeitsrechtsprechung des Bundesarbeitsgerichts im Lichte neuerer Erfahrungen. 2002.

Band 25 Tina Witten: Vertragsgestaltung und Gesetzesbindung im Recht der Zeitarbeit. 2002.